에듀윌과 함께 시작하면,
당신도 합격할 수 있습니다!

자소서와 면접, NCS와 직무적성검사의 차이점이 궁금한
취준을 처음 접하는 취린이

대학 졸업을 앞두고 취업을 위해 바쁜 시간을 쪼개며
채용시험을 준비하는 취준생

내가 하고 싶은 일을 다시 찾기 위해
회사생활과 병행하며 재취업을 준비하는 이직러

누구나 합격할 수 있습니다.
이루겠다는 '목표' 하나면 충분합니다.

마지막 페이지를 덮으면,

에듀윌과 함께
취업 합격이 시작됩니다.

KB212930

누적 판매량 217만 부 돌파
베스트셀러 1위 2,420회 달성

공기업 NCS | 100% 찐기출 수록!

NCS 통합 기본서/실전모의고사
피듈형 | 행과연형 | 휴노형 봉투모의고사
PSAT형 NCS 수문끝

매1N
매1N Ver.2

한국철도공사 | 부산교통공사
서울교통공사 | 국민건강보험공단
한국전력공사 | 한국가스공사

한국수력원자력+5대 발전회사
한국수자원공사 | 한국수력원자력
한국토지주택공사 | 한국도로공사

NCS 10개 영역 기출 600제
NCS 6대 출제사 찐기출문제집

대기업 인적성 | 온라인 시험도 완벽 대비!

20대기업 인적성 통합 기본서

GSAT 삼성직무적성검사
통합 기본서 | 실전모의고사

LG그룹 온라인 인적성검사

SKCT SK그룹 종합역량검사
포스코 | 현대자동차/기아

농협은행
지역농협

영역별 & 전공

취업상식 1위!

이해황 독해력 강화의 기술
석치수/박준범/이나우 기본서

공기업 사무직 통합전공 800제
전기끝장 시리즈 ❶, ❷

다통하는 일반상식

공기업기출 일반상식

기출 금융경제 상식

더 많은
에듀윌 취업 교재

취업 대세 에듀윌!
Why 에듀윌 취업 교재

기출맛집 에듀윌!
100% 찐기출복원 수록

주요 공·대기업 기출복원 문제 수록
과목별 최신 기출부터 기출변형 문제 연습으로 단기 취업 성공!

공·대기업 온라인모의고사
+ 성적분석 서비스

실제 온라인 시험과 동일한 환경 구성
대기업 교재 기준 전 회차 온라인 시험 제공으로 실전 완벽 대비

무료 강의 ➕ 부가 자료

합격을 위한
부가 자료

교재 연계 무료 특강
+ 교재 맞춤형 부가학습자료 특별 제공!

eduwill

취업 교육 1위
에듀윌 취업 무료 혜택

교재 연계 강의

저자 직강
(독해력 특강)

※ 해당 QR로 이동하여 [이해황 독해력 강화의 기술] 검색

강의
바로가기

1:1 학습관리
교재 연계 온라인스터디

참여 방법

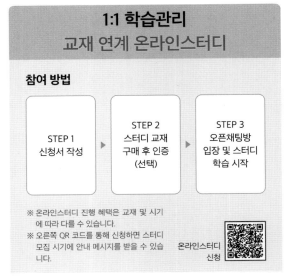

STEP 1
신청서 작성

STEP 2
스터디 교재
구매 후 인증
(선택)

STEP 3
오픈채팅방
입장 및 스터디
학습 시작

※ 온라인스터디 진행 혜택은 교재 및 시기에 따라 다를 수 있습니다.
※ 오른쪽 QR 코드를 통해 신청하면 스터디 모집 시기에 안내 메시지를 받을 수 있습니다.

온라인스터디
신청

온라인모의고사
& 성적분석 서비스

응시 방법

QR 코드 링크
접속 후 로그인

해당
온라인모의고사
[신청하기]
클릭

대상 교재 내
응시코드
입력 후
[응시하기]
클릭

※ '온라인모의고사&성적분석' 서비스는 교재마다 제공 여부가 다를 수 있으니, 교재 뒷면 구매자 특별혜택을 확인해 주시기 바랍니다.

온라인
모의고사
신청

모바일 OMR
자동채점 & 성적분석 서비스

실시간 성적분석 방법

STEP 1
QR 코드 스캔

STEP 2
모바일 OMR
입력

STEP 3
자동채점 &
성적분석표
확인

※ 혜택 대상 교재는 본문 내 QR 코드를 제공하고 있으며, 교재별 서비스 유무는 다를 수 있습니다.
※ 응시내역 통합조회
에듀윌 문풀훈련소 → 상단 '교재풀이' 클릭 → 메뉴에서 응시확인

최신판

에듀윌 취업
이해황 독해력 강화의 기술

매일 3지문 30일 완성

10년간 수험생들을 사로잡은
독해 전문가, 이해황

국어·독해영역 베스트셀러 절대강자, 이해황

누적 판매 180만 부를 기록한 수능국어 대표 입문서 『국어의 기술』 시리즈 저자 이해황

수능국어 대표 입문서 『국어의 기술』 시리즈는 이해황 저자가 직접 분석한 국어 문제 출제 원리와 패턴을 통해 문제 접근법과 해결법을 제시한 수험서로, 2012년 첫 출간되어 지금까지도 많은 사랑을 받고 있습니다.

수능국어에 이어 PSAT/LEET 수험서까지 성인들의 마음도 사로잡은 저자 이해황

『논리퀴즈 매뉴얼 4.0』, 『강화약화 매뉴얼 3.0』 등 이해황이 집필한 PSAT/LEET 수험서는 난도 높은 시험 중 하나인 PSAT/LEET의 언어 · 논리 · 추리 파트의 풀이방법을 입문자도 쉽고 빠르게 체득할 수 있도록 매뉴얼화하여, 해당 시험을 준비하는 성인들 사이에서도 필수 수험서로 자리잡고 있습니다.

독해력 강화의 끝! 독해력을 기르고 싶은 모두가 선택한 저자 이해황

3가지 도구로 독해력을 완성하다! 『국어의 기술 외전 독해력 강화 도구 3가지』는 이해황만의 독해 도구 3가지만으로 시험장에서 맞닥뜨리는 어렵고 낯선 지문을 쉽게 이해하고 풀 수 있는 독해력 훈련서입니다. 수능을 준비하는 고등학생뿐만 아니라 PSAT/LEET/공무원 준비생까지 독해력에 어려움이 있다면 가장 먼저 추천드리는 독해력 강화 훈련서입니다.

> 언어능력 향상을 위한 필수적 단계

> 스스로 학습하기에 유용한 교재예요.

> 학교 국어 선생님이 추천해주신 책이에요!

> 여러 문제들이 많아 공부하기 좋은 길라잡이 책입니다.

> 공부가 재미있어지는 마법을 경험하게 됩니다.

> 직접 수업을 듣는 것 같았고 쉽게 읽힙니다.

> NCS 준비하면서 산 책인데 1회독 했는데도 독해력이 는게 느껴집니다.

> 공시를 준비하며 책을 구매했습니다. 단기간에 혼자 공부하기 효율적입니다.

> 항상 독해가 문제여서 고민이 많았는데 어떻게 지문을 읽어나가야 하는지 보입니다.

※ 교보문고/YES24 후기 발췌 및 재구성

취업의 끝은 독해력, 에듀윌 취업×이해황으로 독해력 단기 완성!

"독해력", 최근 많은 취준생들의 숙제입니다. 독해력은 단기에 향상하기도 어려울뿐더러, 정확한 독해방법을 모른 채 무작정 문제풀이만 한다고 향상되는 것도 아닙니다. 또한, 대기업 인적성 시험의 언어영역, 공기업 NCS 필기시험의 의사소통능력뿐만 아니라 다른 출제영역에서도 긴 지문이 제시되어 이를 이해하며 풀어야 하는 문제 비중이 증가하고 있는 만큼 독해력의 중요성이 나날이 커지고 있습니다.

이를 위해 에듀윌은 10년간 수험생들을 사로잡은 독해 전문가, 이해황과 함께 독해력을 정확하고 빠르게 끌어올릴 수 있는 『이해황 독해력 강화의 기술 – 매일 3지문 30일 완성』을 개발하였습니다. 이 책을 통해 정확하게 독해하는 방법을 숙지하고, 매일 3지문씩 30일 동안 꾸준히 풀이하며 향상된 독해력으로 취업의 끝을 마무리하시길 바랍니다.

저자 이해황을 만날 수 있는 곳

인터넷강의
오르비클래스

유튜브
국어의 기술

이 책은 독해력을 향상시키고 싶은 사람이라면 그 누구라도 도움이 될 수 있습니다.

이 책은 수능 수험생부터 PSAT/LEET 및 NCS/인적성 등을 준비하는 성인 수험생, 그리고 일반인까지 독해에 어려움이 있는 분들에게 기초독해 매뉴얼이 될 수 있도록 하였습니다. 그래서 **기초적인 독해 태도를 정립**하는 데 더욱 집중했고, 이를 위해 민경채/5급 · 7급 PSAT 언어논리 독해문제를 적극 활용했습니다. 상대적으로 지문이 짧고 난이도가 낮기 때문에, 또 한 지문에 한 문제만 푸는 식이라서 공부 부담이 적습니다. 또한 에듀윌에서 **NCS/인적성 최신 기출복원 문제**를 제공해준 덕분에, 취업준비생 분들에게도 좀 더 도움이 되는 책을 만들 수 있었습니다.

독해력은 책을 많이 읽으면 자연스럽게 키워집니다.

하지만 지금 이 글을 읽고 있는 여러분, 책을 충분히 읽어왔나요? 아마 대부분 그렇지 못할 것입니다. 그래서 시험장에서 독해 때문에 늘 어려움을 겪었을 겁니다. 그렇다고 지금부터 수많은 권장도서를 읽기 시작할 건가요? 수험생은 가뜩이나 시간도 없는데? 어찌할 방법이 없으니 그나마 최선이라는 생각에 독해 문제집을 들입다 풀어 재끼는 분들이 많았습니다. 하지만 들인 시간, 돈, 노력에 비해 그 성과는 허무할 정도로 미미했습니다. 독해력 기본서가 없었기 때문에 발생한 비극인데, 이제 이 책이 나왔으니 지금까지의 안타까운 상황이 더 이상 반복되지 않길 바랍니다.

시험 독해는 일반적인 독서와 세 가지가 다릅니다.

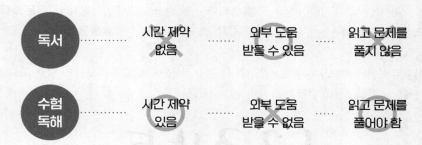

따라서 수험생은 일반적인 독서와는 다른, **전략적 독해 태도**가 필요합니다. 이 책에는 어떤 시험이든 공통적으로 적용할 수 있는 효과적인 독해 태도가 집약되어 있습니다. 이 책을 길잡이로 삼고 공부하면 무작정 문제집만 푸는 것보다 훨씬 효율적으로 점수를 올릴 수 있을 것입니다.

부디 이 책으로 열심히 공부해서 국어 시험에서 고득점을 얻을 뿐 아니라 학습능력 전반이 향상되어 전 과목 성적이 오르길 바랍니다. 나아가 학교나 사회에서 전문분야 지식을 습득할 때도 도움이 되길 기대합니다.

이 해 황
『국어의 기술 시리즈(0, 1, 2)』 집필
『독해력 강화 도구 3가지』 집필

이 책을 배우기 전에

글은 흐름이다

수능부터 PSAT/LEET까지 다양한 독해시험에 대한 책을 집필하고 또 강의하면서, **"글이란 뭘까?"**에 대해 오랜 시간 고민했습니다. 어떻게 정의하느냐에 따라 독해력 강화를 위한 접근법이 달라질 테니까요. 최종적으로 얻은 제 답은 의외로 매우 단순합니다. **"글은 흐름이다!"** 정말 중요한 말이니 소리내서 말해봅시다. **"글은 흐름이다."** 뭐든 처음 배울 때는 시키는 대로 해야 성적이 빨리 오릅니다. 다시 한 번 소리내서 말해봅시다. **"글은 흐름이다."** 제가 이 책을 통해 여러분에게 전달하고 싶은 단 하나의 메시지가 바로 이것입니다. **"글은 흐름이다."**

글은 단어들의 단순한 모임이 아니라 일련의 흐름이기 때문에, 같은 단어라도 흐름에 따라 다른 의미를 가질 수 있습니다. 다음 두 줄을 읽어봅시다. (정말로 소리 내어 읽어보세요.)

1 2 3 4 5
가 나 다 라 마

첫 번째 줄은 '일, 이, 삼, 사, 오', 두 번째 줄은 '가, 나, 다, 라, 마'라고 읽었죠? 근데 여기에 비밀이 하나 있습니다. '사'라고 읽은 것과 '나'라고 읽은 것을 비교해 보세요. 모양이 똑같습니다! 제가 복사—붙여넣기 했기 때문에 모양이 다를 리 없습니다. 그런데 왜 다르게 읽었을까요? 그건 흐름이 달랐기 때문입니다. 똑같은 기호일지라도, '3'과 '5' 사이에서 있느냐, '가'와 '다' 사이에서 있느냐에 따라 완전히 다르게 인식됩니다.

좀 더 친숙한 사례는 '팔뚝'입니다. 다음 질문에 답해봅시다.

이해황

제가 고등학교 강연 가서 이 문제를 제시하면, 반응이 반반으로 갈립니다. (주로 여학생들은 ①로, 남학생들은 ②로 답하는 경향이 있는 것 같긴 합니다.)
정답은... 둘 모두 정답입니다. '팔뚝'을 사전에서 찾아보면 다음과 같습니다.

즉, ①도 팔뚝, ②도 팔뚝이라는 겁니다. 맥락^{흐름}에 따라 ①을 뜻할 때도 있고, ②를 뜻할 때도 있는 것이죠. (①+② 를 합치면 팔뚝이 아님에 주의하세요.) 예를 들어, 팔뚝살을 빼는 것이 고민인 사람, 팔뚝에 주사를 놓는 간호사, 팔뚝에 완장을 차는 사람, 팔뚝 알통을 자랑하고 싶은 사람에게는 ①이 팔뚝입니다. 반면, "니 팔뚝 굵다!", "팔뚝만한 고기를 잡았어!"라고 외치는 사람에게는 ②가 팔뚝입니다.

생각과 글의 차이

생각은 입체적입니다. 제가 여러분께 첫사랑을 떠올려보라고 하면, 여러분 머릿속에는 첫사랑에 대한 다양한 생각과 감정이 복잡하게 얽혀서 한꺼번에 몰려올 것입니다. 그런데 이 실뭉치를 다른 사람에게 글로 전달하려면, 3차원의 생각을 1차원의 실로 뽑아내야 합니다. 즉, 글을 쓴다는 것은 생각을 나타낼 수 있는 단어를 문법에 맞게 순차적으로 배열하여 문장을 만들고, 문장과 문장을 또 순차적으로 연결하는 과정으로 볼 수 있습니다.

지금 이 글도 마찬가지입니다. 제가 갖고 있는 글에 대한 생각을, 1차원의 순차적 흐름으로 풀어서, 여러분께 제시한 것입니다. 단지 종이 크기의 한계로 인해 줄바꿈이 일어나다 보니 ㄹ모양이 되었을 뿐이죠.

패턴의 발견

뒤얽힌 실뭉치를 풀어본 분들이라면, 실을 한 줄로 풀어내는 일이 생각보다 어렵다는 것을 잘 알고 있을 겁니다. 글쓰기도 마찬가지입니다. 복잡한 생각을 한 줄의 글로 풀어내는 일은 쉬운 일이 아닙니다. 이 문제를 해결하기 위해 사람들은 잘 쓰인 글을 분석하기 시작했고, 몇 가지 패턴을 발견했습니다. 그리고 이러한 패턴에 따라 글을 쓰면 생각을 쉽게 풀어낼 수 있고, 독자도 더 잘 이해할 수 있다는 것을 알게 됐습니다. 이는 곧장 글읽기와 글쓰기 교육에 반영되었고, 시험에 다음과 같이 출제되기도 했습니다.

- 글의 내용 **전개 방식** 이해하기
- 학생의 글에 활용된 **글쓰기 전략**으로 적절하지 않은 것은?
- 윗글의 논지 **전개 방식**으로 가장 적절한 것은?
- 윗글의 내용 **전개 방식**에 대한 설명으로 가장 적절한 것은?
- 윗글에서 사용한 **글쓰기 전략**으로 가장 적절한 것은?
- 〈보기〉가 윗글의 필자가 택한 **글쓰기 전략**이라고 할 때, 글에 구현되지 않은 것은?
- 윗글의 논지 **전개 방식**을 가장 잘 설명한 것은?

이 책의 구성

이 책은 글이 흘러가는 **패턴**을 중점적으로 다룹니다. 이를 위해 [도구1, 어휘력]에서는 모르는 어휘의 뜻을 흐름을 통해 파악하는 4가지 방법을 소개합니다. 이후 [도구2, 문장과 문장의 연결고리]에서는 문장과 문장이 연결되는 패턴 2가지, 반복출현과 접속표현을 배웁니다. 반복출현은 글의 핵심어를 알려주고, 접속표현은 글의 논리적 관계를 보여주기 때문에 매우 중요합니다. 끝으로 [도구3, 내용의 전개방식]에서는 정보가 펼쳐지는 패턴 10가지를 익힙니다. 이러한 패턴을 다 익히고 나면, 글을 예측하며 더 빠르고 정확하게 읽을 수 있습니다. 또한 따로 글쓰기 훈련을 하지 않더라도, 자신의 생각을 쉽고 명확하게 풀어낼 수 있게 될 겁니다.

독해력⁺ ⟶ 학습능력⁺ ⟶ 경쟁력⁺

상상해 봅시다. 뛰어난 독해력을 갖게 된 자신의 모습을. 어떨 것 같나요?

먼저 온갖 종류의 독해시험이 쉬워질 겁니다. 어떤 지문이 나와도 자신있게 읽고 문제를 쉽게 맞힐 수 있을 테니까요. 그리고 다른 과목 공부도 쉬워질 겁니다. 교과서, 참고서를 빠르고 정확하게 이해할 수 있을 테니까요. 독해력이 강화되면 같은 시간 동안 더 많은 양을 학습할 수 있습니다. 궁극적으로 독해력은 삶의 경쟁력을 높여줄 겁니다. 여러분이 어떤 분야에서 일하게 되든 관련 업종의 지식을 쉽게 습득할 수 있을 테니까요.

이처럼 시험, 공부, 학습은 모두 독해를 바탕으로 합니다. 이런 이유로 **독해력 강화**는 단순히 시험 점수를 높이는 것보다 더 큰 의의가 있습니다. 이런 이유로 수험생이 이 책을 읽고 있다면, 귀찮고 힘든 수험공부라고만 생각하지 말고, 이번 기회에 삶의 경쟁력을 근본적으로 올릴 수 있는 기회라고 생각하길 바랍니다. 제가 이 책을 통해 여러분의 몸값을 높이는 데 함께 하겠습니다.

> 당신은 신체적 재능을 요구하는 분야를 제외하고 어느 분야에서나 전문가가 될 수 있는 잠재력을 지니고 있다. 어느 분야에서나! 농구선수나 가수 같은 신체적 재능을 요구하는 분야를 제외한 모든 분야에서 책은 초심자를 전문가로 변모시킬 수 있다.
>
> — 엠제이 드마코, 『부의 추월차선』 —

이 책의 핵심

독해력이 문제풀이를 쉽게 한다!

다음은 글의 핵심만 파악하면 쉽게 풀릴 수 있게 잘 설계된 문항들입니다. 그런데 대다수 수험생들이 독해 매뉴얼을 모르다 보니 단순무식하게 읽고 푸는 경우가 많습니다. 제가 간략히 접근법을 보여드릴 테니, 자신의 풀이방법과 비교해보세요.

예제 ❶ 다음 글의 내용과 부합하는 것은?

출처 | 2021년 5급 공채 PSAT 언어논리

¹화원(畵員)이란 조선시대의 관청인 도화서 소속의 직업 화가를 말한다. ²화원은 임금의 초상화인 어진과 공신초상, 의궤와 같은 궁중기록화, 궁중장식화, 각종 지도, 청화백자의 그림, 왕실 행사를 장식하는 단청 등 왕실 및 조정이 필요로 하는 모든 종류의 회화를 제작하고 여러 도화(圖畵) 작업을 담당하였다. ³그림과 관련된 온갖 일을 한 화원들은 사실상 거의 막노동에 가까운 일을 했던 사람들이다.

⁴고된 노역과 적은 녹봉에도 불구하고 이들은 왜 어려서부터 그림 공부를 하여 도화서에 들어가려고 한 것일까? ⁵그림에 재능이 있는 사람이 화원이 되려고 한 이유는 생각보다 간단하다. ⁶화원이 된다는 것은 국가가 인정한 20~30명의 최상급 화가 중 한 사람이 된다는 것을 의미한다. ⁷비록 중인이지만 화원이 되면 종9품에서 종6품 사이의 벼슬을 받는 하급 관료가 되는 것이다. ⁸따라서 화원이 된 사람은 국가가 인정한 최상급 화가라는 자격과 함께, 경제적으로는 별 도움이 되는 것은 아니지만 관료라는 지위를 갖게 된다.

⁹실상 화원은 국가가 주는 녹봉으로 생활했던 사람들이 아니었다. ¹⁰이들은 낮에는 국가를 위해 일했으나 퇴근 후에는 사적으로 주문을 받아 작품을 제작하였다. ¹¹화원들은 벌어들이는 돈의 대부분을 사적 주문에 의한 그림 제작을 통해 획득하였다. ¹²국가 관료라는 지위와 최상급 화가라는 명예는 그림 시장에서 그들의 작품에 보다 높은 가치를 부여하였고, 녹봉에만 의지하는 다른 하급 관료보다 경제적으로 풍요롭게 만들었다. ¹³반면 도화서에 들어가지 못한 일반 화가들은 경제적으로 곤궁하였다. ¹⁴이들은 일정한 수입이 없었으며 그때그때 값싼 그림을 팔아 생활하였다. ¹⁵따라서 화원과 비교해 볼 때 시정(市井)의 직업 화가들의 경제 여건은 늘 불안정하였다. ¹⁶이런 이유로 화원 집안에서는 대대로 화원을 배출하려고 노력했고, 조선후기에는 몇몇 가문이 도화서 화원직을 거의 독점하게 되었다.

---

① 일반 직업 화가들은 화원 밑에서 막노동에 가까운 일을 담당하였으나 신분은 중인이었다.
② 화원은 국가 관료라는 지위를 가졌으나 경제적 여건은 일반 하급 관료에 비해 좋지 않은 편이었다.
③ 임금의 초상화를 그리는 도화서 소속 화가는 다른 화원에 비해 국가가 인정한 최상급 화가라는 자격을 부여받았다.
④ 도화서 소속 화가는 수입의 가장 많은 부분을 사적으로 주문된 그림을 제작하는 데서 얻었다.
⑤ 적은 녹봉에도 불구하고 화원이 되려는 경쟁이 치열했으므로 화원직의 세습은 힘들었다.

이 책의 핵심   9

¹15~16세기에 이질은 사람들을 괴롭히는 가장 주요한 질병이 되었다. ²조선은 15세기부터 냇둑을 만들어 범람원(汎濫原)을 개간하기 시작하였고, 『농사직설』을 편찬하여 적극적으로 벼농사를 보급하였다. ³이질은 이처럼 벼농사를 중시하여 냇가를 개간한 조선이 감당하여야 하는 숙명이었다.

⁴벼농사를 짓는 논은 밭 위에 물을 가두어 농사를 짓는 농업 시설이었다. ⁵새로 생긴 논 주변의 구릉에는 마을들이 생겨났다. ⁶하지만 사람들이 쏟아내는 오물이 도랑을 통해 논으로 흘러들었고, 사람의 눈에 보이지 않는 미생물 중 수인성(水因性) 병균이 번성하였다. ⁷그중 위산을 잘 견디는 시겔라균은 사람의 몸에 들어오면 적은 양이라도 대장까지 곧바로 도달하였고, 어김없이 이질을 일으켰다.

⁸이질은 15세기 초반 급증하기 시작하여 17세기 이후에는 크게 감소하였다. ⁹이러한 변화의 원인은 생태 환경의 측면에서 찾을 수 있다. ¹⁰15~16세기 냇둑에 의한 농지 개간은 범람원을 논으로 바꾸었다. ¹¹장마나 강우에 의해 일시적으로 범람하여 발생하는 짧은 침수 기간을 제외하면 범람원은 나머지 대부분의 시간 동안 건조한 상태를 유지하는 벌판을 형성한다. ¹²이곳은 홍수에 잘 견디는 나무로 구성된 숲이 발달하였던 곳이다. ¹³한반도의 하천 변에 분포하는 넓은 범람원의 숲이 논으로 개발되면서 뜨거운 여름 동안 습지로 바뀌었고 건조한 환경에 적합한 미생물 생태계가 습한 환경에 적합한 새로운 미생물 생태계로 바뀌었다. ¹⁴수인성 세균인 병원성 살모넬라균과 시겔라균은 이러한 습지의 생태계에서 번성하여 장티푸스와 이질의 발병률을 크게 높였다.

¹⁵그런데 17세기 이후 농지 개간의 중심축이 범람원 개간에서 산간 지역 개발로 이동하였다. ¹⁶이는 수인성 전염병 발생을 크게 줄이는 결과를 낳았다. ¹⁷농법의 측면에서도 17세기 이후에는 남부지역의 벼농사에서 이모작과 이앙법이 확대되었고, 이는 마을에 인접한 논의 사용법을 변화시켰다. ¹⁸특히 논에 물을 가둬두는 기간이 줄어서 이질 등 수인성 질병 발생의 감소를 가져왔다.

① 『농사직설』을 통한 벼농사 보급 이전의 조선에는 수인성 병균에 의한 질병이 발견되지 않았다.
② 15~16세기 조선의 하천에서 번성하던 시겔라균이 17세기 이후 감소하였다.
③ 17세기 이후 조선에서는 논의 미생물 생태계가 변화되어 이질 감소에 기여하였다.
④ 17세기 이후 조선에서 개간 대상 지역이 바뀌어 인구 밀집지역이 점차 하천 주변에서 산간 지역으로 바뀌었다.
⑤ 17세기 이후 조선 농법의 변화는 건조한 지역에도 농지를 개간할 수 있도록 하여 이질과 장티푸스 발병률을 낮추었다.

> 지문을 읽으며 모든 내용을 다 기억하려고 했나요?
>
> 선지를 판단하기 위해 매번 지문으로 되돌아갔나요?
>
> 그렇다면 이 문제를 잘못 푼 것입니다.

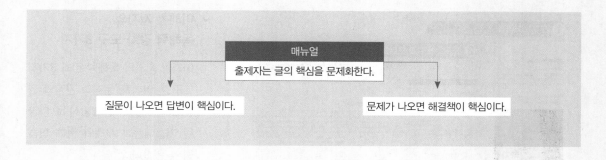

매뉴얼
출제자는 글의 핵심을 문제화한다.

질문이 나오면 답변이 핵심이다.   문제가 나오면 해결책이 핵심이다.

예제 ① 정답 ④

지문에 "⁴고된 노역과 적은 녹봉에도 불구하고 이들은 왜 어려서부터 그림 공부를 하여 도화서에 들어가려고 한 것일까?"라는 **질문**이 제시됐습니다. 이에 대한 **답변**은 "¹⁰퇴근 후에는 사적으로 주문을 받아 작품을 제작하였"고, 이 작품이 "¹²높은 가치를 부여" 받아서 도화서 소속 작가들이 "¹²경제적으로 풍요롭게" 살 수 있었다는 것입니다. 그리고 이 **답변**을 담고 있는 선지는 ④입니다.

예제 ② 정답 ③

지문에 "¹이질"이 "¹주요한 질병"이라며 **문제**로 제시됐습니다. 이 문제는 "⁸17세기 이후 크게 감소"되었다고 하는데, 구체적으로는 "¹⁵17세기 이후 농지 개간의 중심축이 범람원 개간에서 산간 지역 개발로 이동"하면서 "¹⁸논에 물을 가둬두는 기간이 줄"게 되어 해결된 것이었습니다. 그리고 이런 **해결책**을 담고 있는 선지는 ③입니다.

> 내용일치의 탈을 쓰고 있지만, 사실상 핵심을 찾으라는 문항과 같습니다.
>
> 지엽적인 내용을 기억하려고 애쓸 필요 없이, 핵심에 주목하면 쉽게 문제를 풀 수 있습니다.
>
> 물론 모든 문제가 이런 식으로 풀리지는 않지만,
>
> 세세한 매뉴얼은 또 공부하면서 하나씩 배워나가겠습니다.

이 책의 핵심 **11**

이 책의 구성

독해력 강화 도구 3가지

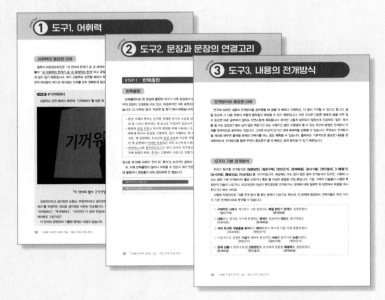

☑ **이해황 저자의 독해력 강화 도구 3가지**

이해황 저자의 독해력 강화 3가지 도구인 '어휘력, 문장과 문장의 연결고리, 내용의 전개방식'을 다양한 기출예문과 사례와 함께 학습할 수 있습니다.

또한, '도구 연습하기'를 통해 간단하게 연습 및 테스트를 해보며 자신이 정확하게 숙지하였는지를 점검해볼 수 있습니다.

독해력 훈련 30 DAYS

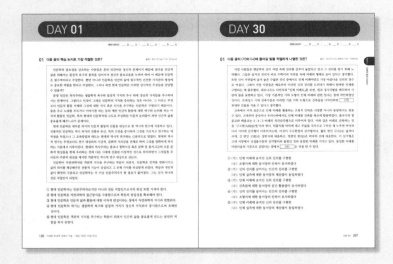

☑ **30일 훈련으로 완성하는 독해력**

매일 3지문씩 30일 동안 PSAT 기출 문제들을 풀어보며 독해력을 훈련할 수 있습니다.

이때 앞서 배운 '독해력 강화 도구 3가지'를 적용하여 학습하면 더욱 정확한 독해력을 기를 수 있습니다.

독해력 실전 모의고사

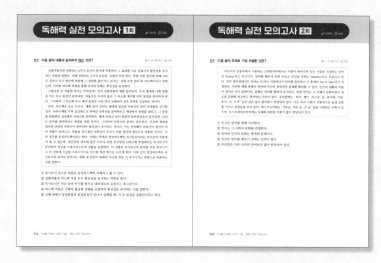

✓ **독해력 실전 모의고사 2회분으로 실전 대비**

취업을 위한 필수 영역, 주요 대기업/공기업의 언어논리/의사소통능력 최신 기출복원 문제로 구성된 실전 모의고사 2회분을 풀어보며 향상된 독해력을 점검해볼 수 있습니다.

정답과 해설

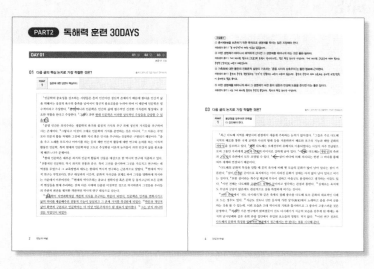

✓ **이해황의 꼼꼼한 지문 첨삭과 상세한 해설**

모든 문제의 해설에서 이해황 저자만의 지문 첨삭과 상세한 풀이법을 제공하였습니다. 이를 통해 자신이 정확하게 지문을 독해하였는지, 정답과 오답을 올바르게 구분하여 풀이하였는지를 확인할 수 있습니다.

차례

10년간 수험생들을 사로잡은 독해 전문가, 이해황

머리말

이 책을 배우기 전에

이 책의 핵심

이 책의 구성

PART1 | 독해력 강화 도구 3가지

PART2 | 독해력 훈련 30DAYS

PART3 | 독해력 실전 모의고사

학습플랜 📅

'독해력 강화'를 위한 30일 학습플랜

PREVIEW			DAY 1	DAY 2
PART 1 독해력 강화 도구 3가지		PART 2 독해력 훈련 30DAYS PREVIEW	PART 2 DAY 01	PART 2 DAY 02

DAY 3	DAY 4	DAY 5	DAY 6	DAY 7
PART 2 DAY 03	PART 2 DAY 04	PART 2 DAY 05	PART 2 DAY 06	PART 2 DAY 07

DAY 8	DAY 9	DAY 10	DAY 11	DAY 12
PART 2 DAY 08	PART 2 DAY 09	PART 2 DAY 10	PART 2 DAY 11	PART 2 DAY 12

DAY 13	DAY 14	DAY 15	DAY 16	DAY 17
PART 2 DAY 13	PART 2 DAY 14	PART 2 DAY 15	PART 2 DAY 16	PART 2 DAY 17

DAY 18	DAY 19	DAY 20	DAY 21	DAY 22
PART 2 DAY 18	PART 2 DAY 19	PART 2 DAY 20	PART 2 DAY 21	PART 2 DAY 22

DAY 23	DAY 24	DAY 25	DAY 26	DAY 27
PART 2 DAY 23	PART 2 DAY 24	PART 2 DAY 25	PART 2 DAY 26	PART 2 DAY 27

DAY 28	DAY 29	DAY 30	최종점검	
PART 2 DAY 28	PART 2 DAY 29	PART 2 DAY 30	PART 3 독해력 실전 모의고사 1회	PART 3 독해력 실전 모의고사 2회

에듀윌이
너를
지지할게
ENERGY

시작하라.

그 자체가 천재성이고,
힘이며, 마력이다.

– 요한 볼프강 폰 괴테(Johann Wolfgang von Goethe)

PART 1

독해력 강화
도구 3가지

어휘력

내용의
전개방식

문장과 문장의
연결고리

1 도구1, 어휘력

어휘력이 중요한 이유

철학자 비트겐슈타인은 "내 언어의 한계가 곧 내 세계의 한계"라는 유명한 말을 했습니다. 저는 이 말을 살짝 비틀어 "내 어휘력의 한계가 곧 내 독해력의 한계"라고 곧잘 말합니다. 어휘력이 뒷받침되지 않으면 글을 이해하는 게 쉽지 않기 때문입니다. 제가 고등학교 강연할 때마다 학생들에게 꼭 물어보는 단어를 몇 개 보여드리겠습니다. 만약 여러분이 여기서 제시되는 단어를 모두 정확하게 알고 있다면 어휘력이 썩 괜찮은 편이라 자부해도 좋습니다.

사례 ❶ #기꺼워하다

고등학교 강연 때마다 화면에 '기꺼워하다'를 띄운 후 다음과 같이 물어봅니다.

"이 단어의 뜻이 긍정적일까요, 부정적일까요?"

긍정적이라고 생각하면 오른손, 부정적이라고 생각하면 왼손을 들라고 하면, 대부분 왼손을 듭니다. '기꺼워하다'를 부정적인 의미로 생각하는 이유는 단순합니다. 쌍기역은 주로 욕할 때 주로 쓰니까요. 그리고 발음상 '띠꺼워하다', '역겨워하다', '거리끼다'가 쉽게 연상되니 '기꺼워하다'도 부정적 의미의 단어로 느껴집니다. 여러분도 그런가요?

이 단어와 관련하여 기출된 문제는 다음과 같습니다.

출처 | 2009학년도 대학수학능력시험

예시문제

다음 글로 미루어 알 수 있는 것은?

> (집을 부수는) 인부들도 즐거운 낯이 아니다.
>
> — 홍파 각색, 「난쟁이가 쏘아 올린 작은 공」 —

① 인부들은 불이의 집을 허무는 일에 대해 <u>기꺼워하지는</u> 않았다.

이때 제법 많은 학생들이 ①을 알 수 없다고 생각했는데, '기꺼워하다'의 뜻을 반대로 추측했기 때문입니다. '기꺼워하다'는 긍정적인 어감의 단어로서, '마음속으로 은근히 기뻐하다'는 뜻입니다. 생소한가요? 그런데 '기꺼워하다'는 못 들어봤더라도, '기꺼이'라는 표현은 많이 접해봤을 겁니다. "기꺼이 하겠습니다", "기꺼이 승낙하겠습니다" 등 이때의 '기꺼이'가 바로 '기꺼워하다'의 사촌관계입니다.

이렇게 뜻을 알고 보니, ①은 지문의 내용과 완전히 일치하므로 알 수 있는 선지입니다. 시험에 다음과 같이 종종 등장하는 어휘이므로, 몰랐다면 이번 기회에 잘 알아둡시다.

> 세자와 대군이 <u>기꺼워하사</u> 궁문 밖에 나와 (임경업을) 기다리시더니,
>
> — 작자 미상, 「임경업전」 —

'기꺼워하다'의 뜻을 모르면, 세자와 대군이 임경업을 벌하기 위해 기다린다고 잘못 이해할 수 있습니다.

사례 ❷ #정미소

같은 아파트에 사는 어머님께서 삼수생 아들을 지도해달라고 요청해왔습니다. 수학은 1등급이 나오는 이과 학생인데 늘 국어가 문제라고. 과외를 하지 않는 터라 거절했지만, 워낙 간절히 부탁하셔서 한번 만나보기로 했습니다. 제가 요청한 준비물은 두 개였습니다. 그간 공부한 교재들과 최근 응시한 6월 모의평가 시험지. 만나보니 공부량이 적은 편은 아니었습니다. 3수째라 그런지, 유명 인강강사 커리큘럼은 거의 다 섭렵한 상태였습니다. 그래서 6평 시험지를 보며 글을 어떻게 이해했는지, 문제는 왜 틀렸는지 하나씩 설명해보라고 했습니다. 그러다 제가 경악할 만한 일이 벌어집니다.

> 조 의관(덕기의 조부)이 죽고, 덕기가 재산 상속자가 된다. 조 의관의 유산 목록에 정미소가 없었다는 것을 안 상훈은 **정미소**를 차지하려고 한다.

윗글은 염상섭이 쓴 소설 『삼대』의 중간 줄거리입니다. 조부할아버지가 아들 상훈을 건너뛰고 손자인 덕기에게 재산을 물려줬는데, 정미소를 두고 아들과 아버지가 다투는 내용이 전개됩니다. 딱히 어려운 부분이 없죠? 그런데 그 삼수생은 이 줄거리 부분을 다음과 같이 이해했다고 합니다.

"할아버지의 첩인 정미소가 얼마나 예뻤으면, 아들과 아버지가 서로 차지하려고 한 걸까?
어쨌든 소설은 아들, 아버지, 정미소 이 셋의 삼각관계가 중요할 테니 이를 중심으로 읽어나가자!"

이 학생은 '정미소'를 성이 정 씨고 이름이 미소인 사람으로 이해한 것입니다! 도시에서만 살다 보니 정미소^{방앗간}를 본 적은 없고, 주변에 '미소'라는 이름의 친구들은 종종 있었기 때문인데요...

마치 요즘 학생들이 (📱)을 저장 아이콘이라고만 생각하지, 실제로 존재했던 USB 비슷한 무언가를 본뜬 모습이라고 생각하지 못하는 것과 같습니다. 그런데 **시험에는 수험생들이 태어나기 전 상황을 배경으로 하는 지문도 곧잘 출제됩니다.**

사례 ③ **#권력**

'권력'의 뜻이 뭘까요? 강연할 때 뭐냐고 물어보면 다들 비슷합니다. "힘이요!"

물론 힘(力)이긴 합니다만, 그러면 권력이 아니라 그냥 력(力)이라고 해야죠. ㅎㅎ 우리의 관심사는 권력이 도대체 '어떤' 힘이냐는 데 있습니다.

우리가 '권력자'라고 했을 때 떠오르는 이미지는 근육이 많은 사람 혹은 싸움을 잘하는 사람이 아닙니다. 체구가 작고 근육질이 아니더라도, 남을 복종시키거나 지배할 수 있는 힘^{권리}을 가졌다면 그가 바로 권력자입니다. 이렇게 권력의 의미를 파악했다면, 다음 문장을 좀 더 깊게 이해할 수 있습니다.

> 우리는 돈(자본)이 곧 권력인 사회에 살고 있다.

권력을 단순히 힘으로만 알고 있었다면, "우리 사회에서는 돈이 힘이구나" 정도로 이해하는 데 그쳤을 겁니다. 그런데 권력의 의미를 알고나니 어떤가요? '우리 사회에서는 돈이 있으면 누군가를 지배할 수 있거나, 복종하도록 할 수 있구나' 하고 더 깊게 이해할 수 있게 되죠. 그리고 이런 사소한 차이가 독해의 깊이를 다르게 합니다.

이제 실제 기출 예문을 음미해봅시다. '지배', '복종'이라는 단어가 없더라도, 이 의미를 넣어서 읽어보면 훨씬 매끄럽게 이해될 겁니다.

> 도덕적 경계심이 결여된 통치자의 <u>권력</u> 행사는 백성에 대한 <u>억압</u>의 계기로 작용하였다.

사례 ④ **#반대급부**

언젠가 MBC 〈100분 토론〉을 보는데, 한 시민논객이 토론자에게 다음과 같은 질문을 합니다.

"〈○○ ○○○〉를 좀 비판하는 말이 나오면
그것에 대해 거의 무조건적인 반대급부를 하고 계시거든요."

'반대급부'를 '반대'와 같은 뜻으로 쓴 건데, 흔히들 하는 실수입니다. 저는 유명한 사업가, 고위공무원 등이 이렇게 오용하는 경우를 여러 번 봤습니다. 그런데 반대급부는 반대와는 무관하고, 대가라는 뜻에 가깝습니다. 예를 들어, 다음 기사의 반대급부를 전부 대가로 바꿔서 읽어보세요.

- "우리 측이 투자자국가소송제도(ISD) 폐기를 요구하면 미국도 **반대급부**를 요구할 것"
- "어느 한 쪽에 대한 실망감의 **반대급부**로 다른 한 쪽을 지지한다는 것은 맞지 않는 것 같다."

매끄럽게 이해되죠? 다음 예문도 마찬가지입니다.

출처 | 2003학년도 9월 모의평가

물질적 **반대급부**를 기대하고 예술가를 돕는 후원자가 보기에는, 예술가의 재능은 하나의 경제적 가치를 가진 대상일 뿐이다.

출처 | 2013년 5급 PSAT 언어논리

중세 동아시아 의학의 특징은 강력한 중앙권력의 주도 아래 통치수단의 방편으로서 활용되었다는 점이다. 권력자들은 최상의 의료 인력과 물자를 독점적으로 소유함으로써 의료를 충성에 대한 **반대급부**로 삼았다.

역시 '반대급부'를 '대가'로 바꾸니 쉽게 이해가 되죠? 사실 반대급부는 법적 용어입니다. 시험에 여러 차례 나온 적 있으므로, 좀 엄밀하게 이해해 보겠습니다. 먼저 급부에 대해 알아보겠습니다.

출처 | 2019학년도 6월 모의평가

계약 내용에 따른 행동인 **급부(給付)**를 할 의무가 인정되어, 공인 중개사는 매물의 소유권을 넘겨주고 고객은 대금을 지급해야 하는 것이다.

출처 | 2021학년도 대학수학능력시험

채권은 어떤 사람이 다른 사람에게 특정 행위를 요구할 수 있는 권리이다. 이 특정 행위를 **급부**라 하고, 특정 행위를 해주어야 할 의무를 채무라 한다. 채무자가 채권을 가진 이에게 급부를 이행하면 채권에 대응하는 채무는 소멸한다.

쉽게 말해서, 계약 당사자가 서로 의무를 부담하는 계약(=쌍무계약)에서 한쪽이 급부를 이행할 때, 반대쪽이 이행해야 할 급부를 반대급부라고 합니다. 이 개념을 이해한 상태로, 다음 지문을 읽어봅시다. '서로 의무를 이행하는', '동전의 양면처럼 서로 다른 방향에서 파악되는'에 주목해서 읽어보세요.

출처 | 2019학년도 대학수학능력시험

의사 표시를 필수적 요소로 하여 법률 효과를 발생시키는 행위들을 법률 행위라 한다. 계약은 법률 행위의 일종으로서, 당사자에게 일정한 청구권과 이행 의무를 발생시킨다. 청구권을 내용으로 하는 권리가 **채권**이고, 그에 따라 이행을 해야 할 의무가 **채무**이다. 따라서 채권과 채무는 발생한 법률 효과가 동전의 양면처럼 서로 다른 방향에서 파악되는 것이라 할 수 있다. 채무자가 채무의 내용대로 이행하여 채권을 소멸시키는 것을 **변제**라 한다.

 해황쌤의 말

지문 내용이 너무 어렵다면... 일단 넘어가세요. 공부하다 보면 나중에 다 이해가 됩니다!

01 다음 글의 내용과 부합하는 것은? 출처 | 2021년 민간경력자 PSAT 언어논리

> 13세기 이후를 고려 후기라고 하는데, 그 시기에는 마을마다 향도가 만들어졌다. 마을 단위로 만들어진 향도는 주민들이 자발적으로 만든 것으로서 그 대부분은 해당 마을의 모든 주민을 구성원으로 한 것이었다. 이런 향도들은 마을 사람들이 관혼상제를 치를 때 그것을 지원했으며 자기 마을 사람들을 위해 하천을 정비하거나 다리를 놓는 등의 일까지 했다.

③ 고려 후기에는 구성원이 장례식을 치를 때 그것을 돕는 일을 하는 향도가 있었다.

02 다음 글의 [표]를 수정한 것으로 적절한 것만을 [보기]에서 모두 고르면? 출처 | 2022년 7급 PSAT 언어논리

> 최근 야생 조류 고병원성 AI 바이러스 검출 사례는 2020년 10월 25일부터 11월 21일까지 경기도에서 3건, 충남에서 2건이 발표되었고, 가금류 고병원성 AI 바이러스 검출 사례는 전국에서 총 3건이 발표되었다.

[표] 야생 조류 AI 바이러스 검출 현황(기간: 2020년 10월 25일~2020년 11월 21일)

고병원성 AI	저병원성 AI	검사 중	바이러스 미분리
8건	8건	9건	7건

㉠ 고병원성 AI 항목의 "8건"을 "5건"으로 수정한다.

03 다음 글에서 알 수 있는 것은? 출처 | 2016년 5급 PSAT 언어논리

> 고려 현종 1년 11월 16일 거란의 왕 성종은 직접 40만 대군을 이끌고 압록강을 건너 고려에 쳐들어왔다. 고려의 주력군이 패전하자 거란군의 남침 속도는 빨라졌고, 현종은 수도인 개경을 떠나 남쪽으로 피난길에 오를 수밖에 없었다. 정월에 개경이 함락되었다.

② 압록강을 건너 고려를 침공한 지 석 달이 되지 않아 거란군은 고려 수도를 함락시켰다.

해설

01 ③은 글의 내용과 부합하는 선지입니다. '관혼상제'의 뜻을 모르면 선지를 판단하기 어렵습니다. 출제자는 **관(성인식)혼(결혼식)상(장례식)제(제사)** 중 하나인 장례식을 쏙 뽑아서 ③과 같은 선지를 만들었습니다. 시험장에서 파악하기 어려웠을 수도 있는데, 이 문제를 통해 출제자가 이런 식으로 선지를 뽑아내기도 한다는 것을 익혀두면, 비슷한 구조가 나왔을 때 훨씬 더 쉽게 정오를 판단할 수 있을 겁니다.

02 ㉠은 적절한 선지입니다. '야생 조류'의 고병원성 AI 현황은 경기도 3건, 충남 2건 총 5건입니다. '가금류'(집에서 기르는 날짐승)는 정의상 '야생 조류'에서 제외됩니다. 따라서 '8건'을 '5건'으로 수정해야 합니다. 어휘력이 부족했다면 ㉠ 판단이 좀 어려웠을 수 있습니다.

03 이 문제를 풀려면 '정월'이 언제인지 알아야 합니다. 정월은 음력 1월을 뜻합니다. 그래서 ②는 지문에서 알 수 있는 선지입니다. 살면서 '정월 대보름'이라는 단어를 수백 번은 들어봤죠? 그런데 그 명문대를 다니며 고시를 준비하는 분들임에도 '정월'을 몰라 헷갈린 경우가 많았습니다.
이번 기회에 아래 어휘도 정리해둡시다.
- 정월: 음력으로 한 해의 첫째 달
- 초하루: 매달 첫째 날
- 정월 초하루: 음력으로 한 해의 첫 날
- 섣달: 음력으로 한 해의 맨 끝 달
- 그믐: 음력으로 그달의 마지막 날
- 섣달그믐: 음력으로 한 해의 마지막 날

단기간에 어휘력을 강화시키는 방법

일반적으로 어휘력은 나이가 들면 자연스럽게 향상됩니다. 국어능력인증시험(ToKL)을 출제하는 한국언어문화연구원 발표에 따르면 40대의 어휘 능력이 10대, 20대, 30대보다 더 높게 나타났다고 합니다. 이에 대해 출제기관 측은 "어휘의 습득과 구사력이 삶의 과정에서 생활과 경험을 바탕으로 지속적으로 이루어지는 것임을 보여준다"[1] 라고 말했는데, 정말 맞는 말입니다. 그래서 여러분의 어휘력도 나이가 들면 자연스럽게 강화될 겁니다.

하지만 당장 시험을 쳐야 하는데 40대가 될 때까지 기다릴 수는 없겠죠? 시험을 앞두고 단기간에 어휘력을 강화해야 하는데, 다행히 그런 방법이 있습니다! 바로 기출지문을 활용하는 겁니다. 기출지문을 보면 자신이 알아야 할 어휘의 수준과 양을 가늠^{사물을 어림잡아 헤아림}할 수 있습니다.

구체적으로 방법을 알려드리겠습니다. 시험지문을 보면 종종 단어 위에 작은 별표시(*)가 있죠? 이런 단어는 지문 아래에 작은 글씨로 그 뜻이 나옵니다. 예를 들면 다음과 같습니다.

- 노킹 현상: 실린더 안에서 일어나는 비정상적인 폭발.
- 줄(Joule): 에너지의 크기를 나타내는 물리량.
- 몽타주: 둘 이상의 장면을 하나로 편집하는 영화나 사진 등의 기법.
- 오브제: 예술 작품에서 새로운 느낌을 일으키는 상징적 기능의 물체.
- 공공 부조: 생활 능력이 없는 국민에게 사회적 최저 수준의 생활이 가능하도록 국가가 현금 또는 물품을 지원하거나 무료 혜택을 주는 제도.

이 별표시(*)가 공부해야 할 어휘와 그렇지 않은 어휘의 기준이 됩니다. 별표시(*)가 있는 단어는 너무 전문적인 단어인 데다가 문맥을 통해서 뜻을 추론하기도 어려운 단어입니다. 따라서 몰랐어도 아무런 문제가 없습니다. 각주를 보며 그때그때 이해하면 됩니다.

그런데 <u>별표시(*)가 없는 단어임에도 뜻을 잘 모르겠다면?</u> 예를 들어 앞서 소개한 '반대급부'는 별표시(*)가 없었는데, 어떻게 해야 할까요? 두 가지 방법이 있습니다. <u>시험장에서는 문맥 활용, 시험 끝나고는 사전/인터넷 검색</u>입니다.

1) '언어능력 여성이 우월'…통계로 확인된 통념, 〈연합뉴스〉, 2013/10/06

STEP 1 | 문맥

우리가 알고 있고, 또 쓰고 있는 대부분의 어휘들은 문맥을 통해 습득됐습니다. 새로운 어휘를 만나면 문맥을 통해 그 뜻을 추론했고, 그런 활동들이 머리에 저장되는 방식으로 어휘력을 키워왔습니다. 그래서 이번 시간에는 문맥을 활용하는 방법을 체계적으로 배울 겁니다. 먼저 '문맥'이란 무엇인지 살펴보겠습니다.

X의 문맥

① X의 앞뒤 흐름(연결관계)

② X가 특정 의미를 획득할 수 있도록 만들어 줌

③ X의 문맥이 바뀌면 X의 의미도 바뀜

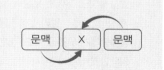

①은 상식적이죠? 이 챕터의 주제가 어휘력이니 X에 단어가 들어간 경우를 주로 살펴볼 겁니다. 하지만 X에는 단어, 문장, 문단 모두가 들어갈 수 있습니다. 그리고 X와 연결되는 문맥 또한 단어, 문장, 문단 모두가 될 수 있습니다.

②, ③은 앞서 살펴봤던 [12345, 가나다라마]를 떠올려보면 되는데, 여기서는 좀 더 심화해서 일명 **공백명사**에 대해서 살펴보겠습니다. 공백명사란 <u>의미가 텅 비어있어서, 맥락을 통해 의미가 보충되어야 하는</u> 명사입니다. 예문을 보면 쉽습니다.

• 과거제는 <u>더 많은 사람들이 지방의 관료에 의해 초빙될</u> **기회**를 주었다.

• 본성적 운동의 주체는 <u>본성을 실현할</u> **능력**을 갖고 있다.

• <u>이번 실험이 실패할</u> **가능성**을 전혀 배제할 수는 없다.

• 법원은 <u>을이 금전을 빌렸다는</u> **사실**을 인정하면서도 (후략)

• 이상 기체란 <u>분자 자체의 부피와 분자 간 상호 작용이 없다고</u> **가정**한 기체이다.

• <u>생활 환경에서 병원체의 수를 억제하고 전염병을 예방하기 위한</u> **목적**으로 사용하는 방역용 화학 물질을 '항(抗)미생물 화학제'라 한다.

• 유형원의 공거제 구상은 <u>능력주의적, 결과주의적 인재 선발의 약점을 극복하려는</u> **의도**와 함께 <u>신분적 세습</u>의 **문제점**도 의식한 것이었다.

위 예문들에서 **굵은 단어**가 바로 **공백명사**입니다. 그 자체로는 별 정보량이 없기 때문에, <u>밑줄 친 부분</u>과 같이 의미를 보충해주는 어구(보충어)가 달라 붙습니다.

참고로 보충어는 주로 보충명사와 같은 문장 내에 있지만, 다음과 같이 뒷문장에 있을 수도 있습니다.

예시문제

다음 글에 따를 때, ㉠에 해당하지 <u>않는</u> 것은?

출처 | 2005학년도 대학수학능력시험

『뉴욕 타임스』와 『워싱턴 포스트』를 비롯한 미국의 많은 신문은 선거 과정에서 특정 후보에 대한 지지를 표명한다. 전통적으로 이 신문들은 후보의 정치적 신념, 소속 정당, 정책을 분석하여 자신의 입장과 같거나 그것에 근접한 후보를 선택하여 지지해 왔다. 그러나 근래 들어 이 전통은 적잖은 ㉠ 논란거리가 되고 있다. 신문이 특정 후보를 지지하는 것이 실제로 영향력이 있는지, 또는 공정한 보도를 사명으로 하는 신문이 특정 후보를 지지하는 행위가 과연 바람직한지 등과 관련하여 근본적인 의문이 제기되고 있는 것이다.

여기서 ⊙ **논란거리**는 공백명사입니다. 이를 보충해주는 어구는 뒤에 나오는 '신문이 특정 후보를 지지하는 것이 실제로 영향력이 있는지', '공정한 보도를 사명으로 하는 신문이 특정 후보를 지지하는 행위가 과연 바람직한지'입니다. 출제자는 보충명사에 ⊙ ____ 표시한 후, 맥락을 통해 공백명사의 구체적인 의미를 파악할 수 있는지를 묻는 위와 같은 문제를 출제하기도 했습니다.

참고 **X에 단어가 아니라 문장이 들어간 경우**

앞서 말했듯, X에는 문장이 들어갈 수도 있습니다. 똑같은 문장이라도 맥락에 따라 의미가 달라집니다. 가장 흔한 사례는 '잘하다'입니다. 멀리서 농구공을 던져 3점슛을 성공시켰을 때도 "잘한다~"를 쓸 수 있지만, 공을 갖고 있다가 어이없게 상대편에게 뺏겼을 때도 "잘한다~"를 쓸 수 있습니다. 문장은 같지만 맥락에 따라 의미가 180도 달라지죠? 제가 책을 읽다가 인상깊게 본 사례는 다음과 같습니다.

> 플라톤과 프로이트가 다같이 「꿈은 욕망에서 나온다」고 말하였다 하자. 논리적 명제나 문법적 문장상에서 두 철학자의 말은 완전히 일치한다. 그러나 언표[2]상에 있어서는 엄청난 차이를 갖는다. 전자는 욕망을 폄하하기 위해서이고, 후자는 욕망에 모든 의미의 무게중심을 두기 위해서이다.
>
> – 김형효, 〈구조주의: 사유체계와 사상 레비–스트로쓰, 라캉, 푸코, 알튀세르에 관한 연구〉 (인간사랑, 2008)

문맥 활용법

문맥에 대해 살펴봤으니, 이제 문맥 활용법을 알아보겠습니다. 문맥으로 어휘의 뜻을 추론하는 방법은 네 가지입니다. 비슷한 말 찾기, 반대말 찾기, 설명하는 말 찾기, 상식적 추론. 이 방법들을 배우는 이유는 기출지문을 공부하며 어휘력을 늘리기 위한 것이기도 하고, 시험장에서 멈추지 않고 읽기 위해서이기도 합니다. 능숙한 독자는 글을 읽다가 모르는 단어를 만나도 멈춰서 당황하지 않습니다. 계속 읽어나갑니다. 문맥을 통해 뜻을 추론할 수 있다는 확신이 있으니까요. 여러분도 그럴 수 있게 해드리겠습니다. 이제 모르는 어휘가 나와도 '일시정지'를 누르지 않아도 됩니다.

문맥 활용법 ❶ 비슷한 말 찾기

필자는 같은 단어의 반복을 피하려는 경향이 있습니다. 똑같은 표현이 반복되면 지루하니까요. 그리고 친절한 필자라면 어려운 단어 근처에 비슷한 의미의 보다 쉬운 단어를 놓아둠으로써, 독자가 굳이 사전을 찾지 않더라도 그 뜻을 파악할 수 있게 도와줍니다.

---

2) 말에 나타난 뜻의 밖. 말로 드러낸 뜻의 이면. 언외(言外)와 비슷한 뜻.

사례 ① #유실

출처 | 1996학년도 대학수학능력시험

아무리 뛰어난 지식과 깊은 조예를 가졌다 해도 그 뜻을 완전히 알아서 세밀한 것까지 <u>잃지</u> 않기는 불가능하므로, 반드시 여러 사람의 장점을 널리 모으고 보잘것없는 성과도 버리지 않은 다음에야 거칠고 간략한 것이 <u>유실</u>되지 않고 얕고 가까운 것이 <u>누락</u>되지 아니하여 깊고 멀고 정밀하고 자세한 체제가 비로소 완전하게 갖추어지는 것이다.

밑줄 친 세 단어는 문맥상 다 같은 뜻입니다. 같은 단어가 여러 번 반복되는 것을 피하기 위해 필자가 의미가 같은 다른 단어를 사용한 것입니다.

사례 ② #정치

출처 | 2014학년도 수능예비평가

석가탑은 수십 개의 석재들이 <u>정교</u>하게 하나의 구조물로 <u>짜 맞추어져</u> 있어 <u>정치</u>한 아름다움을 보인다.

여기서 '정치'는 '정교하게 짜 맞추어짐'과 비슷한 뜻입니다. 참고로 '정치'는 '**정**교하고 **치**밀함'의 준말입니다. 흔히 '정치하다'라고 하면 동사로서, '나라를 다스리다'로만 알고 있는 경우가 많은데, 형용사로서 '정교하고 치밀하다'도 반드시 알고 있어야 합니다. 정치한 설명/묘사/논리/분석 등으로 많이 사용됩니다.

사례 ③ #주재

출처 | 2010학년도 9월 모의평가

천은 신성한 대상으로 숭배되었고, 여러 자연신 가운데 하나로 생각되었다. 특히 상제(上帝)와 결부됨으로써 모든 것을 <u>주재</u>하는 절대적인 권능을 가진 '상제천(上帝天)' 개념이 자리 잡았다. 길흉화복을 <u>주재</u>하고 생사여탈권까지 <u>관장</u>하는 종교적인 의미로 그 성격이 변화한 것이다.

자리를 보면 뜻을 추론할 수 있습니다. '주재'하다가 뭔지 몰라도 바로 옆의 '관장'과 비슷한 뜻일 거라 추측할 수 있죠? 주재=관장^{일을 맡아서 주관함}이라고 생각하면 됩니다. 참고로 '상제'는 옥황상제, 즉 하느님을 말합니다.

사례 ④ #상환

출처 | 2008학년도 9월 모의평가

은행은 고객의 <u>상환</u> 능력에 대한 충분한 정보를 확보하지 못한 상태에서 <u>대출금</u>을 <u>회수</u>하지 못할 위험에 늘 노출되는 것이다.

고객 입장에서 '상환'은 은행 입장에서 '대출금 회수'와 같습니다. 따라서 '상환'은 빌린 돈을 갚는 것을 말합니다. 같은 것을 다른 방향에서 바라본거죠.

출처 | 2005학년도 6월 모의평가

> 내 일찍이 그 얘기를 듣고 웃으며, "우리 스승 공자께서 괴력난신(怪力亂神)을 말씀하지 않았다. 동명왕의 일은 황당하고 기괴하여 우리들이 얘기할 것이 못 된다."라고 말하였다.

비슷한 자리에 있으면 비슷한 의미일 가능성이 높습니다. 따라서 문맥을 통해 괴력난신의 의미가 '황당하고 기괴하여'라고 추측할 수 있습니다.

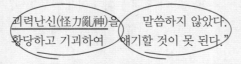

참고로 시험지에는 괴력난신에 각주 표시 '*'가 달려서 '이성적으로 설명하기 어려운 존재나 현상'이라는 뜻풀이가 제시됐습니다.

출처 | 2012년 LEET 언어이해

> 멜로드라마에서는 가족의 위기, 불가능한 사랑, 방해받는 모성, 불가피한 이별 등으로 주인공이 고통을 겪다가 행복해지는 과정이 다루어졌고, 선악 대립보다는 파토스(pathos)의 조성이 부각되었다. 곧 약자가 겪는 고통과 슬픔을 과장되게 보여 주면서 감성을 자극하는 것이 주된 관심사가 되었던 것이다.

상식이 많아서 파토스가 뭔지 알았다면 좋았겠지만 몰랐어도 상관 없습니다. 쭉쭉 읽어나가세요. 설명해주는 말이 앞에 없었다면 뒤에 있을 겁니다.

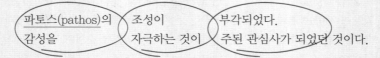

'곧'을 통해 앞의 말이 반복됨을 알 수 있고, 문장 구조의 유사성을 통해 파토스가 '감성'과 비슷한 말이라는 것을 알 수 있습니다.

참고로 파토스는 아리스토텔레스의 『니코마코스 윤리학』에서 소개된 개념입니다. 설득의 수단으로 에토스(ethos), 파토스(pathos), 로고스(logos)가 제시됐는데, 에토스는 품성이나 품격에서 나오는 인간적 신뢰감, 파토스는 감성적 호소력, 그리고 로고스는 논리적 구속력을 뜻합니다. 교양으로 알아둘 만한 단어들입니다.

출처 | 1998학년도 대학수학능력시험

> 열역학 제2법칙에 따르면 자연 현상은 에너지가 무산(霧散)되어 엔트로피가 증가하는 방향으로 진행된다. 도자기가 바닥에 떨어져 깨지는 것처럼, 또는 방 안에서 피어오르던 연기가 서서히 흩어지다가 창문을 열면 밖으로 더욱 퍼져 나가는 것처럼, 자연은 최대 무질서 상태를 향해서 나아간다.

'엔트로피가 증가'한다니??? 밑줄 친 부분은 그 자체만으로는 이해하기 어렵습니다. 이 단어를 어디서 들어봤을 수는 있어도 정확한 뜻은 다들 잘 모르니까요. 그런데 시험장에서 이런 단어를 만나도 멈추면 안 됩니다. 다른 사람들은 다 아는데 나만 모를 거라고 생각하지 마세요. 여러분이 모르면 다른 사람도 모릅니다. 낯선 단어를 만났을 때 멈추는 수험생과 멈추지 않고 계속 읽어나가는 수험생이 있을 뿐입니다.

뒤를 보면 도자기가 깨지거나 연기가 흩어지는 **사례**를 제시해서 이해를 돕고 있습니다. 또한 이와 비슷한 말인 '최대 무질서 상태를 향해서 나아간다'로 대체해서 설명해주고 있습니다.

따라서 [엔트로피가 증가한다 ≒ 무질서 상태를 향해 나아간다]로 정리할 수 있습니다. 실제로 엔트로피를 무질서로도 번역하기도 하고요.

사례 ⑧ #상정

출처 | 2022학년도 6월 모의평가

> 자유와 행복을 추구하는 이성적인 인간을 상정하는 당시 계몽주의 사조에 베카리아는 충실히 호응하여, 이익을 저울질할 줄 알고 그에 따라 행동하는 존재로서 인간을 전제하였다.

'상정하다'는 뒤에 나오는 '전제하다'와 의미가 비슷합니다.

사례 ⑨ #할애

출처 | 2022학년도 6월 모의평가

> 사람은 대가 없이 공익만을 위하여 자유를 내어놓지는 않는다. 끊임없는 전쟁과 같은 상태에서 벗어나기 위하여 자유의 일부를 떼어 주고 나머지 자유의 몫을 평온하게 누리기로 합의한 것이다. 저마다 할애한 자유의 총합이 주권을 구성하고, 주권자가 이를 위탁받아 관리한다.

자유를 '할애'했다는 앞에 나온 '자유의 일부를 떼어 주고'와 비슷한 뜻입니다.

문맥 활용법 ❷ 반대말 찾기

세상만물이 짝을 이루어 존재합니다.

가로/수평 ↔ 세로/수직, 간섭 ↔ 자율, 개인 ↔ 사회/집단, 객관 ↔ 주관, 겉 ↔ 속, 결합 ↔ 분리, 공리주의 ↔ 의무론, 국내 ↔ 국제/국외, 긍정 ↔ 부정, 남성 ↔ 여성, 남 ↔ 북, 낮 ↔ 밤, 능동 ↔ 수동, 다원적 ↔ 일원적, 동 ↔ 서, 드러냄 ↔ 숨김, 디지털 ↔ 아날로그, 맺음 ↔ 이음, 문제 ↔ 해결, 물질 ↔ 정신, 미시 ↔ 거시, 밝음 ↔ 어둠, 보수 ↔ 진보, 보편 ↔ 특수, 복잡 ↔ 단순, 본질적 ↔ 부차적, 부모 ↔ 자식, 불 ↔ 물, 비어있음 ↔ 차있음, 사실 ↔ 의견, 사용자(사업주) ↔ 노동자, 사전 ↔ 사후, 생산 ↔ 소비, 생성 ↔ 소멸, 선생 ↔ 제자, 선천적 ↔ 후천적, 성공 ↔ 실패, 소극적 ↔ 적극적, 수요 ↔ 공급, 수용 ↔ 저항, 시간 ↔ 공간, 시작 ↔ 끝, 실리 ↔ 명분, 안(내재적/내면) ↔ 밖(외재적/외면), 앞 ↔ 뒤, 양 ↔ 질, 얽힘 ↔ 풀림, 여당 ↔ 야당, 연역 ↔ 귀납, 왼쪽 ↔ 오른쪽, 원본 ↔ 사본, 위 ↔ 아래, 유전 ↔ 환경, 의(義) ↔ 이(利), 일시 ↔ 지속/영구, 일치 ↔ 불일치, 입력 ↔ 출력, 있음 ↔ 없음, 자발적 ↔ 강제적, 자연적 ↔ 인위적, 작용 ↔ 반작용, 장기 ↔ 단기, 저자 ↔ 독자, 절대 ↔ 상대, 정답 ↔ 오답, 종합 ↔ 분석, 중립적 ↔ 편향적, 직접 ↔ 간접, 찬성 ↔ 반대, 피고 ↔ 원고, 필수 ↔ 선택, 필연 ↔ 우연/개연, 하늘 ↔ 땅, 현실 ↔ 이상, 형식 ↔ 내용/실질, 형식 ↔ 실질, 형평성 ↔ 효율성 등

> **해황쌤의 말**
>
> 제가 많이 늘어놨다고 대충 읽고 넘기면 안 됩니다. 하나하나가 다 큰 주제이고, 글을 많이 읽다 보면 다 만나게 될 주제들입니다.

따라서 모르는 단어를 만나도 멈추지 말고 쭉쭉 읽어나가면 됩니다. 읽다 보면 모르는 단어와 짝을 이루는 반대말을 만날 가능성이 크니까요. 글 쓰는 사람 입장에서는 반대말을 배치함으로써 각각의 의미를 더 선명하게 드러낼 수 있는 이점도 있습니다.

사례 ❶ #간사함

출처 | 2005학년도 6월 모의평가

> 고기(古記)란 것도 문자는 거칠고 불합리하며 사적(史蹟)은 빠지고 없어져서, 임금의 <u>선함</u>과 <u>악함</u>, 신하의 <u>충성스러움</u>과 <u>간사함</u>, 나라의 <u>평안함</u>과 <u>위태로움</u>, 백성의 <u>다스려짐</u>과 <u>어지러움</u>을 모두 드러내어 이로써 후세에 권장하거나 경계할 수가 없습니다.

[선함 ↔ 악함], [충성스러움 ↔ 간사함], [평안함 ↔ 위태로움], [다스려짐 ↔ 어지러움]이 짝을 지어 연달아 나타나고 있습니다.

사례 ❷ #존숭

출처 | 1995학년도 대학수학능력시험

법은 통치자를 존숭(尊崇)하고 백성을 비하하며, 아랫사람에게는 각박하고 윗사람에게는 너그럽게 되었다.

[통치자 : 존숭 ↔ 백성 : 비하], [아랫사람 : 각박하고 ↔ 윗사람 : 너그럽게] 이런 반대관계가 바로 보이죠? '존숭'은 '비하'와 대조되는 의미로 알고 넘어가면 충분합니다.

사례 ❸ #목불식정

출처 | 2007학년도 대학수학능력시험

우리 집 이웃의 늙은 부부는 늦게야 아들 하나를 얻었는데, 자기네가 목불식정(目不識丁)인 것이 철천의 한이 되어서 아들만은 어떻게 해서든지 글을 시켜보겠다고, 어려운 살림에도 아들을 서당에 보내고 노상 "우리 서당 애, 우리 서당 애." 하며 아들 이야기를 했었다.

시험지에는 '목불식정'에 '글자를 한 자도 모를 정도로 무식함'이라는 각주가 있었습니다. 하지만 이런 설명이 없어도 대략적인 의미를 문맥을 통해 알 수 있습니다. 바로 뒤에 '(서당에서) 글을 시켜보겠다고'와 대조되는 의미니까, 목불식정을 서당에 다니지 못해서 글을 못 배웠다 정도로 이해하며 막힘없이 읽어나갈 수 있습니다.

도구 연습하기   반대말 바꿔치기

01 다음 글의 결론으로 가장 적절한 것은?

출처 | 2010년 민간경력자 PSAT 언어논리

우리 사회는 근본적으로 다른 문화, 즉 양식화(樣式化)되어 오직 양적으로 확대된 커뮤니케이션 속에서 거래하고 생존해가는 문명으로 갑작스럽게 전환되었다. 정보는 엄청난 속도로 생산 및 분배되고, 분배된 정보는 처리되지 못한 채 과부하되었다. 우리는 주위의 많은 정보들이 얼마나 유용하며 얼마나 유해한지 파악할 수 없다. 이처럼 예기치 못했고 환영받지 못하는 정보 환경 문제를 데이터 스모그(data smog)라고 부른다.

① 정보의 질적 측면에 초점을 두어 데이터 스모그 현상을 해소하는 작업이 중요하다.

해설

01 데이터 스모그는 양적 확대와 관련이 있었는데, 출제자는 반대말 바꿔치기를 통해 '양적'을 '질적'으로 바꿔버렸습니다. 따라서 ①은 적절하지 않습니다.

문맥 활용법 ❸ 설명하는 말 찾기

필자는 어려운 단어를 썼을 때 혹시라도 독자가 그 뜻을 모를까봐 정의, 설명, 수식어, 사례 등 다양한 방법을 통해 풀어주곤 합니다. 몇 가지 유형을 보여드리겠습니다.

🔍 유형 ❶   A이다. A개념는 B설명이다.

- 과학 이론은 토마스 쿤이 말하는 **패러다임**의 역할을 한다. 패러다임이란 과학자 사회의 구성원들이 공유하고 있는 신념, 가치, 기술 등의 총체를 말한다.
- 경제학에서는 가격이 **한계 비용[3]**과 일치할 때를 가장 이상적인 상태라고 본다. '한계 비용'이란 재화의 생산량을 한 단위 증가시킬 때 추가되는 비용을 말한다.
- 피설명항은 설명항으로부터 '**건전한 논증**'을 통해 도출되어야 한다. 이때 건전한 논증은 '논증의 전제가 모두 참'이라는 조건과 '논증의 전제가 모두 참이라면 결론도 반드시 참'이라는 조건을 모두 만족하는 논증이다.
- 3D 합성 영상을 생성, 출력하기 위해서는 **모델링**과 렌더링을 거쳐야 한다. 모델링은 3차원 가상 공간에서 물체의 모양과 크기, 공간적인 위치, 표면 특성 등과 관련된 고유의 값을 설정하거나 수정하는 단계이다.

🔍 유형 ❷   B설명를 A개념라고 한다.

- 주형 DNA에서 증폭하고자 하는 부위를 **표적 DNA**라 한다.
- 감염방지제 중 독성이 약해 사람의 피부나 상처 소독에도 사용이 가능한 항미생물 화학제를 **소독제**라 한다.
- 충전지는 최대 용량까지 충전하는 것이 효율적이며 이러한 상태를 **만충전**이라 한다.

🔍 유형 ❸   B설명인 A개념이다.

- 최대 용량을 넘어서 충전하는 **과충전**이나 방전 하한 전압 이하까지 방전시키는 **과방전**으로 인해 충전지의 수명이 줄어들기 때문에 충전 양을 측정·관리하는 것이 중요하다.
- 라이프니츠는 만일 X와 Y가 동일하다면 이들이 똑같은 특성을 갖는다는 '**동일자 식별 불가능성 원리**'를 제시했는데, ~
- 속세포덩어리는 나중에 태아를 이루는 모든 세포로 분화되는 **다능성(多能性)**을 지닌다.
- 영화 화면의 테두리인 **프레임**과 달리, 만화의 칸은 그 크기와 모양이 다양하다.
- 경문 해석의 차이는 글자와 문장의 정확성을 따지는 **훈고(訓詁)**가 다르기 때문이기도 하지만 해석자의 사상적 관심이 다르기 때문이기도 하다.
- 형법학에서도 형벌로 되갚아 준다는 **응보주의**를 탈피하여 장래의 범죄 발생을 방지한다는 **일반 예방주의**로 나아가는 토대를 세웠다는 평가를 받는다.
- 그의 개혁은 힘에만 의존하여 다스리는 **역치(力治)**의 가능성이 농후하였고, 결국 국가의 엄한 형벌과 과중한 세금 수취로 이어지는 폐단을 낳기도 했다.

🔍 유형 ❹   B1설명인 A개념는 B2설명이다.

- 생명체의 기본 구조에 속하는 **세포막**은 지질을 주성분으로 하는 이중층이다.

---

3) 경제학에서 '한계 ○○'라는 게 나오면 '한 개단위 추가 ○○'로 생각하면 됩니다.

- CPU의 그래픽 처리 능력을 보완하기 위해 개발된 **그래픽처리장치(GPU)**는 연산을 비롯한 데이터 처리를 독립적으로 수행할 수 있는 장치인 코어를 수백에서 수천 개씩 탑재하고 있다.

🔍 유형 ⑤   A^{개념}, 즉/곧 B^{설명}이다.

- 이들 대부분을 홍문관의 관직을 겸하게 함으로써, 이들 중심으로 **근시직(近侍職)**, 즉 임금을 가까이서 모시는 관직을 일원화하다시피 하였다.
- 헴펠의 설명 이론은 설명에 대한 우리의 **일상적 직관**, 즉 경험적으로 파악할 수 없는 추상적 문제에 대해 대부분의 사람들이 공유하는 상식적 판단과 충돌하기도 하는 문제가 있다.
- 흄은 과거의 경험을 근거로 미래를 예측하는 귀납이 정당한 추론이 되려면 미래의 세계가 과거에 우리가 경험해 온 세계와 동일하다는 자연의 **일양성**, 곧 한결같음이 가정되어야 한다고 보았다.
- 그는 아의 **자성(自性)**, 곧 '나의 나됨'은 스스로의 고유성을 유지하려는 **항성(恒性)**과 환경의 변화에 대응하여 적응하려는 **변성(變性)**이라는 두 요소로 이루어져 있다고 하였다.
- 뒤르켐은 이러한 상황을 아노미, 곧 무규범 상태로 파악하고 최대 다수의 최대 행복을 표방하는 **공리주의**가 사실은 개인의 이기심을 전제로 하고 있기에 아노미를 조장할 뿐이라고 생각했다.

🔍 유형 ⑥   a1, a2, a3 등이 A^{개념}이다.

- 군주가 실정(失政)을 저지르면 그로 말미암아 변화된 음양의 기를 통해 감응한 하늘이 가뭄과 홍수, 일식과 월식 등 **재이**를 통해 경고를 내린다.
- 전달되는 **감정은 질이 좋아야** 하며, 한 사회를 좋은 방향으로 이끌어 나갈 수 있어야 한다. 연대감이나 형제애가 그러한 감정이다.
- 움직임을 추정하는 한 방법은 **특징점**을 이용하는 것이다. 특징점으로는 피사체의 모서리처럼 주위와 밝기가 뚜렷이 구별되며 영상이 이동하거나 회전해도 그 밝기 차이가 유지되는 부분이 선택된다.

이처럼 독해시험은 낯선 개념을 던져주고, 이를 얼마나 잘 이해할 수 있는지를 묻는 시험입니다. 이런 이유로 모르는 개념을 만난다면, 당황하지 말고 쭉쭉 읽어나가며 그 의미를 찾으면 됩니다. 분명 뒤에서 설명해줄 것입니다!

문맥 활용법 ❹   상식적 추론

상식적인 추론을 통해 의미를 알 수도 있습니다.

사례 ❶ #기꺼워하다

출처 | 1996학년도 대학수학능력시험

> 의종은 이 노인성(별)의 출현을 기꺼워하여 잔치를 거듭하였다.

기꺼워함은 잔치를 거듭하게 한 이유니 '기꺼워하다'는 '기뻐하다' 정도의 의미겠죠?

출처 | 2020학년도 6월 모의평가

> 14세기 후반 고려 왕조가 쇠운을 맞게 되자, 도공들은 정치적 혼란과 왜구의 침입을 피해 각지로 흩어져 살길을 찾게 되었다.

'쇠운'의 사례로 '정치적 혼란', '왜구의 침입'이 나왔습니다. 나라가 기울었다는 의미로 이해하고 넘어갈 수 있겠죠? 사전적 의미는 '약해진 운수'를 말하는데 왕조의 운이 약해졌다는 것은 결국 나라가 기울었다는 뜻과 같아요.

STEP 2 | 사전

문맥으로 의미를 추론한 뒤에는 자신이 파악한 뜻과 사전적 의미가 맞는지 비교해보는 과정이 필요합니다. 그래야 자신이 제대로 추론했는지 알 수 있으니까요. 그리고 사람에 따라 어휘력이 너무 부족해서, 문맥 추론이 불가능할 수 있습니다. 이 경우에는 어휘력이 일정수준이 될 때까지 사전을 적극적으로 찾아보며 공부해야 합니다.

요즘에는 다들 스마트폰으로 쉽게 사전을 검색해볼 수 있죠? 사전 어플을 설치한 후 틈날 때마다 찾아보세요. 저도 그렇게 하고 있습니다. 이런 사소한 습관이 어휘력 구멍을 채웁니다.

일례로 2010학년도 수능에 '두문불출'이 정답인 문제가 있었습니다. 의외로 많은 학생들이 틀렸는데, 좀 당황스럽죠. 유명인이 안 좋은 일(사건/사고, 이별/이혼 등)을 겪게 되면 인터넷 뉴스에 '두문불출'이 십중팔구 나오니까요! 인터넷 뉴스보다가 잠시 검색창에서 두드려봤으면 수능 때 쉽게 맞혔을 텐데, 참 아쉬운 장면이었습니다.(만약 '두문불출'의 뜻을 모른다면 반드시 사전 찾아보세요. 제가 뜻을 써놓을 수도 있지만 습관을 들였으면 해서 따로 써두지 않았습니다.)

꿀팁 하나! 표준국어대사전 외의 다른 사전에서의 뜻풀이도 함께 찾아 보세요.

대부분의 시험은 표준국어대사전 기준으로 출제되지만, 제 경험상 표준국어대사전보다 다른 사전의 뜻풀이가 더 이해하기 쉬운 경우도 있었습니다. 표준국어대사전으로 찾아봐도 이해하기 어렵다면 다른 사전으로도 검색해보세요.

꿀팁 둘! 유의어와 반대어도 찾아 보세요.

참고 이 챕터에서 정식으로 소개하지는 않았지만, 모르는 단어를 만났을 때 흐름상 중요하지 않다면 그냥 무시하는 것도 훌륭한 전략입니다. 괜히 단어 뜻을 모른다고 거기에 집착하느라 글 전체적인 흐름을 놓치면 그게 더 손해니까요.

01 ⓐ∼ⓔ의 사전적 뜻풀이로 바르지 <u>않은</u> 것은?

출처 | 2009학년도 6월 모의평가

> 이는 **기억**과 ⓓ 표리 관계인 **망각**의 문제이기도 하다.

④ ⓓ: 사물의 겉과 속 또는 안과 밖을 통틀어 이르는 말.

02 형식론 에 대한 이해로 가장 적절한 것은?

출처 | 2021학년도 9월 모의평가

> 벨의 형식론 은 예술 감각이 있는 비평가들만이 직관적으로 식별할 수 있고 정의는 불가능한 어떤 성질을 일컫는 '의미 있는 형식'을 통해 그 비평가들에게 미적 정서를 유발하는 작품을 예술 작품이라고 보았다.

① 미적 정서를 유발할 수 있는 어떤 성질을 근거로 예술 작품의 여부를 판단한다.
② 모든 관람객이 직관적으로 식별할 수 있는 형식을 통해 예술 작품의 여부를 판단한다.
③ 감정을 표현하는 모든 작품은 그 작품이 정신적 대상이더라도 예술 작품이라고 주장한다.
④ 외부 세계의 형식적 요소를 작가 내면의 관념으로 표현하는 것을 예술의 조건이라고 주장한다.
⑤ 특정한 사회 제도에 속하는 모든 예술가와 비평가가 자격을 부여한 작품을 예술 작품으로 판단한다.

03 평등견 에 대한 이해로 가장 적절한 것은?

출처 | 2021학년도 대학수학능력시험

> (이덕무는) 스스로 평등견 이라 불렀던 인식 태도를 바탕으로 그는 당시 청에 대한 찬반의 이분법에서 벗어나 청과 조선의 현실적 차이뿐만 아니라 양쪽 모두의 가치를 인정하였다. 이런 시각에서 그는 청과 조선은 구분되지만 서로 배타적이지 않다고 보았다.

① 조선의 풍토를 기준으로 삼아 청의 제도를 개선하자는 인식 태도이다.
② 조선의 고유한 삶의 방식을 청의 방식에 따라 개혁해야 한다는 인식 태도이다.
③ 청과 조선의 가치를 평등하게 인정하고 풍토로 인한 차이를 해소하려는 인식 태도이다.
④ 중국인의 외양이 변화된 모습을 명에 대한 의리 문제와 관련지어 파악하려는 인식 태도이다.
⑤ 청에 대한 배타적 태도를 지양하고 청과 구분되는 조선의 독자성을 유지하자는 인식 태도이다.

04 ㉠에 대한 이해로 가장 적절한 것은?
출처 | 2016학년도 9월 모의평가

> 어떤 설명 이론이라도 인과 개념을 도입하는 순간 ㉠ <u>원인과 결과 사이의 관계가 분명하지 않다</u>는 철학적 문제를 해결해야 한다. 왜냐하면 결과를 일으키는 원인은 무수히 많고 연쇄적으로 서로 얽혀 있기 때문이다. 예를 들어 소크라테스가 죽게 된 원인은 독을 마신 것이지만, 독을 마시게 된 원인은 사형 선고를 받은 것이고, 사형 선고를 받게 된 원인도 여러 가지를 떠올릴 수 있다. 이에 결과를 일으킨 원인을 골라내는 문제는 결국 원인과 결과가 시공간적으로 어떻게 연결되는가에 대한 철학적 분석을 필요로 한다.

① 설명 개념이 인과 개념보다 불명료하다는 문제
② 원인과 결과의 시공간적 연결은 불필요하다는 문제
③ 인과 개념이 설명의 형식을 제시하지 못한다는 문제
④ 결과를 야기한 정확한 원인을 확정하기 어렵다는 문제
⑤ 피설명항에 원인을 제시하는 명제가 들어갈 수 없다는 문제

05 ㉡이 의미하는 것으로 가장 적당한 것은?
출처 | 1994학년도 대학수학능력평가

> 양자역학에 의하면 물리적 현상은 인과율에 따른 정확한 예측이 불가능하고 다만 확률적 예측만 가능하다. 이에 대해서 물리학자들은 세기적인 대논쟁을 벌였다. 그때 아인슈타인은 자연은 아름다운 인과율에 따라 움직이지만 인간의 머리가 아직 이해하지 못할 뿐이라고 주장하면서 ㉡ '신은 주사위 놀이를 하지 않는다'는 유명한 말을 남긴 바 있다.

① 신은 오류를 범하지 않는다.
② 신은 자연 법칙에 관여하지 않는다.
③ 인과율에 따라 우주는 움직인다.
④ 입자는 불확정성의 원리를 따른다.
⑤ 자연에는 우연적 요소가 많다.

06 ⓐ "셰익스피어는 모두 다 말하지 않았다."의 문맥적 의미를 바르게 설명한 것은?
출처 | 2005학년도 9월 모의평가

> 예술 작품이 계속 전해지기만 한다면, 그것은 끊임없이 새로운 참조 체계를 통해 변화하며 새로운 의미를 부여받게 된다. 근본적으로 예술 작품의 의미는 무궁하다. 이것은 ⓐ "셰익스피어는 모두 다 말하지 않았다."라는 말과도 같다. 이때 '다 말하지 않았다'는 것은 의미가 예술 작품 그 자체에서 기인한다는 뜻이 아니다. 작품의 의미는 예술 작품 밖에 존재하는 참조 체계의 무궁함에서 기인하는 것이다.

① 셰익스피어 작품의 의미는 준거틀이 달라짐에 따라 변화한다.
② 셰익스피어는 모든 것을 말해 버려서 더 이상 할 말이 남아 있지 않다.
③ 셰익스피어의 작품은 새로운 감상자들에게 언제나 한결같은 의미로 다가간다.
④ 셰익스피어는 그의 작품에서 그가 전달하고자 하는 의미를 모두 다 말하지 않았다.
⑤ 셰익스피어 작품에서 감상자들은 셰익스피어가 말하고자 하는 의미를 모두 읽어 내지 못했다.

해설

01 많이들 틀린 문제입니다. 머릿속에 들어오는 경험 중 많은 부분은 망각되고, 일부가 망각되지 않고 기억으로 남습니다. 따라서 두 단어의 관계는 다음과 같이 그려볼 수 있습니다. 수학적으로는 '기억'과 '망각'은 서로 여집합 관계입니다. 따라서 ④는 바른 뜻풀이입니다. 참고로 표리부동^{마음이 음흉하고 불량하여 겉과 속이 다름}이라는 사자성어의 표리도 같은 뜻입니다.

02 **정답** ①

지문을 이해하지 못했다면 '형식론'이라는 이름에 꽂혀서 '형식'이 들어간 ②를 정답으로 고르기 쉽습니다. 그런데 이렇게 지문 이해를 하나도 안 해도 대충 찍어서 맞힐 수 있을 것 같은 선지는 정답이 아닙니다. 출제자의 의도된 함정일 뿐입니다. (토익에서도 그렇습니다.) 실제로 ②에 낚인 학생들이 제법 많았는데, 정답은 ①입니다. ①이 지문에 나온 설명과 가장 가깝습니다. 출제자가 '형식'이라는 단어를 빼고 정답 선지를 만들려고 노력한 흔적이 보입니다!

03 **정답** ⑤

지문을 이해하지 못했다면 '평등견'이라는 이름에 꽂혀서 '평등'이 들어간 ③을 정답으로 고르기 쉽습니다. **02** 문제와 같이 출제자의 의도된 함정일 뿐입니다. 실제로 ③에 낚인 학생들이 제법 많았는데, 지문에 나온 설명과 가장 가까운 것은 ⑤입니다.

04 **정답** ④

㉠을 설명하는 뒷부분, 특히 '결과를 일으킨 원인을 골라내는 문제'와 대응되는 것은 ④입니다.

05 **정답** ③

아무런 문맥없이 ㉡을 읽었다면? "신은 주사위 놀이가 아니라 다른 놀이를 한다는 건가?" 하는 생각이 들 수도 있습니다. 하지만 문맥이 있으니 (불필요한 상상할 필요 없이) 문장의 의미가 딱 확정됩니다. 자연은 확률(=주사위 놀이)이 아니라 인과율에 따라 움직인다는 뜻이죠. 따라서 정답은 ③입니다.

06 **정답** ①

문맥을 고려하지 않고 ⓐ의 의미를 추정한다면 ④를 정답으로 볼 수도 있습니다. 하지만 "문맥적" 의미를 따지는 문항이므로, 앞뒤 문장을 잘 살펴야 합니다. 결국 ⓐ는 새로운^{다른} 참조 체계^{준거 틀}에 의해 새로운 의미를 갖게 된다는 뜻이므로 ①이 정답입니다.

② 도구2, 문장과 문장의 연결고리

STEP 1 | 반복출현

반복출현

반복출현이란 한 문장에 출현한 어구가 이후 문장에서 반복적으로 출현하는 것을 가리킵니다. 반복출현될 때 어구의 모양이 그대로일 수도 있고, 비슷하지만 다른 표현으로 바뀌거나 지시어 '이/그/저'나 대명사로 바뀔 수도 있습니다. (그 이유는 앞서 '비슷한 말 찾기'에서 배웠습니다!)

> • 한글 서체의 뿌리는 문자를 창제할 당시의 모습을 담은 『훈민정음』 해례본의 서체입니다. 이 서체는 직선과 점 그리고 원이라는 세 요소로 구성되어 있습니다.
> • 현대의 문장 부호는 독서의 편의를 위해 사용하는 보조적 기호의 일종이다. 일반적으로 문장의 의미를 명백하게 하거나 문장을 구별하여, 읽고 이해하는 데 도움을 주기 위해 사용된다. 형태나 기능의 차이는 있지만, 옛 문헌에도 오늘날의 문장 부호와 비슷한 역할을 하는 것들이 있었다. 띄어쓰기를 거의 하지 않았던 옛 문헌에서 이러한 부호들은 더욱 요긴하게 쓰였다.
> • 아리아노스와 플루타르코스는 당시 로마의 속주였던 그리스 출신이다. 그러나 전자는 로마 제국의 고위직에 올랐던 반면, 후자는 고향에서 신관으로 일했기에 정치와는 무관했다.

참고로 세 번째 사례의 '전자'와 '후자'는 논리적인 글에서 자주 나오니 잘 알아두세요.

자, 이제 반복출현이 얼마나 어려울 수 있는지 제가 만든 문제를 하나 소개하겠습니다. 수험생 커뮤니티 오르비에 올렸더니 정답률이 50% 정도밖에 안 됐습니다.

베카리아의 관점이다.	(71명) 45.8%
베카리아의 관점이 아니다.	(84명) 54.2%

01 베카리아의 관점으로 보기 어려운 것은?

출처 | 2022학년도 6월 모의평가

> 베카리아가 볼 때, 형벌은 범죄가 일으킨 결과를 되돌려 놓을 수 없다. 또한 인간을 괴롭히는 것 자체가 그 목적인 것도 아니다. 형벌의 목적은 오로지 범죄자가 또다시 피해를 끼치지 못하도록 억제하고, 다른 사람들이 그 같은 행위를 하지 못하도록 예방하는 데 있을 뿐이다. 이는 범죄로 얻을 이득, 곧 공익이 입게 되는 그만큼의 손실보다 형벌이 가하는 손해가 조금이라도 크기만 하면 달성된다. 그리고 이러한 손익 관계를 누구나 알 수 있도록 처벌 체계는 명확히 성문법으로 규정되어야 하고, 그 집행의 확실성도 갖추어져야 한다. 결국 범죄를 가로막는 방벽으로 형벌을 바라보는 것이다. 이 울타리의 높이는 살인인지 절도인지 등에 따라 달리해야 한다. 공익을 훼손한 정도에 비례해야 하는 것이다. 그것을 넘어서는 처벌은 폭압이며 불필요하다.

⑥ 공익을 훼손한 정도를 넘어서는 처벌은 불필요하다.

02 아도르노가 보는 '대중 예술'에 대한 이해로 적절하지 <u>않은</u> 것은?

출처 | 2022학년도 9월 모의평가

> [1]아도르노는 문화 산업에 의해 양산되는 대중 예술이 [2]이윤 극대화를 위한 상품으로 전락함으로써 [3]예술의 본질을 상실했을 뿐 아니라 [4]현대 사회의 모순과 부조리를 은폐하고 있다고 지적했다. [5]아도르노가 보는 대중 예술은 [6]창작의 구성에서 표현까지 표준화되어 [7]생산되는 상품에 불과하다. [8]그는 대중 예술의 규격성으로 인해 [9]개인의 감상 능력 역시 표준화되고, [10]개인의 개성은 다른 개인의 그것과 다르지 않게 된다고 보았다. [11]특히 모든 것을 상품의 교환 가치로 환원하려는 자본주의 사회에서, [12]대중 예술은 개인의 정체성마저 상품으로 전락시키는 기제로 작용한다는 것이다.
>
> [13]아도르노는 서로 다른 가치 체계를 하나의 가치 체계로 통일시키려는 속성을 동일성으로, [14]하나의 가치 체계로의 환원을 거부하는 속성을 비동일성으로 규정하고, [15]예술은 이러한 환원을 거부하는 비동일성을 지녀야 한다고 주장한다. [16]그렇기 때문에 예술은 대중이 원하는 아름다운 상품이 되기를 거부하고, [17]그 자체로 추하고 불쾌한 것이 되어야 한다는 것이다.

① 문화 산업을 통해 상품화된 개인의 정체성과 대립적 관계를 형성한다.
② 일정한 규격에 맞춰 생산될 뿐 아니라 대중의 감상 능력을 표준화한다.
③ 자본주의의 교환 가치 체계에 종속된 것으로서 예술로 포장된 상품에 불과하다.
④ 모든 것을 상품의 교환 가치로 환원하려는 자본주의 사회의 속성을 은폐한다.
⑤ 문화 산업의 이윤 극대화 과정에서 개인들이 지닌 개성의 차이를 상실시킨다.

03 다음 글에서 밑줄 친 단어와 같은 뜻의 단어를 문맥에서 찾아보세요. 출처 | 2022학년도 9월 모의평가

> 미메시스란 세계를 바라보는 주체의 관념을 재현하는 것, 즉 감각될 수 없는 것을 감각 가능한 것으로 구현하는 것을 의미한다. 다시 말해 세잔의 작품은 눈에 보이는 특정의 사과가 아닌 예술가의 시선에 포착된 세계의 참모습, 곧 자연의 생명력과 그에 얽힌 농부의 삶 그리고 이를 응시하는 예술가의 사유를 재현한 것이 된다.

04 다음 글을 바탕으로 추론한 내용으로 적절하지 <u>않은</u> 것은? 출처 | 2022학년도 대학수학능력시험

> 당시 대규모 대미 무역 흑자 상태였던 독일, 일본 등 주요국들은 평가 절상에 나서려고 하지 않았다. 이 상황이 유지되기 어려울 것이라는 전망으로 독일의 마르크화와 일본의 엔화에 대한 투기적 수요가 증가했고, 결국 환율의 변동 압력은 더욱 커질 수밖에 없었다.

② 브레턴우즈 체제에서 마르크화와 엔화의 투기적 수요가 증가한 것은 이들 통화의 평가 절상을 예상했기 때문이다.

05 다음 글에서 밑줄 친 단어와 같은 뜻의 단어를 문맥에서 찾아보세요. 출처 | 2011학년도 대학수학능력시험

> [1]<u>Journeys</u> are the midwives of <u>thought</u>. [2]Few places are more conducive to internal conversations than a moving plane, ship, or train. [3]There is an almost peculiar correlation between what is in front of our eyes and the thoughts we are able to have in our heads: [4]large thoughts at times requiring large views, new thoughts new places. [5]Introspective reflections which are liable to stall are helped along by the flow of the landscape.

해설

01 마지막 문장의 '그것'이 바로 앞의 '공익을 훼손한 정도'를 가리킨다고 생각하면, ⑥이 적절하다고 착각하기 쉽습니다. 그런데 ⑥은 논리적으로 참일 수 없습니다. 지문 내에서 같은 말을 찾아보면, 크게 세 종류입니다.

a. 범죄로 얻을 이득 = 공익이 입게 되는 그만큼의 손실 = 공익을 훼손한 정도

b. 형벌 = 처벌 = 범죄를 가로 막는 방벽

c. 형벌이 가하는 손해 = 울타리^{방벽}의 높이

지문에 따르면 a보다 c가 조금이라도 더 커야 합니다. 즉, 공익을 훼손한 정도를 넘어서는 처벌은 불필요한 것이 아니라 반드시 필요합니다. 따라서 ⑥은 베카리아의 관점이 아닙니다.

자, 그렇다면 '그것'이 가리키는 건 도대체 뭘까요? '공익을 훼손한 정도'가 아니라 '공익을 훼손한 정도에 비례해야 하는 것'입니다. 공익을 훼손한 정도를 x라고 한다면, '그것'은 x에 k만큼 비례하는 kx가 됩니다. 물론 k는 1보다 커야 할 거고요. 이를 바탕으로 c를 완성하면 다음과 같습니다.

c. 형벌이 가하는 손해 = 울타리^{방벽}의 높이 = 공익을 훼손한 정도에 비례하는 것 = 그것

02 **정답** ①

제법 어려운 글 같지만 문맥 파악 능력이 있었다면 **[6-7]표준화된다** = **[8]규격화된다** = **[10]다르지 않게 된다** = **[13]동일화된다** = **[1]양산된다(=대량생산된다)** = **[7, 12] 상품화된다** = **[14]환원된다** = **[13]통일된다**를 하나의 뜻으로 읽어낼 수 있었을 겁니다. 또한 **[4]현대 사회** = **[11]자본주의 사회**도 알 수 있죠.

① 문화 산업을 통해 대중 예술이 표준화되고, 표준화된 대중 예술을 통해 개인의 정체성이 표준화됩니다. 따라서 대중예술과 대중예술에 의해 상품화된(=표준화된) 개인의 정체성은 대립적 관계가 아닙니다. 정답!

03 • 세계를 바라보는 주체의 관념 = 감각될 수 없는 것 = 예술가의 시선에 포착된 세계의 참모습 = (사례) 자연의 생명력과 그에 얽힌 농부의 삶 그리고 이를 응시하는 예술가의 사유
• 재현하는 것 = 감각 가능한 것으로 구현하는 것 = (사례) 세잔의 작품

04 ②는 적절한 선지입니다. 여기서 '이 상황'은 '독일, 일본 등 주요국들은 평가 절상에 나서려고 하지 않은 상황'을 가리킵니다. 따라서 밑줄 친 부분은 독일, 일본 등 주요국들은 평가 절상에 나설 것이라는 전망으로 이해할 수 있습니다.

05 영어는 개념의 반복출현 시 동일한 표현으로 반복되는 것을 극도로 혐오(?)합니다. 그래서 같은 내용을 바꿔서 나타내는 패러프레이징(paraphrasing)이 매우 발달해있습니다. 패러프레이징을 잘 활용하면 모르는 단어를 만나도 뜻을 추측하며 읽어나갈 수 있습니다. 예를 들위 위 지문에서 "[1]여행은 생각의 산파[4]입니다." 이후에 '여행[Journeys]'과 '생각[thought]'이 아래와 같이 반복출현 됩니다.

[1]Journeys = [2]a moving plane, ship, or train = [3]what is in front of our eyes = [4]large views = [4]new places = [5]the flow of the landscape
[1]thought = [2]internal conversations = [3]the thoughts = [4]large thoughts = [4]new thoughts = [5]introspective reflections

이를 고려하여 지문을 대충 번역하면 다음과 같습니다.

[1]여행은 생각의 산파입니다. [2]여행은 생각에 도움이 됩니다. [3]눈 앞에 보이는 것과 생각 사이에는 독특한 상관 관계가 있습니다. [4]큰 생각에는 큰 풍경이, 새 생각에는 새 장소가 필요합니다. [5](그래서) 여행은 생각에 도움이 됩니다.

핵심어 파악 방법

글의 핵심이 되는 어휘는 중요하다 보니 글 전체에 걸쳐서 반복출현 되는 경우가 많습니다. 이를 거꾸로 적용하면, 글 전체에 반복출현 되는 어휘가 곧 핵심어라고 파악할 수 있습니다.

또한 작은따옴표 안에 있는 어휘도 핵심어인 경우가 매우 많습니다. 작은따옴표는 따온 말 가운데 다시 따온 말이 들어 있을 때, 마음속으로 한 말을 적을 때에 씁니다. 소설이나 수필에서 종종 볼 수 있는 용법입니다. 근데 한 가지 용법이 더 있습니다. 바로 문장에서 필자가 중요한 부분을 두드러지게 하기 위해 쓰기도 합니다. 비문학 지문을 독해할 때 볼 수 있는 작은따옴표가 거의 다 여기에 해당됩니다. 따라서 독해 시 작은따옴표를 보면, 글의 핵심어를 알려주는 유용한 시각적 표지라고 생각하면 됩니다.

작은따옴표 외에 괄호도 핵심어를 알려주는 중요한 시각적 표지입니다. 필자는 중요한 개념어에 한자나 영어를

---

4) 산파 ① 아이를 낳을 때에, 아이를 받고 산모를 도와주는 일을 직업으로 하던 여자. ② 어떤 일을 실현하기 위해서 잘 주선하여 이루어지도록 힘쓰는 사람을 비유적으로 이르는 말.

괄호로 병기^{함께 나란히 적음}함으로써 핵심어임을 강조합니다. 물론 요즘은 학문의 패권이 서구에 있기 때문에 괄호 안에 한자보다 영어를 넣는 경우가 훨씬 더 많습니다.

만약 영문을 읽는다면 '*기울임*' 혹은 '**진하게**'를 통해서도 핵심어를 파악할 수 있습니다. 그런데 한국어에서는 그러한 시각적 표지보다는 작은따옴표나 괄호병기가 주로 쓰입니다.

- 영웅이 어떻게 만들어지는가, 어떻게 신비화되고 통속화되는가, 영웅에 대한 기억이 시대에 따라 어떤 변천을 겪는가를 탐구하는 것은 '더 사실에 가까운 영웅'의 모습에 다가서려는 이들에게 필수적이다. 영웅을 둘러싼 신화가 만들어지고 전승되는 과정과 그 메커니즘을 이해하고 특히 국민 정체성 형성에 그들이 간여한 바를 추적함으로써, 우리는 영웅을 만들고 그들의 초상을 새롭게 덧칠해 온 각 시대의 서로 다른 욕망을 읽어 내어 그 시대로부터 객관적인 거리를 획득한다.

- 동양에서 '천(天)'은 그 함의가 넓다. 모든 존재의 근거가 그것으로부터 말미암지 않는 것이 없다는 면에서 하나의 표본이었고, 모든 존재들이 자신의 생존을 영위하고 그 존재 가치와 의의를 실현하는 데도 그것의 이치와 범주를 벗어날 수 없다는 면에서 하나의 기준이었다. 그래서 현실 세계 안에서 인간의 삶을 모색하는 데 관심을 두었던 동양에서는 인간이 천을 어떻게 이해하느냐에 따라 삶의 길이 달리 설정되었을 만큼 천에 대한 이해가 다양하였다.

- 생물다양성(biodiversity)이란 원래 한 지역에 살고 있는 생물의 종(種)이 얼마나 다양한가를 표현하는 말이었다. 그런데 오늘날에는 종의 다양성은 물론이고, 각 종이 가지고 있는 유전적 다양성과 생물이 살아가는 생태계의 다양성까지를 포함하는 개념으로 확장해서 사용한다. 특히 최근에는 생태계를 유지시키고 인류에게 많은 이익을 가져다 준다는 점이 부각되면서 생물다양성의 가치가 크게 주목받고 있다.

- 영화의 기본적인 단위는 프레임이다. 테두리 혹은 틀을 뜻하는 프레임은 영화가 만들어져 상영되는 단계마다 서로 다르게 정의된다. 촬영 과정에서는 카메라를 통해 들여다보는 장면의 구도로, 편집 과정에서는 필름에 현상된 낱낱의 정지 사진으로, 그리고 상영 과정에서는 극장의 어둠과 화면을 가르는 경계선으로 규정되는 것이다. 그러나 어떻게 정의되든 간에 이 개념은 영화가 프레임을 통해 비추어진 세계이며 프레임을 경계로 어두운 객석의 현실 세계와 구분된다는 것을 의미한다는 점에서 일치한다.

- 둘 이상의 기업이 자본과 조직 등을 합하여 경제적으로 단일한 지배 체제를 형성하는 것을 '기업 결합'이라고 한다. 기업은 이를 통해 효율성 증대나 비용 절감, 국제 경쟁력 강화와 같은 긍정적 효과들을 기대할 수 있다. 하지만 기업이 속한 사회에는 간혹 역기능이 나타나기도 하는데, 시장의 경쟁을 제한하거나 소비자의 이익을 침해하는 경우가 그러하다. 가령, 시장 점유율이 각각 30%와 40%인 경쟁 기업들이 결합하여 70%의 점유율을 갖게 될 경우, 경쟁이 제한되어 지위를 남용하거나 부당하게 가격을 인상할 수 있는 것이다. 이 때문에 정부는 기업 결합의 취지와 순기능을 보호하는 한편, 시장과 소비자에게 끼칠 폐해를 가려내어 이를 차단하기 위한 법적 조치들을 강구하고 있다. 하지만 기업 결합의 위법성을 섣불리 판단해서는 안 되므로 여러 단계의 심사 과정을 거치도록 하고 있다.

- 조선 성리학자들은 '세계를 어떻게 바라보고, 자신이 추구하는 삶을 어떻게 실현할 것인가' 하는 문제와 관련하여 지(知)와 행(行)에 깊은 관심을 기울였다. 그들은 특히 도덕적 실천과 결부하여 지와 행의 문제를 다루었는데, 그 기본적인 입장은 '지행병진(知行竝進)'이었다. 그들은 지와 행이 서로 선후(先後)가 되어 돕고 의지하면서 번갈아 앞으로 나아가는 '상자호진(相資互進)' 관계에 있다고 생각했다. 또한 만물의 이치가 마음에 본래 갖추어져 있다고 여기고 도덕적 수양을 통해 그 이치를 찾고자 하였다.

(참고) 인명·지명 및 역사적 명칭 등이나 혼동의 우려가 있는 경우에는 괄호 안에 한자를 병기할 수 있습니다. 그러니 괄호가

보인다고 무작정 중요하다고 생각하면 안 됩니다.

> 조선 왕조는 유교 정치를 표방하여 오래도록 문(文)을 숭상하였다. 규장각은 이러한 전통 아래 정조(正祖) 때 왕실 도서관 겸 학술 연구 기관으로 출발하여, 나중에 정책 연구의 기능까지 발휘한 특별 기구였다.

→ 여기서 '문(文)'을 '문'으로만 표시했다면, 자칫 door를 숭상했다고 오해할 수도 있습니다. 또한 '정조(正祖)'는 인명, 역사적 명칭이기 때문에 한자가 병기됐습니다.

> 신(臣) 부식은 아룁니다.

→ 만약 臣(신하 신)이 없었다면 '신 부식은 아룁니다'를 다양하게 해석할 수 있습니다. 성이 신 씨이고 이름이 부식이라거나, 이름이 부식인 신(神, god)이라거나, 혹은... 신(新, new) 부식이라고까지 오해할 수 있겠죠.

> 자연 현상과 인간사를 인과 관계로 설명하는 동아시아의 대표적 논의는 재이론(災異論)이다. 한대(漢代)의 동중서는 하늘이 덕을 잃은 군주에게 재이를 내려 견책한다는 천견설과, 인간과 하늘에 공통된 음양의 기(氣)를 통해 하늘과 인간이 서로 감응한다는 천인감응론을 결합하여 재이론을 체계화하였다.

→ '재이론(災異論)'은 반복되고, 한자병기도 있으므로 핵심어입니다. 반면 '한대(漢代)'와 '기(氣)'는 반복되지 않으므로 핵심어가 아니고, 단지 다른 의미로 헷갈릴까봐 병기된 것에 불과합니다.

📝 도구 연습하기 핵심어 파악하기

01 다음 글의 중심 내용으로 가장 적절한 것은?

출처 | 2006년 5급 PSAT 언어논리

[1]화이트(H. White)는 19세기의 역사 관련 저작들에서 역사가 어떤 방식으로 서술되어 있는지를 연구했다. [2]그는 특히 '이야기식 서술'에 주목했는데, 이것은 역사적 사건의 경과 과정이 의미를 지닐 수 있도록 서술하는 양식이다. [3]그는 역사적 서술의 타당성이 문학적 장르 내지는 예술적인 문체에 의해 결정된다고 보았다. [4]이러한 주장에 따르면 역사적 서술의 타당성은 결코 논증에 의해 결정되지 않는다. [5]왜냐하면 논증은 지나간 사태에 대한 모사로서의 역사적 진술의 '옳고 그름'을 사태 자체에 놓여 있는 기준에 의거해서 따지기 때문이다.

[6]이야기식 서술을 통해 사건들은 서로 관련되면서 무정형적 역사의 흐름으로부터 벗어난다. [7]이를 통해 역사의 흐름은 발단·중간·결말로 인위적으로 구분되어 인식 가능한 전개 과정의 형태로 제시된다. [8]문학 이론적으로 이야기하자면, 사건 경과에 부여되는 질서는 '구성'(plot)이며 이야기식 서술을 만드는 방식은 '구성화'(emplotment)이다. [9]이러한 방식을 통해 사건은 원래 가지고 있지 않던 발단·중간·결말이라는 성격을 부여받는다. [10]또 사건들은 일종의 전형에 따라 정돈되는데, 이러한 전형은 역사가의 문화적인 환경에 의해 미리 규정되어 있거나 경우에 따라서는 로맨스·희극·비극·풍자극과 같은 문학적 양식에 기초하고 있다.

[11]따라서 이야기식 서술은 역사적 사건의 경과 과정에 특정한 문학적 형식을 부여할 뿐만 아니라 의미도 함께 부여한다. [12]우리는 이야기식 서술을 통해서야 비로소 이러한 역사적 사건의 경과 과정을 인식할 수 있게 된다는 말이다. [13]사건들 사이에서 만들어지는 관계는 사건들 자체에 내재하는 것이 아니다. [14]그것은 사건에 대해 사고하는 역사가의 머릿속에만 존재한다.

① 역사의 의미는 절대적인 것이 아니라 현재 시점에서 새롭게 규정되는 것이다.

② 역사가가 속한 문화적인 환경을 역사와 문학의 기술 내용과 방식을 규정한다.

③ 역사적 사건에서 객관적으로 드러나는 발단에서 결말까지의 일정한 과정을 서술하는 일이 역사가의 임무이다.

④ 이야기식 역사 서술이란 사건들 사이에 내재하는 인과적 연관을 찾아내는 작업이다.

⑤ 이야기식 역사 서술은 문화적 서술 방식을 원용하여 역사적 사건의 경과 과정에 의미를 부여한다.

해설

01 정답 ⑤

'이야기식 서술', '문학적 양식(형식)'은 모든 문단을 관통하는, 반복되는 핵심어입니다. 따라서 중심 내용에 반드시 포함되어야 하고, 이를 어느 것도 포함하지 않은 ①~③은 바로 제외됩니다.

④ 이야기식 역사 서술이란 사건들 사이에 내재하는 인과적 연관을 찾아내는 작업이다.

※ 13~14는 "A는 B가 아니라 C이다"라고 했는데, ④는 'A는 B이다.'라고 주장했습니다. 수능국어/PSAT/LEET에서 수도 없이 반복된 출제패턴이죠?

⑤ 이야기식 역사 서술은 문학적 서술 방식을 원용[3, 9~11]하여 역사적 사건의 경과 과정에 의미를 부여[2, 11]한다.

※ '이야기식 역사 서술'에 대해 초점어를 포함하여 정확히 설명하고 있습니다.

STEP 2 | 접속표현

접속표현

접속표현은 문장과 문장을 연결하는 장치면서 동시에 글의 논리적 흐름을 보여주는 표지입니다.[5] 따라서 접속표현에 민감해지면 문장과 문장을 긴밀하게 연결하여 읽을 수 있고, 흐름을 예측하며 읽을 수 있습니다. 다음 예문들을 음미해보죠.

> • 민준이는 오늘 도시락을 가져오지 않았다. 따라서 점심을 굶을 수밖에 없었다.
> • 민준이는 오늘 도시락을 가져오지 않았다. 왜냐하면 친구랑 밥을 사먹기로 했기 때문이다.
> • 민준이는 오늘 도시락을 가져오지 않았다. 그러나 어머니께서 학교에 도시락을 가져다주었다.

접속표현에 따라 뒤에 올 내용이 달라질 수밖에 없습니다. 그리고 접속표현을 통해 뒤를 대략 예측할 수 있습니다.

> 언어는 배우는 아이들이 있어야 지속된다. 그러므로 성인들만 사용하는 언어가 있다면 그 언어의 운명은 어느 정도 정해진 셈이다.

'그러므로'가 근거인 앞문장과 결론인 뒷문장을 연결하고 있습니다. 결론은 결국 성인들만 사용하는 언어는 지속될 수 없다는 거죠.

---

5) 접속표현은 문단과 문단을 연결할 수도 있습니다. 다만 이 챕터에서는 문장과 문장의 연결관계에 국한해서 살펴보겠습니다.

> 우리는 역사상의 모든 인간 사회들이 물질적 풍요라는 가치를 추구했을 것으로 생각한다. 그러나 이러한 상식은 공동체적 유대와 평화로움을 중시하는 칼라하리 사막의 수렵 채집민인 쿵족에게는 적용되지 않는다.

'그러나'를 통해 물질적 풍요를 추구하지 않은 집단이 존재한다는 내용이 이어질 것임을 예측할 수 있습니다.

> 식물의 꽃가루는 잘 썩지 않기 때문에 지층 속에서 아주 오랫동안 보존된다. 따라서 지층에서 발견되는 꽃가루를 분석해 보면 당시의 식물상과 기후뿐 아니라 농업의 형태나 사회상까지도 알 수 있다.

'따라서'가 근거인 앞문장과 결론인 뒷문장을 연결하고 있습니다.

> [1]데카르트는 아무리 의심을 해도 의심하는 사람의 존재에 관한 의심은 가능하지 않다고 말한다. [2]왜냐하면 만약 그 자신이 존재하지 않는다면 어떠한 악마도 그를 속일 수 없기 때문이다. [3]그러므로 그가 의심하고 있다면 그는 존재함에 틀림없다. 그래서 데카르트는 다음과 같이 말한다. [4]"나는 생각한다. 그러므로 나는 존재한다."

1과 **3**은 같은 말이며, **2**는 이 둘의 근거입니다. **4**는 **3**을 일반화한 결론으로 볼 수 있습니다.

기존 표시법의 문제점

이상할 정도로 많은 선생님들이 "접속어에 △표시!"하라고 가르칩니다. 누가 처음에 이런 방법을 퍼뜨렸는지 잘 모르겠지만 생산적인 방법이라고 보기 어렵습니다. 물론 손으로 직접 표시를 하면 집중이 되는 효과는 있지만 그뿐입니다. 오히려 두 가지 문제점이 있습니다.

⚠ 문제점 ❶ 다른 것을 같게 취급한다.

출처 | 1998학년도 대학수학능력시험

> 우주론적 시간, 즉 우주에 적용될 수 있는 시간의 개념은 뉴턴 법칙과 아인슈타인의 상대성(相對性) 이론을 통하여 제시되었다. 뉴턴의 법칙에 따르면, 물체의 현재 상태, 즉 물체의 위치와 속도를 알게 되면 그것의 미래나 과거의 상태를 알 수 있게 된다. 그러나 이 법칙을 우주 전체에 적용하게 되면, 그 시간의 방향이 과거로 향하는 것인지 미래로 향하는 것인지 알 수 없게 되고만다. 바꿔 말하면, 시간이 역으로 흘러간다고 가정하더라도 물체의 운동은 뉴턴 법칙에 위배되지 않는 것으로 보이게 된다는 말이다. 이를 시간의 대칭성(對稱性)이라고 한다. 예를 들어, 우주 탐사선에서 행성 운동을 촬영한 필름은 앞뒤 어느 방향으로 돌리거나 뉴턴의 법칙에 잘 들어맞은 것이다. 따라서 뉴턴의 법칙만 가지고는 현재 우주가 팽창하는 방향으로 진행하고 있다고 생각되는 우주론적 시간의 방향성을 제대로 설명할 수가 없게 된다. 그뿐 아니라 지금까지 우주의 팽창에 대해서 가장 잘 설명하는 이론이라고 알려져 있는 아인슈타인의 상대성 이론조차도 시간의 방향성에 대해서만은 제대로 설명을 못하고 있다.

'즉', '그러나', '바꿔 말하면', '예를 들어', '따라서', '그뿐 아니라'는 수행하는 역할이 전혀 다릅니다. 그럼에도 이를 전부 똑같이 △로 표시하는 것은 적절하지 않습니다. '**같은 것은 같게, 다른 것은 다르게**' 취급해야 합니다. 즉, 무조건 △표시하는 게 아니라 접속어의 의미와 논리적 기능에 따라 다르게 표시해야 합니다.

⚠ 문제점 ❷ 같은 것을 다르게 취급한다.

① 9세기경에는 선을 사용하지 않고 가사 위에 간단한 기호로 음들 간의 상대적인 높낮이를 표시했기 때문에 정확한 높낮이는 재현할 수 없었다.

② 9세기경에는 선을 사용하지 않고 가사 위에 간단한 기호로 음들 간의 상대적인 높낮이를 표시했다. 따라서 정확한 높낮이는 재현할 수 없었다.

③ 음절 초에는 'ㅇ[ŋ]'을 제외한 대부분의 자음이 올 수 있지만, 음절 말에는 'ㄱ, ㄴ, ㄷ, ㄹ, ㅁ, ㅂ, ㅇ[ŋ]' 7개의 자음밖에 올 수 없다.

④ 음절 초에는 'ㅇ[ŋ]'을 제외한 대부분의 자음이 올 수 있다. 하지만 음절 말에는 'ㄱ, ㄴ, ㄷ, ㄹ, ㅁ, ㅂ, ㅇ[ŋ]' 7개의 자음밖에 올 수 없다.

접속어와 동일한 기능을 하는 어구들에 대해서는 아무런 표시를 하지 않으면서, 접속어에만 △표시하는 것은 부당합니다. 만약 ②의 '따라서', ④의 '하지만'에 뭔가 표시를 해줘야 한다면 이와 똑같은 기능을 수행하는 ①의 '때문에', ③의 '-지만'에도 같은 표시를 해주는 게 지당합니다. 하지만 접속어에 △표시를 하는 방식으로는 ①의 '때문에'와 ③의 '-지만'에 △를 표시할 근거가 없습니다.

5가지 접속기호

앞서 살펴봤듯이 단순하게 접속어에 △를 표시하는 것은 문제가 있습니다. 저는 이러한 문제점을 해결하기 위해 두 가지를 제안합니다. 첫째, 다른 것은 다르게! '하지만'과 '그러므로'는 기능상 완전히 다르므로 각 기능에 맞는 표시를 따로 하자는 겁니다. 둘째, 같은 것은 같게! 접속어^{따라서, 하지만, 그러므로}뿐만 아니라 접속표현^{때문에, -지만, -므로 등}까지를 다 포괄해서 표시의 대상에 넣자는 겁니다.

이를 위해 제가 고안한 접속기호 다섯 개는 다음과 같습니다.

$$\rightarrow . \; /\!/ . \; e . \; = . \; +$$

5가지 접속기호 ❶ →

[원인 → 결과], [근거 → 판단], [수단 → 목적], [앞의 사건 → 뒤의 사건] 등의 흐름일 때 사용합니다. '왜냐하면', '그 이유는'처럼 방향이 거꾸로인 것은 '←'로 표시하면 됩니다.

→	←
그래서, 따라서, -므로, 때문에, 결론적으로, -라면, -하니, -하여, -니까, 덕분에, 그 후, 그 결과, 마침내, 결국, ~을 통해, ~에 따른	왜냐하면, 그 이유는

내용적으로는 '→'의 앞뒤 모두가 중요합니다. 단, [원인 → 결과(원인) → 결과(원인) → 결과] 이렇게 연쇄적인 인과관계에서는 맨앞의 근본원인과 맨뒤의 최종결과가 특히 중요합니다.

🖊️ 도구 연습하기 접속기호 표시하기

[01~03] 5가지 접속기호를 활용하여 지문에 표시하며 읽어보세요.

01
출처 | 1994학년도 대학수학능력시험

> 세계 경제는 제2차 세계 대전을 기점으로 큰 전환이 이루어졌다. 기업이 그 존속과 성장을 위해 소비 시장을 놓고 치열한 경쟁을 벌이게 된 것이다. 그 결과 시장은 생산자 중심에서 구매자 중심으로 성격이 바뀌었다. 따라서 모든 기업은 생산된 제품을 판매한다는 태도를 바꾸어, 소비자의 잠재적 욕구를 파악하고 이러한 욕구를 충족시키는 전략을 채택해야만 했다.

02
출처 | 1998학년도 대학수학능력시험

> 우리가 정작 배워야 할 것은 자연의 아름다움과 유연성이다. 설령 인위적으로 잘 디자인된 작품을 보고서 감탄하는 경우에도, 그것은 결코 자연의 위력에는 비할 바가 못 되는 것이다. 그러므로 우리는 모든 인위적인 것에 대해서는 괄호를 치고, 자연에서 지혜를 배워야 한다.

03
출처 | 2006학년도 9월 모의평가

> 언어가 심리 작용에 영향을 미친다고 하여, 언어가 인간의 사고를 완전히 지배한다고 생각해서는 안 된다. 왜냐하면 인간의 사고가 언어에 의해 영향을 받지 않는 사례도 종종 발견되기 때문이다.

(해설)

01 세계 경제는 제2차 세계 대전을 기점으로 큰 전환이 이루어졌다. 기업이 그 존속과 성장을 위해 소비 시장을 놓고 치열한 경쟁을 벌이게 된 것이다. 그 결과 시장은 생산자 중심에서 구매자 중심으로 성격이 바뀌었다. 따라서 모든 기업은 생산된 제품을 판매한다는 태도를 바꾸어, 소비자의 잠재적 욕구를 파악하고 이러한 욕구를 충족시키는 전략을 채택해야만 했다.

02 우리가 정작 배워야 할 것은 자연의 아름다움과 유연성이다. 설령 인위적으로 잘 디자인된 작품을 보고서 감탄하는 경우에도, 그것은 결코 자연의 위력에는 비할 바가 못 되는 것이다. 그러므로 우리는 모든 인위적인 것에 대해서는 괄호를 치고, 자연에서 지혜를 배워야 한다.

03 언어가 심리 작용에 영향을 미친다고 하여, 언어가 인간의 사고를 완전히 지배한다고 생각해서는 안 된다. 왜냐하면 인간의 사고가 언어에 의해 영향을 받지 않는 사례도 종종 발견되기 때문이다.

5가지 접속기호 ❷ //

[그러나, 하지만, 그런데, 한편, 반면에, –지만, 오히려, 단, 그럼에도]가 나왔을 때 사용합니다. 뒤에 중요한 내용이 나오기 때문에, 여기서 잠깐 끊어읽자는 취지입니다.

A // B는 중요도를 따졌을 때 A≤B가 성립합니다. A와 B가 대등하게 중요한 경우도 있고, 뒤에 제시되는 B가 더 중요할 때도 있습니다.

예외적으로 '단'은 앞의 A가 원칙적으로 더 중요한데, 수험적으로는 출제자가 '단' 뒤의 예외를 곧잘 문제화하므로, 역시 B가 더 중요하다고 여길 수 있습니다.

참고로 '그러나/하지만'이라고 해서 무조건 앞의 내용과 반대되는 내용이 나오는 것은 아닙니다. 비슷한 흐름이 유지되면서, 뒤의 말을 강조하기 위해 사용되는 경우도 있습니다.

📝 도구 연습하기   접속기호 표시하기

[01~04] 5가지 접속기호를 활용하여 지문에 표시하며 읽어보세요.

01
출처 | 2002학년도 6월 모의평가

> 대중 매체의 영향은 무엇보다 문화면에서 잘 드러난다. 대중 매체가 널리 보급되자 특정한 계층만 누리던 문화를 대중이 누릴 수 있게 되었다. 이는 문화 수용의 기회 균등이라는 면에서 큰 발전이다. 그러나 대중 매체를 통해 얻을 수 있는 정보는 똑같은 것이기 때문에 이를 통해 보급되는 문화는 현대인의 개성과 취미를 획일적으로 만들 가능성이 크다.

02
출처 | 2004학년도 6월 모의평가

> 인공생명론에서는 생명체를 '하나의 복잡한 기계'라기보다는 오히려 '비교적 단순한 기계의 복잡한 집단'으로 본다.

03

> 발표를 하려면 우선 내용 준비가 잘 되어야 한단다. 발표 연습도 해야겠지만, 발표할 내용을 완벽하게 자기 것으로 소화해야 자신감이 생길 거야.

04

> 어간에 '-이'나 '-음'이 붙어서 명사로 된 것과 '-이'나 '-히'가 붙어서 부사로 된 것은 그 어간의 원형을 밝혀 적는다. 다만, 어간에 '-이'나 '-음'이 붙어서 명사로 바뀐 것이라도 그 어간의 뜻과 멀어진 것은 원형을 밝혀 적지 않는다.

해설

01 대중 매체의 영향은 무엇보다 문화면에서 잘 드러난다. 대중 매체가 널리 보급되자 특정한 계층만 누리던 문화를 대중이 누릴 수 있게 되었다. 이는 문화 수용의 기회 균등이라는 면에서 큰 발전이다. 그러나 대중 매체를 통해 얻을 수 있는 정보는 똑같은 것이기 때문에 이를 통해 보급되는 문화는 현대인의 개성과 취미를 획일적으로 만들 가능성이 크다.

02 인공생명론에서는 생명체를 '하나의 복잡한 기계'라기보다는 오히려 '비교적 단순한 기계의 복잡한 집단'으로 본다.
  ※ '오히려'는 앞을 부정하고 뒤를 긍정합니다.

03 발표를 하려면 우선 내용 준비가 잘 되어야 한단다. 발표 연습도 해야겠지만, 발표할 내용을 완벽하게 자기 것으로 소화해야 자신감이 생길 거야.
  ※ 여기서 '-지만'은 강조를 뜻합니다.

04 어간에 '–이'나 '–음'이 붙어서 명사로 된 것과 '–이'나 '–히'가 붙어서 부사로 된 것은 그 어간의 원형을 밝혀 적는다. ~~다만~~, 어간에 '–이'나 '–음'이 붙어서 명사로 바뀐 것이라도 그 어간의 뜻과 멀어진 것은 원형을 밝혀 적지 않는다.

※ 여기서 '다만'은 예외를 뜻합니다.

도구 연습하기 ▶ 지시어 파악하기

01 다음 글의 빈칸에 들어갈 접속어는?

출처 | 2002학년도 11월 고1 전국연합학력평가

> 지금까지 모든 여성은 '여성답고', 모든 남성은 '남성다운' 것이 바람직하다고 생각해 왔던 고정 관념과는 달리, '양성성'에서 제시하고자 하는 의미는 모든 인간이 각자의 고유한 특성에 따라 지금까지 사회에서 여성적이라고 규정지어 왔던 바람직한 특성과 남성적이라고 규정지어 왔던 바람직한 특성을 동시에 지닐 수 있다는 것에 있다.
>
> 생리적으로 보면, 남녀는 모두 남성 호르몬과 여성 호르몬을 동시에 가지고 있다. (그러나/다만) 남녀에 따라 그리고 개인에 따라 이 두 호르몬 사이의 균형이 달리 이루어지고 있을 뿐이다. 심리적으로도 이러한 남성성과 여성성이 한 개인의 내면에 공존해 있다.
>
> – 정진경, 「평등한 부모 자유로운 아이」

(해설)

01 이 문제는 출제자가 지문에 접속어를 추가하여 출제하였습니다. 글 전체의 무게가 남녀의 차이점에 대한 것이라면 '그러나'(A ≤B)가 와야 할 것이고, 동시적으로 갖고 있는 공통점에 대한 것이라면 '다만'(A>B)이어야 할 것입니다. 근데 앞 문단에서도 '동시에 지닐 수 있다는 것에 있다'라고 했고, 뒤에서도 (생리적인 면뿐만 아니라) 심리적인 면에서도 남녀가 남성성과 여성성이 공존해있다고 했으므로, '다만'이 적절합니다.

5가지 접속기호 ❸ **e**

[예컨대, 이를 테면, 가령, 마치, 예를 들어] 등 이후 구체적인 사례가 시작될 때 사용하는 기호입니다. For example(예를 들어)에서 철자를 빌렸습니다. [일반적 내용 e 구체적 내용]의 흐름일 때 쓰이며 구체적으로는 [정의 e 사례], [개념 e 사례], [원리 e (적용)사례] 등이 있습니다. 때에 따라 '예를 들어' 등의 표현이 생략될 때도 있는데, 그때는 흐름을 고려하여 적극적으로 'e'를 표시하면 됩니다.

내용적으로는 'e' 앞부분이 매우 중요합니다. 앞부분을 제대로 이해했다면 뒷부분은 빠르게 훑어읽을 수 있습니다. 일반적 내용이 핵심인데, 독자가 이해하기 어려울까봐 필자가 구체적으로 와닿는 사례를 든 것이기 때문입니다.

다만, 글이 어려우면 구체적 사례를 통해 일반적인 개념에 대한 감을 잡아야 할 수도 있습니다. 또 출제자들이 일부러 구체적 사례를 통해서만 일반적 개념을 이해할 수 있도록 구성하는 경우도 있는데, 이 경우에는 사례를 속속들이 파악하는 것이 중요합니다.

[01~03] 5가지 접속기호를 활용하여 지문에 표시하며 읽어보세요.

01
출처 | 2009학년도 9월 모의평가

> 　무릇 영웅이란 죽고 나서 한층 더 길고 파란만장한 삶을 살아가며, 그런 사후 인생이 펼쳐지는 무대는 바로 후대인들의 변화무쌍한 기억이다. 잔 다르크는 계몽주의 시대에는 '신비와 경건을 가장한 바보 처녀'로 치부되었지만, 프랑스 혁명기와 나폴레옹 집권기에 와서는 애국의 화신으로 추앙받기 시작했다. 민족주의의 성장과 더불어 그 숭배의 열기가 더 달아올라, 19세기 공화주의적 민족주의자들은 잔을 '프랑스의 수호자'이자 '민중의 딸'로 재창조했다. 국경을 넘어 20세기 여성 참정권자들에게 잔은 '전투적 페미니즘'의 상징이었고 한국에서는 '프랑스의 유관순 열사'로 기억되었다.

02

> 　어떤 모델이든지 상품의 특성에 적합한 이미지를 갖는 인물이어야 광고 효과가 제대로 나타날 수 있다. 예를 들어, 자동차, 카메라, 공기 청정기, 치약과 같은 상품의 경우에는 자체의 성능이나 효능이 중요하므로 대체로 전문성과 신뢰성을 갖춘 모델이 적합하다. 이와 달리 상품이 주는 감성적인 느낌이 중요한 보석, 초콜릿, 여행 등과 같은 상품은 매력성과 친근성을 갖춘 모델이 잘 어울린다.

03

> 　고려 불화의 크기는 다소 큰 편이다. 일례로 충선왕의 후궁인 숙창원비는 관음보살을 소재로 한 불화인 「수월관음도」를 주문 제작한 적이 있는데, 그 화폭이 세로 420cm, 가로 255cm에 달할 정도로 컸다.

해설

01 무릇 영웅이란 죽고 나서 한층 더 길고 파란만장한 삶을 살아가며, 그런 사후 인생이 펼쳐지는 무대는 바로 후대인들의 변화무쌍한 기억이다. ⊕잔 다르크는 계몽주의 시대에는 '신비와 경건을 가장한 바보 처녀'로 치부되었지만, 프랑스 혁명기와 나폴레옹 집권기에 와서는 애국의 화신으로 추앙받기 시작했다. 민족주의의 성장과 더불어 그 숭배의 열기가 더 달아올라, 19세기 공화주의적 민족주의자들은 잔을 '프랑스의 수호자'이자 '민중의 딸'로 재창조했다. 국경을 넘어 20세기 여성 참정권자들에게 잔은 '전투적 페미니즘'의 상징이었고 한국에서는 '프랑스의 유관순 열사'로 기억되었다.

※ 첫 문장이 일반적 진술이고, 나머지 문장들은 구체적 진술입니다. '잔 다르크'가 구체적 사례임을 쉽게 알 수 있기 때문에 '예를 들어'가 생략되었습니다.

02 어떤 모델이든지 상품의 특성에 적합한 이미지를 갖는 인물이어야 광고 효과가 제대로 나타날 수 있다. 예⊕들어, 자동차, 카메라, 공기 청정기, 치약과 같은 상품의 경우에는 자체의 성능이나 효능이 중요하므로 대체로 전문성과 신뢰성을 갖춘 모델이 적합하다. 이와 달리 상품이 주는 감성적인 느낌이 중요한⊕보석, 초콜릿, 여행 등과 같은 상품은 매력성과 친근성을 갖춘 모델이 잘 어울린다.

※ 일반적 진술(첫 문장)이 나왔고, 뒤에 구체적 진술로 사례를 [비교/대조]하여 보여주고 있습니다. 구체적인 제품 나열(자동차, 카메라, 공기청정기, 치약 ↔ 보석, 초콜릿, 여행)은 쓱쓱 지나가되, 일반적 진술 [성능, 효능 - 전문성, 신뢰성 ↔ 감성적 느낌 - 매력성, 친근성]은 천천히 음미하며 읽어나갈 수 있어야 합니다.

03 고려 불화의 크기는 다소 큰 편이다. 일례로 충선왕의 후궁인 숙창원비는 관음보살을 소재로 한 불화인 「수월관음도」를 주문 제작한 적이 있는데, 그 화폭이 세로 420cm, 가로 255cm에 달할 정도로 컸다.

5가지 접속기호 ❹ ✛

[그리고, 또한, 게다가/더구나/더욱이] 등 내용이 병렬적으로 대등하게 추가/나열될 때 사용하는 기호입니다. 내용적으로 '✛' 앞뒤 어디가 중요하다기보다는 추가/나열(✛)되는 것들이 무엇을 위해 존재하느냐 파악하는 것이 중요합니다. 다음 그림과 같은 구조라면 ✛ 자체보다 →가 중요합니다.

참고로 '게다가/더구나'는 악보로 치자면 크레센도(crescendo, 점점 세게)와 같다는 데 주의합니다.

📝 도구 연습하기 접속기호 표시하기

[01~03] 5가지 접속기호를 활용하여 지문에 표시하며 읽어보세요.

01
출처 | 2006학년도 9월 모의평가

> 시골서 죽도록 땅이나 파먹다가 거꾸러지는 것보다는 편하고 재미있습넨다. 게다가 돈은 쓰고 싶은 대로 쓸 수 있고.
>   – 염상섭, 「만세전」 –

02

> 줄줄 흐르는 땀과 잠 못 이루는 열대야로, 기운 빠지고 스트레스가 쌓이는 여름에는, 오미자차를 마시면 좋습니다. 오미자차는 갈증 해소에 좋을 뿐만 아니라, 폐의 기운도 북돋워 주고 혈액 순환도 원활하게 해 준다고 해. 게다가 졸음까지 쫓아주니, 피로해지기 쉬운 여름에 더없이 좋습니다.

03

> 특정 주제를 깊이 있게 탐구하기 위한 독서에서는 기록의 역할이 부각된다. 탐구 과정에서 개인적으로 구성한 의미를 기록하는 것은 읽은 내용의 망각을 방지하며, 비판과 토론의 자료로서 사회적 차원의 의미 구성에 기여한다. 또한 보고서, 논문, 단행본 등의 형태로 발전하여 공동체의 지식이 축적되는 토대를 이룬다.

01 시골서 죽도록 땅이나 파먹다가 거꾸러지는 것보다는 편하고 재미있습넨다. ~~게다가~~ 돈은 쓰고 싶은 대로 쓸 수 있고.

02 줄줄 흐르는 땀과 잠 못 이루는 열대야로, 기운 빠지고 스트레스가 쌓이는 여름에는, 오미자차를 마시면 좋습니다. 오미자차는 갈증 해소에 좋을 뿐만 ~~아니라~~, 폐의 기운도 북돋워 주고 혈액 순환도 원활하게 해 준다고 해. ~~게다가~~ 졸음까지 쫓아주니, 피로해지기 쉬운 여름에 더없이 좋습니다.

03 특정 주제를 깊이 있게 탐구하기 위한 독서에서는 기록의 역할이 부각된다. 탐구 과정에서 개인적으로 구성한 의미를 기록하는 것은 읽은 내용의 망각을 방지하며, 비판과 토론의 자료로서 사회적 차원의 의미 구성에 기여한다. ~~또한~~ 보고서, 논문, 단행본 등의 형태로 발전하여 공동체의 지식이 축적되는 토대를 이룬다.

※ 두 번째 문장은 개인적 차원에서, 세 번째 문장은 사회적 차원에서 첫 문장을 병렬적으로 뒷받침합니다.

5가지 접속기호 ❺ ═

[즉, 다시 말해, 은/는] 등 앞부분의 내용과 뒷부분의 내용이 같을 때 사용합니다.

내용적으로는 두 가지 쓰임이 있습니다. 첫째, 개념을 정의할 때입니다. 출제자는 지문을 통해 수험생의 기억력이 아닌 독해력을 측정하고자 합니다. 그래서 수험생들이 잘 모를 만한 내용으로 지문을 구성하려고 하고, 이 과정에서 지문에는 늘 새로운 개념이 등장합니다. 작은따옴표, 한자/영어 괄호와 함께 제시되는 경우가 많은데, 이런 정의가 제시되면 그 부분을 두세 번 이상 읽고 다음 부분을 읽길 권합니다. 정의하는 부분을 주의 깊게 읽어야 뒷부분을 이해하는 데 지장이 없거든요.

둘째, 내용을 반복할 때입니다. 대신 똑같은 말을 반복하는 것은 아닙니다. 더 상세하게 풀어내거나, 짧게 요약정리하거나, 이해하기 쉽도록 표현을 바꾸는 식으로 반복됩니다. 이렇게 반복된다는 것은 중요한 내용일 가능성이 높습니다. 중요한 내용은 반복해서 강조되는 경우가 많으니까요.

'문맥 활용법 ❸ 설명하는 말 찾기(P.34)'에서 소개했던 예문 몇 개를 가져와서 기호를 표시해보겠습니다.

- 과학 이론은 토마스 쿤이 말하는 **패러다임**의 역할을 한다. 패러다임<u>이란</u> 과학자 사회의 구성원들이 공유하고 있는 신념, 가치, 기술 등의 총체를 말한다.
- 주형 DNA에서 증폭하고자 하는 부위<u>를</u> **표적 DNA**라 한다.
- 최대 용량을 넘어서 충전<u>하는</u> **과충전**이나 방전 하한 전압 이하까지 방전시<u>키는</u> **과방전**으로 인해 충전지의 수명이 줄어들기 때문에 충전 양을 측정·관리하는 것이 중요하다.
- 라이프니츠는 만일 X와 Y가 동일하다면 이들이 똑같은 특성을 갖는<u>다는</u> '**동일자 식별 불가능성 원리**'를 제시했는데,
- 세포덩어리는 나중에 태아를 이루는 모든 세포로 분화<u>되는</u> **다능성(多能性)**을 지닌다.
- 영화 화면의 테두리<u>인</u> **프레임**과 달리, 만화의 칸은 그 크기와 모양이 다양하다.
- 이들 대부분을 홍문관의 관직을 겸하게 함으로써, 이들 중심으로 **근시직(近侍職)**, <u>즉</u> 임금을 가까이서 모시는 관직을 일원화하다시피 하였다.
- 흄은 과거의 경험을 근거로 미래를 예측하는 귀납이 정당한 추론이 되려면 미래의 세계가 과거에 우리가 경험해 온 세계와 동일하다는 자연의 **일양성**, <u>즉</u> 한결같음이 가정되어야 한다고 보았다.

자주 묻는 질문 ✏️

이 기호들을 다 표시하면서 읽어야 하나요?

이 책을 공부하는 동안은요. :) 기호를 표시하는 이유는 접속표현을 통해 글의 흐름을 민감하게 느끼기 위함입니다. 이런 훈련이 충분히 익숙해진 이후에는 굳이 표시하지 않아도 됩니다. 사다리를 딛고 올라간 후에는 그 사다리가 필요 없어지듯, 기호를 표시하는 것도 마찬가지입니다.

독해 시 논리학 지식을 아는 게 도움이 되나요?

당연히 도움이 됩니다. 다만 이 책은 기초적인 독해자세를 기르는 데 목적이 있습니다. 따라서 치밀한 논리적 추론이 필요한 문항이나 분석철학(논리학), 과학철학(강화약화) 관련 지문은 『논리퀴즈 매뉴얼』이나 『강화약화 매뉴얼』에서 다뤘습니다.

다만 필요조건은 워낙 자주 문제화되다 보니 간략하게 여기서 정리해보겠습니다. 아래 표에서 △에 해당하는 것은 전부 필요조건입니다. 특히 독해 시 제가 굵은 글씨로 나타낸 표현을 만나면 △에 밑줄을 그으세요. 어떤 식으로든 △가 선지화될 가능성이 높습니다.

□이면 △이다. □이기**만** 하면 △이다.	□이면 △임이 보장된다.
□일 때 △이다.	**(오직) △일 때만** □이다/일 수 있다.
□인 경우에 △이다.	**(오직) △일 경우에만** □이다/일 수 있다.
□인 한 △이다.	□는 △에 한한다/한정한다/국한한다. △에 국한하여/한(정)하여/제한하여 □이다.
□이기 위해서/위하여 △이어야(만) 한다. **□이려면/하려면 △이어야/해야(만) 한다.**	**△는 □이기 위한 필수(적) 조건이다.**
□는 △이기 위해 충분한 조건이다.	**△는 □이기 위해 필요한 조건이다.**
△**이지 않으면/않는 한** □일 수 없다.	**(오직) △이어야(만)** □이다.
□가 성립하면/보장되면, △가 성립한다/보장된다.	△가 성립하지/보장되지 않으면, □가 성립하지/보장되지 않는다.
△는 □이기 위해 필요하다./요구된다./없으면 안 된다./반드시 있어야 한다./필수적이다./필수불가결하다.	□일 수 있는 유일한 것은 △이다. □일 수 있는 것은 오직 △이다.
△는 □이기 위한 요건/전제조건/선결조건/요구조건이다.	**△는 □의 본질적 속성/요소/조건이다.**
□는 △를 전제한다. □라는 전제(가정)하에서 △이다.	**△를 통해서만** □이다.

참고로 유튜브에서 **"필요조건, 충분조건 표현 총정리"**로 검색하면 위 표를 자세히 설명한 제 영상이 뜹니다. 영상과 함께 보세요!

3 도구3, 내용의 전개방식

전개방식이 중요한 이유

　연구에 따르면 내용의 전개방식을 공부했을 때 글을 더 빠르게 이해하고, 더 많이 기억할 수 있다고 합니다. 글을 읽으며 그 다음 부분이 어떻게 펼쳐질지 예상할 수 있기 때문입니다. 이런 지식은 다양한 종류의 글을 아주 많이 읽으면 따로 공부하지 않아도 자연스럽게 체득됩니다. 하지만 그렇게 살아오지 않았는데 지금부터 '밀린' 독서를 할 수는 없겠죠? 얼마 남지 않은 취준기간 또는 수험기간 동안 수험생이 할 수 있는 최선의 방법은 전개방식 자체를 체계적으로 공부하는 것입니다. 그러면 비교적 단기간 내에 독해력을 강화할 수 있습니다. 무엇보다 전개방식을 제대로 배우면 출제될 문제와 선택지를 어느 정도 예측할 수 있습니다. 출제자는 기본적으로 중요한 내용을 문제화하는데, 전개방식을 통해 무엇이 중요한지 좀 더 빠르고 쉽게 알아낼 수 있기 때문입니다.

10가지 기본 전개방식

　우리가 탐구할 전개방식은 [질문답변], [일반구체], [판단근거], [문제해결], [묘사기술], [원인결과], [나열열거], [순서과정], [통념진실], [비교대조] 총 10가지입니다. 세상에는 수도 없이 많은 글의 전개방식이 있지만, 시험에 나오는 글은 기본 전개방식이 홀로 쓰였거나 혹은 둘 이상이 중첩된 것일 뿐입니다. 가령, 구체적 진술들이 나열된 후 일반적 진술이 나오거나, 비교대조된 대상이 원인결과로 전개되거나, 문제에 대해 질문한 뒤 답변에서 해결을 제시한다거나 하는 식이죠.
　시험에 직접적으로 '내용 전개 방식'을 묻는 문제가 나오기도 하는데, 이 문제에 등장하는 선택지들도 위의 10가지 기본 전개방식으로 분석할 수 있습니다.

---

① **구체적인 사례**를 제시하고 그와 관련되는 **해결 방안**과 **한계**를 설명하였다.
　　[일반구체]　　　　　　　　　　　　　[문제해결]

② **대립**하는 원칙들 사이에 발생하는 **문제**를 검토하여 **대안**을 제시하였다.
　　[비교대조]　　　　　　　[문제해결]

③ **여러 유사한 개념들을 분석**하고 **해석**하면서 하나의 이론 아래 통합하였다.
　　　　[비교대조]　　　　　[판단근거]

④ 이론적으로 설정한 **가설**에 대하여 현실적인 **사례**를 들어가며 **논증**하였다.
　　　　　[판단근거]　　　　　　　　[일반구체]　　　　[판단근거]

⑤ **문제 상황**이 일어나게 된 **근본원인**을 분석하여 일관된 **해결책**을 정립하였다.
　　[문제해결]　　　　　　　　[원인결과]　　　　　　　[문제해결]

(참고) 하나의 글에는 여러 개의 전개방식이 문장부터 문단과 문단에 걸쳐 다양한 범위에 녹아있고, 또 서로 중첩되어 있는 경우가 많습니다. 그래서 사례탐구에서 지문을 분석하다 보면 앞에서 나온 전개방식을 뒤에서 다른 각도로 살펴보는 경우도 있고, 뒤에서 설명할 전개방식을 앞에서 미리 언급할 때도 있습니다. 그래서 처음에 100% 이해가 안 갈 수 있지만 조바심 낼 필요는 없습니다. 복습하다 보면 다 해결됩니다. 이렇게 공부한 뒤 예시문제를 풀어보면 글도 빠르게 읽히고 문제도 쉽게 풀릴 거예요!

질문답변	Q→A	일반구체	G⇌e	판단근거	○→○
문제해결	P→S	묘사기술	○	원인결과	○→○
나열열거	①.②.③	순서과정	①→②→③		
통념진실	M→T	비교대조	□.△		

🧑‍🏫 **해황쌤의 말**

Q는 Question, A는 Answer, P는 Problem, S는 Solution, G는 General, e는 example, M은 Myth, T는 Truth의 앞글자입니다.
[묘사기술]은 묘사대상이 있을 뿐 전개방식 자체를 상징할 기호가 없습니다. [나열열거], [순서과정]은 등장하는 대상에 ①, ②, ③ 등의 숫자를 붙이거나 동그라미로 표현할 겁니다. [비교대조]는 대상이 둘일 때는 네모, 세모를 쓰지만, 셋 이상일 때는 네모, 세모, 동그라미를 쓰거나 기호 없이 표현 그대로 이해합니다. [판단근거], [원인결과], [순서과정], [비교대조]는 접속기호에서 배웠던 '→'를 그대로 사용할 겁니다.

STEP 1 | 질문답변

[질문답변]은 질문이 나오고, 이에 대한 답변이 나오는 전개를 가리킵니다. 당연히 질문에 대한 답변이 핵심입니다. 따라서 글을 읽다가 질문이 나오면 답변에 주목하세요. 출제자는 어떤 식으로든 답변을 문제화합니다!

Q ——→ A
질문   답변

[질문답변]은 제가 가장 중요하다고 생각해서 제일 앞에 뒀습니다. 왜냐하면 모든 글은 어떤 질문에 대한 답변이기 때문입니다. 철학자 칼 포퍼(Karl Popper)는 '작품을 읽기 위해 첫 번째로 해야 할 과제는 저자가 과연 어떤 질문에 답하려 하는 것인지를 판단하는 것'이라고 했는데 매우 뛰어난 통찰입니다. 시험지문은 말할 것도 없고, 전자제품 사용설명서마저도 "이 제품은 어떻게 사용하는가?"라는 질문에 대한 답변입니다. 이 책 또한 '어떻게 하면 독해력을 강화할 수 있는가?'라는 질문에 대한 답변이고요. 그러니 항상 '이 문단은, 이 글은 어떤 질문에 대한 답변인가?'를 고민해보길 바랍니다. 이를 의식하는 것만으로도 글의 핵심을 자연스럽게 파악할 수 있을 겁니다.

답변에서 다른 전개방식이 중첩되거나, 혹은 답변에 대한 질문이 꼬리에 꼬리를 물고 나올 수 있는데 몇 가지 사례를 살펴보겠습니다.

사람의 눈이 원래 하나였다면 세계를 입체적으로 지각할 수 있었을까? 입체 지각은 대상까지의 거리를 인식하여 세계를 3차원으로 파악하는 과정을 말한다. 입체 지각은 눈으로 들어오는 시각 정보로부터 다양한 단서를 얻어 이루어지는데 이를 양안 단서와 단안 단서로 구분할 수 있다. 양안 단서는 양쪽 눈이 함께 작용하여 얻어지는 것으로, 양쪽 눈에서 보내오는, 시차(視差)*가 있는 유사한 상이 대표적이다. 단안 단서는 한쪽 눈으로 얻을 수 있는 것인데, 사람은 단안 단서만으로도 이전의 경험으로부터 추론에 의하여 세계를 3차원으로 인식할 수 있다.

* 시차: 하나의 물체를 서로 다른 두 지점에서 보았을 때 방향의 차이.

첫 문단의 첫 문장이 질문으로 시작하면, 첫 문단뿐만 아니라 뒤의 모든 문단이 이에 대한 답변일 때가 많습니다. 책 제목 중 '○○이란 무엇인가' 형식은 책의 모든 내용이 제목에 대해 답변하기 위해 쓰인 글인 것과 마찬가지입니다.

윗글은 [질문]에 [답변]하기 위해 입체 지각을 소개하고, 입체 지각을 얻는 단서를 양안 단서와 단안 단서로 [비교대조]했습니다. 이를 통해 질문에 대한 답을 마지막 줄에서 제시합니다.

결국 마지막 문장이 글의 핵심이고 '미루어 알 수 있는 내용' 문제의 선지로 다음이 나왔습니다.

② 사람이 원래 눈이 하나이더라도 경험을 통해 세계를 입체로 지각할 수 있다.

원래 눈이 하나더라도 단안 단서를 통해 세계를 입체적으로 지각할 수 있습니다. 참고로 ②의 '경험'은 시각 경험만을 가리키지 않습니다! 대상에 손을 뻗어서 거리와 관련된 경험을 할 수도 있으니까요.

출처 | 2010학년도 6월 모의평가

언론 보도로 명예가 훼손되는 경우 피해를 구제 받으려면 어떻게 해야 할까? 우리 민법은 명예 훼손으로 인한 피해를 구제 받기 위해 손해 배상과 같은 금전적인 구제와 아울러 비금전적인 구제를 청구할 수 있다고 규정하고 있다. 이러한 비금전적인 구제 방식의 하나가 '반론권'이다. 반론권은 언론의 보도로 피해를 입었다고 주장하는 당사자가 문제가 된 언론 보도 내용 중 순수한 의견이 아닌 사실적 주장(사실에 관한 보도 내용)에 대해 해당 언론사를 상대로 지면이나 방송으로 반박할 수 있는 권리이다. 반론권은 일반적으로 반론 보도를 통해 실현되는데, 이는 정정 보도나 추후 보도와는 다르다. 정정 보도는 보도 내용이 사실과 달라 잘못된 사실을 바로잡는 것이며, 추후 보도는 형사상의 조치를 받은 것으로 보도된 당사자의 무혐의나 무죄 판결에 대한 내용을 보도해 주는 것이다.

질문에 대한 답변으로 금전적 구제와 비금전적 구제를 제시하고, 후자와 관련해 '반론권'을 제시했습니다. 이후 반론권에 대한 개념을 제시하고, 반론 보도를 정정 보도, 추후 보도와 [비교대조]하여 설명하고 있습니다. 설명 분량을 고려해도 그렇고, 작은따옴표를 봐도 그렇고, [비교대조]를 봐도 그렇고 '반론권'이 핵심입니다. ([비교대조]는 강조를 위해 흔히 사용됩니다.)

연금 제도의 목적은 나이가 많아 경제 활동을 못하게 되었을 때 일정 소득을 보장하여 경제적 안정을 도모하는 것이다. 이를 위해서는 보험 회사의 사적 연금이나 국가가 세금으로 운영하는 공공 부조*를 활용할 수 있다. 그럼에도 국가가 이 제도들과 함께 공적 연금 제도를 실시하는 까닭은 무엇일까?

그것은 사적 연금이나 공공 부조가 낳는 부작용 때문이다. 사적 연금에는 역선택 현상이 발생한다. 안정된 노후 생활을 기대하기 어려운 사람들이 주로 가입하고 그렇지 않은 사람들은 피하므로, 납입되는 보험료 총액에 비해 지급해야 할 연금 총액이 자꾸 커지는 것이다. 이렇게 되면 보험 회사는 계속 보험료를 인상하지 않는 한 사적 연금을 유지할 수 없다. 한편 공공 부조는 도덕적 해이를 야기할 수 있다. 무상으로 부조가 이루어지므로, 젊은 시절에는 소득을을 모두 써 버리고 노년에는 공공 부조에 의존하려는 경향이 생길 수 있기 때문이다. 이와 같은 **부작용**에 대응하기 위해 공적 연금 제도는 소득이 있는 국민들을 **강제 가입**시켜 보험료를 징수한 뒤, 적립된 연금 기금을 국가의 책임으로 운용하다가, 가입자가 은퇴한 후 연금으로 지급하는 방식을 취하고 있다.

* 공공 부조: 생활 능력이 없는 국민에게 사회적 최저 수준의 생활이 가능하도록 국가가 현금 또는 물품을 지원하거나 무료 혜택을 주는 제도.

첫 문단에서 질문을 던졌고, 다음 문단에서 부작용을 답변으로 제시했습니다. 부작용은 두 가지가 [비교대조]됐고요. 둘의 부작용이 [문제]였고, 이에 [해결책]으로 공적 연금 제도로 나왔습니다. [질문답변]과 [문제해결]이 중첩된 글!

📝 도구 연습하기 핵심 논지 = 질문에 대한 답변

01 다음 글에서 추론할 수 있는 것은?

출처 | 2013년 민간경력자 PSAT 언어논리

> 나균은 1,600개의 제 기능을 하는 정상 유전자와 1,100개의 제 기능을 하지 못하는 화석화된 유전자를 가지고 있다. 이에 반해 분류학적으로 나균과 가까운 종인 결핵균은 4,000개의 정상 유전자와 단 6개의 화석화된 유전자를 가지고 있다. 이는 화석화된 유전자의 비율이 결핵균보다 나균에서 매우 높다는 것을 보여준다. 왜 이런 차이가 날까?
>
> 결핵균과 달리 나균은 오로지 숙주세포 안에서만 살 수 있기 때문에 수많은 대사과정을 숙주에 의존한다. 숙주세포의 유전자들이 나균의 유전자가 수행해야 하는 온갖 일을 도맡아 해주다 보니, 나균이 가지고 있던 많은 유전자의 기능이 필요 없게 되었다. 이에 따라 세포 내에 기생하는 기생충과 병균처럼 나균에서도 유전자 기능의 대량 상실이 일어나게 되었다.
>
> 유전자의 화석화는 후손의 진화 방향에 중요한 영향을 미친다. 기능을 상실하기 시작한 유전자는 복합적인 결함을 일으키기 때문에, 한번 잃은 기능은 돌이킬 수 없게 된다. 즉 유전자 기능의 상실은 일방통행이다. 유전자의 화석화와 기능 상실은 특정 계통의 진화 방향에 제약을 가하는 것이다. 이는 아주 오랜 시간이 흘러 새로운 환경에 적응하기 위해 화석화된 유전자의 기능이 필요하다고 하더라도 이 유전자의 기능을 잃어버린 종은 그 기능을 다시 회복할 수 없다는 것을 의미한다.

① 결핵균은 과거에 숙주세포 없이는 살 수 없었을 것이다.
② 현재의 나균과 달리 기생충에서는 유전자의 화석화가 일어나지 않았을 것이다.
③ 숙주세포 유전자의 화석화는 나균 유전자의 소멸과 밀접한 관련이 있을 것이다.
④ 어떤 균의 화석화된 유전자는 이 균이 새로운 환경에 적응하는 데 기능할 것이다.
⑤ 화석화된 나균 유전자의 대부분은 나균이 숙주세포에 의존하는 대사과정과 관련된 유전자일 것이다.

> ^{1}나균은 1,600개의 제 기능을 하는 정상 유전자와 1,100개의 제 기능을 하지 못하는 화석화 된 유전자를 가지고 있다. ^{2}이에 비해 분류학적으로 나균과 가까운 종인 결핵균은 4,000개의 정상 유전자와 단 6개의 화석화된 유전자를 가지고 있다. ^{3}이는 화석화된 유전자의 비율이 결 핵균보다 나균에서 매우 높다는 것을 보여준다. ^{4}왜 이런 차이가 날까?
>
> ^{5}결핵균과 달리 나균은 오로지 숙주세포 안에서만 살 수 있기 때문에 수많은 대사과정을 숙 주에 의존한다. ^{6}숙주세포의 유전자들이 나균의 유전자가 수행해야 하는 온갖 일을 도맡아 해 주다 보니, 나균이 가지고 있던 많은 유전자의 기능이 필요 없게 되었다. ^{7}이에 따라 세포 내에 기생하는 기생충과 병균처럼 나균에서도 유전자 기능의 대량 상실이 일어나게 되었다.
>
> ^{8}유전자의 화석화는 후손의 진화 방향에 중요한 영향을 미친다. ^{9}기능을 상실하기 시작한 유 전자는 복합적인 결함을 일으키기 때문에, 한번 잃은 기능은 돌이킬 수 없게 된다. ^{10}즉 유전자 기능의 상실은 일방통행이다. ^{11}유전자의 화석화와 기능 상실은 특정 계통의 진화 방향에 제약 을 가하는 것이다. ^{12}이는 아주 오랜 시간이 흘러 새로운 환경에 적응하기 위해 화석화된 유전 자의 기능이 필요하다고 하더라도 이 유전자의 기능을 잃어버린 종은 그 기능을 다시 회복할 수 없다는 것을 의미한다.

[질문답변]으로 전개됐고, 핵심인 답변과 관련된 선지는 ⑤입니다.
① 결핵균은 과거에 숙주세포 없이는 살 수 없었을 것이다.^{5} ("결핵균과 달리")
② 현재의 나균과 달리 기생충에서는 유전자의 화석화가 일어나지 않았을 것이다.^{7} ("기생충과 병균**처럼** 나균에서**도**")
③ 숙주세포 유전자의 화석화는 나균 유전자의 소멸과 밀접한 관련이 있을 것이다. 알 수 없음
④ 어떤 균의 화석화된 유전자는 이 균이 새로운 환경에 적응하는 데 쓰일 것이다.^{12}
⑤ 화석화된 나균 유전자의 대부분은 나균이 숙주세포에 의존하는 대사과정과 관련된 유전자일 것이다.$^{5-7}$

STEP 2 | 일반구체

[일반구체]는 일반적 진술과 구체적 진술이 서로에게 의존해 가며 글이 전개되는 것을 가리킵니다. 즉, 일반적 진술이 나오면 뒤에 구체적 진술이 나오고, 구체적 진술이 나오면 뒤에 일반적 진술이 나오는 식입니다.

$$G \rightleftarrows e$$
일반　　구체

[일반구체]는 거의 모든 글에 나온다고 해도 과언이 아닙니다. 일반적 진술로만 이루어진 글이라든가, 구체적 진술로만 이루어진 글은 (일기장에는 등장할지언정) 시험지문으로는 거의 나오지 않습니다.

종종 어떤 문장이 일반적 진술과 구체적 진술인지 어떻게 아느냐는 질문이 있는데, 맥락을 보면 됩니다. 일반과 구체는 상대적인 관계이기 때문입니다. 똑같은 진술이더라도 더 구체적인 진술 옆에서는 일반적 진술이 되고, 더 일반적 진술 옆에서는 구체적 진술이 됩니다.

독해할 때는 일반적 진술이 중요합니다. 만약 일반적 진술을 충분히 이해했다면 구체적 진술은 '휘리릭'(휘리릭 + 읽기)하면 됩니다. 반면 일반적 진술을 잘 이해하지 못했다면 구체적 진술을 통해 일반적 진술을 이해하려고 노력해야 합니다.

먼저 구체적 진술이 나온 후 일반적 진술이 나오는 사례를 살펴보겠습니다. '이런', '이와 같은', '이렇게', '이처럼' 등은 일반적 진술의 등장을 알리는 신호어입니다.

출처 | 2003학년도 대학수학능력시험

> 1952년 어느 날, 현대 음악가 존 케이지(J. Cage)는 미국의 한 대학에서 강의를 했다. 그가 강의를 한 곳은 사다리 꼭대기였고, 그 내용은 긴 침묵과 춤이었다. 이 행위는 일반적인 강의 형식과 내용을 뒤집어 놓은 것이어서 커다란 반향을 일으켰다. 어떤 작가는 거대한 얼음 덩어리 20개를 길거리에서 녹게 내버려 두어, 사물이 시시때때로 변화하는 과정을 송두리째 보여 주기도 했다. 다른 예로는 빌딩만한 립스틱이나 전기 플러그 등과 같은 작품을 떠올려도 좋겠다. 친숙한 것을 낯선 것으로, 낯선 것을 친숙한 것으로 보여 주어 인간을 먼 상상의 여행길로 나서게 하는 이런 예술 행위의 본질은 무엇일까?

'존 케이지' + '어떤 작가' + '다른 예'로 구체적 진술이 [나열열거]됐습니다. 뒤에 일반적 진술이 나올 것이라는 믿음을 갖고 구체적 진술은 휘리릭! 아니나 다를까, 마지막 문장에서 일반적 진술로 '이런 예술 행위의 본질은 무엇일까?'라며 질문을 던집니다. 다음 문단부터 답변이 나오겠죠?

> 기차 안에서처럼 두 개의 의자가 서로 마주보고 있고, 그 옆에는 스크린이 창문처럼 설치되어 있다. 관람객들이 이 의자에 앉아 대화를 나누면 대화 속의 단어들에 상응하는 이미지들이 화면 가득히 나타나 입체적 영상을 만들어 낸다. 이는 소머러와 미그노뉴의 디지털 아트 작품인 「인터넷 타기」에 대한 설명이다. 이와 같은 최근의 예술적 시도들은 작품과 수용자 사이의 경계를 넘어 작품의 생성과 전개에 수용자를 참여시킴으로써 작품과 수용자 사이의 상호 작용을 가능하게 한다.

구체적인 상황으로 글을 시작하고, 뒤에서 '이와 같은'을 통해 일반적 진술이 나옵니다. 참고로 이 지문의 '작품과 수용자 사이의 상호 작용'에 대해 다음과 같은 이해가 적절한지 묻는 문제가 있었습니다.

② 수용자가 완결성을 갖는 작품을 변형하면서 이를 감상하는 것을 말한다.

'상호작용'(수용자 ⇄ 작품)에만 집중한 분들은 '변형'(수용자 → 작품), '감상'(수용자 ← 작품)이니 ②가 적절하다고 판단하여 많이들 틀렸습니다. 글은 흐름이므로 항상 문맥을 고려해야 합니다.

문맥을 고려하면, 이때의 '상호작용'은 '생성과 전개에 수용자를 참여'시키는 상호작용입니다. '완결성을 갖는 작품'은 생성과 전개가 끝난 상태이므로, 이를 변형하고 감상하는 것은 지문의 '상호작용'이 아닙니다.

지문: [**생성** - **전개** - 완결] 　　　　선지: [생성 - 전개 - **완결**]
　　　↘↙　　　　　　　　　　　　　　　　　↑
　　　참여　　　　　　　　　　　　　　　　참여

제2차 세계 대전 중, 태평양의 한 전투에서 일본군은 미군 흑인 병사들에게 자신들은 유색인과 전쟁할 의도가 없으니 투항하라고 선전하였다. 이 선전물을 본 백인 장교들은 그것이 흑인 병사들에게 미칠 영향을 우려하여 급하게 부대를 철수시켰다. 사회학자인 데이비슨은 이 사례에서 아이디어를 얻어서 대중 매체가 수용자에게 미치는 영향과 관련한 '제3자 효과(third -person effect)' 이론을 발표하였다.

이 이론의 핵심은 사람들이 대중 매체의 영향력을 차별적으로 인식한다는 데에 있다. 즉 사람들은 수용자의 의견과 행동에 미치는 대중 매체의 영향력이 자신보다 다른 사람들에게서 더 크게 나타나리라고 믿는 경향이 있다는 것이다. 예를 들어 선거 때 어떤 후보에게 탈세 의혹이 있다는 신문 보도를 보았다고 하자. 그때 사람들은 후보를 선택하는 데에 자신보다 다른 독자들이 더 크게 영향을 받을 것이라고 여긴다. 이러한 현상을 데이비슨은 '제3자 효과'라고 하였다.

먼저 구체적 상황이 제시됐습니다. 이는 '제3자 효과' 이론을 소개하기 위한 발판입니다. 2문단에서는 이론의 정의를 소개하고 다시 '예를 들어'를 통해 구체적 진술을 제시합니다. [구체 → 일반 → 구체] 식으로 전개되며, 주의 깊게 읽어야 할 부분은 일반적 진술입니다.

이제 일반적 진술이 나온 뒤 구체적 진술이 나오는 사례를 살펴보겠습니다. 구체적 진술이 나올 때는 '예를 들어', '가령' 등 신호어가 없을 때가 많다는 것에 주의하세요.

귀납 논증은 전제들이 모두 참이라고 해도 결론이 확실히 참이 되는 것은 아니지만 우리의 지식을 확장해 준다는 장점이 있다. 여러 귀납 논증 중에서 가장 널리 쓰이는 것은 수많은 사례들을 관찰한 다음에 그것을 일반화하는 것이다. 우리는 수많은 까마귀를 관찰한 후에 우리가 관찰하지 않은 까마귀까지 포함하는 '모든 까마귀는 검다.'라는 새로운 지식을 얻게 되는 것이다.

능숙한 독자라면 일반적 개념인 '귀납 논증'을 꼼꼼하게 읽고, 뒤에 나오는 구체적 사례 '까마귀'는 빠르게 읽어 나갑니다.

일반적 진술	구체적 진술
수많은 사례들을	수많은 까마귀를
관찰한 다음에	관찰한 후에

보다시피, 구체적 진술은 일반적 진술의 구조에 구체적인 사례를 넣어 반복한 경우가 많습니다. 핵심어의 반복출현처럼, 문장 차원의 반복출현이라고 생각하면 됩니다. 이런 이유로 일반적 진술을 꼼꼼히 읽었다면 반복출현하는 구체적 진술을 빠르게 읽어나갈 수 있습니다.

일치법은 어떤 결과가 발생한 여러 경우들에 공통적으로 선행하는 요소를 찾아 그것을 원인으로 간주하는 방법이다.

가령 수학여행을 갔던 ○○ 고등학교의 학생 다섯 명이 장염을 호소하였다고 하자. 보건 선생님이 이 학생들을 불러서 먹은 음식이 무엇인지 조사해 보았다. 다섯 명의 학생들이 제출한 자료를 본 선생님은 이 학생들이 공통적으로 먹은 유일한 음식이 돼지고기라는 사실을 알게 되었다. 이때 선생님이 돼지고기가 장염의 원인이라고 결론을 내리는 것이 바로 일치법을 적용한 예이다.

1문단에서 일치법에 대한 일반적 개념 정의가 제시됐습니다. 2문단은 신호어 '가령'이 알려주듯 일치법에 대한 구체적 진술입니다.

일반적 진술	구체적 진술
어떤 결과가 발생한	학생 다섯 명이 장염을 호소
여러 경우들에 공통적으로 선행하는 요소를 찾아	공통적으로 먹은 유일한 음식이 돼지고기라는 사실을 알게 되었다
그것을 원인으로 간주하는 방법	돼지고기가 장염의 원인이라고 결론내리는 것

어휘가 비슷한 표현으로 반복출현하듯이, 진술도 [일반구체]로 반복출현합니다.

출처 | 2005학년도 대학수학능력시험

산업 기술은 적은 비용으로 더 많은 생산이 가능하도록 제조 공정의 효율을 높이는 방향으로 발전해 왔다. 이러한 기술 발전은 제조 공정의 일부를 서로 결합함으로써 대폭적인 비용 절감을 가능하게 하는 기술 혁신을 통하여 이루어진다. 1세기에는 유럽 귀족들의 사치품이었지만 오늘날에는 온갖 진열장에서 고층 건물의 외장재에 이르기까지 널리 사용되는 판유리의 경우가 그 좋은 예이다.

'기술 혁신'에 대한 개념(제조 공정의 일부를 서로 결합함으로써 대폭적인 비용 절감)이 나왔고, 그 사례로서 판유리가 제시되었습니다. 이 두 가지가 결합하면 다음 문단부터 어떤 내용이 나올까요? 판유리 제조 공정의 일부를 서로 결합함으로써 대폭적인 비용 절감이 가능해졌다는 구체적 진술이 나올 겁니다!

일반적 진술(1문단)	구체적 진술(이어질 문단)
제조 공정의 일부를 서로 결합	판유리 제조 공정의 일부를 서로 결합
대폭적인 비용 절감이 가능	대폭적인 비용 절감이 가능

01 다음 글의 핵심 논지로 가장 적절한 것은?

출처 | 2022년 7급 PSAT 언어논리

¹독일 통일을 지칭하는 '흡수 통일'이라는 용어는 동독이 일방적으로 서독에 흡수되었다는 인상을 준다. ²그러나 통일 과정에서 동독 주민들이 보여준 행동을 고려하면 흡수 통일은 오해의 여지를 주는 용어일 수 있다.

³❶89년에 동독에서는 지방선거 부정 의혹을 둘러싼 내부 혼란이 발생했다. ⁴그 과정에서 체제에 환멸을 느낀 많은 동독 주민들이 서독으로 탈출했고, 동독 곳곳에서 개혁과 개방을 주장하는 시위의 물결이 일어나기 시작했다. ⁵초기 시위에서 동독 주민들은 여행·신앙·언론의 자유를 중심에 둔 내부 개혁을 주장했지만 이후 "우리는 하나의 민족이다!"라는 구호와 함께 동독과 서독의 통일을 요구하기 시작했다. ⁶그렇게 변화하는 사회적 분위기 속에서 1990년 3월 18일에 동독 최초이자 최후의 자유총선거가 실시되었다.

⁷동독 자유총선거를 위한 선거운동 과정에서 서독과 협력하는 동독 정당들이 생겨났고, 이들 정당의 선거운동에 서독 정당과 정치인들이 적극적으로 유세 지원을 하기도 했다. ⁸초반에는 서독 사민당의 지원을 받으며 점진적 통일을 주장하던 동독 사민당이 우세했지만, 실제 선거에서는 서독 기민당의 지원을 받으며 급속한 통일을 주장하던 독일동맹이 승리하게 되었다. ⁹동독 주민들이 자유총선거에서 독일동맹을 선택한 것은 그들 스스로 급속한 통일을 지지한 것이라고 할 수 있다. ¹⁰이후 동독은 서독과 1990년 5월 18일에 「통화·경제·사회보장동맹의 창설에 관한 조약」을, 1990년 8월 31일에 「통일조약」을 체결했고, 마침내 1990년 10월 3일에 동서독 통일을 이루게 되었다.

¹¹❻럼 독일 통일의 과정에서 동독 주민들의 주체적인 참여를 확인할 수 있다. ¹²독일 통일을 단순히 흡수 통일이라고 부른다면, 통일 과정에서 중요한 역할을 담당했던 동독 주민들을 배제한다는 오해를 불러일으킬 수 있다. ¹³독일 통일의 과정을 온전히 이해하기 위해서는 동독 주민들의 활동에도 주목할 필요가 있다.

① 자유총선거에서 동독 주민들은 점진적 통일보다 급속한 통일을 지지하는 모습을 보여주었다.
② 독일 통일은 동독이 일방적으로 서독에 흡수되었다는 점에서 흔히 흡수 통일이라고 부른다.
③ 독일 통일은 분단국가가 합의된 절차를 거쳐 통일을 이루었다는 점에서 의의가 있다.
④ 독일 통일 전부터 서독의 정당은 물론 개인도 동독의 선거에 개입할 수 있었다.
⑤ 독일 통일의 과정에서 동독 주민들의 주체적 참여가 큰 역할을 하였다.

02 다음 글의 내용과 부합하는 것은?

[1]중세 동아시아 의학의 특징은 강력한 중앙권력의 주도 아래 통치수단의 방편으로서 활용되었다는 점이다. [2]권력자들은 최상의 의료 인력과 물자를 독점적으로 소유함으로써 의료를 충성에 대한 반대급부로 삼았다. [3]이러한 특징은 국가 간의 관계에서도 나타나 중국의 황제는 조공국에게 약재를 하사함으로써 위세와 권위를 과시했다. [4]고려의 국왕 또한 가부장적 이데올로기에 입각하여 의료를 신민 지배의 한 수단으로 삼았다. [5]국왕은 일년 중 정해진 날에 종4품 이상의 신료에게 약재를 내렸는데, 이를 납약(臘藥)이라 하였다. [6]납약은 중세 국가에서 약재가 일종의 위세품(威勢品)으로 작용하였음을 잘 보여주는 사례이다.

[7]역병이 유행하면 고려의 국왕은 이에 상응하는 약재를 분배하였다. [8]1018년 개경에 유행성 열병인 장역(瘴疫)이 유행하자 현종은 관의(官醫)에게 병에 걸린 문무백관의 치료를 명령하고 필요한 약재를 하사하였다. [9]하층 신민에 대해서는 혜민국과 구제도감 등 다양한 의료 기관을 설립하여 살피게 했다. [10]전염병이 유행하면 빈민들의 희생이 컸기에 소극적이나마 빈민을 위한 의료대책을 시행하지 않을 수 없었다. [11]1110년과 1348년 전염병이 유행하였을 때에는 개경 시내에 빈민의 주검이 많이 방치되어 있었고, 이는 전염병이 유행하게 되는 또 다른 요인이 되었다. [12]이들 빈민 환자를 한 곳에 모아 관리해야 할 필요성에서 빈민의료가 시작되었다. [13]그러나 혜민국은 상설 기관이 아니라 전염병 유행과 같은 비상시에 주로 기능하는 임시 기관이었다. [14]애민(愛民)정책 아래 만들어진 이들 기관의 실상은 치료보다는 통치를 위한 격리를 목적으로 하였다.

① 고려는 역병을 예방하기 위해 혜민국을 설치하였다.

② 고려 국왕은 병든 문무백관의 치료를 위해 납약을 하사하였다.

③ 가부장적 이데올로기는 고려시대 전염병의 발병률 감소에 기여하였다.

④ 중세 동아시아 의학은 상·하층 신민의 질병을 치료하기 위한 목적으로 발전하였다.

⑤ 중세 동아시아의 권력자는 의료 인력과 약재를 독점하여 신료의 충성을 유도하였다.

출처 | 2017년 민간경력자 PSAT 언어논리

[1]내가 어렸을 때만 하더라도 원래 북아메리카에는 100만 명가량의 원주민밖에 없었다고 배웠다. [2]이렇게 적은 수라면 거의 빈 대륙이라고 할 수 있으므로 백인들의 아메리카 침략은 정당해 보였다. [3]그러나 고고학 발굴과 미국의 해안 지방을 처음 밟은 유럽 탐험가들의 기록을 자세히 검토한 결과 원주민들이 처음에는 수천 만 명에 달했다는 것을 알게 되었다. [4]아메리카 전체를 놓고 보았을 때 콜럼버스가 도착한 이후 한두 세기에 걸쳐 원주민 인구는 최대 95%가 감소한 것으로 추정된다.

[5]그런데 유럽의 총칼에 의해 전쟁터에서 목숨을 잃은 아메리카 원주민보다 유럽에서 온 전염병에 의해 목숨을 잃은 원주민 수가 훨씬 많았다. [6]이 전염병은 대부분의 원주민들과 그 지도자들을 죽이고 생존자들의 사기를 떨어뜨림으로써 그들의 저항을 약화시켰다. [7]예를 들자면 1519년에 코르테스는 인구 수천만의 아스텍 제국을 침탈하기 위해 멕시코 해안에 상륙했다. [8]코르테스는 단 600명의 스페인 병사를 이끌고 아스텍의 수도인 테노치티틀란을 무모하게 공격했지만 병력의 3분의 2만 잃고 무사히 퇴각할 수 있었다. [9]여기에는 스페인의 군사적 강점과 아스텍족의 어리숙함이 함께 작용했다. [10]코르테스가 다시 쳐들어왔을 때 아스텍인들은 더이상 그렇게 어리숙하지 않았고 몹시 격렬한 싸움을 벌였다. [11]그런데도 스페인이 우위를 점할 수 있었던 것은 바로 천연두 때문이었다. [12]이 병은 1520년에 스페인령 쿠바에서 감염된 한 노예와 더불어 멕시코에 도착했다. [13]그때부터 시작된 유행병은 거의 절반에 가까운 아스텍족을 몰살시켰으며 거기에는 쿠이틀라우악 아스텍 황제도 포함되어 있었다. [14]이 수수께끼의 질병은 마치 스페인인들이 무적임을 알리려는 듯 스페인인은 내버려두고 원주민만 골라 죽였다. [15]그리하여 처음에는 약 2,000만에 달했던 멕시코 원주민 인구가 1618년에는 약 160만으로 곤두박질치고 말았다.

① 전염병에 대한 유럽인의 면역력은 그들의 호전성을 높여주었다.

② 스페인의 군사력이 아스텍 제국의 저항을 무력화하는 원동력이 되었다.

③ 아메리카 원주민의 수가 급격히 감소한 주된 원인은 전염병 감염이다.

④ 유럽인과 아메리카 원주민의 면역력 차이가 스페인과 아스텍 제국의 1519년 전투 양상을 변화시켰다.

⑤ 코르테스가 다시 침입했을 때 아스텍인들이 격렬히 저항한 것은 아스텍 황제의 죽음에 분노했기 때문이다.

해설

01 **정답** ⑤

핵심 논지를 찾는 문항이므로 일반적 진술에 주목해야 합니다. 지문은 일반적 진술 **2**를 자세히 설명하는 구체적 진술 **3~10**이 제시됩니다. 그리고 끝에서 다시 일반적 진술 **11~13**이 나왔는데, 결국 핵심은 [**²**동독 주민들이 보여준 행동= **¹¹**동독 주민들의 주체적인 참여= **¹²**통일 과정에서 중요한 역할을 담당 =**¹³**동독 주민들의 활동]입니다. 따라서 정답은 "독일 통일의 과정에서 동독 주민들의 주체적 참여가 큰 역할을 하였다."입니다.

※ ①은 8~9와 일치하는 구체적 진술이지만, 핵심 논지가 아니라서 정답이 될 수 없습니다.

02 **정답** ⑤

글의 핵심은 **1~2**이며, 나머지는 이에 대한 구체적 진술입니다. ⑤는 글의 핵심을 정확히 담고 있으므로 정답입니다. 참고로 **2**의 '반대급부'는 '대가'를 뜻합니다.

① 고려는 역병을 예방치료[8-10]하기 위해 혜민국을 설치하였다.
② 고려 국왕은 병든 문무백관의 치료[8]를 위해 납약을 하사[5]하였다.
③ 가부장적 이데올로기는 고려시대 전염병의 발병률 감소에 기여하였다. 알수없음
④ 중세 동아시아 의학은 상·하층 신민의 질병을 치료하기 위한 목적[1-2,14]으로 발전하였다.

03 **정답** ③

4까지 읽었을 때, "한두 세기 만에 그렇게 많은 원주민들이 감소한 이유는 무엇인가? 설마 총칼로 모두 죽였단 말인가?"하는 의문이 자연스럽게 떠오를 겁니다. 이에 대한 답변이 **5**라고 볼 수 있고, **7~15**는 이를 뒷받침하는 구체적 사례입니다. 출제자는 **5**를 선지화한 ③을 정답으로 제시했습니다.

① 전염병에 대한 유럽인의 면역력은 크들의 호전성을 높여주었다. 알수없음
② 스페인의 군사력천연두[11]가 아스텍 제국의 저항을 무력화하는 원동력이 되었다.
③ 아메리카 원주민의 수가 급격히 감소한 주된 원인은 전염병 감염이다.[5]

※ 질문에 대한 답변=구체적 진술이 뒷받침하는 일반적 진술=글의 핵심

④ 유럽인과 아메리카 원주민의 면역력 차이어아스텍족의 어리숙함 변화[9-10]가 스페인과 아스텍 제국의 1519년 전투 양상을 변화시켰다.
⑤ 코르테스가 다시 침입했을 때 아스텍인들이 격렬히 저항한 것은 아스텍 황제의 죽음에 분노했기 때문이다.[10]

※ 더 이상 어리숙하지 않았기 때문일 뿐입니다. 게다가 아스텍 황제의 죽음은 아스텍인들의 격렬한 저항 이후에 일어난 사건이므로, 더 나중에 일어난 사건이 더 일찍 일어난 사건의 원인이 될 수는 없습니다.

어떤 현상의 원인과 결과가 제시될 때, 글이 전개되는 방식은 크게 두 가지입니다. 첫째, 특정 상황(결과)를 제시한 후 그 원인을 밝히기(결과 ← 원인). 둘째, 특정 상황(원인)에서 어떤 결과가 발생하는지 밝히기(원인 → 결과). 둘을 합칠 수도 있습니다. 상황의 원인이 무엇인지 밝힌 후, 앞으로 어떤 결과가 발생할지를 제시하는 식으로요.

원인 　결과

원인과 결과는 상대적인 관계입니다. 즉, 문맥을 통해 결정됩니다. 한 사건에서는 결과였던 것이 다른 사건에서는 원인일 수 있습니다.

시험지문에는 A → B 같은 기본 인과구조가 얽혀서 나타납니다.

- A → B → C: 연쇄적(매개적) 인과관계[6]
- A → B → A: 순환적 인과관계
- A → C ← B: 두 원인이 각각 하나의 결과를 발생
- A & B → C: 두 원인이 합쳐져서 하나의 결과를 발생
- A ← C → B: 하나의 원인이 두 개의 결과를 발생

이 경우에도 똑같이 지문에 화살표(→)를 표시하며 읽어나가되, 필요시 시험지 여백에 간단히 구조를 그리면 됩니다.

출처 | 1994학년도 대학수학능력시험

붕당(朋黨) ← 싸움에서 생기고, 그 싸움 ← 이해(利害)에서 생긴다. 이해가 절실할수록 당파는 심해지고, 이해가 오랠수록 당파는 굳어진다.

[이해 → 싸움 → 붕당]이 인과관계로 제시됐습니다. 붕당의 근본원인을 묻는다면 '이해'라고 답할 수 있어야 합니다. (실제로 그런 문제가 있었고요!)

출처 | 1994학년도 대학수학능력시험

기계론적 세계관에서 출발한 과학 문명의 물질주의적인 사고 방식이 무분별한 자연의 이용과 개발을 재촉하여 오늘날과 같은 생태계 위기를 초래하였다.

[기계론적 세계관 → 과학 문명의 물질주의적인 사고방식 → 무분별한 자연의 이용과 개발 → 생태계 위기]로 정리할 수 있습니다. 쉽죠? 그런데 여기서 끝내면 안 됩니다. 먼저 윗글은 어떤 **질문**에 대한 **답변**일까요? '오늘날 생태계 위기의 원인은 무엇인가?'에 대한 답변일 겁니다. 그리고 내용상 [**문제해결**] 전개방식에서 나왔다는 것도 알아차려야 합니다. 생태계 위기에 대한 근본**원인**이 '기계론적 세계관'이었으니, **해결책**은? '사고 방식의 (과감한) 전환'!

---

6) 연쇄적(매개적) 인과관계와 관련된 용어를 몇 가지만 배우고 넘어가겠습니다. 독해용어이기도 하고 문제풀이용어이기도 합니다. A → B → C에서 하나의 화살표(→)로만 연결된 것은 **직접적 인과관계**이고, 두 개 이상의 화살표(→)로 연결된 것은 **간접적 인과관계**입니다. 예를 들어, A와 B, B와 C는 직접적 인과관계입니다. 반면 A와 C는 간접적 인과관계고요. 그리고 연쇄적 인과관계의 제일 앞부분 A를 **최초의/근본적/궁극적 원인**, 제일 뒷부분 C를 **최후의/궁극적 결과**라고 합니다.

에페소스에서는 문명이 번창하면서 이러한 숲이 줄어들게 되었고 그에 따라 물의 순환이 제대로 이루어지지 못하여 강우량이 줄어들었다. 기후가 건조해지면서 땅이 점점 메마르게 되자 에페소스에는 흉년이 거듭되었고, 풍요로웠던 문명의 뿌리는 흔들리기 시작하였다. 게다가 헐벗은 산의 표층토가 빗물에 씻겨 내려 서서히 바다가 메워지면서 에페소스의 교역도 사양길로 접어들어 해양 도시로서의 기능도 상실하고 말았다.

윗글은 어떤 질문에 대한 답변일까요? '에페소스의 문명이 몰락하게 된 원인은 무엇일까?'겠죠? 근본적인 원인은 삼림 감소가 될 거고요!

핵융합에 의해 만들어진 철이 많아질수록 별의 수축이 일어난다. 별 중심부로의 수축이 진행될수록 온도가 높아지다가 어떤 한계점에 이르게 되면 별은 폭발한다. 철보다 무거운 원소들은 별이 폭발할 때 생기는 높은 밀도의 양성자와 중성자가 그 전에 만들어진 원소와 결합하여 순간적으로 만들어진다.

핵융합, 양성자, 중성자 등의 낯선 용어에 당황할 필요 없습니다. [원인결과]의 요소를 담당하는 구성요소일 뿐입니다. 인과관계 표시를 잘 하고, '철보다 무거운 원소들은 어떻게 만들어졌는가?'에 대한 답변이라는 것을 파악할 수 있으면 충분합니다.

STEP 4 | 판단근거

시험지문은 논리적인 글입니다. 그렇기 때문에 판단(주장)이 나오면 이에 대한 근거가 반드시 따라나옵니다. 따라서 글을 읽다가 낯선 판단(주장)이 보이면 갸우뚱해하지 말고 쭉쭉 읽어나가세요. 뒤에 근거를 읽으면 판단(주장)이 이해가 갈 겁니다. 반대로 근거를 토대로 주장이 뒤에 도출될 때는 도출과정을 이해하는 것이 중요하고요.

판단과 근거는 상대적인 관계입니다. 어떤 판단은 다른 판단의 근거가 되기도 합니다.

근거가 구체적인 사례일 경우 [일반구체]와 중첩됩니다. 즉, 일반적 진술이 판단, 구체적 진술이 사례에 해당되는 거죠.

[판단근거]라고 하면 언뜻 논설문(주장하는 글)만을 생각하기 쉽지만, 시험에는 특정 사상가의 주장과 근거를 소개하는 설명문이 주로 나옵니다. '이런 주장이 있다. 근거는 이러이러하다' 이런 식으로요. 그리고 하나의 주장만 소개되기보다는 대립되는 두 주장을 [판단근거]로 소개할 때가 많습니다. 왜 그럴까요? 공정성을 유지하는 게 중요하거든요. 특정 입장만을 일방적으로 옹호하는 지문을 소개하면, 수험생들이 편향된 생각을 갖게 될 수도 있고, 관련 이익단체에서 항의를 할 수도 있습니다. 그래서 논설문보다는 설명문 형식으로, 하나의 주장만 내세우기보다는 쌍방의 주장을 다 제시하는 경우가 많습니다. 예를 들어, '개고기를 먹으면 안 된다'라는 주장을 하거나 혹은 그런 주장을 소개하는 글은 아무래도 출제기관 입장에서 부담스럽습니다. 하지만 '개고기를 먹으면 안 된다'와 '개고기를 먹는 건 괜찮다'는 두 입장을 같이 소개하는 건 아무래도 부담이 적죠.

대립되는 두 주장을 [판단근거]로 설명하는 글은 당연히 [비교대조]와 중첩됩니다. 각 입장에서 상대측의 어떤 근거를 비판하는지 파악하면서 읽어나가야 문제풀이가 쉬워집니다.

출처 | 1994학년도 대학수학능력시험

약(藥)과 악(樂)은 퍽 닮았다. 그 닮은 점은 하나 둘이 아니다. 우선 '藥'과 '樂'의 글자 생김새부터가 비슷하다. 사물의 모양새나 뜻을 따서 만든 한자의 생김새가 비슷할 뿐만 아니라, '약'과 '악'은 소리 글자인 한글의 모양과 우리말의 발음이 비슷한 것이다. 또 둘이 우리 인간에게 미치는 영향도 비슷하다는 생각이 든다. 좋은 약은 인간의 질병을 치료하지만, 그렇지 못한 약은 우리 몸을 해칠 수도 있듯이, 좋은 음악은 인간의 정서를 순화하고 인격을 바람직한 방향으로 가꿀 수 있으나, 그렇지 못한 음악은 인간의 정서를 해칠 수 있다는 점에서 그렇다.

첫 문장에서 직접적으로 판단이 제시됐습니다. 그렇다면 뒤에 근거가 나오겠죠? 아니나 다를까! 근거들이 주르륵 따라나왔습니다. 출제자라면 여기서 무엇을 물을까요? 윗글의 필자가 왜 이런 판단을 했는지 그 흐름을 물을 겁니다. 그래서 시험에는 '약'과 '음악'의 비슷한 점을 묻는 문제가 출제됐습니다.

출처 | 2007학년도 9월 모의평가

[1문단] 아이슬란드는 지진과 화산 분출 같은 지각 변동이 매우 활발한 화산섬이다.
[2문단] 판구조론의 관점에서 보면, 아이슬란드의 지질학적인 위치는 매우 특수하다.
[3문단] 지구에서 판의 경계가 되는 곳은 여러 곳이 있다. 그러나 아이슬란드는 육지 위에서 두 판이 확장되는 희귀한 지역이다.
[4문단] 아이슬란드는 판의 절대 속도를 잴 수 있는 기준점을 가지고 있다는 점에서도 관심의 대상이 되고 있다.

각 문단의 첫 한두 문장을 모아봤습니다. 1문단에서 아이슬란드가 소개됐고, 2문단에서 매우 특수하다는 판단이 제시됐습니다. 3문단과 4문단에서 왜 특수한지에 대한 근거가 하나씩 나왔고요.

출처 | 2008학년도 6월 모의평가

연민에 대한 정의는 시대와 문화, 지역에 따라 가지각색이지만, 다수의 학자들에 따르면 연민은 두 가지 조건이 충족될 때 생긴다. 먼저 타인의 고통이 그 자신의 잘못에서 비롯된 것이 아니라 우연히 닥친 비극이어야 한다. 다음으로 그 비극이 언제든 나를 엄습할 수도 있다고 생각해야 한다. 이런 조건에 비추어 볼 때 현대 사회에서 연민의 감정은 무뎌질 가능성이 높다. 현대인은 타인의 고통을 대부분 그 사람의 잘못된 행위에서 비롯된 필연적 결과로 보며, 자신은 그러한 불행을 예방할 수 있다고 생각하기 때문이다.

두 가지 조건(원인)이 충족될 때 연민(결과)이 생긴다는 인과관계를 제시했습니다. 그러고 나서 연민이 생기기 어렵다는 판단이 나오는데, 그 근거는 (물론 바로 뒤에 따라나오긴 하지만) 앞의 [원인결과]를 통해 추론할 수 있습니다. 두 가지 조건(원인)이 충족되지 않기 때문이라는 거죠!

STEP 5 | 문제해결

[문제해결]은 문제를 제시하고 이를 해결하는 글의 흐름을 가리킵니다. 흔히 하기 쉬운 오해 하나! '문제'는 지구온난화나 세계경제위기처럼 심각한 것이 아니어도 됩니다. 문제는 이상과 현실 사이의 차이로 정의됩니다. 따라서 단점, 한계, 비효율 등 개선될 수 있는 모든 것이 문제로 상정될 수 있습니다.

$$P \longrightarrow S$$

문제   해결

[문제해결]에 [인과관계]가 중첩되면, 문제와 해결 사이에는 문제를 일으킨 원인분석이 들어가거나, 문제로 인해 발생한 폐해(결과)가 들어갈 수 있습니다. 이런 전개방식은 시험지문에서는 별로 안 나오고 신문사설에서 쉽게 볼 수 있습니다.

[문제해결] 지문은 짧을 경우 단순하게 '문제'와 '해결책'으로 구성되기도 하지만, 길어지면 수단–목적 관계를 결합한 **문제해결 심층구조**로 정리할 수 있습니다. [문제해결] 전개를 만나게 되면 네 가지를 파악하며 읽으세요. 문제 대상, 문제 대상이 문제인 이유, 문제 이유를 극복할 수 있는 해결 수단, 해결 수단이 이루고자 하는 목적.

말이 괜히 어려워보이는데, 예를 들어 여러분의 상황을 틀로 나타내보면 다음과 같습니다.

> 문제 대상: 만족스럽지 못한 성적
>   └ 이유: 독해력 부족
> 해결 수단: 이 책
>   └ 목적: 고득점!

출처 | 2006학년도 6월 모의평가

> 현대 산업 체계에서 도량형의 통일된 표준이 없다면 큰 혼란을 초래할 수 있다. 이를 방지하기 위하여 18세기 말부터 국제적인 표준을 만들려는 노력이 꾸준히 이루어졌다.

> 문제 대상: 도량형 길이, 부피, 무게 따위의 단위를 재는 법
>   └ 이유: 통일된 표준이 없다면 큰 혼란 (가상적 상황)
> 해결 수단: 도량형의 국제적인 표준 만들기
>   └ 목적: 큰 혼란 방지

제시된 부분 뒤에는 18세기 말부터 어떤 노력이 이루어졌는지 [순서과정]으로 전개되겠죠?

출처 | 2008학년도 6월 모의평가

> 1895년 엑스선이 발견되기 전까지는 칼을 대지 않고 인체 내부를 들여다볼 수 있을 것이라는 생각은 누구도 하지 못했다. 엑스선 촬영 장치를 개량하여 인체의 단면까지 볼 수 있게 만든 컴퓨터 단층 촬영 장치(CT)는 이 방면에서 한 걸음 더 나아갔지만 구입비와 운영비가 엄청나게 비싸고 인체에 해로운 엑스선을 여전히 사용한다. 이러한 결점을 보완하여 저렴하고 안전하게 인체의 민감한 부분이나 태아까지 검진할 수 있는 장치로 널리 사용하게 된 것이 초음파 진단 장치이다.

> 문제 대상: 컴퓨터 단층 촬영 장치(CT)
>   └ 이유: 구입비와 운영비가 엄청나게 비싸고 인체에 해로운 엑스선을 사용
> 해결 수단: 초음파 진단 장치
>   └ 목적: 저렴하고 안전하게 인체의 민감한 부분이나 태아까지 검진

시험에서 출제자는 문제점과 해결책 모두를 각각 문제화했습니다.

출처 | 2010학년도 6월 모의평가

> 일반적인 청력 검사는 검사 받는 사람의 협조가 없으면 시행하기 힘들다. 이러한 문제에 대한 해결책의 하나로 '귀의 소리(otoacoustic emissions)'를 활용하는 기술이 있다. 이 기술은 1978년 데이비드 켐프에 의해 귀에서 소리를 방출한다는 놀라운 사실이 발견되면서 발달하였다.
>
> (중략)
>
> '귀의 소리' 측정 기술을 활용하면 검사받는 사람의 협조 없이도 청력을 객관적으로 측정할 수 있다. 이 기술은 몇몇 국가에서 신생아의 청력 이상을 조기에 발견하기 위한 선별 검사에 이용되고 있다.

> 문제 대상: 일반적인 청력 검사
>   └ 이유: 검사 받는 사람의 협조가 없으면 시행하기 힘듦
> 해결 수단: '귀의 소리(otoacoustic emissions)'를 활용하는 기술
>   └ 목적: 검사받는 사람의 협조 없이도 청력을 객관적으로 측정

작은따옴표에 영어괄호까지 붙은 '귀의 소리'는 문제에 대한 해결책으로 제시됐으니 글의 핵심입니다. 당연히 이 뒤에는 '귀의 소리'가 무엇이고, 검사 받는 사람의 협조가 없어도 어떻게 청력 검사를 시행할 수 있는지 나올 겁니다.

출처 | 2008학년도 9월 모의평가

> 인간 사회와 더불어 오래 전부터 존재해 온 기술은 산업혁명 이후 매우 빠른 속도로 발전을 거듭해 왔다. 그에 따라 기술의 영향력은 날로 증대되어 오늘날 우리는 그 누구도 기술의 영향에서 벗어날 수 없게 되었다. 그렇다면 기술의 발전은 삶의 질을 높이고 사회를 진보시키는 데 긍정적인 영향만을 미치는가? 그렇지는 않다. 기술의 발전은 인간과 사회에 긍정적인 영향과 부정적인 영향을 동시에 미친다. 이러한 이유로 기술에 대한 사회적 통제의 필요성이 제기되었다. 이에 부응하여 등장한 국가 기술 정책의 수단이 기술 영향 평가(technology assessment)이다. 기술 영향 평가는 전문가와 이해 당사자 및 일반 시민들이 특정한 기술의 사회적 영향을 평가한 다음, 긍정적 영향은 극대화하고 부정적 영향은 최소화할 수 있도록 기술 변화의 방향과 속도를 통제하는 것을 목표로 한다.

> 문제 대상: 기술의 발전
>   └ 이유: 부정적인 영향
> 해결 수단: 기술 영향 평가(technology assessment)
>   └ 목적: 기술 변화의 방향과 속도를 통제

72   이해황 독해력 강화의 기술 – 매일 3지문 30일 완성

첫 문단은 [원인결과]로 전개됐습니다. 두 번째 문단은 [질문답변]이 나왔는데, 답변은 필자의 [판단]입니다. 판단이 나왔으니 당연히 [근거]가 따라나오고요. 이유에 나온 '부정적 영향'이 [문제]이고, '기술 영향 평가'는 [해결]입니다.

참고로 출제자는 지문의 '이해 당사자'로 "직접적인 이해관계를 가진 사람도 기술 영향 평가에 참여할 수 있다."와 같은 선택지를 만들었습니다. 당연히 옳은 선지라고 판단할 수 있죠?

📝 도구 연습하기 문제해결 심층구조 파악하기

01 다음 글에서 추론할 수 없는 것은?

출처 | 2012년 민간경력자 PSAT 언어논리

> [1]목조 건축물에서 골조 구조의 가장 기본적인 양식은 기둥과 보가 결합된 것으로서 두 기둥 사이에 보를 연결한 구조이다. [2]두 개의 기둥 사이에 보를 연결하여 건물의 한 단면이 형성되고 이런 연결을 계속 반복하여 공간을 만들어 갈 수 있다. [3]이런 구조는 기둥에 대해 수직으로 작용하는 하중에는 강하지만 수평으로 가해지는 하중에는 취약하다. [4]따라서 기둥과 보 사이에 가새를 넣어 주어야 하며, 이를 통해 견고한 구조가 실현된다.
>
> [5]가새는 보와 기둥 사이에 대각선을 이루며 연결하는 부재(部材)이다. [6]기둥과 보 그리고 가새가 서로 연결되어 삼각형 형태를 이루면 목조 건축물의 골조는 더 안정된 구조를 이룰 수 있다. [7]이러한 삼각형 형태 때문에 보에 가해지는 수평 하중이 가새를 통해 기둥으로 전달된다. [8]대부분의 가새는 하나의 보와 이 보의 양 끝에 수직으로 연결된 두 기둥에 설치되므로 마주보는 짝으로 구성된다. [9]가새는 보에 가해지는 수직 하중의 일부도 기둥으로 전달하는 역할을 한다. [10]그러나 가새의 크기와 그것이 설치될 위치를 설계할 때에는 수평 하중의 영향만을 고려한다.

① 가새는 수직 하중에 약한 구조를 보완한다.

② 가새는 수직 하중의 일부를 기둥으로 보낸다.

③ 가새는 목조 골조 구조의 안정성을 향상시킨다.

④ 가새를 얼마나 크게 할지, 어디에 설치할지를 설계할 경우에 수평 하중의 영향만을 생각한다.

⑤ 가새는 대부분 하나의 보를 받치는 두 개의 기둥 각각에 설치되므로 한 쌍으로 이루어진다.

¹1979년 송 태종은 거란을 공격하러 가는 길에 고려에 원병을 요청했다. ²거란은 고려가 참전할 수도 있다는 염려에서 크게 동요했다. ³하지만 고려는 송 태종의 요청에 응하지 않았다. ⁴이후 거란은 송에 보복할 기회를 엿보는 한편, 송과 다시 싸우기 전에 고려를 압박해 앞으로도 송을 군사적으로 돕지 않겠다는 약속을 받아내고자 했다.

⁵당시 거란과 고려 사이에는 압록강이 있었는데, 그 하류 유역에는 여진족이 살고 있었다. ⁶이 여진족은 발해의 지배를 받았지만, 발해가 거란에 의해 멸망한 후에는 어느 나라에도 속하지 않은 채 독자적 세력을 이루고 있었다. ⁷거란은 이 여진족이 사는 땅을 여러 차례 침범해 대군을 고려로 보내는 데 적합한 길을 확보했다. ⁸이후 993년에 거란 장수 소손녕은 군사를 이끌고 고려에 들어와 몇 개의 성을 공격했다. ⁹이때 소손녕은 "고구려 옛 땅은 거란의 것인데 고려가 감히 그 영역을 차지하고 있으니 군사를 일으켜 그 땅을 찾아가고자 한다."라는 내용의 서신을 보냈다. ¹⁰이 서신이 오자 고려 국왕 성종과 대다수 대신은 "옛 고구려의 영토에 해당하는 땅을 모두 내놓아야 군대를 거두겠다는 뜻이 아니냐?"라며 놀랐다. ¹¹하지만 서희는 소손녕이 보낸 서신의 내용은 핑계일 뿐이라고 주장했다. ¹²그는 고려가 병력을 동원해 거란을 치는 일이 없도록 하겠다는 언질을 주면 소손녕이 철군할 것이라고 말했다. ¹³이렇게 논의가 이어지고 있을 때 안융진에 있는 고려군이 소손녕과 싸워 이겼다는 보고가 들어왔다.

¹⁴패배한 소손녕은 진군을 멈추고 협상을 원한다는 서신을 보내왔다. ¹⁵이 서신을 받은 성종은 서희를 보내 협상하게 했다. ¹⁶소손녕은 서희가 오자 "실은 고려가 송과 친하고 우리와는 소원하게 지내고 있어 침입하게 되었다."라고 했다. ¹⁷이에 서희는 압록강 하류의 여진족 땅을 고려가 지배할 수 있게 묵인해 준다면, 거란과 국교를 맺을 뿐 아니라 거란과 송이 싸울 때 송을 군사적으로 돕지 않겠다는 뜻을 내비쳤다. ¹⁸이 말을 들은 소손녕은 서희의 요구를 수용하기로 하고 퇴각했다. ¹⁹이후 고려는 북쪽 국경 너머로 병력을 보내 압록강 하류의 여진족 땅까지 밀고 들어가 영토를 넓혔으며, 그 지역에 강동 6주를 두었다.

① 거란은 압록강 유역에 살던 여진족이 고려의 백성이라고 주장하였다.

② 여진족은 발해의 지배에서 벗어나기 위해 거란과 함께 고려를 공격하였다.

③ 소손녕은 압록강 유역의 여진족 땅을 빼앗아 강동 6주를 둔 후 그곳을 고려에 넘겼다.

④ 고려는 압록강 하류 유역에 있는 여진족의 땅으로 세력을 확대한 거란을 공격하고자 송 태종과 군사동맹을 맺었다.

⑤ 서희는 고려가 거란에 군사적 적대 행위를 하지 않겠다고 약속하면 소손녕이 군대를 이끌고 돌아갈 것이라고 보았다.

01 정답 ①

아주 단순한 [문제해결] 전개의 글입니다.

① 가새는 수직⁴ 하중에 약한 구조를 보완한다.

※ *가새는 취약한 수평 하중 [문제]에 대한 [해결책]이었습니다. 핵심만 정확히 파악했다면 너무 쉽게 풀리는 문제!*

②는 **9**, ③은 **6**, ④는 **10**, ⑤는 **8**을 통해 적절함을 알 수 있습니다.

02 정답 ⑤

> 문제 대상: 거란 장수 소손녕의 침공
>   └ 이유: 고려를 압박해 앞으로도 송을 군사적으로 돕지 않겠다는 약속 받아내기
> 해결 수단: 고려가 병력을 동원해 거란을 치는 일이 없도록 하겠다는 언질/약속
>   └ 목적: 소손녕의 철군

① 거란은 여진족이 고려의 백성이라고 주장한 적 없습니다.

② 여진족이 거란과 함께 고려를 공격했다는 내용은 없습니다.

③ **19**에서 보듯, '압록강 유역의 여진족 땅을 빼앗아 강동 6주를 둔' 것은 소손녕이 아니라 고려입니다.

④ **1, 3, 17**에서 보듯, 고려는 거란을 공격하고자 한 적도 없고, 앞으로도 하지 않겠다고 약속했습니다.

⑤ **12**와 일치합니다. 글의 핵심인 **해결 수단**을 정답으로 만들었습니다.

STEP 6 | 나열열거

[나열열거]는 대등한 내용이 ①, ②, ③, … 이렇게 번호를 붙일 수 있게 전개되는 글을 가리킵니다. [나열열거]를 읽을 때 수험적으로 염두에 둬야 할 것은 두 가지입니다.

첫째, [나열열거]되는 것에는 상위항목이 있습니다. 이는 접속기호(╋)를 배울 때 말했던 것과 같습니다.

둘째, [나열열거]의 언급순서가 내용의 전개순서를 결정한다는 것입니다.

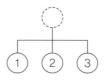

출처 | 2001학년도 대학수학능력시험

>   과도적 혼합 문화는 적어도 <u>세 가지</u>의 새로운 위기에 봉착하게 된다. 세 가지의 위기란, 첫째는 <u>적합성(適合性)의 위기</u>, 둘째는 <u>정체성(正體性)의 위기</u>, 셋째는 <u>통합성(統合性)의 위기</u>이다.
>   ①
>

'과도적 혼합 문화가 봉착하는 새로운 위기'가 상위항목이고, 하위항목으로 ①, ②, ③이 [나열열거] 됐습니다. 이 글의 다음 문단들은 언급한 순서대로 ①, ②, ③을 설명할 겁니다.

동물은 다양한 방식으로 중요한 장소의 위치를 기억하고 이를 활용하여 자신의 은신처까지 길을 찾아올 수 있다. 동물의 길찾기 방법에는 '장소기억', '재정위', '경로적분' 등이 있다.

'장소기억'은 장소의 몇몇 표지만을 영상 정보로 기억해 두었다가 그 영상과의 일치 여부를 확인하며 길을 찾는 방법이다. (중략)

'재정위'는 방향 기억이 헝클어진 상황에서도 장소의 기하학적 특징을 활용하여 방향을 다시 찾는 방법이다. (중략)

'경로적분'은 곤충과 새의 가장 기본적인 길찾기 방법으로 이를 활용하는 능력은 타고나는 것으로 알려졌다. (후략)

동물의 길찾기 방법(상위항목)에 대한 하위항목으로 ①, ②, ③이 [나열열거] 됐습니다. 그리고 나서 이에 대한 설명 문단이 언급한 순서대로 전개됐고요.

채권은 사업에 필요한 자금을 조달하기 위해 발행하는 유가 증권으로, 국채나 회사채 등 발행 주체에 따라 그 종류가 다양하다. 채권의 액면 금액, 액면 이자율, 만기일 등의 지급 조건은 채권 발행 시 정해지며, 채권 소유자는 매입 후에 정기적으로 이자액을 받고, 만기일에는 마지막 이자액과 액면 금액을 지급받는다. 이때 이자액은 액면 이자율을 액면 금액에 곱한 것으로 대개 연 단위로 지급된다. 채권은 만기일 전에 거래되기도 하는데, 이때 채권 가격은 현재 가치, 만기, 지급 불능 위험 등 여러 요인에 따라 결정된다.
                                    ①   ②   ③

1문단의 마지막 문장이 나머지 문단의 전개방식을 알려줍니다. 2문단에서 현재 가치, 3문단에서 만기, 4문단에서 지급 불능 위험에 대해 설명했습니다. 이것들이 각각 채권 가격에 어떻게 영향을 주는 것을 설명하겠죠?

참고로 이 글은 어휘력이 부족하면 이해하기가 쉽지 않은 글입니다. 놀랍게도 '액면[7]'이라는 단어는 원래 지문에서 각주 표시(*)가 붙어있지도 않았고, 그렇다고 문맥을 통해 추론할 수 있지도 않았습니다. 출제자 입장에서는 이 정도 단어는 기본적으로 알아야 한다고 생각한 거죠. (실제 시험장에서 액면을 몰랐다면? 그냥 무시하고 읽으면 되긴 합니다.)

참고 ①, ②, ③을 붙여가며 읽어야 하나요?

안 그래도 됩니다. ①, ②, ③은 초점어들의 위치를 보여주고 시각적으로 구분해주는 도구일 뿐이에요. 이 도구를 쓰지 않아도 이미 초점어들을 구분지어 잘 읽는 분들은 안 써도 됩니다!

---

7) 액면금액이란 화폐, 유가 증권 따위의 앞면에 명시된 금액을 말합니다. 예를 들어 100원짜리 동전은 앞면에 100원이라고 적혀있으니 액면이 100원이고, 5만원짜리 지폐에의 앞면에는 50,000원이 적혀있으므로 액면은 50,000원입니다.

🖋 도구 연습하기 **나열열거(①, ②, ③) 표기하기**

01 문맥상 다음 글에 이어질 내용으로 가장 적절한 것은? 출처 | 2015년 민간경력자 PSAT 언어논리

> ¹테레민이라는 악기는 손을 대지 않고 연주하는 악기이다. ²이 악기를 연주하기 위해 연주자는 허리 높이쯤에 위치한 상자 앞에 선다. ³연주자의 오른손은 상자에 수직으로 세워진 안테나 주위에서 움직인다. ⁴오른손의 엄지와 집게손가락으로 고리를 만들고 손을 흔들면서 나머지 손가락을 하나씩 펴면 안테나에 손이 닿지 않고서도 음이 들린다. ⁵이때 들리는 음은 피아노 건반을 눌렀을 때 나는 것처럼 정해진 음이 아니고 현악기를 연주하는 것과 같은 연속음이며, 소리는 손과 손가락의 움직임에 따라 변한다. ⁶왼손은 손가락을 펼친 채로 상자에서 수평으로 뻗은 안테나 위에서 서서히 오르내리면서 소리를 조절한다.
>
> ⁷오른손으로는 수직 안테나와의 거리에 따라 ①음고(音高)를 조절하고 왼손으로는 수평 안테나와의 거리에 따라 ②음량을 조절한다. ⁸따라서 오른손과 수직 안테나는 음고를 조절하는 회로에 속하고 왼손과 수평 안테나는 음량을 조절하는 또 다른 회로에 속한다. ⁹이 두 회로가 하나로 합쳐지면서 두 손의 움직임에 따라 음고와 음량을 변화시킬 수 있다.
>
> ¹⁰어떻게 테레민에서 다른 음고의 ①음이 발생되는지 알아보자. ¹¹음고를 조절하는 회로는 가청주파수 범위 바깥의 주파수를 갖는 서로 다른 두 개의 음파를 발생시킨다. ¹²이 두 개의 음파 사이에 존재하는 주파수의 차이값에 의해 가청주파수를 갖는 새로운 진동이 발생하는데 그것으로 소리를 만든다. ¹³가청주파수 범위 바깥의 주파수 중 하나는 고정된 주파수를 갖고 다른 하나는 연주자의 손 움직임에 따라 주파수가 바뀐다. ¹⁴이렇게 발생한 주파수의 변화에 의해 진동이 발생되고 이 진동의 주파수는 가청주파수 범위 내에 있기 때문에 그 진동을 증폭시켜 스피커로 보내면 소리가 들린다.

① 수직 안테나에 손이 닿으면 소리가 발생하는 원리
② 왼손의 손가락의 모양에 따라 음고가 바뀌는 원리
③ 수평 안테나와 왼손 사이의 ②거리에 따라 음량이 조절되는 원리
④ 음고를 조절하는 회로에서 가청주파수의 진동이 발생하는 원리
⑤ 오른손 손가락으로 가상의 피아노 건반을 눌러 음량을 변경하는 원리

¹'계획적 진부화'는 의도적으로 수명이 짧은 제품이나 서비스를 생산함으로써 소비자들이 새로운 제품을 구매하도록 유도하는 마케팅 전략 중 하나이다. ²여기에는 단순히 부품만 교체하는 것이 가능함에도 불구하고 새로운 제품을 구매하도록 유도하는 것도 포함된다.

³계획적 진부화의 이유는 무엇일까? ⁴첫째, 기업이 기존 제품의 가격을 인상하기 곤란한 경우, 신제품을 출시한 뒤 여기에 인상된 가격을 매길 수 있기 때문이다. ⁵특히 제품의 기능은 거의 변함없이 디자인만 약간 개선한 신제품을 내놓고 가격을 인상하는 경우도 쉽게 볼 수 있다. ⁶둘째, 중고품 시장에서 거래되는 기존 제품과의 경쟁을 피할 수 있기 때문이다. ⁷자동차처럼 사용 기간이 긴 제품의 경우, 기업은 동일 유형의 제품을 팔고 있는 중고품 판매 업체와 경쟁해야만 한다. ⁸그러나 기업이 새로운 제품을 출시하면, 중고품 시장에서 판매되는 기존 제품은 진부화되고 그 경쟁력도 하락한다. ⁹셋째, 소비자들의 취향이 급속히 변화하는 상황에서 계획적 진부화로 소비자들의 만족도를 높일 수 있기 때문이다. ¹⁰전통적으로 제품의 사용 기간을 결정짓는 요인은 기능적 특성이나 노후화·손상 등 물리적 특성이 주를 이루었지만, 최근에는 심리적 특성에도 많은 영향을 받고 있다. ¹¹이처럼 소비자들의 요구가 다양해지고 그 변화 속도도 빨라지고 있어, 기업들은 이에 대응하기 위해 계획적 진부화를 수행하기도 한다.

¹²기업들은 계획적 진부화를 통해 매출을 확대하고 이익을 늘릴 수 있다. ¹³기존 제품이 사용 가능한 상황에서도 신제품에 대한 소비자들의 수요를 자극하면 구매 의사가 커지기 때문이다. ¹⁴반면, 기존 제품을 사용하는 소비자 입장에서는 크게 다를 것 없는 신제품 구입으로 불필요한 지출과 실질적인 손실이 발생할 수 있다는 점에서 계획적 진부화는 부정적으로 인식된다. ¹⁵또한 환경이나 생태를 고려하는 거시적 관점에서도, 계획적 진부화는 소비자들에게 제공하는 가치에 비해 에너지나 자원의 낭비가 심하다는 비판을 받고 있다.

① 계획적 진부화로 소비자들은 불필요한 지출을 할 수 있다.
② 계획적 진부화는 기존 제품과 동일한 중고품의 경쟁력을 높인다.
③ 계획적 진부화는 소비자들의 요구에 대응하기 위하여 수행되기도 한다.
④ 계획적 진부화를 통해 기업은 기존 제품보다 비싼 신제품을 출시할 수 있다.
⑤ 계획적 진부화로 인하여 제품의 실제 사용 기간은 물리적으로 사용 가능한 수명보다 짧아질 수 있다.

(해설)

01 (정답) ③

[나열열거]된 순서에 따라 내용이 전개됩니다. (주관식으로도 이 문제를 풀 수 있어야 합니다.)

02 (정답) ②

①은 **14**, ③은 **11**, ④는 **4**, ⑤는 **10**과 일치합니다. ②는 **8**과 어긋납니다. 경쟁력을 높이는 것이 아니라 '하락'시킵니다. '계획적 진부화'의 정의만 생각해봐도, 동일한 중고품 경쟁력이 높아지면 새로운 제품을 구매하도록 유도하기 어렵겠죠!

STEP 7 | 순서과정

[순서과정]은 시간/공간에 따른 사건의 진행/변화, 일의 구조적/논리적 처리단계 등을 나타낼 때 쓰입니다. 출제자가 순서 자체를 곧잘 문제화하기 때문에 이를 염두에 두고 읽어야 합니다. 예를 들어, 지문에서는 ㄱ→ㄴ→ㄷ이라고 했는데 선지에서는 ㄷ→ㄴ 이런 식으로 곧잘 왜곡합니다.

① → ② → ③

[순서과정]에서 자주 나오는 건 시간에 따른 변화입니다. 그래서 [원인결과]와 중첩되는 경우도 많습니다. 변화는 원인에 의해 발생하니까요. 이 경우 변화의 원인과 그에 따른 결과를 파악하며 읽어야 합니다.

[순서과정]은 [비교대조]와 중첩될 때도 많습니다. [순서과정]에 따라 어떤 대상들이 소개됐는데 그 대상들이 [비교대조]되는 경우가 참 많기 때문이죠. 이런 글은 표면적으로는 [시간순서]지만 실질적으로는 [비교대조]라고 생각하며 읽어야 합니다.

출처 | 2014학년도 수능예비평가

> 태양은 지구의 생명체가 살아가는 데 필요한 빛과 열을 공급해 준다. 이런 막대한 에너지를 태양은 어떻게 계속 내놓을 수 있을까?
>
> 16세기 이전까지는 태양을 포함한 별들이 지구상의 물질을 이루는 네 가지 원소와 다른, 불변의 '제5 원소'로 이루어졌다고 생각했다. 하지만 (중략)
>
> 19세기에는 에너지 보존 법칙이 확립되면서 새로운 에너지 공급이 없다면 태양의 온도가 점차 낮아져야 한다는 결론을 내렸다. 하지만 (중략)
>
> 20세기 초에 방사능이 발견되면서 방사능 물질의 붕괴에서 나오는 핵분열 에너지가 태양의 에너지원으로 생각되었다. 그러나 〈중략〉
>
> 현재 태양의 에너지원은 수소 원자핵 네 개가 헬륨 원자핵 하나로 융합하는 과정의 질량 결손으로 인해 생기는 핵융합 에너지로 알려져 있다. (하략)

크게 보면 [질문답변]인 글입니다. 근데 답변이 [시간순서]로 전개됐죠. 이전의 답변들은 틀린 것들이므로, 현재의 답변이 핵심입니다. 그렇다고 과거의 답변들을 안 읽어도 된다는 것은 아닙니다. 틀렸다면 왜 틀렸는지를 알아야 합니다. 여기서는 생략됐지만, 실제 지문에서는 각 답변마다 왜 틀렸는지 [판단근거]로 설명됐습니다.

참고로 '16세기', '19세기'. '20세기'에 굳이 ①, ②, ③을 따로 붙일 필요 없습니다. 특징적 숫자에 동그라미만 치고 넘어가도 충분합니다.

출처 | 2012학년도 6월 모의평가

> 음악에서 연주라는 개념이 본격적으로 의미를 갖게 된 것은 18세기부터이다. 당시 유행하였던 영향미학에 따라 음악은 '내용'을 가지고 있어야 한다고 생각되었다. (중략)
>
> 그러나 이러한 연주의 개념은 19세기에 들어 영향미학이 작품미학으로 전환되면서 바뀌게 된다. (중략)
>
> 이러한 경향은 20세기에 들어 더욱 두드러지고 구체화된다. (하략)

음악에서 연주라는 개념이 어떻게 변했는지 18세기(1문단), 19세기(2문단), 20세기(3문단)에 걸쳐 설명됐습니다. 이럴 때는 굳이 ①, ②, ③을 따로 붙일 필요 없이, '18세기', '19세기', '20세기'에 동그라미 치면서 읽어나가면 됩니다. 시험에서는 내용 전개 방식으로 "중심 개념의 변천을 역사적으로 개관하고 있다"가 적절한 선지로 제시됐습니다. 참고로 '변천'이란 세월의 흐름에 따라 바뀌고 변함을 말합니다. [순서과정]과 밀접한 단어죠.

출처 | 2011학년도 9월 모의평가

20세기 후반부터 급격히 보급된 인터넷 기술 덕택에 가히 혁명이라 할 만한 새로운 독서 방식이 등장했다. 검색형 독서라고 불리는 이 방식은, (중략) 정보 처리적 읽기나 비판적 읽기가 중요하게 되었다. 그렇다면 과거에는 어떠했을까?

초기의 독서는 소리 내어 읽는 음독 중심이었다. (중략) 간접적으로 책을 읽는 낭독 – 듣기가 보편적이었다.

그러던 12세기 무렵 독서 역사에 큰 변화가 일어나는데, 그것은 유럽 수도원의 필경사*들 사이에서 시작된, 소리를 내지 않고 읽는 묵독의 발명이었다. (중략) 이러한 묵독은 꼼꼼히 읽는 분석적 읽기를 가능하게 했다.

음독과 묵독이 공존하던 18세기 중반에 새로운 독서 방식으로 다독이 등장했다. (중략) 이제는 분산형 독서가 행해졌다. 이것은 필독서인 고전의 권위에 대항하여 자신이 읽고 싶은 것을 골라 읽는 자유로운 선택적 읽기를 뜻한다.

이와 같이 오늘날 행해지는 다양한 독서 방식들은 장구한 시간의 흐름 속에서 하나씩 등장했던 것이다. 그래서 거기에는 당대의 지식사를 이끌었던 흔적들이 남아 있다.

* 필경사: 글씨 쓰는 일을 직업으로 하는 사람.

각 단락의 첫 문장과 끝 문장을 추렸습니다. 독서 방식이 시간에 따라 [나열열거]됐죠? 각 대상에 해당하는 특징을 연결하며 읽었으면 됩니다. 이렇게 읽으면 문제도 쉽게 풀 수 있었습니다. 주의할 점 하나 있다면, 시간순서와 전개순서가 완전히 일치하지는 않는다는 것입니다. 시간순서는 [초기 → 12세기 → 18세기 → 20세기]지만, 내용 전개는 [20세기 → 초기 → 12세기 → 18세기]로 이뤄졌습니다.

시험에는 다음의 빈칸을 채우라는 문제가 출제됐는데 주관식으로도 풀 수 있겠죠? 위에 내용을 보고 그대로 써넣으면 됩니다.

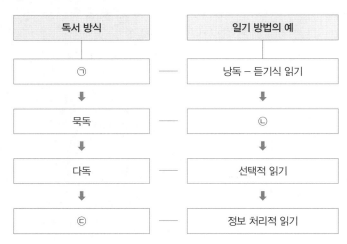

독서 방식		일기 방법의 예
㉠	—	낭독 – 듣기식 읽기
↓		↓
묵독	—	㉡
↓		↓
다독	—	선택적 읽기
↓		↓
㉢	—	정보 처리적 읽기

STEP 8 | 묘사기술

[묘사기술]은 마치 그림을 그리는 붓놀림처럼 어떤 대상을 글로 그리는 것을 가리킵니다. 정해진 방식이 없기 때문에 전개방식을 상징하는 이미지는 없습니다.

해황쌤의 말

여기서 기술(description)은 대상이나 과정의 내용과 특징을 있는 그대로 열거하거나 기록하여 서술한다는 뜻으로, 묘사와 거의 같은 뜻입니다.

[묘사기술]을 읽다보면 자연스럽게 도식ㅅ사물의 구조, 관계, 변화 상태 따위를 일정한 양식으로 나타낸 그림이 머릿속에 그려질 때가 많습니다. 이때는 여백에 간략하게 그려가며 읽어도 좋습니다. (여기서 도식은 그림뿐만 아니라 그래프, 도표, 순서도, 심지어 수학 공식 등도 포함합니다.)

만약 묘사되는 도식이 복잡하여 글만으로는 상상하기 어려운 지문의 경우, 출제자는 이해를 돕기 위해 도식을 제시해주곤 합니다. 이때는 첨부된 도식을 먼저 보고, 도식과 글을 대응시켜가며 글을 읽는 게 효율적입니다. 그림 한 장은 수백 단어의 설명과 맞먹거든요.

출처 | 1994학년도 대학수학능력시험

남생이는 냇가나 연못에 사는데, 생김새는 거북과 비슷하고 크기는 작다. 등은 진한 갈색 딱지로 되어 있다. 네 발에는 각각 다섯 개의 발가락이 있고, 발가락 사이에는 물갈퀴가 있다. 6, 8월경에 모래 속에 구멍을 파고 4~6개의 알을 낳는다. 한국·일본·중국 등지에 분포한다.

남생이에 대한 글입니다. 상상하며 읽어보시고, 검색해서 실제 이미지와 비교해보세요.

출처 | 2014학년도 6월 모의평가

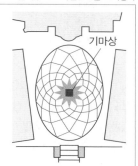

미켈란젤로는 타원형의 캄피돌리오 광장을 설계하여 로마의 중심부에 새로운 공간을 만들었다. 광장 중앙에는 옛 로마 황제의 기마상이 놓여 있고 기마상 밑의 바닥에는 12개의 꼭짓점을 지닌 별 모양의 장식이 있다. 광장의 바닥은 기마상에서 뻗어 나온 선들이 교차하여 만들어진 문양으로 잘게 나누어져 있다. 이러한 광장의 구성은 기하학적 도형들이 대칭적으로 조합되어 정제된 조형미를 표현하고 있다.

그림을 먼저 훑어본 후 글을 읽는 게 효율적인 전략입니다. 그러면 "가마상은 잘게 나뉜 기하학적 문양의 비대칭성을 강조해 준다."라는 선택지가 나온다면 틀렸음을 쉽게 알 수 있죠.

참고로 제시문 뒤에는 광장의 상징적 의미에 대한 설명이 이어졌습니다. 출제자는 상징적 의미를 핵심으로 보고 문제를 두 개나 출제했는데, 묘사가 구체적 진술이라면 상징적 의미는 일반적 진술에 해당하니 당연한 일입니다.

예시문제

다음 글에 나타난 '석가탑'의 특징이 <u>아닌</u> 것은?

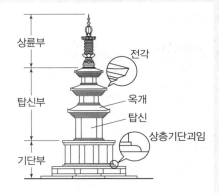

석가탑은 석조 예술품이면서도 기둥과 지붕 모양을 갖추어 목탑의 외관을 보여 준다. 또한 수십 개의 석재들이 정교하게 하나의 구조물로 짜 맞추어져 있어 정치한 아름다움을 보인다. 그리하여 석가탑은 구조적인 면에서 우리나라 석탑 양식의 정형으로 인정받고 있으며, 그 완성도가 높아 이후 세워진 석탑들의 모범이 되고 있다.

석가탑은 기단부, 탑신부, 상륜부의 세 부분으로 구성되어 있다. 기단부의 하층은 낮지만 넓게, 상층은 다소 좁지만 높게 구성되어 있어 안정감을 준다. 한편 상층기단 괴임의 하단 모서리는 둥글게, 상단 모서리는 각지게 변화를 주어 율동감을 느끼게 한다.

탑신부는 3층으로, 각 층은 탑신과 옥개로 구성되어 있다. 탑신과 옥개는 상층으로 올라가면서 폭과 높이가 줄어들도록 만들어져 있어 전체적으로 균제미가 드러난다. 특히 1층과 2층 탑신 높이의 비례가 3 : 1로 되어 있어 시각적으로 안정된 느낌을 준다. 또 살며시 추켜올려진 옥개의 전각은 직선 중심의 강한 외관을 반전시키고, 전체 이미지에 유려함과 경쾌함을 더하고 있다.

상륜부는 원래의 것이 남아 있지 않다. 현재의 상륜부는 동시대에 제작된 다른 석탑의 것을 본떠 새롭게 만든 것인데, 연꽃이 장식된 석재들이 쌓아 올려진 형태는 상승감을 자아낸다.

석가탑은 화려함을 절제시켜 전체적인 조형미가 더 잘 드러나도록 만들어진 걸작이다. 석가탑이 가지는 이러한 아름다움을 통해 옛사람들의 뛰어난 안목과 미감, 그리고 세련된 기교와 견실한 힘을 느낄 수 있다.

③ 기단부는 상층으로 갈수록 폭과 높이를 줄여 상하 균형을 맞추었다.

그림이 주어졌으니 그림을 먼저 훑어보고 글을 읽는 게 효율적입니다. 세부일치 문제는 그림만 보고 풀 수 있을 때도 있고요. 글은 석가탑의 세 부분을 아래부터 위로 [나열열거]하고 있습니다. '기단'은 기초니까 제일 아래, '상륜'은 上輪일 테니 제일 위. 이렇게 생각하면 부위별 위치를 기억하기 좀 수월하죠. 각 부위별로 구체적 [묘사기술] 뒤에 일반적 감상이 따라나오는 식으로 전개됐습니다.

문제는 전혀 어렵지 않았을 겁니다. ③이 정답입니다. 지문과 그림에 비춰봤을 때 문제의 정답은 ③입니다. 폭은 줄어들지만 높이는 오히려 길어졌죠.

예시문제

㉠의 실내 공간을 이해한 것으로 적절한 것은?

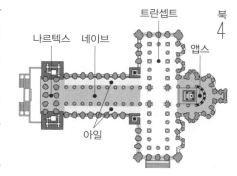

바실리카식 성당의 평면을 살펴보면, 초기에는 동서 방향으로 긴 직사각형의 모습을 하고 있다. 서쪽 끝 부분에는 일반인들의 출입구와 현관이 있는 나르텍스가 있다. 나르텍스를 지나면 <u>일반 신자들이</u> 예배에 참여하는 네이브가 있고, 네이브의 양 옆에는 복도로 활용되는 아일이 붙어 있다. 동쪽 끝 부분에는 신성한 제단이 자리한 앱스가 있는데, 이곳은 오직 <u>성직자만이</u> 들어갈 수 있다. 이처럼 나르텍스로부터 네이브와 아일을 거쳐 앱스에 이르는 공간은 <u>세속에서 신의 영역에 이르기까지의 위계를</u> 보여준다.

시간이 흐르면서 성직자의 위상이 점차 높아지고 종교 의식이 확대됨에 따라 예배를 진행하기 위한 추가적인 공간이 필요하게 되었다.

이에 따라 바실리카식 성당은 앱스 앞을 가로지르는 남북 방향의 트란셉트라는 공간이 추가되어 ㉠ <u>열십자 모양의 건물이</u> 되었다. 이때부터 건물은 더욱 웅대하고 화려해졌는데, 네이브의 폭도 넓어지고 나르텍스에서 앱스까지의 길이도 늘어났으며 건물의 높이도 높아졌다.

③ 트란셉트는 종교 의식이 확대되면서 추가된 공간이다.

성당의 구조와 관련하여 그림에 표시된 아일, 나르텍스, 트란셉트, 앱스, 네이브의 기능이 무엇인지 묻는 문제가 나왔습니다. 지문에서 종교 의식이 확대됨에 따라 예배를 진행하기 위한 추가적인 공간이 필요하게 되었고, 이에 앱스 앞을 가로지르는 남북 방향의 트란셉트라는 공간이 추가되었다고 했으므로 ③은 정답입니다.

다시 한 번 말하지만, 그림을 먼저 찬찬히 뜯어보고 글과 대응시켜 가며 읽는 게 [묘사기술]을 빠르게 읽는 방법입니다. 글만 읽어서는 정보가 머릿속에 정리되지도 않고요.

01 다음 글에서 알 수 있는 것은?

출처 | 2021년 민간경력자 PSAT 언어논리

> [1]우리나라 국기인 태극기에는 태극 문양과 4괘가 그려져 있는데, 중앙에 있는 태극 문양은 만물이 음양 조화로 생장한다는 것을 상징한다. [2]또 태극 문양의 좌측 하단에 있는 이괘는 불, 우측 상단에 있는 감괘는 물, 좌측 상단에 있는 건괘는 하늘, 우측 하단에 있는 곤괘는 땅을 각각 상징한다. [3]4괘가 상징하는 바는 그것이 처음 만들어질 때부터 오늘날까지 변함이 없다.
>
> [4]태극 문양을 그린 기는 개항 이전에도 조선 수군이 사용한 깃발 등 여러 개가 있는데, 태극 문양과 4괘만 사용한 기는 개항 후에 처음 나타났다. [5]1882년 5월 조미수호조규 체결을 위한 전권대신으로 임명된 이응준은 회담 장소에 내걸 국기가 없어 곤란해 하다가 회담 직전 태극 문양을 활용해 기를 만들고 그것을 회담장에 걸어두었다. [6]그 기에 어떤 문양이 담겼는지는 오랫동안 알려지지 않았다. [7]그런데 2004년 1월 미국 어느 고서점에서 미국 해군부가 조미수호조규 체결 한 달 후에 만든 『해상 국가들의 깃발들』이라는 책이 발견되었다. [8]이 책에는 이응준이 그린 것으로 짐작되는 '조선의 기'라는 이름의 기가 실려 있다. [9]그 기의 중앙에는 태극 문양이 있으며 네 모서리에 괘가 하나씩 있는데, 좌측 상단에 감괘, 우측 상단에 건괘, 좌측 하단에 곤괘, 우측 하단에 이괘가 있다.
>
> [10]조선이 국기를 공식적으로 처음 정한 것은 1883년의 일이다. [11]1882년 9월에 고종은 박영효를 수신사로 삼아 일본에 보내면서, 그에게 조선을 상징하는 기를 만들어 사용해본 다음 귀국하는 즉시 제출하게 했다. [12]이에 박영효는 태극 문양이 가운데 있고 4개의 모서리에 각각 하나씩 괘가 있는 기를 만들어 사용한 후 그것을 고종에게 바쳤다. [13]고종은 이를 조선 국기로 채택하고 통리교섭사무아문으로 하여금 각국 공사관에 배포하게 했다. [14]이 기는 일본에 의해 강제 병합되기까지 국기로 사용되었는데, 언뜻 보기에 『해상 국가들의 깃발들』에 실린 '조선의 기'와 비슷하다. [15]하지만 자세히 보면 두 기는 서로 다르다. 조선 국기 좌측 상단에 있는 괘가 '조선의 기'에는 우측 상단에 있고, '조선의 기'의 좌측 상단에 있는 괘는 조선 국기의 우측 상단에 있다. [16]또 조선 국기의 좌측 하단에 있는 괘는 '조선의 기'의 우측 하단에 있고, '조선의 기'의 좌측 하단에 있는 괘는 조선 국기의 우측 하단에 있다.

① 미국 해군부는 통리교섭사무아문이 각국 공사관에 배포한 국기를 『해상 국가들의 깃발들』에 수록하였다.

② 조미수호조규 체결을 위한 회담 장소에서 사용하고자 이응준이 만든 기는 태극 문양이 담긴 최초의 기다.

③ 통리교섭사무아문이 배포한 기의 우측 상단에 있는 괘와 '조선의 기'의 좌측 하단에 있는 괘가 상징하는 것은 같다.

④ 오늘날 태극기의 우측 하단에 있는 괘와 고종이 조선 국기로 채택한 기의 우측 하단에 있는 괘는 모두 땅을 상징한다.

⑤ 박영효가 그린 기의 좌측 상단에 있는 괘는 물을 상징하고 이응준이 그린 기의 좌측 상단에 있는 괘는 불을 상징한다.

02 다음 글에서 알 수 있는 것은?   출처 | 2019년 민간경력자 PSAT 언어논리

> [1]고려의 수도 개경 안에는 궁궐이 있고, 그 주변으로 가옥과 상점이 모여 시가지를 형성하고 있었다. [2]이 궁궐과 시가지를 둘러싼 성벽을 개경 도성이라고 불렀다. [3]개경 도성에는 여러 개의 출입문이 있었는데, 서쪽에 있는 문 가운데 가장 많은 사람이 드나든 곳은 선의문이었다. [4]동쪽에는 숭인문이라는 문도 있었다. [5]도성 안에는 선의문과 숭인문을 잇는 큰 도로가 있었다. [6]이 도로는 궁궐의 출입문인 광화문으로부터 도성 남쪽 출입문 방향으로 나있는 다른 도로와 만나는데, 두 도로의 교차점을 십자가라고 불렀다.
>
> [7]고려 때에는 개경의 십자가로부터 광화문까지 난 거리를 남대가라고 불렀다. [8]남대가 양편에는 관청의 허가를 받아 영업하는 상점인 시전들이 도로를 따라 나란히 위치해 있었다. [9]이 거리는 비단이나 신발을 파는 시전, 과일 파는 시전 등이 밀집한 번화가였다. [10]고려 정부는 이 거리를 관리하기 위해 남대가의 남쪽 끝 지점에 경시서라는 관청을 두었다.
>
> [11]개경에는 남대가에만 시전이 있는 것이 아니었다. [12]십자가에서 숭인문 방향으로 몇백 미터를 걸어가면 그 도로 북쪽 편에 자남산이라는 조그마한 산이 있었다. [13]이 산은 도로에서 불과 몇십 미터 떨어져 있지 않은데, 그 산과 남대가 사이의 공간에 기름만 취급하는 시전들이 따로 모인 유시 골목이 있었다. [14]또 십자가에서 남쪽으로 이어진 길로 백여 미터만 가도 그 길에 접한 서쪽면에 돼지고기만 따로 파는 저전들이 있었다. [15]이외에도 십자가와 선의문 사이를 잇는 길의 중간 지점에 수륙교라는 다리가 있었는데, 그 옆에 종이만 파는 저시 골목이 있었다.

① 남대가의 북쪽 끝에 궁궐의 출입문이 자리잡고 있었다.
② 수륙교가 있던 곳으로부터 서북쪽 방향에 자남산이 있다.
③ 숭인문과 경시서의 중간 지점에 저시 골목이 위치해 있었다.
④ 선의문과 십자가를 연결하는 길의 중간 지점에 저전이 모여 있었다.
⑤ 십자가에서 유시 골목으로 가는 길의 중간 지점에 수륙교가 위치해 있었다.

03 다음 글에 비추어 볼 때 아래 [그림]의 ㉠~㉣에 들어갈 말을 적절하게 나열한 것은?

출처 | 2021년 민간경력자 PSAT 언어논리

[1]도시재생 사업의 목표는 지역 역량의 강화와 지역 가치의 제고라는 두 마리 토끼를 잡는 것이다. [2]그 결과, 아래 [그림]에서 지역의 상태는 A에서 A'으로 변화한다. [3]둘 중 하나라도 이루어지지 않는다면 도시재생 사업의 목표가 달성되었다고 볼 수 없다. [4]그러한 실패 사례의 하나가 젠트리피케이션이다. [5]이는 지역 역량이 강화되지 않은 채 지역 가치만 상승하는 현상을 의미한다.

[6]도시재생 사업의 모범적인 양상은 지역 자산화이다. [7]지역 자산화는 두 단계로 이루어진다. [8]첫 번째 단계는 공동체 역량 강화 과정이다. [9]이는 지역 문제 해결을 위한 프로그램 및 정책 수립, 물리적 시설의 개선, 운영 관리 등으로 구성된 공공 주도 과정이다. [10]이를 통해 지역 가치와 지역 역량이 모두 낮은 상태에서 일단 지역 역량을 키워 지역 기반의 사회적 자본을 형성하게 된다. [11]그 다음 두 번째 단계로 전문화 과정이 이어진다. [12]전문화는 민간의 전문성과 창의성을 적극적으로 활용함으로써, 강화된 지역 역량의 토대 위에서 지역 가치 제고를 이끌어낸다. [13]이 과정에서 주민과 민간 조직의 전문성에 대한 신뢰를 바탕으로, 공유 시설이나 공간의 설계, 관리, 운영 등 많은 권한이 시민단체를 비롯한 중간 지원 조직에 통합적으로 위임된다.

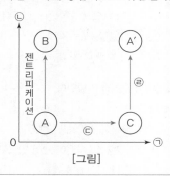

[그림]

	㉠	㉡	㉢	㉣
①	지역 역량	지역 가치	공동체 역량 강화	전문화
②	지역 역량	지역 가치	공동체 역량 강화	지역 자산화
③	지역 역량	지역 가치	지역 자산화	전문화
④	지역 가치	지역 역량	공동체 역량 강화	지역 자산화
⑤	지역 가치	지역 역량	지역 자산화	전문화

01 정답 ④

태극기 모양이 [묘사기술]되므로 여백에 아래와 같이 간략하게 그려가며 읽으면 좋습니다. 그리고 이를 묻는 ③~⑤ 중 정답이 있을 가능성이 높다고 예상할 수 있어야 합니다.

1문단 태극기

2문단 조선의 기

좌우반전

3문단 조선의 국기

좌우반전

① 미국 해군부는 통리교섭사무아문[3문단]이 각국 공사관에 배포한 국기를 『해상 국가들의 깃발들』[2문단]에 수록하였다.
② 조미수호조규 체결을 위한 회담 장소에서 사용하고자 이응준[5]이 만든 기는 태극 문양이 담긴 ~~최초의~~ 커다. [4]
※ ①~②는 선후관계상 성립할 수 없는 선지입니다.
③ 통리교섭사무아문[3문단]이 배포한 기(=조선 국기)의 우측 상단에 있는 괘(=감)와 '조선의 기'의 좌측 하단에 있는 괘(=곤)가 상징하는 것은 ~~같다~~다르다.
④ 오늘날 태극기[1문단]의 우측 하단에 있는 괘(=곤)와 고종이 조선 국기[3문단]로 채택한 기의 우측 하단에 있는 괘(=곤)는 모두 땅을 상징한다. (공통점에 대한 서술로서 정답!)
⑤ 박영효[3문단]가 그린 기(=조선 국기)의 좌측 상단에 있는 괘는 ~~물~~하늘을 상징하고 이응준[2문단]이 그린 기(=조선의 기)의 좌측 상단에 있는 괘는 불물을 상징한다.
※ 이미지를 구체적으로 그리며 읽은 분에게 점수를 주고자 만들어진 선지입니다! 위 선지를 만들기 위해 지문에서 태극기 모양을 그토록 상세히 서술한 거고요!

02 정답 ①

글을 읽으며 아래와 같은 그림을 머리에 떠올리거나 여백에 그리며 적극적으로 읽었어야 합니다.

① 남대가의 북쪽 끝에 궁궐의 출입문이 자리잡고 있었다.
※ 이미지를 보면 참이라는 것을 쉽게 알 수 있습니다.
② 수록교가 있던 곳으로부터 ~~서~~북쪽 방향에 자남산이 있다.
③ 숭인문과 경시서의 중간 지점에 ~~저시~~ 골목이 위치해 있었다.
④ 선의문과 십자가를 연결하는 길의 중간 지점에 ~~저전~~이 모여 있었다.
⑤ 십자가에서 유시 골목으로 가는 길의 중간 지점에 ~~수록교~~가 위치해 있었다.

03 정답 ①

그림이 주어지면 대응시켜가며 읽으라고 했죠? 이 문항은 그림을 대략적으로 던져주고, 얼마나 적극적으로 글과 대응시킬 수 있는지를 묻고 있습니다.

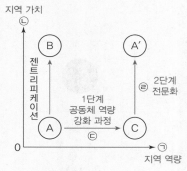

○, ○ **4~5**를 통해 각각 '지역 역량', '지역 가치'임을 알 수 있습니다.

© **8~10**을 통해 지역 가치와 지역 역량이 모두 낮은 상태에서 지역 역량이 먼저 강화되는 '공동체 역량 강화 과정'임을 알 수 있습니다.

② **12**를 통해 '전문화'임을 알 수 있습니다.

※ 그림에서 A가 A′가 될 때 두 단계를 거치죠? 7에서도 두 단계로 이루어진다고 하였고, 8과 11을 통해 바로 ©은 '공동체 역량 강화 과정' ②은 '전문화'임을 알 수 있습니다.

STEP 9 | 비교대조

[비교대조]는 둘 이상의 대상을 맞대어 놓고 같고 다름을 논하는 식으로 글이 흘러가는 것을 가리키며, 시험에 가장 빈번히 나오는 전개방식입니다. 굳이 '비교'와 '대조'를 구분하자면 전자는 유사점에, 후자는 차이점에 무게중심을 두고 있다고 할 수 있는데 시험에서 이런 구분은 그다지 중요하지 않습니다. 비교와 대조는 동시에 이루어지곤 하니까요.

[비교대조]는 초점어가 둘 이상 등장하는데, 몇 개가 등장하든 간에 초점어가 맺고 있는 관계를 파악하는 것이 가장 중요합니다. 대상들 사이의 **공통점(∩)**, 대상들을 구분하는 기준이 모두 관계에 포함됩니다. 이렇게 관계를 파악해야 세부적으로 각각의 특징을 파악할 때도 도움이 됩니다.

대상이 둘일 때,

네모와 세모로 구분지어 가며 읽으면 편할 때가 많습니다. 지문에 따라 네모, 세모 표시 대신 다음과 같이 여백에 그리는 것이 편할 수도 있습니다.

대상이 셋 이상일 때 & 대상 간 위상이 같을 때,

네모, 세모, 동그라미로 구별하며 읽어도 되지만, 초점어의 표현과 의미를 통해 쉽게 구별할 수 있다면 굳이 기호를 그리지 않아도 됩니다.

대상이 셋 이상일 때 & 위상이 다를 때,

위와 같은 뿌리 그림을 여백에 그려가며 읽습니다.

예시문제 출처 | 2010학년도 9월 모의평가

연니와 관련된 내용으로 적절하지 않은 것은?

심해저에서 연니를 형성하지 않는 점토류는 1,000년에 걸쳐 2mm 정도가 퇴적되는 데 비해, 연니는 1,000년 동안 약 1~6cm가 퇴적된다.

⑤ 연니의 퇴적 속도는 심해저 점토류의 퇴적 속도보다 느리다.

점토류와 연니가 [비교대조]됐습니다. 둘의 관계를 간결하게 나타낸다면 "연니의 퇴적 속도는 심해저 점토류의 퇴적 속도보다 **빠르다.**"가 되겠죠? 따라서 ⑤는 적절하지 않아서 정답입니다.

예시문제 출처 | 2012학년도 6월 모의평가

다음 글의 내용과 일치하지 않는 것은?

운동 단위를 기준으로 할 때, 지근섬유는 하나의 운동 신경에 10~180개 정도가 연결되고, 속근섬유는 300~800개 정도가 연결된다.

⑤ 하나의 운동 신경이 지배하는 근섬유 수는 지근섬유가 속근섬유보다 많다.

지근섬유와 속근섬유가 [비교대조]됐습니다. 둘의 관계를 간결하게 나타낸다면 "하나의 운동 신경이 지배하는 근섬유 수는 지근섬유가 속근섬유보다 **적다.**"가 되겠죠? 따라서 ⑤는 적절하지 않아서 정답입니다.

예시문제

다음 글의 내용과 일치하지 <u>않는</u> 것은?

> 한국 사회가 발전하면서 제2 언어로 한국어를 사용하는 사람들을 주변에서 쉽게 만난다. 태어나서 <u>처음 습득한 언어</u>를 L1이라 하고 <u>L1을 습득한 후 배우는 언어</u>를 L2라 할 때, 그들에게 한국어는 L2가 된다. L2를 배우는 과정에서 나타나는, <u>L1도 L2도 아니면서 L1과 L2의 요소를 부분적으로 갖고 있는 언어</u>를 중간 언어라고 한다. 중간 언어의 체계는 <u>L2에 비해 단순</u>하며, <u>L2를 목표로 발달</u>해 간다.

① L2를 배운 적이 없는 사람에게도 중간 언어가 형성될 수 있다.
② 중간 언어는 L1과 L2의 요소를 부분적으로 가지고 있는 언어이다.

L1, L2, 중간언어가 [비교대조]됐습니다. 중간언어는 L2를 배우는 과정에서 나타나므로, ①은 지문과 일치하지 않습니다. ②는 중간 언어와 L1, L2의 관계를 정확하게 나타냈으므로 적절합니다.

> 남해안 일대에서 발견된 공룡 발자국은 초식 공룡인 용각류와 조각류, 육식 공룡인 수각류의 것으로 대별된다. 용각류의 발자국은 타원형이나 원형에 가까우며 앞발이 뒷발보다 작고 그 모양도 조금 다르다. 이들은 대체로 4족 보행렬을 나타낸다. 조각류의 발자국은 세 개의 뭉툭한 발가락이 앞으로 향해 있고 발뒤꿈치는 완만한 곡선을 이룬다. 이들은 대개 규칙적인 2족 보행렬을 보인다. 수각류의 발자국은 날카로운 발톱이 달린 세 개의 발가락과 좁고 뾰족한 발뒤꿈치를 보인다. 조각류처럼 2족 보행렬을 나타내지만 발자국의 길이가 발자국의 폭보다 더 길다는 점이 조각류와 다르다.

첫 문장을 대충 지나가지 말고, 용각류, 조각류, 수각류의 관계를 여백에 일단 그렸어야 합니다. 그리고 이 도식과 대응시켜가며 뒷부분을 읽어야, 글이 편안하게 읽히고 문제도 막힘없이 풀 수 있었습니다.

> 골격근에서 전체근육은 근육섬유를 뼈에 연결시키는 주변 조직인 힘줄과 결합조직을 모두 포함한다. 골격근의 근육섬유가 수축할 때 전체근육의 길이가 항상 줄어드는 것은 아니다. 근육 수축의 종류 중 근육섬유가 수축함에 따라 전체근육의 길이가 변화하는 것을 '등장수축'이라 하는데, 등장수축은 근육섬유 수축과 함께 전체근육의 길이가 줄어드는 '동심 등장수축'과 전체근육의 길이가 늘어나는 '편심 등장수축'으로 나뉜다. 반면에 근육섬유가 수축함에도 불구하고 전체근육의 길이가 변하지 않는 수축을 '등척수축'이라고 한다. 예를 들어 아령을 손에 들고 팔꿈치의 각도를 일정하게 유지하고 있는 상태에서 위팔의 이두근 근육섬유는 끊임없이 수축하고 있지만, 이 근육에서 만드는 장력이 근육에 걸린 부하량 즉 아령의 무게와 같아 전체근육의 길이가 변하지 않기 때문에 등척수축을 하는 것이다. 등척수축은 골격근의 주변 조직과 근육섬유 내에 있는 탄력섬유의 작용에 의해 일어난다. 근육에 부하가 걸릴 때, 이 부하를 견디기 위해 탄력섬유가 늘어나기 때문에 근육섬유는 수축하지만 전체근육의 길이는 변하지 않는 등척수축이 일어날 수 있다.

머릿속에 구조도가 그려지지 않으면, 바로 여백에 이런 구조도를 그리며 읽어야 합니다. 그래야 문제풀이가 빨라집니다!

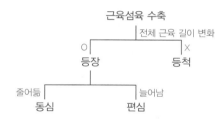

📝 도구 연습하기 개념이 분화되면 구조도 그려보기

01 다음 글의 내용과 부합하는 것은?

출처 | 2013년 외교관후보자 PSAT 언어논리

> [1]조선시대 농사는 크게 논농사와 밭농사로 나누어졌다. [2]논농사의 경우 기존의 방식 대신 이앙법으로 농사를 짓게 되면, 제초를 할 때 드는 노동력이 크게 절약되었으며 곡식의 종자를 절감할 수 있었다. [3]뿐만 아니라 벼의 수확을 끝낸 논에 보리를 심어 한차례 더 수확할 수 있는 이모작이 가능하였다. [4]이에 따라 조선후기에는 농업이 발전된 전라·경상·충청도만이 아니라 다른 도에서도 모두 이를 본받아 시행하게 되었다. [5]하지만 이 농사법은 이앙을 해야 할 시기에 가뭄이 들면 이앙을 할 수 없어 농사를 완전히 망치게 되는 위험이 있었다. [6]따라서 국가에서는 수원(水源)이 근처에 있어 물을 댈 수 있는 곳은 이앙을 하게 했으나, 높고 건조한 곳은 물을 충분히 댈 수 있는 곳인지 아닌지를 구별하여 이앙하도록 지도했다. [7]만약 물을 댈 수 없는 곳인데 비가 올 것이라는 요행을 바라고 이앙하려고 하다가 농사를 망칠 경우에는 흉년 시 농민들에게 주던 혜택인 세금 면제의 적용 대상에서 제외하게 하였다.
>
> [8]밭농사에서의 전통적인 농사법은 농종법(壟種法)이었다. [9]이는 밭두둑 위에 종자를 심는 것이었는데, 햇빛에 노출되어 습기가 쉽게 말라 가뭄이 들면 종자가 발아하지 못한다는 단점이 있었다. [10]이에 조선후기에 들어와 농민들은 새로운 농사법을 다투어 채용하였다. [11]견종법(畎種法)이라 불린 이 농법은 밭두둑에 일정하게 고랑을 내고 여기에 종자를 심는 것이었다. [12]고랑에 종자를 심었으므로 흙이 우묵하게 그늘이 져서 습기를 유지할 수 있었으며, 따라서 종자가 싹틀 확률이 높은 것이 첫 번째 장점이었다. [13]또한 고랑을 따라 곡식이 자랐기 때문에, 곡식과 잡초가 구획되어 잡초를 쉽게 제거할 수 있었다. [14]자연히 잡초 제거에 드는 노동력을 줄일 수 있었다. [15]세 번째 장점은 고랑에만 씨를 심었으므로 농종법에 비해 종자를 절약할 수 있다는 점이었다. [16]네 번째로, 종자를 심는 고랑에만 거름을 주면 되므로 거름을 절약할 수 있고 모든 뿌리가 거름을 섭취할 수 있다는 장점도 있었다. [17]자연히 기존 방식에 비해 수확량이 증대되었다. [18]마지막으로 곡물의 뿌리가 깊이 내려 바람과 가뭄에 잘 견디는 것도 이 농법의 장점이었다.

① 정부는 가뭄의 위험을 이유로 이앙법의 보급을 최대한 저지하였다.

② 견종법은 농종법에 비해 수확량은 많았지만 보다 많은 거름을 필요로 하였다.

③ 이앙법과 견종법 모두 기존의 방식에 비해 제초에 드는 노동력을 절약할 수 있었다.

④ 농종법으로 농사를 지을 때에는 밭두둑이 필요하였지만, 견종법은 밭두둑을 필요로 하지 않았다.

⑤ 이앙법은 종자를 절약할 수 있었지만, 견종법은 기존의 방식에 비해 종자의 소모량에는 큰 차이가 없었다.

02 다음을 읽고 [보기]와 같이 도식화할 때 A~D를 바르게 배열한 것은? 출처 | 2005년 LEET 추리논증

[1]보존 치료나 수술 치료를 위해서는 척추의 구조 및 요통의 진행 과정에 대해 정확히 알아야 한다. [2]척추는 추체(椎體)라 부르는 뼈가 여럿 이어진 구조를 갖고 있다. [3]추체와 추체 사이에는 우리가 흔히 디스크라 부르는 추간판이 있어 척추에 운동성과 안정성을 제공한다. [4]만성 요통은 추간판의 탈출이나 추간판 조직의 생화학적 변화로부터 시작된다. [5]이로 말미암아 추간판의 높이가 소실되어 척추 분절이 불안정해지거나 주위의 뼈에서 비정상적인 뼈, 즉 골극(骨棘)이 성장하게 된다. [6]이로 인해 척추로부터 빠져나오는 신경근이 지나가게 되는 추간공(椎間空)이 좁아져서 신경근이 눌리게 되는 것이다. [7]이렇게 발생한 신경근증은 해당 신경 지배 영역에 감각 이상 및 방사통을 일으킨다. [8]물론 추간판 조직의 탈출은 직접적으로 신경근증을 일으키기도 한다. [9]따라서 척추 구조물 안에서 어느 부위가 압박되고 있으며 그 정도가 어떠한지에 따라 요통의 치료 방법을 달리해야 한다.

┤ 보기 ├

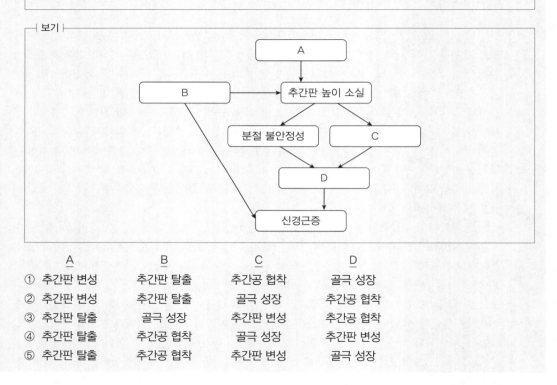

	A	B	C	D
①	추간판 변성	추간판 탈출	추간공 협착	골극 성장
②	추간판 변성	추간판 탈출	골극 성장	추간공 협착
③	추간판 탈출	골극 성장	추간판 변성	추간공 협착
④	추간판 탈출	추간공 협착	골극 성장	추간판 변성
⑤	추간판 탈출	추간공 협착	추간판 변성	골극 성장

(해설)

01 정답 ③

지문에 제시된 개념을 구조화하면 아래와 같습니다. 논농사의 경우 이앙법이 기존 방식보다 장점도 있지만 위험도 있습니다. 반면, 밭농사의 경우 견종법이 기존의 농종법보다 모든 면에서 장점이 컸으므로 농민들이 다투어 견종법을 채용했습니다.

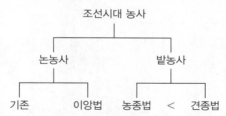

공통점은 곧잘 문제화되는데, 여기서 두 가지 공통점을 파악할 수 있습니다. 첫째, 이앙법과 견종법 모두 노동력과 종자를 줄일 수 있다. 둘째, 농종법과 견종법 모두 밭두둑에 종자를 심는다. 이러한 공통점은 선지화될 가능성이 매우 높습니다. 수능/PSAT/LEET 모두에서요!

① 정부는 가뭄의 위험을 이유로 이앙법의 보급을 ~~최대한 저지하였다.~~[6]
② 견종법은 농종법에 비해 수확량은 많았지만 ~~보다 많은 거름을 필요로 하였다.~~
※ 견종법은 농종법에 비해 단점은 없고 장점만 있었으니 무조건 틀립니다.
③ 이앙법과 견종법 모두 기존의 방식에 비해 제초에 드는 노동력을 절약할 수 있었다.[2+14]
④ 농종법으로 농사를 지을 때에는 밭두둑이 필요하였지만, 견종법은 밭두둑을 필요로 하지 않았다.[11]
⑤ 이앙법은 종자를 절약할 수 있었지만, 견종법은 ~~기존의 방식에 비해 종자의 소모량에는 큰 차이가 없었다.~~[15]
이때 ③, ④, ⑤는 모두 공통점을 이해하는지 묻는 선지입니다.

02 정답 ②

[보기]의 구조도가 없었다면 여백에 그리면서 읽었어야 했는데, 친절한 출제자가 구멍만 네 개 뚫어서 제시해줬네요. 이 문제의 특이점은 A, B에 무엇이 들어가야 하는지가 **8**을 읽고 나서야 결정된다는 것입니다.

STEP 10 │ 통념진실

통념은 일반 사회에 통하는(널리 퍼진) 관념인데, '상식', '보통지식'처럼 긍정적 혹은 중립적으로 쓰일 때도 있지만, '널리 퍼졌을 뿐 근거 없거나 빈약한, 그래서 부분적으로 혹은 완전히 틀린 지식'이라는 부정적으로 의미로 쓰일 때도 있습니다. 캠브릿지 영어사전은 통념[myth]을 아예 a commonly believed but false idea라고 소개하기도 합니다. 우리는 편의상 필자가 거리를 두며 부정적으로 보는 주장도 [통념]으로 처리하겠습니다.

$$M \longrightarrow T$$
통념　　　진실

당연히 글의 핵심은 통념과 대비되는 진실이며, 출제자는 통념과 진실을 구별해서 이해했는지를 묻습니다. [통념비판]은 [이러이러한 통념이 있다. 하지만 진실은 저러저러한 것이다.] 꼴로 주로 전개되지만, 때로는 통념의 [문제]에 대한 [해결]로서 진실이 등장하기도 하고, '통념이 틀렸다면 무엇이 진실인가?'라는 [질문]에 [답변]하는 꼴로 등장하기도 합니다.

출처 | 2010년 민간경력자 PSAT 언어논리

그라노베터의 논문은 오늘날 역사상 가장 많은 영향을 끼친 사회학 논문 중 하나로 평가받는다. 이 논문에서 그는 상식적으로 이치에 맞지 않는 것처럼 보이는 주장을 편다. 새로운 소식을 접하거나, 새로 차린 식당을 홍보하거나, 최신의 유행이 전파될 때, 그 과정에서 우리의 약한 사회적 연결이 강한 친분 관계보다 더 중요한 역할을 한다는 것이다.

'강한 친분 관계가 새로운 소식을 접하거나, 새로 차린 식당을 홍보하거나, 최신의 유행이 전파될 때 중요하다'는 [통념](상식)에 대해 [진실]은 그렇지 않다는 그라노베터의 주장이 소개됐습니다.

출처 | 2012년 민간경력자 PSAT 언어논리

우리는 음악을 일반적으로 감정의 예술로 이해한다. 아름다운 선율과 화음은 듣는 사람들의 마음속으로 파고든다. 그래서인지 음악을 수(數) 또는 수학(數學)과 연결시키기 어렵다고 생각하는 경우가 많다. 하지만 음악 작품은 다양한 화성과 리듬으로 구성되고, 이들은 3도 음정, 1도 화음, 3/4 박자, 8분 음표처럼 수와 관련되어 나타난다. 음악을 구성하는 원리로 수학의 원칙과 질서 등이 활용되는 것이다.

음악을 수/수학과 연결시키기 어렵다는 [통념]에 대해 [진실]은 그렇지 않다는 내용전개입니다.

출처 | 2014학년도 대학수학능력시험

홉스봄과 레인저는 오래된 것이라고 믿고 있는 전통의 대부분이 그리 멀지 않은 과거에 '발명'되었다고 주장한다. 예컨대 스코틀랜드 사람들은 킬트(kilt)를 입고 전통 의식을 치르며, 이를 대표적인 전통문화라고 믿는다. 그러나 킬트는 1707년에 스코틀랜드가 잉글랜드에 합병된 후, 이곳에 온 한 잉글랜드 사업가에 의해 불편한 기존의 의상을 대신하여 작업복으로 만들어진 것이다. 이후 킬트는 하층민을 중심으로 유행하였지만, 1745년의 반란 전까지만 해도 전통 의상으로 여겨지지 않았다. 반란 후, 영국 정부는 킬트를 입지 못하도록 했다.

그런데 일부가 몰래 집에서 킬트를 입기 시작했고, 킬트는 점차 전통 의상으로 여겨지게 되었다. 킬트의 독특한 체크무늬가 각 씨족의 상징으로 자리 잡은 것은, 1822년에 영국 왕이 방문했을 때 성대한 환영 행사를 마련하면서 각 씨족장들에게 다른 무늬의 킬트를 입도록 종용하면서부터이다. 이때 채택된 독특한 체크무늬가 각 씨족을 대표하는 의상으로 자리를 잡게 되었다.

전통이 오래된 것이라고 믿는 [통념]에 대해 [사실]은 대부분은 그렇지 않다는 두 학자의 주장이 제시됐습니다. 이를 뒷받침하는 구체적 사례로 '킬트'가 제시된 거고요.

일반적 진술	구체적 진술
오래된 것이라고 믿고 있는 전통	스코틀랜드 사람들은 킬트(kilt)를 입고 전통 의식을 치르며, 이를 대표적인 전통문화라고 믿는다
그리 멀지 않은 과거에 '발명'되었다	킬트의 독특한 체크무늬가 각 씨족의 상징으로 자리 잡은 것은, 1822년에 영국 왕이 방문했을 때 성대한 환영 행사를 마련하면서 각 씨족장들에게 다른 무늬의 킬트를 입도록 종용하면서부터이다

도구 연습하기 통념과 진실 구별하기(핵심은 진실)

01 다음 글의 내용과 부합하지 <u>않는</u> 것은?
출처 | 2012년 민간경력자 PSAT 언어논리

> [1]1970년대 이후 미국의 사회 규범과 제도는 소득 불균형을 심화시켰고 그런 불균형을 묵과했다고 볼 수 있다. [2]그 예로 노동조합의 역사를 보자. [3]한때 노동조합은 소득 불균형을 제한하는 역할을 하였고, 노동조합이 몰락하자 불균형을 억제하던 힘이 사라졌다.
>
> [4]제조업이 미국경제를 주도할 때 노동조합도 제조업 분야에서 가장 활발했다. [5]그러나 지금 미국경제를 주도하는 것은 서비스업이다. [6]이와 같은 산업구조의 변화는 기술의 발전이 주된 요인이지만 많은 제조업 제품을 주로 수입에 의존하게 된 것이 또 다른 요인이다. [7]이러한 사실에 기초하여 노동조합의 몰락은 산업구조의 변화가 그 원인이라는 견해가 지배적이었다. [8]그러나 노동조합이 전반적으로 몰락한 주요 원인을 제조업 분야의 쇠퇴에서 찾는 이러한 견해는 틀린 것으로 판명되었다.
>
> [9]1973년 전체 제조업 종사자 중 39%였던 노동조합원의 비율이 2005년에는 13%로 줄어들었을 뿐더러, 새롭게 부상한 서비스업 분야에서도 조합원들을 확보하지 못했다. [10]예를 들어 대표적인 서비스 기업인 월마트는 제조업에 비해 노동조합이 생기기에 더 좋은 조건을 갖추고 있었다. [11]월마트 직원들이 더 높은 임금과 더 나은 복리후생 제도를 요구할 수 있는 노동조합에 가입되어 있었더라면, 미국의 중산층은 수십만 명 더 늘었을 것이다. [12]그런데도 월마트에는 왜 노동조합이 없는가?
>
> [13]1960년대에는 노동조합을 인정하던 기업과 이에 관련된 이해집단들이 1970년대부터는 노동조합을 공격하기 시작했다. [14]1970년대 말과 1980년대 초에는, 노동조합을 지지하는 노동자 20명 중 적어도 한 명이 불법적으로 해고되었다. [15]1970년대 중반 이후 기업들은 보수적 성향의 정치적 영향력에 힘입어서 노동조합을 압도할 수 있게 되었다. [16]소득의 불균형에 강력하게 맞섰던 노동조합이 축소된 것이다. [17]이처럼 노동조합의 몰락은 정치와 기업이 결속한 결과이다.

① 1973년부터 2005년 사이에 미국 제조업에서는 노동조합원의 비율이 감소하였다.

② 1970년대 중반 이후 노동조합의 몰락에는 기업뿐 아니라 보수주의적 정치도 일조하였다.

③ 미국에서 제조업 상품의 수입의존도 상승은 서비스업이 경제를 주도하는 산업 분야가 되는 요인 중 하나였다.

④ 미국 제조업 분야 내에서의 노동조합 가입률 하락은 산업구조의 변화로 인한 서비스업의 성장 때문이다.

⑤ 1970년대 말 이후 미국 기업이 노동조합을 지지하는 노동자들에게 행한 조치 중에는 합법적이지 못한 경우도 있었다.

[1]모두가 서로를 알고 지내는 작은 규모의 사회에서는 거짓이나 사기가 번성할 수 없다. [2]반면 그렇지 않은 사회에서는 누군가를 기만하여 이득을 보는 경우가 많이 발생한다. [3]이런 현상이 발생하는 이유를 확인하는 연구가 이루어졌다. [4]A 교수는 그가 마키아벨리아니즘이라고 칭한 성격 특성을 지닌 사람을 판별하는 검사를 고안해냈다. [5]이 성격 특성은 다른 사람을 교묘하게 이용하고 기만하는 능력을 포함한다. [6]그의 연구는 사람들 중 일부는 다른 사람들을 교묘하게 이용하거나 기만하여 자기 이익을 챙긴다는 사실을 보여준다. [7]수백 명의 학생을 대상으로 한 조사에서, 마키아벨리아니즘을 갖는 것으로 분류된 학생들은 대체로 대도시 출신임이 밝혀졌다.

[8]위 연구들이 보여주는 바를 대도시 사람들의 상호작용을 이해하기 위해 확장시켜 보자. [9]일반적으로 낯선 사람들이 모여 사는 대도시에서는 자기 이익을 위해 다른 사람을 이용하는 성향을 지닌 사람이 많다고 생각하기 쉽다. [10]대도시 사람들은 모두가 사기꾼처럼 보인다는 주장이 일리 있게 들리기도 한다. [11]그러나 다른 사람들의 협조 성향을 이용하여 도움을 받으면서도 다른 사람에게 도움을 주지 않는 사람이 존재하기 위해서는 일정한 틈새가 만들어져 있어야 한다. [12]☐☐☐☐ 때문에 이 틈새가 존재할 수 있는 것이다. [13]이는 기생 식물이 양분을 빨아먹기 위해서는 건강한 나무가 있어야 하는 것과 같다. [14]나무가 건강을 잃게 되면 기생 식물 또한 기생할 터전을 잃게 된다. [15]그렇다면 어떤 의미에서는 모든 사람들이 사기꾼이라는 냉소적인 견해는 낯선 사람과의 상호작용을 잘못 이해한 것이다. [16]모든 사람들이 사기꾼이라면 사기를 칠 가능성도 사라지게 된다고 이해하는 것이 맞다.

① 대도시라는 환경적 특성
② 인간은 사회를 필요로 하기
③ 많은 사람들이 진정으로 협조하기
④ 많은 사람들이 이기적 동기에 따라 행동하기
⑤ 누가 마키아벨리아니즘을 갖고 있는지 판별하기 어렵기

03 다음 글에서 알 수 <u>없는</u> 것은?

출처 | 2017년 민간경력자 PSAT 언어논리

[1]현대 심신의학의 기초를 수립한 연구는 1974년 심리학자 애더에 의해 이루어졌다. [2]애더는 쥐의 면역계에서 학습이 가능하다는 주장을 발표하였는데, 그것은 면역계에서는 학습이 이루어지지 않는다고 믿었던 당시의 과학적 견해를 뒤엎는 발표였다. [3]<u>당시까지는 학습이란 뇌와 같은 중추신경계에서만 일어날 수 있을 뿐 면역계에서는 일어날 수 없다고 생각했다.</u>

[4]애더는 시클로포스파미드가 면역세포인 T세포의 수를 감소시켜 쥐의 면역계 기능을 억제한다는 사실을 알고 있었다. [5]어느 날 그는 구토를 야기하는 시클로포스파미드를 투여하기 전 사카린 용액을 먼저 쥐에게 투여했다. [6]그러자 그 쥐는 이후 사카린 용액을 회피하는 반응을 일으켰다. [7]그 원인을 찾던 애더는 쥐에게 시클로포스파미드는 투여하지 않고 단지 사카린 용액만 먹어도 쥐의 혈류 속에서 T세포의 수가 감소된다는 것을 알아내었다. [8]이것은 사카린 용액이라는 조건자극이 T세포 수의 감소라는 반응을 일으킨 것을 의미한다.

[9]심리학자들은 자극-반응 관계 중 우리가 태어날 때부터 가지고 있는 것을 '무조건자극-반응'이라고 부른다. [10]'음식물-침 분비'를 예로 들 수 있고, 애더의 실험에서는 '시클로포스파미드-T세포 수의 감소'가 그 예이다. [11]반면에 무조건자극이 새로운 조건자극과 연결되어 반응이 일어나는 과정을 '파블로프의 조건형성'이라고 부른다. [12]애더의 실험에서 쥐는 조건형성 때문에 사카린 용액만 먹어도 시클로포스파미드를 투여 받았을 때처럼 T세포 수의 감소 반응을 일으킨 것이다. [13]이런 조건형성 과정은 경험을 통한 행동의 변화라는 의미에서 학습과정이라 할 수 있다.

[14]이 연구 결과는 몇 가지 점에서 중요하다고 할 수 있다. [15]심리적 학습은 중추신경계의 작용으로 이루어진다. [16]그런데 <u>면역계에서도 학습이 이루어진다는 것은 중추신경계와 면역계가 독립적이지 않으며 어떤 방식으로든 상호작용한다는 것을 말해준다.</u> [17]이 발견으로 연구자들은 마음의 작용이나 정서 상태에 의해 중추신경계의 뇌세포에서 분비된 신경전달물질이나 호르몬이 우리의 신체 상태에 어떠한 영향을 끼치게 되는지를 더 면밀히 탐구하게 되었다.

① 쥐에게 시클로포스파미드를 투여하면 T세포 수가 감소한다.

② 애더의 실험에서 사카린 용액은 새로운 조건자극의 역할을 한다.

③ 애더의 실험은 면역계가 중추신경계와 상호작용할 수 있음을 보여준다.

④ 애더의 실험 이전에는 중추신경계에서 학습이 가능하다는 것이 알려지지 않았다.

⑤ 애더의 실험에서 사카린 용액을 먹은 쥐의 T세포 수가 감소하는 것은 면역계의 반응이다.

01 **정답** ④

④는 [진실]이 아니라 [통념]이므로 지문의 내용에 부합하지 않습니다. 바르게 고치면 다음과 같습니다.

'미국 제조업 분야 내에서의 노동조합 가입률 하락은 정치와 기업이 결속했기 때문이다.'

①은 **9**, ②는 **14**, **16**, ③은 **6**, ⑤는 **13**을 통해 알 수 있습니다.

02 **정답** ③

'다른 사람들의 협조 성향을 이용하여 도움을 받으면서도 다른 사람에게 도움을 주지 않는 사람이 존재(=기생 식물)[11]'한다는 것은 '다른 사람들(=건강한 나무)의 협조 성향(=양분)을 이용하여 도움을 받'는다는 것을 함축합니다. 따라서 **10**은 논리적으로 성립할 수 없는 [통념]이며, [진실]은 대도시에서도 많은 사람들이 진정으로 협조한다는 것입니다.

※ 논리적으로는 귀류법이 쓰였습니다. '모든 사람들이 사기꾼이다'를 APF라고 하면, 16은 APF → ~APF으로 정리되고, 결과적으로 ~APF가 도출됩니다.

03 **정답** ④

글의 핵심은 학습이 중추신경계에서만 일어난다는 [통념]3과 달리, [진실]16은 학습이 중추신경계에서뿐만 아니라 면역계에서는 일어날 수 있다는 것입니다. ③은 [진실], 즉 핵심을 선지화했고, ④는 [통념]을 잘못 표현했으므로 적절하지 않습니다.

REVIEW

도구1. 어휘력

모르는 어휘는 다음과 같은 방법으로 의미를 파악하세요.

- 문맥 활용법
  ① 비슷한 말 찾기: 그 단어 주변에 있는 비슷한 의미의 쉬운 단어를 찾아 의미를 파악한다.
  ② 반대말 찾기: 그 단어 주변에 있는 반대말에 주목하여 의미를 파악한다.
  ③ 설명하는 말 찾기: 정의, 설명, 수식어, 사례 등의 방법으로 필자가 풀어 주는 의미를 파악한다.
- 사전 검색법: 문맥으로 의미를 추론한 뒤에는 자신이 파악한 의미와 사전적 의미가 일치하는지 비교한다.

도구2. 문장과 문장의 연결고리

- 반복출현: 한 문장에 출현한 어구가 이후 반복적으로 출현하면 글의 핵심어이다.
- 접속표현: 문장과 문장을 이어주는 접속표현에 주목하여 글의 흐름을 예측한다.
  ① ⟶⟵ : [원인 → 결과], [근거 → 판단], [수단 → 목적], [앞의 사건 → 뒤의 사건]의 흐름
  ② // : [그러나, 하지만, 그런데, 한편, 반면에, −지만, 오히려, 단, 그럼에도] 등의 전환, 대립
  ③ e : [예컨대, 이를 테면, 가령, 마치, 예를 들어] 등의 구체적인 사례
  ④ + : [그리고, 또한, 게다가/더구나/더욱이] 등의 병렬적으로 대등한 추가, 나열
  ⑤ = : [즉, 다시 말해, 은/는] 등의 앞부분과 뒷부분의 동일한 내용.

도구3. 내용의 전개방식

내용의 전개방식을 알면 글의 흐름을 보다 빠르게 이해할 수 있습니다. 10가지 전개방식을 통해 글을 빠르고 정확하게 읽는 연습을 해봅시다.

질문답변	Q→A	일반구체	G⇌e	판단근거	◯→◯
문제해결	P→S	묘사기술	◯	원인결과	◯→◯
나열열거	①.②.③	순서과정	①→②→③		
통념진실	M→T	비교대조	▢.△		

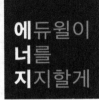

ENERGY

행복의 문이 하나 닫히면 다른 문이 열린다.
그러나 우리는 종종 닫힌 문을 멍하니 바라보다가
우리를 향해 열린 문을 보지 못하게 된다.

– 헬렌 켈러(Helen Keller)

PART

2

독해력 훈련
30DAYS

PREVIEW

[출제자는 어떤 수험생에게
점수를 주고 싶을까?]

엄청난 암기력을 갖고 있어서 지문 한 번 쓱 보자마자 구체적인 숫자까지 하나도 틀리지 않고 몽땅 기억할 수 있는 사람일까요? 아니죠. 이건 독해시험이에요. 암기력 측정시험이 아니라고요. 만약 암기력 좋은 사람에게 점수를 주고 싶었다면 "원주율을 외운 데까지 쓰세요." 이 문제 하나면 충분합니다.

암기력이 아니라면, 지문과 선지를 빠른 속도로 **비교대조할 수 있는 능력**은 어떨까요? 독해시험 출제자는 그런 능력을 가진 사람에게 점수를 주고 싶을까요? 아닙니다. 만약 그랬다면 독해지문 줄 필요가 뭐가 있겠어요. 다른 그림찾기 문제를 주면 되죠. 그게 빠른 속도로 비교대조하는 능력을 측정하기에 더 좋은 문제예요.

오히려 출제자는 지문과 선지를 왔다갔다 하며 푸는 것을 방해하기 위해, 선지 순서를 지문의 정보 제시 순서가 아니라 길이 순서로 배치합니다. 예를 들어, 민간경력자 PSAT 기출문제의 선지는 다음과 같습니다. (참고로 ①은 가장 마지막에 나오는 내용이었습니다.)

① 내농포는 금원에 배치되었다. (15자)
② 내전에서는 국왕의 일상생활과 정치가 병행되었다. (26자)
③ 궁궐 남쪽에서 공간적으로 가장 멀리 위치한 곳은 중궁전이다. (33자)
④ 외국 사신을 응대하는 국가의 공식 의식은 외전에서 거행되었다. (34자)
⑤ 동궁은 세자가 활동하는 공간의 이름이기도 하고 세자를 가리키는 별칭이기도 하였다. (45자)

> 내용일치 유형이 아닌 경우, 때에 따라 논리적 순서로 배열될 수 있습니다. 예를 들어, 지문에 ⊙~⑩이 할당되어 있을 경우 선지는 ⊙, ⓛ, ⓒ, ⓔ, ⑩ 순서로 나옵니다. 하지만 일반적으로 비판/약화 문제도 길이 순서로 선지가 배열됩니다. 만약 내용일치 유형임에도 길이 순서가 깨질 경우에는 출제자가 검토 과정에서 선지를 수정하며 길이가 바뀐 것이 아닐까 추측됩니다.

자, 이제 정답을 공개합니다. 출제자는 지문을 잘 이해한 수험생에게 점수를 주고 싶어합니다. 따라서 모든 문제는 **지문의 이해도를 평가**하기 위해 존재합니다.
그렇다면 지문을 잘 이해한다는 것은 무엇일까요?

첫째, 중요한 정보를 파악할 수 있는 것!

'핵심 논지'를 찾는 문제는 이 능력을 노골적으로 측정하는 문항입니다. 근데 놀랍게도 내용일치 유형 문항도 이 능력을 직간접적으로 측정합니다. 그래서 핵심을 파악한 수험생이 정답을 쉽게 찾을 수 있도록 출제하는 경우가 허다합니다. 예를 하나 살펴보죠.

01 다음 글의 내용과 부합하지 <u>않는</u> 것은?　　　　　출처 | 2015년 민간경력자 PSAT 언어논리

> [1] 정보화로 인해 폭발적으로 늘어난 큰 규모의 정보를 활용하는 빅데이터 분석이 샘플링과 설문조사 전문가들의 작업을 대체하고 있다. [2] 이제 연구에 필요한 정보는 사람들이 평소대로 행동하는 동안 자동적으로 수집된다. [3] 그 ~~결과~~ 샘플링과 설문지 사용에서 기인하는 편향이 사라졌다. [4] ~~또한~~ 휴대전화 통화정보로 드러나는 인맥이나 트위터를 통해 알 수 있는 사람들의 정서처럼 전에는 수집이 불가능했던 정보의 수집이 가능해졌다. [5] 그리고 가장 중요한 점은 <u>샘플을 추출해야 할 필요성이 사라졌다</u>는 사실이다.
>
> [6] 네트워크 이론에 관한 세계적인 권위자 바라바시는 전체 인구의 규모에서 사람들 간의 소통을 연구하고 싶었다. [7] 그래서 유럽의 한 국가 전체 인구의 1/5을 고객으로 하고 있는 무선통신 사업자로부터 4개월 치의 휴대전화 통화내역을 제공받아 네트워크 분석을 행하였다. [8] 그렇게 큰 규모로 통화기록을 분석하자 다른 방식으로는 결코 밝혀낼 수 없었을 사실을 알아냈다.
>
> [9] 흥미롭게도 그가 발견한 사실은 더 작은 규모의 연구 결과들과 상반된 것이었다. [10] 그는 한 커뮤니티 내에서 링크를 많이 가진 사람을 네트워크로부터 제거하면 네트워크의 질은 저하되지만, 기능이 상실되는 수준은 아님을 발견하였다. [11] ~~반면~~ 커뮤니티 외부와 링크를 많이 가진 사람을 네트워크에서 제거하면 갑자기 네트워크가 와해되어 버렸다. [12] 구조가 허물어지는 것처럼 말이다. [13] 이것은 기존 연구를 통해서는 예상할 수 없었던 중요한 결과였다. [14] 네트워크 구조의 안정성이라는 측면에서 봤을 때, 친한 친구를 많이 가진 사람보다 친하지 않은 사람들과 연락을 많이 하는 사람이 훨씬 더 중요할 거라고 누가 생각이나 해보았겠는가? 이것은 사회나 그룹 내에서 중요한 것이 동질성보다는 다양성일 수 있다는 점을 시사한다.
>
> [15] 사실 기존의 통계학적 샘플링은 만들어진 지 채 100년도 되지 않는 통계 기법으로서 기술적 제약이 있던 시대에 개발된 것이다. [16] 이제 더 이상 그런 제약들은 그때와 같은 정도로 존재하지는 않는다. [17] 빅데이터 시대에 무작위 샘플을 찾는 것은 자동차 시대에 말채찍을 드는 것과 같다. [18] 특정한 경우에는 여전히 샘플링을 사용할 수 있겠지만 더 이상 샘플링이 사회현상 분석의 주된 방법일 수는 없다. [19] 우리는 이제 샘플이 아닌 전체를 분석할 수 있게 되었기 때문이다.

글의 필자가 '흥미'로워하고, '중요'하다고 한 정보는 당연히 중요한 정보입니다. 출제자는 중요한 내용을 수험생이 잘 이해했는지 물어볼 수밖에 없습니다. 그래서 ⑤를 정답으로 만들었습니다.

⑤ 바라바시의 연구에 의하면 커뮤니티 외부와 링크를 많이 가진 사람을 네트워크에서 제거해도 네트워크가 와해되지는 않는다.[11]

02 다음 글에서 알 수 있는 것은?

출처 | 2017년 민간경력자 PSAT 언어논리

[1]1937년 중일전쟁 이후 일제가 앞세운 내선일체(內鮮一體)와 황국신민화(皇國臣民化)의 구호는 조선인의 민족의식과 저항정신을 상실케 하려는 기만적 통치술이었다. [2]일제는 조선인이 일본인과의 차이를 극복하고 혼연일체가 된 것이 내선일체이고 그 혼연일체 상태가 심화되면 조선인 또한 황국의 신민이 될 수 있다고 주장하였다. [3]조선인이 황국의 진정한 신민으로 거듭난다면 일왕과 신민의 관계가 군신 관계에서 부자 관계로 변화하여 일대가족국가를 이루게 된다는 것이 그들이 획책한 황국신민화의 논리였다. [4]이를 위해 일제는 조선인에게 '국가 총동원령'에 충실히 부응함으로써 대동아공영권(大東亞共榮圈) 건설에 복무하고 일왕에 충심을 다함으로써 내선의 차이를 해소하는 데 총력을 기울일 것을 강요하였다.

[5]그러나 일제의 황국신민화 정책은 현실과 필연적으로 괴리될 수밖에 없었다. [6]일본인이 중심부를 형성하고 조선인이 주변부에 위치하는 엄연한 현실 속에서 그들이 내세우는 황국신민화의 논리는 허구에 불과했다. [7]일제는 황국신민화 정책을 통해 조선인을 명목상의 일본 국민으로 삼아 제국주의 전쟁에 동원하고자 하였다. [8]일제는 1945년 4월부터 조선인의 참정권을 허용한다고 하였으나 실제 선거는 한번도 시행되지 않았다. [9]그럼에도 불구하고 조선의 친일파는 황국신민화가 그리는 모호한 이상과 미래를 적극적으로 내면화하여 자신들의 친일 행위를 합리화하였다. [10]그들은 황국신민화의 이상이 실현되면 조선인과 일본인 그 누구도 우월한 지위를 가질 수 없다는 일제의 주장을 맹신하였다. [11]그리고 이러한 단계에 도달하기 위해서는 먼저 조선인 스스로 진정한 '일본인'이 되기 위한 노력을 다해야 한다고 선동하였다. [12]어리석게도 친일파는 일제의 내선차별은 문명화가 덜 된 조선인에게 원인이 있으며, 제국의 황민으로 인정받겠다는 조선인의 자각과 노력이 우선될 때 그 차별이 해소될 수 있다고 보았던 것이다. [13]이와 같은 헛된 믿음으로 친일파는 일제의 강제 징용과 징병에 적극적으로 응하도록 조선인을 독려했다.

글의 필자가 '어리석게도'라며 노골적으로 판단을 드러낸 정보는 당연히 중요한 정보입니다. 출제자는 중요한 내용을 수험생이 잘 이해했는지 물어볼 수밖에 없습니다. 그래서 ②를 정답으로 만들었습니다.

② 친일파는 조선인들이 노력하기에 따라 일본인과 같은 황민이 될 수 있다고 믿었다.[12]

03 다음 글에서 알 수 <u>없는</u> 것은?

[1]광장의 기원은 고대 그리스의 아고라에서 찾을 수 있다. [2]'아고라'는 사람들이 모이는 곳이란 뜻을 담고 있다. [3]호메로스의 작품에 처음 나오는 이 표현은 물리적 장소만이 아니라 사람들이 모여서 하는 각종 활동과 모임도 의미한다. [4]아고라는 사람들이 모이는 도심의 한복판에 자리 잡되 그 주변으로 사원, 가게, 공공시설, 사교장 등이 자연스럽게 둘러싸고 있는 형태를 갖는다. [5]물론 그 안에 분수도 있고 나무도 있어 휴식 공간이 되기는 하지만 그것은 부수적 기능일 뿐이다. [6]아고라 곧 광장의 주요 기능은 시민들이 모여 행하는 다양한 활동 그 자체에 있다.

[7]르네상스 이후 광장은 유럽의 여러 제후들이 도시를 조성할 때 일차적으로 고려하는 사항이 된다. [8]광장은 제후들이 권력 의지를 실현하는 데 중요한 역할을 할 수 있었기 때문이다. [9]이 시기 유럽의 도시에서는 고대 그리스 이후 자연스럽게 발전해 온 광장이 의식적으로 조성되기 시작한다. [10]도시를 설계할 때 광장의 위치와 넓이, 기능이 제후들의 목적에 따라 결정된다.

[11]「광장」을 쓴 프랑코 만쿠조는 유럽의 역사가 곧 광장의 역사라고 말한다. [12]그에 따르면, 유럽인들에게 광장은 일상생활의 통행과 회합, 교환의 장소이자 동시에 권력과 그 의지를 실현하는 장이고 프랑스 혁명 이후 근대 유럽에서는 저항하는 대중의 연대와 소통의 장이라는 의미도 갖게 된다. [13]우리나라의 역사적 경험에서도 광장은 그와 같은 공간이었다. [14]우리의 마당이나 장터는 유럽과 형태는 다를지라도 만쿠조가 말한 광장의 기능과 의미를 담당해왔기 때문이다.

[15]이처럼 광장은 인류의 모든 활동이 수렴되고 확산되는 공간이며 문화 마당이고 예술이 구현되는 장이며 더 많은 자유를 향한 열정이 집결하는 곳이다. [16]특히 근대 이후 광장을 이런 용도로 사용하는 것은 시민의 정당한 권리가 된다. [17]광장은 권력의 의지가 발현되는 공간이면서 동시에 시민에게는 그것을 넘어서고자 하는 자유의 열망이 빚어지는 장이다.

글 속의 인물이나 집단이 중요하게 여기는 것 또한 당연히 중요한 정보입니다. 출제자는 중요한 내용을 수험생이 잘 이해했는지 물어볼 수밖에 없습니다. 그래서 ③을 정답으로 만들었습니다.
③ 유럽의 여러 제후들이 광장을 중요시한 것은 <s>거주민의 의견을 반영하기</s>[7+8] 위해서였다.

둘째, 행간을 읽을 수 있는 것!

이는 논증에서 생략된 전제나 결론을 채워가며 읽는 것을 가리키며, 논리퀴즈나 논증분석 문제는 노골적으로 이 능력을 측정합니다. 근데 내용일치류 문제도 이런 능력을 직간접적으로 측정합니다. 예를 바로 보여드릴게요. 다음 지문에서 괄호 속의 필기체는 지문을 읽으며 수험생이 떠올렸어야 할 생각을 적은 것이며, **굵은 글씨**는 수험생이 주목했어야 할 표현입니다. 당연히 실제 지문에는 없던 것들입니다.

04 다음 글에서 알 수 있는 것은? 출처 | 2014년 민간경력자 PSAT 언어논리

> 일본은 첫 해외 식민지였던 타이완에서는 **자국의 철도와 같이** 협궤(狹軌)를 설치하였으나 (*"일본 철도는 협궤다"라는 정보를 '자국의 철도와 같이'라며 은근슬쩍 제시했네. 이렇게 추론을 통해 명시적으로 이끌어낼 수 있는 정보는 십중팔구 문제화되기 마련이지!*)
>
> 조선의 철도는 **대륙 철도와의 연결을 고려하여** 표준궤로 하고자 하였다. (*대륙 철도는 표준궤겠구나!*) 청일전쟁 이후 러시아의 영향력이 강해져 조선의 철도 궤간으로 광궤(廣軌)를 채택할 것인지 아니면 표준궤를 채택할 것인지를 두고 러시아와 대립하기도 했지만 (*일본이 표준궤를 주장한 것과 달리, 러시아는 광궤를 주장했구나.*)
>
> 결국 일본은 표준궤를 강행하였다.

지문에 "일본 철도는 협궤다", "러시아는 조선 철도의 궤간으로 광궤를 채택할 것을 주장했다"라는 명시적 진술은 없습니다. 하지만 행간을 읽음으로써 이러한 정보를 추론할 수 있죠. 그리고 놀랍게도, 출제자는 이렇게 행간을 적극적으로 읽은 수험생에게 점수를 주고 싶어합니다. 당시 출제된 선지는 다음과 같습니다.

① 청일전쟁 당시 일본 국내의 철도는 표준궤였다.

④ 청일전쟁 이후 러시아는 조선의 철도를 광궤로 할 것을 주장하였다.

①은 적절하지 않고 ④는 적절하다는 것을 단박에 판단할 수 있죠? 출제자 입장에서 필연적으로 낼 수 밖에 없는 선지라고 할 수 있습니다.

05 다음 글에서 알 수 있는 것은? 출처 | 2018년 민간경력자 PSAT 언어논리

> 삼국시대 사찰은 탑을 중심으로 하고 그 주위를 회랑*으로 두른 다음 부속 건물들을 정연한 비례에 의해 좌우대칭으로 배치하는 구성을 보였다. 그리하여 이 시기 사찰에서는 기본적으로 남문·중문·탑·금당·강당·승방 등이 남북으로 일직선상에 놓였다. 그리고 반드시 중문과 강당 사이를 회랑으로 연결하여 탑을 감쌌다. (그렇다면 중요 부분인 탑은 중문과 강당 사이에 있겠구나!)
>
> ※회랑: 종교 건축이나 궁궐 등에서 중요 부분을 둘러싸고 있는 지붕 달린 복도

지문에 "탑의 위치가 ○○이다" 같은 명시적 진술은 없습니다. 하지만 행간을 읽음으로써 이러한 정보를 추론할 수 있죠. 그리고 놀랍게도, 출제자는 이렇게 행간을 적극적으로 읽은 수험생에게 점수를 주고 싶어합니다. 그래서 ①을 정답으로 만들었습니다.

① 삼국시대의 사찰에서 탑은 중문과 강당 사이에 위치한다.

'중요 부분(탑)', '반드시' 같은 표현을 통해 해당 부분이 문제화될 가능성이 높다고 예측할 수도 있었습니다.

참고로 PSAT뿐만 아니라 수능 국어나 LEET 언어이해 출제자도 **행간을 통해 추론되는 정보**를 어떤 식으로든 문제화합니다. 따라서 수험생은 지문을 읽으며 행간에서 추론되는 정보가 있다면, 관련된 선지가 반드시 있을 것이라는 믿음을 가져도 됩니다. 이런 태도가 문제풀이를 빠르고 정확하게 만들어 줄 거예요.

최대치, 최저치, 원본, 일반원칙에 대한 예외 등은 독해뿐만 아니라 업무를 할 때도 주목해야 할 정보들입니다.

06 다음 글에서 추론할 수 있는 것은?

출처 | 2015년 민간경력자 PSAT 언어논리

> [1]조선이 임진왜란 중 필사적으로 보존하고자 한 서적은 바로 조선왕조실록이다. [2]실록은 원래 서울의 춘추관과 성주·충주·전주 4곳의 사고(史庫)에 보관되었으나, 임진왜란 이후 전주 사고의 실록만 온전한 상태였다. [3]전란이 끝난 후 단 1벌 남은 실록을 다시 여러 벌 등서하자는 주장이 제기되었다. [4]우여곡절 끝에 실록 인쇄가 끝난 것은 1606년이었다. [5]재인쇄 작업의 결과 원본을 포함해 모두 5벌의 실록을 갖추게 되었다. [6]원본은 강화도 마니산에 봉안하고 나머지 4벌은 서울의 춘추관과 평안도 묘향산, 강원도의 태백산과 오대산에 봉안했다.
>
> [7]이 5벌 중에서 서울 춘추관의 것은 1624년 이괄의 난 때 불에 타 없어졌고, 묘향산의 것은 1633년 후금과의 관계가 악화되자 전라도 무주의 적상산에 사고를 새로 지어 옮겼다. [8]강화도 마니산의 것은 1636년 병자호란 때 청군에 의해 일부 훼손되었던 것을 현종 때 보수하여 숙종 때 강화도 정족산에 다시 봉안했다. [9]결국 내란과 외적 침입으로 인해 5곳 가운데 1곳의 실록은 소실되었고, 1곳의 실록은 장소를 옮겼으며, 1곳의 실록은 손상을 입었던 것이다.
>
> [10]정족산, 태백산, 적상산, 오대산 4곳의 실록은 그 후 안전하게 지켜졌다. [11]그러나 일본이 다시 여기에 손을 대었다. [12]1910년 조선 강점 이후 일제는 정족산과 태백산에 있던 실록을 조선총독부로 이관하고 적상산의 실록은 구황궁 장서각으로 옮겼으며 오대산의 실록은 일본 동경제국대학으로 반출했다. [13]일본으로 반출한 것은 1923년 관동대지진 때 거의 소실되었다. [14]정족산과 태백산의 실록은 1930년에 경성제국대학으로 옮겨져 지금까지 서울대학교에 보존되어 있다. [15]한편 장서각의 실록은 6·25전쟁 때 북으로 옮겨져 현재 김일성종합대학에 소장되어 있다.

대상이 분화/계승되므로 여백에 이런 구조도를 그리며 읽습니다. 그리는 데 시간이 걸리는 것 같아도 결과적으로 더 빠르게 푸는 방법입니다.

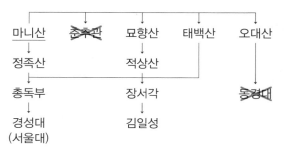

① 재인쇄하였던 실록은 모두 5벌[6]이다.

※ 원본을 포함해서 모두 5벌이므로, 재인쇄한 실록은 원본 1벌을 제외한 4벌입니다.

② 태백산에 보관하였던 실록은 현재 일본[12+14]에 있다.

※ 서울대에 있습니다.

③ 현재 한반도에 남아 있는 실록은 모두 4벌[12]이다.

※ 남한에 2벌(마니산, 태백산), 북한에 1벌(묘향산)이므로 총 3벌입니다.

④ 적상산에 보관하였던 실록은 일부가 훼손되었다. 알 수 없음

※ 지문에 나타난 훼손된 실록은 마니산, 춘추관, 그리고 일본으로 반출됐던 오대산밖에 없습니다.

⑤ 현존하는 가장 오래된 실록은 서울대학교에 있다. [6+8+14] (정답)

※ 두드러지는 정보가 정답으로 제시됐습니다. (여러분이 조선왕조실록 연구자라고 해봅시다. 가장 중요한 정보는 원본이 어디에 있느냐일 겁니다.)

[1] 우리가 조선의 왕을 부를 때 흔히 이야기하는 태종, 세조 등의 호칭은 묘호(廟號)라고 한다. [2] 왕은 묘호뿐 아니라 시호(諡號), 존호(尊號) 등도 받았으므로 정식 칭호는 매우 길었다. [3] 예를 들어 선조의 정식 칭호는 '선조소경정륜입극성덕홍렬지성대의격천희운현문의무성예달효대왕(宣祖昭敬正倫立極盛德洪烈至誠大義格天熙運顯文毅武聖睿達孝大王)'이다. [4] 이 중 '선조'는 묘호, '소경'은 명에서 내려준 시호, '정륜입극성덕홍렬'은 1590년에 올린 존호, '지성대의격천희운'은 1604년에 올린 존호, '현문의무성예달효대왕'은 신하들이 올린 시호다.

[5] 묘호는 왕이 사망하여 삼년상을 마친 뒤 그 신주를 종묘에 모실 때 사용하는 칭호이다. [6] 묘호에는 왕의 재위 당시의 행적에 대한 평가가 담겨 있다. [7] 시호는 왕의 사후 생전의 업적을 평가하여 붙여졌는데, 중국 천자가 내린 시호와 조선의 신하들이 올리는 시호 두 가지가 있었다. [8] 존호는 왕의 공덕을 찬양하기 위해 올리는 칭호이다. [9] 기본적으로 왕의 생전에 올렸지만 경우에 따라서는 '추상존호(追上尊號)'라 하여 왕의 승하 후 생전의 공덕을 새롭게 평가하여 존호를 올리는 경우도 있었다.

[10] 왕실의 일원들을 부르는 호칭도 경우에 따라 달랐다. [11] 왕비의 아들은 '대군'이라 부르고, 후궁의 아들은 '군'이라 불렸다. [12] 또한 왕비의 딸은 '공주'라 하고, 후궁의 딸은 '옹주'라 했으며, 세자의 딸도 적실 소생은 '군주', 부실 소생은 '현주'라 불렀다. [13] 왕실에 관련된 다른 호칭으로 '대원군'과 '부원군'도 있었다. [14] 비슷한 듯 보이지만 크게 차이가 있었다. [15] 대원군은 왕을 낳아준 아버지, 즉 생부를 가리키고, 부원군은 왕비의 아버지를 가리키는 말이었다. [16] 조선시대에 선조, 인조, 철종, 고종은 모두 방계에서 왕위를 계승했기 때문에 그들의 생부가 모두 대원군의 칭호를 얻게 되었다. [17] ~~그런데~~ 이들 중 살아 있을 때 대원군의 칭호를 받은 이는 고종의 아버지 흥선대원군 한 사람뿐이었다. [18] 왕비의 아버지를 부르는 호칭인 부원군은 경우에 따라 책봉된 공신(功臣)에게도 붙여졌다.

① 세자가 왕이 되면 적실의 딸은 옹주공주[12]로 호칭이 바뀔 것이다.
② 조선시대 왕의 묘호시호[7]에는 명나라 천자로부터 부여받은 것이 있다.
③ 왕비의 아버지가 아님에도 부원군이라는 칭호를 받은 신하가 있다. [18] (정답)
④ 우리가 조선시대 왕을 지칭할 때 사용하는 일반적인 칭호는 존호묘호[1]이다.
⑤ 흥선대원군은 왕의 생부이지만 고종이 왕이 되었을 때 생존하지 않았더라면 대원군이라는 칭호를 부여받지 못했을 것이다. [16~17]

※ 생존은 대원군 칭호의 필요조건이 전혀 아닙니다.

이때 두드러지는 정보인 '한 사람뿐[17]', 예외[18]가 각각 ⑤와 ③으로 출제됐습니다.

넷째, 논리적 관계를 따져가며 읽을 수 있는 것!

이를 위해 PSAT/LEET를 준비하는 분들은 『논리퀴즈 매뉴얼』 등을 통해 심화학습할 필요가 있습니다. 그런데 NCS만을 대비한다면 제가 유튜브에 올려둔 **'(시청각 장애인을 위한) 문턱 없는 기초 논리학'**(12강, 총 1시간 14분)만 봐도 됩니다. 강의대본 및 영상이 모두 무료로 제공되므로, 많이들 도움받길 바랍니다. 여기서는 독해 시 간과하기 쉬운 '포함'만 짚고 넘어가겠습니다. 수능이든, PSAT이든, 지문에 'A가 **(모두)** B에 **포함**된다'는 서술이 나오면 문제화될 가능성이 높습니다.[*]

따라서 포함관계가 나오면 해당 부분에 밑줄을 그으세요. A→B라고 여백에 간략히 써도 좋습니다.

08 다음 글에서 알 수 있는 것은?

출처 | 2018년 민간경력자 PSAT 언어논리

> 구글의 지식 통합 작업은 지식을 수집하여 독자들에게 제공하고자 하는 것이지만, 더 나아가면 지식의 수집뿐만 아니라 선별하고 배치하는 편집 권한까지 포함하게 된다. 이에 따라 사람들이 알아도 될 것과 그렇지 않은 것을 결정하는 막강한 권력을 구글이 갖게 되는 상황이 초래될 수 있다.

⑤ 구글의 지식 통합 작업은 지식의 수집에서 편집권을 포함하는 것까지 확대될 수 있다. (정답)

※ '포함'이 들어간 표현을 문제화했습니다.

09 다음 글에서 추론할 수 <u>없는</u> 것은?

출처 | 2018년 민간경력자 PSAT 언어논리

> 일본의 정책들은 함경도를 만주와 같은 경제권으로 묶음으로써 조선의 다른 지역과 경제적으로 분리시켰다.

⑤ 일본은 함경도를 포함하여 한반도와 만주를 같은 경제권으로 묶는 정책을 폈다. (정답)

※ 지문은 {함경도, 만주}, {나머지 조선}인데, ⑤는 {조선, 만주}라고 했으므로 적절하지 않습니다. 포함관계를 왜곡한 선지입니다. 이처럼 선지에 '포함'이 있을 때도 정답일 가능성이 높습니다.

---

* 법학 지문에서는 포함 자체가 논점인 경우도 많습니다. 예를 들어, "'성적 욕구의 충족'이 뇌물의 내용인 이익에 포함되는가?"(그렇다), "'가족'은 '유족'에 포함되는가?"(그렇지 않다), "'다른 사람(타인)'에 이미 사망한 사람도 포함되는가?"(그렇다) 등이 있습니다.

10 다음 글에서 알 수 있는 것은?

출처 | 2017년 5급 PSAT 언어논리

> 재일조선인은 모두 협화회에 가입해야만 하였다. 협화회 회원증을 소지하지 않은 조선인은 체포되거나 조선으로 송환되었다. 1945년 재일조선인은 전시노동동원자를 포함하여 230만 명에 달했는데, 이들은 <u>모두 협화회의 회원으로 편성되어 행동과 사상 일체에 대해 감시를 받았다.</u>

③ 협화회는 재일조선인 전시노동동원자에 대한 감시를 자행하였다. (정답)

※ '포함'이 들어간 표현을 문제화했습니다.

11 다음 글의 내용과 부합하지 <u>않는</u> 것은?

출처 | 2011년 5급 PSAT 언어논리

> 중동지역의 지리적 정의는 학자에 따라, 그리고 국가의 정책에 따라 다르다. 북아프리카에 위치한 국가들과 소련 해체 이후 독립한 중앙아시아의 신생 독립국들을 이 지역에 포함시켜야 하는가에 대해서는 확고하게 정립된 입장은 아직 없지만, 일반적으로 <u>합의된 중동지역에는 아랍연맹 22개국과 비아랍국가인 이란, 터키 등이 포함</u>된다. 이 중 터키는 유럽연합 가입을 위해 계속적으로 노력하고 있으나 거부되고 있다.

④ 일반적으로 합의된 중동지역에 속하지만 아랍지역에 속하지 않는 국가로는 이란이 있다. (오답)

※ 지문과 똑같은 포함관계를 진술했으므로 글과 부합하는 선지입니다.

12 다음 글에서 알 수 있는 것은?

출처 | 2017년 5급 PSAT 언어논리

> 김치의 발효 과정에 관여하는 미생물에는 여러 종류의 효모, 호기성 세균 그리고 <u>유산균을 포함한 혐기성 세균</u>이 있다. 갓 담근 김치의 발효가 시작될 때 호기성 세균과 혐기성 세균의 수가 두드러지게 증가하지만, 김치가 익어갈수록 호기성 세균의 수는 점점 줄어들어 나중에는 그 수가 완만하게 증가하는 효모의 수와 거의 비슷해진다. 그러나 혐기성 세균의 수는 김치가 익어갈수록 증가하며 결국 많이 익어서 시큼한 맛이 나는 김치에 있는 미생물 중 대부분을 차지한다. 김치를 익히는 데 관여하는 균과 <u>매우 높은 산성의 환경에서도 잘 살 수 있는 유산균</u>이 그 예이다.

② 강한 산성 조건에서도 생존할 수 있는 혐기성 세균이 있다. (정답)

※ 지문에 유산균 → 혐기성 세균이 제시됐습니다. 이 정보는 문단 끝의 유산균 → 산성잘삶과 결합하여 유산균 → (산성잘삶 and 혐기성 세균)이 되고, 따라서 ②는 지문과 일치합니다.

13 다음 글의 내용에 가장 부합하는 것은?

출처 | 2006년 입법고시 PSAT 언어논리

> 음악이 일종의 언어라는 말들을 자주 하지만, 분명 음악은 프랑스어, 줄루어나 미국 수화와 같은 범주에 속하지는 않는다. 음악은 아마도 감정의 상태라고 생각되는 무언가를 전달하는데, 결혼식을 상징하기 위해 결혼행진곡을 연주하는 것에서 보듯이 때로는 상징적이다. 그러나 <u>음악은 수화를 포함한 모든 표준적인 언어에서 발견되는 문법적, 표현적인 가능성을 거의 갖고 있지 않다.</u> 음악에는 단어도 없고 음절도 없고 명사나 동사, 복수형이나 시제 같은 것도 없다. 음악은 사람이나 물체, 행동에 이름을 부여할 수도 없고, 수를 셀 수도 없고, 어떤 것이 진실인지 거짓인지 말할 수도 없고, 질문을 던지거나 지시를 내릴 수도 없다. 따라서 우리가 그동안 사용해 온 그런 의미의 언어로서가 아니라 의사소통의 한 형태로 음악을 취급하는 것이 적절하다고 생각된다.

⑤ 음악은 수화를 포함한 표준적인 언어와 마찬가지로 문법적, 표현적 가능성이 풍부하다.

※ '포함'이 들어간 표현을 문제화했습니다.

14 다음 글의 내용과 부합하지 <u>않는</u> 것을 [보기]에서 모두 고르면? 출처 | 2016년 입법고시 PSAT 언어논리

> <u>뉴스 보도자료에는 긴급상황이 발생한 이유를 제외하고 무슨 일이, 어떻게, 언제, 어디서, 누가, 얼마나 관여되었는지에 대해 알려진 모든 사실을 포함시킨</u> 완전공개의 원칙을 지키되 정보가 정확한지 확인하고 미확인 정보는 배포해서는 안 된다.

㉠ 뉴스 보도자료를 배포할 때에는 언제, 어디서, 무엇을, 어떻게, 왜 그리고 얼마나 많은 사람이 사건에 관련되었는지에 대한 알려진 모든 사실을 포함해야 한다. (정답)

※ '왜(이유)' 사건이 발생했는지는 제외되어야 합니다. 따라서 제외되는 것(=포함되지 않는 것)을 포함시킨 ㉠은 글과 부합하지 않습니다.

15 다음 글에 대한 설명으로 옳은 것은?

출처 | 2011년 입법고시 PSAT 언어논리

근거이론적 접근 방법에 대한 가장 흔한 오해 중의 하나는 연구자가 연구를 시행할 때 선행연구에 대한 검토 없이 백지상태(blank-mindedness) 혹은 판단중지상태(epoche)로 임해야 한다는 것이다. 이는 근거이론적 접근 방법을 다른 귀납적—질적 연구방법과 혼동하면서 주로 발생하게 되는데, 특히 현상학적 접근의 인식론적 가정인 '사태를 사태 자체'로 보기 위해선 선행지식이 주는 선입견을 최소화해야 한다는 입장을 근거이론적 접근 방법에 그대로 대입하면서 주로 나타나게 된다. 하지만 앞서 언급한 대로 근거이론적 접근 방법은 실용주의(pragmatism) 및 상징적 상호주의(symbolic interactionalism)의 인식론적 배경에 그 근거를 두고 있다. 이들은 우리 지식의 근원이 기존에 가지고 있던 선행지식과 경험을 통해 얻은 관찰과의 변증법적 상호작용에서 온다고 가정한다. 이들에게 있어서 근거이론적 방법은 마치 수메르의 수레바퀴를 발명하는 것처럼 무에서 유를 창조하기 위한 과정이 아니다. 오히려, 이는 순수하게 자료에서 도출되는 실질이론(substantive theory)과 기존의 연구에 담겨 있는 공식이론(formal theory), 그리고 그들 간의 관계에서 도출되는 근거이론(grounded theory)의 도출을 주요한 논리적 작업으로 명시하고 있다. 따라서 근거이론적 논리에서 선행연구나 선행개념 없이 백지상태로 연구에 임한다는 것은 현실적으로 불가능할뿐 아니라, 이렇게 철저하게 비구조적인 연구는 무작위적이고 형체 없는 것으로 전락되어 버릴 가능성이 농후한 것이다. 근거이론적 방법의 목적이 이론화라고 언명할 때에는 선행연구와 기존의 이론에 대한 고려도 충분히 연구의 부분으로 포함될 수 있다.

⑤ 근거이론적 방법은 선행연구와 기존의 이론에 대한 고려를 연구에 포함하지 않는다.

※ ⑤와 '오해'(통념)가 틀렸다는 게 글의 핵심입니다. 따라서 ⑤는 지문과 일치하지 않습니다.

시험 기초상식

내용일치류 문항의 선지는 셋으로 구분할 수 있습니다.

(1) 지문에 비춰봤을 때 **참**

(2) 지문에 비춰봤을 때 **거짓**

(3) 지문에 비춰봤을 때 **참인지 거짓인지 알 수 없음**

발문에서 '**알 수** 있는 것', '**추론**할 수 있는 것'을 찾으라고 하면, 이는 ⑴ 지문에 비춰봤을 때 **참**으로 판단되는 것을 고르라는 뜻입니다. 어떤 분들은 ⑵도 거짓임을 **알 수/추론할 수** 있는 선지이므로 정답이 될 수 있는 것 아니냐는 질문을 하는데, 절대 그렇지 않습니다. 꽤 중요한 내용이라서 두 가지 방식으로 설명해보겠습니다.

1. 사례를 통한 직관적 설명

다음 글에서 알 수 있는 것은?	A=1+1=2입니다.
P는 1이다. Q는 1이다. A는 P+Q이다.	따라서 ②가 정답이고 ①은 오답입니다.
① A는 1이다.　　　② A는 2이다.	만약 ①을 알 수 있다고 생각하는 분들은 "1+1이 1임을 알 수 있다"고 주장하는 것과 같습니다. 터무니없죠.

2. '참이다'의 잉여적 성격에 기반한 설명

어떤 문장 X와, X에 '~는 참이다'를 덧붙인 "X는 참이다"는 논리적으로 같습니다.

"영국은 섬나라야."	"영국은 섬나라야."
"참말로(정말로)?"	"참말로(정말로)?"
"응, 영국은 섬나라야."	"응, 영국은 섬나라라는 것은 참이야."

위 대화에서 보듯, '~는 참이다'가 있는 표현이나 없는 표현이나 의미가 같습니다. 시험에는 다음과 같이 출제된 적 있습니다.

출처 | 2019년 5급 PSAT 언어논리

"[1] 더하기 1은 2이다."와 "대한민국의 수도는 서울이다."는 둘 다 참인 명제이다. 그리고 위 두 명제 모두 진리 표현 '~는 참이다'를 부가하여, "[1] 더하기 1은 2라는 것은 참이다.", "대한민국의 수도는 서울이라는 것은 참이다."와 같이 바꿔 말할 수 있다.

이런 관점에서 내용일치류 문항의 선지들은 각자 담고 있는 내용이 참이라고 주장하는 것과 같습니다. 즉, "① A는 1이다."는 "① 'A는 1이다'는 참이다."와 같고, "② A는 2이다."는 "② 'A는 2이다'는 참이다."와 논리적으로 같습니다.

3. '안다'의 인식적 특성에 기반한 설명

"해황이 문장 X를 **안다**"는 것은 전통적으로 세 가지를 함축합니다.

⑴ 문장 X가 참이다.

⑵ 해황이 문장 X를 믿는다.

⑶ 문장 X에 대한 해황의 믿음을 정당화할 수 있어야 한다.

이 내용은 2007년 5급 PSAT 언어논리 고난도 지문으로 나온 적 있고, 수능 모의고사 등에도 곧잘 나오는 주제이니 배경지식으로 알아둬도 좋습니다. 1963년에 철학자 게티어가 문제제기 후 ⑶에 대한 수정을 시도하는 학자들이 있긴 하지만, 어쨌든 ⑴ 자체를 의심하는 경우는 (제가 알기로) 없습니다.

이런 관점에서 여러분이 **"선지 ①을 안다"는 것은 논리적으로 "선지 ①이 참이다"를 함축**합니다. 이는 "선지 ①이 참이 아니면 선지 ①을 알 수 없다"라고 이해할 수도 있습니다.

지금까지 잘 이해했다면 '알 수 없는 것', '추론할 수 없는 것'에 대해서도 이해할 수 있을 겁니다. 해당 발문에서는 ⑵ 지문에 비춰봤을 때 **거짓**이거나 ⑶ 지문에 비춰봤을 때 **참인지 거짓인지 알 수 없음**에 해당하는 선지가 정답이 됩니다.

시험에는 종종 "다음 글의 내용과 상충하는 것은?"과 같은 발문도 나오는데, 이때는 ⑵ 지문에 비춰봤을 때 **거짓**인 선지만이 정답이 될 수 있습니다. 반면, "다음 글의 내용과 상충하지 않는 것은?"일 때는 ⑴ 지문에 비춰봤을 때 **참**이거나 ⑶ 지문에 비춰봤을 때 **참인지 거짓인지 알 수 없음**에 해당하는 선지가 정답이 됩니다.

이상을 정리하면 다음과 같습니다.

발문	정답일 수 있는 선지
글로부터 알(추론할) 수 있는 것은?	⑴ 참
글로부터 알(추론할) 수 <u>없는</u> 것은?	⑵ 거짓, ⑶ 알 수 없음
글과 상충하는 것은? = 글의 내용과 양립할 수 <u>없는</u> 것은?	⑵ 거짓
글과 상충하지 <u>않는</u> 것은? = 글의 내용과 양립할 수 있는 것은?	⑴ 참, ⑶ 알 수 없음
진위를 알 수 있는 것은?	⑴ 참, ⑵ 거짓
진위를 알 수 <u>없는</u> 것은?	⑶ 알 수 없음

실패는 우회로이지 막다른 길이 아니다.

– 지그 지글러(Zig Ziglar)

DAY 01

01 다음 글의 핵심 논지로 가장 적절한 것은?

출처 | 2011년 5급 PSAT 언어논리

> 인문학의 중요성을 강조하는 사람들은 흔히 인간이란 정신적 존재이기 때문에 참다운 인간적 삶을 위해서는 물질적 욕구의 충족을 넘어서서 정신적 풍요로움을 누려야 하며 이 때문에 인문학은 필수적이라고 주장한다. 뿐만 아니라 인문학은 인간의 삶에 필수적인 건전한 가치관의 형성에도 중요한 역할을 한다고 주장한다. 그러나 과연 현대 인문학은 이러한 상식적인 주장들을 감당할 수 있을까?
>
> 분명 인간은 의식주라는 생물학적 욕구와 물질적 가치의 추구 외에 정신적 가치들을 추구하며 사는 존재이다. 그렇다고 이것이 그대로 인문학의 가치를 증언하는 것은 아니다. 그 이유는 무엇보다 인문적 활동 자체와 그것에 대한 지식 혹은 인식을 추구하는 인문학은 구별되기 때문이다. 춤을 추고 노래를 부르거나 이야기를 하는 등의 제반 인간적 활동에 대한 연구와 논의를 하는 이차적 활동인 인문학, 특히 현대의 인문학처럼 고도로 추상화된 이론적 논의들이 과연 인간적 삶을 풍요롭게 해주느냐가 문제이다.
>
> 현대 인문학은 대부분 과거의 인문적 활동의 산물을 대상으로 한 역사적 연구에 치중하고 있다. 전통적인 인문학도 역시 과거의 전통과 유산, 특히 고전을 중시하여 그것을 가르치고 연구하는 데 역점을 두었으나 그 교육방법과 태도는 현대의 역사적 연구와는 근본적으로 달랐다. 현대의 역사적 연구는 무엇보다도 연구 대상과의 시간적, 문화적 거리감을 전제로 하여 그것을 명확하게 의식하는 가운데서 이루어진다. 현대의 역사주의는 종교나 철학사상 혹은 문학 등 동서고금의 모든 문화적 현상들을 현재 우리와는 전혀 다른 시대에 산출된 이질적인 것으로 의식하면서 그것들을 우리들의 주관적 편견을 제거한 객관적인 역사적 연구 대상으로 삼는다.
>
> 인문학이 자연과학처럼 객관적 지식을 추구하는 학문이 되면서, 인문학은 인격을 변화시키고 삶의 의미를 제공해주던 전통적 기능이 상실되고 그 존재 가치를 의심받게 되었다. 학문과 개인적 삶이 확연히 구분되고 인문학자는 더 이상 인문주의자가 될 필요가 없어졌다. 그는 단지 하나의 전문 직업인이 되었다.

① 현대 인문학자는 인문주의자로서만 아니라 전문 직업인으로서의 위상 또한 가져야 한다.

② 현대 인문학은 자연과학의 접근방식을 수용함으로써 학문의 엄밀성을 확보해야 한다.

③ 현대 인문학은 인문적 삶과 활동에 대한 이차적 반성이라는 점에서 자연과학적 지식과 변별된다.

④ 현대 인문학의 위기는 생물학적 욕구와 물질적 가치가 정신적 가치보다 중시됨으로써 초래된 것이다.

⑤ 현대 인문학은 객관적 지식을 추구하는 학문이 되면서 인간의 삶을 풍요롭게 만드는 본연의 역할을 하지 못한다.

폴란은 동물의 가축화를 '노예화 또는 착취'로 바라보는 시각은 잘못이라고 주장한다. 그에 따르면, 가축화는 '종들 사이의 상호주의'의 일환이며 정치적이 아니라 진화론적 현상이다. 그는 "소수의, 특히 운이 좋았던 종들이 다윈식의 시행착오와 적응과정을 거쳐, 인간과의 동맹을 통해 생존과 번성의 길을 발견한 것이 축산의 기원"이라고 말한다. 예컨대 이러한 동맹에 참여한 소, 돼지, 닭은 번성했지만 그 조상뻘 되는 동물들 중에서 계속 야생의 길을 걸었던 것들은 쇠퇴했다는 것이다. 지금 북미 지역에 살아남은 늑대는 1만 마리 남짓인데 개들은 5천만 마리나 된다는 것을 통해 이 점을 다시 확인할 수 있다. 이로부터 폴란은 '그 동물들의 관점에서 인간과의 거래는 엄청난 성공'이었다고 주장한다. 그래서 스티븐 울프는 "인도주의에 근거한 채식주의 옹호론만큼 설득력 없는 논변도 없다. 베이컨을 원하는 인간이 많아지는 것은 돼지에게 좋은 일이다."라고 주장하기도 한다.

그런데 어떤 생명체가 태어나도록 하는 것이 항상 좋은 일인가? 어떤 돼지가 깨끗한 농장에서 태어나 쾌적하게 살다가 이른 죽음을 맞게 된다면, 그 돼지가 태어나도록 하는 것이 좋은 일인가? 좋은 일이라고 한다면 돼지를 잘 기르는 농장에서 나온 돼지고기를 먹는 것은 그 돼지에게 나쁜 일이 아니라는 말이 된다. 아무도 고기를 먹지 않는다면 그 돼지는 태어날 수 없기 때문이다. 하지만 그 돼지를 먹기 위해서는 먼저 그 돼지를 죽여야 한다. 그렇다면 그 살해는 정당해야 한다. 폴란은 자신의 주장이 갖는 이런 함축에 불편함을 느껴야 한다. 이러한 불편함을 폴란은 해결하지 못할 것이다.

① 종 다양성을 보존하기 위한 목적으로 생명체를 죽이는 일은 지양해야 한다.

② 생명체를 죽이기 위해서 그 생명체를 태어나게 하는 일은 정당화되기 어렵다.

③ 어떤 생명체가 태어나서 쾌적하게 산다면 그 생명체를 태어나게 하는 것은 좋은 일이다.

④ 가축화에 대한 폴란의 진화론적 설명이 기초하는 '종들 사이의 상호주의'는 틀린 정보에 근거한다.

⑤ 어떤 생명체를 태어나게 해서 그 생명체가 속한 종의 생존과 번성에 도움을 준다면 이는 좋은 일이다.

최근 다도해 지역을 해양사의 관점에서 새롭게 주목하는 논의가 많아졌다. 그들은 주로 다도해 지역의 해로를 통한 국제 교역과 사신의 왕래 등을 거론하면서 해로와 포구의 기능과 해양 문화의 개방성을 강조하고 있다. 한편 다도해는 오래전부터 유배지로 이용되었다는 사실이 자주 언급됨으로써 그동안 우리에게 고립과 단절의 이미지로 강하게 남아 있다. 이처럼 다도해는 개방성의 측면과 고립성의 측면에서 모두 조명될 수 있다. 이는 섬이 바다에 의해 격리되는 한편 그 바다를 통해 외부 세계와 연결되기 때문이다.

다도해의 문화적 특징을 말할 때 흔히 육지에 비해 옛 모습의 문화가 많이 남아 있다는 점이 거론된다. 섬이 단절된 곳이므로 육지에서는 이미 사라진 문화가 섬에는 아직 많이 남아 있다고 여기는 것이다. 또한 섬이라는 특수성 때문에 무속이 성하고 마을굿도 풍성하다고 생각하는 이들도 있다. 이런 견해는 다도해를 고립되고 정체된 곳이라고 생각하는 관점과 통한다. 실제로는 육지에도 무당과 굿당이 많은데도 관념적으로 섬을 특별하게 여기는 것이다.

이런 관점에서 '진도 다시래기'와 같은 축제식 장례 풍속을 다도해 토속 문화의 대표적인 사례로 드는 경우도 있다. 지금도 진도나 신안 등지에 가면 상가(喪家)에서 노래하고 춤을 추며 굿을 하는 것을 볼 수 있는데, 이런 모습은 고대 역사서의 기록과 흡사하므로 그 풍속이 고풍스러운 것은 분명하다. 하지만 기존 연구에서 밝혀졌듯이 진도 다시래기가 지금의 모습을 갖추게 된 데에는 육지의 남사당패와 같은 유희 유랑 집단에서 유입된 요소들의 영향도 적지 않다. 이런 연구 결과도 다도해의 문화적 특징을 일방적인 관점에서 접근해서는 안 된다는 점을 시사해 준다.

① 유배지로서의 다도해 역사를 제대로 이해해야 한다.
② 옛 모습이 많이 남아 있는 다도해의 문화를 잘 보존해야 한다.
③ 다도해의 문화적 특징을 논의할 때 개방성의 측면을 간과해서는 안 된다.
④ 다도해의 관념적 측면을 소홀히 해서는 그 풍속을 제대로 이해하기 어렵다.
⑤ 다도해의 토속 문화를 제대로 이해하기 위해서는 고전의 기록을 잘 살펴봐야 한다.

정답과 해설 P. 2

회독 CHECK ___월 ___일 | ___월 ___일 | ___월 ___일

01 다음 글의 핵심 내용으로 가장 적절한 것은?

출처 | 2015년 민간경력자 PSAT 언어논리

> 1948년에 제정된 대한민국 헌법은 공동체의 정치적 문제는 기본적으로 국민의 의사에 의해 결정된다는 점을 구체적인 조문으로 명시하고 있다. 그러나 이러한 공화제적 원리는 1948년에 이르러 갑작스럽게 등장한 것이 아니다. 이미 19세기 후반부터 한반도에서는 이와 같은 원리가 공공영역의 담론 및 정치적 실천 차원에서 표명되고 있었다.
>
> 공화제적 원리는 1885년부터 발행되기 시작한 근대적 신문인 「한성주보」에서도 어느 정도 언급된 바 있지만 특히 1898년에 출현한 만민공동회에서 그 내용이 명확하게 드러난다. 독립협회를 중심으로 촉발되었던 만민공동회는 민회를 통해 공론을 형성하고 이를 국정에 반영하고자 했던 완전히 새로운 형태의 정치운동이었다. 이것은 전통적인 집단상소나 민란과는 전혀 달랐다. 이 민회는 자치에 대한 국민의 자각을 기반으로 공동생활의 문제들을 협의하고 함께 행동해나가려 하였다. 이것은 자신들이 속한 정치공동체에 대한 소속감과 연대감을 갖지 않고서는 불가능한 현상이었다. 즉 만민공동회는 국민이 스스로 정치적 주체가 되고자 했던 시도였다. 전제적인 정부가 법을 통해 제한하려고 했던 정치 참여를 국민들이 스스로 쟁취하여 정치체제를 변화시키고자 하였던 것이다.
>
> 19세기 후반부터 한반도에 공화제적 원리가 표명되고 있었다는 사례는 이뿐만이 아니다. 당시 독립협회가 정부와 함께 개최한 관민공동회에서 발표한 「헌의6조」를 살펴보면 제3조에 "예산과 결산은 국민에게 공표할 일"이라고 명시하고 있는 것을 확인할 수 있다. 이것은 오늘날의 재정운용의 기본원칙으로 여겨지는 예산공개의 원칙과 정확하게 일치하는 것으로 국민과 함께 협의하여 정치를 하여야 한다는 공화주의 원리를 보여주고 있다.

① 만민공동회는 전제 정부의 법적 제한에 맞서 국민의 정치 참여를 쟁취하고자 했다.
② 한반도에서 예산공개의 원칙은 19세기 후반 관민공동회에서 처음으로 표명되었다.
③ 예산과 결산이라는 용어는 관민공동회가 열렸던 19세기 후반에 이미 소개되어 있었다.
④ 만민공동회를 통해 대한민국 헌법에 공화제적 원리를 포함시키는 것이 결정되었다.
⑤ 한반도에서 공화제적 원리는 이미 19세기 후반부터 담론 및 실천의 차원에서 표명되고 있었다.

2015년 한국직업능력개발원 보고서에 따르면 전체 대졸 취업자의 전공 불일치 비율이 6년간 3.6%p 상승했다. 이는 우리 대학교육이 취업 환경의 급속한 변화를 따라가지 못하고 있음을 보여준다. 기존의 교육 패러다임으로는 오늘 같은 직업생태계의 빠른 변화에 대응하기 어려워 보인다. 중고등학교 때부터 직업을 염두에 둔 맞춤 교육을 하는 것이 어떨까? 그것은 두 가지 점에서 어리석은 방안이다. 한 사람의 타고난 재능과 역량이 가시화되는 데 훨씬 더 오랜 시간과 경험이 필요하다는 것이 첫 번째 이유이고, 사회가 필요로 하는 직업 자체가 빠르게 변하고 있다는 것이 두 번째 이유이다.

그렇다면 학교는 우리 아이들에게 무엇을 가르쳐야 할까? 교육이 아이들의 삶뿐만 아니라 한 나라의 미래를 결정한다는 사실을 고려하면 이것은 우리 모두의 운명을 좌우할 물음이다. 문제는 세계의 환경이 급속히 변하고 있다는 것이다. 2030년이면 현존하는 직종 가운데 80%가 사라질 것이고, 2011년에 초등학교에 입학한 어린이 중 65%는 아직 존재하지도 않는 직업에 종사하게 되리라는 예측이 있다. 이런 상황에서 교육이 가장 먼저 고려해야 할 것은 변화하는 직업 환경에 성공적으로 대응하는 능력에 초점을 맞추는 일이다.

이미 세계 여러 나라가 이런 관점에서 교육을 개혁하고 있다. 핀란드는 2020년까지 학교 수업을 소통, 창의성, 비판적 사고, 협동을 강조하는 내용으로 개편한다는 계획을 발표했다. 이와 같은 능력들은 빠르게 현실화되고 있는 '초연결 사회'에서의 삶에 필수적이기 때문이다. 말레이시아의 학교들은 문제해결 능력, 네트워크형 팀워크 등을 교과과정에 포함시키고 있고, 아르헨티나는 초등학교와 중학교에서 코딩을 가르치고 있다. 우리 교육도 개혁을 생각하지 않으면 안 된다.

① 한 국가의 교육은 당대의 직업구조의 영향을 받는다.
② 미래에는 현존하는 직업 중 대부분이 사라지는 큰 변화가 있을 것이다.
③ 세계 여러 국가는 변화하는 세상에 대응하여 전통적인 교육을 개편하고 있다.
④ 빠르게 변하는 불확실성의 세계에서는 미래의 유망 직업을 예측하는 일이 중요하다.
⑤ 교육은 다음 세대가 사회 환경의 변화에 대응하는 데 필요한 역량을 함양하는 방향으로 변해야 한다.

조선 후기에는 이앙법이 전국적으로 확산되었다. 이앙법을 수용하면 잡초 제거에 드는 시간과 노동력이 줄어든다. 상당수 역사학자들은 조선 후기 이앙법의 확대 수용 결과 광작(廣作)이 확산되고 상업적 농업 경영이 가능하게 되었다고 생각한다. 즉 한 사람이 경작할 수 있는 면적이 늘어남은 물론 많은 양의 다양한 농작물 수확이 가능하게 되어 판매까지 활성화되었다는 것이다. 그 결과 양반과 농민 가운데 다수의 부농이 나타나게 되었다고 주장한다.

그런데 A는 조선 후기에 다수의 양반이 광작을 통해 부농이 되었다는 주장을 근거가 없다고 비판한다. 그에 의하면 조선 전기에는 자녀 균분 상속이 일반적이었다. 그런데 균분 상속을 하게 되면 자식들이 소유하게 될 땅의 면적이 선대에 비해 줄어들게 된다. 이에 조선 후기 양반들은 가문의 경제력을 보전해야 한다고 생각해 대를 이을 장자에게만 전답을 상속해주기 시작했고, 그 결과 장자를 제외한 사람들은 영세한 소작인으로 전락했다는 것이 그의 주장이다.

또한 A는 조선 후기의 대다수 농민은 소작인이었으며, 그나마 이들이 소작할 수 있는 땅도 적었다고 주장한다. 그는 반복된 자연재해로 전답의 상당수가 황폐해져 전체적으로 경작지가 줄어들었기 때문에 이앙법 확산의 효과를 기대하기 어려운 여건이었다고 하였다. 이런 여건에서 정부의 재정 지출 증가로 농민의 부세 부담 또한 늘어났고, 늘어난 부세를 부담하기 위해 한정된 경작지에 되도록 많은 작물을 경작하려 한 결과 집약적 농업이 성행하게 되었다고 보았다. 그런데 집약적으로 농사를 짓게 되면 농업 생산력이 높아질 리 없다는 것이 그의 주장이다. 가령 면화를 재배하면서도 동시에 다른 작물을 면화 사이에 심어 기르는 경우가 많았는데, 이렇듯 제한된 면적에 한꺼번에 많은 양의 작물을 재배하면 지력이 떨어지고 수확량은 줄어들어 자연히 시장에 농산물을 내다 팔 여력이 거의 없게 된다는 것이다.

요컨대 A의 주장은 [   ]는 것이다.

① 이앙법의 확산 효과는 시기별, 신분별로 다르게 나타났다
② 자녀 균분 상속제가 사라져 농작물 수확량이 급속히 감소하였다
③ 집약적 농업이 성행하였기 때문에 이앙법의 확산을 기대하기 어려웠다
④ 조선 후기에는 양반이든 농민이든 부농으로 성장할 수 있는 가능성이 높지 않았다
⑤ 대다수 농민이 광작과 상업적 농업에 주력했음에도 불구하고 자연재해로 인해 생산력은 오히려 낮아졌다

정답과 해설 P. 6

01 다음 글에 부합하는 것은?

출처 | 2011년 민간경력자 PSAT 2차 실험평가 언어논리

주권은 타인에게 양도될 수 없고 타인을 통해 대표될 수도 없다. 그러므로 대의원은 민(民)의 대표자가 아니며 대표자가 될 수 없다. 그들은 민이 사용하는 사람에 불과하며 무슨 일이든 최종 결정권이 없다. 민이 직접 승인하지 않는 법률은 모두 무효이며 결코 법률이라 할 수 없다.

고대 공화제 국가뿐만 아니라 군주제 국가에서도 민은 결코 대표자를 갖지 않았고 또 사람들은 '대표자'라는 말조차 알지 못했다. 심지어 호민관을 그토록 신성시했던 로마에서도 호민관이 민의 기능을 빼앗을 수 있다고는 생각조차 할 수 없었다. 이뿐만 아니라 집회 때 수많은 민들 가운데 우뚝 서서 외치던 호민관이라 하더라도 단 한 사람의 투표권조차 자기 마음대로 좌우하겠다고는 생각하지 못했다. 물론 민의 수가 너무 많으면 때로는 어려운 문제가 일어날 수 있다는 점을 인정할 필요가 있다. 가령 그락쿠스 형제 시대에는 민의 수가 너무 많았기 때문에 일부 시민은 건물 지붕 위에서 투표하는 일까지 있었다.

모든 법은 보편적 선의지의 표명이기 때문에 입법권을 행사하는 데 대표자를 내세울 수 없는 것은 명백하다. 한편 민은 집행권을 행사하는 데는 대리자를 내세울 수 있다. 다만 이 집행권은 법률에 효력을 부여하기 위하여 적용되는 힘에 불과하다. 로마의 호민관들은 원래 심지어 집행권조차 갖고 있지 않았다. 그들은 자기들에게 위임된 권한으로는 법률을 집행할 수 없었으며 다만 원로원의 권리를 찬탈함으로써만 민을 대신해 집행할 수 있었다.

① 고대 사회에서 민은 입법권을 직접 갖지 못했다.
② 민은 입법권뿐만 아니라 집행권까지 가질 수 있다.
③ 헌법의 입법과 개정에서 민은 대표자를 필요로 한다.
④ 민의 수가 너무 많은 경우 민의 대표자가 입법권 행사를 대행해야 한다.
⑤ 민은 집행권 행사에 직접 참여하나 입법권 행사에는 대표를 필요로 한다.

유행은 그것이 모방이라는 점에서 개인을 누구나 다 같은 길로 안내한다. 또한 유행은 개인의 차별화 욕구를 만족시킨다. 다시 말해 구별하고, 변화하며, 부각되려는 개인들의 경향을 만족시킨다. 이는 유행의 내용이 변화되면서 오늘의 유행은 어제나 내일의 유행과 다른 개별적 특징을 갖게 된다는 사실뿐만 아니라, 유행이 언제나 계층적으로 분화한다는 사실에도 입각해 있다. 상류층의 유행은 그보다 신분이 낮은 계층의 유행과 구별되고 낮은 신분의 계층에 의해 동화되는 순간 상류층에서 소멸된다는 사실이 이를 입증해준다. 유행이란 동일 계층 내 균등화 경향과 개인적 차별화 경향 사이에 개인들이 타협을 이루려고 시도하는 생활양식인 것이다.

사회학적 관점에서 보면, 유행은 앞에서 말한 것처럼 계층의 정체성을 나타낸다. 이러한 정체성이 그가 속한 사회적 집단과 신분의 명예를 대변하고 유지함으로써 성립되는 것처럼, 유행 역시 한편에서는 동등한 위치에 있는 사람들과의 결합을 의미하고 다른 한편에서는 그보다 낮은 신분의 사람들을 분리시키는 집단적 폐쇄성을 의미한다.

사교의 형식, 복장, 미적 판단 그리고 사람이 자신을 표현하는 일체의 양식은 유행을 통해 끊임없이 변화를 겪는데, 이러한 유행은 언제나 상류 계층에서만 생성된다. 이로써 이 계층은 하류 계층과 자신을 구분시키고, 그 구성원 사이의 균질성과 더불어 하류 계층 구성원과의 차별성을 부각시킨다. 이 경우 하류 계층의 구성원은 언제나 상층 지향적이다. 이들이 유행을 자신의 것으로 동화시키자마자 상류 계층은 그 유행을 버리고 다시 대중과 자신을 구별하게 될 새로운 유행을 추구한다.

① 유행에는 개별적 특징이 있다.
② 유행은 구별하고자 하는 개인의 욕구를 만족시킨다.
③ 모든 유행은 모든 계층에 의해 창출되는 사회 현상이다.
④ 유행은 동일성과 차별성을 향한 개인의 이중 욕구를 보여준다.
⑤ 계층적 정체성이 훼손될 때, 상류층은 다른 새로운 유행을 추구한다.

03 다음 글에서 알 수 있는 것은?

출처 | 2011년 민간경력자 PSAT 2차 실험평가 언어논리

당시 중국과 한자의 문화적 지배력은 너무나 거대하였고, 중국 선진문화의 지식과 정보는 한자를 통해서 그 전달이 가능했다. 존 드 프랜시스에 따르면, 1900년까지 중국에서 간행된 서적은 나머지 전 세계의 서적들을 모두 합친 것보다 많았다고 한다. 조선의 양반들에게 한글의 채택은 곧 고급 정보의 원천인 한자를 포기하는 것과 동일한 것으로 인식되었다. 이는 그들에게 중국의 선진 문명으로부터의 단절을 의미하는 것으로 받아들여졌다.

조선에서 한자는 단순히 중국 선진문화의 수용이라는 협소한 의미만을 갖는 것은 아니었다. 양반들의 신분적 특권을 지속시켜 나가는 데도 한자는 한글보다 더욱 유용한 문자로 인식되었다. 직접적 생산계층인 일반 백성들은 한자를 익히는 데 필요한 시간적·경제적 부담을 감당하기 어려웠던 것이 현실이었다. 반면 양반들은 한자를 이용하여 지식과 정보를 통제·독점함으로써 특권을 유지할 수 있었다. 오늘날의 관점에서 보자면 한글은 분명 쉽게 배울 수 있는 합리적이고 과학적인 문자이지만, 이미 한자를 익힌 양반들은 이 새로운 문자를 배워야 할 필요성을 느끼지 않았다. 이들은 백성들의 문자였던 한글을 천시(賤視)하는 한편 한자를 성인(聖人)의 문자로 존숭(尊崇)함으로써 한자를 익힌 자신들의 권위를 강화하였다. 요컨대 한자는 양반들이 일반 백성들로부터 스스로를 차별화시킬 수 있는 강력한 정치적 수단으로서 기능하고 있었던 것이다.

① 조선의 백성들이 한자보다 한글을 선호한 것은 한글의 정치적·문화적 성격 때문이었다.
② 조선의 양반들은 한글이 한자보다 합리적이고 과학적인 문자라는 것을 인정하였다.
③ 조선에서 한자는 각국 문화에 대한 지식과 정보에 접근할 수 있는 유일한 수단이었다.
④ 조선에서의 한글 채택은 선진 문명으로부터의 단절을 초래할 수 있는 위험 때문에 사회 전체의 저항에 부딪쳤다.
⑤ 조선에서 한자는 정보로부터 피지배층을 소외시킴으로써 지배층의 특권을 유지시켜 주는 정치적 수단이었다.

정답과 해설 P. 10

회독 CHECK ___월___일 | ___월___일 | ___월___일

01 다음 글의 내용과 부합하지 <u>않는</u> 것은? 출처 | 2011년 민간경력자 PSAT 2차 실험평가 언어논리

> 조선 정치사 연구에서 흥미로운 문제 가운데 하나는 조선 왕조의 장기적인 존속에 대한 설명이다. 신유학을 지배 이념으로 채택한 조선은 그 중반에 7년간에 걸쳐 일본과의 전쟁(임진왜란), 두 차례에 걸친 청국의 침입(정묘호란, 병자호란)에도 체제 재건에 성공하여 500여 년 동안이나 지속되었던 국가이다. 이 때문에 오랫동안 조선 사회가 지속되었던 것을 어떻게 이해해야 하는가를 두고 일찍부터 많은 연구자들이 관심을 가져왔다. 처음 여기에 주목한 연구자는 안확(1886~1946)이었는데, 그는 그 원인으로 정당의 형성과 공론정치를 들었다. 그는 "군주권이 발전하였으나 서양 전제 시대와 달라서 다소의 민권이 있었다. 특히, 양반관료층을 중심으로 한 정당이 공론과 쟁의를 일으키는 기풍을 가지고 있었기에 군주권이 감히 무제한으로 신장치 못하는지라. 그러므로 반동이 일어남이 없었다."고 하였다. 그러면서도 동시에 그는 "정조(正祖) 때부터 공론이 억제되고 이로 인해 반동이 일어났다. 정조 이후 120년간은 실상 독재 정치의 전성기인 동시에 공론의 쇠퇴를 가져와 신시대를 간절히 바라는 사조가 밑으로 흘렀다."고 지적하였다. 이와 같은 안확의 견해는 조선시대 '공론정치'의 의의와 그 변천 과정에 대한 선구적인 분석으로 평가되었다. 한편, 서구학계에서는 조선 사회가 국왕과 양반 관료층이 권력을 분점하여 세력 균형을 이루는 중앙집권적 관료제를 유지함으로써 500여 년 동안 장기적으로 지속할 수 있었다는 해석을 내놓았다.

① 서구학계는 군주와 관료 사이의 권력 분산이 조선을 오랫동안 존속시켰다고 보았다.
② 안확은 조선의 장기적인 지속에 정쟁이 긍정적 역할을 수행하였다고 보았다.
③ 안확은 조선의 장기적인 지속에 군주권의 전제성이 긍정적으로 작용했다고 파악하였다.
④ 안확은 조선의 공론 정치가 군주권의 무제한적 성장을 제한했다고 보았다.
⑤ 안확에 따르면 정조 이후의 정치적 반동이 일어났던 원인은 공론의 억제에 있었다.

그라노베터의 논문은 오늘날 역사상 가장 많은 영향을 끼친 사회학 논문 중 하나로 평가받는다. 이 논문에서 그는 상식적으로 이치에 맞지 않는 것처럼 보이는 주장을 편다. 새로운 소식을 접하거나, 새로 차린 식당을 홍보하거나, 최신의 유행이 전파될 때, 그 과정에서 우리의 약한 사회적 연결이 강한 친분 관계보다 더 중요한 역할을 한다는 것이다. 그에 따르면 사람들은 여러 명의 가까운 친구들을 갖고 있는데, 이들은 대부분 상호 간에 잘 알고 자주 접촉하는 긴밀한 사회적 클러스터를 이룬다. 그런데 이 사람들은 또한 각자 그저 알고 지내는 사람들을 더 많이 갖고 있는데, 이들은 상호 간에 잘 모르는 경우가 많다. 물론 이 그저 알고 지내는 사람들 하나하나도 역시 자신의 친한 친구들을 갖고 있어서 긴밀하게 짜여진 사회적 클러스터를 이룬다.

사회는 여러 개의 클러스터로 구성되어 있는데, 각 클러스터 내부에서는 모두가 모두를 서로 잘 아는 긴밀한 친구들이 서클을 이루고 있다. 그리고 이 클러스터들은 약한 연결고리를 통해 외부와 연결되어 있다. 우리의 가장 친한 친구들은 같은 서클에 있으므로 대개 동일한 인적 정보 출처를 갖고 있는 경우가 많다. 그러나 우리가 새로운 정보를 얻거나 외부 세계와 의사소통을 하려고 할 때는 오히려 이들보다는 약한 연결들이 결정적인 역할을 한다. 정보의 출처를 고려하면 가장 가까운 친구들로부터 얻은 정보 역시 약한 연결을 통해 획득된 것일 가능성이 높기 때문이다.

① 구직자가 새로운 일자리에 대해 얻은 정보의 원래 출처는 그가 잘 알던 사람보다는 그저 알고 지내던 사람들일 경우가 더 많을 것이다.
② 아프리카 작은 부족에서 발생한 에이즈는 차츰 인근 지역으로 조금씩 전염 범위가 넓어지는 방식으로 퍼졌을 것이다.
③ 사람들은 잘 아는 사람과 같은 식당에 가며 같은 영화를 보기는 하지만 새로운 정보를 서로 교류하지는 않을 것이다.
④ 나의 가장 친한 친구 두 사람이 서로 알 확률은 서로 모를 확률과 비슷할 것이다.
⑤ 새로 개점한 식당에 관한 소문은 주로 처음 만난 사람을 통해서 퍼져갈 것이다.

'문명'(civilization) 개념은 기술의 수준, 예절의 종류, 학문적 지식의 발전, 종교적 이념 그리고 주거의 양식, 남녀의 동거생활 양식, 사법적 처벌의 형식, 음식의 조리 등과 같은 관습을 포함한다. 이것은 서구의 자의식과도 관련되는데, 우리는 이것을 민족 의식이라고 말할 수 있다. 그러나 문명의 의미가 서구의 모든 나라에서 항상 동일하지는 않다. 특히 영국과 프랑스에서 사용되는 의미와 독일에서 사용되는 의미는 현격하게 다르다. 영국과 프랑스에서 이 개념은 인류를 위한 자국 역할에 대한 자부심, 서구와 인류 전체의 진보에 대한 자부심을 담고 있다. 반면 독일어권에서 '문명'은 아주 유용한 것이긴 하지만 단지 이류급에 속하는 것, 다시 말하면 단지 인간의 외면과 인간 존재의 피상적인 면, 즉 제도, 기술 등과 같이 시대에 따라 변화, 발전하는 측면을 의미한다. 독일인들이 자기 자신을 해석하며, 자신의 업적과 자신의 존재에 대한 자부심을 표현하는 단어는 '문화'(Kultur)다.

프랑스와 영국의 '문명' 개념은 정치적·경제적·종교적·기술적·도덕적 또는 사회적인 사실들을 지시한다. 독일의 문화 개념은 정치적·경제적·사회적 사실과 구별되는 정신적·예술적·종교적 사실들에 적용된다. 특히 프랑스와 영국에서의 문명 개념은 여러 민족들 간 차이점들을 어느 정도 퇴색시키고, 모든 인간들에게 공통적인 것 또는 공통적으로 여겨지는 것들을 강조한다. 국경이 분명하고 민족적 특성이 확립되어 있어 수세기 전부터 이 문제를 더 이상 거론할 필요가 없으며 이미 오래전부터 국경 밖으로 진출하여 다른 영토를 자신들의 식민지로 만든 민족들의 자의식이 바로 이 개념 속에 표출되고 있는 것이다. 이와는 반대로 독일의 문화 개념은 민족적 차이와 집단적 특성을 유달리 부각시킨다. 이러한 배경에는 현 독일이라는 민족국가가 수세기 전부터 현대에 이르기까지 항상 여러 지방들로 분할되었거나 분할될 위험에 처해 있어 정치적 통일과 안정이 서구의 다른 민족들보다 훨씬 늦게 이루어졌다는 점이 깔려있다.

① 독일의 문화 개념은 시대에 따라 끊임없이 변화하는 역동적인 것이다.

② 독일의 문화 개념은 각 국가 또는 민족의 고유한 전통과 가치를 강조한다.

③ 문명은 독일에서 사용되는 개념이 아니라 영국과 프랑스에서 사용되는 개념이다.

④ 영국과 프랑스의 문명 개념은 정신적 사실에 적용되는 반면, 독일의 문화 개념은 물질적 사실에 적용된다.

⑤ 영국과 프랑스의 문명 개념은 민족의식과 관련되는 개념으로서 공격적·팽창적 경향보다 방어적 경향을 띤다.

DAY 05

01 다음 글에서 알 수 있는 것은?

출처 | 2011년 민간경력자 PSAT 언어논리

> 고려시대에 철제품 생산을 담당한 것은 철소(鐵所)였다. 철소는 기본적으로 철산지나 그 인근의 채광과 제련이 용이한 곳에 설치되었다. 철소 설치에는 몇 가지 요소가 갖추어져야 유리하였다. 철소는 철광석을 원활하게 공급받을 수 있고, 철을 제련하는 데 필수적인 숯의 공급이 용이해야 하며, 채광, 선광, 제련 기술을 가진 장인 및 채광이나 숯을 만드는 데 필요한 노동력이 존재해야 했다. 또한 철 제련에 필요한 물이 풍부하게 있는 곳이어야 했다.
>
> 망이와 망소이가 반란을 일으킨 공주의 명학소는 철소였다. 하지만 다른 철소와 달리 그곳에서 철이 생산된 것은 아니었다. 철산지는 인근의 마현이었다. 명학소는 제련에 필요한 숯을 생산하고, 마현으로부터 가져온 철광석을 가공하여 철제품을 생산하는 곳이었다. 마현에서 채취된 철광석은 육로를 통해 명학소로 운반되었고, 이곳에서 생산된 철제품은 명학소의 갑천을 통해 공주로 납부되었다. 갑천의 풍부한 수량은 철제품을 운송하는 수로로 적합했을 뿐 아니라, 제련에 필요한 물을 공급하는 데에도 유용하였다.
>
> 하지만 명학소민의 입장에서 보면, 마현에서 철광석을 채굴하고 선광하여 명학소로 운반하는 작업, 철광석 제련에 필요한 숯을 생산하는 작업, 철제품을 생산하는 작업, 생산된 철제품을 납부하는 작업에 이르기까지 감당할 수 없는 과중한 부담을 지고 있었다. 이는 일반 군현민의 부담뿐만 아니라 다른 철소민의 부담과 비교해 보아도 훨씬 무거운 것이었다. 더군다나 명종 무렵에는 철 생산이 이미 서서히 한계를 드러내고 있었음에도 할당된 철제품의 양은 줄어들지 않았다. 이러한 것이 복합되어 망이와 망소이의 반란이 일어난 것이다.

① 모든 철소에서 철이 생산되었다.
② 명학소에서는 숯이 생산되지 않았다.
③ 망이와 망소이는 철제품 생산 기술자였다.
④ 명학소민은 다른 철소민보다 부담이 적었다.
⑤ 풍부한 물은 명학소에 철소를 설치하는 데 이점이었다.

132 이해황 독해력 강화의 기술 – 매일 3지문 30일 완성

국내에서 벤처버블이 발생한 1999~2000년 동안 한국뿐 아니라 미국, 유럽 등 전세계 주요 국가에서 벤처버블이 나타났다. 미국 나스닥의 경우 1999년 초 이후에 주가가 급상승하여 2000년 3월을 전후해서 정점에 이르렀는데, 이는 한국의 주가 흐름과 거의 일치한다. 또한 한국에서는 1998년 5월부터 외국인의 종목별 투자한도를 완전 자유화하였는데, 외환위기 이후 해외투자를 유치하기 위한 이런 주식시장의 개방은 주가 상승에 영향을 미쳤다. 외국인 투자자들은 벤처버블이 정점에 이르렀던 1999년 12월에 벤처기업으로 구성되어 있는 코스닥 시장에서 투자금액을 이전 달의 1조 4천억 원에서 8조 원으로 늘렸으며, 투자비중도 늘렸다.

또한 벤처버블 당시 국내에서는 인터넷이 급속히 확산되고 있었다. 초고속 인터넷 서비스는 1998년 첫 해에 1만 3천 가구에 보급되었지만 1999년에는 34만 가구로 확대되었다. 또한 1997년 163만 명이던 인터넷 이용자는 1999년에 천만 명으로 폭발적으로 증가하였다. 이처럼 초고속 인터넷의 보급과 인터넷 사용인구의 급증은 뚜렷한 수익모델이 없는 업체라 할지라도 인터넷을 활용한 비즈니스를 내세우면 투자자들 사이에서 높은 잠재력을 가진 기업으로 인식되는 효과를 낳았다.

한편 1997년 8월에 시행된 벤처기업 육성에 관한 특별조치법은 다음과 같은 상황으로 인해 제정되었다. 법 제정 당시 우리 경제는 혁신적 기술이나 비즈니스 모델에 의한 성장보다는 설비확장에 토대한 외형성장에 주력해 왔다. 그러나 급격한 임금상승, 공장용지와 물류 및 금융 관련 비용부담 증가, 후발국가의 추격 등은 우리 경제가 하루빨리 기술과 지식을 경쟁력의 기반으로 하는 구조로 변화해야 할 필요성을 높였다. 게다가 1997년 말 외환위기로 30대 재벌의 절반이 부도 또는 법정관리에 들어가게 되면서 재벌을 중심으로 하는 경제성장 방식의 한계가 지적되었고, 이에 따라 우리 경제는 고용창출과 경제성장을 주도할 새로운 기업군을 필요로 하게 되었다. 이로 인해 시행된 벤처기업 육성 정책은 벤처기업에 세제 혜택은 물론, 기술개발, 인력공급, 입지공급까지 다양한 지원을 제공하면서 벤처기업의 폭증에 많은 영향을 주게 되었다.

① 해외 주식시장의 주가 상승은 국내 벤처버블 발생의 주요 원인이 되었다.
② 벤처버블은 한국뿐 아니라 전세계 모든 국가에서 거의 비슷한 시기에 발생했다.
③ 국내의 벤처기업 육성책 실행은 한국 경제구조 변화의 필요성과 관련을 맺고 있다.
④ 국내 초고속 인터넷 서비스 확대는 벤처기업을 활성화시켰으나 대기업 침체의 요인이 되었다.
⑤ 외환위기는 새로운 기업과 일자리 창출의 필요성을 불러왔고 해외 주식을 대규모로 매입하는 계기가 되었다.

1964년 1월에 열린 아랍 정상회담의 결정에 따라 같은 해 5월 팔레스타인 사람들은 팔레스타인 해방기구(PLO)를 조직했다. 아랍연맹은 팔레스타인 해방기구를 팔레스타인의 유엔 대표로 인정하였으며, 팔레스타인 해방기구는 아랍 전역에 흩어진 난민들을 무장시켜 해방군을 조직했다. 바야흐로 주변 아랍국가들의 지원에 의지하던 팔레스타인 사람들이 자기 힘으로 영토를 되찾기 위해 총을 든 것이다. 그러나 팔레스타인 해방기구의 앞길이 순탄한 것은 결코 아니었다. 아랍국가 중 군주제 국가들은 이스라엘과 정면충돌할까 두려워 팔레스타인 해방기구를 자기 영토 안에 받아들이지 않으려 했고, 소련과 같은 사회주의 국가들과 이집트, 시리아만이 팔레스타인 해방기구를 지원했다.

1967년 6월 5일에 이스라엘의 기습공격으로 제 3차 중동전쟁이 시작되었다. 이 '6일 전쟁'에서 아랍연합군은 참패했고, 이집트는 시나이반도를 빼앗겼다. 참패 이후 팔레스타인 해방기구의 온건한 노선을 비판하며 여러 게릴라 조직들이 탄생하였다. 팔레스타인 해방인민전선(PFLP)을 비롯한 수많은 게릴라 조직들은 이스라엘은 물론이고 제국주의에 봉사하는 아랍국가들의 집권층, 그리고 미국을 공격 목표로 삼았다. 1970년 9월에 아랍민족주의와 비동맹운동의 기수였던 이집트 대통령 나세르가 사망함으로써 팔레스타인 해방운동은 더욱 불리해졌다. 왜냐하면 사회주의로 기울었던 나세르와 달리 후임 대통령 사다트는 국영기업을 민영화하고 친미 정책을 시행했기 때문이다.

┤ 보기 ├
㉠ 팔레스타인 해방기구는 자신들의 힘으로 잃어버린 영토를 회복하려 하였다.
㉡ 중동전쟁으로 인해 이집트에는 팔레스타인 해방운동을 지지했던 정권이 무너지고 반 아랍민족주의 정권이 들어섰다.
㉢ 팔레스타인 해방기구와 달리 강경 노선을 취하는 게릴라 조직들은 아랍권 내 세력들도 공격 대상으로 삼았다.
㉣ 사회주의에 경도된 아랍민족주의는 군주제를 부정했기 때문에 아랍의 군주제 국가들이 팔레스타인 해방기구를 꺼려했다.

① ㉠, ㉡　　　　　　② ㉠, ㉢　　　　　　③ ㉠, ㉡, ㉢
④ ㉡, ㉢, ㉣　　　　　⑤ ㉠, ㉡, ㉢, ㉣

정답과 해설 P. 18

회독 CHECK ___월 ___일 | ___월 ___일 | ___월 ___일

01 다음 글에서 이끌어낼 수 있는 것은?

출처 | 2011년 민간경력자 PSAT 언어논리

> 현대의 과학사가들과 과학사회학자들은 지금 우리가 당연시하는 과학과 비과학의 범주가 오랜 시간에 걸쳐 구성된 범주임을 강조하면서 과학자와 대중이라는 범주의 형성에 연구의 시각을 맞출 것을 주장한다. 특히 과학 지식에 대한 구성주의자들은 과학과 비과학의 경계, 과학자와 대중의 경계 자체가 처음부터 고정된 경계가 아니라 오랜 역사적 투쟁을 통해서 만들어진 문화적 경계라는 점을 강조한다.
>
> 과학자와 대중을 가르는 가장 중요한 기준은 문화적 능력이라고 할 수 있는데 이것은 과학자가 대중과 구별되는 인지 능력이나 조작 기술을 가지고 있다는 것을 의미한다. 부르디외의 표현을 빌자면, 과학자들은 대중이 결여한 '문화 자본'을 소유하고 있다는 것이다. 이러한 문화 자본 때문에 과학자들과 대중 사이에 불연속성이 생겨난다. 여기서 중요한 것은 이러한 불연속성의 형태와 정도이다.
>
> 예를 들어 수리물리학, 광학, 천문학 등의 분야는 대중과 유리된 불연속성의 정도가 상대적으로 컸다. 고대부터 16세기 코페르니쿠스에 이르는 천문학자들이나 17세기 과학혁명 당시의 수리물리학자들은 그들의 연구가 보통의 교육을 받은 사람들을 대상으로 한 것이 아니고, 그들과 같은 작업을 하고 전문성을 공유하고 있던 사람들만을 위한 것이라는 점을 분명히 했다. 갈릴레오에 따르면 자연이라는 책은 수학의 언어로 쓰여 있으며 따라서 이 언어를 익힌 사람만이 자연의 책을 읽어낼 수 있다. 반면 유전학이나 지질학 등은 20세기 중반 전까지 대중 영역과 일정 정도의 연속성을 가지고 있었으며 거기서 영향을 받았던 것이 사실이다. 특히 20세기 초 유전학은 멘델 유전학의 재발견을 통해 눈부시게 발전할 수 있었는데 이러한 발전은 실제로 오랫동안 동식물을 교배하고 품종개량을 해왔던 육종가들의 기여 없이는 불가능했다.

① 과학과 비과학의 경계는 존재하지 않는다.

② 과학자들은 과학혁명 시기에 처음 '문화 자본'을 획득했다.

③ 과학과 비과학을 가르는 보편적 기준은 수학 언어의 유무이다.

④ 과학자와 대중의 불연속성은 동일한 정도로 나타나지 않는다.

⑤ 과학과 비과학의 경계는 수리물리학에서 가장 먼저 생겨났다.

묵자(墨子)의 '겸애(兼愛)'는 '차별이 없는 사랑' 그리고 '서로 간의 사랑'을 의미한다. 얼핏 묵자의 이런 겸애는 모든 사람이 평등한 지위에서 서로를 존중하고 사랑하는 관계를 뜻하는 듯 보이지만, 이는 겸애를 잘못 이해한 것이다. 겸애는 "남의 부모를 나의 부모처럼 여기고, 남의 집안을 내 집안처럼 여기고, 남의 국가를 나의 국가처럼 여기는 것"이다. 그것은 '나'와 '남'이라는 관점의 차별을 지양하자는 것이지 사회적 위계질서를 철폐하자는 것이 아니다. 겸애는 정치적 질서나 위계적 구조를 긍정한다는 특징을 지니고 있다. 이런 의미에서 묵자의 겸애는 평등한 사랑이라기보다 불평등한 위계질서 속에서의 사랑이라고 규정할 수 있다.

또 겸애의 개념에는 일종의 공리주의적 요소가 들어있다. 즉 묵자에게 있어 누군가를 사랑한다는 것은 그 사람을 현실적으로 이롭게 하겠다는 의지를 함축한다. 겸애는 단지 아끼고 사랑하는 마음이나 감정을 넘어선다. 묵자가 살았던 전국시대에 민중의 삶은 고통 그 자체였다. 묵자는 "굶주린 자가 먹을 것을 얻지 못하고, 추운 자가 옷을 얻지 못하며, 수고하는 자가 휴식을 얻지 못하는 것, 이 세 가지가 백성들의 커다란 어려움이다."라고 했다. 군주의 겸애는 백성을 향한 사랑의 마음만으로 결코 완성될 수 없다. 군주는 굶주린 백성에게 먹을 것을 주어야 하고, 추운 자에게 옷을 주어야 하며, 노동이나 병역으로 지친 자는 쉬게 해 주어야 한다. 이처럼 백성에게 요긴한 이익을 베풀 수 있는 사람이 바로 군주다. 이런 까닭에 묵자는 "윗사람을 높이 받들고 따라야 한다."는 이념을 세울 수 있었다. 군주는 그런 이익을 베풀 수 있는 재력과 힘을 지니고 있었기 때문이다.

─┤ 보기 ├─

㉠ 이웃의 부모를 자기 부모처럼 여기는 것은 겸애이다.
㉡ 묵자의 겸애에는 상대방에게 실질적인 이익을 베푸는 것이 함축되어 있다.
㉢ 겸애는 군주와 백성이 서로를 사랑하고 섬기게 함으로써 만민평등이라는 이념의 실현을 촉진한다.

① ㉠
② ㉡
③ ㉠, ㉡
④ ㉠, ㉢
⑤ ㉠, ㉡, ㉢

17, 18세기에 걸쳐 각 지역 양반들에 의해 서원이나 사당 건립이 활발하게 진행되었다. 서원이나 사당 대부분은 일정 지역의 유력 가문이 주도하여 자신들의 지위를 유지하고 지역 사회에서 영향력을 행사하는 구심점으로 건립·운영되었다.

이러한 경향은 향리층에게도 파급되어 18세기 후반에 들어서면 안동, 충주, 원주 등에서 향리들이 사당을 신설하거나 중창 또는 확장하였다. 향리들이 건립한 사당은 양반들이 건립한 것에 비하면 얼마 되지 않는다. 하지만 향리들에 의한 사당 건립은 향촌사회에서 향리들의 위세를 짐작할 수 있는 좋은 지표이다.

향리들이 건립한 사당은 그 지역 향리 집단의 공동노력으로 건립한 경우도 있지만, 대부분은 향리 일족 내의 특정한 가계(家系)가 중심이 되어 독자적으로 건립한 것이었다. 이러한 사당은 건립과 운영에 있어서 향리 일족 내의 특정 가계의 이해를 반영하고 있는데, 대표적인 것으로 경상도 거창에 건립된 창충사(彰忠祠)를 들 수 있다.

창충사는 거창의 여러 향리 가운데 신씨가 중심이 되어 세운 사당이다. 영조 4년(1728) 무신란(戊申亂)을 진압하다가 신씨 가문의 다섯 향리가 죽는데, 이들을 추모하기 위해 무신란이 일어난 지 50년이 되는 정조 2년(1778)에 건립되었다. 처음에는 죽은 향리의 자손들이 힘을 모아 사적으로 세웠으나, 10년 후인 정조 12년에 국가에서 제수(祭需)를 지급하는 사당으로 승격하였다.

원래 무신란에서 죽은 향리 중 신씨는 일곱 명이며, 이들의 공로는 모두 비슷하였다. 하지만 두 명의 신씨는 사당에 모셔지지 않았고, 관직이 추증되지도 않았다. 창충사에 모셔진 다섯 명의 향리는 모두 그 직계 자손의 노력에 의한 것이었고, 국가로부터의 포상도 이들의 노력에 의한 것이었다. 반면 두 명의 자손들은 같은 신씨임에도 불구하고 가세가 빈약하여 향촌사회에서 조상을 모실 만큼 힘을 쓸 수 없었다. 향리사회를 주도해 가는 가계는 독점적인 위치를 확고하게 구축하려고 노력하였으며, 사당의 건립은 그러한 노력의 산물이었다.

┤ 보기 ├
㉠ 창충사는 양반 가문이 세운 사당이다.
㉡ 양반보다 향리가 세운 사당이 더 많다.
㉢ 양반뿐 아니라 향리가 세운 서원도 존재하였다.
㉣ 창충사에 모셔진 신씨 가문의 향리는 다섯 명이다.

① ㉠, ㉡　　　② ㉠, ㉣　　　③ ㉢, ㉣
④ ㉠, ㉡, ㉢　　　⑤ ㉡, ㉢, ㉣

01 다음 글의 내용과 부합하는 것은?

출처 | 2011년 민간경력자 PSAT 언어논리

인간이 서로 협력하지 않을 수 없게 하는 힘은 무엇인가? 사회는 타인과 어울리고 싶어 하는 끊임없는 충동이나 노동의 필요 때문에 생겨나지 않았다. 인간이 협력하고 단합하는 원인은 다름 아닌 폭력의 경험이다. 사회란 공동체의 구성원들끼리 공동의 보호를 위해 만든 예방조치이다. 사회가 구성되면 모든 것이 허용되는 시절은 끝나게 된다. 무제약적으로 자유를 추구하던 시절이 끝나게 되는 것이다.

행동을 제한하는 규약이 없다면 도처에 수시로 간섭이나 침해가 이뤄질 수밖에 없다. 결국 살아남기 위한 투쟁이 불가피해진다. 그런데 이 말은 누구나 항상 폭력을 행사하고 무법천지의 상태를 만든다는 뜻이 아니라, 누구나 언제든지 의도적이건 의도적이지 않건 간에 주먹질을 할 가능성이 열려 있다는 뜻이다. 만인에 대한 만인의 투쟁 상태는 끊임없는 유혈 사태가 아니라 그런 사태가 일어날 가능성으로 인한 지속적인 불안감에서 비롯된다. 사회를 구성하는 동기와 근거는 바로 인간이 서로에 대해 느끼는 공포와 불안이다.

모든 인간은 신체를 갖고 있다는 점에서 동등하다. 사람들은 상처를 받을 수 있기 때문에, 그리고 자신의 몸에 발생할지도 모르는 고통의 가능성을 너무나 두려워하기 때문에 각종 계약을 맺어야 할 필요성을 느낀다. 상대방으로부터 안전을 확보하기 위해 서로 손을 잡고, 서로 관계를 맺음으로써 스스로를 보존한다. 결국 사회의 탄생은 인간이라는 존재의 육체적 속성에 뿌리를 두고 있다. 사회가 생겨난 근원은 신체상의 고통이다. 그래서 인간은 자신의 대인기피증을 완화하며 동시에 자신의 신체를 방어하기 위해 다양한 사회 형태를 고안했다.

① 인간이 계약을 통해 고안해 낸 다양한 사회 형태는 상호간의 폭력에 대한 불안을 완화시키지 못한다.
② 인간 행동에 대한 지나친 규제는 타인에 대한 간섭과 침해를 발생시켜 투쟁을 불가피하게 만든다.
③ 인간이 사회를 구성하는 원인은 공동체를 통해 타인과 어울리고 싶어하는 충동 때문이다.
④ 인간이 계약을 맺어 공동체를 만든 이유는 자유를 제약 없이 누리기 위해서이다.
⑤ 인간은 타인의 침해로 인한 신체적 고통을 피하기 위해 계약을 맺는다.

　　18세기 양대 시민혁명인 미국혁명과 프랑스혁명에 직·간접적으로 크게 영향을 미친 시민사상은 존 로크의 정치사상이다. 로크는 명예혁명을 이론적으로 옹호하기 위해 「시민 정부론」을 썼다. 이 책의 전반부에서 로크는 구세력인 왕당파의 정치 이론인 왕권신수설과 가족국가관을 논박하고 있다. 동서양을 막론하고 왕의 지배권은 신이 내린 것으로 여겨졌는데, 이는 지배를 정당화하는 수단이 되었고 동시에 왕에게 신성성을 부여했다. 또한 왕을 가장에 비유하여 어버이의 모습으로 내세움으로써 신민을 복종시켰고, 권력기구로서의 국가의 속성을 은폐했다. 로크는 이와 같은 종래 왕당파의 낡은 왕권 신격화 이론과 가부장제 사상을 부정했다.

　　책의 후반부는 왕권과 국가라는 권력기구가 왜 만들어졌는가, 그리고 어떠해야 하는가에 대해 쓰고 있다. 로크는 국가가 생겨나기 이전의 상태를 자연 상태라고 했다. 인간은 사교성이 있어서 서로 협조할 수 있으며, 이성을 지녀서 자연법을 인식할 수 있다. 실정법이 만들어지기 이전의 자연법은 생명, 자유 및 재산에 대한 권리인 천부인권을 내용으로 한다. 자연 상태에서 각 개인은 이 자연법의 질서에 따라 권리를 누려 왔다. 그런데 사회가 점점 복잡해지고 분업화되었다. 이 과정에서 화폐의 유통을 통해 많은 재물을 축적한 사람들과 그렇지 못한 사람들이 나누어지면서 갈등이 생겨나게 되었다. 이 갈등은 각자의 선의로 해결될 수 없기 때문에 사람들은 사회계약을 통해 권력기구를 만들기로 합의한다. 이렇게 만들어진 권력기구는 입법권을 담당하는 국회와 집행권을 담당하는 왕으로 구성된다. 이 권력기구의 목적은 신민의 자연권인 천부인권 보장에 있으므로, 만일 정부권력자가 본래의 약속을 어기고 신민의 인권을 침해·유린하면 신민들은 저항권을 행사하여 새로운 정부를 수립할 수 있다.

① 왕은 신성한 사람이 아니며, 신은 왕에게 통치권을 부여하지 않았다.
② 신민들의 자발적인 합의로 구성된 권력기구라 하더라도 해체될 수 있다.
③ 인간은 자연 상태에서 자유를 지키기 위해 분업화와 분권화를 추진했다.
④ 실정법이 만들어지기 이전에 인간은 자연법에 따라 천부인권을 누릴 수 있었다.
⑤ 인간은 복잡화된 사회에서 발생하는 갈등을 해결하기 위해서 권력기구를 만들었다.

　　자본주의 초기 독일에서 종교적 소수집단인 가톨릭이 영리활동에 적극적으로 참여하지 않았다는 것은 다음과 같은 일반적 인식과 배치된다. 민족적, 종교적 소수자는 자의건 타의건 정치적으로 영향력 있는 자리에서 배제되기 때문에 영리활동에 몰두하는 경향이 있다. 이 소수자 중 뛰어난 재능을 가진 자들은 관직에서 실현할 수 없는 공명심을 영리활동으로 만족시키려 한다. 이는 19세기 러시아와 프러시아 동부지역의 폴란드인들, 그 이전 루이 14세 치하 프랑스의 위그노 교도들, 영국의 비국교도들과 퀘이커 교도들, 그리고 2천 년 동안 이방인으로 살아온 유태인들에게 적용되는 것이다. 그러나 독일 가톨릭의 경우에는 그러한 경향이 전혀 없거나 뚜렷하게 나타나지 않는다. 이는 다른 유럽국가들의 프로테스탄트가 종교적 이유로 박해를 받을 때조차 적극적인 경제활동으로 사회의 자본주의 발전에 기여했던 것과 대조적이다. 이러한 현상은 독일을 넘어 유럽 사회에 일반적인 현상이었다. 프로테스탄트는 정치적 위상이나 수적 상황과 무관하게 자본주의적 영리활동에 적극적으로 참여하는 뚜렷한 경향을 보였다. 반면 가톨릭은 어떤 사회적 조건에 처해 있든 간에 이러한 경향을 나타내지 않았고 현재도 그러하다.

① 소수자이든 다수자이든 유럽의 종교집단은 사회의 자본주의 발전에 기여하지 못했다.
② 독일에서 가톨릭은 정치 영역에서 배제되었기 때문에 영리활동에 적극적으로 참여하였다.
③ 독일 가톨릭의 경제적 태도는 모든 종교적 소수집단에 폭넓게 나타나는 보편적인 경향이다.
④ 프로테스탄트와 가톨릭에 공통적인 금욕적 성격은 두 종교집단이 사회에서 소수자이든 다수자이든 동일한 경제적 행동을 하도록 추동했다.
⑤ 종교집단에 따라 경제적 태도에 차이가 나타나는 원인은 특정 종교집단이 처한 정치적, 사회적 상황이 아니라 종교 내적인 특성에 있다.

정답과 해설 P. 26

01 다음 글의 내용과 부합하는 것은?

출처 | 2012년 민간경력자 PSAT 언어논리

우리는 음악을 일반적으로 감정의 예술로 이해한다. 아름다운 선율과 화음은 듣는 사람들의 마음속으로 파고든다. 그래서인지 음악을 수(數) 또는 수학(數學)과 연결시키기 어렵다고 생각하는 경우가 많다. 하지만 음악 작품은 다양한 화성과 리듬으로 구성되고, 이들은 3도 음정, 1도 화음, 3/4 박자, 8분 음표처럼 수와 관련되어 나타난다. 음악을 구성하는 원리로 수학의 원칙과 질서 등이 활용되는 것이다.

고대에도 음악과 수, 음악과 수학의 관계는 음악을 설명하는 중요한 사고의 틀로 작동했다. 중세 시대의 「아이소리듬 모테트」와 르네상스 시대 오케겜의 「36성부 카논」은 서양 전통 음악 장르에서 사용되는 작곡 기법도 수의 비율 관계로 설명할 수 있다는 것을 보여준다. 음정과 음계는 수학적 질서를 통해 음악의 예술적 특성과 음악의 미적 가치를 효과적으로 전달했다. 20세기에 들어와 음악과 수, 음악과 수학의 관계는 더욱 밀접해졌다. 피보나치 수열을 작품의 중심 모티브로 연결한 바르톡, 건축가 르 코르뷔지에와의 공동 작업으로 건축적 비례를 음악에 연결시킨 제나키스의 현대 음악 작품들은 좋은 사례이다. 12음 기법과 총렬음악, 분석 이론의 일종인 집합론을 활용한 현대 음악 이론에서도 음악과 수, 음악과 수학의 밀접한 관계는 잘 드러난다.

① 수학을 통해 음악을 설명하려는 경향은 현대에 생겨났다.
② 음악의 미적 가치는 수학적 질서를 통해 드러날 수 있다.
③ 건축학 이론은 현대 음악의 특성을 건축설계에 반영한다.
④ 음악은 감정의 예술이 아니라 감각의 예술로 이해해야 한다.
⑤ 수의 상징적 의미는 음악의 수학적 질서를 통해 구체화된다.

대체재와 대안재의 구별은 소비자뿐만 아니라 판매자에게도 중요하다. 형태는 달라도 동일한 핵심 기능을 제공하는 제품이나 서비스는 각각 서로의 대체재가 될 수 있다. 대안재는 기능과 형태는 다르나 동일한 목적을 충족하는 제품이나 서비스를 의미한다.

사람들은 회계 작업을 위해 재무 소프트웨어를 구매하여 활용하거나 회계사를 고용해 처리하기도 한다. 회계 작업을 수행한다는 측면에서, 형태는 다르지만 동일한 기능을 갖고 있는 두 방법 중 하나를 선택할 수 있다.

이와는 달리 형태와 기능이 다르지만 같은 목적을 충족시켜주는 제품이나 서비스가 있다. 여가 시간을 즐기고자 영화관 또는 카페를 선택해야 하는 상황을 보자. 카페는 물리적으로 영화관과 유사하지도 않고 기능도 다르다. 하지만 이런 차이에도 불구하고 사람들은 여가 시간을 보내기 위한 목적으로 영화관 또는 카페를 선택한다.

소비자들은 구매를 결정하기 전에 대안적인 상품들을 놓고 저울질한다. 일반 소비자나 기업 구매자 모두 그러한 의사결정 과정을 갖는다. 그러나 어떤 이유에서인지 우리가 파는 사람의 입장이 됐을 때는 그런 과정을 생각하지 못한다. 판매자들은 고객들이 대안 산업군 전체에서 하나를 선택하게 되는 과정을 주목하지 못한다. 반면에 대체재의 가격 변동, 상품 모델의 변화, 광고 캠페인 등에 대한 새로운 정보는 판매자들에게 매우 큰 관심거리이므로 그들의 의사결정에 중요한 역할을 한다.

① 판매자들은 대안재보다 대체재 관련 정보에 민감하게 반응한다.
② 판매자들은 소비자들의 대안재 선택 과정을 잘 이해한다.
③ 재무 소프트웨어와 회계사는 서로 대안재의 관계에 있다.
④ 소비자들은 대안재보다 대체재를 선호하는 경향이 있다.
⑤ 영화관과 카페는 서로 대체재의 관계에 있다.

조선시대의 궁궐은 남쪽에서 북쪽에 걸쳐 외전(外殿), 내전(內殿), 후원(後苑)의 순서로 구성되었다. 공간배치상 가장 앞쪽에 배치된 외전은 왕이 의례, 외교, 연회 등 정치행사를 공식적으로 치르는 공간이며, 그 중심은 정전(正殿) 혹은 법전(法殿)이라고 부르는 건물이었다. 정전은 회랑(回廊)으로 둘러싸여 있는데, 그 회랑으로 둘러싸인 넓은 마당이 엄격한 의미에서 조정(朝庭)이 된다.

내전은 왕과 왕비의 공식 활동과 일상적인 생활이 이루어지는 공간으로서 위치상으로 궁궐의 중앙부를 차지할 뿐만 아니라 그 기능에서도 궁궐의 핵을 이루는 곳이다. 그 가운데서도 왕이 일상적으로 기거하는 연거지소(燕居之所)는 왕이 가장 많은 시간을 보내는 곳이다. 주요 인물들을 만나 정치 현안에 대해 의견을 나누는 곳으로 실질적인 궁궐의 핵심이라 할 수 있다. 왕비의 기거 활동 공간인 중궁전은 중전 또는 중궁이라고도 불렸는데 궁궐 중앙부의 가장 깊숙한 곳에 위치한다. 동궁은 차기 왕위 계승자인 세자의 활동 공간으로 내전의 동편에 위치한다. 세자도 동궁이라 불리기도 하였는데, 그 이유는 다음 왕위를 이을 사람이기에 '떠오르는 해'라는 상징적 의미를 가졌기 때문이다. 내전과 동궁 일대는 왕, 왕비, 세자와 같은 주요 인물의 공간이다. 그들을 시중드는 사람들의 기거 활동 공간은 내전의 뒤편에 배치되었다. 이 공간은 내전의 연장으로 볼 수 있고, 뚜렷한 명칭이 따로 있지는 않았다.

후원은 궁궐의 북쪽 산자락에 있는 원유(苑囿)를 가리킨다. 위치 때문에 북원(北苑)으로 부르거나, 아무나 들어갈 수 없는 금단의 구역이기에 금원(禁苑)이라고도 불렀다. 후원은 일차적으로는 휴식 공간이었다. 또한 부차적으로는 내농포(內農圃)라는 소규모 논을 두고 왕이 직접 농사를 체험하며 농민들에게 권농(勸農)의 모범을 보이는 실습장의 기능도 가지고 있었다.

① 내농포는 금원에 배치되었다.
② 내전에서는 국왕의 일상생활과 정치가 병행되었다.
③ 궁궐 남쪽에서 공간적으로 가장 멀리 위치한 곳은 중궁전이다.
④ 외국 사신을 응대하는 국가의 공식 의식은 외전에서 거행되었다.
⑤ 동궁은 세자가 활동하는 공간의 이름이기도 하고 세자를 가리키는 별칭이기도 하였다.

정답과 해설 P. 30

01 다음 글에서 추론할 수 <u>없는</u> 것은?

출처 | 2012년 민간경력자 PSAT 언어논리

아래 표는 각각의 물체가 1g당 가지고 있는 에너지를 표시한 것이다.

구분	1g당 에너지 (단위:kcal)	TNT에 대한 에너지 상댓값
컴퓨터 충전기	0.1	0.15
TNT	0.65	1
초코칩 과자	5	8
우라늄-235	2천만	3천만

TNT(trinitrotoluene)와 초코칩 과자 모두는 원자들로 구성된다. 이들 원자 사이에는 힘이 작용하며 이 힘에는 에너지가 저장되어 있다. 이런 에너지를 화학적 에너지라고 부른다. 화학적 에너지는 우리에게 놀라운 사건을 보여줄 수 있다. TNT의 폭발이란, 원자들 사이의 힘이 원자들을 아주 빠른 속도로 밀어내는 것이다. 마치 용수철을 압축했다 놓으면 용수철이 갑자기 팽창하는 것과 같다.

위의 표에서 가장 놀라운 사실은 초코칩 과자에 저장된 에너지가 같은 질량의 TNT보다 8배나 많다는 것이다. 어떻게 이것이 가능한가? 왜 우리는 TNT 대신에 초코칩 과자로 건물을 날려 버릴 수 없는 것인가?

파괴하는 용도로 TNT가 유용한 이유는 TNT가 아주 빠르게 에너지를 방출하기 때문이다. 이 과정에서 발생하는 열은 매우 고온이므로, TNT는 순식간에 기체 상태로 팽창하여 주변에 있는 물체들을 밀면서 부수어 버린다. 1g의 TNT가 가지고 있는 에너지를 방출하는 데 걸리는 시간은 1백만분의 1초이다. 이런 갑작스런 에너지 방출은 매우 단단한 물질도 파괴할 수 있다. 에너지가 방출되는 빠르기를 '일률'이라 한다.

초코칩 과자가 같은 질량의 TNT보다 더 많은 에너지를 갖고 있지만, 물질 대사라는 화학 과정을 거쳐서 훨씬 더 느리게 에너지를 방출한다. 위에서 음식물을 산으로 섞거나 장에서 효소로 섞는 소화 과정은 화학적 변화들을 필요로 한다. 마지막으로 소화된 산물인 포도당은 세포 내에서, 폐에서 얻어지고 혈액 세포에 의해 운반된 산소와 반응하여 에너지를 생산하는 데 쓰인다.

① 우라늄-235는 같은 질량의 초코칩 과자나 TNT보다 훨씬 많은 에너지를 갖고 있다.

② 동일한 양의 에너지를 저장하는 데 필요한 질량은 컴퓨터 충전기가 TNT보다 더 크다.

③ 어떤 물체에 화학적 에너지가 많이 저장되어 있다고 해서 빠르게 방출되는 것은 아니다.

④ 초코칩 과자를 에너지로 전환하더라도 일률이 낮아서 그 에너지는 같은 질량의 TNT가 가진 에너지보다 적다.

⑤ 초코칩 과자가 물질 대사를 통해 에너지를 방출하는 데 걸리는 시간은 TNT가 에너지를 방출하는 데 걸리는 시간보다 길다.

02 다음 글에서 알 수 있는 것은?

출처 | 2012년 민간경력자 PSAT 언어논리

1937년 영국에서 거행된 조지 6세의 대관식에 귀족들은 대부분 자동차를 타고 왔다. 대관식에 동원된 마차는 단 세 대밖에 없었을 정도로 의례에서 마차가 차지하는 비중이 작아졌다. 당시 마차에 관련된 서적에서 나타나듯이, 대귀족 가문들조차 더 이상 호화로운 마차를 사용하지 않았다. 당시 마차들은 조각이 새겨진 황금빛 왕실 마차와 같이 순전히 의례용으로 이용되는 경우를 제외하고는 거의 사용되지 않은 채 방치되었다.

제2차 세계대전 이후 전투기와 탱크와 핵폭탄이 세계를 지배하면서, 대중은 급격한 과학 기술의 발전에 두려움과 어지러움을 느끼게 되었다. 이런 배경에서 영국 왕실의 의례에서는 말과 마차와 검과 깃털 장식 모자의 장엄한 전통이 정치적으로 부활했다. 1953년 엘리자베스 2세의 대관식은 전통적인 방식으로 성대하게 치러졌다. 대관식에 참여한 모든 외국 왕족과 국가 원수를 마차에 태웠고, 이때 부족한 일곱 대의 마차를 한 영화사에서 추가로 임대할 정도였다.

왕실의 고풍스러운 의례가 전파로 송출되기 시작하면서, 급변하는 사회를 혼란스러워 하던 대중은 전통적 왕실 의례에서 위안을 찾았다. 국민의 환호와 열광 속에 화려한 마차를 타고 개선로를 통과하는 군주에게는 어수선한 시대의 안정적 구심점이라는 이미지가 부여되었다. 군주는 전후 경제적 피폐와 정치적 혼란의 양상을 수습하고 국가의 질서를 재건하는 상징적 존재로 부상하였다.

① 1953년 영국 왕실의 의전 행사 방식은 1937년의 그것과 같았다.
② 영국 왕실 의례는 영국의 지역 간 통합에 순기능으로 작동했다.
③ 영화는 영국 왕실 의례가 대중에 미치는 영향력을 잘 보여주었다.
④ 시대의 변화에 따라 영국 왕실 의례의 장엄함과 섬세함은 왕실 외부로 알려지지 않게 되었다.
⑤ 제2차 세계대전 이후 전통적 영국 왕실 의례의 부활은 대중들에게 위안과 안정을 주는 역할을 하였다.

출처 | 2013년 민간경력자 PSAT 언어논리

컴퓨터 매체에 의존한 전자 심의가 민주정치의 발전을 가져올 수 있을까? 이 질문에 답하는 데 도움이 될 만한 실험들이 있었다. 한 실험에 따르면, 전자 심의에서는 시각적 커뮤니케이션이 없었지만 토론이 지루해지지 않았고 오히려 대면 심의에서는 드러나지 않았던 내밀한 내용들이 쉽게 표출되었다. 이것으로 미루어 보건대, 인터넷은 소극적이고 내성적인 사람들이 자신의 의견을 적극 표출하도록 만들 수 있다는 장점이 있다. 하지만 다른 실험은 대면 심의 집단이 질적 판단을 요하는 복합적 문제를 다루는 경우 전자 심의 집단보다 우월하다는 결과를 보여주었다.

이런 관점에서 보면 전자 심의는 소극적인 시민들의 생활에 숨어있는 다양한 의견들을 표출하기에 적합하며, 대면 심의는 책임감을 요하는 정치적 영역의 심의에 더 적합하다고 볼 수 있다. 정치적 영역의 심의는 복합적 성격의 쟁점, 도덕적 갈등 상황, 그리고 최종 판단의 타당성 여부가 불확실한 문제들과 깊이 관련되어 있기 때문이다. 어려운 정치적 결정일수록 참여자들 사이에 타협과 협상을 필요로 하는데, 그 타협은 일정 수준의 신뢰 등 '사회적 자본'이 확보되어 있을 때 용이해진다. 정치적 사안을 심의하려면 토론자들이 서로 간에 신뢰하고 있을 뿐 아니라 심의 결과에 대해 책임의식을 느끼고 있어야 하고, 이런 바탕 위에서만 이성적 심의나 분별력 있는 심의가 가능하다. 하지만 이것은 인터넷 공간에서는 확보되기 어려운 것으로 보인다.

① 인터넷을 통한 전자 심의는 내밀한 내용이 표출된다는 점에서 신뢰를 증진시킬 수 있다.
② 질적 판단을 요하는 복합적 문제를 다루는 데에는 대면 심의 집단이 우월한 경우가 있다.
③ 인터넷은 소극적이고 내성적인 사람들이 자신의 의견을 표출하도록 만들 수 있다는 장점이 있다.
④ 정치적 사안을 심의하려면 토론자들이 서로 신뢰하고 심의 결과에 대해 책임의식을 느껴야 한다.
⑤ 불확실성이 개입된 복합적 문제에 대한 정치적 결정에서는 참여자들 사이에 타협과 협상이 필요하다.

정답과 해설 P. 34

회독 CHECK ___월___일 | ___월___일 | ___월___일

01 다음 글에서 추론할 수 있는 것은?

출처 | 2013년 민간경력자 PSAT 언어논리

원래 '문명'은 진보 사관을 지닌 18세기 프랑스 계몽주의자들이 착안한 개념으로, 무엇보다 야만성이나 미개성에 대비된 것이었다. 그러나 독일 낭만주의자들은 '문화'를 민족의 혼이나 정신적 특성으로 규정하면서, 문명을 물질적인 것에 국한시키고 비하했다. 또한 문화는 상류층의 고상한 취향이나 스타일 혹은 에티켓 등 지식인층의 교양을 뜻하기도 했다. 아놀드를 포함해서 빅토리아 시대의 지성인들은 대체로 이런 구분을 받아들였다. 그래서 문명이 외적이며 물질적인 것이라면, 문화는 내적이며 정신과 영혼의 차원에 속하는 것이었다. 따라서 문명이 곧 문화를 동반하는 것은 아니었다. 아놀드는 그 당시 산업혁명이 진행 중인 도시의 하층민과 그들의 저급한 삶을 비판적으로 바라보았다. 이를 치유하기 위해 그는 문화라는 해결책을 제시하였다. 그에 따르면 문화는 인간다운 능력의 배양에서 비롯되는 것이다.

한편 19세기 인문주의자들은 문화라는 어휘를 광범위한 의미에서 동물과 대비하여 인간이 후천적으로 습득한 지식이나 삶의 양식을 총체적으로 지칭하는 데 사용하였다. 인류학의 토대를 마련한 타일러도 기본적으로 이를 계승하였다. 그는 문화를 "인간이 사회 집단의 구성원으로서 습득한 지식, 믿음, 기술, 도덕, 법, 관습 그리고 그 밖의 능력이나 습관으로 구성된 복합체"라고 정의하였다. 그는 독일 낭만주의자들의 문화와 문명에 대한 개념적 구분을 배격하고, 18세기 프랑스 계몽주의자들이 야만성이나 미개성과 대비하기 위해 착안한 문명이라는 개념을 받아들였다. 즉 문화와 문명이 별개의 것이 아니라, 문명은 단지 문화가 발전된 단계로 본 것이다. 이것은 아놀드가 가졌던 문화에 대한 규범적 시각에서 탈피하여 원시적이든 문명적이든 차별을 두지 않고 문화의 보편적 실체를 확립했다는 점에서 의의가 있다.

① 독일 낭만주의자들의 시각에 따르면 문명은 문화가 발전된 단계이다.
② 타일러의 시각에 따르면 원시적이고 야만적인 사회에서도 문화는 존재한다.
③ 프랑스 계몽주의자들의 시각에 따르면 문화와 문명은 본질적으로 다른 것이다.
④ 아놀드의 시각에 따르면 문화의 다양성은 집단이 발전해 온 단계가 다른 데서 비롯된다.
⑤ 타일러의 시각에 따르면 문명은 고귀한 정신적 측면이 강조된다는 점에서 보편적 실체라고 할 수 없다.

출처 | 2013년 민간경력자 PSAT 언어논리

조선의 수령은 그가 다스리는 군현의 행정권과 사법권을 독점하는 존재로서 막강한 권력을 행사하였다. 수령은 범죄의 유형이나 정도에 상관없이 태형 50대 이하의 처벌은 언제나 실행할 수 있고 경우에 따라서는 최고 형벌인 사형도 내릴 수 있는 사법권을 가지고 있었다.

수령이 사법권을 행사할 때에는 법전의 규정에 따라 신중하게 실행할 것이 요구되었다. 하지만 이러한 원칙은 어디까지나 법전 속 문구에 지나지 않았다. 실제로 수령 중에는 죄인을 마음대로 처벌하는 남형(濫刑)이나 법규 이상으로 혹독하게 처벌하는 혹형(酷刑), 죄인을 함부로 죽이는 남살(濫殺)을 행사하는 이들이 많았다. 예를 들어 고령현감에 재직 중이던 김수묵은 자신을 모함했다는 이유로 향리 이진신을 비롯한 가족 3명을 잔혹하게 곤장으로 쳐 죽였다. 그는 그들의 숨이 끊어질 때까지 형벌을 가했지만 어떤 문책도 당하지 않았다. 오히려 해이해진 기강을 단속하여 백성을 잘 다스린다는 평가를 받는 수령들은 남형이나 혹형, 남살을 일삼는 경우가 많았다.

그런데 수령의 남형이나 혹형, 남살보다 더 큰 문제는 하급 관속이 백성들에게 사적인 형벌을 마구 휘둘렀던 데 있었다. 특히 도적 체포와 치안 유지를 위해 백성들과 직접 접촉을 했던 포교, 포졸, 관교 등의 비리나 폭력이 심각하였다. 범죄자를 잡는다거나 치안을 유지한다는 명목으로 이들이 죄 없는 백성들에 대해 자행한 불법적인 폭력은 수령의 과도한 사법권 행사와 함께 사회 불안을 조장하는 주요 요소였다.

① 포교의 비리보다 포졸의 비리가 더 많았다.
② 법적으로 허용된 수령의 처벌권은 50대 이하의 태형에 국한되었다.
③ 남형, 혹형, 남살을 일삼는 수령들이 유능하다는 평가를 받기도 하였다.
④ 법전에 규정된 수령의 사법권은 사회 불안을 조장하는 주요 요소였다.
⑤ 백성에게 비리와 폭력을 일삼는 하급 관속들은 법규에 따라 처벌되었다.

공영(公營)방송은 세 번의 위기를 겪었다. 첫 번째는 사영(私營)방송의 등장이었다. 서유럽에서 방송은 1920년대 탄생 초기부터 공영으로 운영되는 것이 일반적이었는데 1950년대 이후 사영방송이라는 경쟁자가 나타나게 된 것이다. 그러나 이러한 사영방송의 등장은 공영방송에 '위협'이 되었을 뿐, 진정한 '위기'를 불러오지는 않았다. 경제적으로 꾸준히 발전하던 이 시기에 공영방송은 사영방송과 함께 시장을 장악했다.

두 번째 위기는 케이블 TV 등 다채널 방송의 등장이었다. 서구에서는 1980년대, 한국에서는 1990년대 후반에 시작한 다채널 서비스의 등장은 공영방송의 존재에 큰 회의를 품게 하였다. 다채널 방송은 공영방송이 제공해 온 차별적인 장르들, 즉 뉴스, 다큐멘터리, 어린이 프로그램들을 훨씬 더 전문적인 내용으로, 더 많은 시간 동안 제공하게 되었다. 공영방송은 양질의 프로그램 제작을 위해 상대적으로 더 많은 재원을 필요로 하게 되었고, 이를 위해 수신료 인상이 필요했지만, 시청자들은 이에 동의하지 않았다. 그러나 이러한 위기에도 불구하고 공영방송은 어느 정도의 시청률을 유지한 채 주류방송으로서의 지위를 굳건히 지켜냈다.

최근 들어 디지털 융합형 미디어의 발전이라는 세 번째 위기가 시작되었다. 이는 채널 제공 경쟁자가 늘어나는 것이 아니라 수용자의 미디어 소비 패턴 자체를 바꾸는 변화이기 때문에 훨씬 더 위협적이다. 디지털 미디어에 익숙한 젊은 시청자들은 채널을 통해 제공하는 일방향 서비스에 의존적이지 않다. 개별 국가의 정체성 형성을 담당하던 공영방송은 유튜브와 팟캐스트 등 국경을 넘나드는 새로운 플랫폼에 속수무책인 상황에 처하게 되었다.

① 공영방송은 일방향 서비스를 제공해왔다.
② 공영방송은 국가의 정체성과 관련되는 개념이다.
③ 다채널 방송 중에서는 공영방송의 프로그램과 동일한 장르의 채널도 존재하였다.
④ 새로운 플랫폼이 탄생하기 전에 공영방송이 주류방송의 위치를 차지하고 있었다.
⑤ 다채널 방송으로 경쟁 환경이 조성되면서 시청자들이 양질의 공영방송 프로그램을 즐기게 되었다.

DAY 11

01 다음 글의 내용과 부합하지 <u>않는</u> 것은?   출처 | 2013년 민간경력자 PSAT 언어논리

> 2007년부터 시작되어 역사상 유례없는 전 세계의 동시 불황을 촉발시킨 금융 위기로 신자유주의의 권위는 흔들리기 시작했고, 향후 하나의 사조로서 신자유주의는 더 이상 주류적 지위를 유지하지 못하고 퇴조해갈 것이 거의 확실하다. 경제 정책으로서의 신자유주의 역시 앞으로 대부분의 국가에서 예전과 같은 지지를 받기는 어려울 것이다.
>
> 세계 각국은 금융 위기로부터의 탈출과 함께 조속한 경기 회복을 위한 대책을 강구하는 데 총력을 기울일 것이다. 이 과정에서 기존의 경제 시스템을 각국의 실정에 부합하도록 전환하기 위한 다양한 모색도 활발해질 것으로 보인다. 국가별로 내부 시스템의 전환을 위한 모색이 방향을 잡아감에 따라 새로운 국제 경제 질서에 대한 논의도 동시에 진행될 것이다.
>
> 그렇다면 각국은 내부 경제 시스템의 전환과 위기 탈출을 위해 어떤 선택을 할 수 있을까? 물론 모든 문제를 해결하는 보편적 해법은 없다. 변형된 신자유주의부터 1929년 대공황 이후 약 40년간 세계 경제를 지배했던 케인즈주의, 신자유주의의 이식 정도가 낮아서 금융 위기의 충격을 덜 받고 있는 북유럽 모델, 그리고 남미에서 실험되고 있는 21세기 사회주의까지 대단히 폭넓은 선택지를 두고 생존을 위한 실험이 시작될 것이다.
>
> 그렇다면 우리나라는 신자유주의 이후의 모델을 어디서부터 모색할 것인가? 해답은 고전적 문헌 속이나 기상천외한 이론에 있지 않다. 경제는 오늘과 내일을 살아가는 수많은 사람들의 삶의 틀을 규정하는 문제이기 때문이다. 새로운 모색은 현재 벌어지고 있는 세계적 금융 위기의 현실과 경제 침체가 고용대란으로 이어질 가능성마저 보이고 있는 우리 경제의 현실에서 이루어져야 한다.

① 신자유주의의 권위는 세계적 불황을 촉발시킨 금융 위기로 인해 위협받고 있다.

② 우리는 신자유주의의 후속 모델을 현재의 세계적 금융 위기의 현실에서 찾아야 한다.

③ 신자유주의의 이식 정도가 낮은 북유럽에서는 금융 위기에 의한 충격을 상대적으로 덜 받고 있다.

④ 각국은 경제 위기를 극복하기 위해 새로운 단일 경제체제를 공동 개발하는 방안을 활발히 논의하고 있다.

⑤ 경기 회복 대책 수립 과정에서 기존의 경제 시스템을 새로운 시스템으로 전환하는 방안이 활발하게 검토될 것이다.

02 다음 글에서 추론할 수 있는 것만을 [보기]에서 모두 고르면? 출처 | 2013년 민간경력자 PSAT 언어논리

하나의 세포가 표적세포로 신호를 전달하는 방법에는 여러 종류가 있다. 이 중 직접 결합 방법은 세포가 표적세포와 직접 결합하여 신호를 전달하는 방법이다. 또한 측분비 방법은 세포가 신호 전달 물질을 분비하여 근접한 거리에 있는 표적세포에 신호를 전달하는 방법이다. 그리고 내분비 방법은 세포가 신호 전달 물질의 일종인 호르몬을 분비하여 이 물질이 순환계를 통해 비교적 먼 거리를 이동한 후 표적세포에 신호를 전달하는 방법이다.

동물의 면역세포에서 분비되는 신호 전달 물질은 세포 사이에 존재하는 공간을 통해 확산되어 근거리에 위치한 표적세포에 작용한다. 특정 면역세포가 히스타민을 분비하여 알레르기 반응을 일으키는 것이 대표적인 예이다. 신경세포 사이의 신호 전달은 신경세포에서 분비되는 신경전달물질에 의해 일어난다. 신경전달물질은 세포 사이에 존재하는 공간을 통해 확산되어 근거리에 있는 표적세포에 작용한다.

내분비샘 세포에서 분비된 호르몬은 모세혈관으로 확산되어 혈액을 따라 이동하고 표적세포의 근처에 도달했을 때 혈관으로부터 빠져나와 표적세포에 작용한다. 따라서 표적세포에서 반응을 일으키는 데 걸리는 시간은 호르몬이 신경전달물질보다 더 오래 걸린다.

┤ 보기 ├
ㄱ. 신경전달물질에 의한 신호 전달은 측분비 방법을 통해 이루어진다.
ㄴ. 내분비 방법이 측분비 방법보다 표적세포에서 더 빠른 반응을 일으킨다.
ㄷ. 하나의 세포가 표적세포로 신호를 전달하기 위해서는 신호 전달 물질의 분비가 필수적이다.

① ㄱ   ② ㄷ   ③ ㄱ, ㄴ
④ ㄴ, ㄷ   ⑤ ㄱ, ㄴ, ㄷ

영국의 식민지였던 시기의 미국 남부와 북부 지역에서는 사회 형성과 관련하여 전혀 다른 상황이 전개되었다. 가난한 형편을 면하기 위해 남부로 이주한 영국 이주민들은 행실이 방정하지 못하고 교육도 받지 못한 하층민이었다. 이들 중에는 황금에 눈이 먼 모험가와 투기꾼 기질이 강한 사람들도 있었다. 반면에 뉴잉글랜드 해안에 정착한 북부 이주민들은 모두 영국에서 경제적으로 여유 있던 사람들로서, 새 보금자리인 아메리카에서 빈부귀천의 차이가 없는 특이한 사회 유형을 만들어냈다. 적은 인구에도 불구하고 그들은 거의 예외 없이 훌륭한 교육을 받았으며, 상당수는 뛰어난 재능과 업적으로 유럽 대륙에도 이미 널리 알려져 있었다.

북부 이주민들을 아메리카로 이끈 것은 순수한 종교적 신념과 새로운 사회에 대한 열망이었다. 그들은 청교도라는 별칭을 가진 교파에 속한 이들로, 스스로를 '순례자'로 칭했을 만큼 엄격한 규율을 지켰다. 이들의 종교적 교리는 민주공화이론과 일치했다. 뉴잉글랜드의 이주자들이 가족을 데리고 황량한 해안에 상륙하자마자 맨 먼저 한 일은 자치를 위한 사회 규약을 만드는 일이었다. 유럽인들이 전제적인 신분질서에 얽매여 있는 동안, 뉴잉글랜드에서는 평등한 공동사회가 점점 모습을 드러냈다. 반면에 남부 이주민들은 부양가족이 없는 모험가들로서 기존의 사회 체계를 기반으로 자신들의 사회를 건설하였다.

─ 보기 ├

㉠ 북부 이주민은 종교 규율과 사회 규약을 중시했다.
㉡ 남 · 북부 이주민 사이에 이주 목적의 차이가 있었다.
㉢ 북부 이주민은 남부 이주민보다 영국의 사회 체계를 유지하려는 성향이 강했다.

① ㉠   ② ㉢   ③ ㉠, ㉡
④ ㉡, ㉢   ⑤ ㉠, ㉡, ㉢

정답과 해설 P. 42

DAY 12

01 다음 글을 통해 알 수 있는 소크라테스의 견해가 <u>아닌</u> 것은?　　출처 | 2013년 민간경력자 PSAT 언어논리

> 소크라테스: 그림에다 적합한 색과 형태들을 모두 배정할 수도 있고, 어떤 것들은 빼고 어떤 것들은 덧붙일 수도 있는 것이네. 그런데 적합한 색이나 형태들을 모두 배정하는 사람은 좋은 그림과 상(像)을 만들어내지만, 덧붙이거나 빼는 사람은 그림과 상을 만들어내기는 하나 나쁜 것을 만들어내는 것이겠지?
>
> 크라튈로스: 그렇습니다.
>
> 소크라테스: 같은 이치에 따라서 적합한 음절이나 자모를 모두 배정한다면 이름이 훌륭하겠지만, 조금이라도 빼거나 덧붙인다면 훌륭하지는 않겠지?
>
> 크라튈로스: 하지만 음절과 자모를 이름에 배정할 때 우리가 어떤 자모를 빼거나 덧붙인다면, 우리는 이름을 쓰기는 했지만 틀리게 쓴 것이 아니고 아예 쓰지 못한 것입니다.
>
> 소크라테스: 그런 식으로 보아서는 우리가 제대로 살펴보지 못한 것이네.
>
> 크라튈로스: 왜 그렇죠?
>
> 소크라테스: 수(數)의 경우에는 자네 말이 적용되는 것 같네. 모든 수는 자신과 같거나 자신과 다른 수일 수밖에 없으니까. 이를테면 10에서 어떤 수를 빼거나 더하면 곧바로 다른 수가 되어 버리지. 그러나 이것은 상 일반에 적용되는 이치는 아니네. 오히려 정반대로 상은, 그것이 상이려면, 상이 묘사하는 대상의 성질 모두를 상에 배정해서는 결코 안 되네. 예컨대 어떤 신이 자네가 가진 모든 것의 복제를 자네 곁에 놓는다고 해보세. 이때 크라튈로스와 크라튈로스의 상이 있는 것일까, 아니면 두 크라튈로스가 있는 것일까?
>
> 크라튈로스: 제가 보기에는 두 크라튈로스가 있을 것 같습니다.
>
> 소크라테스: 그렇다면 상이나 이름에 대해서는 다른 종류의 이치를 찾아야 하며, 무엇이 빠지거나 더해지면 더 이상 상이 아니라고 해서는 안 된다는 것을 알겠지? 상은 상이 묘사하는 대상과 똑같은 성질을 갖지 못한다는 것을 깨닫지 않았나?

① 어떤 사물과 완전히 일치하는 복제물은 상이 아니다.

② 훌륭한 이름에 자모 한 둘을 더하거나 빼더라도 그것은 여전히 이름이다.

③ 훌륭한 상에 색이나 형태를 조금 더하거나 빼더라도 그것은 여전히 상이다.

④ 이름에 자모를 더하거나 빼는 것과 수에 수를 더하거나 빼는 것은 같은 이치를 따른다.

⑤ 이름에 자모를 더하거나 빼는 것과 상에 색이나 형태를 더하거나 빼는 것은 같은 이치를 따른다.

화랑도는 군사력 강화와 인재 양성을 위해 신라 진흥왕대에 공식화되었다. 화랑도는 신라가 삼국을 통일하기까지 국가가 필요로 하는 많은 인재를 배출하였다. 화랑도 내에는 여러 무리가 있었는데 각 무리는 화랑 한 명과 자문 역할의 승려 한 명 그리고 진골 이하 평민에 이르는 천 명 가까운 낭도들로 이루어졌다. 화랑은 이 무리의 중심인물로 진골 귀족 가운데 낭도의 추대를 받아 선발되었다. 낭도들은 자발적으로 화랑도에 가입하였으며 연령은 대체로 15세에서 18세까지였다. 수련 기간 동안 무예는 물론 춤과 음악을 익혔고, 산천 유람을 통해 심신을 단련하였다. 수련 중인 낭도들은 유사시에 군사 작전에 동원되기도 하였고, 수련을 마친 낭도들은 정규 부대에 편입되어 정식 군인이 되었다.

화랑도는 불교의 미륵 신앙과 결부되어 있었다. 진골 출신만이 될 수 있었던 화랑은 도솔천에서 내려온 미륵으로 여겨졌고 그 집단 자체가 미륵을 숭상하는 무리로 일컬어졌다. 화랑 김유신이 거느린 무리를 당시 사람들은 '용화향도'라고 불렀다. 용화라는 이름은 미륵이 인간세계에 내려와 용화수 아래에서 설법을 한다는 말에서 유래했으며, 향도는 불교 신앙 단체를 가리키는 말이다.

화랑도가 크게 활동하던 시기는 골품제라는 신분제도가 확립되고 확산되어 가던 시기였는데 화랑도는 신분 계층 사회에서 발생하기 쉬운 알력이나 갈등을 조정하는 데도 부분적으로 기여하였다. 이는 화랑도가 여러 신분 계층으로 구성되어 있으면서도 그 집단 자체가 하나의 목적과 가치를 공유하여 구성원 상호 간의 결속이 긴밀하게 이루어졌기 때문이다.

① 평민도 화랑이 될 수 있었다.
② 화랑도의 본래 이름은 용화향도였다.
③ 미륵이라고 간주되는 화랑은 여러 명이 있었다.
④ 낭도는 화랑의 추천을 거쳐 화랑도에 가입하였다.
⑤ 화랑도는 신라의 신분제도를 해체하는 데 기여하였다.

출처 | 2014년 민간경력자 PSAT 언어논리

금군이란 왕과 왕실 및 궁궐을 호위하는 임무를 띤 특수부대였다. 금군의 임무는 크게 국왕의 신변을 보호하는 시위 임무와 왕실 및 궁궐을 지키는 입직 임무로 나누어지는데, 시위의 경우 시립, 배종, 의장의 임무로 세분된다. 시립은 궁내의 행사 때 국왕의 곁에 서서 국왕의 신변을 보호하는 것이고, 배종은 어가가 움직일 때 호위하는 것이며, 의장은 왕이 참석하는 중요한 의식에서 병장기와 의복을 갖추고 격식대로 행동하는 것을 말한다.

조선 전기에 금군은 내금위, 겸사복, 우림위의 세 부대로 구성되었다. 이들 세 부대를 합하여 금군삼청이라 하였으며 왕의 친병으로 가장 좋은 대우를 받았다. 내금위는 1407년에 조직되었다. 190명의 인원으로 편성하였는데 왕의 가장 가까이에서 임무를 수행하였으므로 무예는 물론 왕의 신임이 중요한 선발 기준이었다. 이들은 주로 양반 자제들로 편성되었으며, 금군 중에서 가장 우대를 받았다. 1409년에는 50인으로 구성된 겸사복이 만들어졌는데, 금군 중 최고 정예 부대였다. 서얼과 양민에 이르기까지 두루 선발되었고 특별히 함경도, 평안도 지역 출신이 우대되었다. 겸사복은 기병이 중심이며 시립과 배종을 주로 담당하였다. 우림위는 1492년에 궁성 수비를 목적으로 서얼 출신 50인으로 편성되었다. 내금위와 겸사복의 다수가 변방으로 파견되자 이를 보충하기 위한 목적과 함께 서얼 출신의 관직 진출을 열어 주기 위한 목적도 가지고 있었다. 이들은 겸사복이나 내금위보다는 낮은 대우를 받았다. 하지만 중앙군 소속의 갑사보다는 높은 대우를 받았다.

① 양민은 원칙상 금군이 될 수 없었다.
② 갑사는 금군보다 높은 대우를 받았다.
③ 우림위가 겸사복보다 먼저 만들어졌다.
④ 내금위 병사들의 무예가 가장 뛰어났다.
⑤ 어가 호위는 겸사복의 주요 임무 중 하나였다.

정답과 해설 P. 46

01 다음 글에서 알 수 있는 것은?

출처 | 2014년 민간경력자 PSAT 언어논리

소설과 영화는 둘 다 '이야기'를 '전달'해 주는 예술 양식이다. 그래서 역사적으로 소설과 영화는 매우 가까운 관계였다. 초기 영화들은 소설에서 이야기의 소재를 많이 차용했으며, 원작 소설을 각색하여 영화의 시나리오로 만들었다.

하지만 소설과 영화는 인물, 배경, 사건과 같은 이야기 구성 요소들을 공유하고 있다 하더라도 이야기를 전달하는 방법에 뚜렷한 차이를 보인다. 예컨대 어떤 인물의 내면 의식을 드러낼 때 소설은 문자 언어를 통해 표현하지만, 영화는 인물의 대사나 화면 밖의 목소리를 통해 전달하거나 혹은 연기자의 표정이나 행위를 통해 암시적으로 표현한다. 또한 소설과 영화의 중개자는 각각 서술자와 카메라이기에 그로 인한 서술 방식의 차이도 크다. 가령 1인칭 시점의 원작 소설과 이를 각색한 영화를 비교해 보면, 소설의 서술자 '나'의 경우 영화에서는 화면에 인물로 등장해야 하므로 이들의 서술 방식은 달라진다.

이처럼 원작 소설과 각색 영화 사이에는 이야기가 전달되는 방식에서 큰 차이가 발생한다. 소설은 시공간의 얽매임을 받지 않고 풍부한 재현이나 표현의 수단을 가지고 있지만, 영화는 모든 것을 직접적인 감각성에 의존한 영상과 음향으로 표현해야 하기 때문에 재현이 어려운 심리적 갈등이나 내면 묘사, 내적 독백 등을 소설과 다른 방식으로 나타내야 하는 것이다. 요컨대 소설과 영화는 상호 유사한 성격을 지니고 있으면서도 각자 독자적인 예술 양식으로서의 특징을 지니고 있다.

① 영화는 소설과 달리 인물의 내면 의식을 직접적으로 표현하지 못한다.
② 소설과 영화는 매체가 다르므로 두 양식의 이야기 전달 방식도 다르다.
③ 매체의 표현 방식에도 진보가 있는데 영화가 소설보다 발달된 매체이다.
④ 소설과 달리 영화는 카메라의 촬영 기술과 효과에 따라 주제가 달라진다.
⑤ 문자가 영상의 기초가 되므로 영화도 소설처럼 문자 언어적 표현 방식에 따라 화면이 구성된다.

오늘날 대부분의 경제 정책은 경제의 규모를 확대하거나 좀 더 공평하게 배분하는 것을 도모한다. 하지만 뉴딜 시기 이전의 상당 기간 동안 미국의 경제 정책은 성장과 분배의 문제보다는 '자치(self-rule)에 가장 적절한 경제 정책은 무엇인가?'의 문제를 중시했다.

그 시기에 정치인 A와 B는 거대화된 자본 세력에 대해 서로 다르게 대응하였다. A는 거대 기업에 대항하기 위해 거대 정부로 맞서기보다 기업 담합과 독점을 무너뜨려 경제권력을 분산시키는 것을 대안으로 내세웠다. 그는 산업 민주주의를 옹호했는데 그 까닭은 그것이 노동자들의 소득을 증진시키기 때문이 아니라 자치에 적합한 시민의 역량을 증진시키기 때문이었다. 반면 B는 경제 분산화를 꾀하기보다 연방 정부의 역량을 증가시켜 독점자본을 통제하는 노선을 택했다. 그에 따르면, 민주주의가 성공하기 위해서는 거대 기업에 대응할 만한 전국 단위의 정치권력과 시민 정신이 필요하기 때문이었다. 이렇게 A와 B의 경제 정책에는 차이점이 있지만, 둘 다 경제 정책이 자치에 적합한 시민 도덕을 장려하는 경향을 지녀야 한다고 보았다는 점에서는 일치한다.

하지만 뉴딜 후반기에 시작된 성장과 분배 중심의 정치경제학은 시민 정신 중심의 정치경제학을 밀어내게 된다. 실제로 1930년대 대공황 이후 미국의 경제 회복은 시민의 자치 역량과 시민 도덕을 육성하는 경제 구조 개혁보다는 케인즈 경제학에 입각한 중앙정부의 지출 증가에서 시작되었다. 그에 따라 미국은 자치에 적합한 시민 도덕을 강조할 필요가 없는 경제 정책을 펼쳐나갔다. 또한 모든 가치에 대한 판단은 시민 도덕에 의지하는 것이 아니라 개인이 알아서 해야 하는 것이며 국가는 그 가치관에 중립적이어야만 공정한 것이라는 자유주의 철학이 우세하게 되었다. 모든 이들은 자신이 추구하는 가치와 상관없이 일정 정도의 복지 혜택을 받을 권리를 가지게 되었다. 하지만 공정하게 분배될 복지 자원을 만들기 위해 경제 규모는 확장되어야 했으며, 정부는 거대화된 경제권력들이 망하지 않도록 국민의 세금을 투입하여 관리하기 시작했다. 그리고 시민들은 자치하는 자, 즉 스스로 통치하는 자가 되기보다 공정한 분배를 받는 수혜자로 전락하게 되었다.

① A는 시민의 소득 증진을 위하여 경제권력을 분산시키는 방식을 택하였다.

② B는 거대 기업을 규제할 수 있는 전국 단위의 정치권력이 필요하다는 입장이다.

③ A와 B는 시민 자치 증진에 적합한 경제 정책이 필요하다는 입장이다.

④ A와 B의 정치경제학은 모두 1930년대 미국의 경제 위기 해결에 주도적 역할을 하지 못하였다.

⑤ 케인즈 경제학에 기초한 정책은 시민의 자치 역량을 육성하기 위한 경제 구조 개혁 정책이 아니었다.

　　우리에게 입력된 감각 정보는 모두 저장되는 것이 아니라 극히 일부분만 특정한 메커니즘을 통해 단기간 또는 장기간 저장된다. 신경과학자들은 장기 또는 단기기억의 저장 장소가 뇌의 어디에 존재하는지 연구해 왔고, 그 결과 두 기억은 모두 대뇌피질에 저장된다는 것을 알아냈다.

　　여러 감각 기관을 통해 입력된 감각 정보는 대부분 대뇌피질에서 인식된다. 인식된 일부 정보는 해마와 대뇌피질 간에 이미 형성되어 있는 신경세포 간 연결이 일시적으로 변화하는 과정에서 단기기억으로 저장된다. 해마와 대뇌피질 간 연결의 일시적인 변화가 대뇌피질 내에서 새로운 연결로 교체되어 영구히 지속되면 그 단기기억은 장기기억으로 저장된다. 해마는 입력된 정보를 단기기억으로 유지하고 또 새로운 장기기억을 획득하는 데 필수적이지만, 기존의 장기기억을 유지하거나 변형하는 부위는 아니다.

　　걷기, 자전거 타기와 같은 운동 기술은 반복을 통해서 학습되고, 일단 학습되면 잊혀지기 어렵다. 자전거 타기와 같은 기술에 관한 기억은 뇌의 성장과 발달에서 보이는 신경세포들 간에 새로운 연결이 이루어지는 메커니즘을 통해서 장기기억이 된다. 반면에 전화번호, 사건, 장소를 단기 기억할 때는 새로운 연결이 생기는 대신 대뇌피질과 해마 간에 이미 존재하는 신경세포의 연결을 통한 신호 강도가 높아지고 그 상태가 수분에서 수개월까지 유지됨으로써 가능하다. 이처럼 신경세포 간 연결 신호의 강도가 상당 기간 동안 증가된 상태로 유지되는 '장기 상승 작용' 현상은 해마 조직에서 처음 밝혀졌으며, 이 현상에는 흥분성 신경 전달 물질인 글루탐산의 역할이 중요하다는 것이 추가로 밝혀졌다.

① 방금 들은 전화번호를 받아 적기 위한 기억에는 신경세포 간 연결의 장기 상승 작용이 중요하다.
② 해마가 손상되면 이미 습득한 자전거 타기와 같은 운동 기술을 실행할 수 없게 된다.
③ 장기기억은 대뇌피질에 저장되지만 단기기억은 해마에 저장된다.
④ 새로운 단기기억은 이전에 저장되었던 장기기억에 영향을 준다.
⑤ 글루탐산은 신경세포 간의 새로운 연결의 형성을 유도한다.

정답과 해설 P. 50

01 다음 글에서 알 수 있는 것은?

출처 | 2014년 민간경력자 PSAT 언어논리

유럽 국가들은 대부분 가장 먼저 철도를 개통한 영국의 규격을 채택하여 철로의 간격을 1.435m로 하였다. 이러한 이유로 영국의 철로는 '표준궤'로 불렸다. 하지만 일부 국가들은 전시에 주변 국가들이 철도를 이용해 침입할 것을 우려하여 궤간을 다르게 하였다. 또한 열차 속력과 운송량, 건설 비용 등을 고려하여 궤간을 조정하였다.

일본은 첫 해외 식민지였던 타이완에서는 자국의 철도와 같이 협궤(狹軌)를 설치하였으나 조선의 철도는 대륙 철도와의 연결을 고려하여 표준궤로 하고자 하였다. 청일전쟁 이후 러시아의 영향력이 강해져 조선의 철도 궤간으로 광궤(廣軌)를 채택할 것인지 아니면 표준궤를 채택할 것인지를 두고 러시아와 대립하기도 했지만 결국 일본은 표준궤를 강행하였다.

서구 열강이 중국에 건설한 철도는 기본적으로 표준궤였다. 하지만 만주 지역에 건설된 철도 중 러시아가 건설한 구간은 1.524m의 광궤였다. 러일전쟁 과정에서 일본은 자국의 열차를 그대로 사용하기 위해 러시아가 건설한 그 철도 구간을 협궤로 개조하는 작업을 시작했다. 그러다가 러일전쟁 이후 포츠머스조약으로 일본이 러시아로부터 그 구간의 철도를 얻게 되자 표준궤로 개편하였다.

1911년 압록강 철교가 준공되자 표준궤를 채택한 조선 철도는 만주의 철도와 바로 연결이 가능해졌다. 1912년 일본 신바시에서 출발해 시모노세키—부산 항로를 건너 조선의 경부선과 경의선을 따라 압록강 대교를 통과해 만주까지 이어지는 철도 수송 체계가 구축되었다.

① 러일전쟁 당시 일본 국내의 철도는 표준궤였다.
② 부산에서 만주까지를 잇는 철도는 광궤로 구축되었다.
③ 러일전쟁 이전 만주 지역의 철도는 모두 광궤로 건설되었다.
④ 청일전쟁 이후 러시아는 조선의 철도를 광궤로 할 것을 주장하였다.
⑤ 영국의 표준궤는 유럽 국가들이 철도를 건설하는 데 경제적 부담을 줄여 주었다.

02 다음 글의 내용과 부합하지 <u>않는</u> 것은?

출처 | 2014년 민간경력자 PSAT 언어논리

한국 사회의 근대화 과정은 급속한 산업화와 도시화라는 특징을 가진다. 1960년대 이후 급속한 근대화에 따라 전통적인 농촌공동체를 떠나 도시로 이주하는 사람들이 급격하게 증가하였으며, 이로 인해 전통적인 사회구조가 해체되었다. 이 과정에서 직계가족이 가치판단의 중심이 되는 가족주의가 강조되었다. 이는 전통적 공동체가 힘을 잃은 상황에서 가족이 매우 중요한 역할을 담당했기 때문이다. 국가의 복지가 부실한 상황에서 가족은 노동력의 재생산 비용을 담당했다.

가족은 물질적 생존의 측면뿐만 아니라 정서적 생존을 위해서도 중요한 보호막으로 기능했다. 말하자면, 전통적 사회구조가 약화되면서 나타나는 사회적 긴장과 불안을 해소하는 역할을 해 왔다는 것이다. 서구 사회의 근대화 과정에서는 개인의 자율적 판단과 선택을 강조하는 개인주의 윤리나 문화가 그러한 사회적 긴장과 불안을 해소하는 역할을 담당했다. 하지만 한국 사회의 경우 근대화가 급속하게 압축적으로 이루어졌기 때문에 서구 사회와 같은 근대적 개인주의 문화가 제대로 정착하지 못했다. 그래서 한국 사회에서는 가족주의 문화가 근대화 과정의 긴장과 불안을 해소하는 역할을 담당하게 되었다.

한편, 전통적 공동체 문화는 학연과 지연을 매개로 하여 유사 가족주의 형태로 나타났다. 1960년대 이후 농촌을 떠나온 사람들이 도시에서 만든 계나 동창회와 같은 것들이 유사 가족주의의 단적인 사례이다.

① 근대화 과정을 거치면서 한국 사회에서는 가족주의가 강조되었다.
② 한국의 근대화 과정에서 전통적 공동체 문화는 유사 가족주의로 변형되기도 했다.
③ 근대화 과정에서 한국의 가족주의 문화와 서구의 개인주의 문화는 유사한 역할을 수행했다.
④ 한국의 근대화 과정에서 서구의 개인주의 문화가 정착하지 못한 것은 가족주의 문화 때문이었다.
⑤ 한국의 근대화 과정에서 가족주의 문화는 급속한 산업화가 야기한 불안과 긴장을 해소하는 기제로 작용했다.

　　최근에 사이버공동체를 중심으로 한 시민의 자발적 정치 참여 현상이 많은 관심을 끌고 있다. 이러한 현상과 관련하여 A의 연구가 새삼 주목 받고 있다. A의 연구에 따르면 공동체의 구성원이 됨으로써 얻게 되는 '사회적 자본'이 시민사회의 성숙과 민주주의 발전을 가져오는 원동력이다. A의 이론에서는 공동체에 대한 자발적 참여를 통해 사회 구성원 간의 상호 의무감과 신뢰, 구성원들이 공유하는 규칙과 관행, 사회적 유대 관계와 같은 사회적 자본이 늘어나면, 사회 구성원 간의 협조적인 행위가 가능하게 된다고 보았다. 더 나아가 A는 자원봉사자와 같이 공동체 참여도가 높은 사람이 투표할 가능성이 높고 정부 정책에 대한 의견 개진도 활발해지는 등 정치 참여도가 높아진다고 주장하였다.

　　몇몇 학자들은 A의 이론을 적용하여 면대면 접촉에 따른 인간관계의 산물인 사회적 자본이 사이버공동체에서도 충분히 형성될 수 있다고 보았다. 그리고 사이버공동체에서 사회적 자본의 증가는 곧 정치 참여도 활성화시킬 것으로 기대했다. 하지만 이러한 기대와는 달리 정치 참여가 활성화되지 않았다. 요즘 젊은이들을 보면 각종 사이버공동체에 자발적으로 참여하는 수준은 높지만 투표나 다른 정치 활동에는 무관심하거나 심지어 정치를 혐오하기도 한다. 이런 측면에서 A의 주장은 사이버공동체가 활성화된 오늘날에는 잘 맞지 않는다.

　　이러한 이유 때문에 오늘날 사이버공동체를 중심으로 한 정치 참여를 더 잘 이해하기 위해서 '정치적 자본' 개념의 도입이 필요하다. 정치적 자본은 사회적 자본의 구성 요소와는 달리 정치 정보의 습득과 이용, 정치적 토론과 대화, 정치적 효능감 등으로 구성된다. 정치적 자본은 사회적 자본과 마찬가지로 공동체 참여를 통해서 획득되지만, 정치 과정에의 관여를 촉진한다는 점에서 사회적 자본과는 구분될 필요가 있다. 사회적 자본만으로 정치 참여를 기대하기 어렵고, 사회적 자본과 정치 참여 사이를 정치적 자본이 매개할 때 비로소 정치 참여가 활성화된다.

① 사이버공동체를 통해 축적된 사회적 자본에 정치적 자본이 더해질 때 정치 참여가 활성화된다.
② 사회적 자본은 정치적 자본을 포함하기 때문에 그 자체로 정치 참여의 활성화를 가져온다.
③ 사회적 자본이 많은 사회는 정치 참여가 활발하기 때문에 민주주의가 실현된다.
④ 사이버공동체의 특수성으로 인해 시민들의 정치 참여가 어렵게 되었다.
⑤ 사이버공동체에의 자발적 참여 증가는 정치 참여를 활성화시킨다.

정답과 해설 P. 54

DAY 15

회독 CHECK ___월___일 | ___월___일 | ___월___일

01 다음 글의 전체 흐름과 맞지 않는 한 곳을 ㉠~㉤에서 찾아 수정하려고 할 때, 가장 적절한 것은?

출처 | 2015년 민간경력자 PSAT 언어논리

소아시아 지역에 위치한 비잔틴 제국의 수도 콘스탄티노플이 이슬람교를 신봉하는 오스만인들에 의해 함락되었다는 소식이 인접해 있는 유럽 지역에까지 전해지자 그곳 교회의 한 수도원 서기는 "㉠ 지금까지 이보다 더 끔찍했던 사건은 없었으며, 앞으로도 결코 없을 것이다."라고 기록했다. 1453년 5월 29일 화요일, 해가 뜨자마자 오스만 제국의 군대는 난공불락으로 유명한 케르코포르타 성벽의 작은 문을 뚫고 진군하기 시작했다. 해가 질 무렵, 약탈당한 도시에 남아있는 모든 것들은 그들의 차지가 되었다. 비잔틴 제국의 86번째 황제였던 콘스탄티노스 11세는 서쪽 성벽 아래에 있는 좁은 골목에서 전사하였다. 이것으로 ㉡ 1,100년 이상 존재했던 소아시아 지역의 기독교도 황제가 사라졌다.

잿빛 말을 타고 화요일 오후 늦게 콘스탄티노플에 입성한 술탄 메흐메드 2세는 우선 성소피아 대성당으로 갔다. 그는 이 성당을 파괴하는 대신 이슬람 사원으로 개조하라는 명령을 내렸고, 우선 그 성당을 철저하게 자신의 보호하에 두었다. 또한 학식이 풍부한 그리스 정교회 수사에게 격식을 갖추어 공석중인 총대주교직을 수여하고자 했다. 그는 이슬람 세계를 위해 ㉢ 기독교의 제단뿐만 아니라 그 이상의 것들도 활용했다. 역대 비잔틴 황제들이 제정한 법을 그가 주도하고 있던 법제화의 모델로 이용하였던 것이다. 이러한 행위들은 ㉣ 단절을 추구하는 정복왕 메흐메드 2세의 의도에서 비롯된 것이라고 할 수 있다.

그는 자신이야말로 지중해를 '우리의 바다'라고 불렀던 로마 제국의 진정한 계승자임을 선언하고 싶었던 것이다. 일례로 그는 한때 유럽과 아시아를 포함한 지중해 전역을 지배했던 제국의 정통 상속자임을 선언하면서, 의미심장하게도 자신의 직함에 '룸 카이세리', 즉 로마의 황제라는 칭호를 추가했다. 또한 그는 패권 국가였던 로마의 옛 명성을 다시 찾기 위한 노력의 일환으로 로마 사람의 땅이라는 뜻을 지닌 루멜리아에 새로 수도를 정했다. 이렇게 함으로써 그는 ㉤ 오스만 제국이 유럽으로 확대될 것이라는 자신의 확신을 보여주었다.

① ㉠을 '지금까지 이보다 더 영광스러운 사건은 없었으며'로 고친다.
② ㉡을 '1,100년 이상 존재했던 소아시아 지역의 이슬람 황제가 사라졌다'로 고친다.
③ ㉢을 '기독교의 제단뿐만 아니라 그 이상의 것들도 파괴했다'로 고친다.
④ ㉣을 '연속성을 추구하는 정복왕 메흐메드 2세의 의도에서 비롯된 것'으로 고친다.
⑤ ㉤을 '오스만 제국이 아시아로 확대될 것이라는 자신의 확신을 보여주었다'로 고친다.

02 다음 '철학의 여인'의 논지를 따를 때, (A)로 적절한 것만을 [보기]에서 모두 고르면?

출처 | 2015년 민간경력자 PSAT 언어논리

다음은 철학의 여인이 비탄에 잠긴 보에티우스에게 건네는 말이다.

"나는 이제 네 병의 원인을 알겠구나. 이제 네 병의 원인을 알게 되었으니 (A) 너의 건강을 회복할 수 있는 방법을 찾을 수 있게 되었다. 그 방법은 병의 원인이 되는 잘못된 생각을 바로잡아주는 것이다.

너는 너의 모든 소유물을 박탈당했다고, 사악한 자들이 행복을 누리게 되었다고, 네 운명의 결과가 불의하게도 제멋대로 바뀌었다는 생각으로 비탄에 빠져 있다. 그런데 그런 생각은 잘못된 전제에서 비롯된 것이다. 네가 눈물을 흘리며 너 자신이 추방당하고 너의 모든 소유물들을 박탈당했다고 생각하는 것은 행운이 네게서 떠났다고 슬퍼하는 것과 다름없는데, 그것은 네가 운명의 본모습을 모르기 때문이다. 그리고 사악한 자들이 행복을 가졌다고 생각하는 것이나 사악한 자가 선한 자보다 더 행복을 누린다고 한탄하는 것은 네가 실로 만물의 목적이 무엇인지 모르고 있기 때문이다. 다시 말해 만물의 궁극적인 목적이 선을 지향하는 데 있다는 것을 모르고 있기 때문이다. 또한 너는 세상이 어떤 통치원리에 의해 다스려지는지 잊어버렸기 때문에 제멋대로 흘러가는 것이라고 믿고 있다. 그러나 만물의 목적에 따르면 악은 결코 선을 이길 수 없으며 사악한 자들이 행복할 수는 없다. 따라서 세상은 결국에는 불의가 아닌 정의에 의해 다스려지게 된다. 그럼에도 불구하고 너는 세상의 통치원리가 정의와는 거리가 멀다고 믿고 있다. 이는 그저 병의 원인일 뿐 아니라 죽음에 이르는 원인이 되기도 한다. 그러나 다행스럽게도 자연은 너를 완전히 버리지는 않았다. 이제 너의 건강을 회복할 수 있는 작은 불씨가 생명의 불길로 타올랐으니 너는 조금도 두려워할 필요가 없다."

┤ 보기 ├

㉠ 만물의 궁극적인 목적이 선을 지향하는 데 있다는 것을 아는 것
㉡ 세상이 제멋대로 흘러가는 것이 아니라 정의에 의해 다스려진다는 것을 깨닫는 것
㉢ 자신이 박탈당했다고 여기는 모든 것들, 즉 재산, 품위, 권좌, 명성 등을 되찾을 방도를 아는 것

① ㉠
② ㉡
③ ㉠, ㉡
④ ㉡, ㉢
⑤ ㉠, ㉡, ㉢

벼슬에 나아감과 물러남의 도리에 밝은 옛 군자는 조금이라도 관직에 책임을 다하지 못하거나 의리의 기준으로 보아 직책을 더 이상 수행할 수 없을 경우, 반드시 몸을 이끌고 급히 물러났습니다. 그들도 임금을 사랑하는 정(情)이 있기에 차마 물러나기 어려웠을 터이나, 정 때문에 주저하여 자신이 물러나야 할 때를 놓치지는 않았으니, 이는 정보다는 의리를 지키지 않을 수 없었기 때문입니다.

임금과 어버이는 일체이므로 모두 죽음으로 섬겨야 할 대상입니다. 그러나 부자관계는 천륜이어서 자식이 어버이를 봉양하는 데 한계가 없지만, 군신관계는 의리로 합쳐진 것이라, 신하가 임금을 받드는 데 한계가 있습니다. 한계가 없는 경우에는 은혜가 항상 의리에 우선하므로 관계를 떠날 수 없지만, 한계가 있는 경우에는 때때로 의리가 은혜보다 앞서기도 하므로 떠날 수 있는 상황이 생기는 것입니다. 의리의 문제는 사람과 때에 따라 같지 않습니다. 여러 공들의 경우는 벼슬에 나가는 것이 의리가 되지만 나에게 여러 공들처럼 하도록 요구해서는 안 되며, 내 경우는 물러나는 것이 의리가 되니 여러 공들에게 나처럼 하도록 바라서도 안 됩니다.

───┤ 보기 ├───
㉠ 부자관계에서는 은혜가 의리보다 중요하다.
㉡ 군신관계에서 의리가 은혜에 항상 우선하는 것은 아니다.
㉢ 군신관계에서 신하들이 임금에 대해 의리를 실천하는 방식은 누구에게나 동일하다.

① ㉠   ② ㉢   ③ ㉠, ㉡
④ ㉡, ㉢   ⑤ ㉠, ㉡, ㉢

정답과 해설 P. 58

회독 CHECK ___월___일 | ___월___일 | ___월___일

01 다음 글의 내용과 부합하지 않는 것은?   출처 | 2015년 민간경력자 PSAT 언어논리

> 고대 철학자인 피타고라스는 현이 하나 달린 음향 측정 기구인 일현금을 사용하여 음정 간격과 수치 비율이 대응하는 원리를 발견하였다. 이를 바탕으로 피타고라스는 모든 것이 숫자 또는 비율에 의해 표현될 수 있다고 주장하였다.
>
> 그를 신봉한 피타고라스주의자들은 수와 기하학의 규칙이 무질서하게 보이는 자연과 불가해한 가변성의 세계에 질서를 부여한다고 믿었다. 즉 피타고라스주의자들은 자연의 온갖 변화는 조화로운 규칙으로 환원될 수 있다고 믿었다. 이는 피타고라스주의자들이 물리적 세계가 수학적 용어로 분석될 수 있다는 현대 수학자들의 사고에 단초를 제공한 것이라고 할 수 있다.
>
> 그러나 피타고라스주의자들은 현대 수학자들과는 달리 수에 상징적이고 심지어 신비적인 의미를 부여했다. 피타고라스주의자들은 '기회', '정의', '결혼'과 같은 추상적인 개념을 특정한 수의 가상적 특징, 즉 특정한 수에 깃들어 있으리라고 추정되는 특징과 연계시켰다. 또한 이들은 여러 물질적 대상에 수를 대응시켰다. 예를 들면 고양이를 그릴 때 다른 동물과 구별되는 고양이의 뚜렷한 특징을 드러내려면 특정한 개수의 점이 필요했다. 이때 점의 개수는 곧 고양이를 가리키는 수가 된다. 이것은 세계에 대한 일종의 원자적 관점과도 관련된다. 이 관점에서는 단위(unity), 즉 숫자 1은 공간상의 한 물리적 점으로 간주되기 때문에 물리적 대상들은 수 형태인 단위 점들로 나타낼 수 있다. 이처럼 피타고라스주의자들은 수를 실재라고 여겼는데 여기서 수는 실재와 무관한 수가 아니라 실재를 구성하는 수를 가리킨다.
>
> 피타고라스의 사상이 수의 실재성이라는 신비주의적이고 형이상학적인 관념에 기반하고 있다는 점은 틀림없다. 그럼에도 불구하고 피타고라스주의자들은 자연을 이해하는 데 있어 수학이 중요하다는 점을 알아차린 최초의 사상가들임이 분명하다.

① 피타고라스는 음정 간격을 수치 비율로 나타낼 수 있다는 것을 발견하였다.

② 피타고라스주의자들은 자연을 이해하는 데 있어 수학의 중요성을 인식하였다.

③ 피타고라스주의자들은 물질적 대상뿐만 아니라 추상적 개념 또한 수와 연관시켰다.

④ 피타고라스주의자들은 물리적 대상을 원자적 관점에서 실재와 무관한 단위 점으로 나타낼 수 있다고 믿었다.

⑤ 피타고라스주의자들은 수와 기하학적 규칙을 통해 자연의 변화를 조화로운 규칙으로 환원할 수 있다고 믿었다.

'청렴(淸廉)'은 현대 사회에서 좁게는 반부패와 동의어로 사용되며 넓게는 투명성과 책임성 등을 포괄하는 통합적 개념으로 사용되고 있다. 유학자들은 청렴을 효제와 같은 인륜의 덕목보다는 하위에 두었지만 군자라면 마땅히 지켜야 할 일상의 덕목으로 중시하였다. 조선의 대표적 유학자였던 이황과 이이는 청렴을 사회 규율이자 개인 처세의 지침으로 강조하였다. 특히 공적 업무에 종사하는 사람이라면 사회 규율로서의 청렴이 개인의 처세와 직결된다는 점에 유념해야 한다고 보았다.

청렴에 대한 논의는 정약용의 「목민심서」에서 본격적으로 나타난다. 정약용은 청렴이야말로 목민관이 지켜야 할 근본적인 덕목이며 목민관의 직무는 청렴이 없이는 불가능하다고 강조하였다. 정약용은 청렴을 당위의 차원에서 주장하는 기존의 학자들과 달리 행위자 자신에게 실질적 이익이 된다는 점을 들어 설득하고자 한다. 그는 청렴은 큰 이득이 남는 장사라고 말하면서, 지혜롭고 욕심이 큰 사람은 청렴을 택하지만 지혜가 짧고 욕심이 작은 사람은 탐욕을 택한다고 설명한다. 정약용은 "지자(知者)는 인(仁)을 이롭게 여긴다."라는 공자의 말을 빌려 "지혜로운 자는 청렴함을 이롭게 여긴다."라고 하였다. 비록 재물을 얻는 데 뜻이 있더라도 청렴함을 택하는 것이 결과적으로는 지혜로운 선택이라고 정약용은 말한다. 목민관의 작은 탐욕은 단기적으로 보면 눈 앞의 재물을 취하여 이익을 얻을 수 있겠지만 궁극에는 개인의 몰락과 가문의 불명예를 가져올 수 있기 때문이다.

정약용은 청렴을 지키는 것은 두 가지 효과가 있다고 보았다. 첫째, 청렴은 다른 사람에게 긍정적 효과를 미친다. 목민관이 청렴할 경우 백성을 비롯한 공동체 구성원에게 좋은 혜택이 돌아갈 것이다. 둘째, 청렴한 행위를 하는 것은 목민관 자신에게도 좋은 결과를 가져다준다. 청렴은 그 자신의 덕을 높이는 것일 뿐 아니라 자신의 가문에 빛나는 명성과 영광을 가져다줄 것이다.

① 정약용은 청렴이 목민관이 반드시 지켜야 할 덕목임을 당위론 차원에서 정당화하였다.
② 정약용은 탐욕을 택하는 것보다 청렴을 택하는 것이 이롭다는 공자의 뜻을 계승하였다.
③ 정약용은 청렴한 사람은 욕심이 작기 때문에 재물에 대한 탐욕에 빠지지 않는다고 보았다.
④ 정약용은 청렴이 백성에게 이로움을 줄 뿐 아니라 목민관 자신에게도 이로운 행위라고 보았다.
⑤ 이황과 이이는 청렴을 개인의 처세에 있어 주요 지침으로 여겼으나 사회 규율로는 보지 않았다.

03 다음 글에서 알 수 있는 것은?

출처 | 2016년 민간경력자 PSAT 언어논리

중국에서는 기원전 7~8세기 이후 주나라에서부터 청동전이 유통되었다. 이후 진시황이 중국을 통일하면서 화폐를 통일해 가운데 네모난 구멍이 뚫린 원형 청동 엽전이 등장했고, 이후 중국 통화의 주축으로 자리 잡았다. 하지만 엽전은 가치가 낮고 금화와 은화는 아직 주조되지 않았기 때문에 고액 거래를 위해서는 지폐가 필요했다. 결국 11세기경 송나라에서 최초의 법정 지폐인 교자(交子)가 발행되었다. 13세기 원나라에서는 강력한 국가 권력을 통해 엽전을 억제하고 교초(交鈔)라는 지폐를 유일한 공식 통화로 삼아 재정 문제를 해결했다.

아시아와 유럽에서 지폐의 등장과 발달 과정은 달랐다. 우선 유럽에서는 금화가 비교적 자유롭게 사용되어 대중들 사이에서 널리 유통되었다. 반면에 아시아의 통치자들은 금의 아름다움과 금이 상징하는 권력을 즐겼다는 점에서는 서구인들과 같았지만, 비천한 사람들이 화폐로 사용하기에는 금이 너무 소중하다고 여겼다. 대중들 사이에서 유통되도록 금을 방출하면 권력이 약화된다고 본 것이다. 대신에 일찍부터 지폐가 널리 통용되었다.

마르코 폴로는 쿠빌라이 칸이 모든 거래를 지폐로 이루어지게 하는 것을 보고 깊은 인상을 받았다. 사실상 종잇조각에 불과한 지폐가 그렇게 널리 통용되었던 이유는 무엇 때문일까? 칸이 만든 지폐에 찍힌 그의 도장은 금이나 은과 같은 권위가 있었다. 이것은 지폐의 가치를 확립하고 유지하는 데 국가 권력이 핵심 요소라는 사실을 보여준다.

유럽의 지폐는 그 초기 형태가 민간에서 발행한 어음이었으나, 아시아의 지폐는 처음부터 국가가 발행권을 갖고 있었다. 금속 주화와는 달리 내재적 가치가 없는 지폐가 화폐로 받아들여지고 사용되기 위해서는 신뢰가 필수적이다. 중국은 강력한 왕권이 이 신뢰를 담보할 수 있었지만, 유럽에서 지폐가 사람들의 신뢰를 얻기까지는 그보다 오랜 시간과 성숙된 환경이 필요했다. 유럽의 왕들은 종이에 마음대로 숫자를 적어 놓고 화폐로 사용하라고 강제할 수 없었다. 그래서 서로 잘 아는 일부 동업자들끼리 신뢰를 바탕으로 자체 지폐를 만들어 사용해야 했다. 하지만 민간에서 발행한 지폐는 신뢰 확보가 쉽지 않아 주기적으로 금융 위기를 초래했다. 정부가 나서기까지는 오랜 시간이 걸렸고, 17~18세기에 지폐의 법정화와 중앙은행의 설립이 이루어졌다. 중앙은행은 금을 보관하고 이를 바탕으로 금 태환(兌換)을 보장하는 증서를 발행해 화폐로 사용하기 시작했고, 그것이 오늘날의 지폐로 이어졌다.

① 유럽에서 금화의 대중적 확산은 지폐가 널리 통용되는 결정적인 계기가 되었다.
② 유럽에서는 민간 거래의 신뢰를 기반으로 지폐가 중국에 비해 일찍부터 통용되었다.
③ 중국에서 청동으로 만든 최초의 화폐는 네모난 구멍이 뚫린 원형 엽전의 형태였다.
④ 중국에서 지폐 거래의 신뢰를 확보할 수 있었던 것은 강력한 국가 권력이 있었기 때문이다.
⑤ 아시아와 유럽에서는 금화의 사용을 권력의 상징으로 여겨 금화의 제한적인 유통이 이루어졌다.

정답과 해설 P. 62

DAY 16   **167**

01 다음 글에서 추론할 수 있는 것만을 [보기]에서 모두 고르면?   출처 | 2016년 민간경력자 PSAT 언어논리

'독재형' 어머니는 아이가 실제로 어떠한 욕망을 지니고 있는지에 무관심하며, 자신의 욕망을 아이에게 공격적으로 강요한다. 독재형 어머니는 자신의 규칙과 지시에 아이가 순응하기를 기대하며, 그것을 따르지 않을 경우 폭력을 행사하는 경우가 많다. 독재형 어머니 밑에서 자란 아이들은 공격적 성향과 파괴적 성향을 많이 보이는 것이 특징이다. 또한, 어린 시절 받은 학대로 인해 상상이나 판타지 속에 머무르는 시간이 많고, 이것은 심각한 망상으로 나타나기도 한다.

'허용형' 어머니는 오로지 아이의 욕망에만 관심을 지니면서, '아이의 욕망을 내가 채워 주고 싶다'는 식으로 자기 욕망을 형성한다. 허용형 어머니는 자녀가 요구하는 것은 무엇이든 해주기 때문에 이런 어머니 밑에서 양육된 아이들은 자아 통제가 부족하기 쉽다. 따라서 이 아이들은 충동적이고 즉흥적인 성향이 강하며, 도덕적 책임 의식이 결여된 경우가 많다.

한편, '방임형' 어머니의 경우 아이와 정서적으로 차단되어 있기 때문에 아이의 욕망에 무관심할 뿐만 아니라, 아이 입장에서도 어머니의 욕망을 전혀 파악할 수 없다. 방치된 아이들은 자신의 욕망도 모르고 어머니의 욕망도 파악하지 못하기 때문에, 어떤 방식으로든 오직 어머니의 관심을 끄는 것만이 아이의 유일한 욕망이 된다. 이 아이들은 "엄마, 제발 나를 봐주세요.", "엄마, 내가 나쁜 짓을 해야 나를 볼 것인가요?", "엄마, 내가 정말 잔인한 짓을 할지도 몰라요."라면서 어머니의 관심을 끊임없이 요구한다.

┤ 보기 ├
ⓐ 허용형 어머니는 방임형 어머니에 비해 아이의 욕망에 높은 관심을 갖는다.
ⓑ 허용형 어머니의 아이는 독재형 어머니의 아이보다 도덕적 의식이 높은 경우가 많다.
ⓒ 방임형 어머니의 아이는 독재형 어머니의 아이보다 어머니의 욕망을 더 잘 파악한다.

① ㉠   ② ㉡   ③ ㉠, ㉢
④ ㉡, ㉢   ⑤ ㉠, ㉡, ㉢

02 다음 글에서 추론할 수 있는 것은?

두뇌 연구는 지금까지 뉴런을 중심으로 진행되어 왔다. 뉴런 연구로 노벨상을 받은 카얄은 뉴런이 '생각의 전화선'이라는 이론을 확립하여 사고와 기억 등 두뇌에서 일어나는 모든 현상을 뉴런의 연결망과 뉴런 간의 전기 신호로 설명했다. 그러나 두뇌에는 뉴런 외에도 신경교 세포가 존재한다. 신경교 세포는 뉴런처럼 그 수가 많지만 전기 신호를 전달하지 못한다. 이 때문에 과학자들은 신경교 세포가 단지 두뇌 유지에 필요한 영양 공급과 두뇌 보호를 위한 전기 절연의 역할만을 가진다고 여겼다.

최근 과학자들은 신경교 세포에서 그 이상의 기능을 발견했다. 신경교 세포 중에도 '성상세포'라 불리는 별 모양의 세포는 자신만의 화학적 신호를 가진다는 것이 밝혀졌다. 성상세포는 뉴런처럼 전기를 이용하지는 않지만, '뉴런송신기'라고 불리는 화학물질을 방출하고 감지한다. 과학자들은 이러한 화학적 신호의 연쇄반응을 통해 신경교 세포가 전체 뉴런을 조정한다고 추론했다.

A 연구팀은 신경교 세포가 전체 뉴런을 조정하면서 기억력과 사고력을 향상시킨다고 예상하고서, 이를 확인하기 위해 인간의 신경교 세포를 갓 태어난 생쥐의 두뇌에 주입했다. 쥐가 자라면서 주입된 인간의 신경교 세포도 성장했다. 이 세포들은 쥐의 뉴런들과 완벽하게 결합되어 쥐의 두뇌 전체에 걸쳐 퍼지게 되었다. 심지어 어느 두뇌 영역에서는 쥐의 뉴런의 숫자를 능가하기도 했다. 뉴런과 달리 쥐와 인간의 신경교 세포는 비교적 쉽게 구별된다. 인간의 신경교 세포는 매우 길고 무성한 섬유질을 가지기 때문이다. 쥐에 주입된 인간의 신경교 세포는 그 기능을 그대로 간직한다. 그렇게 성장한 쥐들은 다른 쥐들과 잘 어울렸고, 다른 쥐들의 관심을 끄는 것에 흥미를 보였다. 이 쥐들은 미로를 통과해 치즈를 찾는 테스트에서 더 뛰어났다. 보통의 쥐들은 네다섯 번의 시도 끝에 올바른 길을 배웠지만, 인간의 신경교 세포를 주입받은 쥐들은 두 번 만에 학습했다.

① 인간의 신경교 세포를 쥐에게 주입하면, 쥐의 뉴런은 전기 신호를 전달하지 못할 것이다.
② 인간의 뉴런 세포를 쥐에게 주입하면, 쥐의 두뇌에는 화학적 신호의 연쇄반응이 더 활발해질 것이다.
③ 인간의 뉴런 세포를 쥐에게 주입하면, 그 뉴런 세포는 쥐의 두뇌 유지에 필요한 영양을 공급할 것이다.
④ 인간의 신경교 세포를 쥐에게 주입하면, 그 신경교 세포는 쥐의 뉴런을 보다 효과적으로 조정할 것이다.
⑤ 인간의 신경교 세포를 쥐에게 주입하면, 그 신경교 세포는 쥐의 신경교 세포의 기능을 갖도록 변화할 것이다.

03 다음 글에서 알 수 있는 것은?

출처 | 2016년 민간경력자 PSAT 언어논리

경제학자들은 환경자원을 보존하고 환경오염을 억제하는 방편으로 환경세 도입을 제안했다. 환경자원을 이용하거나 오염물질을 배출하는 제품에 환경세를 부과하면 제품 가격 상승으로 인해 그 제품의 소비가 감소함에 따라 환경자원을 아낄 수 있고 환경오염을 줄일 수 있다.

일부에서는 환경세가 소비자의 경제적 부담을 늘리고 소비와 생산의 위축을 가져올 수 있다고 우려한다. 그러나 많은 경제학자들은 환경세 세수만큼 근로소득세를 경감하는 경우 환경보존과 경제성장이 조화를 이룰 수 있다고 본다.

환경세는 환경오염을 유발하는 상품의 가격을 인상시킴으로써 가계의 경제적 부담을 늘려 실질소득을 떨어뜨리는 측면이 있다. 하지만 환경세 세수만큼 근로소득세를 경감하게 되면 근로자의 실질소득이 증대되고, 그 증대효과는 환경세 부과로 인한 상품가격 상승효과를 넘어설 정도로 크다. 왜냐하면 상품가격 상승으로 인한 경제적 부담은 연금생활자나 실업자처럼 고용된 근로자가 아닌 사람들 사이에도 분산되는 반면, 근로소득세 경감의 효과는 근로자에게 집중되기 때문이다. 근로자의 실질소득 증대는 사실상 근로자의 실질임금을 높이고, 이것은 대체로 노동공급을 증가시키는 경향이 있다.

또한, 환경세가 부과되더라도 노동수요가 늘어날 수 있다. 근로소득세 경감은 기업의 입장에서 노동이 그만큼 저렴해지는 효과가 있다. 더욱이 환경세는 노동자원보다는 환경자원의 가격을 인상시켜 상대적으로 노동을 저렴하게 하는 효과가 있다. 이렇게 되면 기업의 노동수요가 늘어난다.

결국 환경세 세수를 근로소득세 경감으로 재순환시키는 조세구조 개편은 한편으로는 노동의 공급을 늘리고, 다른 한편으로는 노동에 대한 수요를 늘린다. 이것은 고용의 증대를 낳고, 결국 경제 활성화를 가져온다.

① 환경세의 환경오염 억제 효과는 근로소득세 경감에 의해 상쇄된다.

② 환경세를 부과하더라도 그만큼 근로소득세를 경감할 경우, 근로자의 실질소득은 늘어난다.

③ 환경세를 부과할 경우 근로소득세 경감이 기업의 고용 증대에 미치는 효과가 나타나지 않는다.

④ 환경세를 부과하더라도 노동집약적 상품의 상대가격이 낮아진다면 기업의 고용은 늘어나지 않는다.

⑤ 환경세 부과로 인한 상품가격 상승효과는 근로소득세 경감으로 인한 근로자의 실질소득 상승효과보다 크다.

정답과 해설 P. 66

01 다음 글에서 추론할 수 있는 것은?

출처 | 2017년 민간경력자 PSAT 언어논리

인간이 부락집단을 형성하고 인간의 삶 전체가 반영된 이야기가 시작되었을 때부터 설화가 존재하였다. 설화에는 직설적인 표현도 있지만, 풍부한 상징성을 가진 것이 많다. 이 이야기들에는 민중이 믿고 숭상했던 신들에 관한 신성한 이야기인 신화, 현장과 증거물을 중심으로 엮은 역사적인 이야기인 전설, 민중의 욕망과 가치관을 보여주는 허구적 이야기인 민담이 있다. 설화 속에는 원(願)도 있고 한(恨)도 있으며, 아름답고 슬픈 사연도 있다. 설화는 한 시대의 인간들의 삶과 문화이며 바로 그 시대에 살았던 인간의식 그 자체이기에 설화 수집은 중요한 일이다.

상주지방에 전해오는 '공갈못설화'를 놓고 볼 때 공갈못의 생성은 과거 우리의 농경사회에서 중요한 역사적 사건으로서 구전되고 인식되었지만, 이에 관한 당시의 문헌 기록은 단 한 줄도 전해지지 않고 있다. 이는 당시 신라의 지배층이나 관의 입장에서 공갈못 생성에 관한 것이 기록할 가치가 있는 정치적 사건은 아니라는 인식을 보여준다. 공갈못 생성은 다만 농경생활에 필요한 농경민들의 사건이었던 것이다.

공갈못 관련 기록은 조선시대에 와서야 발견된다. 이에 따르면 공갈못은 삼국시대에 형성된 우리나라 3대 저수지의 하나로 그 중요성이 인정되었다. 당대에 기록되지 못하고 한참 후에서야 단편적인 기록들만이 전해진 것이다. 일본은 고대 역사를 제대로 정리한 기록이 없는데도 주변에 흩어진 기록과 구전(口傳)을 모아「일본서기」라는 그럴싸한 역사책을 완성하였다. 이 점을 고려할 때 역사성과 현장성이 있는 전설을 가볍게 취급해서는 결코 안 된다. 이러한 의미에서 상주지방에 전하는 지금의 공갈못에 관한 이야기도 공갈못 생성의 증거가 될 수 있는 역사성을 가진 귀중한 자료인 것이다.

① 공갈못설화는 전설에 해당한다.

② 설화가 기록되기 위해서는 원이나 한이 배제되어야 한다.

③ 삼국의 사서에는 농경생활 관련 사건이 기록되어 있지 않다.

④ 한국의 3대 저수지 생성 사건은 조선시대에 처음 기록되었다.

⑤ 조선과 일본의 역사기술 방식의 차이는 전설에 대한 기록 여부에 있다.

다음 글에서 알 수 없는 것은? 출처 | 2017년 민간경력자 PSAT 언어논리

무신정변 이후 집권자들의 권력 쟁탈로 지방에 대한 통제력이 이완되고 지배층의 수탈이 더욱 심해지자 백성들은 이에 저항하는 민란을 일으켰다. 이들은 당시 사료에 '산적'이나 '화적', 또는 '초적'이라는 이름의 도적으로 일컬어졌다. 최우는 집권 후 야별초를 만들어 이들을 진압하려 했다. 야별초는 집권자의 사병처럼 이용되어 주로 민란을 진압하고 정적을 제거하는 데 동원되었다. 이들은 그 대가로 월등한 녹봉이나 상여금과 함께 진급에서 특혜를 누렸고, 최씨 정권은 안팎의 위협으로부터 안전할 수 있었다. 이후 규모가 방대해진 야별초는 좌별초와 우별초로 나뉘었고 여기에 신의군이 합해져 삼별초로 계승되었다.

1231년 몽고의 공격이 시작되자 최우를 중심으로 한 무인 정권은 항전을 주장하였으나, 왕과 문신관료들은 왕권 회복을 희망하여 몽고와의 강화(講和)를 바랐다. 대몽 항전을 정권 유지를 위한 방책으로 활용하려 했던 최우는 다수의 반대를 무릅쓰고 강화도 천도를 결행하였으나 이는 지배세력 내의 불만을 증폭시켰으며 백성들에게는 권력자들의 안전만을 도모하는 일종의 배신행위로 받아들여졌다.

이후 무인 정권이 붕괴되자 그 주력부대였던 삼별초는 개경으로 환도한 고려 정부에 불복해 강화도에서 반란을 일으켰다. 삼별초의 난이 일어나자 전쟁 중에 몽고 침략 및 지배층의 과중한 수탈에 맞서 싸워 왔던 일반 백성들의 호응이 뒤따랐다. 1270년 봉기하여 1273년 진압될 때까지 약 3년에 걸쳐 진행된 삼별초의 난에는 서로 다른 두 가지 성격이 양립하고 있었다. 하나는 지배층 내부의 정쟁에서 패배한 무인 정권의 잔존세력이 일으킨 정치적 반란이고, 다른 하나는 민란의 전통과 대몽 항쟁의 전통을 계승한 백성들의 항쟁이다. 전자는 무너진 무인 정권을 회복하고 눈앞에 닥친 정치적 보복에서 벗어나기 위해 몽고와 고려 정부에 항쟁하던 삼별초의 반란이었다. 후자는 새로운 권력층과 침략자의 결탁 속에서 가중되는 수탈에 저항하던 백성들이 때마침 삼별초의 난을 만나 이에 합류하는 형태로 일으킨 민란이었다.

① 최우의 강화도 천도는 국왕과 문신 및 백성들의 지지를 얻지 못하였다.
② 야별초가 주로 상대한 도적은 지배층의 수탈에 저항하던 백성들이었다.
③ 삼별초의 난에서 삼별초와 일반 백성들은 항전의 대상과 목적이 같았다.
④ 설립 이후 진압될 때까지 삼별초는 무인 정권을 옹호하는 성격을 지닌 집단이었다.
⑤ 삼별초는 개경의 중앙 정부에 반대하고 몰락한 무인 정권을 회복하기 위해 반란을 일으켰다.

다음 글에서 알 수 있는 것은? 출처 | 2017년 민간경력자 PSAT 언어논리

우리들 대부분이 당연시하지만 세상을 이해하는 데 필요한 몇몇 범주는 표준화를 위해 노력한 국가적 사업에 그 기원이 있다. 성(姓)의 세습이 대표적인 사례이다.

부계(父系) 성의 고착화는 대부분의 경우 국가적 프로젝트였으며, 관리가 시민들의 신원을 분명하게 확인할 수 있도록 설계되었다. 이 프로젝트의 성공은 국민을 '읽기 쉬운' 대상으로 만드는 데 달려 있다. 개개인의 신원을 확보하고 이를 친족 집단과 연결시키는 방법 없이는 세금 징수, 소유권 증서 발행, 징병 대상자 목록 작성 등은 어렵기 때문이다. 여기서 짐작할 수 있는 것처럼 부계 성을 고착화하려는 노력은 한층 견고하고 수지맞는 재정 시스템을 구축하려는 국가의 의도에서 비롯되었다.

국민을 효율적으로 통치하기 위한 성의 세습은 시기적으로 일찍 발전한 국가에서 나타났다. 이 점과 관련해 중국은 인상적인 사례이다. 대략 기원전 4세기에 진(秦)나라는 세금 부과, 노역, 징집 등에 이용하기 위해 백성 대다수에게 성을 부여한 다음 그들의 호구를 파악한 것으로 알려져 있다. 이러한 시도가 '라오바이싱'[老百姓]이라는 용어의 기원이 되었으며, 이는 문자 그대로 '오래된 100개의 성'이란 뜻으로 중국에서 '백성'을 의미하게 되었다.

예로부터 중국에 부계전통이 있었지만 진나라 이전에는 몇몇 지배 계층의 가문 및 그 일족을 제외한 백성은 성이 없었다. 그들은 성이 없었을 뿐만 아니라 지배 계층을 따라 성을 가질 생각도 하지 않았다. 부계 성을 따르도록 하는 진나라의 국가 정책은 가족 내에서 남편에게 우월한 지위를 부여하고, 부인, 자식, 손아랫사람에 대한 법적인 지배권을 주면서 가족 전체에 대한 재정적 의무를 지도록 했다. 이러한 정책은 모든 백성에게 인구 등록을 요구했다. 아무렇게나 불리던 사람들의 이름에 성을 붙여 분류한 다음, 아버지의 성을 후손에게 영구히 물려주도록 한 것이다.

① 부계전통의 확립은 중국에서 처음 이루어졌다.
② 진나라는 모든 백성에게 새로운 100개의 성을 부여하였다.
③ 중국의 부계전통은 진나라가 부계 성 정책을 시행함에 따라 만들어졌다.
④ 진나라의 부계 성 정책은 몇몇 지배 계층의 기존 성을 확산하려는 시도였다.
⑤ 진나라가 백성에게 성을 부여한 목적은 통치의 효율성을 높이고자 한 것이었다.

정답과 해설 P. 70

01 다음 글에서 추론할 수 있는 것은?

출처 | 2017년 민간경력자 PSAT 언어논리

조선후기 숙종 때 서울 시내의 무뢰배가 검계를 결성하여 무술훈련을 하였다. 좌의정 민정중이 '검계의 군사훈련 때문에 한양의 백성들이 공포에 떨고 있으니 이들을 처벌해야 한다.'고 상소하자 임금이 포도청에 명하여 검계 일당을 잡아들이게 하였다. 포도대장 장봉익은 몸에 칼자국이 있는 자들을 잡아들였는데, 이는 검계 일당이 모두 몸에 칼자국을 내어 자신들과 남을 구별하는 징표로 삼았기 때문이다.

검계는 원래 향도계에서 비롯하였다. 향도계는 장례를 치르기 위해 결성된 계였다. 비용이 많이 소요되는 장례에 대비하기 위해 계를 구성하여 평소 얼마간 금전을 갹출하고, 구성원 중에 상을 당한 자가 있으면 갹출한 금전에 얼마를 더하여 비용을 마련해주는 방식이었다. 향도계는 서울 시내 백성들에게 널리 퍼져 있었으며, 양반들 중에도 가입하는 이들이 있었다. 향도계를 관리하는 조직을 도가라 하였는데, 도가는 점차 죄를 지어 법망을 피하려는 자들을 숨겨주는 소굴이 되었다. 이 도가 내부의 비밀조직이 검계였다.

검계의 구성원들은 스스로를 왈짜라 부르고 있었다. 왈짜는 도박장이나 기생집, 술집 등 도시의 유흥공간을 세력권으로 삼아 활동하는 이들이었다. 하지만 모든 왈짜가 검계의 구성원이었던 것은 아니다. 왈짜와 검계는 모두 폭력성을 지녔고 활동하는 주 무대도 같았지만 왈짜는 검계와 달리 조직화된 집단은 아니었다. 부유한 집안의 아들이었던 김홍연은 대과를 준비하다가 너무 답답하다는 이유로 중도에 그만두고 무과 공부를 하였다. 그는 무예에 탁월했지만 지방 출신이라는 점이 출세하는 데 장애가 될 것을 염려하여 무과 역시 포기하고 왈짜가 되었다. 김홍연은 왈짜였지만 검계의 일원은 아니었다.

① 도가의 장은 향도계의 장을 겸임하였다.
② 향도계의 구성원 중에는 검계 출신이 많았다.
③ 향도계는 공공연한 조직이었지만 검계는 비밀조직이었다.
④ 몸에 칼자국이 없으면서 검계의 구성원인 왈짜도 있었다.
⑤ 김홍연이 검계의 일원이 되지 못하고 왈짜에 머물렀던 것은 지방 출신이었기 때문이다.

02 다음 글의 (가)~(다)에 들어갈 진술을 [보기]에서 골라 짝지은 것으로 가장 적절한 것은?

출처 | 2017년 민간경력자 PSAT 언어논리

비어즐리는 '제도론적 예술가'와 '낭만주의적 예술가'의 개념을 대비시킨다. 낭만주의적 예술가는 사회의 모든 행정과 교육의 제도로부터 독립하여 작업하는 사람이다. 그는 자기만의 상아탑에 칩거하며, 혼자 캔버스 위에서 일하고, 자신의 돌을 깎고, 자신의 소중한 서정시의 운율을 다듬는다.

그러나 사회와 동떨어져 혼자 작업하더라도 예술가는 작품을 만드는 동안 예술 제도로부터 단절될 수 없다. ___(가)___ 예술가는 특정 예술 제도 속에서 예술의 사례들을 경험하고, 예술적 기술의 훈련이나 교육을 받음으로써 예술에 대한 배경지식을 얻게 된다. 그리고 이와 같은 배경지식이 예술가의 작품 활동에 반영된다.

낭만주의적 예술가 개념은 예술 창조의 주도권이 완전히 개인에게 있으며 예술가가 문화의 진공 상태 안에서 작품을 창조할 수 있다고 가정한다. 하지만 그런 낭만주의적 예술가는 사실상 존재하기 어렵다. 심지어 어린 아이들의 그림이나 놀이조차도 문화의 진공 상태에서 이루어지지 않는다. ___(나)___

어떤 사람이 예술작품을 전혀 본 적 없는 상태에서 진흙으로 어떤 형상을 만들어냈다고 가정해 보자. 이것이 지금까지 본 적이 없던 새로운 형상이라 하더라도, 그 사람은 예술작품을 창조한 것이라 볼 수 없다. ___(다)___ 비어즐리의 주장과는 달리 예술가는 아무 맥락 없는 진공 상태에서 창작하지 않는다. 예술은 어떤 사람이 문화적 역할을 수행한 산물이며, 언제나 문화적 주형(鑄型) 안에 존재한다.

── 보기 ──

㉠ 왜냐하면 어떤 사람이 예술작품을 창조하였다고 하기 위해서는 그는 예술작품이 무엇인가에 대한 개념을 가지고 있어야 하기 때문이다.

㉡ 왜냐하면 사람은 두세 살만 되어도 인지구조가 형성되고, 이 과정에서 문화의 영향을 받을 수밖에 없기 때문이다.

㉢ 왜냐하면 예술가들은 예술작품을 만들 때 의식적이든 무의식적이든 예술교육을 받으면서 수용한 가치 등을 고려하는데, 그러한 교육은 예술 제도 안에서 이루어지기 때문이다.

	(가)	(나)	(다)
①	㉠	㉡	㉢
②	㉡	㉠	㉢
③	㉡	㉢	㉠
④	㉢	㉠	㉡
⑤	㉢	㉡	㉠

갈릴레오는 「두 가지 주된 세계 체계에 관한 대화」에서 등장인물인 살비아티에게 자신을 대변하는 역할을 맡겼다. 심플리치오는 아리스토텔레스의 자연철학을 대변하는 인물로서 살비아티의 대화 상대역을 맡고 있다. 또 다른 등장인물인 사그레도는 건전한 판단력을 지닌 자로서 살비아티와 심플리치오 사이에서 중재자 역할을 맡고 있다.

이 책의 마지막 부분에서 사그레도는 나흘간의 대화를 마무리하며 코페르니쿠스의 지동설을 옳은 견해로 인정한다. 그리고 그는 그 견해를 지지하는 세 가지 근거를 제시한다. 첫째는 행성의 겉보기 운동과 역행 운동에서, 둘째는 태양이 자전한다는 것과 그 흑점들의 운동에서, 셋째는 조수 현상에서 찾아낸다.

이에 반해 살비아티는 지동설의 근거로서 사그레도가 언급하지 않은 항성의 시차(視差)를 중요하게 다룬다. 살비아티는 지구의 공전을 입증하기 위한 첫 번째 단계로 지구의 공전을 전제로 한 코페르니쿠스의 이론이 행성의 겉보기 운동을 얼마나 간단하고 조화롭게 설명할 수 있는지를 보여준다. 그런 다음 그는 지구의 공전을 전제로 할 때, 공전 궤도의 두 맞은편 지점에서 관측자에게 보이는 항성의 위치가 달라지는 현상, 곧 항성의 시차를 기하학적으로 설명한다.

그렇다면 사그레도는 왜 이 중요한 사실을 거론하지 않았을까? 그것은 세 번째 날의 대화에서 심플리치오가 아리스토텔레스의 이론을 옹호하면서 지동설에 대한 반박 근거로 공전에 의한 항성의 시차가 관측되지 않음을 지적한 것과 관련이 있다. 당시 갈릴레오는 자신의 망원경을 통해 별의 시차를 관측하지 못했다. 그는 그 이유가 항성이 당시 알려진 것보다 훨씬 멀리 있기 때문이라고 주장하였지만, 반대자들에게 그것은 임기응변적인 가설로 치부될 뿐이었다. 결국 그 작은 각도가 나중에 더 좋은 망원경에 의해 관측되기까지 항성의 시차는 지동설의 옹호자들에게 '불편한 진실'로 남아 있었다.

① 아리스토텔레스의 철학을 따르는 심플리치오는 지구가 공전하지 않음을 주장한다.
② 사그레도는 항성의 시차에 관한 기하학적 예측에 근거하여 코페르니쿠스의 지동설을 받아들인다.
③ 사그레도와 살비아티는 둘 다 행성의 겉보기 운동을 근거로 하여 코페르니쿠스의 지동설을 옹호한다.
④ 심플리치오는 관측자에게 항성의 시차가 관측되지 않았다는 사실에 근거하여 코페르니쿠스의 지동설을 반박한다.
⑤ 살비아티는 지구가 공전한다면 공전 궤도상의 지구의 위치에 따라 항성의 시차가 존재할 수밖에 없다고 예측한다.

정답과 해설 P. 74

01 다음 글의 ㉠~㉤에서 전체 흐름과 맞지 않는 한 곳을 찾아 수정할 때, 가장 적절한 것은?

출처 | 2018년 민간경력자 PSAT 언어논리

상업적 농업이란 전통적인 자급자족 형태의 농업과 달리 ㉠ 판매를 위해 경작하는 농업을 일컫는다. 농업이 상업화된다는 것은 산출할 수 있는 최대의 수익을 얻기 위해 경작이 이루어짐을 뜻한다. 이를 위해 쟁기질, 제초작업 등과 같은 생산 과정의 일부를 인간보다 효율이 높은 기계로 작업하게 되고, 농장에서 일하는 노동자도 다른 산업 분야처럼 경영상의 이유에 따라 쉽게 고용되고 해고된다. 이처럼 상업적 농업의 도입은 근대 사회의 상업화를 촉진한 측면이 있다.

홉스봄은 18세기 유럽에 상업적 농업이 도입되면서 일어난 몇 가지 변화에 주목했다. 중세 말기 장원의 해체로 인해 지주와 소작인 간의 인간적이었던 관계가 사라진 것처럼, ㉡ 농장주와 농장 노동자의 친밀하고 가까웠던 관계가 상업적 농업의 도입으로 인해 사라졌다. 토지는 삶의 터전이라기보다는 수익의 원천으로 여겨지게 되었고, 농장 노동자는 시세대로 고용되어 임금을 받는 존재로 변화하였다. 결국 대량 판매 시장을 위한 ㉢ 대규모 생산이 점점 더 강조되면서 기계가 인간을 대체하기 시작했다.

또한 상업적 농업의 도입은 중요한 사회적 결과를 가져왔다. 점차적으로 ㉣ 중간 계급으로의 수렴현상이 나타난 것이다. 저임금 구조의 고착화로 농장주와 농장 노동자 간의 소득 격차는 갈수록 벌어졌고, 농장 노동자의 처지는 위생과 복지의 양 측면에서 이전보다 더욱 열악해졌다.

나아가 상업화로 인해 그동안 호혜성의 원리가 적용되어 왔던 대상들의 성격이 변화하였는데, 특히 돈과 관련된 것, 즉 재산권이 그러했다. 수익을 얻기 위한 토지 매매가 본격화되면서 ㉤ 재산권은 공유되기보다는 개별화되었다. 이에 따라 이전에 평등주의 가치관이 우세했던 일부 유럽 국가에서조차 자원의 불평등한 분배와 사회적 양극화가 심화되었다.

① ㉠을 "개인적인 소비를 위해 경작하는 농업"으로 고친다.
② ㉡을 "농장주와 농장 노동자의 이질적이고 사용 관계에 가까웠던 관계"로 고친다.
③ ㉢을 "기술적 전문성이 점점 더 강조되면서 인간이 기계를 대체"로 고친다.
④ ㉣을 "계급의 양극화가 나타난 것"으로 고친다.
⑤ ㉤을 "재산권은 개별화되기보다는 사회 구성원 내에서 공유되었다."로 고친다.

2018년 민간경력자 PSAT 언어논리

공동의 번영과 조화를 뜻하는 공화(共和)에서 비롯된 공화국이라는 용어는 국가라는 정치 공동체 전체를 위해 때로는 개인의 양보가 필요할 수 있음을 전제하고 있다는 점에서 사회적 공공성 개념과 연결된다. 이미 1919년 임시 정부가 출범하면서 '민주공화국'이라는 표현이 등장하였고 헌법 제1조에도 '대한민국은 민주공화국'이라고 명시되어 있지만, 분단 이후 북한도 '공화국'이라는 용어를 사용함에 따라 한국에서는 이 용어의 사용이 기피되었다. 냉전 체제의 고착화로 인해 반공이 국시가 되면서 '공화국'보다는 오히려 '자유민주주의'라는 용어가 훨씬 더 널리 사용되었는데, 이때에도 민주주의보다는 자유가 강조되었다.

그런데 해방 이후 한국 사회에 널리 유포된 자유의 개념은 대체로 서구의 고전적 자유주의 전통에서 비롯된 것이다. 이 전통에서 보자면, 자유란 '국가의 강제에 대립하여 자신의 사유 재산권을 자기 마음대로 행사할 수 있는 것'을 의미한다. 이 같은 자유 개념에 기초하고 있는 자유민주주의에서는 개인의 자유를 강조할수록 사회적 공공성은 약화될 수밖에 없다.

자유민주주의가 1960년대 이후 급속히 팽배하기 시작한 개인주의와 결합하면서 사회적 공공성은 더욱 후퇴하였다. 이 시기 군사정권이 내세웠던 "잘 살아보세."라는 표어는 우리 공동체 전체가 다 함께 잘 사는 것이라기보다는 사실상 나 또는 내 가족만큼은 잘 살아보자는 개인적 욕망의 합리화를 의미했다. 그 결과 공동체 전체의 번영을 위한 사회 전반의 공공성이 강화되기보다는 사유 재산의 증대를 위해 국가의 간섭을 배제해야 한다는 논리가 강화되었던 것이다.

① 한국 사회에서 자유민주주의라는 용어는 공화국의 이념을 충실하게 수용한 것이다.
② 임시 정부에서 민주공화국이라는 용어를 사용한 것은 자유주의 전통에 따른 것이다.
③ 고전적 자유주의에서 비롯된 자유 개념을 강조할수록 사회적 공공성이 약화될 수 있다.
④ 반공이 국시가 된 이후 국가 공동체에 대한 충성을 강조한 결과 공공성에 대한 관심이 증대되었다.
⑤ 1960년대 이후 개인주의와 자유민주주의의 결합은 공동체 전체의 번영이라는 사회적 결과를 낳았다.

체험사업을 운영하는 이들은 아이들에게 다양한 직업의 현장과 삶의 실상, 즉 현실을 체험하게 해준다고 홍보한다. 직접 겪지 못하는 현실을 잠시나마 체험함으로써 미래에 더 좋은 선택을 할 수 있게 한다는 것이다. 체험은 생산자에게는 홍보와 돈벌이 수단이 되고, 소비자에게는 교육의 연장이자 주말 나들이 거리가 된다. 이런 필요와 전략이 맞물려 체험사업이 번성한다. 그러나 이 때의 현실은 체험하는 사람의 필요와 여건에 맞추어 미리 짜놓은 현실, 치밀하게 계산된 현실이다. 다른 말로 하면 가상현실이다. 아이들의 상황을 고려해서 눈앞에 보일 만한 것, 손에 닿을 만한 것, 짧은 시간에 마칠 수 있는 것을 잘 계산해서 마련해 놓은 맞춤형 가상현실인 것이다. 눈에 보이지 않는 구조, 손에 닿지 않는 제도, 장기간 반복되는 일상은 체험행사에서는 제공될 수 없다.

여기서 주목해야 할 것은 경험과 체험의 차이이다. 경험은 타자와의 만남이다. 반면 체험 속에서 인간은 언제나 자기 자신만을 볼 뿐이다. 타자들로 가득한 현실을 경험함으로써 인간은 스스로 변화하는 동시에 현실을 변화시킬 동력을 얻는다. 이와 달리 가상현실에서는 그것을 체험하고 있는 자신을 재확인하는 것으로 귀결되기 마련이다. 경험 대신 체험을 제공하는 가상현실은 실제와 가상의 경계를 모호하게 할 뿐만 아니라 우리를 현실에 순응하도록 이끈다. 요즘 미래 기술로 각광받는 디지털 가상현실 기술은 경험을 체험으로 대체하려는 오랜 시도의 결정판이다. 버튼 하나만 누르면 3차원으로 재현된 세계가 바로 앞에 펼쳐진다. 한층 빠르고 정교한 계산으로 구현한 가상현실은 우리에게 필요한 모든 것을 눈앞에서 체험할 수 있는 본격 체험사회를 예고하는 것만 같다.

① 체험사업은 장기간의 반복적 일상을 가상현실을 통해 경험하도록 해준다.

② 현실을 변화시킬 수 있는 동력은 체험이 아닌 현실을 경험함으로써 얻게 된다.

③ 가상현실은 실제와 가상 세계의 경계를 구분하여 자기 자신을 체험할 수 없도록 한다.

④ 체험사업은 아이들에게 타자와의 만남을 경험하게 해줌으로써 경제적 이윤을 얻고 있다.

⑤ 디지털 가상현실 기술은 아이들에게 현실을 경험하게 함으로써 미래에 더 좋은 선택을 하도록 돕는다.

정답과 해설 P. 78

01 다음 글에서 알 수 <u>없는</u> 것은?

출처 | 2018년 민간경력자 PSAT 언어논리

고대에는 별이 뜨고 지는 것을 통해 방위를 파악했다. 최근까지 서태평양 캐롤라인 제도의 주민은 현대식 항해 장치 없이도 방위를 파악하여 카누 하나만으로 드넓은 열대 바다를 항해하였다. 인류학자들에 따르면, 그들은 별을 나침반처럼 이용하여 여러 섬을 찾아다녔고 이때의 방위는 북쪽의 북극성, 남쪽의 남십자성, 그 밖에 특별히 선정한 별이 뜨고 지는 것에 따라 정해졌다.

캐롤라인 제도는 적도의 북쪽에 있어서 그 주민들은 북쪽 수평선의 바로 위쪽에서 북극성을 볼 수 있다. 북극성은 천구의 북극점으로부터 매우 가까운 거리에서 작은 원을 그리며 공전한다. 천구의 북극점은 지구 자전축의 북쪽 연장선상에 있기 때문에 천구의 북극점에 있는 별은 공전을 하지 않고 정지된 것처럼 보인다. 이처럼 천구의 북극점에 있는 별을 제외하고 북극성을 포함한 별이 천구의 북극점을 중심으로 공전하는 것처럼 보이는 것은 지구가 자전하기 때문이다.

캐롤라인 제도의 주민이 북쪽을 찾기 위해 이용했던 북극성은 자기(磁氣) 나침반보다 더 정확하게 천구의 북극점을 가리킨다. 이는 나침반의 바늘이 지구의 자전축으로부터 거리가 멀리 떨어져 있는 지구자기의 북극점을 향하기 때문이다. 또한 천구의 남극점 근처에서 쉽게 관측할 수 있는 고정된 별은 없으므로 캐롤라인 제도의 주민은 남극점 자체를 볼 수 없다. 그러나 남십자성이 천구의 남극점 주위를 돌고 있으므로 남쪽을 파악하는 데는 큰 어려움이 없다.

① 고대에 사용되었던 방위 파악 방법 중에는 최근까지 이용된 것도 있다.
② 캐롤라인 제도의 주민은 밤하늘에 있는 남십자성을 이용하여 남쪽을 알아낼 수 있었다.
③ 지구 자전축의 연장선상에 별이 있다면, 밤하늘을 보았을 때 그 별은 정지된 것처럼 보인다.
④ 자기 나침반을 이용하면 북극성을 이용할 때보다 더 정확히 천구의 북극점을 찾을 수 있다.
⑤ 캐롤라인 제도의 주민이 관찰한 별이 천구의 북극점을 중심으로 공전하는 것처럼 보이는 이유는 지구가 자전하기 때문이다.

유교 전통에서는 이상적 정치가 군주 개인의 윤리적 실천에 의해 실현된다고 보았을 뿐 윤리와 구별되는 정치 그 자체의 독자적 영역을 설정하지는 않았다. 달리 말하면 유교 전통에서는 통치자의 윤리만을 문제 삼았을 뿐, 갈등하는 세력들 간의 공존을 위한 정치나 정치제도에는 관심을 두지 않았다. 유교 전통의 이런 측면은 동아시아에서의 민주주의의 실현 가능성을 제한하였다.

'조화(調和)'를 이상으로 생각하는 유교의 전통 또한 차이와 갈등을 긍정하는 서구의 민주주의 정치 전통과는 거리가 있다. 유교 전통에 따르면, 인간의 행위와 사회 제도는 모두 자연의 운행처럼 조화를 이루어야 한다. 조화를 이루지 못하는 것은 근본적으로 그릇된 것이기 때문에 모든 것은 계절이 자연스럽게 변화하듯 조화를 실현해야 한다. 그러나 서구의 개인주의적 맥락에서 보자면 정치란 서로 다른 개인들 간의 갈등을 조정하는 제도적 장치를 마련하는 과정이었다. 그 결과 서구의 민주주의 사회에서는 다양한 정치적 입장들이 독자적인 형태를 취하면서 경쟁하며 공존할 수 있었다.

물론 유교 전통하에서도 다양한 정치적 입장들이 존재했다고 주장할 수 있다. 군주 절대권이 인정되었다고 해도, 실질적 국가운영을 맡았던 것은 문사(文士) 계층이었고 이들은 다양한 정치적 견해를 군주에게 전달할 수 있었다. 문사 계층은 윤리적 덕목을 군주가 실천하도록 함으로써 갈등 자체가 발생하지 않도록 힘썼다. 또한 이들은 유교 윤리에서 벗어난 군주의 그릇된 행위를 비판하기도 하였다. 그렇다고 하더라도 이들이 서구의 계몽사상가들처럼 기존의 유교적 질서와 다른 정치적 대안을 제시할 수는 없었다. 이들에게 정치는 윤리와 구별되는 독자적 영역으로 인식되지 못하였다.

① 유교 전통에서 사회적 갈등을 원활히 관리하지 못하는 군주는 교체될 수 있었다.
② 유교 전통에서 문사 계층은 기존 유교적 질서와 다른 정치적 대안을 제시하지는 못했다.
③ 조화를 강조하는 유교 전통에서는 서구의 민주주의와 다른 새로운 유형의 민주주의가 등장하였다.
④ 유교 전통에서는 조화의 이상에 따라 군주의 주도로 갈등하는 세력이 공존하는 정치가 유지될 수 있었다.
⑤ 군주의 통치 행위에 대해 다양하게 비판할 수 있었던 유교 전통으로 인해 동아시아에서 민주주의가 발전하였다.

루머는 구전과 인터넷을 통해 확산되고, 그 과정에서 여러 사람들의 의견이 더해진다. 루머는 특히 사회적 불안감이 형성되었을 때 빠르게 확산되는데, 이는 사람들이 사회적·개인적 불안감을 해소하기 위한 수단으로 루머에 의지하기 때문이다.

나아가 루머가 확산되는 데는 사회적 동조가 중요한 영향을 미친다. 사회적 동조란 '다수의 의견이나 사회적 규범에 개인의 의견과 행동을 맞추거나 동화시키는 경향'을 뜻한다. 사회적 동조는 루머가 사실로 인식되고 대중적으로 수용되는 과정에서도 큰 영향력을 행사한다.

사회적 동조는 개인이 어떤 정보에 대해 판단하거나 그에 대한 태도를 결정하는 데 정당성을 제공한다. 다수의 의견을 따름으로써 어떤 정보를 믿는 것에 대한 합리적 이유를 갖게 되는 것이다. 실제로 루머에 대한 지지 댓글을 많이 본 사람들은 루머에 대한 반박 댓글을 많이 본 사람들에 비해 루머를 사실로 믿는 경향이 더욱 강한 것으로 나타났다. 또한 사회적 동조가 있는 상태에서는 개인의 성향과 상관없이 루머를 사실이라고 믿는 경우가 많았다.

사회적 동조의 또 다른 역할은 사람들이 자신의 의견을 제시할 때 사회적 분위기를 고려하게 하는 것이다. 소속된 집단으로부터 소외되지 않기 위해서 다수에 의해 지지되는 의견을 따라가는 현상이 발생하기도 한다. 이와 같은 현상은 개인주의 문화권보다는 집단주의 문화권에 있는 사람들에게서 더 잘 나타난다. 집단주의 문화권 사람들은 루머를 믿는 사람들로부터 루머에 대한 정보를 얻고 그것을 근거로 하여 판단하며, 다른 사람들의 의견에 개인의 생각을 일치시키는 경향이 두드러진다.

① 사람들은 루머를 사회적 불안감을 해소하기 위한 수단으로 삼기도 한다.

② 사회적 동조는 개인이 루머를 사실로 받아들이는 결정을 함에 있어 정당성을 제공한다.

③ 집단주의 문화권에서는 개인주의 문화권보다 사회적 동조가 루머의 확산에 미치는 영향이 더 크게 나타난다.

④ 루머에 대한 반박 댓글을 많이 본 사람들이 지지 댓글을 많이 본 사람들보다 루머를 사실로 믿는 경향이 더 약하다.

⑤ 사회적 동조가 있을 때, 충동적인 사람들은 충동적이지 않은 사람들에 비해 루머를 사실로 믿는 경향이 더 강하다.

정답과 해설 P. 82

회독 CHECK ___월___일 | ___월___일 | ___월___일

01 다음 글에서 알 수 있는 것만을 [보기]에서 모두 고르면?

출처 | 2018년 민간경력자 PSAT 언어논리

사람은 사진이나 영상만 보고도 어떤 사물의 이미지인지 아주 쉽게 분별하지만 컴퓨터는 매우 복잡한 과정을 거쳐야만 분별할 수 있다. 이를 해결하기 위해 컴퓨터가 스스로 학습하면서 패턴을 찾아내 분류하는 기술적 방식인 '기계학습'이 고안됐다. 기계학습을 통해 컴퓨터가 입력되는 수많은 데이터 중에서 비슷한 것들끼리 분류할 수 있도록 학습시킨다. 데이터 분류 방식을 컴퓨터에게 학습시키기 위해 많은 기계학습 알고리즘이 개발되었다.

기계학습 알고리즘은 컴퓨터에서 사용되는 사물 분별 방식에 기반하고 있는데, 이러한 사물 분별 방식은 크게 '지도 학습'과 '자율 학습' 두 가지로 나뉜다. 초기의 기계학습 알고리즘들은 대부분 지도 학습에 기초하고 있다. 지도 학습 방식에서는 컴퓨터에 먼저 '이런 이미지가 고양이야'라고 학습시키면, 컴퓨터는 학습된 결과를 바탕으로 고양이 사진을 분별하게 된다. 따라서 사전 학습 데이터가 반드시 제공되어야 한다. 사전 학습 데이터가 적으면 오류가 커지므로 데이터의 양도 충분해야만 한다. 반면 지도 학습 방식보다 진일보한 방식인 자율 학습에서는 이 과정이 생략된다. '이런 이미지가 고양이야'라고 학습시키지 않아도 컴퓨터는 자율적으로 '이런 이미지가 고양이군'이라고 학습하게 된다. 이러한 자율 학습 방식을 응용하여 '심화신경망' 알고리즘을 활용한 기계학습 분야를 '딥러닝'이라고 일컫는다.

그러나 딥러닝 작업은 고도의 연산 능력이 요구되기 때문에, 웬만한 컴퓨팅 능력으로는 이를 시도하기 쉽지 않았다. A 교수가 1989년에 필기체 인식을 위해 심화신경망 알고리즘을 도입했을 때 연산에만 3일이 걸렸다는 사실은 잘 알려져 있다. 하지만 고성능 CPU가 등장하면서 연산을 위한 시간의 문제는 자연스럽게 해소되었다. 딥러닝 기술의 활용 범위는 RBM과 드롭아웃이라는 새로운 알고리즘이 개발된 후에야 비로소 넓어졌다.

---| 보기 |---

㉠ 지도 학습 방식을 사용하여 컴퓨터가 사물을 분별하기 위해서는 사전 학습 데이터가 주어져야 한다.
㉡ 자율 학습은 지도 학습보다 학습의 단계가 단축되었기에 낮은 연산 능력으로도 수행 가능하다.
㉢ 딥러닝 기술의 활용 범위는 새로운 알고리즘 개발보다는 고성능 CPU 등장 때문에 넓어졌다.

① ㉠   ② ㉢   ③ ㉠, ㉡
④ ㉡, ㉢   ⑤ ㉠, ㉡, ㉢

출처 | 2019년 민간경력자 PSAT 언어논리

'방언(方言)'이라는 용어는 표준어와 대립되는 개념으로 사용될 수 있다. 이때 방언이란 '교양 있는 사람들이 두루 쓰는 현대 서울말'로서의 표준어가 아닌 말, 즉 비표준어라는 뜻을 갖는다. 가령 [(가)]는 생각에는 방언을 비표준어로서 낮잡아 보는 인식이 담겨 있다. 이러한 개념으로서의 방언은 '사투리'라는 용어로 바뀌어 쓰이는 수가 많다. '충청도 사투리', '평안도 사투리'라고 할 때의 사투리는 대개 이러한 개념으로 쓰이는 경우이다. 이때의 방언이나 사투리는, 말하자면 표준어인 서울말이 아닌 어느 지역의 말을 가리키거나, 더 나아가 [(나)]을 일컫는다. 이러한 용법에는 방언이 표준어보다 열등하다는 오해와 편견이 포함되어 있다. 여기에는 표준어보다 못하다거나 세련되지 못하고 규칙에 엄격하지 않다와 같은 부정적 평가가 담겨 있는 것이다. 그런가 하면 사투리는 한 지역의 언어 체계 전반을 뜻하기보다 그 지역의 말 가운데 표준어에는 없는, 그 지역 특유의 언어 요소만을 일컫기도 한다. [(다)]고 할 때의 사투리가 그러한 경우에 해당된다.

언어학에서의 방언은 한 언어를 형성하고 있는 하위 단위로서의 언어 체계 전부를 일컫는 말로 사용된다. 가령 한국어를 예로 들면 한국어를 이루고 있는 각 지역의 말 하나하나, 즉 그 지역의 언어 체계 전부를 방언이라 한다. 서울말은 이 경우 표준어이면서 한국어의 한 방언이다. 그리고 나머지 지역의 방언들은 [(라)]. 이러한 의미에서의 '충청도 방언'은, 충청도에서만 쓰이는, 표준어에도 없고 다른 도의 말에도 없는 충청도 특유의 언어 요소만을 가리키는 것이 아니다. '충청도 방언'은 충청도의 토박이들이 전래적으로 써 온 한국어 전부를 가리킨다. 이 점에서 한국어는 [(마)].

① (가): 바른말을 써야 하는 아나운서가 방언을 써서는 안 된다
② (나): 표준어가 아닌, 세련되지 못하고 격을 갖추지 못한 말
③ (다): 사투리를 많이 쓰는 사람과는 의사소통이 어렵다
④ (라): 한국어라는 한 언어의 하위 단위이기 때문에 방언이다
⑤ (마): 표준어와 지역 방언의 공통부분을 지칭하는 개념이다

출처 | 2019년 민간경력자 PSAT 언어논리

A효과란 기업이 시장에 최초로 진입하여 무형 및 유형의 이익을 얻는 것을 의미한다. 반면 뒤늦게 뛰어든 기업이 앞서 진출한 기업의 투자를 징검다리로 이용하여 성공적으로 시장에 안착하는 것을 B효과라고 한다. 물론 B효과는 후발진입기업이 최초진입기업과 동등한 수준의 기술 및 제품을 보다 낮은 비용으로 개발할 수 있을 때만 가능하다.

생산량이 증가할수록 평균생산비용이 감소하는 규모의 경제 효과 측면에서, 후발진입기업에 비해 최초진입기업이 유리하다. 즉, 대량 생산, 인프라 구축 등에서 우위를 조기에 확보하여 효율성 증대와 생산성 향상을 꾀할 수 있다. 반면 후발진입기업 역시 연구개발 투자 측면에서 최초진입기업에 비해 상대적으로 유리한 면이 있다. 후발진입기업의 모방 비용은 최초진입기업이 신제품 개발에 투자한 비용 대비 65% 수준이기 때문이다. 최초진입기업의 경우, 규모의 경제 효과를 얼마나 단기간에 이룰 수 있는가가 성공의 필수 요건이 된다. 후발진입기업의 경우, 절감된 비용을 마케팅 등에 효과적으로 투자하여 최초진입기업의 시장 점유율을 단기간에 빼앗아 오는 것이 성공의 핵심 조건이다.

규모의 경제 달성으로 인한 비용상의 이점 이외에도 최초진입기업이 누릴 수 있는 강점은 강력한 진입 장벽을 구축할 수 있다는 것이다. 시장에 최초로 진입했기에 소비자에게 우선적으로 인식된다. 그로 인해 후발진입기업에 비해 적어도 인지도 측면에서는 월등한 우위를 확보한다. 또한 기술적 우위를 확보하여 라이센스, 특허 전략 등을 통해 후발진입기업의 시장 진입을 방해하기도 한다. 뿐만 아니라 소비자들이 후발진입기업의 브랜드로 전환하려고 할 때 발생하는 노력, 비용, 심리적 위험 등을 마케팅에 활용하여 후발진입기업이 시장에 진입하기 어렵게 할 수도 있다. 결국 A효과를 극대화할 수 있는지는 규모의 경제 달성 이외에도 얼마나 오랫동안 후발주자가 진입하지 못하도록 할 수 있는가에 달려 있다.

① 최초진입기업은 후발진입기업에 비해 매년 더 많은 마케팅 비용을 사용한다.
② 후발진입기업의 모방 비용은 최초진입기업이 신제품 개발에 투자한 비용보다 적다.
③ 최초진입기업이 후발진입기업에 비해 인지도 측면에서 우위에 있다는 것은 A효과에 해당한다.
④ 후발진입기업이 성공하려면 절감된 비용을 효과적으로 투자하여 최초진입기업의 시장점유율을 단기간에 빼앗아 와야 한다.
⑤ 후발진입기업이 최초진입기업과 동등한 수준의 기술 및 제품을 보다 낮은 비용으로 개발할 수 없다면 B효과를 얻을 수 없다.

정답과 해설 P. 86

01 다음 글에서 알 수 있는 것은?

출처 | 2019년 민간경력자 PSAT 언어논리

1996년 미국, EU 및 캐나다는 일본에서 위스키의 주세율이 소주에 비해 지나치게 높다는 이유로 일본을 WTO에 제소했다. WTO 패널은 제소국인 미국, EU 및 캐나다의 손을 들어주었다. 이 판정을 근거로 미국과 EU는 한국에 대해서도 소주와 위스키의 주세율을 조정해줄 것을 요구했는데, 받아들여지지 않자 한국을 WTO에 제소했다. 당시 소주의 주세율은 증류식이 50%, 희석식이 35%였는데, 위스키의 주세율은 100%로 소주에 비해 크게 높았다. 한국에 위스키 원액을 수출하던 EU는 1997년 4월에 한국을 제소했고, 5월에는 미국도 한국을 제소했다. 패널은 1998년 7월에 한국의 패소를 결정했다.

패널의 판정은, 소주와 위스키가 직접적인 경쟁 관계에 있고 동시에 대체 관계가 존재하므로 국산품인 소주에 비해 수입품인 위스키에 높은 주세율을 적용하고 있는 한국의 주세 제도가 WTO 협정의 내국민대우 조항에 위배된다는 것이었다. 그리고 3개월 후 한국이 패널의 판정에 대해 상소했으나 상소 기구에서 패널의 판정이 그대로 인정되었다. 따라서 한국은 소주와 위스키 간 주세율의 차이를 해소해야 했는데, 그 방안은 위스키의 주세를 낮추거나 소주의 주세를 올리는 것이었다. 당시 어느 것이 옳은가에 대한 논쟁이 적지 않았다. 결국 소주의 주세율은 올리고 위스키의 주세율은 내려서, 똑같이 72%로 맞추는 방식으로 2000년 1월 주세법을 개정하여 차이를 해소했다.

① WTO 협정에 따르면, 제품 간 대체 관계가 존재하면 세율이 같아야 한다.
② 2000년 주세법 개정 결과 희석식 소주가 증류식 소주보다 주세율 상승폭이 컸다.
③ 2000년 주세법 개정 이후 소주와 위스키의 세금 총액은 개정 전에 비해 증가하였다.
④ 미국, EU 및 캐나다는 일본과의 WTO 분쟁 판정 결과를 근거로 한국에서도 주세율을 조정하고자 했다.
⑤ 한국의 소주와 위스키의 주세율을 일본과 동일하게 하라는 권고가 WTO 패널의 판정에 포함되어 있다.

기원전 3천 년쯤 처음 나타난 원시 수메르어 문자 체계는 두 종류의 기호를 사용했다. 한 종류는 숫자를 나타냈고, 1, 10, 60 등에 해당하는 기호가 있었다. 다른 종류의 기호는 사람, 동물, 사유물, 토지 등을 나타냈다. 두 종류의 기호를 사용하여 수메르인들은 많은 정보를 보존할 수 있었다.

이 시기의 수메르어 기록은 사물과 숫자에 한정되었다. 쓰기는 시간과 노고를 요구하는 일이었고, 기호를 읽고 쓸 줄 아는 사람은 얼마 되지 않았다. 이런 고비용의 기호를 장부 기록 이외의 일에 활용할 이유가 없었다. 현존하는 원시 수메르어 문서 가운데 예외는 하나뿐이고, 그 내용은 기록하는 일을 맡게 된 견습생이 교육을 받으면서 반복해서 썼던 단어들이다. 지루해진 견습생이 자기 마음을 표현하는 시를 적고 싶었더라도 그는 그렇게 할 수 없었다. 원시 수메르어 문자 체계는 완전한 문자 체계가 아니었기 때문이다. 완전한 문자 체계란 구어의 범위를 포괄하는 기호 체계, 즉 시를 포함하여 사람들이 말하는 것은 무엇이든 표현할 수 있는 체계이다. 반면에 불완전한 문자 체계는 인간 행동의 제한된 영역에 속하는 특정한 종류의 정보만 표현할 수 있는 기호 체계다. 라틴어, 고대 이집트 상형문자, 브라유 점자는 완전한 문자 체계이다. 이것들로는 상거래를 기록하고, 상법을 명문화하고, 역사책을 쓰고, 연애시를 쓸 수 있다. 이와 달리 원시 수메르어 문자 체계는 수학의 언어나 음악 기호처럼 불완전했다. 그러나 수메르인들은 불편함을 느끼지 않았다. 그들이 문자를 만들어 쓴 이유는 구어를 고스란히 베끼기 위해서가 아니라 거래 기록의 보존처럼 구어로는 하지 못할 일을 하기 위해서였기 때문이다.

① 원시 수메르어 문자 체계는 구어를 보완하는 도구였다.
② 원시 수메르어 문자 체계는 감정을 표현하는 일에 적합하지 않았다.
③ 원시 수메르어 문자를 당시 모든 구성원이 사용할 줄 아는 것은 아니었다.
④ 원시 수메르어 문자는 사물과 숫자를 나타내는 데 상이한 종류의 기호를 사용하였다.
⑤ 원시 수메르어 문자와 마찬가지로 고대 이집트 상형문자는 구어의 범위를 포괄하지 못했다.

조선 왕조가 개창될 당시에는 승려에게 군역을 부과하지 않는 것이 상례였는데, 이를 노리고 승려가 되어 군역을 피하는 자가 많았다. 태조 이성계는 이를 막기 위해 국왕이 되자마자 앞으로 승려가 되려는 자는 빠짐없이 일종의 승려 신분증인 도첩을 발급 받으라고 명했다. 그는 도첩을 받은 자만 승려가 될 수 있으며 도첩을 신청할 때는 반드시 면포 150필을 내야 한다는 규정을 공포했다. 그런데 평범한 사람이 면포 150필을 마련하기란 쉽지 않았다. 이 때문에 도첩을 위조해 승려 행세하는 자들이 생겨났다.

태종은 이 문제를 해결하고자 즉위한 지 16년째 되는 해에 담당 관청으로 하여금 도첩을 위조해 승려 행세하는 자를 색출하게 했다. 이처럼 엄한 대응책 탓에 도첩을 위조해 승려 행세하는 사람은 크게 줄어들었다. 하지만 정식으로 도첩을 받은 후 승려 명부에 이름만 올려놓고 실제로는 승려 생활을 하지 않는 부자가 많은 것이 드러났다. 이런 자들은 불교 지식도 갖추지 않은 것으로 나타났다. 태종과 태종의 뒤를 이은 세종은 태조가 세운 방침을 준수할 뿐 이 문제에 대해 특별한 대책을 내놓지 않았다.

세조는 이 문제를 해결하기 위해 즉위하자마자 담당 관청에 대책을 세우라고 명했다. 그는 수년 후 담당 관청이 작성한 방안을 바탕으로 새 규정을 시행하였다. 이 방침에는 도첩을 신청한 자가 내야 할 면포 수량을 30필로 낮추되 불교 경전인 심경, 금강경, 살달타를 암송하는 자에게만 도첩을 준다는 내용이 있었다. 세조의 뒤를 이은 예종은 규정을 고쳐 도첩 신청자가 납부해야 할 면포 수량을 20필 더 늘리고, 암송할 불경에 법화경을 추가하였다. 이처럼 기준이 강화되자 도첩 신청자 수가 줄어들었다. 이에 성종 때에는 세조가 정한 규정으로 돌아가자는 주장이 나왔다. 하지만 성종은 이를 거부하고, 예종 때 만들어진 규정을 그대로 유지했다.

① 태종은 도첩을 위조해 승려가 된 자를 색출한 후 면포 30필을 내게 했다.
② 태조는 자신이 국왕이 되기 전부터 승려였던 자들에게 면포 150필을 일괄적으로 거두어들였다.
③ 세조가 즉위한 해부터 심경, 금강경, 살달타를 암송한 자에게만 도첩을 발급한다는 규정이 시행되었다.
④ 성종은 법화경을 암송할 수 있다는 사실을 인정받은 자가 면포 20필을 납부할 때에만 도첩을 내주게 했다.
⑤ 세종 때 도첩 신청자가 내도록 규정된 면포 수량은 예종 때 도첩 신청자가 내도록 규정된 면포 수량보다 많았다.

정답과 해설 P. 90

01 다음 글에서 알 수 있는 것은?

출처 | 2019년 민간경력자 PSAT 언어논리

대부분의 미국 경찰관은 총격 사건을 경험하지 않고 은퇴하지만, 그럼에도 매년 약 600명이 총에 맞아 사망하고, 약 200명은 부상당한다. 미국에서 총격 사건 중 총기 발사 경험이 있는 경찰관 대부분이 심리적 문제를 보인다.

총격 사건을 겪은 경찰관을 조사한 결과, 총격 사건이 일어나는 동안 발생하는 중요한 심리현상 중의 하나가 시간·시각·청각왜곡을 포함하는 지각왜곡이었다. 83%의 경찰관이 총격이 오가는 동안 시간왜곡을 경험했는데, 그들 대부분은 한 시점에서 시간이 감속하여 모든 것이 느려진다고 느꼈다. 또한 56%가 시각왜곡을, 63%가 청각왜곡을 겪었다. 시각왜곡 중에서 가장 빈번한 증상은 한 가지 물체에만 주의가 집중되고 그 밖의 장면은 무시되는 것이다. 청각왜곡은 권총 소리, 고함 소리, 지시 사항 등의 소리를 제대로 듣지 못하는 것이다.

총격 사건에서 총기를 발사한 경찰관은 사건 후 수많은 심리증상을 경험한다. 가장 일반적인 심리증상은 높은 위험 지각, 분노, 불면, 고립감 등인데, 이러한 반응은 특히 총격 피해자 사망 시에 잘 나타난다. 총격 사건을 겪은 경찰관은 이전에 생각했던 것보다 자신의 직업이 더욱 위험하다고 지각하게 된다. 그들은 총격 피해자, 부서, 동료, 또는 사회에 분노를 느끼기도 하는데, 이는 자신을 누군가에게 총을 쏴야만 하는 상황으로 몰아넣었다는 생각 때문에 발생한다. 이러한 심리증상은 그 정도에서 큰 차이를 보였다. 37%의 경찰관은 심리증상이 경미했고, 35%는 중간 정도이며, 28%는 심각했다. 이러한 심리증상의 정도는 총격 사건이 발생한 상황에서 경찰관 자신의 총기 사용이 얼마나 정당했는가와 반비례하는 것으로 보인다. 수적으로 열세인 것, 권총으로 강력한 자동화기를 상대해야 하는 것 등의 요소가 총기 사용의 정당성을 높여준다.

① 총격 사건 중에 경험하는 지각왜곡 중에서 청각왜곡이 가장 빈번하게 나타난다.

② 전체 미국 경찰관 중 총격 사건을 경험하는 사람이 경험하지 않는 사람보다 많다.

③ 총격 피해자가 사망했을 경우 경찰관이 경험하는 청각왜곡은 그렇지 않은 경우보다 심각할 것이다.

④ 총격 사건 후 경찰관이 느끼는 높은 위험 지각, 분노 등의 심리증상은 지각왜곡의 정도에 의해 영향을 받는다.

⑤ 범죄자가 경찰관보다 강력한 무기로 무장했을 경우 경찰관이 총격 사건 후 경험하는 심리증상은 반대의 경우보다 약할 것이다.

　　탁주는 혼탁한 술이다. 탁주는 알코올 농도가 낮고, 맑지 않아 맛이 텁텁하다. 반면 청주는 탁주에 비해 알코올 농도가 높고 맑은 술이다. 그러나 얼마만큼 맑아야 청주이고 얼마나 흐려야 탁주인가 하는 질문에는 명쾌하게 답을 내리기가 쉽지 않다. 탁주의 정의 자체에 혼탁이라는 다소 불분명한 용어가 쓰이기 때문이다. 과학적이라고 볼 수는 없지만, 투명한 병에 술을 담고 그 병 뒤에 작은 물체를 두었을 경우 그 물체가 희미하게 보이거나 아예 보이지 않으면 탁주라고 부른다. 술을 담은 병 뒤에 둔 작은 물체가 희미하게 보일 때 이 술의 탁도는 350ebc* 정도이다. 청주의 탁도는 18ebc 이하이며, 탁주 중에 막걸리는 탁도가 1,500ebc 이상인 술이다.

　　막걸리를 만들기 위해서는 찹쌀, 보리, 밀가루 등을 시루에 쪄서 만든 지에밥이 필요하다. 적당히 말린 지에밥에 누룩, 효모와 물을 섞어 술독에 넣고 나서 며칠 지나면 막걸리가 만들어진다. 술독에서는 미생물에 의한 당화과정과 발효과정이 거의 동시에 일어나며, 이 두 과정을 통해 지에밥의 녹말이 알코올로 바뀌게 된다. 효모가 녹말을 바로 분해하지 못하므로, 지에밥에 들어있는 녹말을 엿당이나 포도당으로 분해하는 당화과정에서는 누룩곰팡이가 중요한 역할을 한다. 누룩곰팡이가 갖고 있는 아밀라아제는 녹말을 잘게 잘라 엿당이나 포도당으로 분해한다. 이 당화과정에서 만들어진 엿당이나 포도당을 효모가 알코올로 분해하는 과정을 발효과정이라 한다. 당화과정과 발효과정 중에 나오는 에너지로 인하여 열이 발생하게 되며, 이 열로 술독 내부의 온도인 품온(品溫)이 높아진다. 품온은 막걸리의 질과 풍미를 결정하기에 적정 품온이 유지되도록 술독을 관리해야 하는데, 일반적인 적정 품온은 23~28℃이다.

* ebc: 유럽양조협회에서 정한 탁도의 단위

① 청주와 막걸리의 탁도는 다르지만 알코올 농도는 같다.
② 지에밥의 녹말이 알코올로 변하면서 발생하는 열이 품온을 높인다.
③ 누룩곰팡이가 지닌 아밀라아제는 엿당이나 포도당을 알코올로 분해한다.
④ 술독에 넣는 효모의 양을 조절하면 청주와 막걸리를 구분하여 만들 수 있다.
⑤ 막걸리를 만들 때, 술독 안의 당화과정은 발효과정이 완료된 이후에 시작된다.

03 다음 글에서 추론할 수 있는 것만을 [보기]에서 모두 고르면? 출처 | 2019년 민간경력자 PSAT 언어논리

생산자가 어떤 자원을 투입물로 사용해서 어떤 제품이나 서비스 등의 산출물을 만드는 생산과정을 생각하자. 산출물의 가치에서 생산하는 데 소요된 모든 비용을 뺀 것이 '순생산가치'이다. 생산자가 생산과정에서 투입물 1단위를 추가할 때 순생산가치의 증가분이 '한계순생산가치'이다. 경제학자 P는 이를 ⓐ '사적(私的) 한계순생산가치'와 ⓑ '사회적 한계순생산가치'로 구분했다.

사적 한계순생산가치란 한 기업이 생산과정에서 투입물 1단위를 추가할 때 그 기업에 직접 발생하는 순생산가치의 증가분이다. 사회적 한계순생산가치란 한 기업이 투입물 1단위를 추가할 때 발생하는 사적 한계순생산가치에 그 생산에 의해 부가적으로 발생하는 사회적 비용을 빼고 편익을 더한 것이다. 여기서 이 생산과정에서 부가적으로 발생하는 사회적 비용이나 편익에는 그 기업의 사적 한계순생산가치가 포함되지 않는다.

┤ 보기 ├

㉠ ⓐ의 크기는 기업의 생산이 사회에 부가적인 편익을 발생시키는지의 여부와 무관하게 결정된다.

㉡ 어떤 기업이 투입물 1단위를 추가할 때 사회에 발생하는 부가적인 편익이나 비용이 없는 경우, 이 기업이 야기하는 ⓐ와 ⓑ의 크기는 같다.

㉢ 기업 A와 기업 B가 동일한 투입물 1단위를 추가했을 때 각 기업에 의해 사회에 부가적으로 발생하는 비용이 같을 경우, 두 기업이 야기하는 ⓑ의 크기는 같다.

① ㉠
② ㉢
③ ㉠, ㉡
④ ㉡, ㉢
⑤ ㉠, ㉡, ㉢

정답과 해설 P. 94

DAY 25

01 다음 글에서 알 수 **없는** 것은?

출처 | 2019년 민간경력자 PSAT 언어논리

휴대전화를 뜻하는 '셀룰러폰'은 이동 통신 서비스에서 하나의 기지국이 담당하는 지역을 셀이라고 말한 것에서 유래하였다. 이동 통신은 주어진 총 주파수 대역폭을 다수의 사용자가 이용하므로 통화 채널당 할당된 주파수 대역을 재사용하는 기술이 무엇보다 중요하다. 이동 통신 회사들은 제한된 주파수 자원을 보다 효율적으로 사용하기 위하여 넓은 지역을 작은 셀로 나누고, 셀의 중심에 기지국을 만든다. 각 기지국마다 특정 주파수 대역을 사용해 서비스를 제공하는데, 일정 거리 이상 떨어진 기지국은 동일한 주파수 대역을 다시 사용함으로써 주파수 재사용률을 높인다. 예를 들면, 아래 그림은 특정 지역에 이동 통신 서비스를 제공하기 위하여 네 종류의 주파수 대역(F1, F2, F3, F4)을 사용하고 있다. 주파수 간섭 문제를 피하기 위해 인접한 셀들은 서로 다른 주파수 대역을 사용하지만, 인접하지 않은 셀에서는 이미 사용하고 있는 주파수 대역을 다시 사용하는 것을 볼 수 있다. 이렇게 셀을 구성하여 방대한 지역을 제한된 몇 개의 주파수 대역으로 서비스할 수 있다.

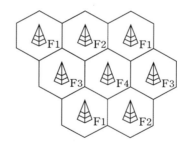

하나의 기지국이 감당할 수 있는 최대 통화량은 일정하다. 평지에서 기지국이 전파를 발사하면 전파의 장은 기지국을 중심으로 한 원 모양이지만, 서비스 지역에 셀을 배치하는 시스템 설계자는 해당 지역을 육각형의 셀로 디자인하여 중심에 기지국을 배치한다. 기지국의 전파 강도를 조절하여 셀의 반지름을 반으로 줄이면 면적은 약 1/4로 줄어들게 된다. 따라서 셀의 반지름을 반으로 줄일 경우 동일한 지역에는 셀의 수가 약 4배가 되고, 수용 가능한 통화량도 약 4배로 증가하게 된다. 이를 이용하여 시스템 설계자는 평소 통화량이 많은 곳은 셀의 반지름을 줄이고 통화량이 적은 곳은 셀의 반지름을 늘려 서비스 효율성을 높인다.

① 주파수 재사용률을 높이기 위해 기지국의 전파 강도를 높여 이동 통신 서비스를 제공한다.
② 제한된 수의 주파수 대역으로 넓은 지역에 이동 통신 서비스를 제공할 수 있다.
③ 인접 셀에서 같은 주파수 대역을 사용하면 주파수 간섭 문제가 발생할 수 있다.
④ 시스템 설계자는 서비스 지역의 통화량에 따라 셀의 반지름을 정한다.
⑤ 기지국 수를 늘리면 수용 가능한 통화량이 증가한다.

우리나라 헌법상 정부는 대통령과 행정부로 구성된다. 행정부에는 국무총리, 행정각부, 감사원 등이 있으며, 이들은 모두 대통령 소속 하에 있다. 이외에도 행정부에는 국무회의와 각종 대통령 자문기관들이 있다.

우리나라 국무회의는 정부의 중요 정책에 대한 최고 심의기관으로, 그 설치를 헌법에서 규정하고 있다. 미국 대통령제의 각료회의는 헌법에 규정이 없는 편의상의 기구라는 점에서, 영국 의원내각제의 내각은 의결기관이라는 점에서 우리나라의 국무회의는 이들과 법적 성격이 다르다.

대통령이 국무회의 심의 결과에 구속되지 않는다는 점에서 국무회의는 자문기관과 큰 차이가 없다. 그러나 일반 대통령 자문기관들은 대통령이 임의적으로 요청하는 사항에 응하여 자문을 개진하는 것과 달리 국무회의는 심의 사항이 헌법에 명시되어 있으며 해당 심의는 필수적이라는 점에서 단순한 자문기관도 아니다.

행정각부의 장은 대통령, 국무총리와 함께 국무회의를 구성하는 국무위원임과 동시에 대통령이 결정한 정책을 집행하는 행정관청이다. 그러나 행정각부의 장이 국무위원으로서 갖는 지위와 행정관청으로서 갖는 지위는 구별된다. 국무위원으로서 행정각부의 장은 대통령, 국무총리와 법적으로 동등한 지위를 갖지만, 행정관청으로서 행정각부의 장은 대통령은 물론 상급행정관청인 국무총리의 지휘와 감독에 따라야 한다.

① 감사원은 대통령 소속하에 있는 기관이다.

② 국무회의는 의결기관도 단순 자문기관도 아닌 심의기관이다.

③ 국무회의 심의 결과는 대통령을 구속한다는 점에서 국가의사를 표시한다.

④ 우리나라 헌법은 국무회의에서 반드시 심의하여야 할 사항을 규정하고 있다.

⑤ 국무총리와 행정각부의 장은 국무회의 심의 석상에서는 국무위원으로서 법적으로 동등한 지위를 갖는다.

조선 시대에는 각 고을에 '유향소'라는 기구가 있었다. 이 기구는 해당 지역의 명망가들로 구성되어 있었으며, 지방관을 보좌하고 아전을 감독하는 역할을 했다. 유향소는 그 회원들의 이름을 '향안'이라는 책자에 기록해 두었다. 향안에 이름이 오른 사람은 유향소의 장(長)인 좌수 혹은 별감을 선출하는 선거에 참여할 수 있었고, 유향소가 개최하는 회의에 참석해 지방행정에 관한 의견을 개진할 수 있었다. 또 회원 자격을 획득한 후 일정한 기간이 지나면 좌수와 별감으로 뽑힐 수도 있었다.

향안에 이름이 오르는 것을 '입록'이라고 불렀다. 향안에 입록되는 것은 당시로서는 큰 영예였다. 16세기에 대부분의 유향소는 부친, 모친, 처가 모두 그 지역 출신이어야 향안에 입록될 수 있도록 했는데, 이 조건을 '삼향'이라고 불렀다. 그런데 당시에는 멀리 떨어진 고을의 가문과 혼인 관계를 맺는 일이 잦아 삼향의 조건을 갖춘 사람은 드물었다. 유향소가 이 조건을 고수한다면 전국적인 명망가라고 하더라도 유향소 회원이 되기 어려웠다. 이런 까닭에 삼향이라는 조건을 거두어들이는 유향소가 늘어났다. 그 결과 17세기에는 삼향의 조건을 갖추지 않았다는 이유로 향안 입록을 거부하는 유향소가 크게 줄었다.

한편 서얼이나 상민과 혼인한 사람은 어떤 경우라도 향안에 입록될 수 없었고, 이 규정이 사라진 적도 없었다. 향안에 들어가고자 하는 사람은 기존 유향소 회원들의 동의도 받아야 했다. 향안 입록 신청자가 생기면 유향소 회원들은 한 곳에 모여 투표를 해 허용 여부를 결정했다. 입록 신청자를 받아들일지 결정하는 투표를 '권점'이라고 불렀다. 권점을 통과하기 위해서는 일정한 비율 이상의 찬성표가 나와야 했다. 이 때문에 향안에 이름을 올리려는 자는 평소 나쁜 평판이 퍼지지 않게 행실에 주의를 기울였다.

① 향안에 입록된 사람은 해당 지역 유향소의 별감이나 좌수를 뽑는 데 참여할 수 있었다.
② 각 지역 유향소들은 아전의 부정행위를 막기 위해 17세기에 향안 입록 조건을 완화하였다.
③ 유향소 회의에 참여할 자격을 얻기 위해서는 향안에 입록된 후에 다시 권점을 통과해야 하였다.
④ 16세기에는 서얼 가문과 혼인한 사람이 향안에 입록될 수 없었으나, 17세기에는 입록될 수 있었다.
⑤ 17세기에 새로이 유향소 회원이 된 사람들은 모두 삼향의 조건을 갖추고 권점을 통과한 인물이었다.

정답과 해설 P. 98

DAY 26

01 다음 글에서 알 수 있는 것은?

출처 | 2020년 민간경력자 PSAT 언어논리

> 부처의 말씀을 담은 경장과 그 해설서인 논장, 수행자의 계율을 담은 율장 외에 여러 가지 불교 관련 자료들을 모아 펴낸 것을 대장경이라고 부른다. 고려는 몇 차례 대장경 간행 사업을 벌였는데, 처음 대장경 간행에 돌입한 것은 거란의 침입을 받았던 현종 때 일이다. 당시 고려는 대장경을 만드는 데 필요한 자료들을 확보하지 못해 애를 먹다가 거란에서 만든 대장경을 수입해 분석한 후 선종 때 이를 완성했다. 이 대장경을 '초조대장경'이라고 부른다.
>
> 한편 고려는 몽골이 침략해 들어오자 불교 신앙으로 국난을 극복하겠다는 뜻에서 다시 대장경 제작 사업에 돌입했다. 이 대장경은 두 번째로 만든 것이라고 해서 '재조대장경'이라 불렸다. 고려는 재조대장경을 활자로 인쇄하기로 하고, 전국 각지에서 나무를 베어 경판을 만들었다. 완성된 경판의 숫자가 8만여 개에 이르기 때문에 이 대장경을 '팔만대장경'이라고도 부른다. 재조대장경을 찍어내기 위해 만든 경판은 현재까지 남아 있는데, 이는 전세계에 남아 있는 대장경 인쇄용 경판 가운데 가장 오래된 것이다. 재조대장경판은 그 규모가 무척 커서 제작을 시작한 지 16년 만에 완성할 수 있었다.
>
> 재조대장경을 찍어내고자 수많은 경판을 만들었다는 사실에서 알 수 있듯이 한반도에서는 인쇄술이 일찍부터 발달해 있었다. 이를 잘 보여주는 유물이 불국사에서 발견된 「무구정광대다라니경」이다. 분석 결과, 이 유물은 통일신라 경덕왕 때 목판으로 찍어낸 것으로 밝혀졌다. 「무구정광대다라니경」은 목판으로 인쇄되어 전하는 자료 가운데 세계에서 가장 오래된 것이다. 금속활자를 이용한 인쇄술도 일찍부터 발달했다. 몽골의 1차 고려 침략이 시작된 해에 세계 최초로 금속활자를 이용한 「상정고금예문」이 고려에서 발간되었다고 알려져 있다. 이처럼 고려 사람들은 선진 인쇄술을 바탕으로 문화를 발전시켜 나갔다.

① 재조대장경판의 제작이 완료되기 전에 금속활자로 「상정고금예문」을 발간한 일이 있었던 것으로 전해진다.

② 재조대장경은 고려 현종 때 외적의 침입을 막고자 거란에서 들여온 대장경을 참고해 만든 것이다.

③ 고려 시대에 만들어진 대장경판으로서 현재 남아있는 것 중 가장 오래된 것은 초조대장경판이다.

④ 「무구정광대다라니경」은 목판으로 인쇄되었으며, 재조대장경은 금속활자로 인쇄되었다.

⑤ 불교 진흥을 위해 고려 시대에 만들어진 최초의 대장경은 팔만대장경이다.

많은 국가들의 소년사법 제도는 영국의 관습법에서 유래한다. 영국 관습법에 따르면 7세 이하 소년은 범죄 의도를 소유할 능력이 없는 것으로 간주되고, 8세 이상 14세 미만의 소년은 형사책임을 물을 수 없고, 14세 이상의 소년에 대해서는 형사책임을 물을 수 있다.

우리나라의 소년사법 역시 소년의 나이에 따라 세 그룹으로 구분하여 범죄 의도 소유 능력 여부와 형사책임 여부를 결정한다. 다만 그 나이의 기준을 9세 이하, 10세 이상 14세 미만, 그리고 14세 이상 19세 미만으로 구분할 뿐이다. 우리나라 「소년법」은 10세 이상 14세 미만의 소년 중 형벌 법령에 저촉되는 행위를 한 자를 촉법소년으로 규정하여 소년사법의 대상으로 하고 있다. 또한, 10세 이상 19세 미만의 소년 중 이유 없는 가출을 하거나 술을 마시는 행동을 하는 등 그대로 두면 장래에 범법행위를 할 우려가 있는 소년을 우범소년으로 규정하여 소년사법의 대상으로 하고 있다. 일부에서는 단순히 불량성이 있을 뿐 범죄를 저지르지 않았음에도 소년사법의 대상이 되는 우범소년 제도에 의문을 품기도 한다.

소년사법은 범죄를 저지르지 않은 소년까지도 사법의 대상으로 한다는 점에서 자기책임주의를 엄격히 적용하는 성인사법과 구별된다. 소년사법의 이러한 특징은 국가가 궁극적 보호자로서 아동을 양육하고 보호해야 한다는 국친 사상에 근거를 둔다. 과거 봉건 국가 시대에는 친부모가 자녀에 대한 양육·보호를 제대로 하지 못하는 경우 왕이 양육·보호책임을 진다고 믿었다. 이런 취지에서 오늘날에도 비록 죄를 범하지는 않았지만 그대로 둔다면 범행을 할 가능성이 있는 소년까지 소년사법의 대상으로 보는 것이다. 이처럼 소년사법의 철학적 기초에는 국친 사상이 있다.

① 국친 사상은 소년사법의 대상 범위를 축소하는 철학적 기초이다.
② 성인범도 국친 사상의 대상이 되어 범행할 가능성이 있으면 처벌을 받는다.
③ 우리나라 소년법상 촉법소년은 범죄 의도를 소유할 수 없는 것으로 간주된다.
④ 영국의 관습법상 7세의 소년은 범죄 의도는 소유할 수 있지만, 형사책임이 없는 것으로 간주된다.
⑤ 우리나라 소년법상 10세 이상 19세 미만의 소년은 범죄를 저지를 우려가 있으면 범죄를 저지르지 않아도 소년사법의 적용을 받을 수 있다.

바르트는 언어를 '랑그', '스틸', '에크리튀르'로 구분해서 파악했다. 랑그는 영어의 'language'에 해당한다. 인간은 한국어, 중국어, 영어 등 어떤 언어를 공유하는 집단에서 태어난다. 그때 부모나 주변 사람들이 이야기하는 언어가 '모어(母語)'이고 그것이 랑그이다.

랑그에 대해 유일하게 말할 수 있는 사실은, 태어날 때부터 부모가 쓰는 언어여서 우리에게 선택권이 없다는 것이다. 인간은 '모어 속에 던져지는' 방식으로 태어나기 때문에 랑그에는 관여할 수 없다. 태어나면서 쉼 없이 랑그를 듣고 자라기 때문에 어느새 그 언어로 사고하고, 그 언어로 숫자를 세고, 그 언어로 말장난을 하고, 그 언어로 신어(新語)를 창조한다.

스틸의 사전적인 번역어는 '문체'이지만 실제 의미는 '어감'에 가깝다. 이는 언어에 대한 개인적인 호오(好惡)의 감각을 말한다. 누구나 언어의 소리나 리듬에 대한 호오가 있다. 글자 모양에 대해서도 사람마다 취향이 다르다. 이는 좋고 싫음의 문제이기 때문에 어쩔 도리가 없다. 따라서 스틸은 기호에 대한 개인적 호오라고 해도 좋다. 다시 말해 스틸은 몸에 각인된 것이어서 주체가 자유롭게 선택할 수 없다.

인간이 언어기호를 조작할 때에는 두 가지 규제가 있다. 랑그는 외적인 규제, 스틸은 내적인 규제이다. 에크리튀르는 이 두 가지 규제의 중간에 위치한다. 에크리튀르는 한국어로 옮기기 어려운데, 굳이 말하자면 '사회방언'이라고 할 수 있다. 방언은 한 언어의 큰 틀 속에 산재하고 있으며, 국소적으로 형성된 것이다. 흔히 방언이라고 하면 '지역방언'을 떠올리는데, 이는 태어나 자란 지역의 언어이므로 랑그로 분류된다. 하지만 사회적으로 형성된 방언은 직업이나 생활양식을 선택할 때 동시에 따라온다. 불량청소년의 말, 영업사원의 말 등은 우리가 선택할 수 있다.

① 랑그는 선택의 여지가 없지만, 스틸과 에크리튀르는 자유로운 선택이 가능하다.
② 방언에 대한 선택은 언어에 대한 개인의 호오 감각에 기인한다.
③ 동일한 에크리튀르를 사용하는 사람들은 같은 지역 출신이다.
④ 같은 모어를 사용하는 형제라도 스틸은 다를 수 있다.
⑤ 스틸과 에크리튀르는 언어 규제상 성격이 같다.

정답과 해설 P. 102

DAY 27

01 다음 글의 빈칸에 들어갈 내용으로 가장 적절한 것은?

출처 | 2020년 민간경력자 PSAT 언어논리

> 텔레비전이라는 단어는 '멀리'라는 뜻의 그리스어 '텔레'와 '시야'를 뜻하는 라틴어 '비지오'에서 왔다. 원래 텔레비전은 우리가 멀리서도 볼 수 있도록 해주는 기기로 인식됐다. 하지만 조만간 텔레비전은 멀리에서 우리를 보이게 해 줄 것이다. 오웰의 「1984」에서 상상한 것처럼, 우리가 텔레비전을 보는 동안 텔레비전이 우리를 감시할 것이다. 우리는 텔레비전에서 본 내용을 대부분 잊어버리겠지만, 텔레비전에 영상을 공급하는 기업은 우리가 만들어낸 데이터를 기반으로 하여 알고리즘을 통해 우리 입맛에 맞는 영화를 골라 줄 것이다. 나아가 인생에서 중요한 것들, 이를테면 어디서 일해야 하는지, 누구와 결혼해야 하는지도 대신 결정해 줄 것이다.
>
> 그들의 답이 늘 옳지는 않을 것이다. 그것은 불가능하다. 데이터 부족, 프로그램 오류, 삶의 근본적인 무질서 때문에 알고리즘은 실수를 범할 수밖에 없다. 하지만 완벽해야 할 필요는 없다. 평균적으로 우리 인간보다 낫기만 하면 된다. 그 정도는 그리 어려운 일이 아니다. 왜냐하면 대부분의 사람은 자신을 잘 모르기 때문이다. 사람들은 인생의 중요한 결정을 내리면서도 끔찍한 실수를 저지를 때가 많다. 데이터 부족, 프로그램 오류, 삶의 근본적인 무질서로 인한 고충도 인간이 알고리즘보다 훨씬 더 크게 겪는다.
>
> 우리는 알고리즘을 둘러싼 많은 문제들을 열거하고 나서, 그렇기 때문에 사람들은 결코 알고리즘을 신뢰하지 않을 거라고 결론 내릴 수도 있다. 하지만 그것은 민주주의의 모든 결점들을 나열한 후에 '제정신인 사람이라면 그런 체제는 지지하려 들지 않을 것'이라고 결론짓는 것과 비슷하다. 처칠의 유명한 말이 있지 않은가? "민주주의는 세상에서 가장 나쁜 정치 체제다. 다른 모든 체제를 제외하면." 알고리즘에 대해서도 마찬가지로 다음과 같은 결론을 내릴 수 있다. _____

① 알고리즘의 모든 결점을 제거하면 최선의 선택이 가능할 것이다.

② 우리는 자신이 무엇을 원하는지를 알기 위해서 점점 더 알고리즘에 의존한다.

③ 데이터를 가진 기업이 다수의 사람을 은밀히 감시하는 사례는 더 늘어날 것이다.

④ 실수를 범하기는 하지만 현실적으로 알고리즘보다 더 신뢰할 만한 대안을 찾기 어렵다.

⑤ 알고리즘이 갖는 결점이 지금은 보이지 않지만, 어느 순간 이 결점 때문에 우리의 질서가 무너질 것이다.

아이를 엄격하게 키우는 것은 부모와 다른 사람들에 대해 반감과 공격성을 일으킬 수 있고, 그 결과 죄책감과 불안감을 낳으며, 결국에는 아이의 창조적인 잠재성을 해치게 된다. 반면에 아이를 너그럽게 키우는 것은 그와 같은 결과를 피하고, 더 행복한 인간관계를 만들며, 풍요로운 마음과 자기신뢰를 고취하고, 자신의 잠재력을 발전시킬 수 있도록 한다. 이와 같은 진술은 과학적 탐구의 범위에 속하는 진술이다. 논의의 편의상 이 두 주장이 실제로 강력하게 입증되었다고 가정해보자. 그렇다면 우리는 이로부터 엄격한 방식보다는 너그러운 방식으로 아이를 키우는 것이 더 좋다는 점이 과학적 연구에 의해 객관적으로 확립되었다고 말할 수 있을까?

위의 연구를 통해 확립된 것은 다음과 같은 조건부 진술일 뿐이다. 만약 우리의 아이를 죄책감을 지닌 혼란스러운 영혼이 아니라 행복하고 정서적으로 안정된 창조적인 개인으로 키우고자 한다면, 아이를 엄격한 방식보다는 너그러운 방식으로 키우는 것이 더 좋다. 이와 같은 진술은 상대적인 가치판단을 나타낸다. 상대적인 가치판단은 특정한 목표를 달성하려면 어떤 행위가 좋다는 것을 진술하는데, 이런 종류의 진술은 경험적 진술이고, 경험적 진술은 모두 관찰을 통해 객관적인 과학적 테스트가 가능하다. 반면 "아이를 엄격한 방식보다는 너그러운 방식으로 키우는 것이 더 좋다."라는 문장은 가령 "살인은 악이다."와 같은 문장처럼 절대적인 가치판단을 표현한다. 그런 문장은 관찰에 의해 테스트할 수 있는 주장을 표현하지 않는다. 오히려 그런 문장은 행위의 도덕적 평가기준 또는 행위의 규범을 표현한다. 절대적인 가치판단은 과학적 테스트를 통한 입증의 대상이 될 수 없다. 왜냐하면 그와 같은 판단은 주장을 표현하는 것이 아니라 행위의 기준이나 규범을 나타내기 때문이다.

① 아이를 엄격한 방식보다는 너그러운 방식으로 키우는 것이 더 좋다는 것은 경험적 진술이 아니다.
② 아이를 엄격한 방식보다는 너그러운 방식으로 키우는 것이 더 좋다는 것은 상대적인 가치판단이다.
③ 아이를 엄격한 방식보다는 너그러운 방식으로 키우는 것이 더 좋다는 것은 과학적 연구에 의해 객관적으로 입증될 수 있는 주장이 아니다.
④ 정서적으로 안정된 창조적 개인으로 키우려면, 아이를 엄격한 방식보다는 너그러운 방식으로 키우는 것이 더 좋다는 것은 상대적인 가치판단이다.
⑤ 정서적으로 안정된 창조적 개인으로 키우려면, 아이를 엄격한 방식보다는 너그러운 방식으로 키우는 것이 더 좋다는 것은 과학적으로 테스트할 수 있다.

조선 시대에는 왕실과 관청이 필요로 하는 물품을 '공물'이라는 이름으로 백성들로부터 수취하는 제도가 있었다. 조선 왕조는 각 지역의 특산물이 무엇인지 조사한 후, 그 결과를 바탕으로 백성들이 내야 할 공물의 종류와 양을 지역마다 미리 규정해두었다. 그런데 시간이 지남에 따라 환경 변화 등으로 그 물품이 생산되지 않는 곳이 많아졌다. 이에 백성들은 부과된 공물을 상인으로 하여금 생산지에서 구매해 대납하게 했는데, 이를 '방납'이라고 부른다.

방납은 16세기 이후 크게 성행했다. 그런데 방납을 의뢰받은 상인들은 대개 시세보다 높은 값을 부르거나 품질이 떨어지는 물품을 대납해 부당 이익을 취했다. 이런 폐단이 날로 심해지자 "공물을 면포나 쌀로 거둔 후, 그것으로 필요한 물품을 관청이 직접 구매하자."라는 주장이 나타났다. 이런 주장은 임진왜란이 끝난 후 거세졌다. 한백겸과 이원익 등은 광해군 즉위 초에 경기도에 한해 '백성들이 소유한 토지의 다과에 따라 쌀을 공물로 거두고, 이렇게 수납한 쌀을 선혜청으로 운반해 국가가 필요로 하는 물품을 구매'하는 정책, 즉 '대동법'을 시행하자고 했다. 광해군이 이를 받아들이자 경기도민들은 크게 환영했다. 광해군은 이 정책에 대한 반응이 좋다는 것을 알고 경기도 외에 다른 곳으로 확대 시행할 것을 고려했으나 그렇게 하지는 못했다.

광해군을 몰아내고 왕이 된 인조는 김육의 주장을 받아들여 강원도, 충청도, 전라도까지 대동법을 확대 시행했다. 그런데 그 직후 전국에 흉년이 들어 농민들이 제대로 쌀을 구하지 못할 정도가 되었다. 이에 인조는 충청도와 전라도에 대동법을 시행한다는 결정을 철회했다. 인조의 뒤를 이은 효종은 전라도 일부 지역과 충청도가 흉년에서 벗어났다고 생각해 그 지역들에 대동법을 다시 시행했고, 효종을 이은 현종도 전라도 전역에 대동법을 확대 시행했다. 이처럼 대동법 시행 지역은 조금씩 늘어났다.

① 현종은 방납의 폐단을 없애기 위해 대동법을 전국 모든 지역에 시행하였다.

② 효종은 김육의 요청대로 충청도, 전라도, 경상도에 대동법을 적용하였다.

③ 광해군이 국왕으로 재위할 때 공물을 쌀로 내게 하는 조치가 경기도에 취해졌다.

④ 인조는 이원익 등의 제안대로 방납이라는 방식으로 공물을 납부하는 행위를 전면 금지하였다.

⑤ 한백겸은 상인이 관청의 의뢰를 받아 특산물을 생산지에서 구매해 대납하는 것은 부당하다고 하였다.

정답과 해설 P. 106

01 다음 글에서 알 수 있는 것은?

출처 | 2020년 민간경력자 PSAT 언어논리

불교가 이 땅에 전래된 후 불교신앙을 전파하고자 신앙결사를 만든 승려가 여러 명 나타났다. 통일신라 초기에 왕실은 화엄종을 후원했는데, 화엄종 계통의 승려들은 수도에 대규모 신앙결사를 만들어 놓고 불교신앙에 관심을 가진 귀족들을 대상으로 불교 수행법을 전파했다. 통일신라가 쇠퇴기에 접어든 신라 하대에는 지방에도 신앙결사가 만들어졌다. 신라 하대에 나타난 신앙결사는 대부분 미륵신앙을 지향하는 정토종 승려들이 만든 것이었다.

신앙결사 운동이 더욱 확장된 것은 고려 때의 일이다. 고려 시대 가장 유명한 신앙결사는 지눌의 정혜사다. 지눌은 명종 때 거조사라는 절에서 정혜사라는 이름의 신앙결사를 만들었다. 그는 돈오점수 사상을 내세우고, 조계선이라는 수행 방법을 강조했다. 지눌이 만든 신앙결사에 참여해 함께 수행하는 승려가 날로 늘었다. 그 가운데 가장 유명한 사람이 요세라는 승려다. 요세는 무신 집권자 최충헌이 명종을 쫓아내고 신종을 국왕으로 옹립한 해에 지눌과 함께 순천으로 근거지를 옮기는 도중에 따로 독립했다. 순천으로 옮겨 간 지눌은 그곳에서 정혜사라는 명칭을 수선사로 바꾸어 활동했고, 요세는 강진에서 백련사라는 결사를 새로 만들어 활동했다.

지눌의 수선사는 불교에 대한 이해가 높은 사람들을 대상으로 다소 난해한 돈오점수 사상을 전파하는 데 주력했다. 그 때문에 대중적이지 않다는 평을 받았다. 요세는 지눌과 달리 불교 지식을 갖추지 못한 평민도 쉽게 수행할 수 있도록 간명하게 수행법을 제시한 천태종을 중시했다. 또 그는 평민들이 백련사에 참여하는 것을 당연하다고 여겼다. 백련사가 세워진 후 많은 사람들이 참여하자 권력층도 관심을 갖고 후원하기 시작했다. 명종 때부터 권력을 줄곧 독차지하고 있던 최충헌을 비롯해 여러 명의 고위 관료들이 백련사에 토지와 재물을 헌납해 그 활동을 도왔다.

① 화엄종은 돈오점수 사상을 전파하고자 신앙결사를 만들어 활동하였다.

② 백련사는 수선사와는 달리 조계선이라는 수행 방법을 고수해 주목받았다.

③ 요세는 무신이 권력을 잡고 있던 시기에 불교 신앙결사를 만들어 활동하였다.

④ 정혜사는 강진에서 조직되었던 반면 백련사는 순천에 근거지를 두고 활동하였다.

⑤ 지눌은 정토종 출신의 승려인 요세가 정혜사에 참여하자 그를 설득해 천태종으로 끌어들였다.

대안적 분쟁해결절차(ADR)는 재판보다 분쟁을 신속하게 해결한다고 알려져 있다. 그러나 재판이 서면 심리를 중심으로 진행되는 반면, ADR은 당사자 의견도 충분히 청취하기 때문에 재판보다 더 많은 시간이 소요된다. 그럼에도 불구하고 ADR이 재판보다 신속하다고 알려진 이유는 법원에 지나치게 많은 사건이 밀려 있어 재판이 더디게 이루어지기 때문이다.

법원행정처는 재판이 너무 더디다는 비난에 대응하기 위해 일선 법원에서도 사법형 ADR인 조정제도를 적극적으로 활용할 것을 독려하고 있다. 그러나 이는 법관이 신속한 조정안 도출을 위해 사건 당사자에게 화해를 압박하는 부작용을 낳을 수 있다. 사법형 ADR 활성화 정책은 법관의 증원 없이 과도한 사건 부담 문제를 해결하려는 미봉책일 뿐이다. 결국, 사법형 ADR 활성화 정책은 사법 불신으로 이어져 재판 정당성에 대한 국민의 인식을 더욱 떨어뜨리게 한다.

또한 사법형 ADR 활성화 정책은 민간형 ADR이 활성화되는 것을 저해한다. 분쟁 당사자들이 민간형 ADR의 조정안을 따르도록 하려면, 재판에서도 거의 같은 결과가 나온다는 확신이 들게 해야 한다. 그러기 위해서는 법원이 확고한 판례를 제시하여야 한다. 그런데 사법형 ADR 활성화 정책은 새롭고 복잡한 사건을 재판보다는 ADR로 유도하게 된다. 이렇게 되면 새롭고 복잡한 사건에 대한 판례가 만들어지지 않고, 민간형 ADR에서 분쟁을 해결할 기준도 마련되지 않게 된다. 결국 판례가 없는 수많은 사건들이 끊임없이 법원으로 밀려들게 된다.

따라서 [   ] 먼저 법원은 본연의 임무인 재판을 통해 당사자의 응어리를 풀어주겠다는 의식으로 접근해야 할 것이다. 그것이 현재 법원의 실정으로 어렵다고 판단되면, 국민의 동의를 구해 예산과 인력을 확충하는 방향으로 나아가는 것이 옳은 방법이다. 법원의 인프라를 확충하고 판례를 충실히 쌓아가면, 민간형 ADR도 활성화될 것이다.

① 분쟁 해결에 대한 사회적 관심을 높이도록 유도해야 한다.

② 재판이 추구하는 목표와 ADR이 추구하는 목표는 서로 다르지 않다.

③ 법원으로 폭주하는 사건 수를 줄이기 위해 시민들의 준법의식을 강화하여야 한다.

④ 법원은 재판에 주력하여야 하며 그것이 결과적으로 민간형 ADR의 활성화에도 도움이 된다.

⑤ 민간형 ADR 기관의 전문성을 제고하여 분쟁 당사자들이 굳이 법원에 가지 않더라도 신속하게 분쟁을 해결할 수 있게 만들어야 한다.

출처 | 2021년 민간경력자 PSAT 언어논리

1883년에 조선과 일본이 맺은 조일통상장정 제41관에는 "일본인이 조선의 전라도, 경상도, 강원도, 함경도 연해에서 어업 활동을 할 수 있도록 허용한다."라는 내용이 있다. 당시 양측은 이 조항에 적시되지 않은 지방 연해에서 일본인이 어업 활동을 하는 것은 금하기로 했다. 이 장정 체결 직후에 일본은 자국의 각 부·현에 조선해통어조합을 만들어 조선 어장에 대한 정보를 제공하기 시작했다. 이러한 지원으로 조선 연해에서 조업하는 일본인이 늘었는데, 특히 제주도에는 일본인들이 많이 들어와 전복을 마구 잡는 바람에 주민들의 전복 채취량이 급감했다. 이에 제주목사는 1886년 6월에 일본인의 제주도 연해 조업을 금했다. 일본은 이 조치가 조일통상장정 제41관을 위반한 것이라며 항의했고, 조선도 이를 받아들여 조업 금지 조치를 철회하게 했다. 이후 조선은 일본인이 아무런 제약 없이 어업 활동을 하게 해서는 안 된다고 여기게 되었으며, 일본과 여러 차례 협상을 벌여 1889년에 조일통어장정을 맺었다.

조일통어장정에는 일본인이 조일통상장정 제41관에 적시된 지방의 해안선으로부터 3해리 이내 해역에서 어업 활동을 하고자 할 때는 조업하려는 지방의 관리로부터 어업준단을 발급받아야 한다는 내용이 있다. 어업준단의 유효기간은 발급일로부터 1년이었으며, 이를 받고자 하는 자는 소정의 어업세를 먼저 내야 했다. 이 장정 체결 직후에 일본은 조선해통어조합연합회를 만들어 자국민의 어업준단 발급 신청을 지원하게 했다. 이후 일본은 1908년에 '어업에 관한 협정'을 강요해 맺었다. 여기에는 앞으로 한반도 연해에서 어업 활동을 하려는 일본인은 대한제국 어업 법령의 적용을 받도록 한다는 조항이 있다. 대한제국은 이듬해에 한반도 해역에서 어업을 영위하고자 하는 자는 먼저 어업 면허를 취득해야 한다는 내용의 어업법을 공포했고, 일본은 자국민도 이 법의 적용을 받게 해야 한다는 입장을 관철했다. 일본은 1902년에 조선해통어조합연합회를 없애고 조선해수산조합을 만들었는데, 이 조합은 어업법 공포 후 일본인의 어업 면허 신청을 대행하는 등의 일을 했다.

① 조선해통어조합은 '어업에 관한 협정'에 따라 일본인의 어업 면허 신청을 대행하는 업무를 보았다.
② 조일통어장정에는 제주도 해안선으로부터 3해리 밖에서 조선인이 어업 활동을 하는 것을 모두 금한다는 조항이 있다.
③ 조선해통어조합연합회가 만들어져 활동하던 당시에 어업준단을 발급받고자 하는 일본인은 어업세를 내도록 되어 있었다.
④ 조일통상장정에는 조선해통어조합연합회를 조직해 일본인이 한반도 연해에서 조업할 수 있도록 지원한다는 내용이 있다.
⑤ 한반도 해역에서 조업하는 일본인은 조일통상장정 제41관에 따라 조선해통어조합으로부터 어업 면허를 발급받아야 하였다.

정답과 해설 P. 110

01 다음 글에서 알 수 있는 것은?

출처 | 2021년 민간경력자 PSAT 언어논리

비정규직 근로자들이 늘어나면서 '프레카리아트'라고 불리는 새로운 계급이 형성되고 있다. 프레카리아트란 '불안한(precarious)'이라는 단어와 '무산계급(proletariat)'이라는 단어를 합친 용어로 불안정한 고용 상태에 놓여 있는 사람들을 의미한다. 프레카리아트에 속한 사람들은 직장 생활을 하다가 쫓겨나 실업자가 되었다가 다시 직장에 복귀하기를 반복한다. 이들은 고용 보장, 직무 보장, 근로안전 보장 등 노동 보장을 받지 못하며, 직장 소속감도 없을 뿐만 아니라, 자신의 직업에 대한 전망이나 직업 정체성도 결여되어 있다. 프레카리아트는 분노, 무력감, 걱정, 소외를 경험할 수밖에 없는 '위험한 계급'으로 전락한다. 이는 의미 있는 삶의 길이 막혀 있다는 좌절감과 상대적 박탈감, 계속된 실패의 반복 때문이다. 이러한 사람들이 늘어나면 자연히 갈등, 폭력, 범죄와 같은 사회적 병폐들이 성행하여 우리 사회는 점점 더 불안해지게 된다.

프레카리아트와 비슷하지만 약간 다른 노동자 집단이 있다. 이른바 '긱 노동자'다. '긱(gig)'이란 기업들이 필요에 따라 단기 계약 등을 통해 임시로 인력을 충원하고 그때그때 대가를 지불하는 것을 의미한다. 예를 들어 방송사에서는 드라마를 제작할 때마다 적합한 사람들을 섭외하여 팀을 꾸리고 작업에 착수한다. 긱 노동자들은 고용주가 누구든 간에 자신이 보유한 고유의 직업 역량을 고용주에게 판매하면서, 자신의 직업을 독립적인 '프리랜서' 또는 '개인 사업자' 형태로 인식한다. 정보통신 기술의 발달은 긱을 더욱더 활성화한다. 정보통신 기술을 이용하면 긱 노동자의 모집이 아주 쉬워진다. 기업은 사업 아이디어만 좋으면 인터넷을 이용하여 필요한 긱 노동자를 모집할 수 있다. 기업이 긱을 잘 활용하면 경쟁력을 높여 정규직 위주의 기존 기업들을 앞서나갈 수 있다.

① 긱 노동자가 자신의 직업 형태에 대해 갖는 인식은 자신을 고용한 기업에 따라 달라지지 않는다.
② 정보통신 기술의 발달은 프레카리아트 계급과 긱 노동자 집단을 확산시킨다.
③ 긱 노동자 집단이 확산하면 프레카리아트 계급은 축소된다.
④ '위험한 계급'이 겪는 부정적인 경험이 적은 프레카리아트일수록 정규직 근로자로 변모할 가능성이 크다.
⑤ 비정규직 근로자에 대한 노동 보장의 강화는 프레카리아트 계급을 축소시키고 긱 노동자 집단을 확산시킨다.

다음 글의 빈칸에 들어갈 내용으로 가장 적절한 것은? 출처 | 2021년 민간경력자 PSAT 언어논리

서구사회의 기독교적 전통 하에서 이 전통에 속하는 이들은 자신들을 정상적인 존재로, 이러한 전통에 속하지 않는 이들을 비정상적인 존재로 구별하려 했다. 후자에 해당하는 대표적인 것이 적그리스도, 이교도들, 그리고 나병과 흑사병에 걸린 환자들이었는데, 그들에게 부과한 비정상성을 구체적인 형상을 통해 재현함으로써 그들이 전통 바깥의 존재라는 사실을 명확히 했다.

당연하게도 기독교에서 가장 큰 적으로 꼽는 것은 사탄의 대리자인 적그리스도였다. 기독교 초기, 몽티에랑데르나 힐데가르트 등이 쓴 유명한 저서들뿐만 아니라 적그리스도의 얼굴이 묘사된 모든 종류의 텍스트들에서 그의 모습은 충격적일 정도로 외설스러울 뿐만 아니라 받아들이기 힘들 정도로 추악하게 나타난다.

두 번째는 이교도들이었는데, 서유럽과 동유럽의 기독교인들이 이교도들에 대해 사용했던 무기 중 하나가 그들을 추악한 얼굴의 악마로 묘사하는 것이었다. 또한 이교도들이 즐겨 입는 의복이나 진미로 여기는 음식을 끔찍하게 묘사하여 이교도들을 자신들과는 분명히 구분되는 존재로 만들었다.

마지막으로, 나병과 흑사병에 걸린 환자들을 꼽을 수 있다. 당시의 의학 수준으로 그런 병들은 치료가 불가능했으며, 전염성이 있다고 믿어졌다. 때문에 자신을 정상적 존재라고 생각하는 사람들은 해당 병에 걸린 불행한 사람들을 신에게서 버림받은 죄인이자 공동체에서 추방해야 할 공공의 적으로 여겼다. 그들의 외모나 신체 또한 실제 여부와 무관하게 항상 뒤틀어지고 지극히 흉측한 모습으로 형상화되었다.

정리하자면, _____

① 서구의 종교인과 예술가들은 이방인을 추악한 이미지로 각인시키는 데 있어 중심적인 역할을 하였다.
② 서구의 기독교인들은 자신들보다 강한 존재를 추악한 존재로 묘사함으로써 심리적인 우월감을 확보하였다.
③ 정상적 존재와 비정상적 존재의 명확한 구별을 위해 추악한 형상을 활용하는 것은 동서고금을 막론하고 지속되어 왔다.
④ 서구의 기독교적 전통 하에서 추악한 형상은 그 전통에 속하지 않는 이들을 전통에 속한 이들과 구분짓기 위해 활용되었다.
⑤ 서구의 기독교인들이 자신들과는 다른 타자들을 추악하게 묘사했던 것은 다른 종교에 의해 자신들의 종교가 침해되는 것을 두려워했기 때문이다.

세종이 즉위한 이듬해 5월에 대마도의 왜구가 충청도 해안에 와서 노략질하는 일이 벌어졌다. 이 왜구는 황해도 해주 앞바다에도 나타나 조선군과 교전을 벌인 후 명의 땅인 요동반도 방향으로 북상했다. 세종에게 왕위를 물려주고 상왕으로 있던 태종은 이종무에게 "북상한 왜구가 본거지로 되돌아가기 전에 대마도를 정벌하라!"라고 명했다. 이에 따라 이종무는 군사를 모아 대마도 정벌에 나섰다.

남북으로 긴 대마도에는 섬을 남과 북의 두 부분으로 나누는 중간에 아소만이라는 곳이 있는데, 이 만의 초입에 두지포라는 요충지가 있었다. 이종무는 이곳을 공격한 후 귀순을 요구하면 대마도주가 응할 것이라 보았다. 그는 6월 20일 두지포에 상륙해 왜인 마을을 불사른 후 계획대로 대마도주에게 서신을 보내 귀순을 요구했다. 하지만 대마도주는 이에 반응을 보이지 않았다. 분노한 이종무는 대마도주를 사로잡아 항복을 받아내기로 하고, 니로라는 곳에 병력을 상륙시켰다. 하지만 그곳에서 조선군은 매복한 적의 공격으로 크게 패했다. 이에 이종무는 군사를 거두어 거제도 견내량으로 돌아왔다.

이종무가 견내량으로 돌아온 다음 날, 태종은 요동반도로 북상했던 대마도의 왜구가 그곳으로부터 남하하던 도중 충청도에서 조운선을 공격했다는 보고를 받았다. 이 사건이 일어난 지 며칠 지나지 않았음을 알게 된 태종은 왜구가 대마도에 당도하기 전에 바다에서 격파해야 한다고 생각하고, 이종무에게 그들을 공격하라고 명했다. 그런데 이 명이 내려진 후에 새로운 보고가 들어왔다. 대마도의 왜구가 요동반도에 상륙했다가 크게 패배하는 바람에 살아남은 자가 겨우 300여 명에 불과하다는 것이었다. 이 보고를 접한 태종은 대마도주가 거느린 병사가 많이 죽어 그 세력이 꺾였으니 그에게 다시금 귀순을 요구하면 응할 것으로 판단했다. 이에 그는 이종무에게 내린 출진 명령을 취소하고, 측근 중 적임자를 골라 대마도주에게 귀순을 요구하는 사신으로 보냈다. 이 사신을 만난 대마도주는 고심 끝에 조선에 귀순하기로 했다.

① 해주 앞바다에 나타나 조선군과 싸운 대마도의 왜구가 요동반도를 향해 북상한 뒤 이종무의 군대가 대마도로 건너갔다.

② 조선이 왜구의 본거지인 대마도를 공격하기로 하자 명의 군대도 대마도까지 가서 정벌에 참여하였다.

③ 이종무는 세종이 대마도에 보내는 사절단에 포함되어 대마도를 여러 차례 방문하였다.

④ 태종은 대마도 정벌을 준비하였지만, 세종의 반대로 뜻을 이루지 못하였다.

⑤ 조선군이 대마도주를 사로잡기 위해 상륙하였다가 패배한 곳은 견내량이다.

정답과 해설 P. 114

01 다음 글의 (가)와 (나)에 들어갈 말을 적절하게 나열한 것은?

출처 | 2022년 민간경력자 PSAT 언어논리

> 서양 사람들은 옛날부터 신이 자연 속에 진리를 감추어 놓았다고 믿고 그 진리를 찾기 위해 노력했다. 그들은 숨겨진 진리가 바로 수학이며 자연물 속에 비례의 형태로 숨어 있다고 생각했다. 또한 신이 자연물에 숨겨 놓은 수많은 진리 중에서도 인체 비례야말로 가장 아름다운 진리의 정수로 여겼다. 그래서 서양 사람들은 예로부터 이러한 신의 진리를 드러내기 위해서 완벽한 인체를 구현하는 데 몰두했다. 레오나르도 다빈치의 「인체 비례도」를 보면, 원과 정사각형을 배치하여 사람의 몸을 표현하고 있다. 가장 기본적인 기하 도형이 인체 비례와 관련 있다는 점에 착안하였던 것이다. 르네상스 시대 건축가들은 이러한 기본 기하 도형으로 건축물을 디자인하면 (가) 위대한 건물을 지을 수 있다고 생각했다.
>
> 건축에서 미적 표준으로 인체 비례를 활용하는 조형적 안목은 서양뿐 아니라 동양에서도 찾을 수 있다. 고대부터 중국이나 우리나라에서도 인체 비례를 건축물 축조에 활용하였다. 불국사의 청운교와 백운교는 3 : 4 : 5 비례의 직각삼각형으로 이루어져 있다. 이와 같은 비례로 건축하는 것을 '구고현(勾股弦)법'이라 한다. 뒤꿈치를 바닥에 대고 무릎을 직각으로 구부린 채 누우면 바닥과 다리 사이에 삼각형이 이루어지는데, 이것이 구고현법의 삼각형이다. 짧은 변인 구(勾)는 넓적다리에, 긴 변인 고(股)는 장딴지에 대응하고, 빗변인 현(弦)은 바닥의 선에 대응한다. 이 삼각형은 고대 서양에서 신성불가침의 삼각형이라 불렸던 것과 동일한 비례를 가지고 있다. 동일한 비례를 아름다움의 기준으로 삼았다는 점에서 (나) 는 것을 알 수 있다.

① (가): 인체 비례에 숨겨진 신의 진리를 구현한

  (나): 조형미에 대한 동서양의 안목이 유사하였다

② (가): 신의 진리를 넘어서는 인간의 진리를 구현한

  (나): 인체 실측에 대한 동서양의 계산법이 동일하였다

③ (가): 인체 비례에 숨겨진 신의 진리를 구현한

  (나): 건축물에 대한 동서양의 공간 활용법이 유사하였다

④ (가): 신의 진리를 넘어서는 인간의 진리를 구현한

  (나): 조형미에 대한 동서양의 안목이 유사하였다

⑤ (가): 인체 비례에 숨겨진 신의 진리를 구현한

  (나): 인체 실측에 대한 동서양의 계산법이 동일하였다

종자와 농약을 생산하는 대기업들은 자신들이 유전자 기술로 조작한 종자가 농약을 현저히 적게 사용해도 되기 때문에 농부들이 더 많은 이윤을 낼 수 있다고 주장하였다. 그러나 미국에서 유전자 변형 작물을 재배한 16년(1996년~2011년) 동안의 농약 사용량을 살펴보면, 이 주장은 사실이 아님을 알 수 있다.

유전자 변형 작물은 해충에 훨씬 더 잘 견디는 장점이 있다. 유전자 변형 작물이 해충을 막기 위해 자체적으로 독소를 만들어내기 때문이다. 독소를 함유한 유전자 변형 작물을 재배함으로써 일반 작물 재배와 비교하여 16년 동안 살충제 소비를 약 56,000톤 줄일 수 있었다. 그런데 제초제의 경우는 달랐다. 처음 4~5년 동안에는 제초제의 사용이 감소하였다. 그렇지만 전체 재배 기간을 고려하면 일반 작물 재배와 비교할 때 약 239,000톤이 더 소비되었다. 늘어난 제초제의 양에서 줄어든 살충제의 양을 빼면 일반 작물 재배와 비교하여 농약 사용이 재배 기간 16년 동안 183,000톤 증가했다.

M사의 제초제인 글리포세이트에 내성을 가진 유전자 변형 작물을 재배하기 시작한 농부들은 그 제초제를 매년 반복해서 사용했다. 이로 인해 그 지역에서는 글리포세이트에 대해 내성을 가진 잡초가 생겨났다. 이와 같이 제초제에 내성을 가진 잡초를 슈퍼잡초라고 부른다. 유전자 변형 작물을 재배하는 농지는 대부분 이러한 슈퍼잡초로 인해 어려움을 겪게 되었다. 슈퍼잡초를 제거하기 위해서는 제초제를 더 자주 사용하거나 여러 제초제를 섞어서 사용하거나 아니면 새로 개발된 제초제를 사용해야 한다. 이로 인해 농부들은 더 많은 비용을 지불할 수밖에 없었다.

① 유전자 변형 작물을 재배하는 지역에서는 모든 종류의 농약 사용이 증가했다.
② 유전자 변형 작물을 도입한 해부터 그 작물을 재배하는 지역에 슈퍼잡초가 나타났다.
③ 유전자 변형 작물을 도입한 후 일반 작물 재배의 경우에도 살충제의 사용이 증가했다.
④ 유전자 변형 작물 재배로 슈퍼잡초가 발생한 지역에서는 작물 생산 비용이 증가했다.
⑤ 유전자 변형 작물을 재배하는 지역과 일반 작물을 재배하는 지역에서 슈퍼잡초의 발생 정도가 비슷했다.

03 다음 글에서 추론할 수 있는 것은?

고려시대에 지방에서 의료를 담당했던 사람으로는 의학박사, 의사, 약점사가 있었다. 의학박사는 지방에 파견된 최초의 의관으로서, 12목에 파견되어 지방의 인재들을 뽑아 의학을 가르쳤다. 반면 의사는 지방 군현에 주재하면서 약재 채취와 백성의 치료를 담당하였다. 의사는 의학박사만큼 교육에 종사하기는 어려웠지만 의학교육의 일부를 담당했다. 의학박사에 비해 관품이 낮은 의사들은 실력이 뒤지거나 경력이 부족했으며 행정업무를 병행하기도 하였다.

한편 지방 관청에는 약점이 설치되었고, 그곳에 약점사를 배치하였다. 약점사는 향리들 중에서 임명하였는데, 향리가 없는 개경과 서경을 제외한 전국의 모든 고을에 있었다. 약점은 약점사들이 환자들을 치료하는 공간이자 약재의 유통 공간이었다. 지방 관청에는 향리들의 관청인 읍사가 있었다. 큰 고을은 100여 칸, 중간 크기 고을은 10여 칸, 작은 고을은 4~5칸 정도의 규모였다. 약점도 읍사 건물의 일부를 사용하였다. 약점사들이 담당한 여러 일 중 가장 중요한 것은 인삼, 생강, 백자인 등 백성들이 공물로 바치는 약재를 수취하고 관리하여 중앙정부에 전달하는 일이었다. 약점사는 국왕이 하사한 약재들을 관리하는 일과 환자들을 치료하는 일도 담당하였다. 지방마다 의사를 두지는 못하였으므로 의사가 없는 지방에서는 의사의 업무 모두를 약점사가 담당했다.

① 의사들 가운데 실력이 뛰어난 사람이 의학박사로 임명되었다.
② 약점사의 의학 실력은 의사들보다 뛰어났다.
③ 약점사가 의학교육을 담당할 수도 있었다.
④ 의사는 향리들 중에서 임명되었다.
⑤ 의사들의 진료 공간은 약점이었다.

정답과 해설 P. 118

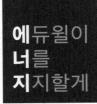

에듀윌이
너를
지지할게
ENERGY

사막이 아름다운 것은
어딘가에 샘이 숨겨져 있기 때문이다.

— 생텍쥐페리(Antoine Marie Roger De Saint Exupery)

PART

3

독해력 실전
모의고사

※ 독해력 실전 모의고사는 주요 대기업·공기업의 최신
 기출 독해 문항을 복원 및 변형하여 수록하였습니다.
 PART2 독해력 훈련을 통해 향상된 독해력을 점검하시길
 바랍니다.

01 다음 글의 내용과 일치하지 <u>않는</u> 것은?   출처 | SK그룹 최신 기출 변형

길항작용이란 상반되는 2가지 요인이 동시에 작용하여 그 효과를 서로 상쇄시켜 항상성을 유지하는 작용을 말한다. 이때 상반되는 2가지 요인을 '길항인'이라 한다. 한편 어떤 원인에 의해 나타난 결과가 다시 원인에 작용해 그 결과를 줄이거나 늘리는 '자동 조절 원리'를 피드백이라고 말하는데, 이러한 피드백 과정을 통해 우리의 인체는 항상성을 유지한다.

그렇다면 두 작용의 차이는 무엇일까? 먼저 길항작용의 예를 들어보자. 우리 체내에 나쁜 영향을 주는 독소 물질이 유입되면, 자동으로 우리의 몸은 그 독소를 제거할 어떤 물질을 분비하게 된다. 그리하여 그 독소와 독소 제거 물질은 서로 만나 상쇄되어 상호 효력을 상실하는 것이다.

반면, 피드백은 조금 다르다. 예를 들어 간뇌는 체내에 필요한 티록신의 양이 부족함을 감지할 경우, 뇌하수체를 거쳐 갑상샘으로 하여금 티록신을 분비하라고 체내에서 명령을 내리고, 그 명령을 하달받은 갑상샘은 티록신을 분비한다. 체내 티록신 양이 충분히 분비되었음이 감지되면, 간뇌는 분비를 중단하라고 명령을 내릴 것이다. 그리하여 티록신의 분비는 중단되고, 이로써 체내에 필요한 만큼만 티록신이 분비되어 항상성이 유지되는 것이다. 이는 부족했던 티록신이 원인이 되어 작용이 일어나고, 작용을 일으켰던 티록신이 또다시 작용 중단의 원인으로 작용한 것이다. 이런 경우를 음성피드백이라고 한다. 이와는 반대로 양성피드백은 옥시토신이라는 호르몬의 작용에서 볼 수 있는데, 임산부의 경우에 분만 시기가 되면 임산부의 뇌하수체 후엽에서는 옥시토신이 분비되어 자궁을 수축시킴으로써 진통을 유발한다. 이 진통은 옥시토신의 분비를 더욱 촉진시키고 더 강하게 자궁을 수축시키므로 아기를 세상 밖으로 나오게 한다. 이와 같이 양성피드백은 옥시토신의 분비로 일어나는 생체 내 반응이 원래의 자극을 한층 더 증가시키는 방향으로 작용하는 것을 말한다.

① 옥시토신 호르몬 작용은 음성피드백의 사례라고 볼 수 있다.
② 길항작용과 피드백 작용 모두 항상성을 유지하는 역할을 한다.
③ 옥시토신은 자궁 속의 아기를 밖으로 내보내도록 도와주는 호르몬이다.
④ 피드백 작용은 신체의 불균형 상태를 조절하여 항상성을 유지하는 것을 말한다.
⑤ 신체 내에서 양성물질과 음성물질이 만나서 상쇄될 때, 이 두 물질을 길항인이라고 한다.

02 다음 글을 읽고 추론한 내용으로 적절한 것은?

출처 | SK그룹 최신 기출 변형

한국과학기술연구원은 주파수가 높고 파장이 짧은 초음파 특성을 이용한 초음파 센서를 로봇 기술에 적용해 초음파 무선 전력전송 기술을 개발했다고 밝혔다. 무선 전력 기술에는 전자기유도 방식과 자기공명 방식 두 가지 방식이 있는데 전자기유도 방식은 물이나 금속체를 통과하지 못하며 충전 중에 발생하는 발열 문제로 신체에 해를 끼칠 수 있다는 위험이 있다면, 자기공명 방식은 와이파이와 같은 무선통신 주파수와 충돌을 일으켜 충전 효율성이 떨어진다는 단점이 있다. 그래서 연구진은 전자기파나 자기장 대신 초음파를 이용하여 에너지를 전기에너지로 변환하는 소자를 만들었다. 이번 연구를 통하여 초음파를 이용해 무선 충전이 가능하다는 것을 입증하였고 앞으로 안정성과 효율성이 보장된다면 배터리 교체가 번거로운 의학, 해저 등의 분야에 전력을 무선으로 공급하여 다양한 곳에 쓰임을 발휘할 것으로 기대된다.

① 초음파 무선 전력전송 방식은 안정성이 입증되었다.
② 전자기유도 방식보다 자기공명 방식을 더 많이 사용한다.
③ 충전거리는 자기공명 방식보다 초음파 전송 방식이 더 짧다.
④ 초음파 무선 전력전송 방식은 물과 금속체를 통과할 수 있다.
⑤ 인공 심박동기의 배터리 충전은 전자기유도 방식이 가장 적합하다.

[가] 코로나 19 상황이 장기화되고 마스크 착용 기간이 늘어남에 따라 한창 언어를 배워야 하는 시점의 아이들이 언어 발달 과정에서 마스크로 인한 발달 지연 부작용이 심각하다는 우려가 나오고 있다.

[나] 하지만 당장의 코로나 19 상황을 변화시킬 수 없기에 아이들의 상태를 파악하고 발달을 도울 수 있는 환경을 조성하여 발달 과정에 맞는 적절한 교육과 꾸준한 훈련이 동반되어야 한다.

[다] 아이들은 어떻게 언어를 배울까? 생후 8개월 정도는 옹알이를 시작하는 시기인데 아이는 이때부터 감정 전달을 표현하기 위해 언어에 관심을 갖기 시작한다. 가장 먼저 부모의 입술 읽기로 시작하여 시각적 언어 신호에 접근하면서 말소리를 배운다. 아이들은 발화자의 말소리, 세기, 억양 등 이외에도 비언어적 표정, 몸짓, 입 모양 등을 통해 언어를 배운다. 그렇기 때문에 아이는 발화자의 시선과 입을 많이 보고 입술 읽기를 할수록 언어적 표현과 비언어적 표현이 고르게 발달하여 언어 능력이 좋아진다.

[라] 이렇게 언어를 충분히 배우고 발달시켜야 할 시기에 아이들이 마스크의 착용으로 언어 발달 지연 부작용을 겪어 또래와의 소통이 불가능해 왕따 등의 정서 문제를 겪고 있는 현실이 매우 안타깝다. 아동의 발달 영역끼리 밀접하게 상호 작용이 되지 못하면 성장하면서 많은 어려움이 있을 수 있으므로 대책을 마련해야 한다.

① [가]－[다]－[나]－[라]
② [가]－[다]－[라]－[나]
③ [다]－[가]－[나]－[라]
④ [다]－[나]－[라]－[가]
⑤ [다]－[라]－[가]－[나]

우리는 기쁨, 슬픔, 분노, 즐거움 등 여러 감정들을 얼마든지 표정으로 표현할 수 있으며, 남의 표정을 보고 상대방의 그런 감정 상태를 읽을 수도 있다. 설령 미국 사람을 한 번도 본 적이 없는 어린아이라 하더라도 찡그리는 미국인의 표정을 보고 그가 화가 났다거나 슬프다는 감정을 읽을 수 있다. 이렇듯 인간은 자신의 원초적인 감정을 표정이나 몸동작으로 나타내고 그것을 읽어 낼 수 있는 능력을 갖추고 있지만, 공교롭게도 사랑에 대응되는 표정은 존재하지 않는다. 아무도 사랑에 빠진 표정을 명확히 지을 수는 없다. 우리는 친구나 동생에게 연인이 생기면 그 사실을 다양한 행동을 보고 알아차릴 수는 있지만, 표정을 보고 읽어 낼 수는 없다. 사랑은 반드시 행동을 동반한다는 점에서도 여느 감정과 구별된다. 우리는 슬프거나 기쁜 감정 상태가 행동으로 표출되지 않고 마음에 간직된다고 해서 감정의 존재 자체를 부정하지 않지만, 사랑은 다르다. 사랑이라는 상태는 사랑하는 상대방에게 모든 것을 집중시키며, 그와 함께하고 그를 얻기 위해 할 수 있는 모든 행동을 수행하도록 만든다. 즉, 일련의 행동에 뚜렷한 목적이 존재하는 것이다. 그런 점에서 사랑은 [   ]

① 표정을 통해 읽기 어려운 복잡한 감정이다.
② 감정이라기보다는 동기나 욕구에 더 가깝다.
③ 국경과 나이를 초월하여 상통하는 감정이다.
④ 행동으로 표출된다는 점에서 감정으로 볼 수 있다.
⑤ 얼굴 표정으로는 알아내기 어려운 심오한 감정이다.

에너지 컨설팅업체 우드맥킨지에 따르면 앞으로 30년간 구리 수요가 250% 늘어날 것으로 예상된다. 왜냐하면 전기차 보급에 따라 전기차 충전소를 확충하는 데 많은 구리가 필요하기 때문이다. 우드맥킨지는 최근 발표한 보고서에서 오는 2030년까지 2,000만여 개의 전기차 충전소 시설이 구축돼 구리를 2019년에 비해 250% 이상 소비할 것으로 전망했다.

휘발유 엔진 차량과 버스와 견주어 전기 승용차와 전기 버스의 구리 사용량은 훨씬 많다. 휘발유 엔진 차량은 주로 전선 등에 약 20kg의 구리를 사용하는데 하이브리드 차량은 약 40kg, 전기 승용차는 약 80kg을 소비한다. 다시 말해 전기 승용차의 구리 소비량은 휘발유 엔진 차량의 4배다. 대형 전기 버스는 이보다 더 많은 구리를 사용하며, 차량 크기와 배터리 크기에 따라 구리 소비량이 11~18배에 이른다. 이에 따라 올해 1%에 불과한 세계 전기차 보급률이 오는 2030년에는 11%로 상승하면서 구리 수요가 폭발적으로 증가할 것이다. 전문가들은 앞으로 10년간 세계 구리 수요가 300만 t~500만 t 늘어날 것이며, 전기차가 대중화된다면 전기차만으로도 구리 신규 수요가 110만 t에 이를 것이라고 예상한다.

그러나 우드맥킨지는 구리 수요 증가를 견인하는 것은 전기차가 아니라 전기차 충전시설과 관련 인프라가 될 것이라고 예상했다. 휘발유 주유소는 도처에 있고 주유가 빨라 휘발유를 다 쓰기 전에 어디서 멈춰 주유할지 계획을 세울 필요가 없다. 그러나 전기차 충전소는 드물고 충전하는 데 시간이 많이 걸린다. 충전기와 배터리 기술이 발전했다고 하더라도 이런 문제를 해결하기 위해서는 충전소를 많이 설치해야만 한다. 이처럼 충전소를 많이 설치하기 위해서는 공공과 민간 부문의 적극적인 투자가 필요하다. 전기차 충전시스템은 매우 복잡하며 프로젝트 대부분이 민간 참여자들 간의 강력한 파트너십을 필요로 한다. 전기회사는 물론, 장비업체, 소프트웨어와 네트워크 업체, 정부와 비정부 조직이 힘을 합쳐야 하는 것이다.

우드맥킨지는 북미지역에서만 전기차 인프라 시장 규모가 2021년 27억 달러, 2030년 186억 달러에 이를 것으로 예상했다. 헨리 솔즈버리 우드맥킨지 조사 분석가는 "오는 2040년에는 전기 승용차가 해마다 370여만 t의 구리를 소비하는 반면 휘발유 승용차의 구리 소비량은 100만 t을 조금 웃돌 것"으로 내다봤다. 솔즈버리는 "올해부터 2040년까지 누적 구리 수요량은 3,540만 t으로 현재의 내연기관 수요를 충족하는 것보다 500만 t 이상 더 많을 것"이라고 전망했다.

① 전기 자동차 보급 확대 배경
② 전기 자동차 충전소 인프라가 구축되는 배경
③ 전기 자동차가 휘발유 차량보다 구리를 더 소비하는 까닭
④ 전기 자동차 충전소 인프라 확충에 따른 구리 수요 증가 상황
⑤ 전기 자동차 충전소 인프라 확충을 위해 반드시 필요한 파트너십

06 다음 글을 읽고 공유자원에 대한 시장실패를 막을 수 있는 예방책으로 적절하지 <u>않은</u> 것은?

출처 | 코레일 최신 기출 변형

공공재는 배제성과 경합성이 없는 재화를 말한다. 배제성이란 사람들이 재화를 소비하는 것을 막을 수 있는 가능성을 말하고, 경합성이란 한 사람이 재화를 소비하면 다른 사람이 소비에 제한을 받는 속성을 말한다. 공공재가 배제성이 없다는 것은 재화를 생산하더라도 그것을 소비하는 데 드는 비용을 지불할 사람이 없다는 것이므로 누구도 공공재를 공급하려 하지 않는다. 따라서 정부가 사회적 비용과 편익을 따져 공공재를 공급함으로써 시장실패를 예방할 수 있다.

공유자원은 공공재와 같이 배제성이 없어 누구나 공짜로 사용할 수 있지만 경합성이 있는 재화이다. 이에 따라 '공유자원의 비극'이라는 심각한 문제를 야기한다. 누구든지 자유롭게 사용할 수 있는 목초지가 있다고 하자. 소 주인들은 공짜로 풀을 먹일 수 있기 때문에 가급적 많은 소를 몰고 와서 먹이려고 할 것이다. 자기 소를 한 마리 더 들여와 목초지가 점점 훼손된다 하더라도, 그에 따른 불이익은 목초지를 이용하는 모든 소 주인들이 함께 나누기 때문이다. 그러나 목초지의 풀은 제한되어 있어 어느 수준 이상의 소가 들어오면 목초지는 그 기능을 상실하게 된다.

공공재에 의한 시장실패는 정부가 공공재의 공급 비용을 부담함으로써 쉽게 예방할 수 있다. 하지만 공유자원에 의한 시장실패는 위의 예와 같이 개인들이 더 많은 자원을 사용하려고 경합하는 데서 발생하기 때문에 재화의 경합성을 적절하게 조정하는 예방책이 필요하다. 그 구체적인 예방책으로는 정부가 공유자원의 사용을 직접 통제하거나 공유자원에 사유 재산권을 부여하는 방법이 있다. 정부의 직접 통제는 정부가 특정 장비사용의 제한, 사용 시간이나 장소의 할당, 이용 단위나 비용의 설정 등을 통해 수요를 억제하는 방법이다. 사유 재산권 부여는 자신의 재산을 잘 관리하려는 사람들의 성향을 이용하여 공유자원을 관리하게 함으로써 공유자원이 황폐화되는 것을 막기 위한 방법이다. 이 두 방법은 정부의 시장 개입이 수반된다는 점에서 통제 방식이나 절차, 사유 재산권 배분 기준에 대한 사회적 합의가 전제되어야 한다. 또한 공유자원을 사용하는 사람들에 대한 정부의 통제 능력과 개인의 사유재산 관리 능력을 확보하는 것이 성패의 관건이 된다.

공공재와 공유자원에 의한 시장실패는 자원의 왜곡된 배분을 가져와 사회 전체의 효용을 감소시킨다. 또한 재화의 관리가 효율적으로 이루어지지 않으면 재화를 공급하여 얻는 편익이 감소될 가능성이 크다. 따라서 시장실패가 초래하는 비극을 예방할 수 있는 효율적인 방안을 강구해 구성원의 경제적 후생을 향상시키는 것이 정부의 중요한 경제 정책이 되어야 한다.

① 야생동물을 보호하기 위해 야생동물 수렵지역을 한정한다.
② 치안 불안을 해소하기 위해 우범 지역에 CCTV를 설치한다.
③ 도심의 혼잡한 교통 상황을 원활하게 하기 위해 통행료를 징수한다.
④ 바다의 바닥을 긁어 물고기를 잡는 것을 막기 위해 저인망그물 사용을 제한한다.
⑤ 기업에게 온실가스 배출 허용량을 동일하게 부과하고, 온실가스 배출권을 판매할 수 있도록 한다.

　　천재는 선천적으로 타고난 것일까 아니면 후천적으로 만들어지는 것일까? 이 질문은 오랜 시간 동안 많은 사람들의 대표적인 궁금증이었다.

　　고대의 철학자 플라톤은 저서 『이온』에서 스승인 소크라테스의 입을 빌려 예술가의 영감에 대해 이야기한다. 『이온』에서 소크라테스는 음유시인 이온의 성공이 기술에 근거한 것이 아니며, 신적 영감 덕분이라고 논증한다. 같은 고대의 철학자 아리스토텔레스 역시 철학과 예술 방면의 비범한 사람들은 멜랑콜리 기질을 가지고 있고, 그런 예술가가 되기 위해서는 멜랑콜리 기질을 가져야만 한다고 주장하였다. 이 멜랑콜리 기질은 고독함을 수반한다고 했다. 그런데 멜랑콜리 기질은 노력으로 얻을 수 있는 것이 아니었다. 이런 그의 천재론은 낭만주의 예술에까지 이어졌는데, 낭만주의 예술에서 멜랑콜리는 천재의 증표이며 오직 천재만이 예술가가 될 수 있다고 하였다.

　　근대에 접어들어 칸트에 오게 되면, '천재'란 '자연의 총아'이자 '예술에 규칙을 부여하는 능력'이다. 이는 자연 속에서 규칙을 발견하여 작품화하도록 자연으로부터 부여받은 '생득적인 산출 능력'이라 할 수 있다. 그런데 그는 천재는 단순히 자연을 '모방'하는 것이 아니라 '독창성'을 가장 큰 특징으로 한다고 말했다. 칸트는 통제를 넘어선 천재 개념을 거부했고, 아무리 천재라 할지라도 독창적인 소재를 표현해내기 위해선 학습에 의한 기술 역시 필요하다고 주장하였다.

　　그렇다면 서구 과학의 역사에서 가장 탁월한 업적을 남긴 뉴턴과 아인슈타인은 어떤 종류의 천재였을까? 우리는 종종 뉴턴이 사과나무 아래에서 편안하게 쉬다가 사과가 떨어지는 걸 보고 운 좋게 만유인력의 법칙을 발견했다고 생각한다. 그러나 뉴턴 이전에 사과가 떨어지는 걸 본 과학자들은 많았다. 그런데 왜 유독 뉴턴만 만유인력을 발견했을까? 정답은 노력이다. 오랜 시간 중력에 대한 비밀에 집착했고 수많은 실험을 겪은 뉴턴 눈에만 보이는 진리였던 셈이다. 뉴턴은 대기만성형의 노력하는 학자였다. 그는 1662년 광학을 연구하기 시작했고, 10년이 지난 1672년이 돼서야 첫 논문을 발표한다. 유명한 저서인 『광학』을 펴낸 건 30년이 지난 1704년 일이었다. 그의 눈앞에서 사과가 떨어진 건 뉴턴이 만유인력을 연구하기 시작한 지 20년 만이었다고 한다.

　　한편, 아인슈타인이 과학적 업적을 남길 수 있게 한 가장 큰 원인은 끊임없는 실험과 집착이었다. 아인슈타인이 상대성 원리를 발견한 것은 뛰어난 머리 때문이 아니라 노력 때문이었다. 아인슈타인은 무서울 정도로 실험에 집착했다. 다른 이론 물리학자들이 이미 나와 있는 실험 결과를 바탕으로 연구를 할 때 아인슈타인은 연구실에 틀어박혀 하나하나 다시 실험했다. 빛 속도, 자기장, 에테르 진동, 금속의 운동역학 등 아인슈타인이 결론을 도출하는 데 사용한 모든 초기 요인들은 철저한 실험에 의한 것이었다.

　　20세기에 들어 천재가 되기 위해서는 선천적인 능력보다 후천적인 노력을 더 많이 기울여야 한다고 생각하기 시작했다. 어릴 때부터 재능 분야가 두드러지는 신동들도 후천적인 노력을 하지 않으면 능력이 거기서 멈춰버린다. 반면 보통의 능력을 갖고 태어난 사람들이 엄청나게 많은 노력을 기울이면 성공할 수 있다는 것을 체험했다. 따라서 지금의 천재는 자신의 재능을 찾고 거기에 걸맞은 노력을 하는 사람이라고 할 수 있다.

① 칸트는 천재란 배움이 필요 없는 사람들로 선천적으로 자연으로부터 능력을 부여받은 사람들이라 하였다.

② 아리스토텔레스는 천재란 선천적으로 가지고 있는 정서적 특징이 있고, 이는 고독함을 수반한다고 생각했다.

③ 플라톤과 소크라테스는 천재라 여겨지는 예술가의 성공이 예술가의 노력보다는 신적인 영감 덕분이라고 보았다.

④ 뉴턴과 아인슈타인은 일반 대중들이 생각하는 것과 다르게 선천적 천재가 아니라 노력으로 만들어진 후천적 천재였다.

⑤ 20세기에 들어서는 신동으로 태어났다고 해서 무조건 천재로 성장하는 것이 아니라 개인적 노력이 반드시 더해져야 한다고 생각했다.

언론의 여러 기능 가운데 하나는 (㉠) 일이다. 언론이 표준어를 사용하는 이유, 비속어를 쓰지 않는 이유 모두 국민의 언어생활에 지대한 영향을 미치는 공적 기관이기 때문이며, 언론이 국민 언어생활에 미치는 영향은 막대하다.

먼저 언론은 전투적인 보도 문장부터 고쳐야 한다. 선거나 스포츠 경기 혹은 각종 경쟁 상황을 보도하는 것을 보면 전투 중계를 방불케 한다. 선거 기사 본문엔 '화약고', '전투 전반', '쓰나미' 등 살벌한 전쟁 용어가 등장한다. 스포츠 보도는 더 노골적이다. '용병', '융단폭격', '고공폭격' 같은 전투 용어 투성이다. 경기를 치르는 곳은 '결전지', 선수들은 '전사'다. 이기면 '승전보'고 첫 골을 넣으면 '신고식'이다. 정치나 스포츠가 아니더라도 '물 폭탄', '세금 폭탄', '저격수', '입시 전쟁'처럼 군사 언어가 일상화돼 있다.

언론에서부터 일상까지 전투 용어가 일반화된 것은 우리의 (㉡). 모든 걸 전쟁으로 내몰았던 일제 강점기, 그리고 한국전쟁과 군사정권을 거치면서 전쟁이나 군사 용어가 아무렇지도 않게 일상 언어까지 지배하게 됐다. 이제 조국은 해방됐고, 군부독재도 끝이 났다. 그리고 우리는 평화를 갈구한다. 미디어가 전쟁·군사 용어를 마구 쓰면 과도한 대결적 정서나 폭력 문화가 양산될 소지가 있다. 아이들에게도 (㉢)을/를 미칠 수 있다.

두 번째로 언론은 왕조시대 언어를 삼가야 한다. 대한민국은 명실상부 민주공화국이다. 그런데도 왕조시대에나 어울릴 법한 표현을 정치 보도에서 버젓이 쓰고 있다. 대표적인 말이 '대권'이다. '대권 주자', '대권 후보', '대권 도전'처럼 대권을 사실상 대통령과 같은 뜻으로 쓰고 있다. 하도 보편화되어 이제 우리말 사전에도 '대권(大權)'은 '나라의 최고 통치권자인 국가원수가 국토와 국민을 통치하는 헌법상의 권한'이라고 설명한다. 그러나 정작 우리 헌법에는 '대권'이라는 말이 없다. 헌법 조문은 물론 헌법학 교과서에도 나와 있지 않다. 대권을 헌법에 표현한 것은 오히려 일본이다. 그것도 구헌법이다. 일본 국어사전을 보면 '대권'을 '구헌법에서 천황이 행하는 통치권'이라고 설명한다. 현행 일본 헌법에도 나오지 않는다는 뜻이다.

세 번째로 언론은 객관적인 언어를 써야 한다. 신문이나 방송이 가장 자주 쓰는 '논란'이라는 말이다. 말 자체는 틀린 게 없지만 거의 모든 사안을 논란으로 몰아가는 것은 사실관계만 객관적으로 전해야 하는 언론의 (㉣)과/와 맞지 않다. 특히 언론이 자주 쓰는 서술어가 객관적이지 않다는 것도 문제점이다. 기자 주관을 지나치게 드러내는 것이다. 우리말은 서술어 하나로도 어감이 확 달라지는 경우가 많다. 언론이 어떤 이의 말을 소개할 때 붙이는 서술어는 크게 세 종류다. 하나는 중립적 표현으로 "~라고 했다.", "~라고 밝혔다." 같은 표현이다. 이런 표현은 가치판단을 배제하고 있는 그대로 전하는 화법이다. 또 하나는 비교적 긍정 서술어다. 언뜻 보면 가치판단을 배제하고 있는 것처럼 보이지만, 중립적 표현보다 당위 개념이 훨씬 짙게 배어 있다. "~라고 질타했다.", "~라고 역설했다." 등이다. 마지막은 부정적 표현이다. 객관을 가장하고 있지만, 서술어 어감에서 이미 비판을 작정한 표현이다. "~라고 비난했다.", "~라고 공격했다.", "~라고 쏟아냈다." 등과 같은 표현이다. 언론은 이런 표현을 (㉤)해야 한다.

① ㉠: 국어를 올바르게 사용하는
② ㉡: 역사와 무관하지 않다
③ ㉢: 부정적 영향
④ ㉣: 보편적 언어 사용
⑤ ㉤: 오남용하는 것을 주의

달걀은 하나의 세포로, 크게 노른자위(난황), 흰자위(난백), 껍데기(난각)로 구성되어 있다. 달걀의 대부분을 차지하는 흰자위는 약 90%가 물이고, 나머지 약 10%가 단백질이다. 단백질은 많은 종류의 아미노산이 결합된 거대 분자이며, 물을 싫어하는 소수성 사슬과 물을 좋아하는 친수성 사슬이 혼합되어 있다. 그런데 흰자위는 소량의 단백질이 많은 물에 녹아 있는 액체이다. 그러므로 흰자위 단백질의 대부분은 구에 가까운 구조(globular protein)를 하고 있다. 이것은 극성을 띤 물에서 안정하게 녹아 있으려면 단백질의 외부는 친수성 사슬로, 내부는 소수성 사슬로 된 형태가 되어야 하고, 표면적을 최소화시켜 소수성 부분의 노출을 최대로 줄이는 구의 형태가 유리하기 때문일 것이다.

흰자위 단백질에서 가장 높은 비중을 차지하는 것은 오발부민(ovalbumin)으로, 비중은 약 60%다. 오발부민은 모두 385개의 아미노산으로 구성된 단백질로 알려져 있다. 다른 단백질과 마찬가지로 오발부민도 온도, pH 변화에 따라 변성이 된다. 삶을 때 단백질은 열에 의해 변성이 진행된다. 가열되면 구 모양의 단백질 내부로 많은 물 분자들이 강제로 침투하여 더 이상 소수성 사슬끼리 뭉쳐진 구 모양을 유지하기 힘들다. 열 혹은 물의 작용으로 구 단백질은 길게 펴지고, 그것은 근처에 위치한 또 다른 펴진 단백질과 상호작용이 활발해진다. 소수성 사슬들이 물과의 상호작용을 피해서 자기들끼리 서로 결속하기 때문에 단백질은 더욱 잘 뭉쳐져 젤 형태로 변한다. 열이 더 가해지면 젤 상태의 단백질 내부에 물리적으로 갇혀 있던 물 분자마저 빠져 나오면서 더욱 단단한 고체로 변한다. 젤 형태의 반고체만 되어도 반사되는 빛이 많아져 불투명한 상태가 된다.

노른자위는 루테인(lutein)과 제아잔틴(Zeaxanthin) 같은 화학물질 때문에 색이 노랗다. 항산화작용 능력을 갖춘 이 화학물질은 눈의 망막과 황반(macula lutea)에 축적되어 눈을 보호해 준다. 짧은 파장의 가시광선 혹은 자외선 때문에 생성된, 눈 건강을 해치는 활성 산소(혹은 자유 라디칼)를 없애주는 고마운 물질이다. 노른자위의 단백질은 흰자위보다 조금 적지만, 지용성 비타민(A, D, E)은 훨씬 더 많이 녹아 있다. 거의 물로 이루어진 흰자위에는 지용성 물질이 녹아 있기 힘들기 때문이다.

껍데기를 벗긴 삶은 달걀의 외형은 날달걀과 같은 타원형이 아니다. 대신 비교적 평평한 면이 보인다. 그것은 달걀 내부에 있던 공기가 삶을 때 빠져나가지 못하고 흰자가 굳어지며 형성된 모양이다. 달걀을 삶을 때 온도를 급격히 올리면 달걀 내의 공기가 팽창하면서 껍데기가 깨진다. 그러나 서서히 가열하면 껍데기가 깨지는 것을 예방할 수 있다. 그 이유는 서서히 온도를 올리면 달걀 껍데기의 미세한 구멍으로 내부의 공기가 빠져나갈 수 있는 시간이 충분하기 때문이다. 그렇지만 달걀 껍데기(주성분이 탄산칼슘($CaCO_3$))의 두께가 균일하지 못한 경우에는 온도 증가에 따라 팽창 정도가 달라지므로 껍데기가 깨질 수 있다. 냉장고에서 꺼낸 달걀을 바로 삶지 말고 조금 두었다 삶으라고 하는 것도 위와 같은 이유 때문이다.

① 단백질에 열이 가해져서 흰색으로 보이는 것은 고체화 현상과 관련 있다.

② 달걀을 삶을 때 껍데기가 깨지는 이유는 껍데기의 두께가 균일하지 않아서이다.

③ 달걀 흰자위에 비타민 A가 들어있지 않은 이유는 비타민 A가 지용성 비타민이기 때문이다.

④ 단백질의 소수성 사슬과 친수성 사슬은 서로 결합하려는 성질을 띠고 있다.

⑤ 달걀 노른자위의 단백질 역시 온도, pH 변화에 따라 변성이 생긴다.

박쥐와 관련이 있는 인수공통감염병을 일으키는 바이러스는 사스 말고도 헨드라, 니파 바이러스가 확인됐고, 메르스와 에볼라 바이러스 등 세계적으로 파문을 일으킨 감염병의 기원으로 유력하다. 박쥐는 200종 이상의 바이러스가 모인 '저수지'이고, 여기서 흘러넘친 바이러스가 세계적인 감염병을 일으킨다. 박쥐는 왜 이렇게 다양한 감염병 바이러스를 보유하게 됐고, 그러면서도 스스로는 왜 병에 걸리지 않는 걸까.

이 답을 알기 위해서는 박쥐가 어떤 동물인지 아는 것이 출발점이다. 박쥐는 포유류 가운데 매우 특별한 동물이기 때문이다.

포유류 가운데 날개를 퍼덕여 나는 유일한 동물인 박쥐는 진화 역사가 가장 오랜 포유류 중 하나다. 지난 1억 년 동안 극지방을 뺀 세계 곳곳에 퍼져 1,200여 종으로 진화했다. 포유류 종의 약 20%를 차지할 만큼 다양하다.

박쥐는 몸집에 비해 오래 살아 바이러스가 오래 머물 수 있고, 종종 거대한 무리를 이뤄 한 개체에 감염된 바이러스가 쉽사리 다른 개체로 옮아간다. 멕시코꼬리박쥐는 서식지 한 곳에 100만 마리의 큰 무리를 이루곤 하는데, 밀도가 $1m^2$당 300마리에 이른다. 도시의 건물과 시설물에 깃들고 멀리 날 수 있는 능력도 인수공통감염병을 퍼뜨리기 용이한 특징이다.

특히 비행 능력은 박쥐가 세계 구석구석까지 퍼져나가 다양하게 분화한 원동력이지만 동시에 수많은 바이러스를 몸속에 지니면서도 거의 병에 걸리지 않는 비결과 관련 있다고 과학자들은 본다.

토마스 시어 미국 지질조사국 생물학자 등은 2014년 과학저널 「신종 감염병」에 실린 논문에서 '날아가는 박쥐의 높은 체온이 다른 포유류가 감염 때 보이는 발열반응과 비슷하기 때문에 병에 걸리지 않고 다수의 바이러스를 보유할 수 있다'는 가설을 제안했다. 연구자들은 나아가 "박쥐에서 다른 포유류로 흘러넘친 바이러스가 강한 병원성을 나타내는 것도 박쥐가 고온 조건에서 생존하는 능력이 있기 때문"이라고 설명했다.

그러나 최근 과학자들은 단지 체온뿐 아니라 박쥐의 면역체계 자체가 독특하다는 데 주목한다. 비행하려면 많은 에너지를 써야 하고 몸의 신진대사가 빨라져 유해산소도 많이 발생한다. 이런 비행 스트레스 때문에 세포 안에는 손상된 DNA 조각이 생기는데, 보통 포유류라면 이를 외부에서 침입한 병원체로 간주해 염증 등 면역반응을 일으킨다. 그러나 박쥐는 달랐다.

저우 펑 중국 우한 바이러스학 연구소 미생물학자 등 중국 연구자들은 2018년 과학저널 「세포 숙주 및 미생물」에 실린 논문에서 "박쥐는 바이러스에 대항하는 면역력을 병에 걸리지 않을 정도로 약화해 지나치게 강한 면역반응을 피한다."라고 밝혔다. 지나친 면역반응은 종종 병으로 이어진다. 박쥐는 면역체계의 과잉반응과 바이러스의 악영향을 동시에 누르는 균형을 절묘하게 잡는다는 것이다.

박쥐의 또 다른 특징은 오래 산다는 것이다. 관박쥐 등은 30년 이상 산다. 이는 일반적으로 몸이 클수록 오래 산다는 포유류의 일반적 경향과 어긋난다. 쥐의 절반 무게이면서 쥐보다 10배 오래 사는 장수의 비결은 무엇일까.

싱가포르 듀크-NUS 의대 연구자들은 지난해 「네이처 미생물학」에 실린 논문에서 '박쥐의 면역 억제가 노화를 늦추는 구실을 한다.'라고 밝혔다. 다시 말해 비행에 따른 감염을 억제하는 쪽으로 진화했는데, 그 과정에서 노화를 막는 효과를 부수적으로 얻었다는 것이다.

신종 감염병의 약 75%는 인수공통감염병이고, 야생동물에서 건너오는 신종 바이러스가 늘어나고 있다. 바이러스의 자연적인 저수지 구실을 하는 박쥐에서 비롯하는 감염병이 늘어날 것이란 전망이 많다.

박쥐는 신종 인수공통감염병의 원천이기도 하지만 인류에게 꼭 필요한 생태적 기능도 한다. 바나나, 아보카도, 망고 등의 꽃가루받이를 하고 다양한 열대식물의 씨앗을 퍼뜨린다. 훼손된 열대림 복원에 큰 구실을 하며, 많은 양의 농업 해충을 잡아먹기도 한다. 유엔식량농업기구(FAO)는 2011년 발간한 「박쥐와 신종 인수공통감염병 관련 편람」에서 '생태와 보전, 공중보건의 이해 사이에 균형을 잡아야 한다.'라고 강조했다.

① 박쥐의 수명이 긴 이유 중 하나는 박쥐가 무리생활을 한다는 점이다.
② 박쥐가 바이러스를 잘 품을 수 있는 이유는 박쥐의 비행 능력 때문이다.
③ 박쥐가 인수공통감염병의 원천이라는 이유로 박멸의 대상이 되어서는 안 된다.
④ 고온에서 생존한 바이러스는 그렇지 않은 환경에서 질병을 일으키는 능력이 강하다.
⑤ 박쥐의 면역체계와 바이러스의 악영향을 방지하는 균형을 연구하면 인류의 전염병 감염에 대한 해답을 찾을 수 있다.

　　자율감각 쾌락반응(Autonomous Sensory Meridian Response, ASMR)은 주로 청각을 중심으로 하는 시각적, 청각적, 촉각적, 후각적 혹은 인지적 자극에 반응하여 나타나는, 형언하기 어려운 심리적 안정감이나 쾌감 따위의 감각적 경험을 일컫는 말이다. 흔히 심리 안정과 집중에 도움을 준다고 알려진 백색소음 등의 새로운 활용으로 볼 수도 있다.

　　하지만 이 현상에 대한 일화적 증거는 있지만 과학적 증거나 연구 검증된 자료는 거의 없어서 ASMR 현상의 성격과 분류에 대해서는 논란이 있다. 미국의 예일 대학교 의대 신경의학과 교수인 스티븐 노벨라 교수는 ASMR에 대한 과학적 연구가 부족하다고 언급하며, ASMR이 즐거운 종류의 발작이거나 쾌감 반응을 유발시키는 하나의 방법일 가능성을 제기했다. 또한 영국 셰필드 대학교의 심리학 강사이자 인지과학 강사인 톰 스태포드(Tom Stafford) 역시 ASMR 현상이 진실이든 아니든 본질적으로 연구하기 어려운 성격을 지닌다고 주장했다. 신경학자 에드워드 오코너(Edward J. O'Connor)는 모든 사람들에게서 ASMR을 유발시킬 수 있는 단일한 자극이 없을 수도 있다는 점을 ASMR 현상 연구의 난점으로 꼽았다. 즉, ASMR이 전문적인 의학용어도 아닐 뿐더러 불면증 치료에 효과가 있는지는 매우 의문이다.

　　그러나 많은 사람들은 ASMR을 들으면 긴장이 완화되고 잠이 온다고 느낀다. 특히 빗소리 같은 자연의 소리를 들으며 마음의 안정을 느끼는 사람들이 많은데, 이는 자연의 소리가 가진 특유의 소리 성분 때문이다. 빗소리나 새소리 등 자연의 소리는 비교적 저음 성분이 많다. 이 때문에 자연의 소리를 들으면 뇌파 중 저주파인 세타파와 델타파에 발생에너지가 몰린다. 인간은 보통 때엔 주로 중간 주파수인 알파파 쪽에 뇌파 성분이 있지만, 어떤 일에 몰두하거나 잠이 들면 뇌파가 저주파로 쏠린다. 자연의 소리 ASMR을 들을 때와 같은 상황인 것이다. 이 둘이 맞아떨어지기 때문에 자연의 소리를 들으면 마음의 안정을 느끼는 것이다.

　　ASMR을 느끼게 해 주는 자극을 ASMR 트리거(trigger)라고 한다. 사람들마다 선호하는 자극이 다르므로 ASMR 트리거에도 개인차가 있지만, 가장 보편적인 트리거로 속삭이는 소리를 들 수 있다. 속삭이거나 부드러운 억양으로 말한 내용을 녹음한 비디오를 유튜브에서 많이 찾아볼 수 있다. 이 밖에도 긁는 소리, 구깃구깃하는 소리, 두드리는 소리, 바람 부는 소리, 연필 사각거리는 소리 등의 환경소음을 통해서 ASMR을 느끼기도 한다. 이러한 종류의 트리거를 다룬 영상들도 유튜브에 많이 올라오고 있으며 실제 3D 환경처럼 느껴지도록 하기 위해서 바이노럴 녹음을 사용하는 경우가 많다. 사람이 내는 소리를 3D 사운드로 녹음할 경우 실제로 사람이 가까이에 있는 것처럼 청자가 느끼게 되며, 특정 환경 소음을 3D 사운드로 녹음하면 그 소리가 기분 좋은 소리로 들린다고 한다.

　　ASMR 콘텐츠가 다양화되면서 목적과 용도가 세분화되었고, 이로 인해 단순한 청각뿐만 아니라 시각이나 촉각 또는 미각을 자극하기도 한다. 슬라임을 만지는 ASMR은 시각과 청각으로 촉각을 자극한다. 그리고 요리나 음식 ASMR은 시각과 청각으로 미각을 자극한다. 이런 다양한 감각을 활용하는 ASMR은 심신 안정에서 나아가 광고 마케팅 분야에서도 활용되고 있다.

① ASMR의 효과에 대한 학문적 연구가 활발히 진행되었군.

② 인간이 자연의 소리 ASMR을 좋아하는 이유는 원시 때부터 듣던 소리와 유사하기 때문이군.

③ 3D 사운드로 녹음할 경우, 소리가 메아리처럼 들려 듣는 사람의 기분이 좋아지는군.

④ 최근 ASMR은 청각에만 국한되지 않고, 다양한 감각을 자극하는 등 여러 방법을 고안하고 있군.

⑤ ASMR의 콘텐츠가 다양해지면서 지나친 광고와 마케팅이 문제가 되는군.

12 다음 글을 통해 추론한 내용으로 적절하지 <u>않은</u> 것은?

출처 | 한국전력공사 최신 기출 변형

> 스마트 그리드(Smart grid)는 '발전(發電)―송전·배전(送電·配電)―판매(販賣)'의 단계로 이루어지던 기존 전력망에 IT 기술을 접목하여 전력 공급자와 소비자가 양방향으로 실시간 정보를 교환함으로써 에너지 효율을 최적화하고자 하는 차세대 지능형 전력망이다. 다시 말해 스마트 그리드는 전력 공급자와 소비자가 양방향으로 실시간 정보를 교환하여 전력시스템 전체를 한 몸처럼 효율적으로 작동하는 것을 핵심 개념으로 한다. 자동 조정 시스템으로 운영되므로 사전에 고장 요인을 감지하여 정전을 최소화할 뿐만 아니라 전력 공급자와 소비자가 직접 연결되는 분산형 전원 체제로 전환되면서 신재생에너지의 활용도가 증대된다.
>
> 향후 원유 가격의 상승과 지구 온난화의 심화로 전력 소비자들은 높은 전기사용료를 지불하여야 하기 때문에 신재생에너지원을 이용한 전력 생산의 확충이 불가피하다. 또한, 화석연료의 사용으로 배출되는 이산화탄소 의무 감축이 전 세계적으로 본격화되면 신재생에너지의 비율이 2030년까지 11%로 확대될 것으로 전망된다. 태양광이나 풍력과 같은 분산 전원은 소규모 가정용이나 가로등과 같은 공공용으로 개발하여 사용하여 왔으나, 도심지와 가까운 곳에 해상풍력, 메가 솔라와 같은 대규모 신재생 발전 단지가 증가하면 송전 거리가 단축되어 전력 손실을 줄일 수 있다. 다만, 신재생에너지원은 기상 상태에 따라 발전 출력이 결정되므로 이에 대한 대응 방안과 전기 품질의 유지 방안이 필요하다.
>
> 여기에 스마트 그리드의 자동 조정 시스템을 활용하면 풍량과 일조량 등에 따라 전력 생산이 불규칙했던 신재생에너지의 한계를 극복하여 그 활용도를 증대시킬 수 있다. 신재생에너지의 활용도가 높아지면 화력발전소를 대체할 수 있게 된다. 결과적으로 스마트 그리드는 온실가스와 오염물질을 감축하게 되면서 환경문제를 해소하는 데도 도움이 된다. 이러한 이유로 전 세계가 스마트 그리드와 신재생에너지, 전기 자동차 등 청정 녹색기술의 접목·확장이 용이한 개방형 시스템으로 산업 간 융·복합을 통한 신(新)비즈니스를 창출하기 위해 노력 중이다.

① 전력망은 일반적으로 발전―송전·배전―판매의 단계로 이루어져 있다.
② 도심지와 가까운 곳에 세워지는 메가 솔라의 수가 증가하면 전력 손실을 줄일 수 있다.
③ 미래에 신재생에너지원을 이용한 전력을 사용하기 위해서는 높은 전기사용료를 지불해야 한다.
④ 스마트 그리드의 자동 조정 시스템은 정전을 최소화하고 신재생에너지의 활용도를 증대시킨다.
⑤ 신재생에너지원으로 생산되는 전기의 발전 출력 등의 품질은 기상 상태에 따라 달라질 수 있다.

출처 | 한국전력공사 최신 기출 변형

한옥은 자연과 조화롭게 살고자 하였던 한국인의 삶과 철학을 고스란히 담고 있다. 흙으로 구운 기와를 지붕에 올린 기와집이든, 볏짚을 엮어 만든 초가지붕을 얹은 초가집이든 모든 한옥은 자연을 거스르지 않는다. 자연과 완벽하게 조화를 이루는 한옥의 매력은 그 외형에서부터 드러난다. 한옥의 지붕이나 처마의 선은 완만한 곡선을 나타낸다. 자연스럽게 끝을 올린 한옥의 곡선은 중국과 일본의 전통 건축에서 볼 수 있는 직선적인 지붕 형태와 비교하였을 때 고전적인 아름다움이 돋보인다. 한옥은 대문과 현관, 거실로 이어지는 흐름 또한 직선적인 구조를 피하며, 자연 속을 산책하게 함으로써 사색하는 철학자가 되게 한다.

한옥에 사용되는 재료들은 대부분 재활용이 가능하다. 돌과 나무, 흙 등의 재료는 가공하지 않은 자연 상태 그대로를 사용하기 때문에 아파트 등 다른 재료의 건물에 비해 독성이 없어서 인간의 몸에 해롭지 않다. 이와 더불어 한옥은 건물을 짓기 위해 터전을 훼손시키지 않고, 주변 환경에 순응하여 그곳의 지세에 맞는 형태로 지어진다. 자연과의 상생을 추구하는 한옥은 계절에 따라 자연과 편안하게 어우러진다.

한옥에서 가장 중요한 특징은 바로 온돌이라 할 수 있다. 온돌은 역사적으로 오랜 기간 유지되어 온 우리의 전통문화이다. 온돌은 불을 때는 아궁이, 아궁이에서 나온 열을 전달받은 구들, 그리고 열기가 빨리 빠져 나가는 것을 막는 개자리, 연기가 통하는 연도, 그리고 연기를 배출하는 굴뚝으로 구성된다. 온돌은 열의 전도를 이용한 복사 난방 방식의 원리를 이용하여 습기가 차지 않고 화재에도 안전하다. 이러한 온돌은 꾸준히 개량되어 오늘날 아파트 난방에도 널리 사용되고 있다.

과거 근대화 과정에서 한옥의 맥은 거의 단절되었다고 여겨지는데, 최근 한옥의 건축 양식에 대해 사람들의 관심이 높아지고 있다. 환경 친화적인 한옥의 장점과 완만한 곡선이 돋보이는 건축 양식이 현대 건축에도 충분히 접목 가능한 요소가 되었기 때문이다. 뜨거운 여름에도 시원함을 유지하는 대청마루, 자연과 조화를 이루는 안정성 있는 설계 등이 현대 도시건축에서도 중요하게 다뤄진다. 즉, 한국의 미래 건축 양식은 한옥의 건축 양식에서부터 시작된다고 보아야 할 것이다.

① 한옥의 특징과 미래 전망
② 한옥 구조의 역사적 변천 과정
③ 건축사에서 한옥이 갖는 중요성
④ 자연 친화적인 한옥의 구성 요소
⑤ 한옥의 보존 및 현대화를 위한 논의

출처 | 한국전력공사 최신 기출 변형

거리 예술은 예술이 주로 공연장, 전시관 등 정형화된 장소에서 소수의 특권층에게만 전유되던 시기에 예술을 즐길 기회를 갖지 못하는 대중에게 예술을 제공한다는 명분으로 시작되었다. 거리는 쉽게 대중을 만날 수 있는 장소이지만 예술 행위를 하기에는 너무 소란스럽고 산만하다. 예술을 추구하자니 거리와 대중을 떠나야 할 것 같고, 거리의 대중을 좇자니 예술을 포기해야 할 것처럼 보인다. 하지만 거리 예술은 예술이 향유되는 장소가 다수의 사람을 만날 수 있는 거리라는 점에서 큰 의의를 갖는다.

거리 공연의 풍경은 우리에게 친숙하다. 보통은 도심의 광장 같은 데서 노래하거나 악기를 연주하는 버스킹을 떠올리기 쉽다. 그러나 실제로는 음악 이외에도 춤, 마임, 코미디, 마술 등 그 종류가 매우 다양하다. 공연자가 목재를 들고 사다리를 타면서 집 짓는 흉내를 내는 건축적 마임 등은 거리 공연의 재미있는 예다. 일상 공간을 무대로 삼는 거리 예술은 삶과 밀접한 소재를 다루며 사회적 메시지를 담아내기도 한다. 우리나라 거리극의 시초라 할 수 있는 마당극이 시대정신을 담은 것처럼 현대 거리 예술도 대중에게 삶과 사회에 대한 질문을 던진다.

야외에서 진행되는 작품일지라도 무대 세트를 그대로 옮겨와 극장과 같은 환경을 갖추어 진행하는 작품들은 거리 예술의 범주에 포함되지 않는다. 거리 예술에서 공간을 읽어내고 이에 작품을 반영하는 것이 무엇보다도 중요한 지점임을 알 수 있다. 이와 더불어 거리 예술은 극장처럼 객석이 완비된 환경과는 달리 밀집된 공간에서 군중을 상대하는 만큼, 예술가와 관객의 상호작용을 전제하므로 관객의 참여를 이끌어 내는 것이 매우 중요하다.

유럽의 경우 공간적, 문화적인 면에서 거리 예술이 발달하기 좋은 환경을 갖추고 있다. 거리 예술의 무대가 되는 유럽의 광장, 공원, 도로, 지하철역 등은 번잡하지 않고 그 터가 넓어 거리 예술을 하는 데 최적의 환경을 가지고 있다. 특히 영국과 프랑스를 비롯한 많은 유럽 국가의 지하철역은 역사가 오래되어 낡고 좁다는 단점을 지니고 있지만 사이사이 구역을 지정하여 지하철역에서 공연을 하도록 배려하여 삭막한 환경을 개선하는 효과를 누리고 있다. 오늘날 우리나라의 지하철역도 문화 예술의 공간으로 다양한 탈바꿈을 시도하고 있다. 정거장을 하나의 상설 무대로 인식하고 승객을 관람객으로 연결하려는 노력이 이어지고 있다. 사람들이 일상생활 속에서 자주 오가는 도심의 거리, 그리고 지하철역 등의 공공시설에서 거리 예술이 보편적으로 행해진다면 사람들에게 예술은 굳이 공연장이나 전시관을 찾지 않아도 쉽게 접할 수 있는 분야로 자리 잡을 수 있을 것이다.

① 거리에서 행해지더라도 거리 예술로 분류되지 않을 수 있다.
② 거리 예술가들은 관객과 상호작용하며 참여를 유도해야 한다.
③ 거리 예술은 소수의 특권층이 예술을 전유하던 시기에 등장하였다.
④ 마당극은 관객에게 시대정신을 담은 사회적 메시지를 전달하기도 했다.
⑤ 유럽에서는 지하철역을 제외하고 거리 어느 곳에서나 거리 공연을 할 수 있다.

15 다음 [가]~[라] 문단을 글의 흐름에 따라 순서대로 바르게 배열한 것은? 출처 | 한국전력공사 최신 기출 변형

[가] 현재 수소 에너지로서 활용될 핵심 기술로 꼽히고 있는 연료 전지는 전자, 자동차 등 다양한 산업에 혁신적 변화를 불러올 수 있는 기술이다. 연료 전지는 석유 중심의 에너지 체제를 수소 에너지 중심으로, 중앙집중적 전력 생산 구조를 누구나 전력을 생산하는 분산형 구조로 탈바꿈할 수 있는 획기적인 통합 기술로 평가되고 있다. 연료 전지는 수소와 공기 중의 산소를 결합해 전기를 생산하는 전지인데, 물의 전기 분해 역반응으로 연료를 계속해서 공급해 주면 무한 발전이 가능하다는 점에서 일종의 발전기로도 볼 수 있다. 연료로 사용되는 수소는 가스 등을 개질(改質)하여 얻거나 물의 전기 분해를 통해 얻는다.

[나] 수소는 지역적 편중 없이 어디서나 구할 수 있는 보편적 자원이다. 이산화탄소 배출이 전혀 없고 부산물이 물뿐인 데다 액체나 고압 기체로 저장이 가능하고 쉽게 운송할 수 있다는 이점도 있다. 자연환경 조건에 따라 전기 생산량이 달라져 에너지 공급 측면에서 불안정한 태양광·풍력 등 신재생에너지의 단점을 보완해 준다는 점도 수소의 장점이다. 수소는 그동안 석유 화학·정유·반도체·식품 등 산업 현장에서 수십 년간 사용해 온 가스로서 안전 관리에 대한 기술력도 축적됐다.

[다] 우리나라의 경우 수소 연료 전지차, 연료 전지 발전 등과 같이 수소 활용 부문에서 경쟁력을 확보했지만, 수소 생산, 저장, 운송 분야에서 충전소와 같은 인프라는 주요국 대비 부족한 편에 속한다. 수소를 에너지원으로 보급 및 활성화하기 위해서 수소 활용 영역과 인프라 확보의 불균형을 해소하여 모든 산업과 시장이 수소 생산 – 저장·운송 – 활용의 밸류 체인으로 이루어 나아갈 때 비로소 새로운 에너지 패러다임으로 접어들 수 있을 것이다.

[라] 연료 전지는 기계 장치를 사용하지 않고 발전하기 때문에 거의 소음이 없으며, 수소와 산소가 반응해 전기를 생성하기 때문에 공해 물질을 거의 배출하지 않는다. 연료 전지는 효율이 높아 에너지 절감 효과도 크다. 연료 전지의 발전 효율은 현재 약 30~50%로 내연 기관보다 우수하며, 온수로 회수되는 열량까지 고려하면 효율은 80%까지 높아질 수 있다. 또한 연료 전지는 다양한 용도와 분야에 응용되는 융합·통합적인 시스템이다. 이러한 장점들로 인해 우리나라를 비롯한 많은 나라가 수소 에너지와 이를 활용한 연료 전지에 주목하고 있다.

① [가] – [나] – [다] – [라]
② [나] – [가] – [라] – [다]
③ [나] – [라] – [가] – [다]
④ [라] – [가] – [나] – [다]
⑤ [라] – [나] – [가] – [다]

진화론은 모든 생물이 진화의 과정을 통해 현재의 모습에 이르렀다고 설명하는 이론이다. 인간이 복합적인 언어를 사용한 것 역시 진화론으로 설명할 수 있다. 우선 인간이 언어를 구사하기 위해서는 해부학적으로 한 가지 조건이 반드시 충족되어야 하는데 그것은 목의 후강이 내려앉아야 한다는 것이다. 학계에서는 약 30만 년 전에 인간의 해부학적 목의 구조가 이처럼 진화하였다고 보고 있다. 그렇다면 동물들은 의사소통을 하기 위해 어떻게 진화했을까?

2007년까지 살았던 아프리카 회색 앵무새 '알렉스'는 1에서 8까지 숫자를 셀 수 있었고 50개에 달하는 물건의 이름을 구별할 줄 알았다. 또한 150개의 단어를 조합해 짤막한 문장을 만들기도 했다. 한편, 1971년생 고릴라 '코코'는 사람이 발음하는 단어 중 2,000개를 알아듣고 1,000개의 단어를 수화로 표현할 줄 알았다. 오스트리아의 생물학자 카를 폰 프리슈는 꿀벌의 춤에 담긴 의미를 알아내 1973년 노벨 생리의학상을 받기도 했다. 프리슈는 40년 동안의 연구 끝에 꿀벌이 원을 그리거나 8자 모양으로 분주하게 움직이는 이유가 꿀이 가득한 꽃의 위치를 알려 주기 위해서라는 사실을 밝혀냈다. 2013년 3월에는 돌고래의 언어도 발견됐다. 큰돌고래는 특히 여러 사물을 접할 때마다 다른 소리를 냄으로써 "이것은 사과", "저것은 포도" 하는 식으로 각각의 이름을 붙이고 있었다.

동물들의 의사소통은 인간처럼 정식 언어를 이용하는 것이 아니라 그저 본능에 따라 정해진 소리를 내는 것은 아닐까? 그렇다면 고양이는 전 세계 어디서든 '야옹' 하고 울어야 하고 새들은 종에 따라 고유의 울음소리를 내야만 한다. 하지만 미국과 캐나다 동부 해안의 국경지대에 위치한 켄트 섬의 새들을 연구하면서 새로운 사실이 드러났다. 1980년부터 2011년까지 30년 동안 초원멧새들의 울음소리를 녹음해 비교한 결과, 시간의 흐름에 따라 소리의 구성이 조금씩 바뀌어 왔던 것이다. 켄트 섬의 초원멧새들은 도입(intro), 중앙(middle), 버즈(buzz), 트릴(trill) 단락으로 이루어진 한 가지 울음소리만 낸다. 그러나 30년이라는 긴 세월이 흐르면서 중앙 부분에 짧고 강한 스타카토가 삽입됐고 마지막 트릴 부분은 낮고 짧은 소리로 바뀌었다. 시대에 따라 사람들의 말투가 달라지고 억양이 바뀌는 것처럼 새들의 소리도 문화적인 진화가 이루어진 것이다.

┌─┤ 보기 ├───┐

　　㉠ 프리슈의 연구 결과에 따르면 꿀벌은 꿀이 담긴 꽃의 위치를 알리기 위해 초음파로 의사소통한다.

　　㉡ 인간은 해부학적으로 목의 구조가 진화하면서 복합적인 언어를 구사할 수 있게 되었을 것이다.

　　㉢ 회색 앵무새는 물건의 이름을 구별할 수 있을 뿐더러 스스로 단어를 조합해 문장을 만들 수도 있다.

　　㉣ 초원멧새들의 울음소리는 인간의 언어와는 다르게 세월이 흘러도 소리의 구성이 변하지 않는다.

└──┘

① ㉠, ㉡　　　　　　　　② ㉠, ㉣　　　　　　　　③ ㉡, ㉢

④ ㉡, ㉣　　　　　　　　⑤ ㉢, ㉣

　　일제 강점기 조선인들에게 철도를 '체험'한다는 것은 어떠한 의미였을까? 우리나라 근대 문학사에서 기차는 많은 작품 속에 등장하면서 중요한 역할을 해 왔다. 이광수는 소설 『무정』에서 "도회의 소리? 그러나 그것이 문명의 소리다. 그 소리가 요란할수록 그 나라는 소리가 합하여서 비로소 찬란한 문명을 낳는다. 그 소리가 요란할수록 그 나라는 잘 된다."라며 철도 문명에 감복했다. 『무정』에서 기차는 이른바 근대적 주체가 새롭게 태어나는 공간, 그 새로운 주체의 이념과 실천이 수행되는 공간으로 그려지고 있다. 그러나 최명익, 이태준, 채만식은 기차에 대한 인식을 달리했다. 한반도에 부설된 철도는 대륙으로 야망을 실어 나르는 일본 제국주의의 가장 핵심적 도구였다. 그들은 이 사실에 주목한 것이다. 식민지로 전락한 한반도에 거주하는 한국인은 철저한 이등 국민이자 착취 대상으로서의 삶을 살았다. 대다수의 농민이 소작농으로 전락하였고 남부여대하여 고향을 떠났다. 피눈물을 흘리는 심정으로 고향을 떠나는 이들을 만주로, 간도로 실어 나른 것이 기차였다.

　　최명익과 이태준은 이렇게 떠나가는 농민과 여러 군상의 모습, 서러움, 고통을 소설 속에 그렸다. 최명익의 소설 『장삼이사』에서 기차는 '전진', '발전'을 상징하거나, 근대를 선취한 성공한 사람들의 공간이 아니었다. 최명익은 『장삼이사』를 통해 타자로서 같은 식민지 동포를 바라보았다면, 이태준은 소설 『철로』를 통해 작은 어촌에서 답답한 식민지 현실을 살아가는 청년의 희망과 좌절을 보여 주었다. 채만식은 소설 『탁류』에서 삼등 객차에 탄 재호를 통해 기차는 양극화의 현주소라고 고발한다. 근대는 새로운 문물로 사람들을 유혹했지만, 모든 이에게 동일한 권리가 주어진 것은 아니었다. 돈에 따라 사람을 구별했고, 공간을 분리했다.

　　그렇다면 외국은 어땠을까? 기차로 인해 새로운 공간과 문화를 경험한 작가들은 다양한 주제 의식을 갖고 새롭고 독특한 형식의 글을 쓰기 시작했다. 대표적인 것이 바로 추리 소설이다. 사람을 낯선 곳으로 실어 나르는 기차는 로맨스와 호기심, 스릴 등 온갖 재미난 상상을 하기에 알맞은 곳이었다. 밀폐되고 한정된 공간이 주는 특유의 긴장감, 언제 터질지 모르는 위태로움은 범죄의 시발점으로 설정하기에도 적합하여 추리 소설에 빈번하게 활용되었다. 일례로 애거사 크리스티는 소설 『오리엔트 특급 살인』에서 기차라는 공간을 아주 적절하게 활용했다. 추리 소설 외에도 기차를 배경으로 활용한 문학 작품은 셀 수 없이 많다. 기차는 첫 개통 이후 지금까지 수많은 작가들에게 영향을 미쳤다. 신문명과 산업화의 상징, 낭만적 로맨스의 배경, 죽음이나 비극적 운명을 암시하는 잔인한 공간 등 기차는 여러 문학 작품 속에서 다양한 모습으로 그려지며 문학 발달의 한 축을 담당하고 있다.

17 윗글의 서술상 특징으로 가장 적절한 것은?

① 예시를 통해 서술 대상에 관한 다양한 인식을 제시하고 있다.

② 전문가의 의견을 인용하여 서술 대상의 개념을 설명하고 있다.

③ 일반적인 통념을 반박하며 서술 대상의 개념을 재정립하고 있다.

④ 객관적인 자료를 활용하여 서술 대상에 대한 신뢰도를 높이고 있다.

⑤ 상반되는 입장을 각각 밝혀 서술 대상이 가지는 단순함을 부각하고 있다.

18 윗글의 내용과 일치하지 <u>않는</u> 것은?

① 일제 강점기 시대에 이광수는 기차를 근대의 상징으로 여겼다.

② 일제 강점기 시대에 한국 문학은 기차에 대해 이중적으로 묘사했다.

③ 기차는 문학 작품에서 다양한 모습으로 그려지며 문학 발달에 기여하고 있다.

④ 근대는 새로운 문물로 사람들을 유혹하면서도 신분의 차이에 따라 사람들과 공간을 분리하였다.

⑤ 외국에서 기차는 밀폐되고 한정된 공간이 주는 긴장감 덕분에 추리 소설에 자주 사용된 소재였다.

노동이란 단어의 어원은 고문·속박에서 찾을 수 있다. 다시 말해 노동은 원래부터 고통스러운 활동을 지칭하였던 것이다. 사실 인간이 노동하는 것은 결국 부족함에서 비롯되는데, 인간의 욕구는 끝이 없다고 전제해 볼 때 결국 인간은 끝없이 일을 해야 한다는 비관적 결론에 도달할 수도 있다. 이처럼 노동이란 자유와 여가의 박탈을 감내하여 생계 수단을 확보하는 수단적 활동에 불과하다고 보는 사상가도 많다.

가령 고대 그리스에서 노동은 인간의 삶의 본질과는 거리가 멀었다. 아리스토텔레스는 일이란 가능하면 노예들에게 떠맡겨야 하는 것이며 이득을 얻기 위해 하는 일은 그 자체로 저주가 될 수 있다고 믿었다. 아리스토텔레스는 노동의 목적은 여가를 얻기 위한 것에 불과하다고 주장하였다. 또한 소크라테스, 플라톤 등은 노동에 매달리는 것은 고통을 받으며 쾌락을 느끼는 가학적 경향이라고 보기도 했으며, 버트런드 러셀은 자기가 하는 일이 중요하다며 노동에 집착하는 것도 정신병 증세라고 지적하며 게으름을 찬양하였다.

그런데 로마 제국의 몰락 이후 노동의 의미는 점차 긍정적으로 인식되기 시작했다. 가톨릭 수도원에서는 자급자족 체제를 유지하기 위하여 일과에 노동과 면학을 포함하였고, 일을 인간의 원죄 때문에 의무적으로 수행해야 할 '눈에 보이는 기도'로 여기게 되었다. 또한, 중세에 접어들면서 장인 조합이 등장하는 등 사회적 환경 변화에 따라 점점 노동에 긍정적 의미가 결부되기 시작하였다. 특히 르네상스 시대에는 게으름을 비난하는 노동 윤리가 널리 확산되었는데, 토머스 모어나 톰마소 캄파넬라 등은 노동의 조직화와 분배에 대한 구체적 이상향을 제시하기도 했다. 게다가 종교 개혁 후에는 루터와 칼뱅의 노동 윤리, 프로테스탄트 노동 윤리 등의 노동 소명설로 발전했고, 자본주의의 태동 후에는 많은 노동력을 필요로 했던 시대적 상황과 맞물려 오늘날의 노동 윤리로 발전하였다.

① 고대 그리스에서는 노동을 어떻게 간주하였는가?
② 아리스토텔레스는 노동을 왜 하는 것이라고 생각하였는가?
③ 르네상스 시대에 게으름을 죄악으로 생각한 이유는 무엇인가?
④ 역사적으로 노동의 의미가 긍정적으로 변화한 까닭은 무엇인가?
⑤ 어원을 고려하였을 때 노동이 본래 함의하고 있는 활동은 무엇인가?

　　AMI에 대해 알아보기 전에 스마트 그리드를 먼저 이해해야 한다. 스마트 그리드는 기존의 전력망에 정보통신기술을 접목한 기술이다. 공급자와 수요자가 정보를 실시간으로 교환할 수 있고 그를 통해서 전력 수요를 관리하거나, 신재생에너지에 바탕을 둔 분산 전원의 활성화를 통해 에너지의 해외 의존도도 감소시킬 수 있는 전력망 형태이다. AMI(Advanced Metering Infrastructure)는 스마트 그리드를 구현하는 데 필요한 핵심 인프라로 사용되며, 계량기, 통신 설비, 운영 시스템 등으로 이루어져 있다. 양방향 통신망을 이용해 전력 사용량, 시간대별 요금 정보 등의 전기 사용 정보를 고객에게 제공해 자발적인 전기 절약과 수요 반응을 유도한다.

　　AMI가 스마트 그리드 구성에 필요한 이유는 크게 세 가지로 정리할 수 있다. 첫 번째로 전기 계량기의 경우 누적 사용량만 볼 수 있어서 실시간 사용량을 파악하기 힘들다는 단점이 있지만, AMI는 전력 사용 현황을 자동으로 분석해주기 때문에 요금, 사용량 등을 실시간으로 알 수 있다. 실시간으로 사용되는 전기요금을 알 수 있다면 불필요한 전력을 아껴 과소비를 막을 수 있다. 두 번째로 AMI를 사용하면 전력 소비자에게 좀 더 다양한 요금제를 지원해 줄 수 있다. 우선 '계시별 요금제'이다. 이 요금제는 계절을 봄·가을·겨울 3개로 나누고, 시간대를 최대부하·중간부하·경부하 등 3개 구간으로 나누어 전기요금을 차등 적용하는 요금체계이다. 그리고 '피크 요금제'가 있다. 전력소비량이 많은 낮 시간대에는 상대적으로 비싼 요금, 전력사용량이 적은 시간대에는 비교적 저렴한 요금을 책정하는 제도이다. 마지막으로 '실시간 요금제도'가 있다. 도매 혹은 소매가격을 바탕으로 소비자 요금이 시간별로 변동하는 요금제이다. 세 번째로 AMI는 전기 사용 정보를 원격으로 검침할 수 있다. 이러한 특성 덕분에 검침원들이 직접 계량기를 검침하는 시스템보다 시간과 비용을 많이 절약할 수 있다.

　　한국전력공사의 AMI 보급 사업은 정부 스마트 그리드 국가 로드맵 수립부터 시작되어 약 2,250만 호에 AMI를 보급하는 것을 목적으로 한다. 실제로 AMI는 2020년 5월 기준으로 총 2,250만 호 중 43%에 달하는 962만 호에 보급되었다. 또한, 2020년 7월부터는 그린뉴딜 정책과 더불어 노후화된 아파트에 AMI를 통해 전력 인프라를 개선하는 '가정용 스마트전력 플랫폼 사업'을 진행하고 있다.

① AMI 원격으로 전력 공급을 검침하여 검침원들의 수고를 덜어줄 수 있다.

② AMI는 실시간으로 사용되는 전기요금을 알 수 있어 불필요한 전력을 아낄 수 있다.

③ 한국전력공사는 스마트 그리드 국가 로드맵 수립부터 AMI 보급 사업을 수행해 오고 있다.

④ 스마트 그리드를 구현하는 데 필요한 핵심 인프라로 사용되는 AMI는 양방향 통신망을 이용한다.

⑤ 계시별 요금제는 전력소비량이 많은 낮 시간대와 전력사용량이 적은 시간대에 다른 요금을 책정한다.

정답과 해설 P. 122

01 다음 글의 주제로 가장 적절한 것은?

출처 | LG그룹 최신 기출 변형

> 아프리카 남동부에서 사용되는 스와힐리어에서는 사람이 태어나면 일단 사물을 지칭하는 단어인 'kintu'라고 부르다가, 언어를 배우게 되면 비로소 인간을 뜻하는 'muntu'라고 부른다고 한다. 일부 영어권에서도 유아는 'it'라고 지칭하다가 언어를 습득하고 난 후에야 'he'나 'she'라고 지칭한다. 이러한 예를 통해서 언어와 인간의 절대적인 관계를 확인할 수 있다. 인간의 생활과 더불어 생겨난 것이 문화이다. 문화는 언어를 통하여 유지되고, 또한 언어는 그 자체가 문화이면서 새로운 문화를 창조하고 축적하는 수단이 된다. 우리말에는 ' 따비, 괭이, 쇠스랑, 삽, 종가래, 가래, 호미, 낫, 도끼' 등과 같은 농사 용어들이 발달되어 있다. 이는 우리 사회가 전통적으로 농경 문화를 가지고 있었음을 보여 준다. 에스키모어에는 '가루눈, 적은 눈, 큰 눈' 등을 구별하는 어휘가 있으며, 오스트레일리아어에는 모래와 관련된 어휘가 많이 발달되어 있다.

① 인간은 언어를 통해 사고한다.
② 언어는 그 사회의 문화를 반영한다.
③ 언어와 인간의 문화는 별개의 문제이다.
④ 인간은 언어를 배우기 전에는 인격이 없다.
⑤ 우리말은 다른 나라의 언어보다 많이 발전되어 있다.

알코올성 간 질환은 B형 간염, C형 간염과 함께 우리나라 만성 간 질환의 중요한 원인이 되고 있다. 알코올성 간 질환은 크게 알코올성 지방간, 알코올성 간염, 알코올성 간경변증으로 분류된다. 알코올성 지방간이란 간 내에 지방이 정상 이상으로 쌓이는 것으로 간 기능에는 큰 이상이 없는 상태를 말한다. 알코올성 간염이란 과도한 음주로 간에 염증성 손상이 진행되는 상태이다. 알코올성 간경변증이란 간의 염증성 손상이 비가역적으로 축적되고 섬유화되는 것으로, 출혈, 혼수, 간암 등의 심각한 합병증이 동반될 수 있다. 알코올에 의한 간 손상 초기에는 지방간 소견을 보이며, 음주를 계속하면 알코올성 간염이 유발되고, 알코올성 간염에서 다시 간경변증으로 진행된다. 때로는 알코올성 지방간에서 알코올성 간염을 거치지 않고 바로 간경변증으로 진행하기도 한다. 한 가지 소견이 발견되는 경우는 드물며, 환자에 따라 여러 소견이 겹쳐서 나타난다.

① 알코올성 간염은 심각한 합병증을 동반한다.
② 알코올성 지방간은 간 기능에는 큰 이상이 없다.
③ 알코올성 간 질환은 만성 간 질환의 중요한 원인이다.
④ 알코올성 간 질환은 주로 여러 소견이 겹쳐서 나타난다.
⑤ 알코올성 간 질환은 지방간, 간염, 간경변증 순서로 그 심각성이 크다.

03 다음 [가]~[라] 문단을 글의 흐름에 따라 순서대로 바르게 배열한 것은? 출처 | LG그룹 최신 기출 변형

> 자동차 시대가 열리자 고속도로가 등장했고 수천 킬로미터 길이의 아스팔트와 시멘트로 포장되었다. 1909년 디트로이트와 웨인의 박람회장을 잇는 작은 도로 건설을 시발점으로 하여 미국은 역사상 유례없이 값비싼 토목 공사에 돌입했다.
>
> [가] 자동차 시대의 시작은 도로 건설뿐만 아니라 자동차 부품의 복잡함으로 인해 다양한 관련 산업의 발달을 촉발함으로써 미국 경제를 이끌어갔다. 미국은 세계 최대의 자동차 생산국이자 세계 최대의 자동차 소비국가가 되었다.
>
> [나] 석유 자원은 수십 년 안에 고갈될 것으로 예견되며, 자동차로 인해 인류는 파멸의 위기에 빠질 수 있다.
>
> [다] 그러나 자동차의 폭발적인 증가가 긍정적인 효과만을 낳은 것은 아니다. 교통사고가 빈발하여 이에 따른 인적, 물적 피해가 엄청나게 늘어났으며 환경 문제도 심각해졌다.
>
> [라] 자동차가 끼친 가장 심각한 문제는 연료 소비가 대폭 늘어남에 따라 에너지 고갈 위기가 다가왔다는 것이다.

① [가]―[다]―[나]―[라]
② [가]―[다]―[라]―[나]
③ [나]―[가]―[다]―[라]
④ [나]―[라]―[다]―[가]
⑤ [다]―[가]―[라]―[나]

우주로 날아가는 로켓의 핵심 원리는 뉴턴의 운동 제3법칙인 '작용—반작용 힘'이다. 쉬운 예로 작용—반작용은 공기를 가득 채운 풍선을 주둥이가 열린 채로 공중에 놓았을 때 관찰할 수 있는데, 풍선의 탄성력이 풍선을 쭈그러트리며 속의 공기를 밖으로 밀어내면, 반작용으로 공기가 풍선을 밀어낸다. 풍선이 고무의 탄성으로 공기를 밀어냈다면, 로켓 엔진은 내부에서 엄청난 가스를 만들어내 이를 배출한다. 그리고 이 가스의 반작용으로 추진력을 얻는다. 고압의 가스는 압력이 낮은 쪽으로 나가려 하는데 로켓 추진 기관의 맨 뒤에는 노즐이라 불리는 구멍이 있다. 좁은 공간에 모인 가스가 나가려하니 그 반작용이 매우 강력한 것이다. 엄청난 가스를 만들어내기 위해 로켓의 연소관에는 연료가 채워져 있는데, 가장 역사가 오래된 것은 고체연료이다. 다이너마이트의 원료로 유명한 니트로글리세린 같은 물질이 대표적인 고체연료이다. 고체연료를 사용한 고체로켓은 그 구조가 단순하고 연료를 보관한 채 오랫동안 대기할 수 있으며 비용도 적게 들지만, 한번 점화하면 제어할 수 없다는 단점을 지닌다. 반면 액체연료 로켓은 액체상태의 연료, 연료에 불을 붙게 하는 산화제를 각각 다른 공간에 주입하여 추후 투입량을 제어할 수 있게 구성된다. 가장 널리 쓰이는 연료는 등유이며, 산화제로는 플로오린, 질산, 과산화수소 등이 있다.

① 로켓의 노즐은 산화제가 주입된 공간과 바로 연결될 것이다.
② 풍선 내부에 채운 공기가 빠질 때 반작용은 풍선 내부에서 관찰된다.
③ 액체연료 로켓에서 등유는 과산화수소와 같은 공간에 보관할 수 있다.
④ 액체연료로 사용할 수 있는 물질의 수는 고체연료보다 다양할 것이다.
⑤ 최초로 발사된 로켓은 연료가 점화된 후 이를 조절할 수 없었을 것이다.

05 다음 글의 빈칸 ㉠~㉤에 들어갈 말로 적절하지 <u>않은</u> 것은?

출처 | 코레일 최신 기출 변형

공공재란 사회의 모든 구성원에게 소비혜택이 공유될 수 있는 재화나 서비스로서, 시장에 의한 자원배분이 어려워 일반적으로 공공(정부 또는 지방자치단체)에서 공급한다. 또한 특정인의 소비를 배제할 수 없으며, 한 개인의 소비가 타인의 소비가치를 감소시키지 않는다는 특성을 가지고 있다. 하지만 공공재의 무임승차적 성격은 과도한 소비를 가져올 수 있고, 공급이 원활하지 않은 경우에는 한 개인의 소비가 타인의 소비가치를 감소시키게 된다. 이 경우 잠재 소비자들 간의 적절한 분배가 어려워져 개인의 합리성과 사회적 공공성의 충돌이 일어나게 된다.

오늘날 주차장은 교통시설로서의 기능과 공공공간으로서의 기능을 수행하는 공공재로 여겨지고 있다. 그러나 주차장을 공공재로 인식하게 되면서 사회적으로 여러 문제가 발생하고 있다. 정부가 운영하는 공영 주차장은 누구나 이용할 수 있지만 주차장을 이용하려는 차량이 많아 수용 대수가 초과되면 이용하지 못하는 사람이 생긴다. 이 상황을 방치한다면 과도한 소비로 인해 개인적으로는 합리적이라고 생각하는 소비가 사회 전체적으로는 불합리한 소비가 되는 '공유의 비극'이 발생한다. 다시 말해 공영 주차장은 공공재 중에서도 소비는 경합적이지만 배제에 따른 비용 부담이 과중하여 배제의 원칙이 적용되기 어려운 공유재에 해당하는 것이다.

주차장을 이용하지 않는 사람들의 측면에서도 생각해 볼 수 있다. 주차장이 공공재로 분류되어 세금으로 신설된다면 자동차가 없어서 주차장을 이용하지 않는 사람들은 세금을 내고도 주차장이라는 공공재의 혜택을 누리지 못한다는 점에서 (㉠)이/가 요구된다. 이러한 불합리함에 불만을 가진 사람들이 주차장을 이용하기 위해 대중교통을 이용하는 대신 자동차를 구매하게 된다면 환경 오염이 심각해지는 데 일조하는 것과 다름없다. 결과적으로 주차 여건이 복합쇼핑몰, 병원, 체육시설 등 대형 건축물의 성패를 결정한다는 인식이 생길 정도로 자동차를 보유한 사람들이 급격히 증가하고 있다. 실제로 주말이면 자동차를 끌고 일주일치 식량을 구매하기 위해 대형 마트를 찾는 인파의 영향으로, 대형 마트 주변은 주말마다 교통난과 주차난으로 몸살을 앓는다.

서울시에서는 주차난을 해결하기 위해 주택가의 담장과 대문을 허물고 여유 공간에 주차장을 조성하는 그린파킹 사업을 시행하는 등의 노력을 하고 있지만, 이러한 노력 이전에 근본적으로 주차장은 (㉡)이/가 아니라는 사실을 기억해야 한다. 일각에서는 주차장을 무료로, 혹은 매우 적은 비용을 내고 이용하는 것을 일종의 (㉢)(으)로 생각하기도 하는데, 주차장은 자동차 운전자들이 당연하게 제공받아야 하는 서비스가 아니다. 특히 앞서 언급한 바와 같이 공영 주차장은 경쟁이 치열하여 소비가 경합적이고 배제가 불가능하지만, 한 사람의 사용이 다른 사람의 사용을 제한하는 (㉣)(이)라는 점을 고려하면 더욱 그러하다. 따라서 주차장을 조성하고 운영하는 데 필요한 비용은 (㉤)이/가 부담해야 한다.

① ㉠: 희생
② ㉡: 공공재
③ ㉢: 권리
④ ㉣: 공유재
⑤ ㉤: 지자체

㉠ <u>모터리제이션(Motorization)</u>은 'Motor'와 'Civilization'의 합성어로 자동차가 사회생활 속에 밀접하게 관련되어 광범위하게 보급된 현상을 의미한다. 자동차는 20세기 인류의 최대의 발명품이자 혁명적인 운송수단이다. 그러나 자동차의 시초는 18세기이다. 즉 2세기 가까이 자동차는 군용 목적이거나 일부 사람들만 사용하는 것이었다. 자동차가 대중화된 것은 1920년대에 오늘날 국제 유가의 지표로 꼽히는 미국의 '서부 텍사스산 중질유'가 본격적으로 채굴되기 시작한 것이 결정적이었다. 이 시기를 전후하여 세계 시장에는 저렴한 가격에 질 좋은 휘발유가 대량으로 공급되기 시작했고, 헨리 포드의 '모델 T'가 대량으로 생산되면서 가솔린 엔진 자동차를 중추로 하는 모터리제이션이 시작되었다.

자동차와 모터리제이션은 전 세계를 동일 경제권으로 만드는 데 가장 크게 기여했다. 경제민주화와 더불어 정보의 민주화까지 이루어내는 데 자동차는 없어서는 안 될 존재로 부상했고 그 역할을 수행했다. 자동차의 대중화에 앞장 선 미국이 세계 최대의 경제대국으로 부상한 것도 자동차로 인한 것이었다.

이러한 자동차가 등장한 지 130년이 지나 새로운 도전에 직면했다. 자동차는 전 세계 석유의 45%를 소비한다. 석유의 소비는 곧 환경오염으로 이어진다. 이에 '더러운' 내연기관 자동차를 대체할 '깨끗한' 자동차를 찾는 목소리가 나타나기 시작하였다. 그래서 1990년대 전후로 전기차에 대한 연구가 다시금 기지개를 켜기 시작했고, 일부 제조사에서는 양산형 전기차를 내놓아 민간에 판매하는 등 하나둘씩 전기차의 대중화를 시도하고 있었다.

전기차에 대한 연구는 21세기 들어 한층 활발해졌다. 기후변화의 영향이 점차 가시화되고 있었음은 물론, 유가 상승과 경제 위기 등이 겹치면서 세계 각국의 자동차 제조사들은 화석 연료를 대체할 수 있는 새로운 에너지원을 이용하는 자동차를 개발할 필요에 대해 절감하고 있었기 때문이다. 그리고 지금 자동차 시장에서 전기차는 거의 대세로 자리 잡고 있다. 2021년 현재 1,000만 대를 넘보고 있다. 5년 전보다는 10배, 10년 전보다는 100배가 오른 수준이다.

이와 같이 모터리제이션의 개념은 자동차의 대중화, 생활화에서 벗어나 인간, 자연환경, 자동차가 같이 공존할 수 있는 개념으로 전환되고 있다.

① 역사적 배경에 대해 밝히고 있다.
② 어원과 개념에 대해 설명하고 있다.
③ 상반되는 개념을 소개한 후 비교하고 있다.
④ ㉠의 변화된 개념을 밝히고 미래를 전망하고 있다.
⑤ ㉠이 초래한 문제점을 밝히고 이에 대한 대응안을 제시하고 있다.

스트레스는 '팽팽히 조인다'는 의미의 라틴어 스트링게르(Stringer)에서 유래하였다. 이 표현이 처음으로 사용된 것은 물리학 분야였고, 의학적 용어로 사용된 것은 20세기에 들어서 캐나다의 학자 한스 셀리에에 의해서였다. 그는 스트레스를 '정신적 육체적 균형과 안정을 깨뜨리려고 하는 자극에 대해 자신이 있던 안정 상태를 유지하기 위해 변화에 저항하는 반응'이라고 정의하였다. 다시 말해 우리 몸과 마음은 늘 일정한 상태에 있으려는 습성인 항상성(恒常性)이 있는데, 이 항상성을 깨는 모든 자극을 스트레스라고 보는 것이다. 신체적 변화는 물론 감정의 변화도 스트레스로 작용한다. 만약 몸도 마음도 자극이 없는 무자극 상태를 유지할 수 있다면 스트레스는 발생하지 않을 것이다. 하지만 당연하게도 이런 삶을 사는 것은 불가능하다. 결국 죽을 때까지 스트레스를 피할 수 없다는 얘기다. 그렇다면 남은 것은 스트레스를 어떻게 받아들일 것인가이다.

기본적으로 사람들은 자신이 스트레스를 객관적 기준이나 실제적 영향보다 더 많이 더 쉽게 자신을 괴롭힌다고 생각한다. 그뿐만 아니라 대부분 스트레스는 나쁘기 때문에 스트레스를 받지 않도록 해야 한다고 믿고 피하기 바쁘다. 이쯤에서 한 가지 생각해 볼 것은 스트레스의 유해함이다. 누구도 스트레스가 왜 나쁜 것인지, 스트레스를 받을 때 가장 효과적인 대응법은 무엇인지 제대로 알아본 적이 없는데 우리는 오랫동안 그렇게 믿어왔으며, 의심도 하지 않았다. 그래서 여기 스트레스에 대한 오해를 풀어줄 보고들을 찾았다. 스트레스가 해롭지 않은 것에서 나아가 오히려 건강에 도움을 주기도 한다는 긍정적 영향에 대한 연구 보고이다.

미국의 시사매거진 〈TIME〉에 따르면 스트레스는 두뇌의 힘을 증가시키는 데 도움을 준다. 낮은 수준의 스트레스 요인은 신경트로핀이라 불리는 뇌 화학물질의 생성을 자극하고, 뇌의 뉴런 사이의 연결을 강화한다. 사실 이것은 운동이 생산성과 집중력을 높이는 데 도움이 되는 주요한 메커니즘과 유사하다고 한다. 또 적당한 스트레스는 면역력을 증대하는 효과도 있다. 스트레스를 느낀 신체는 부상이나 감염의 위협을 느끼고 이를 대비하는 여분의 인터루킨(Interleukin)을 분비하는데 이 분비물이 일시적으로 면역력을 강화한다. 낮은 수준의 스트레스에 반복적으로 노출됨으로써 더 큰 스트레스 상황에 대처할 수 있는 능력이 배양된다는 주장은 상식적으로도 충분히 이해할 만하다.

그리고 또 한 가지 스트레스의 긍정적 영향을 볼 수 있는 재미있는 실험 결과가 있다. 하버드대학 연구팀은 실험 시작 전 일부 참가자들에게 스트레스가 유익하다고 생각하도록 가르쳤다. 긴장으로 쿵쾅거리는 심장과 가빠진 호흡은 문제가 아니라 뇌에 산소를 더 공급하는 것일 뿐이라고 안심시켰다. 이후 스트레스 상황을 만들어 참가자들의 신체 반응을 살핀 결과, 스트레스에 대해 긍정적 인식을 심어준 참가들의 심박수가 올라가고 혈관이 이완되는 것을 볼 수 있었다. 심박수가 올라가고 혈관이 수축되는 일반적인 스트레스 반응과는 달랐다. 스트레스를 긍정적으로 생각하고 받아들이는 이들에게는 심혈관 질환을 부를 수도 있는 혈관 수축 반응이 나타나지 않은 것이다.

이처럼 스트레스는 같은 내용이라도 수용하는 자세에 따라 다른 결과를 부른다. 혹여 스트레스를 피하려고 노력하면 오히려 삶의 만족감, 행복감이 크게 줄어든다고 심리학자들은 말한다. 스트레스를 피하는 사람들은 향후 10년 동안 우울감을 보이는 경향이 더 컸고 자신이 처한 상황을 더 악화시킨다는 견해도 있다. 심리학자들은 이것을 '스트레스 유발'이라고 한다. 한마디로 스트레스를 피하기 위해 노력하다가 스트레스 원천을 더 많이 만들어 낸다는 것이다.

① 스트레스는 부정적 영향만 주므로 스트레스 상황을 최대한 피해야 한다.

② 스트레스는 뉴런 생성을 유도하여 기억력을 향상시키는 데 도움이 된다.

③ 적당한 스트레스는 인터루킨을 분비하여 지속적으로 면역력을 증대시킨다.

④ 스트레스는 사람들이 수용하는 태도에 따라 신체에 미치는 영향이 상이하다.

⑤ 높은 수준의 스트레스에 반복적으로 노출될 경우 상황 대처 능력이 향상된다.

[가] 우리가 매일 먹는 음식이나 다양한 라이프 스타일은 우리 몸의 유전자 스위치를 끄거나 켤 수도 있다. 영양후성유전학(Nutriepigenetics)에서는 식생활과 음식에 의하여 DNA 염기서열을 바꾸지 않으면서, 장기적으로 유전자의 발현과 다음 세대에게 유전되는 현상을 다룬다. 음식이 DNA에 영향을 미친다는 증거는 다양하다. 듀크대학의 랜디 저틀 박사의 연구에서 뚱뚱하고 질병감수성이 높은 아구티 생쥐를 임신하게 한 후 메틸기가 풍부한 엽산, 콜린, 비타민B12, 비테인 등을 사료에 넣어 먹였을 때 건강하고 날씬한 새끼 쥐를 낳을 수 있었다. 유전자를 발현시키는 프로모터에 메틸기를 전달하여 뚱뚱하고 질병 발생에 관여하는 유전자를 꺼준 것이다. 이는 유전자 조작이 아닌 영양성분이 유전자를 변형시킬 수 있으며, 다음 세대까지 전달되어짐을 증명한 것이다.

[나] 성장기와 성인기의 식이습관 역시 후성유전학적 변화를 유발하는 주요 원인으로 작용한다. 스웨덴에서 1800년대 발생한 흉년기 역학연구에 의하면, 성장기에 극심한 기아와 과식을 경험했던 세대의 손자들은 이를 경험하지 않았던 세대의 손자들에 비해 심혈관계 질환 및 대사성 질환이 통계적으로 많이 발생하였다. 할아버지가 경험한 기아와 과식에 대한 경험이 3세대까지 영향을 주고 있는 것이다. 또한, 젖을 뗀 이후부터 20주까지 고지방식을 섭취하였던 쥐는 뇌의 포만감을 느끼게 하는 도파민 전달 유전자에서 과메틸화가 진행되어 이 단백질 생산을 감소시켰다. 이 경우, 같은 수준의 보상을 얻기 위해서는 더 많은 음식을 필요로 하는 악순환이 반복되어 비만을 유도하게 된다.

[다] 그렇다면 무엇을 먹을 것인가? 후성적으로 유전자의 기능에 영향을 미치는 식품은 아주 많다. 대표적으로 콩은 DNA메틸화조절자로서 환경호르몬에 의해 과도하게 메틸화되어 암을 유발시키는 유전자를 정상상태로 되돌려놓을 뿐만 아니라 히스톤의 구조에도 영향을 미칠 수 있다. 최근 대파, 부추, 미나리, 도토리와 그 성분이 히스톤의 아세틸화와 표적유전자의 발현에 영향을 줄 수 있음이 밝혀진 바 있으며, 포도, 마늘, 양파, 생강, 브로콜리의 주요 성분에 의한 히스톤 변형과 메틸화 능력이 다양하게 보고되어 있다. 그러나 식이에 대한 유전자의 적응은 꽤 긴 세월이 걸리는 편이다. 건강을 결정하는 라이프 스타일-환경-유전정보 간의 연결고리는 건강요소의 90%를 차지하므로 라이프 스타일에 따라 변하는 후성유전학 데이터를 통해 미래에 예측되는 건강지표에 맞는 개인 맞춤형 영양소와 맞춤식단이 필요할 것이다.

[라] 2003년 인간유전체해독사업(Human Genome Project)의 완성으로 사람의 유전체 염기서열구조가 밝혀졌으며, 여러 동물, 식물, 미생물의 염기서열구조가 속속들이 밝혀지고 있다. 인간유전체지도가 확보되면서 식품과 영양연구 분야에서는 유전체와 건강정보를 기반으로 하는 영양유전체 연구가 활발하다. 영양유전체학(Nutrigenomics)의 연구방향은 2가지 방향으로 전개되고 있다. 첫 번째로는 영양소와 유전체의 관계, 즉 우리가 먹는 음식이 유전정보의 발현에 어떻게 영향을 주는지를 연구하여 유전체-영양소 상호작용에 대하여 밝혀가고 있다. 두 번째로 유전자의 다형성에 따라 영양소와 식품성분이 어떻게 반응하고 대사되는지를 연구하여 개인에게 맞는 음식으로 건강을 보완하고자 하는 영양유전학(Nutrigenetics) 분야가 있다.

[마] 우리는 고령화시대에 살고 있다. 생활수준 향상, 헬스케어기술의 발전으로 평균 수명이 늘어 나고 있으며 전 연령층에 걸쳐 건강에 대한 관심이 확대되고 있다. 초기 보건정책을 제안한 라프랑부아즈(Laframboise) 박사는 인간의 건강에 미치는 요소로서 인간의 유전정보 (30%), 라이프 스타일과 생활환경(60%), 보건관리(10%)를 들고 있다. 그중 개인의 라이프 스타일과 환경요소는 건강을 결정하는 많은 부분을 차지하는 중요한 요소이다. 일상에서의 식사, 운동, 생활습관, 수면과 같은 개인의 선택에 따른 라이프 스타일은 건강과 우리의 유전 자에 영향을 미치고, 개인의 유전자는 각기 다른 반응을 보이기도 한다. 노출된 환경인자는 우리 몸의 유전자에 생화학신호를 전달하여 의사소통을 하며 유전자 스위치를 끄거나 켤 수 있다. 심지어는 우리 몸에 존재하는 마이크로바이옴과도 소통하게 된다. 즉, 개인의 선택에 따른 라이프 스타일-환경-유전정보 간의 결합이 건강을 결정하는 주요 인자인 것이다.

① [나]-[가]-[마]-[라]-[다]
② [나]-[다]-[마]-[가]-[라]
③ [마]-[나]-[라]-[가]-[다]
④ [마]-[라]-[가]-[나]-[다]
⑤ [마]-[라]-[다]-[가]-[나]

근대 과학의 급속한 발전과 더불어 오늘날 우리는 세상에 대해 더 많이, 그리고 더 정확하게 알 수 있게 되었다. 인간을 비롯해 다양한 생명체들과 우리가 살고 있는 삶의 터전인 지구, 지구의 다양한 생명들이 생존할 수 있도록 에너지를 제공해주는 태양, 그리고 우주의 기원과 관련해 실험과 탐험을 통해 수많은 과학적인 지식과 정보들이 축적되었기 때문이다. 결국 오늘날 우리는 과거 어느 시기보다도 믿을 만한 과학적 증거들을 토대로 세상 모든 것의 기원을 정확하게 이해하고 설명할 수 있다. 138억 년 전 빅뱅(Big Bang)이 발생하면서 우주가 시작되었고, 45억 년 전 가스와 먼지, 그리고 무거운 원소들이 결합해서 우리가 살고 있는 골디락스 행성인 지구가 탄생했다. 오랫동안 지구의 환경은 급격하게 변화했지만, 이와 같은 변화 속에서 생명체들은 적응하고 진화했다. 그리고 유인원과 인류의 공통 조상으로부터 분화되어 환경에 적응해왔던 종은 바로 오늘날 우리의 조상이 되었다.

우주와 생명, 그리고 인간의 기원 및 진화와 관련된 증거와 이론의 등장과 축적은 19세기 이후 급속하게 발전했던 학문의 전문성과 밀접한 관련성을 가지고 있다. 이미 17세기 유럽에서는 실험이나 도구를 이용한 관찰을 통해 오랫동안 세상을 지배했던 우주관의 급격한 변화가 발생했고, 이는 과학적 실험을 토대로 하는 다른 학문의 발전에 영향을 미쳤다. 그리고 이와 같은 현상은 19세기에 더욱 가속화되었다. 천문학이나 생물학, 지질학, 고고학, 역사학 등 다양한 학문이 독자적으로 발전함에 따라 구체적이고 세부적인 지식과 정보가 축적되었고, 이를 토대로 우리는 세상 모든 것의 기원과 이후 발생했던 수많은 변화를 더욱 자세하게 알 수 있게 되었다. 하지만 독자적인 학문의 성장과 발전은 다른 학문과의 소통 및 공존을 단절시키는 결과를 초래했다.

한때 많은 사람들이 즐겨하는 취미 가운데 한 가지는 바로 퍼즐 조각 맞추기 게임이었다. 그림 전체의 이미지나 분위기 등을 잘 알지 못하는 상황 속에서 수백, 수천 개에 달하는 퍼즐 조각들을 제대로 맞추기는 어렵다. 그렇다면 ⊙ <u>수천 개에 이르는 퍼즐 조각들을 쉽고 재미있게 맞출 수 있는 방법은 무엇일까?</u>

퍼즐 판은 한 가지의 기원만을 설명하지 않는다. 우리가 관찰할 수 있는 세상 모든 것들은 모두 상호관련성이 있기 때문이다. 하늘에 떠 있는 태양이나 별, 달, 산이나 물과 같은 주변 환경, 다양한 생명체, 그리고 인간은 서로 연결되어 있다. 오늘날 가장 믿을 만한 과학적 증거에 따르면, 별에서 만들어지는 여러 가지 원소들이 다양한 방식으로 결합하면서 이 모든 것을 만들기 때문이다. 인간 역시 이와 같은 방식으로 구성되어 있다. 즉, 세상 모든 것의 기원은 하나의 기원만을 살펴보고 분석하는 것이 아니라 다양한 기원과 설명을 통해 인간과 나머지 모든 것들의 상호관련성을 살펴볼 때 비로소 보다 분명하고 명확하게 이해할 수 있는 것이다.

이러한 점에서 138억 년 전에 나타났던 우주의 시작인 빅뱅으로부터 현재와 미래까지 수많은 시간과 공간을 다양한 규모에서 살펴보고자 하는 빅히스토리(Big History)는 지금까지 인간만을 분석 대상으로 삼았던 기존의 관점을 초월한다. 인간뿐만 아니라 생명과 우주 역시 기원을 가지고 있기 때문이다. 지금까지 인간의 기원과 인간 사회에서 발생했던 수많은 복잡한 현상들을 분석하고, 이와 같은 현상들이 지니는 역사적 의미를 규명하기 위한 노력들이 등장했는데, 빅히스토리는 분석 대상의 범위를 생명과 우주까지 확대시켜 인간과 생명, 그리고 우주의 상호관련성을 이해하고자 한다.

　　이를 위해서는 무엇보다도 지금까지 전문적인 학문으로써 발전해왔던 다양한 학문들 사이의 소통과 공존, 그리고 상호관련성을 살펴보아야 한다. 이러한 점에서 빅히스토리는 세상 모든 것의 기원과 변화에 관련해 '세상은 어떻게 시작되었을까?', '인간은 어떻게 탄생했을까?', '인간이 진화하면서 어떤 변화들이 나타났을까?' 등과 같은 빅퀘스천(Big Question)을 제기하고, 그에 대한 대답을 단일한 학문 분야가 아닌 다양한 학문 분야들의 소통 속에서 찾아나가는 과정이다. 이와 같은 과정 속에서 우리는 밤하늘에 아름답게 빛나는 별을 바라보면서 별의 탄생 과정이나 밝기와 관련된 과학적 지식뿐만 아니라 과거에는 별을 어떤 방식으로 이해하고 바라보았는지, 그리고 별에서 만들어지는 다양한 원소들이 인간과 주변의 여러 가지 사물들을 어떻게 구성하는지 연결하는 커다란 그림을 상상할 수 있는 것이다.

① 퍼즐의 안쪽 중심부부터 맞춰야 한다.
② 퍼즐의 가장 바깥쪽부터 맞춰야 한다.
③ 작은 퍼즐 조각들의 순서를 기억해야 한다.
④ 각각의 퍼즐 조각들을 자세하게 살펴보고, 퍼즐의 전체가 어떤 모양인지 파악해야 한다.
⑤ 전체 퍼즐 판의 모습을 상상하고, 퍼즐 조각들이 퍼즐 판의 어느 부분에 해당하는지 이해해야 한다.

'역사란 무엇인가?'라는 대단히 어려운 물음에 아주 쉽게 답한다면, 그것은 인간 사회의 지난날에 일어난 사실들 자체를 가리키기도 하고, 또 그 사실들에 관해 적어 놓은 기록들을 가리키기도 한다고 흔히 말할 수 있다. 그러나 (   ) 쉬운 예를 들면, 김 총각과 박 처녀가 결혼한 사실은 역사가 될 수 없고, 한글 창제의 사실, 임진왜란이 일어난 사실 등은 역사가 되는 것이다.

이렇게 보면 사소한 일, 일상적으로 반복되는 일은 역사가 될 수 없고, 거대한 사실, 한 번만 일어나는 사실만이 역사가 될 것 같지만 반드시 그런 것도 아니다. 고려시대의 경우를 보면, 주기적으로 일어나는 자연 현상인 일식과 월식은 하늘이 인간 세계의 부조리를 경고하는 것이라 생각했기 때문에 역사가 되었으면서도 세계에서 가장 먼저 발명된 금속 활자는 목판본이나 목활자 인쇄술이 금속 활자로 넘어가는 중요성이 인식되지 않았기 때문에 그것은 역사가 될 수 없었다. 따라서 (   )

이를 생각해 보면, 여기에 몇 가지 되씹어 봐야 할 문제가 있다. 첫째는 '기록해 둘 만한 중요한 사실이란 무엇을 말하는 것인가' 하는 문제이고, 둘째는 '과거에 일어난 일들 중에서 기록해 둘 만한 중요한 사실을 가려내는 사람의 생각과 처지'의 문제이다. 여기서 '무엇이 기록해 둘 만한 중요한 문제인가, 기록해 둘 만하다는 기준이 무엇인가'에 대해서는 후세 사람들에게 어떤 참고가 될 만한 일이고, '참고가 될 만한 일과 될 만하지 않은 일을 가려내는 일'은 (   )

그러면 역사의 의미는 달라지는가? 앞에서 역사로 남는 것은 후세에까지 중요하고 참고될 만한 것으로 남을 사실, 뜻이 점점 높아지고 확대되는 사실이 역사로 기록되는 것이라 했지만, 또 경우에 따라서는 (   ) 일제 식민지 시기까지 계속 동학란으로 불리다가 해방 이후 동학 혁명으로 불린 1894년 전봉준 등의 행동이 그 단적인 예이다. 상감청자의 경우도 마찬가지이다. 상감청자의 제작법을 누가 언제 처음으로 만들었는지도 잘 모르고 있다가, 근대 사회로 넘어온 후에는 우수성과 독창성이 세계적으로 알려지면서 고려시대에 상감청자가 만들어졌다는 사실은 이제 가장 중요한 역사적인 사실 가운데 하나로 남게 되었다.

그런 점에서 (   ) 그렇다면 이 '역사가 변해 가는 방향이 어느 쪽인가?', '인간의 역사는 결국 어느 곳으로 향해 가고 있는가?' 하는 문제에 대한 이해 없이 역사 자체를 올바르게 보기는 어렵다. 이 물음에 대해 수천 년에 걸친 인간의 역사를 분석해 온 역사학은 역사의 변화에 일정한 방향이 있다고 말하고 있다. 그 방향은 크게 말해서 인간이 정치적인 속박을 벗어나는 길, 경제적인 불평등을 극복하는 길, 사회적인 불평들을 해소하는 길, 사상의 자유를 넓혀가는 길이라 말하고 있다. 역사를 어떻게 볼 것인가. 우리들 자신이 하고 있는 일, 주변에서 일어나고 있는 일들이 이러한 방향으로 나아가는 데 궁극적으로 합치되고 있는가 그렇지 못한가를 분간할 수 있어야 한다. 그것이 역사를 보는 직접적인, 그러면서도 쉬운 방법의 하나라 할 수 있다.

> **보기**
>
> ㉠ '역사는 변한다'는 말은 누구도 부인할 수 없는 진리라고 생각되고 있다.
>
> ㉡ 지난날 인간 사회에서 일어난 사실이 모두 역사가 되는 것은 아니다.
>
> ㉢ 뜻이 높아지고 확대될 뿐만 아니라 전혀 다른 뜻으로 해석되는 역사도 많다.
>
> ㉣ 역사라는 것은 지난날의 인간 사회에서 일어난 사실 중에서 누군가에 의해 중요한 일이라고 여겨 뽑힌 것이라 할 수 있다.
>
> ㉤ 사람에 따라 다를 수 있으며 또 시대에 따라 다를 수 있다고 말할 수 있겠다.

① ㉠－㉡－㉢－㉣－㉤

② ㉡－㉢－㉠－㉤－㉣

③ ㉡－㉣－㉤－㉢－㉠

④ ㉢－㉠－㉡－㉣－㉤

⑤ ㉣－㉢－㉤－㉡－㉠

　　교통은 인간의 이동 및 화물의 수송, 전달과 관련된 모든 행위와 조직체계를 가리키는 용어이다. 교통은 운반의 대상에 따라 여객 교통과 화물 교통으로 나눌 수 있으며, 교통로에 따라 육상 교통, 해상 교통, 항공 교통으로 나눌 수 있다.

　　먼저 국내의 화물 운송의 대부분을 차지하는 육상교통수단 중 도로운송의 특징을 살펴보자. 화물자동차를 통한 도로운송은 단언컨대 모든 운송 수단 중에 우리와 가장 친숙하며, 일상 속에서 쉽게 찾아볼 수 있는 운송 수단이다. 이러한 도로운송의 최대 강점 중 하나는 바로 접근성이다. 공항이나 항구, 역을 거칠 필요가 전혀 없고 어디서든 쉽게 연결될 수 있기 때문이다. 또한 도로운송의 신속성은, 우리나라와 같이 도시 간의 거리가 멀지 않고 동시에 몇 개의 중심 교점(Node)이 매우 중요한 역할을 하는 환경에서 가장 선호되는 운송 수단일 수밖에 없다. 그러나 타 운송 수단 대비 대량 운송이 어렵고, 교통체증에 취약하며 다른 국가로의 장거리 운송이 어렵다는 약점이 있다. 최근에는 석유 고갈 문제와 탄소 배출로 인한 환경오염에 영향을 준다는 점에서도 도로운송에 대해 회의적인 입장이 많아졌다.

　　철도운송은 상대적으로 많은 양의 화물을 운송할 수 있다는 점에서 도로운송과 결정적인 차이가 있다. 이는 곧 운임경쟁력의 비교 우위와 환경문제에서의 강점을 만들어 낸다. 또한 화물자동차가 운송할 수 있는 화물이 상당히 제한적인 것에 비해 철도운송은 다양한 종류의 화물을 운송할 수 있다는 특징도 있다. 비록 접근성이 떨어지고 제한된 시간에만 운행한다는 단점이 있지만, 정시성이 보장된다는 강점 역시 빼놓을 수 없는 철도운송의 강점 중 하나이다. 또 하나의 주목할 만한 철도운송의 특징은 치열한 화물자동차 시장의 경쟁상황과 달리 대부분 독과점이 이루어지고 있어서 동일 시장 내에서의 출혈경쟁의 위험과 시장불안정 요인이 적다는 것도 강점이 될 수 있다.

　　해상교통수단과 항공교통수단은 둘 다 국제 운송을 가능케 하는 운송 수단이지만 전혀 다른 특징을 갖고 있다. 먼저 해상교통수단의 경우, 한 번에 많은 화물을 운송하기 때문에 비용은 현저하게 낮아지지만 운송 시간의 장기화로 인한 여러 가지 안정성 문제를 야기한다. 반면 항공교통수단은 운임은 비싸지만 화물의 안정성에서 보다 확실한 신뢰를 얻을 수 있고, 그 신속성으로 인해 리드타임이 극적으로 감소한다. 한편, 해상교통수단은 거의 모든 종류의 화물을 무차별적으로 취급할 수 있지만 항공교통수단의 경우 그 물리적 한계 때문에 취급화물이 상대적으로 제한이 된다는 점이 있다. 하지만 두 교통수단 모두 접근성이 상대적으로 떨어지고 화물자동차와 같은 육상교통수단이 연계되어야 운송을 완료할 수 있다는 공통점도 존재한다.

① 대상을 유형에 따라 분류하고 장단점을 설명하고 있다.
② 대상의 사례를 제시하고 대상의 순기능을 설명하고 있다.
③ 대상을 구성 요소에 따라 분석하고 작동 방식을 설명하고 있다.
④ 대상을 기준에 따라 분류하고 하위 범주를 사전적으로 정의하고 있다.
⑤ 대상을 역사적 변천 과정에 따라 논의하고 오늘날 현상과 대조하고 있다.

고대 그리스의 철학자 아리스토텔레스는 '자연의 사다리'라는 것을 주장했다. 그는 모든 동물을 12가지로 분류했다. 아리스토텔레스는 자연계에서 동물들은 보다 나은 것부터 모자라는 것의 순서에 따라 사다리꼴 모양으로 배열되어 있다고 생각했다. 이를 '자연의 사다리'라 불렀다. 사다리의 가장 높은 곳에는 인간이 차지하고 있고, 인간과 비슷한 것들이 그다음에 위치하고 있다는 것이다. 이를 순서대로 나열해 보면 인간 다음에 짐승, 즉 새, 물고기, 벌레, 눈에 보이지 않는 것 등의 순이었다.

아리스토텔레스는 사다리 속에서 가장 낮은 수준의 동물인 뱀부터 사고를 하는 사람까지 존재한다고 제안하였다. 여기에서 구조와 기능이 복잡하고 생존력과 움직이는 능력이 클수록 '고등'한 것이라 간주하였다. 플라톤과 아리스토텔레스의 사상은 로마 제국 시대, 중세, 르네상스를 거쳐 19세기 초에 이르는 1,400년 이상을 서구 사회를 지배하는 생물관으로 군림하여 왔다.

한편 동양적 자연관의 기본 정신은 '상의'(相依)와 '화해'(和諧)라는 두 단어로 요약할 수 있다. 상의는 개개의 사물이 서로 의존해서 존재한다는 뜻이고, 화해는 개개의 존재가 서로 간의 균형과 협동을 통해서 커다란 조화를 이룬다는 의미이다.

유학의 '천인합일설', 도가의 '무위자연설', 그리고 불교의 '연기설'은 인간과 자연의 관계를 '상의'와 '화해'의 관점에서 바라본다는 점에서 공통적이다. 특히, 불교에서는 이러한 상호 의존적인 세계의 모습을 '인타라망'이라는 그물에 비유한다. 인타라망이란 제석천이 사용하는 무한히 큰 그물로 코에 달린 보석들은 서로의 빛을 받아 다시 서로에게 반사한다. 개개의 보석은 각기 혼자의 빛으로 세상을 밝히는 것이 아니라, 서로의 빛을 주고받아 반사함으로써 무궁무진한 상호 의존의 세계를 이루는 것이다.

이처럼 동양적 자연관은 만물 간의 관계를 상호 의존적인 것으로 파악하기 때문에, 경쟁과 다툼 대신 협력과 화해를 중시한다. '화해'의 세계관은 개별적인 사물이 다른 사물들과 경쟁을 통해서만 발전할 수 있다는 투쟁의 역사관을 거부한다.

동양 사상에서 만물은 자연(自然) 그대로, 또는 무(無)라고 하고, 세계는 비어 있다고 하는 데 비해 서양 사상에서 만물은 창조주가 창조한 것이고, 세계는 꽉 차 있으며 자연은 인간을 예속하는 존재가 아니라 인간에게 주어진 선물이라는 것이다. 이러한 사상은 문학, 예술, 그림에도 영향을 끼쳤다.

① 동양의 전통적 자연관의 변천
② 동양의 인생관과 자연관의 조화
③ 기독교적 세계와 위계적 자연관
④ 서양의 자연관과 동양의 자연관
⑤ 자연의 사다리와 무위자연의 세계

13 다음 글의 빈칸에 들어갈 말로 가장 적절한 것은?

출처 | 한국전력공사 최신 기출 변형

전 세계적으로 도시는 인구 집중과 기반 시설 노화로 인해 자원과 기반 부족, 교통 혼잡, 에너지 부족 등 다양한 주거·생활 편의 문제와 마주하게 되었다. 그 해결책으로 도시 기반을 계속 늘리는 대신에 기존 인프라의 효율적 활용을 통해 적은 비용으로 도시 문제를 해결하는 접근 방식이 주목 받고 있다. 이에 따라 4차 산업 혁명에 맞춰 정보 통신 기술을 도시에 접목해 새로운 성장 동력으로 삼고자 하는 스마트 시티가 빠르게 확산되고 있다. 세계 각국이 낮은 성장 추세, 첨단 정보 통신의 발전, 늘어가는 도시 개발 수요를 고려하여 경쟁적으로 스마트 시티 사업에 나선 것이다.

지금까지 스마트 시티는 첨단화되고 현대화된 도시, 지속 가능한 미래의 도시와 같은 목적물로 보는 시선이 강했다. 그러나 최근에는 스마트 시티를 하나의 목적이 아닌 수단과 과정으로 이해하는 경향이 나타났으며, 4차 산업 혁명을 실현하는 하나의 플랫폼으로서 스마트 시티를 주목하고 있다. 새롭게 정의된 스마트 시티는 [   ] 플랫폼이다. 도시의 핵심 요소인 교통·에너지 등의 분야가 수직적으로 구축된 것이 아니라 각 분야가 유기적으로 연결되고 수평적으로 통합되는 의미가 강조되고 있다.

스마트 시티의 개념 변화와 함께 떠오른 이슈가 '스마트 시민'이다. 새로운 스마트 시티는 시민이 참여하여 양방향으로 운영되는 지속 가능한 도시의 모델을 지향하고 있다. 도시의 모습이 아무리 변해도 스마트 시티에서 가장 중요한 것은 결국 사람이다. 아무리 좋은 서비스를 제공해도 그것을 사용하는 사람이 없으면 의미가 없다. 디지털에 익숙한 스마트 시티 사용자인 스마트 시민은 끊임없이 도시 공간과 상호 작용하며 도시와 함께 진화하게 된다.

① 수요자 중심의 열린 생태계가 아니라, 공급자 중심의 닫힌 생태계
② 수요자 중심의 닫힌 생태계가 아니라, 공급자 중심의 열린 생태계
③ 공급자와 수요자 중심의 닫힌 생태계가 아니라, 시민 참여 중심의 열린 생태계
④ 공급자 중심의 닫힌 생태계가 아니라, 수요자와 시민 참여 중심의 열린 생태계
⑤ 공급자 중심의 닫히지도 열리지도 않은 생태계가 아니라, 수요자와 시민 참여 중심의 열린 생태계

과학기술정보통신부(이하 과기정통부)는 정보통신기술(ICT) 규제 샌드박스 지정기업인 스타코프가 2월 19일부터 일반 220V용 콘센트를 활용하여 전기차를 충전할 수 있는 스마트 전기자동차 충전콘센트(제품명 '차지콘')를 본격 출시하였다고 밝혔다.

현행 전기사업법은 플러그 형태의 전기차 충전설비를 갖춘 경우에만 전기차 충전사업자로 등록할 수 있어, 일반 콘센트를 활용한 전기차 충전 서비스를 할 수 없었다. 이에 과기정통부는 제2차 ICT 규제 샌드박스 심의위원회('19. 3. 6)에서 ① 전기차 충전콘센트 사업을 하는 스타코프를 전기차 충전사업자로 등록할 수 있도록 하고, ② 스타코프의 '전기차 충전용 과금형 콘센트' 제품에 대해 시장 출시를 할 수 있도록 임시 허가를 부여하였다.

이번에 출시된 제품을 통해 전기차 충전시설 설치비용을 획기적으로 줄여 저비용으로 시설을 확대해 나갈 수 있어 점차 증가하는 전기차 충전 수요에 대응해 나갈 것으로 기대되며, 전기차 이용자가 집이나 직장 등에서 보다 편리하게 충전시설을 이용할 것으로 전망된다. 아울러 과기정통부는 규제 샌드박스 성과가 빠른 시일 내 확대되도록 주무부처인 산업부, 국가기술표준원과 협의하여 '전기차 충전용 과금형 콘센트' 기술기준을 마련하고, '전기차 충전사업자로 허용'하는 규제 개선(전기사업법 시행령 개정)도 적극 추진키로 하였다.

한편, 스타코프는 스마트 전기자동차 충전콘센트 이용자의 안전과 피해 보상을 위해 책임보험에 가입하였으며, 앞으로 성동구청, 한국전력 등과 협력하여 생활밀착형 전기차 충전 인프라 구축을 추진할 예정이다.

① ICT 규제 샌드박스 제도를 통해 '스마트 전기자동차 충전콘센트'가 본격 출시되었다.
② 과기정통부가 ICT 규제 샌드박스 기업 선정을 위한 가이드라인을 선정하고 발표하였다.
③ 과기정통부가 ICT 규제 샌드박스 기업과 일반 스마트 전기자동차 충전콘센트로 경쟁을 하고 있다.
④ ICT 규제 샌드박스 기업은 스마트 전기자동차 충전콘센트 이용자의 안전과 피해 보상을 위해 보험에 가입하였다.
⑤ 과기정통부가 일반 220V용 콘센트를 활용하여 전기차를 충전할 수 있는 '스마트 전기자동차 충전콘센트' 개발을 위해 노력하고 있다.

　　사회화 과정이 시작되면서부터 우리는 부모, 교사, 종교 지도자, 정치가 등의 모든 권위에 복종하고, 그럼으로써 보상을 받는다. 교육제도나 사회적 가치 체계 그 어디에도 적절한 불복종에 대한 훈련은 없다. 정당한 권위에의 복종과 부당한 권위에의 저항을 구별할 수 있게 하는 훈련도 없다.

　　공공기관이나 민간기관 할 것 없이, 권위를 가진 사람에게 무조건 동의하고, 순응하고, 복종하는 성인들 때문에 해마다 크나큰 문제가 발생한다. 교육기관에서도 나중에 성인이 되어 그와 같이 잘못된 복종을 하도록 하는 복종의 씨앗이 자라고 있다. 우리는 권위에 대한 복종과 독립적 선택 사이에서 적절하게 균형을 잡아야 한다. 그렇다면 참신한 해결책은 어디에서 찾아야 할까?

　　두 가지 방향이 있다. 기존 사회과학 연구에 근거하여 해답, 운이 닿으면 해결책까지 찾는 것이 첫 번째 방향이다. 그게 아니라면 완전히 새로운 방향을 모색해야 한다. 즉 안내견의 똑똑한 불복종 훈련에서 우리가 배울 점을 찾는 것이다.

　　먼저 기존 사회과학 연구에서 해답을 찾아본다면 1960년대 스탠리 밀그램 예일 대학교 교수의 권위와 복종에 대한 최초의 사회과학 실험이 있다. 밀그램은 '징벌에 의한 학습 효과를 측정하는 실험'이라고 포장해 실험 참가자를 모집하고, 피실험자를 교사와 학생을 나눈 후 학생에게 가짜 전기 충격 장치를 달았다. 교사에게는 가짜라는 것을 모르게 한 다음, 학생이 문제를 틀릴 때마다 전기 충격을 가하게 했다. 상대가 죽을 수 있다는 것을 알고 있었고 비명도 들었으나, 교사 역할 참가자들은 모든 책임을 연구원이 지겠다는 말에 복종하여 전기 충격을 가했다. 이 실험에서 평범한 시민 중 3분의 2가 처음 만난 권위자가 시키는 대로 고통스러운 전기 충격을 가하는 행위를 기꺼이 실행했다. 다행히 같은 역할을 하는 다른 사람이 전기 충격을 가하지 않겠다고 거부하는 것을 본 경우에는 참가자의 90%가 거부했다. 이는 우리가 권위에 복종하는 경향은 있으나, 같은 위치에 있는 사람들, 즉 동료의 행동에 영향을 받는다는 뜻이다. 이렇듯 우리는 모두 서로에게 사회적 롤모델이며, 선행이든 악행이든 우리가 하는 행동은 보는 사람들에게 파급효과를 갖는다.

　　한편 최근 부당한 권위에 불복종하게 하는 조건이 무엇인지 밝히기 위해 도입된 '생산적 불복종'이라는 개념이 있다. 이는 사회 윤리 발달에 장애가 될 법이나 규정, 혹은 권위로부터의 요구에 평화적으로 불응하는 행위를 말한다. 예컨대 권위자는 명백히 비윤리적이고 부당한 요구를 하는 시나리오를 대학생인 실험 참가자들에게 설명한 후, 어떻게 대응할 것인지 묻는다. 대다수가 저항하겠다고 하지만 막상 자기 친구가 실제로 시나리오와 동일한 상황에 처하면 정반대의 상황이 일어난다. 80% 이상의 대학생들이 맹목적으로 복종한다. 상황의 힘이 윤리적 이성보다 우세함을 보여 주는 것이다. 그래도 유일한 희망이 있다면 반권위주의적 성향이 높은 학생들은 저항을 잘할 수 있다는 것이다. 또한 부당한 권위에 저항하는 다른 학생이 있을 때, 혹은 복종한 대가로 자신이 큰 희생을 치러야 할 때, 불복종의 비율은 높아진다. 그러나 전반적으로 권위에 복종하는 비율은 비참할 만큼 높았다. 이에 대해 완전히 새로운 방향을 모색한다면 어디에서 찾을 수 있을까?

　　이 해답에 대해 아이라 샬레프가 쓴 저서에서 발견할 수 있다. 그는 '인간의 가장 좋은 친구'에게서 효과적인 모델과 비유를 찾아 제시한다. 위험한 명령으로 인한 사고를 피하기 위해 시각장애인 안내견에게 복종해야 할 때와 저항해야 할 때를 가르치는 것은 확실히 어려운 일이다. 학생 교육을 통해 혹은 제대로 된 사회를 만드는 데 매우 민감한 역할을 하는 직업 교육을 통해 우리 인간에게도 분명 그와 같은 훈련을 할 수 있다. 교실을 운영하는 교사, 도처에서 안전을 담당하는 요원, 우리의 사생활과 개인정보를 다루는 전문가 누구를 대상으로 하든 (　　㉠　　)은 매우 중요하다.

① 밀그램 실험의 결과와 그 의의를 파악하는 것

② 상황의 힘이 윤리적 힘보다 우세한 이유를 파악하는 것

③ 권위에 무조건적으로 불복종할 수 있도록 새로운 훈련 방식을 개발하는 것

④ 군중심리에 영향을 받지 않고, 다수의 선택과 다른 선택을 할 수 있도록 교육하는 것

⑤ 적절한 복종과 정당한 불복종을 구별할 수 있도록 하는 새로운 훈련 방식을 개발하는 것

16 다음 [가]~[라] 문단을 글의 흐름에 따라 순서대로 바르게 배열한 것은? 출처 | 한국전력공사 최신 기출 변형

[가] 환경문제가 인류의 생존문제로까지 부각되면서 유엔기후변화협약 제21차 당사국 총회에서는 지구의 온도를 산업혁명 시기 대비 2℃ 이내 상승으로 억제하기 위한 온실가스 감축과 기후변화 적응 의무를 참여 국가에 부여하였다. 목표달성을 위해서는 2050년 세계 에너지 수요가 재생 가능 에너지 44%, 화석 연료 45%, 원자력 11% 수준으로 변화될 것으로 예상된다.

[나] 수소는 우주 물질의 75%를 차지할 정도로 풍부하며, 가장 큰 출력 밀도와 에너지 저장량을 가지는 대규모 에너지 저장 매체로, 연료전지 발전을 통한 발전시스템 및 수송시스템(수소연료전지차)과 함께 미래의 에너지 이용 네트워크를 연계하는 '수소사회'의 핵심 매체이다. 활용 측면에서 기술적 난이도는 높지만, 수소는 상대적으로 지역적 편중이 없는 장기간·대용량 저장이 가능한 매체이며, 산소와 화학반응으로 열·전기를 생산한 후, 부산물로 물만 생성되므로 CO_2 배출이 없는 환경 친화적인 에너지원이라 할 수 있다. 최근 정부는 수소경제, 빅데이터, 인공지능 분야를 3대 전략투자 분야로 확정하고 수소경제를 위한 플랫폼(인프라, 기술, 생태계) 중장기 비전 설정 작업을 진행 중이다.

[다] 수소 저장 및 이송은 다양한 형태로 가능하다. 기체 수소 저장·운송은 고압으로 저장탱크(소용량)나 지하 동굴(대용량) 등에 저장하고 튜브 트레일러로 운송하는 방식이다. 액체수소 저장·운송은 기체수소를 약 1/800 부피의 액체수소로 액화하고 이를 대용량 대기압 저장탱크에 저장하고 액체수소 컨테이너를 이용하여 운송하는 방식이다. 이 이외에도 수소 저장금속 또는 탄소 나노 구조에 저장하는 고체저장 방식, LOHC(Liquid Organic Hydrogen Carrier)나 암모니아를 활용하는 액상 저장방식 등이 있으나, 상용화를 위해서는 많은 기술 개발이 필요한 실정이다. 수소의 대용량 운송을 위한 최적의 방안은 전국에 수소가스 배관망을 설치하거나, 도시가스 배관망을 활용하여 수소스테이션에서 직접 수소를 생산하는 방안 등이 있지만 모두 현재의 기술 수준에서는 경제성이 떨어진다는 한계가 있다.

[라] 온실가스를 저감하기 위해 신재생 에너지를 더 많이 이용하려는 노력이 우리나라를 포함한 전 세계에서 이루어지고 있다. 지속가능한 밝은 미래에 대한 기대가 큰 만큼, 이러한 변화가 가지고 올 새로운 문제들에 대한 우려도 크다. 전력망에서는 전력의 공급과 소비의 균형이 이루어져야 한다. 현재 전력망에서는 언제라도 전력을 생산할 수 있는 발전예비력을 가지고, 수요의 변화에 맞추어 공급을 제어하고 있다. 석탄이나 천연가스 등 화석연료 기반의 발전시스템에서는 이처럼 발전기의 제어를 통해 전력망의 수급을 맞추고 주파수를 안정적으로 유지할 수 있다. 그런데 태양광, 풍력 등 재생에너지는 본질적으로 날씨와 계절의 변화에 영향을 받기 때문에 공급량을 제어할 수 없다.

① [가]−[나]−[다]−[라]
② [가]−[라]−[나]−[다]
③ [나]−[가]−[다]−[라]
④ [나]−[라]−[다]−[가]
⑤ [다]−[가]−[라]−[나]

출처 | 한국전력공사 최신 기출 변형

최근 지구온난화와 고유가로 인해 에너지 절약에 대한 관심이 고조되고 있으며, 각국은 태양광 등 신재생에너지 개발과 에너지효율 개선에 주력하고 있다. 현재 자동차 연료 중 15%만이 운전 및 냉난방용으로 사용되고 나머지 85%는 버려지고 있어, 폐열 등 버려지는 에너지들을 회수해 전기에너지로 변환하는 에너지 하베스팅이 주목을 받고 있다. 열전소자는 열에너지를 전기에너지로, 전기에너지를 열에너지로 직접 변환하는 데 사용되는 소자로 에너지 절감이라는 시대적 요구에 가장 잘 부응하는 소자이자 기술이다. 열전소자는 자동차, 우주항공, 반도체, 바이오, 광학, 컴퓨터, 발전, 가전제품 등 산업 전반에서 활용되고 있다.

미국, 일본, 독일은 열전분야의 프로젝트와 프로그램을 통해 원천물질 개발과 함께 소자화 및 상용화 연구 개발을 병렬화해 지원하고 있고, 대학 및 연구소는 기초연구를 담당하며, 기업은 응용연구를 진행하고 있다. 열전발전의 효용성은 에너지분야에 그치지 않고 다양한 분야로 확대 적용할 수 있어 미래 새로운 성장동력으로 부상하고 있다. 열전소자 기술은 반도체의 경쟁력 및 연구자 역량 등을 고려할 때 우리나라가 중장기적으로 국제경쟁력을 가질 수 있는 몇 안 되는 에너지 기술로 간주되고 있다.

열전소자를 응용한 시스템 기술이 가장 발달한 분야는 우주 항공용이며 군용, 생체분야, 전자 분야 등에서도 연구가 많이 수행되고 있다. 미국, 일본, 독일 등 선진국에서 대다수의 기술개발이 이루어지고 있으며 재료 및 시스템 기술의 종합이라고 할 수 있다. GM, 포드, 도요타/덴소, BMW, 폭스바겐 등은 연비 향상이나 고온에서도 안정된 열전소자와 모듈 개발에 주력하고 있다.

현재 열전소자가 상용화된 제품으로는 화장품 냉장고, 와인 냉장고, 정수기, 차량용 통풍 시트 등에 열전소자가 적용되어 있다. 열을 식히거나 가열이 필요한 모든 제품에 적용 가능하며, 가전이나 자동차용으로 수요가 높다. 향후 의료 또는 국방, 우주 항공 산업으로도 활용 가능성이 높아질 전망이다.

열전소자를 이용한 활용은 다양한 분야에서 이루어지고 있다. 먼저 우주선의 전력원으로 NASA에서 RTG(Radioisotope Thermoelectric Generator) 열전발전기를 제작해 우주선에 적용하고 있는데, 방사선 동위원소의 붕괴에서 나오는 열에너지를 열원으로 하여 열전모듈을 통해 전기를 생산하고, 이를 탐사선의 구동에너지로 사용한다. 하이브리드 자동차에서도 활용이 가능한데, 하이브리드카는 가솔린이 가지고 있는 환경 오염 및 석유 연료 고갈 등의 문제를 해결할 차세대 연구 분야이다. 하이브리드카에서는 배기구나 다른 엔진 등을 통해 높은 열이 발생하며 열전모듈을 통해 수확해 배터리에 저장하고 연료로 활용한다. BMW, 벤츠 등에서도 시스템 구현을 위한 연구가 진행 중이며 앞으로 열전소자의 규모도 커질 것으로 기대된다.

① 열전소자는 에너지 하베스팅에 사용될 수 있다.
② 열전소자의 효율이 다른 소자 기술보다 효율성이 높다.
③ 이미 우리 실생활에서 열전소자가 상용화되어 사용되고 있다.
④ 우주선의 전력원이나 하이브리드 자동차에서도 열전소자가 이용되고 있다.
⑤ 선진국들은 열전소자의 기초연구 및 안정된 열전소자와 모듈 개발에 주력하고 있다.

18 다음 글의 '공간'과 '장소'에 대한 설명으로 적절하지 <u>않은</u> 것은?

출처 | 한국전력공사 최신 기출 변형

  공간(space)이면서 장소(place)인 곳들이 있다. 얼핏 공간과 장소는 같은 개념으로 해석되지만, 책『공간과 장소』의 저자인 지리학자 이-푸 투안 박사는 둘을 분명하게 구분한다. 그 기준은 바로 '가치'이다. 투안 박사는 "공간은 장소보다 추상적이다. 처음에는 별 특징이 없던 공간은 우리가 그곳을 더 잘 알게 되고 그곳에 가치를 부여하면서 장소가 된다"고 주장한다. 예를 들어 호주의 울루루(Uluru) 바위를 생각해 보자. 배경지식이 없는 이들에게 울루루 바위는 단순히 호주의 중앙에 있는 사암으로 이뤄진 엄청나게 큰 바위에 불과할 것이다. 그러나 울루루가 일본 영화 '세상의 중심에서 사랑을 외치다'에서 백혈병으로 죽어가는 한 소녀가 생의 마지막 순간까지도 꼭 가고 싶어 했던 꿈의 장소라는 것을 안다면, 그리고 그녀가 세상을 떠나고 오랜 세월이 지나 연인이 혼자 찾아온 장소라는 것을 안다면 시간이 가져다준 무게만큼의 황량함과 상실감을 안은 채 뭔가 허무의 기운마저 자아내는 느낌을 받는다. 단순한 공간이 특별한 장소로 변하는 순간이다.
  투안 박사에 따르면 공간은 '자유'를 상징하기도 한다. 인간은 광활한 공간을 질주하고 경험하기를 원하는 자유 욕망을 지니는데, 그 공간에 '애착'이 생기고 '안전'이 더해지면 장소가 된다. 공간을 움직임이 허용되는 곳으로 생각한다면 장소는 정지가 일어나는 곳이다. 또한 공간은 욕망을 투영한 '권력의 대상'이기도 하다. 중요 인물은 지위가 낮은 사람들보다 더 넓은 공간을 차지하거나 더 많은 공간에 접근할 수 있기 때문이다. 이는 국가라는 집단적인 자아가 더 많은 생활권을 차지하기 위해 주변의 약소국가들을 침략하는 이유이기도 하다. 투안 박사는 "모든 동물에게 생물학적 필요조건인 공간이 인간에게는 심리적 욕구이자 사회적 특권"이라고 강조한다. 같은 이유에서 인간은 다른 사람의 시선을 받게 되면 그 공간을 통제하는 유일한 주체에서 방 안의 수많은 객체들 중 하나가 되고, 그렇게 되면 자신만의 고유한 관점에 따라 사물을 공간에 질서정연하게 배열하는 힘을 상실했다고 느끼게 된다. 좋은 사람들이 없다면 사람과 장소는 순식간에 그 의미를 잃고 영속성 또한 편안함보다는 고통을 불러일으킨다는 것이다.
  공간은 사회문화를 규정하기도 한다. 벼농사를 짓는 템네족은 경직되고 권위적이다. 남자들은 여자들을 통제하고 혼인법을 위반하면 가혹한 처벌이 내려진다. 템네족 안에서 안전을 취하려면 집단의 방식을 철저히 따라야 한다. 하지만 혹독한 추위 속에 살아가는 에스키모인들은 그 무엇보다 자유를 우선한다. 그들은 수렵으로 먹고 살며 가족 단위로 거주하기 때문에 혼자 일하거나 가까운 친척들과 함께 일한다. 에스키모인들 개개인은 자연을 극복하기 위해 조직화된 사회의 힘에 의존하지 않는다. 대신 그들은 개인의 재능과 의지에 의존하기에 개인주의적이고 모험심이 강하다.
  그렇다면 인간이 한 장소에 애착을 느끼기까지 어느 정도의 시간이 필요할까? 경험과 장소에 관한 인식과 시각적 특징은 빠르게 파악될 수 있지만 '느낌'을 획득하는 데는 적잖은 시간이 소요된다. 왜냐하면 그 느낌은 매일 매일 수년에 걸쳐 반복되는, 대부분은 찰나적이고 강렬하지 않은 경험들의 산물이기 때문이다. 새로운 환경에 놓인 관광객들이 그곳에 완전히 몰두하려면 자신의 존재를 강화해 주던 기존의 익숙한 세계의 모습, 소리, 냄새 등을 모두 배제한 채 오로지 새로운 장소만 보고 생각해야 한다. 휴가지라는 곳이 재미는 있지만 잠깐 지나면 비현실적인 것으로 보이는 것도 이런 이유에서라고 투안 박사는 설명한다. 아울러 투안 박사는 일몰과 일출 시간, 일과 휴식의 시간처럼 자연적이거나 인공적인 리듬의 독특한 조화로 한 장소에 대한 감정은 그 사람의 뼈

262 이해황 독해력 강화의 기술 - 매일 3지문 30일 완성

와 근육에 새겨진다면서도 한 남자가 한 여성을 만나 첫눈에 사랑에 빠진 것처럼 장소도 첫눈에 사랑에 빠질 수 있다는 점을 언급한다.

① 신혼여행의 추억이 담겨 있는 제주도는 '장소'에 해당한다.

② 새집을 사기 위해 여러 사진 중 고른 주택은 '공간'에 해당한다.

③ 강대국이 약소국을 지배했던 제국주의 시대에서 강대국이 차지하려고 했던 것은 '공간'이다.

④ 도시 사람들과 농촌 사람들의 생활 모습이 다른 이유는 이들이 사는 '공간'이 다르기 때문이다.

⑤ 관광지가 '장소'가 되기 위해서는 오랜 시간이 필요하므로 처음 가 본 '공간'이 바로 '장소'가 될 수는 없다.

'메기효과(Catfish effect)'라는 말이 있다. 강한 경쟁자가 있으면 다른 경쟁자들의 잠재력도 올라간다는 것이다. 미꾸라지 어항에 천적인 메기를 넣는다. 미꾸라지들은 메기를 피해 빨리 움직인다. 메기 한 마리로 미꾸라지들이 강해지는 현상을 경영이론으로 도입한 것이 바로 메기효과이다. 기업이 경쟁력을 키우려면 적절한 위협요인과 자극이 필요하며, 치열한 경쟁 속에서 적절한 긴장과 자극이 생긴다. 메기효과는 강력한 제도나 경쟁자의 도입으로 기업의 경쟁력이 높아지는 것을 말한다.

메기효과는 영국의 경제학자이자 역사학자였던 아널드 토인비 박사가 즐겨 사용했다. 좋은 환경보다 가혹한 환경이 문명을 낳고 인류를 발전시키는 원동력이었다는 자신의 역사 이론을 설명하는 데 매우 효과적인 에피소드였기 때문이다.

2019년 12월 16일 금융위원회는 토스 뱅크의 인터넷전문은행 예비인가를 의결했다. 관련 전문가들은 토스뱅크의 등장이 기존 금융 시장에 메기효과를 일으킬 것으로 전망했다. 새로운 인터넷은행의 등장은 기존 은행들에 위협이 된다. 카카오뱅크와 케이뱅크가 장악한 인터넷 은행 시장 내에서도 활발한 경쟁이 일어날 것으로 보인다. 다른 메기효과의 사례로는 이케아와 넷플릭스가 있다. 관계자들은 스웨덴 가구업체 '이케아'의 국내 진출이 한국 시장을 잠식할 것이라고 예상했다. 그러나 시장 잠식은 생각보다 적었다. 국내 가구업체들이 소비자의 요구에 관심을 보이기 시작했다. 이케아가 국내 시장에 메기효과를 일으킨 것이다. 넷플릭스의 등장 역시 국내 OTT 사업자들이 공격적으로 투자하게 했다. 현재 국내 미디어 시장은 웨이브, 왓챠플레이 등 많은 선택지가 있다. 넷플릭스의 메기효과로 시장의 활발한 경쟁이 펼쳐졌다. 이러한 메기효과를 기업 조직에 접목하는 경우도 있다. 부서 인사를 할 때 외부의 능력있는 직원을 스카우트해서 조직원들이 자극을 받도록 하는 것이 그런 경우이다.

그러나 최근에는 메기효과에 대한 경계심을 촉구하는 주장도 있다. 정작 포식자와 피식자의 관계를 다루는 생태학에서 그런 '효과'의 근거는 전혀 없다. 포식자인 메기를 넣으면 피식자인 미꾸라지가 더욱 활기를 띠기는커녕 사망률이 높아졌다. 사망률이 높아진 까닭은 스트레스로 인한 직·간접적 영향이다. 정반대로 포식자가 곁에 있다는 사실만으로도 먹잇감이 되는 동물은 스트레스에 쌓여 먹이 찾기와 짝짓기를 꺼렸다. 또 새끼는 출생할 때 무게가 적었고, 어미는 젖 먹이는 횟수를 줄이거나 아예 젖 먹이기를 거부했다. 연구자들은 "이런 스트레스의 영향은 사람이 전쟁이나 자연재해를 겪을 때 나타나는 것과 비슷하다"고 밝혔다.

즉 메기효과란 약체기업이 받을 수 있는 스트레스를 미화하고 약자를 억압하는 이론으로 작용할 수도 있다. 조직이 정체되어 있을 때는 메기효과가 조직 분위기를 바꿀 수 있는 좋은 방안이 될 수 있지만, 이미 제대로 작동하고 있는 조직에서는 불필요한 스트레스만을 가중시키는 역효과로도 작용될 수도 있다는 것이다. 업종 또는 기업의 상태와 자극 정도, 전반적 문화, 적응 능력 등의 여러 요인을 감안하여 메기효과를 적절하게 사용해야 한다.

① 메기효과는 경쟁을 통해 기업의 효율을 높이려고 하는 경영 전략이다.

② 토스 뱅크나 이케아, 넷플릭스의 사례는 메기효과를 보여 주는 예이다.

③ 메기효과에 부정적인 입장은 메기효과는 생태계에서나 나타나는 효과라 주장한다.

④ 메기효과에 부정적인 입장은 메기효과는 약체기업이나 부하직원이 받는 스트레스를 미화한다고 주장한다.

⑤ 메기효과를 사용할 때는 기업의 상태와 자극 정도, 전반적인 문화나 적응 능력 등 여러 요인을 고려하여야 한다.

전 세계적으로 이상기후 문제가 심상치 않다. 독일과 중국에서는 유례없는 홍수가 발생했고 미국, 일본, 한국은 혹독한 폭염을 겪고 있다. 폭염은 단순히 습하고 더운 날씨에서 그치지 않고, 필연적으로 냉난방 시설의 전력 사용량 증가로 이어진다. 최근 한국의 경우, 2013년 이후 처음으로 전력 수급 비상단계 발령이 논의될 정도로 전력수요가 예상보다 급증하면서 전력 수요관리에 큰 문제를 야기하고 있다.

재화로서 '전기'는 한 가지 특징이 있다. 한번 생산하면 바로 소비해야 한다는 것이다. 여타 상품처럼 시장이 있고 공급자와 수요자가 거래를 하지만, 재고처리가 되지 않기 때문에 전력 생산자(발전소)와 소비자(기업 혹은 일반 시민)들의 즉각적인 만남을 조율하는 전력망의 역할이 상당히 중요하다.

최근 기후변화 대응 차원에서 다양한 에너지원을 활용한 재생에너지 사용이 확대되고 있다. 재생에너지는 자연조건에 의존하여 발전하기 때문에 어느 정도의 변동성이 존재한다. 최근에는 폭염, 가뭄, 홍수 등 자연재해가 잇달아 발생하며 과거에 비해 전력망의 변동성과 불확실성은 더욱 커지고 있다. 게다가 과거에는 중앙에서 전력을 공급하는 방식이었다면 재생에너지는 각 지역을 기반으로 한 분산형 에너지원이기 때문에 전체적인 전력공급은 더욱 복잡해질 수밖에 없다. 전력을 언제 어디서 더 많이 소비할지 예측하기가 어려워진 것이다. 그래서 나온 기술이 바로, 이 수요와 공급을 보다 똑똑하고 정교하게 관리할 수 있는 스마트 그리드 기술이다.

차세대 전력망이라 불리는 스마트 그리드란 태양광·풍력 등 재생에너지와 에너지저장장치가 융합된 형태로 기존의 전력망에 정보통신기술을 활용하여 전력망을 고도화함으로써 에너지를 최적화하는 차세대 전력망을 의미한다. 즉, 기존에는 공급자가 수요자에게 전력을 일방적으로 보냈다면 스마트 그리드는 IT 통신망을 통해서 공급자와 수요자가 쌍방향으로 전력 정보를 교환함으로써 보다 효율적으로 에너지를 사용할 수 있는 것이다. 이러한 기술은 발전에서 송전, 배전 등 전력시스템 전 분야에 걸쳐 적용된다. 전력망을 효율적으로 관리하는 ICT 기반의 광역 모니터링 및 제어 기술로 광범위한 지역에서도 실시간으로 모니터링하고 제어가 가능하다.

다만, 기존 전력망과 달리 전력망이 분산되면 한눈에 전체 전력 수요를 파악하기 어려워진다는 문제가 발생한다. 이에 ICT와 자동제어기술을 이용해 다양한 분산에너지원을 연결·제어해 하나의 발전소처럼 운영하는 가상발전소(VPP, Virtual Power Plant)의 역할이 중요해질 전망이다. 실제로 각국에서 VPP 구축이 활발히 진행되고 있는 등 전 세계적으로 관련 수요가 늘어날 것으로 기대를 모으고 있다.

이와 같은 분석과 제어 기술 외에도 스마트 그리드를 구성하는 또 하나의 핵심 기술에는 전력 저장 기술이 있다. 바로 ESS(Energy Storage System)와 스마트 계량기(AMI, Advanced Metering Infrastructure)이다. ESS는 쉽게 말해, 큰 용량의 배터리를 의미한다. 건전지나 소형 배터리 같은 소규모 전력저장장치가 아닌, 수백 kWh 이상의 전력을 저장하는 시스템을 칭한다. 기존에는 생산한 뒤 사용하지 못한 전기는 그대로 버릴 수밖에 없었지만, ESS를 이용하면 여분의 전력을 저장할 수 있다. 이를 통해 저장하기 어려운 재화라는 전기의 단점을 보완할 수 있게 된 것이다.

스마트 계량기는 기존 계량기의 단점을 보완한 것으로 소비자의 전력 소비패턴을 보다 정밀하게 분석하는 기술이다. 각 가정에서 사용하는 전력 사용량을 자동으로 검침하고, 수요에 대한 정교한 정보 전달을 목표로 한다.

⊣ 보기 ⊢

㉠ 전기는 생산 후 저장이 용이하지 않다.

㉡ 중앙 전력 공급에 비해 소규모 분산형은 비용이 들지 않는다.

㉢ 스마트 그리드는 공급자가 수요자에게 일방향적으로 전력을 보낼 수 있게 단순화한다.

㉣ 전력망이 분산되면 전체 전력 수요를 파악하기 어려워 VPP 역할이 중요해진다.

㉤ ESS는 소비자의 전력 소비패턴을 보다 정밀하게 분석하는 기술이다.

㉥ AMI는 여분의 전력을 저장하는 큰 용량의 배터리를 의미한다.

① ㉠, ㉡   ② ㉠, ㉣   ③ ㉠, ㉢, ㉥

④ ㉢, ㉣, ㉤   ⑤ ㉡, ㉢, ㉣, ㉥

정답과 해설 P. 149

삶의 순간순간이
아름다운 마무리이며
새로운 시작이어야 한다.

– 법정 스님

이해황 독해력 강화의 기술 – 매일 3지문 30일 완성

발 행 일	2023년 1월 6일 초판 │ 2024년 11월 5일 5쇄
편 저 자	이해황
펴 낸 이	양형남
개발책임	오용철, 윤은영
개 발	이정은, 윤나라
펴 낸 곳	(주)에듀윌
I S B N	979-11-360-2310-0
등록번호	제25100-2002-000052호
주 소	08378 서울특별시 구로구 디지털로34길 55
	코오롱싸이언스밸리 2차 3층

www.eduwill.net

대표전화 1600-6700

여러분의 작은 소리
에듀윌은 크게 듣겠습니다.

본 교재에 대한 여러분의 목소리를 들려주세요.
공부하시면서 어려웠던 점, 궁금한 점,
칭찬하고 싶은 점, 개선할 점, 어떤 것이라도 좋습니다.

에듀윌은 여러분께서 나누어 주신 의견을
통해 끊임없이 발전하고 있습니다.

에듀윌 도서몰 book.eduwill.net

- 부가학습자료 및 정오표: 에듀윌 도서몰 → 도서자료실
- 교재 문의: 에듀윌 도서몰 → 문의하기 → 교재(내용, 출간) / 주문 및 배송

IT자격증 단기 합격!
에듀윌 EXIT 시리즈

1위

컴퓨터활용능력
- **필기 초단기끝장(1/2급)**
  문제은행 최적화, 이론은 가볍게 기출은 무한반복!
- **필기 기본서(1/2급)**
  기초부터 제대로, 한권으로 한번에 합격!
- **실기 기본서(1/2급)**
  출제패턴 집중훈련으로 한번에 확실한 합격!

1위

ADsP
- **데이터분석 준전문가 ADsP**
  이론부터 탄탄하게! 한번에 확실한 합격!

1위

ITQ/GTQ
- **ITQ 엑셀/파워포인트/한글 ver.2016**
  독학러도 초단기 A등급 보장!
- **ITQ OA Master ver.2016**
  한번에 확실하게 OA Master 합격!
- **GTQ 포토샵 1급 ver.CC**
  노베이스 포토샵 합격 A to Z

실무 엑셀
- **회사에서 엑셀을 검색하지 마세요**
  자격증은 있지만 실무가 어려운 직장인을 위한
  엑셀 꿀기능 모음 zip

120만 권 판매 돌파!
36개월 베스트셀러 1위 교재

최신 기출 경향을 완벽 분석한 교재로 가장 빠른 합격!
합격의 차이를 직접 경험해 보세요

2주끝장

판서와 싱크 100% 강의로
2주만에 합격

기본서

첫 한능검 응시생을 위한
확실한 개념완성

10+4회분 기출700제

합격 필수 분량
기출 14회분, 700제 수록

1주끝장

최빈출 50개 주제로
1주만에 초단기 합격 완성

초등 한국사

비주얼씽킹을 통해
쉽고 재미있게 배우는 한국사

정답과 해설

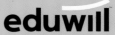

DAY 01

01 다음 글의 핵심 논지로 가장 적절한 것은?

출처 | 2011년 5급 PSAT 언어논리

POINT 1	질문에 대한 답변이 핵심이다.

[1]인문학의 중요성을 강조하는 사람들은 흔히 인간이란 정신적 존재이기 때문에 참다운 인간적 삶을 위해서는 물질적 욕구의 충족을 넘어서서 정신적 풍요로움을 누려야 하며 이 때문에 인문학은 필수적이라고 주장한다. [2]뿐만 아니라 인문학은 인간의 삶에 필수적인 건전한 가치관의 형성에도 중요한 역할을 한다고 주장한다. [3]그러나 과연 현대 인문학은 이러한 상식적인 주장들을 감당할 수 있을까?

[4]분명 인간은 의식주라는 생물학적 욕구와 물질적 가치의 추구 외에 정신적 가치들을 추구하며 사는 존재이다. [5]그렇다고 이것이 그대로 인문학의 가치를 증언하는 것은 아니다. [6]그 이유는 무엇보다 인문적 활동 자체와 그것에 대한 지식 혹은 인식을 추구하는 인문학은 구별되기 때문이다. [7]춤을 추고 노래를 부르거나 이야기를 하는 등의 제반 인간적 활동에 대한 연구와 논의를 하는 이차적 활동인 인문학, 특히 현대의 인문학처럼 고도로 추상화된 이론적 논의들이 과연 인간적 삶을 풍요롭게 해주느냐가 문제이다.

[8]현대 인문학은 대부분 과거의 인문적 활동의 산물을 대상으로 한 역사적 연구에 치중하고 있다. [9]전통적인 인문학도 역시 과거의 전통과 유산, 특히 고전을 중시하여 그것을 가르치고 연구하는 데 역점을 두었으나 그 교육방법과 태도는 현대의 역사적 연구와는 근본적으로 달랐다. [10]현대의 역사적 연구는 무엇보다도 연구 대상과의 시간적, 문화적 거리감을 전제로 하여 그것을 명확하게 의식하는 가운데서 이루어진다. [11]현대의 역사주의는 종교나 철학사상 혹은 문학 등 동서고금의 모든 문화적 현상들을 현재 우리와는 전혀 다른 시대에 산출된 이질적인 것으로 의식하면서 그것들을 우리들의 주관적 편견을 제거한 객관적인 역사적 연구 대상으로 삼는다.

[12]인문학이 자연과학처럼 객관적 지식을 추구하는 학문이 되면서, 인문학은 인격을 변화시키고 삶의 의미를 제공해주던 전통적 기능이 상실되고 그 존재 가치를 의심받게 되었다. [13]학문과 개인적 삶이 확연히 구분되고 인문학자는 더 이상 인문주의자가 될 필요가 없어졌다. [14]그는 단지 하나의 전문 직업인이 되었다.

정답 ⑤

현대 인문학은 객관적 지식을 추구하는 학문이 되면서 인간의 삶을 풍요롭게 만드는 본연의 역할을 하지 못한다.

해황쌤의 풀이 | 3에서 [질문]이 제기됐죠? 빠르게 읽으며 [답변]을 찾아야 합니다. 필자는 12~14에서 부정적인 [답변]을 제시했고, 이 답변이 글의 핵심이며 ⑤로 제시되었습니다.

02 다음 글의 핵심 논지로 가장 적절한 것은?

출처 | 2011년 민간경력자 PSAT 언어논리

POINT 1	질문에 대한 답변이 핵심이다.

¹폴란은 동물의 가축화를 '노예화 또는 착취'로 바라보는 시각은 잘못이라고 주장한다. ²그에 따르면, 가축화는 '종들 사이의 상호주의'의 일환이며 정치적이 아니라 진화론적 현상이다. ³그는 "소수의, 특히 운이 좋았던 종들이 다윈식의 시행착오와 적응과정을 거쳐, 인간과의 동맹을 통해 생존과 번성의 길을 발견한 것이 축산의 기원"이라고 말한다. ⁴예컨대 이러한 동맹에 참여한 소, 돼지, 닭은 번성했지만 그 조상뻘 되는 동물들 중에서 계속 야생의 길을 걸었던 것들은 쇠퇴했다는 것이다. ⁵지금 북미 지역에 살아남은 늑대는 1만 마리 남짓인데 개들은 5천만 마리나 된다는 것을 통해 이 점을 다시 확인할 수 있다. ⁶이로부터 폴란은 '그 동물들의 관점에서 인간과의 거래는 엄청난 성공'이었다고 주장한다. ⁷그래서 스티븐 울프는 "인도주의에 근거한 채식주의 옹호론만큼 설득력 없는 논변도 없다. 베이컨을 원하는 인간이 많아지는 것은 돼지에게 좋은 일이다."라고 주장하기도 한다.

⁸그런데 어떤 생명체가 태어나도록 하는 것이 항상 좋은 일인가? ⁹어떤 돼지가 깨끗한 농장에서 태어나 쾌적하게 살다가 이른 죽음을 맞게 된다면, 그 돼지가 태어나도록 하는 것이 좋은 일인가? ¹⁰좋은 일이라고 한다면 돼지를 잘 기르는 농장에서 나온 돼지고기를 먹는 것은 그 돼지에게 나쁜 일이 아니라는 말이 된다. ¹¹아무도 고기를 먹지 않는다면 그 돼지는 태어날 수 없기 때문이다. ¹²하지만 그 돼지를 먹기 위해서는 먼저 그 돼지를 죽여야 한다. ¹³그렇다면 그 살해는 정당해야 한다. ¹⁴폴란은 자신의 주장이 갖는 이런 함축에 불편함을 느껴야 한다. ¹⁵이러한 불편함을 폴란은 해결하지 못할 것이다.

지문분석

필자는 1문단의 폴란, 스티븐 울프의 주장을 비판하며 **8~9**에서 [질문]을 던집니다. 그들의 주장은 **13**을 함축하는데, **15**에서 이 정당화 문제를 해결할 수 없다고 주장합니다. 이에 해당하는 것을 찾으면 ②입니다.

정답 ②

생명체를 죽이기 위해서 그 생명체를 태어나게 하는 일은 정당화되기 어렵다.

해황쌤의 풀이 | ②는 8~9에 대한 부정적 [답변]이기도 합니다. 즉, '생명체를 죽이기 위해서 그 생명체를 태어나게 하는' 경우 그 생명체에게 좋다고 할 수 없다는 것입니다. 참고로 14의 '함축'과 관련해서 논리학 개념을 하나 알아 둡시다. A로부터 B가 타당하게 도출될 때, B를 A의 '함축' 혹은 '논리적 귀결'이라고 합니다.

① 종 다양성을 보존하기 위한 목적으로 생명체를 죽이는 일은 지양해야 한다.

해황쌤의 풀이 | '종 다양성'에 대한 언급은 없었습니다.

③ 어떤 생명체가 태어나서 쾌적하게 산다면 그 생명체를 태어나게 하는 것은 좋은 일이다.

해황쌤의 풀이 | 9에 제시된 필자의 [질문]과 표현이 유사하지만, 결코 핵심 논지가 아닙니다. 9에 제시된 [질문]에 대해 필자는 부정적 [답변]을 내놓기 때문입니다.

④ 가축화에 대한 폴란의 진화론적 설명이 기초하는 '종들 사이의 상호주의'는 틀린 정보에 근거한다.

해황쌤의 풀이 | 폴란의 주장을 뒷받침하는 '근거'가 틀렸다는 내용이 지문에 없습니다. 폴란의 주장에 의해 도출되는 논리적 귀결/함축이 문제라고 했을 뿐이죠.

⑤ 어떤 생명체를 태어나게 해서 그 생명체가 속한 종의 생존과 번성에 도움을 준다면 이는 좋은 일이다.

해황쌤의 풀이 | 이는 3에 제시된 폴란의 주장일 뿐입니다. 필자의 핵심 논지가 아닙니다.

03 다음 글의 논지로 가장 적절한 것은?

출처 | 2014년 민간경력자 PSAT 언어논리

POINT 1	불균형을 맞추려면 한쪽을 더 강조해야 한다.	

¹최근 다도해 지역을 해양사의 관점에서 새롭게 주목하는 논의가 많아졌다. ²그들은 주로 다도해 지역의 해로를 통한 국제 교역과 사신의 왕래 등을 거론하면서 해로와 포구의 기능과 해양 문화의 개방성을 강조하고 있다. ³한편 다도해는 오래전부터 유배지로 이용되었다는 사실이 자주 언급됨으로써 그동안 우리에게 고립과 단절의 이미지로 강하게 남아 있다. ⁴이처럼 다도해는 개방성의 측면과 고립성의 측면에서 모두 조명될 수 있다. ⁵한 섬이 바다에 의해 격리되는 한편 그 바다를 통해 외부 세계와 연결되기 때문이다.

⁶다도해의 문화적 특징을 말할 때 흔히 육지에 비해 옛 모습의 문화가 많이 남아 있다는 점이 거론된다. ⁷섬이 단절된 곳이므로 육지에서는 이미 사라진 문화가 섬에는 아직 많이 남아 있다고 여기는 것이다. ⁸또한 섬이라는 특수성 때문에 무속이 성하고 마을굿도 풍성하다고 생각하는 이들도 있다. ⁹이런 견해는 다도해를 고립되고 정체된 곳이라고 생각하는 관점과 통한다. ¹⁰실제로는 육지에도 무당과 굿당이 많은데도 관념적으로 섬을 특별하게 여기는 것이다.

¹¹이런 관점에서 '진도 다시래기'와 같은 축제식 장례 풍속을 다도해 토속 문화의 대표적인 사례로 드는 경우도 있다. ¹²지금도 진도나 신안 등지에 가면 상가(喪家)에서 노래하고 춤을 추며 굿을 하는 것을 볼 수 있는데, 이런 모습은 고대 역사서의 기록과 흡사하므로 그 풍속이 고풍스러운 것은 분명하다. ¹³하지만 기존 연구에서 밝혀졌듯이 진도 다시래기가 지금의 모습을 갖추게 된 데에는 육지의 남사당패와 같은 유희 유랑 집단에서 유입된 요소들의 영향도 적지 않다. ¹⁴이런 연구 결과도 다도해의 문화적 특징을 일방적인 관점에서 접근해서는 안 된다는 점을 시사해 준다.

개방성과 고립성이 [비교대조]됐습니다. 둘의 관계는 어떻죠? 고립성의 관점에서만 접근하면 안 된다[14]. 즉 개방성의 관점도 고려해야 한다는 거죠? 이에 해당하는 것을 찾으면 ③입니다.

정답 ③

다도해의 문화적 특징을 논의할 때 개방성의 측면을 간과해서는 안 된다.

해황쌤의 풀이 | □와 △의 균형이 이상이지만 현실에서 △에만 무게가 실려 있다면? '□에도 무게를 실어 줘야 한다'는 결론을 도출할 수 있죠? 이 발상을 잘 기억해 두세요!

01 다음 글의 핵심 내용으로 가장 적절한 것은?

출처 | 2015년 민간경력자 PSAT 언어논리

POINT 1	통념과 어긋나는 진실이 핵심이다.	POINT 2	일반적 진술이 핵심이다.	

[1]1948년에 제정된 대한민국 헌법은 공동체의 정치적 문제는 기본적으로 국민의 의사에 의해 결정된다는 점을 구체적인 조문으로 명시하고 있다. [2]그러나 이러한 공화제적 원리는 1948년에 이르러 갑작스럽게 등장한 것이 아니다. [3]이미 19세기 후반부터 한반도에서는 이와 같은 원리가 공공 영역의 담론 및 정치적 실천 차원에서 표명되고 있었다.

[4]공화제적 원리는 1885년부터 발행되기 시작한 근대적 신문인 『한성주보』에서도 어느 정도 언급된 바 있지만 특히 1898년에 출현한 만민공동회에서 그 내용이 명확하게 드러난다. [5]독립협회를 중심으로 촉발되었던 만민공동회는 민회를 통해 공론을 형성하고 이를 국정에 반영하고자 했던 완전히 새로운 형태의 정치운동이었다. [6]이것은 전통적인 집단상소나 민란과는 전혀 달랐다. [7]이 민회는 자치에 대한 국민의 자각을 기반으로 공동생활의 문제들을 협의하고 함께 행동해나가려 하였다. [8]이것은 자신들이 속한 정치공동체에 대한 소속감과 연대감을 갖지 않고서는 불가능한 현상이었다. [9]즉 만민공동회는 국민이 스스로 정치적 주체가 되고자 했던 시도였다. [10]전제적인 정부가 법을 통해 제한하려고 했던 정치 참여를 국민들이 스스로 쟁취하여 정치체제를 변화시키고자 하였던 것이다.

[11]19세기 후반부터 한반도에 공화제적 원리가 표명되고 있었다는 사례는 이뿐만이 아니다. [12]당시 독립협회가 정부와 함께 개최한 관민공동회에서 발표한 「헌의6조」를 살펴보면 제3조에 "예산과 결산은 국민에게 공표할 일"이라고 명시하고 있는 것을 확인할 수 있다. [13]이것은 오늘날의 재정운용의 기본원칙으로 여겨지는 예산공개의 원칙과 정확하게 일치하는 것으로 국민과 함께 협의하여 정치를 하여야 한다는 공화주의 원리를 보여주고 있다.

지문분석

공화제적 원리가 갑작스럽게 등장했을 것이라는 [통념]과 달리 [진실]은 3이라는 거죠. 나머지는 이 진실을 뒷받침하는 [구체]적 사례고요. 따라서 핵심은 3이고, 이와 일치하는 것은 ⑤입니다.

정답 ⑤

한반도에서 공화제적 원리는 이미 19세기 후반부터 담론 및 실천의 차원에서 표명되고 있었다.

02 다음 글의 중심 내용으로 가장 적절한 것은?

출처 | 2017년 민간경력자 PSAT 언어논리

POINT 1	질문에 대한 답변이 핵심이다.	POINT 2	문제에 대한 해결책이 핵심이다.	

[1] 2015년 한국직업능력개발원 보고서에 따르면 전체 대졸 취업자의 전공 불일치 비율이 6년간 3.6%p 상승했다. [2] 이는 우리 대학교육이 취업 환경의 급속한 변화를 따라가지 못하고 있음을 보여준다. [3] 기존의 교육 패러다임으로는 오늘 같은 직업생태계의 빠른 변화에 대응하기 어려워 보인다. [4] 중고등학교 때부터 직업을 염두에 둔 맞춤 교육을 하는 것이 어떨까? [5] 그것은 두 가지 점에서 어리석은 방안이다. [6] 한 사람의 타고난 재능과 역량이 가시화되는 데 훨씬 더 오랜 시간과 경험이 필요하다는 것이 첫 번째 이유이고, 사회가 필요로 하는 직업 자체가 빠르게 변하고 있다는 것이 두 번째 이유이다.

[7] 그렇다면 학교는 우리 아이들에게 무엇을 가르쳐야 할까? [8] 교육이 아이들의 삶뿐만 아니라 한 나라의 미래를 결정한다는 사실을 고려하면 이것은 우리 모두의 운명을 좌우할 물음이다. [9] 문제는 세계의 환경이 급속히 변하고 있다는 것이다. [10] 2030년이면 현존하는 직종 가운데 80%가 사라질 것이고, 2011년에 초등학교에 입학한 어린이 중 65%는 아직 존재하지도 않는 직업에 종사하게 되리라는 예측이 있다. [11] 이런 상황에서 교육이 가장 먼저 고려해야 할 것은 변화하는 직업 환경에 성공적으로 대응하는 능력에 초점을 맞추는 일이다.

[12] 이미 세계 여러 나라가 이런 관점에서 교육을 개혁하고 있다. [13] 핀란드는 2020년까지 학교 수업을 소통, 창의성, 비판적 사고, 협동을 강조하는 내용으로 개편한다는 계획을 발표했다. [14] 이와 같은 능력들은 빠르게 현실화되고 있는 '초연결 사회'에서의 삶에 필수적이기 때문이다. [15] 말레이시아의 학교들은 문제해결 능력, 네트워크형 팀워크 등을 교과과정에 포함시키고 있고, 아르헨티나는 초등학교와 중학교에서 코딩을 가르치고 있다. [16] 우리 교육도 개혁을 생각하지 않으면 안 된다.

지문분석

글의 핵심은 [문제]에 대한 [해결책], [질문]에 대한 [답변]인 11입니다. 이와 일치하는 것은 ⑤입니다.

정답 ⑤

교육은 다음 세대가 사회 환경의 변화에 대응하는 데 필요한 역량을 함양하는 방향으로 변해야 한다.

03 다음 글의 빈칸에 들어갈 진술로 가장 적절한 것은?

POINT 1	통념과 어긋나는 진실이 핵심이다.

[1] 조선 후기에는 이앙법이 전국적으로 확산되었다. [2] 이앙법을 수용하면 잡초 제거에 드는 시간과 노동력이 줄어든다. [3] 상당수 역사학자들은 조선 후기 이앙법의 확대 수용 결과 광작(廣作)이 확산되고 상업적 농업 경영이 가능하게 되었다고 생각한다. [4] 즉 한 사람이 경작할 수 있는 면적이 늘어남은 물론 많은 양의 다양한 농작물 수확이 가능하게 되어 판매까지 활성화되었다는 것이다. [5] 그 결과 양반과 농민 가운데 다수의 부농이 나타나게 되었다고 주장한다.

[6] 그런데 A는 조선 후기에 다수의 양반이 광작을 통해 부농이 되었다는 주장을 근거가 없다고 비판한다. [7] 그에 의하면 조선 전기에는 자녀 균분 상속이 일반적이었다. [8] 그런데 균분 상속을 하게 되면 자식들이 소유하게 될 땅의 면적이 선대에 비해 줄어들게 된다. [9] 이에 조선 후기 양반들은 가문의 경제력을 보전해야 한다고 생각해 대를 이을 장자에게만 전답을 상속해주기 시작했고, 그 결과 장자를 제외한 사람들은 영세한 소작인으로 전락했다는 것이 그의 주장이다.

[10] 또한 A는 조선 후기의 대다수 농민은 소작인이었으며, 그나마 이들이 소작할 수 있는 땅도 적었다고 주장한다. [11] 그는 반복된 자연재해로 전답의 상당수가 황폐해져 전체적으로 경작지가 줄어들었기 때문에 이앙법 확산의 효과를 기대하기 어려운 여건이었다고 하였다. [12] 이런 여건에서 정부의 재정 지출 증가로 농민의 부세 부담 또한 늘어났고, 늘어난 부세를 부담하기 위해 한정된 경작지에 되도록 많은 작물을 경작하려 한 결과 집약적 농업이 성행하게 되었다고 보았다. [13] 그런데 집약적으로 농사를 짓게 되면 농업 생산력이 높아질 리 없다는 것이 그의 주장이다. [14] 가령 면화를 재배하면서도 동시에 다른 작물을 면화 사이에 심어 기르는 경우가 많았는데, 이렇듯 제한된 면적에 한꺼번에 많은 양의 작물을 재배하면 지력이 떨어지고 수확량은 줄어들어 자연히 시장에 농산물을 내다 팔 여력이 거의 없게 된다는 것이다.

[15] 요컨대 A의 주장은 [＿＿＿＿＿＿＿＿＿＿] 는 것이다.

지문분석

글의 핵심은 "[통념] 3~5가 틀렸다. [진실]은 6+10이다."입니다. 따라서 빈칸에 들어갈 핵심 주장은 6+10이고, 이를 선지에서 찾으면 ④밖에 없습니다.

정답 ④
조선 후기에는 양반이든 농민이든 부농으로 성장할 수 있는 가능성이 높지 않았다

01	1 회독 | 정 답 ( )	02	1 회독 | 정 답 ( )	03	1 회독 | 정 답 ( )
	2 회독 | 정 답 ( )		2 회독 | 정 답 ( )		2 회독 | 정 답 ( )
	3 회독 | 정 답 ( )		3 회독 | 정 답 ( )		3 회독 | 정 답 ( )

01 다음 글에 부합하는 것은?

출처 | 2011년 민간경력자 PSAT 2차 실험평가 언어논리

POINT 1	둘 사이의 관계, 특히 공통점에 주목한다.	POINT 2	반복되는 내용에 주목한다.

¹주권은 타인에게 양도될 수 없고 타인을 통해 대표될 수도 없다. ²그러므로 대의원은 민(民)의 대표자가 아니며 대표자가 될 수 없다. ³그들은 민이 사용하는 사람에 불과하며 무슨 일이든 최종 결정권이 없다. ⁴민이 직접 승인하지 않는 법률은 모두 무효이며 결코 법률이라 할 수 없다.

⁵고대 공화제 국가뿐만 아니라 군주제 국가에서도 민은 결코 대표자를 갖지 않았고 또 사람들은 '대표자'라는 말조차 알지 못했다. ⁶심지어 호민관을 그토록 신성시했던 로마에 서도 호민관이 민의 기능을 빼앗을 수 있다고는 생각조차 할 수 없었다. ⁷이뿐만 아니라 집회 때 수많은 민들 가운데 우뚝 서서 외치던 호민관이라 하더라도 단 한 사람의 투표권조차 자기 마음대로 좌우하겠다고는 생각하지 못했다. ⁸물론 민의 수가 너무 많으면 때로는 어려운 문제가 일어날 수 있다는 점을 인정할 필요가 있다. ⁹가령 그락쿠스 형제 시대에는 민의 수가 너무 많았기 때문에 일부 시민은 건물 지붕 위에서 투표하는 일까지 있었다.

¹⁰모든 법은 보편적 선의지의 표명이기 때문에 입법권을 행사하는 데 대표자를 내세울 수 없는 것은 명백하다. ¹¹한편 민은 집행권을 행사하는 데는 대리자를 내세울 수 있다. ¹²다만 이 집행권은 법률에 효력을 부여하기 위하여 적용되는 힘에 불과하다. ¹³로마의 호민관들은 원래 심지어 집행권조차 갖고 있지 않았다. ¹⁴그들은 자기들에게 위임된 권한으로는 법률을 집행할 수 없었으며 다만 원로원의 권리를 찬탈함으로써만 민을 대신해 집행할 수 있었다.

지문분석

1문단은 [판단근거] 구조입니다. 1을 근거로 하여 2, 3, 4가 모두 따라나옵니다.

2문단은 1문단의 구체적 사례 [나열열거]입니다. 휘리릭할 수 있죠?

3문단은 입법권과 집행권이 [비교대조]되고 있습니다. 둘의 공통점(관계)은 입법권과 집행권은 모두 민이 가지며, 차이점은 입법권은 대표자를 내세울 수 없지만 집행권은 대리자를 내세울 수 있다는 것! 10에서 '대표자'를 가질 수 없다는 내용은 처음부터 끝까지 반복되는 내용이기도 하니, 이게 글의 핵심입니다. 또한 '모든'이라는 강조표현이 있으므로 문제화될 가능성을 염두에 두고 읽었어야 합니다. 참고로 12가 '다만'으로 시작하지만, '다만'은 앞 내용이 더 중요함을 알려주는 신호어이므로, 10~11이 글의 핵심이고, 1의 구체화임을 알 수 있습니다.

정답　②

민은 입법권뿐만 아니라 집행권까지 가질 수 있다.

해황쌤의 풀이 | 10~11과 일치하며 이 부분이 글의 핵심입니다. 정답!

① 고대 사회에서 민은 입법권을 직접 갖지 못했다.

③ 헌법의 입법과 개정에서 민은 대표자를 필요로 한다.

④ 민의 수가 너무 많은 경우 민의 대표자가 입법권 행사를 대행해야 한다.

⑤ 민은 집행권 행사에 직접 참여하나 입법권 행사에는 대표를 필요로 한다.

해황쌤의 풀이 | 나머지 선지는 모두 글의 핵심과 어긋납니다. 민은 입법권과 집행권을 모두 가지며, 대표자를 필요로 하지 않습니다.

02 다음 글에서 알 수 **없는** 것은?

출처 | 2011년 민간경력자 PSAT 2차 실험평가 언어논리

POINT 1	둘 사이의 관계에 주목한다.	POINT 2	'언제나', '항상', '모든(모두)', '만only' 같은 강조 표현에 주목한다.	

¹유행은 그것이 모방이라는 점에서 개인을 누구나 다 같은 길로 안내한다. ²또한 유행은 개인의 차별화 욕구를 만족시킨다. ³다시 말해 구별하고, 변화하며, 부각되려는 개인들의 경향을 만족시킨다. ⁴이는 유행의 내용이 변화되면서 오늘의 유행은 어제나 내일의 유행과 다른 개별적 특징을 갖게 된다는 사실뿐만 아니라, 유행이 언제나 계층적으로 분화한다는 사실에도 입각해 있다. ⁵상류층의 유행은 그보다 신분이 낮은 계층의 유행과 구별되고 낮은 신분의 계층에 의해 동화되는 순간 상류층에서 소멸된다는 사실이 이를 입증해준다. ⁶유행이란 동일 계층 내 균등화 경향과 개인적 차별화 경향 사이에 개인들이 타협을 이루려고 시도하는 생활양식인 것이다.

⁷사회학적 관점에서 보면, 유행은 앞에서 말한 것처럼 계층의 정체성을 나타낸다. ⁸이러한 정체성이 그가 속한 사회적 집단과 신분의 명예를 대변하고 유지함으로써 성립되는 것처럼, 유행 역시 한편에서는 동등한 위치에 있는 사람들과의 결합을 의미하고 다른 한편에서는 그보다 낮은 신분의 사람들을 분리시키는 집단적 폐쇄성을 의미한다.

⁹사교의 형식, 복장, 미적 판단 그리고 사람이 자신을 표현하는 일체의 양식은 유행을 통해 끊임없이 변화를 겪는데, 이러한 유행은 언제나 상류 계층에서만 생성된다. ¹⁰이로써 이 계층은 하류 계층과 자신을 구분시키고, 그 구성원 사이의 균질성과 더불어 하류 계층 구성원과의 차별성을 부각시킨다. ¹¹이 경우 하류 계층의 구성원은 언제나 상층 지향적이다. ¹²이들이 유행을 자신의 것으로 동화시키자마자 상류 계층은 그 유행을 버리고 다시 대중과 자신을 구별하게 될 새로운 유행을 추구한다.

유행을 상류층과 낮은 계층으로 [비교대조]하여 설명하고 있습니다. 둘의 관계는 **5**, **9**, **11**, **12**에서 제시됐고요. 특히 **9**는 '언제나', '만only' 같은 강조 표현이 있으므로 문제화될 가능성을 염두에 두고 읽었어야 합니다.

정답 ③

모든 유행은 모든 계층 상류 계층에 의해 창출되는 사회 현상이다.

해황쌤의 풀이 | 강조 표현은 선지에 있을 때도 주의해야 합니다. 9에 비춰보면 ③의 '모든 계층'은 '상류 계층'으로 수정되어야 합니다.

오답풀이

①은 4, ②는 2, ④는 6, 10, ⑤는 5, 12를 통해 알 수 있습니다.

03 다음 글에서 알 수 있는 것은?

출처 | 2011년 민간경력자 PSAT 2차 실험평가 언어논리

POINT 1	서술분량은 중요도에 비례한다.	POINT 2	출제자는 핵심을 문제화한다.	

¹당시 중국과 한자의 문화적 지배력은 너무나 거대하였고, 중국 선진문화의 지식과 정보는 한자를 통해서 그 전달이 가능했다. ²존 드 프랜시스에 따르면, 1900년까지 중국에서 간행된 서적은 나머지 전 세계의 서적들을 모두 합친 것보다 많았다고 한다. ³조선의 양반들에게 한글의 채택은 고급 정보의 원천인 한자를 포기하는 것과 동일한 것으로 인식되었다. ⁴그들에게 중국의 선진 문명으로부터의 단절을 의미하는 것으로 받아들여졌다.

⁵조선에서 한자는 단순히 중국 선진문화의 수용이라는 협소한 의미만을 갖는 것은 아니었다. ⁶양반들의 신분적 특권을 지속시켜 나가는 데도 한자는 한글보다 더욱 유용한 문자로 인식되었다. ⁷직접적 생산계층인 일반 백성들은 한자를 익히는데 필요한 시간적·경제적 부담을 감당하기 어려웠던 것이 현실이었다. ⁸반면 양반들은 한자를 이용하여 지식과 정보를 통제·독점함으로써 특권을 유지할 수 있었다. ⁹오늘날의 관점에서 보자면 한글은 분명 쉽게 배울 수 있는 합리적이고 과학적인 문자이지만, 이미 한자를 익힌 양반들은 이 새로운 문자를 배워야 할 필요성을 느끼지 않았다. ¹⁰이들은 백성들의 문자였던 한글을 천시(賤視)하는 한편 한자를 성인(聖人)의 문자로 존숭(尊崇)함으로써 한자를 익힌 자신들의 권위를 강화하였다. ¹¹그때 한자는 양반들이 일반 백성들로부터 스스로를 차별화시킬 수 있는 강력한 정치적 수단으로서 기능하고 있었던 것이다.

지문분석

2문단의 첫 문장은 1문단의 핵심을 요약하며 시작할 때가 많습니다. 1문단과 2문단의 연결다리 역할을 하는 셈인데, 이 글도 마찬가지입니다. 2문단의 첫 문장 **5**가 글의 핵심입니다. 한자의 가치와 관련하여, 1문단의 핵심을 '중국 선진 문화의 수용'으로 요약하고, 2문단의 핵심인 '양반들의 신분적 특권 지속'을 제시했죠.

근데 1문단과 2문단의 서술분량을 비교했을 때, 2문단이 더 많죠? 내용적으로 더 중요하기 때문에 필자가 많은 분량을 할애한 것입니다. 특히 **6, 8, 11** 세 번이나 걸쳐 반복되는 내용은 그중에서도 핵심이라 할 수 있습니다. 이렇게까지 중요하니, 반드시 문제화되겠죠?

정답 ⑤

조선에서 한자는 정보로부터 피지배층^{일반 백성}을 소외시킴으로써 지배층의 특권^{신분적 특권}을 유지시켜 주는 정치적 수단이었다.

해황쌤의 풀이ㅣ 6, 8, 11과 일치하므로 적절합니다. 핵심을 문제화했습니다!

오답풀이

① 조선의 백성들이 한자보다 한글을 선호한 것은 한글의 정치적·문화적 성격 때문이었다.

해황쌤의 풀이ㅣ "조선의 양반들이 한글보다 한자를 선호한 것은 한자의 정치적·문화적 성격 때문이었다"라고 해야 합니다.

② 조선의 양반들은 한글이 한자보다 합리적이고 과학적인 문자라는 것을 인정하였다.

해황쌤의 풀이ㅣ 한글이 합리적이고 과학적인 문자라고 인정한 것은 '오늘날의 관점'입니다. 그리고 오늘날의 관점에서 볼 때 '한자보다' 더 합리적이고 과학적인지는 지문에서 알 수 없습니다.

③ 조선에서 한자는 각국 문화에 대한 지식과 정보에 접근할 수 있는 유일한 수단이었다.

해황쌤의 풀이ㅣ '한자는 중국 문화에 대한 지식과 정보에 접근할 수 있는 유일한 수단'이라고 하면 적절할 수 있겠으나, 각국 문화에 대한 유일한 수단인지는 지문에 나오지 않았습니다. 상식적이지도 않고요. 참고로 "A일 수 있는 유일한 것은 B이다"는 "B가 아니면 A가 아니다"와 뜻이 같으므로 ~B→~A≡A→B로 기호화됩니다. 즉, ③은 "한자가 아니면 조선에서 각국 문화에 대한 지식과 정보에 접근할 수 없다"와 뜻이 같습니다. 이는 지문에서 알 수 없는 내용이니 적절하지 않고요.

④ 조선에서의 한글 채택은 선진 문명으로부터의 단절을 초래할 수 있는 위험 때문에 사회 전체의 저항에 부딪쳤다.

해황쌤의 풀이ㅣ '때문에' 앞부분은 옳다고 볼 수 있으나, 뒷부분이 틀렸습니다. 한글을 채택하여 사회 전체의 저항이 있었던 사건은 지문에 나오지 않았습니다.

정답 CHECK 자신이 맞힌 문제는 ○, 헷갈리거나 찍었던 문제는 △, 틀렸던 문제는 × 표기해보세요.

01	1 회 독ㅣ 정 답 ( )	02	1 회 독ㅣ 정 답 ( )	03	1 회 독ㅣ 정 답 ( )
	2 회 독ㅣ 정 답 ( )		2 회 독ㅣ 정 답 ( )		2 회 독ㅣ 정 답 ( )
	3 회 독ㅣ 정 답 ( )		3 회 독ㅣ 정 답 ( )		3 회 독ㅣ 정 답 ( )

01 다음 글의 내용과 부합하지 <u>않는</u> 것은?

출처 | 2011년 민간경력자 PSAT 2차 실험평가 언어논리

POINT 1	질문에 대한 답변이 핵심이다.	POINT 2	문맥을 통해 어휘의 뜻을 추론할 수 있어야 한다.	

---

¹조선 정치사 연구에서 흥미로운 문제 가운데 하나는 조선 왕조의 장기적인 존속에 대한 설명이다. ²신유학을 지배 이념으로 채택한 조선은 그 중반에 7년간에 걸쳐 일본과의 전쟁(임진왜란), 두 차례에 걸친 청국의 침입(정묘호란, 병자호란)에도 체제 재건에 성공하여 500여 년 동안이나 지속되었던 국가이다. ³이 때문에 오랫동안 조선 사회가 지속되었던 것을 어떻게 이해해야 하는가를 두고 일찍부터 많은 연구자들이 관심을 가져왔다. ⁴처음 여기에 주목한 연구자는 안확(1886~1946)이었는데, 그는 그 원인으로 정당의 형성과 공론정치를 들었다. ⁵그는 "⁵⁻¹군주권이 발전하였으나 서양 전제 시대와 달라서 다소의 민권이 있었다. ⁵⁻²특히, 양반관료층을 중심으로 한 정당이 공론과 쟁의를 일으키는 기풍을 가지고 있었기에 군주권이 감히 무제한으로 신장치 못하는지라. ⁵⁻³그러므로 반동이 일어남이 없었다."고 하였다. ⁶그러면서도 동시에 그는 "⁶⁻¹정조(正祖) 때부터 공론이 억제되고 이로 인해 반동이 일어났다. ⁶⁻²정조 이후 120년간은 실상 독재 정치의 전성기인 동시에 공론의 쇠퇴를 가져와 신시대를 간절히 바라는 사조가 밑으로 흘렀다."고 지적하였다. ⁷이와 같은 안확의 견해는 조선시대 '공론정치'의 의의와 그 변천 과정에 대한 선구적인 분석으로 평가되었다. ⁸한편, 서구학계에서는 조선 사회가 국왕과 양반 관료층이 권력을 분점하여 세력 균형을 이루는 중앙집권적 관료제를 유지함으로써 500여 년 동안 장기적으로 지속할 수 있었다는 해석을 내놓았다.

지문분석

글의 핵심은 "3 오랫동안 조선 사회가 지속되었던 것을 어떻게 이해해야 하는가"라는 [질문]에 대해 안확의 [답변]입니다. 답변은 5 [정당의 형성과 공론정치 → 군주권 제한 → 반동 ×], 6 [공론 × → 독재 정치 → (군주권 무제한) → 반동 ○]과 같은 [원인결과]로 전개됐고요.

참고로 지문의 어휘 중 '전제'는 다음과 같이 이해할 수 있습니다.

5-1 전제 (군주) = 5-2 군주권 무제한 신장 = 6-2 실상 독재 정치

≠ 8 조선 사회가 국왕과 양반 관료층이 권력을 분점하여 세력 균형

정답 ③

안확은 조선의 장기적인 지속에 군주권의 전제성이 긍정적으로 작용했다고 파악하였다.

해황쌤의 풀이 | '정당의 형성과 공론정치'가 긍정적으로 작용했고, '군주권의 전제성'은 부정적으로 작용했습니다. [질문답변]의 핵심을 완전히 잘못 파악한 선지고, [원인결과]를 왜곡한 선지입니다.

참고로 전제성은 '나라의 모든 권력을 군주가 쥐고, 군주의 뜻에 따라 정치를 하는 성질'인데, 문맥을 통해 뜻을 추론할 수 있겠죠!

02 다음 글로부터 이끌어 낼 수 있는 것으로 가장 적절한 것은?

출처 | 2011년 민간경력자 PSAT 2차 실험평가 언어논리

POINT 1	질문에 대한 답변이 핵심이다.	POINT 2	두 대상 간 관계가 핵심이다.	

¹그라노베터의 논문은 오늘날 역사상 가장 많은 영향을 끼친 사회학 논문 중 하나로 평가받는다. ²이 논문에서 그는 상식적으로 이치에 맞지 않는 것처럼 보이는 주장을 편다. ³새로운 소식을 접하거나, 새로 차린 식당을 홍보하거나, 최신의 유행이 전파될 때, 그 과정에서 우리의 약한 사회적 연결이 강한 친분 관계보다 더 중요한 역할을 한다는 것이다. ⁴그에 따르면 사람들은 여러 명의 가까운 친구들을 갖고 있는데, 이들은 대부분 상호 간에 잘 알고 자주 접촉하는 긴밀한 사회적 클러스터를 이룬다. ⁵그런데 이 사람들은 또한 각자 그저 알고 지내는 사람들을 더 많이 갖고 있는데, 이들은 상호 간에 잘 모르는 경우가 많다. ⁶물론 이 그저 알고 지내는 사람들 하나하나도 역시 자신의 친한 친구들을 갖고 있어서 긴밀하게 짜여진 사회적 클러스터를 이룬다.

⁷사회는 여러 개의 클러스터로 구성되어 있는데, 각 클러스터 내부에서는 모두가 모두를 서로 잘 아는 긴밀한 친구들이 서클을 이루고 있다. ⁸그리고 이 클러스터들은 약한 연결고리를 통해 외부와 연결되어 있다. ⁹우리의 가장 친한 친구들은 같은 서클에 있으므로 대개 동일한 인적 정보 출처를 갖고 있는 경우가 많다. ¹⁰그러나 우리가 새로운 정보를 얻거나 외부 세계와 의사소통을 하려고 할 때는 오히려 이들보다는 약한 연결들이 결정적인 역할을 한다. ¹¹정보의 출처를 고려하면 가장 가까운 친구들로부터 얻은 정보 역시 약한 연결을 통해 획득된 것일 가능성이 높기 때문이다.

지문분석

그라노베터의 주장은 1문단에서 **3**으로, 2문단에서 **10**으로 제시되었고, 나머지는 모두 이에 대한 근거입니다. 새로운 정보 얻을 때 강한 연결보다 약한 연결이 결정적 역할을 한다는 것이죠.

정답 ①

구직자가 **새로운 일자리에 대해 얻은 정보**^{새로운 정보}의 원래 출처는 그가 **잘 알던 사람**^{강한 연결}보다는 **그저 알고 지내던 사람들**^{약한 연결}일 경우가 더 많을 것이다.

해황쌤의 풀이 | 글의 주장 3, 10에 정확히 부합하는 사례입니다.

오답풀이

② 아프리카 작은 부족에서 발생한 에이즈는 차츰 인근 지역으로 조금씩 전염 범위가 넓어지는 방식으로 퍼졌을 것이다.

해황쌤의 풀이 | 에이즈가 전염되는 클러스터는 약한 연결고리를 통해 멀리 떨어진 곳으로 산발적으로 넓어지는 방식으로 퍼질 겁니다.

③ 사람들은 잘 아는 사람과 같은 식당에 가며 같은 영화를 보기는 하지만 새로운 정보를 서로 교류하지는 않을 것이다.

해황쌤의 풀이 | 강한 연결끼리도 새로운 정보를 교류할 수 있죠. (그 정보는 다른 약한 연결을 통해 획득했을 가능성이 높겠지만요.)

④ 나의 가장 친한 친구 두 사람이 서로 알 확률은 서로 모를 확률과 비슷할 것이다.

해황쌤의 풀이 | 4에 따르면 친한 친구 두 사람이 서로 알 확률이 그렇지 않을 확률보다 높을 겁니다. 같은 클러스터에 속할 가능성이 높으니까요.

⑤ 새로 개점한 식당에 관한 소문은 주로 처음 만난 사람을 통해서 퍼져갈 것이다.

해황쌤의 풀이 | '처음 만난' 사람이 아니라 '그저 알고 지내는' 사람을 통해 퍼져갈 겁니다. '처음 만난≠그저 알고 지내는'에 주의하세요.

03 다음 글의 내용과 부합하는 것은?

출처 | 2011년 민간경력자 PSAT 언어논리

POINT 1	개념들이 비교·대조되면, □, △, ○ 등으로 구분하며 읽는다.	

[1]'문명'(civilization) 개념은 기술의 수준, 예절의 종류, 학문적 지식의 발전, 종교적 이념 그리고 주거의 양식, 남녀의 동거생활 양식, 사법적 처벌의 형식, 음식의 조리 등과 같은 관습을 포함한다. [2]이것은 서구의 자의식과도 관련되는데, 우리는 이것을 민족 의식이라고 말할 수 있다. [3]그러나 문명의 의미가 서구의 모든 나라에서 항상 동일하지는 않다. [4]특히 **영국과 프랑스**에서 사용되는 의미와 **독일**에서 사용되는 의미는 현격하게 다르다. [5]영국과 프랑스에서 이 개념은 인류를 위한 자국 역할에 대한 자부심, 서구와 인류 전체의 진보에 대한 자부심을 담고 있다. [6]반면 독일어권에서 '문명'은 아주 유용한 것이긴 하지만 단지 이류급에 속하는 것, 다시 말하면 단지 인간의 외면과 인간 존재의 피상적인 면, 즉 제도, 기술 등과 같이 시대에 따라 변화, 발전하는 측면을 의미한다. [7]독일인들이 자기 자신을 해석하며, 자신의 업적과 자신의 존재에 대한 자부심을 표현하는 단어는 '문화'(Kultur)다.

[8]프랑스와 영국의 '문명' 개념은 정치적·경제적·종교적·기술적·도덕적 또는 사회적인 사실들을 지시한다. [9]독일의 문화 개념은 정치적·경제적·사회적 사실과 구별되는 정신적·예술적·종교적 사실들에 적용된다. [10]특히 프랑스와 영국에서의 문명 개념은 여러 민족들 간 차이점들을 어느 정도 퇴색시키고, 모든 인간들에게 공통적인 것 또는 공통적으로 여겨지는 것들을 강조한다. [11]국경이 분명하고 민족적 특성이 확립되어 있어 수세기 전부터 이 문제를 더 이상 거론할 필요가 없으며 이미 오래전부터 국경 밖으로 진출하여 다른 영토를 자신들의 식민지로 만든 민족들의 자의식이 바로 이 개념 속에 표출되고 있는 것이다. [12]이와는 반대로 독일의 문화 개념은 민족적 차이와 집단적 특성을 유달리 부각시킨다. [13]이러한 배경에는 현 독일이라는 민족국가가 수세기 전부터 현대에 이르기까지 항상 여러 지방들로 분할되었거나 분할될 위험에 처해 있어 정치적 통일과 안정이 서구의 다른 민족들보다 훨씬 늦게 이루어졌다는 점이 깔려있다.

1문단에서는 영국과 프랑스의 **문명** 개념과 '독일'의 **문명** 개념과 [비교대조]되었고, 2문단에서는 영국과 프랑스의 **문명** 개념과 '독일'의 **문화** 개념이 [비교대조]되었습니다. 독일 내에서는 '문명'과 '문화'가 또 [비교대조]되었고요. 각각의 특징과 관계를 파악하며 읽어나가면 됩니다.

정답 ②

독일의 문화 개념은 각 국가 또는 민족의 고유한 전통과 가치를 강조한다.

해황쌤의 풀이 | 12와 일치하므로 적절합니다. 정답!

오답풀이

① 독일의 문화 개념은 시대에 따라 끊임없이 변화하는 역동적인 것이다.

해황쌤의 풀이 | 6을 고려하면 '문화'를 '문명'으로 바꿔야 합니다.

③ 문명은 독일에서 사용되는 개념이 아니라 영국과 프랑스에서 사용되는 개념이다.

해황쌤의 풀이 | 6에서 보듯, 문명은 독일에서도 사용되는 개념입니다. 단지 영국과 프랑스에서 사용되는 개념과 뜻이 다를 뿐이죠.

④ 영국과 프랑스의 문명 개념은 정신적 사실에 적용되는 반면, 독일의 문화 개념은 물질적 사실에 적용된다.

해황쌤의 풀이 | 9에서 보듯, 독일의 문화 개념은 '물질적'이 아니라 '정신적'입니다.

⑤ 영국과 프랑스의 문명 개념은 민족의식과 관련되는 개념[1-2]으로서 공격적·팽창적 경향[11]보다 방어적 경향을 띈다.

해황쌤의 풀이 | '방어적 경향'은 지문에서 찾아볼 수 없습니다. 오히려 11의 '국경 밖으로 진출하여 다른 영토를 자신들의 식민지로 만든'으로부터 '공격적·팽창적'이라는 단어를 뽑아낼 수 있을 뿐이죠.

---

01 다음 글에서 알 수 있는 것은?

출처 | 2011년 민간경력자 PSAT 언어논리

POINT 1	[나열열거]의 대응관계를 확인하며 읽는다.

¹고려시대에 철제품 생산을 담당한 것은 철소(鐵所)였다. ²철소는 기본적으로 철산지나 그 인근의 채광과 제련이 용이한 곳에 설치되었다. ³철소 설치에는 몇 가지 요소가 갖추어져야 유리하였다. ⁴철소는 ①철광석을 원활하게 공급받을 수 있고 ②철을 제련하는 데 필수적인 숯의 공급이 용이해야 하며, 채광, 선광, 제련 기술을 가진 장인 및 채광이나 숯을 만드는 데 필요한 ③노동력이 존재해야 했다. ⁵또한 ④철 제련에 필요한 물이 풍부하게 있는 곳이어야 했다.

⁶망이와 망소이가 반란을 일으킨 공주의 명학소는 철소였다. ⁷하지만 다른 철소와 달리 그곳에서 철이 생산된 것은 아니었다. ⁸철산지는 인근의 마현이었다. ⁹명학소는 ②제련에 필요한 숯을 생산하고, 마현으로부터 가져온 철광석을 가공하여 철제품을 생산하는 곳이었다. ¹⁰마현에서 채취된 철광석은 육로를 통해 명학소로 운반되었고, 이곳에서 생산된 철제품은 명학소의 갑천을 통해 공주로 납부되었다. ¹¹갑천의 풍부한 수량은 철제품을 운송하는 수로로 적합했을 뿐 아니라, 제련에 필요한 물을 공급하는 데에도 유용하였다.

¹²하지만 명학소민의 입장에서 보면, 마현에서 철광석을 채굴하고 선광하여 명학소로 운반하는 작업, 철광석 제련에 필요한 숯을 생산하는 작업, 철제품을 생산하는 작업, 생산된 철제품을 납부하는 작업에 이르기까지 감당할 수 없는 과중한 부담을 지고 있었다. ¹³이는 일반 군현민의 부담뿐만 아니라 다른 철소민의 부담과 비교해 보아도 훨씬 무거운 것이었다. ¹⁴더군다나 명종 무렵에는 철 생산이 이미 서서히 한계를 드러내고 있었음에도 할당된 철제품의 양은 줄어들지 않았다. ¹⁵이러한 것이 복합되어 망이와 망소이의 반란이 일어난 것이다.

> **정답** ⑤
> 풍부한 물은 명학소에 철소를 설치하는 데 이점이었다.
> **해황쌤의 풀이 |** 5+11을 통해 알 수 있습니다.

오답풀이
① 모든일부 철소에서 철이 생산되었다.⁷
② 명학소에서는 숯이 생산되지 않았다.⁹
③ 망이와 망소이는 철제품 생산 기술자였다.[알 수 없음]
④ 명학소민은 다른 철소민보다 부담이 적었다.¹²~¹³

출처 | 2011년 민간경력자 PSAT 언어논리

POINT 1	모든 글은 질문에 대한 답변이다.

[1]국내에서 벤처버블이 발생한 1999~2000년 동안 한국뿐 아니라 미국, 유럽 등 전세계 주요 국가에서 벤처버블이 나타났다. [2]미국 나스닥의 경우 1999년 초 이후에 주가가 급상승하여 2000년 3월을 전후해서 정점에 이르렀는데, 이는 한국의 주가 흐름과 거의 일치한다. [3]또한 한국에서는 1998년 5월부터 외국인의 종목별 투자한도를 완전 자유화하였는데, 외환위기 이후 해외투자를 유치하기 위한 이런 주식시장의 개방은 주가 상승에 영향을 미쳤다. [4]외국인 투자자들은 벤처버블이 정점에 이르렀던 1999년 12월에 벤처기업으로 구성되어 있는 코스닥 시장에서 투자금액을 이전 달의 1조 4천억 원에서 8조 원으로 늘렸으며, 투자비중도 늘렸다.

[5]한편 벤처버블 당시 국내에서는 인터넷이 급속히 확산되고 있었다. [6]초고속 인터넷 서비스는 1998년 첫 해에 1만 3천 가구에 보급되었지만 1999년에는 34만 가구로 확대되었다. [7]또한 1997년 163만 명이던 인터넷 이용자는 1999년에 천만 명으로 폭발적으로 증가하였다. [8]이처럼 초고속 인터넷의 보급과 인터넷 사용인구의 급증은 뚜렷한 수익모델이 없는 업체라 할지라도 인터넷을 활용한 비즈니스를 내세우면 투자자들 사이에서 높은 잠재력을 가진 기업으로 인식되는 효과를 낳았다.

[9]한편 1997년 8월에 시행된 벤처기업 육성에 관한 특별조치법은 다음과 같은 상황으로 인해 제정되었다. [10]법 제정 당시 우리 경제는 혁신적 기술이나 비즈니스 모델에 의한 성장보다는 설비확장에 토대한 외형성장에 주력해 왔다. [11]그러나 급격한 임금상승, 공장용지와 물류 및 금융 관련 비용 부담 증가, 후발국가의 추격 등은 우리 경제가 하루빨리 기술과 지식을 경쟁력의 기반으로 하는 구조로 변화해야 할 필요성을 높였다. [12]게다가 1997년 말 외환위기로 30대 재벌의 절반이 부도 또는 법정관리에 들어가게 되면서 재벌을 중심으로 하는 경제성장 방식의 한계가 지적되었고, 이에 따라 우리 경제는 고용창출과 경제성장을 주도할 새로운 기업군을 필요로 하게 되었다. [13]이로 인해 시행된 벤처기업 육성 정책은 벤처기업에 세제 혜택은 물론, 기술개발, 인력공급, 입지공급까지 다양한 지원을 제공하면서 벤처기업의 폭증에 많은 영향을 주게 되었다.

지문분석

글 전체가 "**국내 벤처버블 발생의 원인이 무엇이었는가?**"에 대한 답변으로 볼 수 있습니다. 답변은 [나열열거]되었고요. 1문단은 세계적 흐름, 주식시장 개방, 2문단은 초고속 인터넷 보급과 인터넷 사용인구 급증, 3문단은 벤처기업 육성 정책이라고 답변하고 있죠.

정답 ③

국내의 벤처기업 육성책 실행은 한국 경제구조 변화의 필요성과 관련을 맺고 있다.[12-13]

오답풀이

① 해외 주식시장의 주가 상승은 국내 벤처버블 발생의 주요 원인이 되었다.

해황쌤의 풀이 | 지문에 명시적 근거가 없을 뿐더러, 어느 정도 영향을 끼쳤다고 추정하더라도 '주요 원인'이라고 단정할 수는 없습니다.

② 벤처버블은 한국뿐 아니라 전세계 모든 국가에서 거의 비슷한 시기에 발생했다.[1]

해황쌤의 풀이 | 1에서 '전세계 주요 국가'라고 했는데, 이를 '전세계 모든 국가'라고 왜곡했습니다.

④ 국내 초고속 인터넷 서비스 확대는 벤처기업을 활성화시켰으나 대기업 침체의 요인이 되었다.

해황쌤의 풀이 | 아무 관련 없는 '국내 초고속 인터넷 서비스 확대'[2문단]와 '대기업 침체'[3문단]를 인과관계로 왜곡했습니다.

⑤ 외환위기는 새로운 기업과 일자리 창출의 필요성을 불러왔고 해외 주식을 대규모로 매입하는 계기가 되었다.^{알 수 없음}

해황쌤의 풀이 | 지문과 아무 관련없는 내용입니다. '외환위기 이후 해외투자를 유치'한 내용이 나올 뿐, '외환위기 이후 해외에 투자'했다는 내용은 없습니다.

---

03 다음 글에서 알 수 있는 것을 [보기]에서 모두 고르면?   출처 | 2011년 민간경력자 PSAT 언어논리

POINT 1	출제자는 A → (B, C, D)로부터 A → C를 뽑아낸다.

[1]1964년 1월에 열린 아랍 정상회담의 결정에 따라 같은 해 5월 팔레스타인 사람들은 팔레스타인 해방기구(PLO)를 조직했다. [2]아랍연맹은 팔레스타인 해방기구를 팔레스타인의 유엔 대표로 인정하였으며, 팔레스타인 해방기구는 아랍 전역에 흩어진 난민들을 무장시켜 해방군을 조직했다. [3]바야흐로 주변 아랍국가들의 지원에 의지하던 팔레스타인 사람들이 자기 힘으로 영토를 되찾기 위해 총을 든 것이다. [4]그러나 팔레스타인 해방기구의 앞길이 순탄한 것은 결코 아니었다. [5]아랍국가 중 군주제 국가들은 이스라엘과 정면충돌할까 두려워 팔레스타인 해방기구를 자기 영토 안에 받아들이지 않으려 했고, 소련과 같은 사회주의 국가들과 이집트, 시리아만이 팔레스타인 해방기구를 지원했다.

[6]1967년 6월 5일에 이스라엘의 기습공격으로 제 3차 중동전쟁이 시작되었다. [7]이 '6일 전쟁'에서 아랍연합군은 참패했고, 이집트는 시나이반도를 빼앗겼다. [8]참패 이후 팔레스타인 해방기구의 온건한 노선을 비판하며 여러 게릴라 조직들이 탄생하였다. [9]팔레스타인 해방인민전선(PFLP)을 비롯한 수많은 게릴라 조직들은 이스라엘은 물론이고 제국주의에 봉사하는 아랍국가들의 집권층, 그리고 미국을 공격 목표로 삼았다. [10]1970년 9월에 아랍민족주의와 비동맹운동의 기수였던 이집트 대통령 나세르가 사망함으로써 팔레스타인 해방운동은 더욱 불리해졌다. [11]왜냐하면 사회주의로 기울었던 나세르와 달리 후임 대통령 사다트는 국영기업을 민영화하고 친미 정책을 시행했기 때문이다.

정답 ②

㉠ 팔레스타인 해방기구는 자신들의 힘으로 잃어버린 영토를 회복하려 하였다.[3]

㉢ 팔레스타인 해방기구와 달리 강경 노선을 취하는 게릴라 조직들은 아랍권 내 세력들도 공격 대상으로 삼았다.[9]

해황쌤의 풀이ㅣ9에 비춰봤을 때 적절합니다. 지문에 A → (B, C, D)가 제시됐을 때 어느 하나를 뽑아서 A → C로 선지화하는 패턴을 알아 두세요.

오답풀이

㉡ 중동전쟁으로 인해 이집트에는 팔레스타인 해방운동을 지지했던 정권이 무너지고 반 아랍민족주의 정권이 들어섰다.

해황쌤의 풀이ㅣ아무 관련이 없는 중동전쟁과 나세르 정권의 끝남을 인과관계로 왜곡했습니다.

㉣ 사회주의에 경도된 아랍민족주의는 군주제를 부정했기 때문에 아랍의 군주제 국가들이 팔레스타인 해방기구를 꺼려했다.

해황쌤의 풀이ㅣ5에 따르면 '이스라엘과 정면충돌할까 두려워'했기 때문에, 아랍의 군주제 국가들이 팔레스타인 해방기구를 꺼려했습니다.

01 다음 글에서 이끌어낼 수 있는 것은?

출처 | 2011년 민간경력자 PSAT 언어논리

POINT 1	구체적 사례를 포괄하는 일반적 진술이 핵심이다.	

[1]현대의 과학사가들과 과학사회학자들은 지금 우리가 당연시하는 과학과 비과학의 범주가 오랜 시간에 걸쳐 구성된 범주임을 강조하면서 과학자와 대중이라는 범주의 형성에 연구의 시각을 맞출 것을 주장한다. [2]특히 과학 지식에 대한 구성주의자들은 과학과 비과학의 경계, 과학자와 대중의 경계 자체가 처음부터 고정된 경계가 아니라 오랜 역사적 투쟁을 통해서 만들어진 문화적 경계라는 점을 강조한다.

[3]과학자와 대중을 가르는 가장 중요한 기준은 문화적 능력이라고 할 수 있는데 이것은 과학자가 대중과 구별되는 인지 능력이나 조작 기술을 가지고 있다는 것을 의미한다. [4]부르디외의 표현을 빌자면, 과학자들은 대중이 결여한 '문화 자본'을 소유하고 있다는 것이다. [5]이러한 문화 자본 때문에 과학자들과 대중 사이에 불연속성이 생겨난다. [6]여기서 중요한 것은 이러한 불연속성의 형태와 정도이다.

[7]예를 들어 수리물리학, 광학, 천문학 등의 분야는 대중과 유리된 불연속성의 정도가 상대적으로 컸다. [8]고대부터 16세기 코페르니쿠스에 이르는 천문학자들이나 17세기 과학혁명 당시의 수리물리학자들은 그들의 연구가 보통의 교육을 받은 사람들을 대상으로 한 것이 아니고, 그들과 같은 작업을 하고 전문성을 공유하고 있던 사람들만을 위한 것이라는 점을 분명히 했다. [9]갈릴레오에 따르면 자연이라는 책은 수학의 언어로 쓰여 있으며 따라서 이 언어를 익힌 사람만이 자연의 책을 읽어낼수 있다. [10]반면 유전학이나 지질학 등은 20세기 중반 전까지 대중 영역과 일정 정도의 연속성을 가지고 있었으며 거기서 영향을 받았던 것이 사실이다. [11]특히 20세기 초 유전학은 멘델 유전학의 재발견을 통해 눈부시게 발전할 수 있었는데 이러한 발전은 실제로 오랫동안 동식물을 교배하고 품종 개량을 해왔던 육종가들의 기여 없이는 불가능했다.

지문분석

6에서 '이러한(과학자들과 대중 사이의) 불연속성의 형태와 정도'가 중요하다고 했고, 이에 대해 7~11까지 구체적 사례를 들었습니다.

정답 ④
과학자와 대중의 불연속성[5~6]은 동일한 정도로 나타나지 않는다.[7~11]

① 과학과 비과학의 경계는 존재하지 않는다.[2]

해황쌤의 풀이 | 2는 과학과 비과학의 경계가 존재함을 전제하는 진술입니다.

② 과학자들은 과학혁명 시기에 처음 '문화 자본'을 획득했다.

③ 과학과 비과학을 가르는 보편적 기준은 수학 언어의 유무이다.

⑤ 과학과 비과학의 경계는 수리물리학에서 가장 먼저 생겨났다.

해황쌤의 풀이 | 지문에 언급된 표현 '과학혁명', '수학의 언어', '수리물리학'을 사용하여, 지문에서 확인할 수 없는 정보들을 선지로 만들었습니다.

02 다음 글의 내용과 부합하는 것을 [보기]에서 모두 고르면?

출처 | 2011년 민간경력자 PSAT 언어논리

POINT 1	통념과 어긋나는 진실이 핵심이다.	POINT 2	긍정하는 것과 부정하는 것을 ○×로 구별하며 읽자.	

[1] 묵자(墨子)의 '**겸애(兼愛)**'는 '차별이 없는 사랑' 그리고 '서로 간의 사랑'을 의미한다. [2] 얼핏 묵자의 이런 겸애는 모든 사람이 평등한 지위에서 서로를 존중하고 사랑하는 관계를 뜻하는 듯 보이지만, 이는 겸애를 잘못 이해한 것이다. [3] 겸애는 "남의 부모를 나의 부모처럼 여기고, 남의 집안을 내 집안처럼 여기고, 남의 국가를 나의 국가처럼 여기는 것"이다. [4] 그것은 '나'와 '남'이라는 관점의 차별을 지양하자는 것이지 사회적 위계질서를 철폐하자는 것이 아니다. [5] 겸애는 정치적 질서나 위계적 구조를 긍정한다는 특징을 지니고 있다. [6] 이런 의미에서 묵자의 겸애는 평등한 사랑이라기보다 불평등한 위계질서 속에서의 사랑이라고 규정할 수 있다.

[7] 겸애의 개념에는 일종의 공리주의적 요소가 들어있다. [8] 묵자에게 있어 누군가를 사랑한다는 것은 그 사람을 현실적으로 이롭게 하겠다는 의지를 함축한다. [9] 겸애는 단지 아끼고 사랑하는 마음이나 감정을 넘어선다. [10] 묵자가 살았던 전국시대에 민중의 삶은 고통 그 자체였다. [11] 묵자는 "굶주린 자가 먹을 것을 얻지 못하고, 추운 자가 옷을 얻지 못하며, 수고하는 자가 휴식을 얻지 못하는 것, 이 세 가지가 백성들의 커다란 어려움이다."라고 했다. [12] 군주의 겸애는 백성을 향한 사랑의 마음만으로 결코 완성될 수 없다. [13] 군주는 굶주린 백성에게 먹을 것을 주어야 하고, 추운 자에게 옷을 주어야 하며, 노동이나 병역으로 지친 자는 쉬게 해 주어야 한다. [14] 이처럼 백성에게 요긴한 이익을 베풀 수 있는 사람이 바로 군주다. [15] 이런 까닭에 묵자는 "윗사람을 높이 받들고 따라야 한다."는 이념을 세울 수 있었다. [16] 군주는 그런 이익을 베풀 수 있는 재력과 힘을 지니고 있었기 때문이다.

ㄱ. 이웃의 부모를 자기 부모처럼 여기는 것은 겸애이다.[3]

ㄷ. 묵자의 겸애에는 상대방에게 실질적인 이익을 베푸는 것이 함축되어 있다.[13~14]

03 다음 글의 내용과 상충하는 것을 [보기]에서 모두 고르면?

출처 | 2011년 민간경력자 PSAT 언어논리

POINT 1	발문은 정답의 기준을 제시한다.	

¹17, 18세기에 걸쳐 각 지역 양반들에 의해 서원이나 사당 건립이 활발하게 진행되었다. ²서원이나 사당 대부분은 일정 지역의 유력 가문이 주도하여 자신들의 지위를 유지하고 지역 사회에서 영향력을 행사하는 구심점으로 건립·운영되었다.

³이러한 경향은 향리층에게도 파급되어 18세기 후반에 들어서면 안동, 충주, 원주 등에서 향리들이 사당을 신설하거나 중창 또는 확장하였다. ⁴향리들이 건립한 사당은 양반들이 건립한 것에 비하면 얼마 되지 않는다. ⁵하지만 향리들에 의한 사당 건립은 향촌사회에서 향리들의 위세를 짐작할 수 있는 좋은 지표이다.

⁶향리들이 건립한 사당은 그 지역 향리 집단의 공동노력으로 건립한 경우도 있지만, 대부분은 향리 일족 내의 특정한 가계(家系)가 중심이 되어 독자적으로 건립한 것이었다. ⁷이러한 사당은 건립과 운영에 있어서 향리 일족 내의 특정 가계의 이해를 반영하고 있는데, 대표적인 것으로 경상도 거창에 건립된 창충사(彰忠祠)를 들 수 있다.

⁸창충사는 거창의 여러 향리 가운데 신씨가 중심이 되어 세운 사당이다. ⁹영조 4년(1728) 무신란(戊申亂)을 진압하다가 신씨 가문의 다섯 향리가 죽는데, 이들을 추모하기 위해 무신란이 일어난 지 50년이 되는 정조 2년(1778)에 건립되었다. ¹⁰처음에는 죽은 향리의 자손들이 힘을 모아 사적으로 세웠으나, 10년 후인 정조 12년에 국가에서 제수(祭需)를 지급하는 사당으로 승격하였다.

¹¹원래 무신란에서 죽은 향리 중 신씨는 일곱 명이며, 이들의 공로는 모두 비슷하였다. ¹²하지만 두 명의 신씨는 사당에 모셔지지 않았고, 관직이 추증되지도 않았다. ¹³창충사에 모셔진 다섯 명의 향리는 모두 그 직계 자손의 노력에 의한 것이었고, 국가로부터의 포상도 이들의 노력에 의한 것이었다. ¹⁴반면 두 명의 자손들은 같은 신씨임에도 불구하고 가세가 빈약하여 향촌사회에서 조상을 모실 만큼 힘을 쓸 수 없었다. ¹⁵향리사회를 주도해 가는 가계는 독점적인 위치를 확고하게 구축하려고 노력하였으며, 사당의 건립은 그러한 노력의 산물이었다.

㉠ 창충사는 양반[7] 가문이 세운 사당이다.

해황쌤의 풀이 | 6에서 향리들이 건립한 사당 대부분이 향리 일족 내의 특정한 가계가 중심이 되어 독자적으로 건립한 것이라고 했고, 7에서 그 예로 창충사를 들었으니 글의 내용과 상충됩니다.

㉡ 양반보다 향리가 세운 사당이 더 많다.[4]

해황쌤의 풀이 | 4에서 '향리들이 건립한 사당<양반들이 건립한 것'을 알 수 있으니 글의 내용과 상충됩니다.

㉢ 양반뿐 아니라 향리가 세운 서원도 존재하였다.

해황쌤의 풀이 | 지문으로부터 알 수 없는 내용이나, 그렇다고 하여 '상충'한다고 볼 수는 없습니다. (발문이 이렇게 중요합니다! 'PREVIEW, 시험 기초상식(P.117)'에서도 배웠죠.)

㉣ 창충사에 모셔진 신씨 가문의 향리는 다섯 명이다.[11~13]

해황쌤의 풀이 | 창충사의 서술분량이 7~13으로 지문의 거의 절반입니다. 이를 잘 이해했는지 묻는 선지가 나올 수밖에 없습니다.

정답 CHECK 자신이 맞힌 문제는 ○, 헷갈리거나 찍었던 문제는 △, 틀렸던 문제는 × 표기해보세요.

01	1 회 독 | 정답 ( )	02	1 회 독 | 정답 ( )	03	1 회 독 | 정답 ( )
	2 회 독 | 정답 ( )		2 회 독 | 정답 ( )		2 회 독 | 정답 ( )
	3 회 독 | 정답 ( )		3 회 독 | 정답 ( )		3 회 독 | 정답 ( )

01 다음 글의 내용과 부합하는 것은?

출처 | 2011년 민간경력자 PSAT 언어논리

POINT 1	출제자는 글의 핵심을 문제화 한다.	POINT 2	질문에 대한 답변이 핵심이다.

¹인간이 서로 협력하지 않을 수 없게 하는 힘은 무엇인가? ²사회는 타인과 어울리고 싶어 하는 끊임없는 충동이나 노동이 필요 때문에 생겨나지 않았다. ³인간이 협력하고 단합하는 원인은 다름 아닌 폭력의 경험이다. ⁴**사회란** 공동체의 구성원들끼리 공동의 보호를 위해 만든 예방조치이다. ⁵사회가 구성되면 모든 것이 허용되는 시절은 끝나게 된다. ⁶무제약적으로 자유를 추구하던 시절이 끝나게 되는 것이다.

⁷행동을 제한하는 규약이 없다면 도처에 수시로 간섭이나 침해가 이뤄질 수밖에 없다. ⁸결국 살아남기 위한 투쟁이 불가피해진다. ⁹그런데 이 말은 누구나 항상 폭력을 행사하고 무법천지의 상태를 만든다는 뜻이 아니라, 누구나 언제든지 의도적이건 의도적이지 않건 간에 주먹질을 할 가능성이 열려 있다는 뜻이다. ¹⁰만인에 대한 만인의 투쟁 상태는 끊임없는 유혈 사태가 아니라 그런 사태가 일어날 가능성으로 인한 지속적인 불안감에서 비롯된다. ¹¹사회를 구성하는 동기와 근거는 바로 인간이 서로에 대해 느끼는 공포와 불안이다.

¹²모든 인간은 신체를 갖고 있다는 점에서 동등하다. ¹³사람들은 상처를 받을 수 있기 때문에, 그리고 자신의 몸에 발생할지도 모르는 고통의 가능성을 너무나 두려워하기 때문에 각종 계약을 맺어야 할 필요성을 느낀다. ¹⁴상대방으로부터 안전을 확보하기 위해 서로 손을 잡고, 서로 관계를 맺음으로써 스스로를 보존한다. ¹⁵결국 사회의 탄생은 인간이라는 존재의 육체적 속성에 뿌리를 두고 있다. ¹⁶사회가 생겨난 근원은 신체상의 고통이다. ¹⁷그래서 인간은 자신의 대인기피증을 완화하며 동시에 자신의 신체를 방어하기 위해 다양한 사회 형태를 고안했다.

정답 ⑤

인간은 타인의 침해로 인한 신체적 고통을 피하기 위해 계약을 맺는다.¹³

오답풀이

① 인간이 계약을 통해 고안해 낸 다양한 사회 형태는 상호간의 폭력에 대한 불안을 완화시키지 못한다.¹⁷

② 인간 행동에 대한 지나친 규제는 타인에 대한 간섭과 침해를 발생시켜 투쟁을 불가피하게 만든다.⁷⁻⁸

③ 인간이 사회를 구성하는 원인은 공동체를 통해 타인과 어울리고 싶어하는 충동 때문이다.²

④ 인간이 계약을 맺어 공동체를 만든 이유는 자유를 제약 없이 누리기 위해서이다.⁵⁻⁶

02 다음 글을 통해 알 수 있는 로크의 견해가 <u>아닌</u> 것은?

출처 | 2011년 민간경력자 PSAT 언어논리

POINT 1	출제자는 글의 핵심을 문제화한다.	POINT 2	(실질적) 질문에 대한 답변이 핵심이다.	POINT 3	문제에 대한 해결책이 핵심이다.

[1]18세기 양대 시민혁명인 미국혁명과 프랑스혁명에 직·간접적으로 크게 영향을 미친 시민사상은 존 로크의 정치사상이다. [2]로크는 명예혁명을 이론적으로 옹호하기 위해 「시민 정부론」을 썼다. [3]이 책의 전반부에서 로크는 구세력인 왕당파의 정치 이론인 왕권신수설과 가족국가관을 논박하고 있다. [4]동서양을 막론하고 왕의 지배권은 신이 내린 것으로 여겨졌는데, 이는 지배를 정당화하는 수단이 되었고 동시에 왕에게 신성성을 부여했다. [5]또한 왕을 가장에 비유하여 어버이의 모습으로 내세움으로써 신민을 복종시켰고, 권력기구로서의 국가의 속성을 은폐했다. [6]로크는 이와 같은 종래 왕당파의 낡은 왕권 신격화 이론과 가부장제 사상을 부정했다.

[7]책의 후반부는 왕권과 국가라는 권력기구가 왜 만들어졌는가, 그리고 어떠해야 하는가에 대해 쓰고 있다. [8]로크는 국가가 생겨나기 이전의 상태를 자연 상태라고 했다. [9]인간은 사교성이 있어서 서로 협조할 수 있으며, 이성을 지녀서 자연법을 인식할 수 있다. [10]실정법이 만들어지기 이전의 자연법은 생명, 자유 및 재산에 대한 권리인 천부인권을 내용으로 한다. [11]자연 상태에서 각 개인은 이 자연법의 질서에 따라 권리를 누려 왔다. [12]그런데 사회가 점점 복잡해지고 분업화되었다. [13]이 과정에서 화폐의 유통을 통해 많은 재물을 축적한 사람들과 그렇지 못한 사람들이 나누어지면서 갈등이 생겨나게 되었다. [14]이 갈등은 각자의 선의로 해결될 수 없기 때문에 사람들은 사회계약을 통해 권력기구를 만들기로 합의한다. [15]이렇게 만들어진 권력기구는 입법권을 담당하는 국회와 집행권을 담당하는 왕으로 구성된다. [16]이 권력기구의 목적은 신민의 자연권인 천부인권 보장에 있으므로, 만일 정부권력자가 본래의 약속을 어기고 신민의 인권을 침해·유린하면 신민들은 저항권을 행사하여 새로운 정부를 수립할 수 있다.

정답 ③
인간은 자연 상태에서 자유를 지키기 위해 분업화와 분권화를 추진했다.
해황쌤의 풀이 | 지문은 "이전에는 A했는데, B가 되며 문제가 생겼다"고 나왔는데, 선지는 "A하기 위해 B했다"고 관계를 왜곡했습니다.

오답풀이
① 왕은 신성한 사람이 아니며, 신은 왕에게 통치권을 부여하지 않았다.[4+6]
② 신민들의 자발적인 합의로 구성된 권력기구라 하더라도 해체될 수 있다.[16]
④ 실정법이 만들어지기 이전에 인간은 자연법에 따라 천부인권을 누릴 수 있었다.[10~11]
⑤ 인간은 복잡화된 사회에서 발생하는 갈등을 해결하기 위해서 권력기구를 만들었다.[14]

03 다음 글의 내용과 양립할 수 있는 것은?

POINT 1	질문이 떠오르면 답변이 뒤 따른다.	

[1]자본주의 초기 독일에서 종교적 소수집단인 가톨릭이 영리활동에 적극적으로 참여하지 않았다는 것은 다음과 같은 일반적 인식과 배치된다. [2]민족적, 종교적 소수자는 자의건 타의건 정치적으로 영향력 있는 자리에서 배제되기 때문에 영리활동에 몰두하는 경향이 있다. [3]이 소수자 중 뛰어난 재능을 가진 자들은 관직에서 실현할 수 없는 공명심을 영리활동으로 만족시키려 한다. [4]이는 19세기 러시아와 프러시아 동부지역의 폴란드인들, 그 이전 루이 14세 치하 프랑스의 위그노 교도들, 영국의 비국교도들과 퀘이커 교도들, 그리고 2천 년 동안 이방인으로 살아온 유태인들에게 적용되는 것이다. [5]그러나 독일 가톨릭의 경우에는 그러한 경향이 전혀 없거나 뚜렷하게 나타나지 않는다. [6]이는 다른 유럽국가들의 프로테스탄트가 종교적 이유로 박해를 받을 때조차 적극적인 경제활동으로 사회의 자본주의 발전에 기여했던 것과 대조적이다. [7]이러한 현상은 독일을 넘어 유럽사회에 일반적인 현상이었다. [8]프로테스탄트는 정치적 위상이나 수적 상황과 무관하게 자본주의적 영리활동에 적극적으로 참여하는 뚜렷한 경향을 보였다. [9]반면 가톨릭은 어떤 사회적 조건에 처해있든 간에 이러한 경향을 나타내지 않았고 현재도 그러하다.

정답 ⑤

⑤종교집단에 따라 경제적 태도에 차이가 나타나는 원인은 특정 종교집단이 처한 정치적, 사회적 상황이 아니라 종교 내적인 특성에 있다.

해황쌤의 풀이 | 글을 읽고 나면 "종교집단에 따라 경제적 태도에 차이가 나타나는 원인은 무엇인가?"라는 질문이 자연스럽게 떠오를 겁니다. 이에 대한 답변이 ⑤로 제시되었습니다.

오답풀이

① 소수이든 다수이든 유럽의 종교집단은 사회의 자본주의 발전에 기여하지 못했다.[6]

② 독일에서 가톨릭[5]은 정치 영역에서 배제되었기 때문에 영리활동에 적극적으로 참여하였다.[2]

③ 독일 가톨릭의 경제적 태도는 모든 종교적 소수집단에 폭넓게 나타나는 보편적인 경향이다.[5~6]

④ 프로테스탄트와 가톨릭에 공통적인 금욕적 성격은 두 종교집단이 사회에서 소수자이든 다수자이든 동일한 경제적 행동을 하도록 추동했다.[5~6]

자신이 맞힌 문제는 ○, 헷갈리거나 찍었던 문제는 △, 틀렸던 문제는 × 표기해보세요.

01	1 회독 | 정답 ( )	02	1 회독 | 정답 ( )	03	1 회독 | 정답 ( )
	2 회독 | 정답 ( )		2 회독 | 정답 ( )		2 회독 | 정답 ( )
	3 회독 | 정답 ( )		3 회독 | 정답 ( )		3 회독 | 정답 ( )

01 다음 글의 내용과 부합하는 것은?

출처 | 2012년 민간경력자 PSAT 언어논리

POINT 1	출제자는 글의 핵심을 문제화한다.	POINT 2	구체적 사례를 포괄하는 일반적 진술이 핵심이다.	POINT 3	통념과 어긋나는 진실이 핵심이다.

¹우리는 음악을 일반적으로 감정의 예술로 이해한다. ²아름다운 선율과 화음은 듣는 사람들의 마음속으로 파고든다. ³그래서인지 음악을 수(數) 또는 수학(數學)과 연결시키기 어렵다고 생각하는 경우가 많다. ⁴하지만 음악 작품은 다양한 화성과 리듬으로 구성되고, 이들은 3도 음정, 1도 화음, 3/4 박자, 8분 음표처럼 수와 관련되어 나타난다. ⁵음악을 구성하는 원리로 수학의 원칙과 질서 등이 활용되는 것이다.

⁶고대에도 음악과 수, 음악과 수학의 관계는 음악을 설명하는 중요한 사고의 틀로 작동했다. ⁷중세 시대의 「아이소리듬 모테트」와 르네상스 시대 오케겜의 「36성부 카논」은 서양 전통 음악 장르에서 사용되는 작곡 기법도 수의 비율 관계로 설명할 수 있다는 것을 보여준다. ⁸음정과 음계는 수학적 질서를 통해 음악의 예술적 특성과 음악의 미적 가치를 효과적으로 전달했다. ⁹20세기에 들어와 음악과 수, 음악과 수학의 관계는 더욱 밀접해졌다. ¹⁰피보나치 수열을 작품의 중심 모티브로 연결한 바르톡, 건축가 르 코르뷔지에와의 공동 작업으로 건축적 비례를 음악에 연결시킨 제나키스의 현대 음악 작품들은 좋은 사례이다. ¹¹12음 기법과 총렬음악, 분석 이론의 일종인 집합론을 활용한 현대 음악 이론에서도 음악과 수, 음악과 수학의 밀접한 관계는 잘 드러난다.

정답 ②

음악의 미적 가치는 수학적 질서를 통해 드러날 수 있다.⁵⁺⁸

오답풀이

① 수학을 통해 음악을 설명하려는 경향은 현대에 생겨났다.⁶⁻⁷
③ 건축학 이론은 현대 음악의 특성을 건축설계에 반영한다.¹⁰
④ 음악은 감정의 예술이 아니라 감각의 예술로 이해해야 한다.¹⁺⁴
⑤ 수의 상징적 의미는 음악의 수학적 질서를 통해 구체화된다.⁵

다음 글의 내용과 부합하는 것은?

출처 | 2012년 민간경력자 PSAT 언어논리

POINT 1	출제자는 글의 핵심을 문제화 한다.	POINT 2	[비교대조]에서는 관계가 핵심이다.	

¹대체재와 대안재의 구별은 소비자뿐만 아니라 판매자에게도 중요하다. ²형태는 달라도 동일한 핵심 기능을 제공하는 제품이나 서비스는 각각 서로의 대체재가 될 수 있다. ³대안재는 기능과 형태는 다르나 동일한 목적을 충족하는 제품이나 서비스를 의미한다.

⁴사람들은 회계 작업을 위해 재무 소프트웨어를 구매하여 활용하거나 회계사를 고용해 처리하기도 한다. ⁵회계 작업을 수행한다는 측면에서, 형태는 다르지만 동일한 기능을 갖고 있는 두 방법 중 하나를 선택할 수 있다.

⁶이와는 달리 형태와 기능이 다르지만 같은 목적을 충족시켜주는 제품이나 서비스가 있다. ⁷여가 시간을 즐기고자 영화관 또는 카페를 선택해야 하는 상황을 보자. ⁸카페는 물리적으로 영화관과 유사하지도 않고 기능도 다르다. ⁹하지만 이런 차이에도 불구하고 사람들은 여가 시간을 보내기 위한 목적으로 영화관 또는 카페를 선택한다.

¹⁰소비자들은 구매를 결정하기 전에 대안적인 상품들을 놓고 저울질한다. ¹¹일반 소비자나 기업 구매자 모두 그러한 의사결정 과정을 갖는다. ¹²그러나 어떤 이유에서인지 우리가 파는 사람의 입장이 됐을 때는 그런 과정을 생각하지 못한다. ¹³판매자들은 고객들이 대안 산업군 전체에서 하나를 선택하게 되는 과정을 주목하지 못한다. ¹⁴반면에 대체재의 가격 변동, 상품 모델의 변화, 광고 캠페인 등에 대한 새로운 정보는 판매자들에게 매우 큰 관심거리이므로 그들의 의사결정에 중요한 역할을 한다.

지문분석

[비교대조]로 글이 전개됐습니다. 둘 사이의 관계를 서술한 **12~14**가 글의 핵심입니다.

정답 ①

판매자들은 대안재보다 대체재 관련 정보에 민감하게 반응한다.

해황쌤의 풀이 | 글의 12~14와 일치합니다. 대체제와 대안재의 관계를 잘 요약한 선지입니다.

오답풀이

② 판매자들은 소비자들의 대안재 선택 과정을 잘 이해한다.¹³
③ 재무 소프트웨어와 회계사는 서로 ~~대안재~~대체재의 관계에 있다.⁴⁻⁵
④ 소비자들은 대안재보다 대체재를 선호하는 경향이 있다.근거없음
⑤ 영화관과 카페는 서로 ~~대체재~~대안재의 관계에 있다.⁶⁻⁷

POINT 1	서술분량은 중요도에 비례한다.

[1]조선시대의 궁궐은 남쪽에서 북쪽에 걸쳐 외전(外殿), 내전(內殿), 후원(後苑)의 순서로 구성되었다. [2]공간배치상 가장 앞쪽에 배치된 외전은 왕이 의례, 외교, 연회 등 정치행사를 공식적으로 치르는 공간이며, 그 중심은 정전(正殿) 혹은 법전(法殿)이라고 부르는 건물이었다. [3]정전은 회랑(回廊)으로 둘러싸여 있는데, 그 회랑으로 둘러싸인 넓은 마당이 엄격한 의미에서 조정(朝庭)이 된다.

[4]내전은 왕과 왕비의 공식 활동과 일상적인 생활이 이루어지는 공간으로서 위치상으로 궁궐의 중앙부를 차지할 뿐만 아니라 그 기능에서도 궁궐의 핵을 이루는 곳이다. [5]그 가운데서도 왕이 일상적으로 기거하는 연거지소(燕居之所)는 왕이 가장 많은 시간을 보내는 곳이다. [6]주요 인물들을 만나 정치 현안에 대해 의견을 나누는 곳으로 실질적인 궁궐의 핵심이라 할 수 있다. [7]왕비의 기거 활동 공간인 중궁전은 중전 또는 중궁이라고도 불렸는데 궁궐 중앙부의 가장 깊숙한 곳에 위치한다. [8]동궁은 차기 왕위 계승자인 세자의 활동 공간으로 내전의 동편에 위치한다. [9]세자도 동궁이라 불리기도 하였는데, 그 이유는 다음 왕위를 이을 사람이기에 '떠오르는 해'라는 상징적 의미를 가졌기 때문이다. [10]내전과 동궁 일대는 왕, 왕비, 세자와 같은 주요 인물의 공간이다. [11]그들을 시중드는 사람들의 기거 활동 공간은 내전의 뒤편에 배치되었다. [12]이 공간은 내전의 연장으로 볼 수 있고, 뚜렷한 명칭이 따로 있지는 않았다.

[13]후원은 궁궐의 북쪽 산자락에 있는 원유(苑囿)를 가리킨다. [14]위치 때문에 북원(北苑)으로 부르거나, 아무나 들어갈 수 없는 금단의 구역이기에 금원(禁苑)이라고도 불렀다. [15]후원은 일차적으로는 휴식 공간이었다. [16]또한 부차적으로는 내농포(內農圃)라는 소규모 논을 두고 왕이 직접 농사를 체험하며 농민들에게 권농(勸農)의 모범을 보이는 실습장의 기능도 가지고 있었다.

지문분석

조선시대 궁궐의 공간배치가 남쪽에서 북쪽 방향으로 [순서나열]됐습니다. 출제자가 순서로 장난치지는 않는지 주의해야 합니다. 그리고 지문은 내전의 서술분량이 가장 많죠? 지문에서 내전을 '궁궐의 핵'이라고도 했고요. 이를 통해 내전이 핵심이고, 정답도 내전과 관련이 됐을 것으로 예측할 수 있습니다

정답 ③

궁궐 남쪽에서 공간적으로 가장 멀리 위치한 곳은 중궁전후원이다.[1+7]

해황쌤의 풀이 | 출제자는 내전을 순서와 연결 지어 부적절한 선지를 만들었습니다.

오답풀이

①은 14~16, ②는 4+6, ④는 2, ⑤는 9를 통해 적절함을 알 수 있습니다.

자신이 맞힌 문제는 ○, 헷갈리거나 찍었던 문제는 △, 틀렸던 문제는 × 표기해보세요.

01	1 회 독	정 답 ( )	02	1 회 독	정 답 ( )	03	1 회 독	정 답 ( )
	2 회 독	정 답 ( )		2 회 독	정 답 ( )		2 회 독	정 답 ( )
	3 회 독	정 답 ( )		3 회 독	정 답 ( )		3 회 독	정 답 ( )

01 다음 글에서 추론할 수 <u>없는</u> 것은?

출처 | 2012년 민간경력자 PSAT 언어논리

POINT 1	질문에 대한 답변이 핵심이다.	POINT 2	출제자는 글의 핵심을 문제화 한다.	

[1]아래 표는 각각의 물체가 1g당 가지고 있는 에너지를 표시한 것이다.

구분	1g당 에너지 (단위:kcal)	TNT에 대한 에너지 상댓값
컴퓨터 충전기	0.1	0.15
TNT	0.65	1
초코칩 과자	5	8
우라늄-235	2천만	3천만

[2]TNT(trinitrotoluene)와 초코칩 과자 모두는 원자들로 구성된다. [3]이들 원자 사이에는 힘이 작용하며 이 힘에는 에너지가 저장되어 있다. [4]이런 에너지를 화학적 에너지라고 부른다. [5]화학적 에너지는 우리에게 놀라운 사건을 보여줄 수 있다. [6]TNT의 폭발이란, 원자들 사이의 힘이 원자들을 아주 빠른 속도로 밀어내는 것이다. [7]마치 용수철을 압축했다 놓으면 용수철이 갑자기 팽창하는 것과 같다.

[8]위의 표에서 가장 놀라운 사실은 초코칩 과자에 저장된 에너지가 같은 질량의 TNT보다 8배나 많다는 것이다. [9]어떻게 이것이 가능한가? [10]왜 우리는 TNT 대신에 초코칩 과자로 건물을 날려 버릴 수 없는 것인가?

[11]파괴하는 용도로 TNT가 유용한 이유는 TNT가 아주 빠르게 에너지를 방출하기 때문이다. [12]이 과정에서 발생하는 열은 매우 고온이므로, TNT는 순식간에 기체 상태로 팽창하여 주변에 있는 물체들을 밀면서 부수어 버린다. [13]1g의 TNT가 가지고 있는 에너지를 방출하는 데 걸리는 시간은 1백만 분의 1초이다. [14]이런 갑작스런 에너지 방출은 매우 단단한 물질도 파괴할 수 있다. [15]에너지가 방출되는 빠르기를 '일률'이라 한다.

[16]초코칩 과자가 같은 질량의 TNT보다 더 많은 에너지를 갖고 있지만, 물질 대사라는 화학 과정을 거쳐서 훨씬 더 느리게 에너지를 방출한다. [17]위에서 음식물을 산으로 섞거나 장에서 효소로 섞는 소화 과정은 화학적 변화들을 필요로 한다. [18]마지막으로 소화된 산물인 포도당은 세포 내에서, 폐에서 얻어지고 혈액 세포에 의해 운반된 산소와 반응하여 에너지를 생산하는 데 쓰인다.

정답 ④

초코칩 과자를 에너지로 전환하더라도 일률이 낮아서[15~16] 그 에너지는 같은 질량의 TNT가 가진 에너지보다 적다.[8]

해황쌤의 풀이 | 초코칩 과자는 같은 질량당 에너지가 TNT보다 많음에도, 일률이 낮아서 건물을 날려 버릴 수 없습니다. 이게 질문에 대한 답변이고 글의 핵심이죠.

① 우라늄-235는 같은 질량의 초코칩 과자나 TNT보다 훨씬 많은 에너지를 갖고 있다.[1]

② 동일한 양의 에너지를 저장하는 데 필요한 질량은 컴퓨터 충전기가 TNT보다 더 크다.[1]

해황쌤의 풀이 | 0.65kcal를 저장하기 위해 TNT는 1g 필요하지만, 컴퓨터 충전기는 6.5g이 필요합니다.

③ 어떤 물체에 화학적 에너지가 많이 저장되어 있다고 해서 빠르게 방출되는 것은 아니다.[15~16]

⑤ 초코칩 과자가 물질 대사를 통해 에너지를 방출하는 데 걸리는 시간은 TNT가 에너지를 방출하는 데 걸리는 시간보다 길다.[15~16]

02 다음 글에서 알 수 있는 것은?

출처 | 2012년 민간경력자 PSAT 언어논리

POINT 1	문제에 대한 해결책이 핵심이다.	POINT 2	출제자는 글의 핵심을 문제화한다.	

[1]1937년 영국에서 거행된 조지 6세의 대관식에 귀족들은 대부분 자동차를 타고 왔다. [2]대관식에 동원된 마차는 단 세 대밖에 없었을 정도로 의례에서 마차가 차지하는 비중이 작아졌다. [3]당시 마차에 관련된 서적에서 나타나듯이, 대귀족 가문들조차 더 이상 호화로운 마차를 사용하지 않았다. [4]당시 마차들은 조각이 새겨진 황금빛 왕실 마차와 같이 순전히 의례용으로 이용되는 경우를 제외하고는 거의 사용되지 않은 채 방치되었다.

[5]제2차 세계대전 이후 전투기와 탱크와 핵폭탄이 세계를 지배하면서, 대중은 급격한 과학 기술의 발전에 두려움과 어지러움을 느끼게 되었다. [6]이런 배경에서 영국 왕실의 의례에서는 말과 마차와 검과 깃털 장식 모자의 장엄한 전통이 정치적으로 부활했다. [7]1953년 엘리자베스 2세의 대관식은 전통적인 방식으로 성대하게 치러졌다. [8]대관식에 참여한 모든 외국 왕족과 국가 원수를 마차에 태웠고, 이때 부족한 일곱 대의 마차를 한 영화사에서 추가로 임대할 정도였다.

[9]왕실의 고풍스러운 의례가 전파로 송출되기 시작하면서, 급변하는 사회를 혼란스러워 하던 대중은 전통적 왕실 의례에서 위안을 찾았다. [10]국민의 환호와 열광 속에 화려한 마차를 타고 개선로를 통과하는 군주에게는 어수선한 시대의 안정적 구심점이라는 이미지가 부여되었다. [11]군주는 전후 경제적 피폐와 정치적 혼란의 양상을 수습하고 국가의 질서를 재건하는 상징적 존재로 부상하였다.

정답 ⑤

제2차 세계대전 이후 전통적 영국 왕실 의례의 부활은 대중들에게 위안과 안정을 주는 역할을 하였다.

해황쌤의 풀이 | 5+6+9를 통해 적절함을 알 수 있습니다.

① 1953년 영국 왕실의 의전 행사 방식은 1937년의 그것과 같았다.[1+7]

② 영국 왕실 의례는 영국의 지역 간 통합에 순기능으로 작동했다.[알 수 없음]

③ 영화는 영국 왕실 의례가 대중에 미치는 영향력을 잘 보여주었다.[알 수 없음]

④ 시대의 변화에 따라 영국 왕실 의례의 장엄함과 섬세함은 왕실 외부로 알려지지 않게 되었다.[9]

03 다음 글의 내용과 부합하지 <u>않는</u> 것은?

출처 | 2013년 민간경력자 PSAT 언어논리

POINT 1	출제자는 글의 핵심을 문제화한다.	POINT 2	질문에 대한 답변이 핵심이다.	POINT 3	[비교대조]는 구분지어가며 읽어라.

[1]컴퓨터 매체에 의존한 전자 심의가 민주정치의 발전을 가져올 수 있을까? [2]이 질문에 답하는 데 도움이 될 만한 실험들이 있었다. [3]한 실험에 따르면, 전자 심의에서는 시각적 커뮤니케이션이 없었지만 토론이 지루해지지 않았고 오히려 대면 심의에서는 드러나지 않았던 내밀한 내용들이 쉽게 표출되었다. [4]이것으로 미루어 보건대, 인터넷은 소극적이고 내성적인 사람들이 자신의 의견을 적극 표출하도록 만들 수 있다는 장점이 있다. [5]하지만 다른 실험은 대면 심의 집단이 질적 판단을 요하는 복합적 문제를 다루는 경우 전자 심의 집단보다 우월하다는 결과를 보여주었다.

[6]이런 관점에서 보면 전자 심의는 소극적인 시민들의 생활에 숨어있는 다양한 의견들을 표출하기에 적합하며, 대면 심의는 책임감을 요하는 정치적 영역의 심의에 더 적합하다고 볼 수 있다. [7]정치적 영역의 심의는 복합적 성격의 쟁점, 도덕적 갈등 상황, 그리고 최종 판단의 타당성 여부가 불확실한 문제들과 깊이 관련되어 있기 때문이다. [8]어려운 정치적 결정일수록 참여자들 사이에 타협과 협상을 필요로 하는데, 그 타협은 일정 수준의 신뢰 등 '사회적 자본'이 확보되어 있을 때 용이해진다. [9]정치적 사안을 심의하려면 토론자들이 서로 간에 신뢰하고 있을 뿐 아니라 심의 결과에 대해 책임의식을 느끼고 있어야 하고, 이런 바탕 위에서만 이성적 심의나 분별력 있는 심의가 가능하다. [10]하지만 이것은 인터넷 공간에서는 확보되기 어려운 점으로 보인다.

[질문답변]+[비교대조]로 글이 전개됐습니다. 전자 심의는 민주주의 발전을 가져오기 어렵다는 거죠? 그 이유는 결국 신뢰, 책임의식을 확보하기 어렵기 때문이고요. ①은 이를 왜곡했으므로 적절하지 않습니다. 결국 1의 질문에 대한 부정적 답변, 그리고 그 이유를 제시하는 것으로 볼 수 있습니다.

정답 ①

A 인터넷을 통한 전자 심의는 내밀한 내용이 표출된다는 점에서 신뢰를 증진시킬 수 있다.

② 질적 판단을 요하는 복합적 문제를 다루는 데에는 대면 심의 집단이 우월한 경우가 있다.[5]

③ 인터넷은 소극적이고 내성적인 사람들이 자신의 의견을 표출하도록 만들 수 있다는 장점이 있다.[4]

④ 정치적 사안을 심의하려면 토론자들이 서로 신뢰하고 심의 결과에 대해 책임의식을 느껴야 한다.[9]

⑤ 불확실성이 개입된 복합적 문제에 대한 정치적 결정에서는 참여자들 사이에 타협과 협상이 필요하다.[8]

정답 CHECK 자신이 맞힌 문제는 ○, 헷갈리거나 찍었던 문제는 △, 틀렸던 문제는 ✕ 표기해보세요.

01	1 회독 ㅣ 정 답 ( )	02	1 회독 ㅣ 정 답 ( )	03	1 회독 ㅣ 정 답 ( )
	2 회독 ㅣ 정 답 ( )		2 회독 ㅣ 정 답 ( )		2 회독 ㅣ 정 답 ( )
	3 회독 ㅣ 정 답 ( )		3 회독 ㅣ 정 답 ( )		3 회독 ㅣ 정 답 ( )

01 다음 글에서 추론할 수 있는 것은?

출처 | 2013년 민간경력자 PSAT 언어논리

POINT 1	출제자는 글의 핵심을 문제화한다.	POINT 2	학자가 [나열열거]되면 구분 지어가며 읽어라.	POINT 3	일반적 진술(의의, 가치평가)에 주목하라.

¹원래 '문명'은 진보 사관을 지닌 18세기 프랑스 계몽주의자들이 착안한 개념으로, 무엇보다 야만성이나 미개성에 대비된 것이었다. ²그러나 독일 낭만주의자들은 '문화'를 민족의 혼이나 정신적 특성으로 규정하면서, 문명을 물질적인 것에 국한시키고 비하했다. ³또한 문화는 상류층의 고상한 취향이나 스타일 혹은 에티켓 등 지식인층의 교양을 뜻하기도 했다. ⁴아놀드를 포함해서 빅토리아 시대의 지성인들은 대체로 이런 구분을 받아들였다. ⁵그래서 문명이 외적이며 물질적인 것이라면, 문화는 내적이며 정신과 영혼의 차원에 속하는 것이었다. ⁶따라서 문명이 곧 문화를 동반하는 것은 아니었다. ⁷아놀드는 그 당시 산업혁명이 진행 중인 도시의 하층민과 그들의 저급한 삶을 비판적으로 바라보았다. ⁸이를 치유하기 위해 그는 문화라는 해결책을 제시하였다. ⁹그에 따르면 문화는 인간다운 능력의 배양에서 비롯되는 것이다.

¹⁰한편 19세기 인문주의자들은 문화라는 어휘를 광범위한 의미에서 동물과 대비하여 인간이 후천적으로 습득한 지식이나 삶의 양식을 총체적으로 지칭하는 데 사용하였다. ¹¹인류학의 토대를 마련한 타일러도 기본적으로 이를 계승하였다. ¹²그는 문화를 "인간이 사회 집단의 구성원으로서 습득한 지식, 믿음, 기술, 도덕, 법, 관습 그리고 그 밖의 능력이나 습관으로 구성된 복합체"라고 정의하였다. ¹³그는 독일 낭만주의자들의 문화와 문명에 대한 개념적 구분을 배격하고, 18세기 프랑스 계몽주의자들이 야만성이나 미개성과 대비하기 위해 착안한 문명이라는 개념을 받아들였다. ¹⁴즉 문화와 문명이 별개의 것이 아니라, 문명은 단지 문화가 발전된 단계로 본 것이다. ¹⁵이것은 아놀드가 가졌던 문화에 대한 규범적 시각에서 탈피하여 원시적이든 문명적이든 차별을 두지 않고 문화의 보편적 실체를 확립했다는 점에서 의의가 있다.

정답 ②
타일러의 시각에 따르면 원시적이고 야만적인 사회에서도 문화는 (보편적으로) 존재한다.
해황쌤의 풀이 | '타일러'의 견해에 대한 서술이 2문단의 핵심이므로, 이를 잘 이해했는지 묻는 선지입니다.

① 독일 낭만주의자들의 시각에 따르면 문명은 문화가 발전된 단계이다.[13~14]

해황쌤의 풀이 | '19세기 인문주의자들', 즉 '타일러'가 문명은 문화가 발전된 단계라고 보았습니다.

③ 프랑스 계몽주의자들의 시각에 따르면 문화와 문명은 본질적으로 다른 것이다.[14]

해황쌤의 풀이 | '독일 낭만주의자들'과 '아놀드를 포함한 빅토리아 시대의 지성인들'이 문화와 문명을 구분하며 받아들였습니다.

④ 아놀드의 시각에 따르면 문화의 다양성은 집단이 발전해 온 단계가 다른 데서 비롯된다.[9]

해황쌤의 풀이 | '문화의 다양성'은 언급된 적 없습니다.

⑤ 타일러의 시각에 따르면 문명은 고귀한 정신적 측면이 강조된다는 점에서 보편적 실체라고 할 수 없다.

해황쌤의 풀이 | 아무말 대잔치입니다.

02 다음 글에서 알 수 있는 것은?

출처 | 2013년 민간경력자 PSAT 언어논리

POINT 1	큰 흐름만 알아도 정답을 찾을 수 있다.	

[1]조선의 수령은 그가 다스리는 군현의 행정권과 사법권을 독점하는 존재로서 막강한 권력을 행사하였다. [2]수령은 범죄의 유형이나 정도에 상관없이 태형 50대 이하의 처벌은 언제나 실행할 수 있고 경우에 따라서는 최고 형벌인 사형도 내릴 수 있는 사법권을 가지고 있었다.

[3]수령이 사법권을 행사할 때에는 법전의 규정에 따라 신중하게 실행할 것이 요구되었다. [4]하지만 이러한 원칙은 어디까지나 법전 속 문구에 지나지 않았다. [5]실제로 수령 중에는 죄인을 마음대로 처벌하는 남형(濫刑)이나 법규 이상으로 혹독하게 처벌하는 혹형(酷刑), 죄인을 함부로 죽이는 남살(濫殺)을 행사하는 이들이 많았다. [6]예를 들어 고령현감에 재직 중이던 김수묵은 자신을 모함했다는 이유로 향리 이진신을 비롯한 가족 3명을 잔혹하게 곤장으로 쳐 죽였다. [7]그는 그들의 숨이 끊어질 때까지 형벌을 가했지만 어떤 문책도 당하지 않았다. [8]오히려 해이해진 기강을 단속하여 백성을 잘 다스린다는 평가를 받는 수령들은 남형이나 혹형, 남살을 일삼는 경우가 많았다.

[9]그런데 수령의 남형이나 혹형, 남살보다 더 큰 문제는 하급 관속이 백성들에게 사적인 형벌을 마구 휘둘렀던 데 있었다. [10]특히 도적 체포와 치안 유지를 위해 백성들과 직접 접촉을 했던 포교, 포졸, 관교 등의 비리나 폭력이 심각하였다. [11]범죄자를 잡는다거나 치안을 유지한다는 명목으로 이들이 죄 없는 백성들에 대해 자행한 불법적인 폭력은 수령의 과도한 사법권 행사와 함께 사회 불안을 조장하는 주요 요소였다.

글에는 수령, 하급 관속의 과도한 형벌남용이 [나열열거]됐습니다. ①은 부적절한 비교인 동시에, 쓸데없이 지엽적인 정보를 묻고 있습니다. ②, ⑤는 문제점이 아니고, ④의 '법전에 규정된 수령의 사법권'은 과도한 형벌남용과 무관합니다. 반면 ③은 형벌남용하는 수령이 유능한 평가를 받았다는 거니 문제점이죠? 큰 흐름만 알아도 ③만이 적절함을 알 수 있습니다.

남형, 혹형, 남살을 일삼는 수령들이 유능하다는 평가를 받기도 하였다.[8]

① 포교의 비리보다 포졸의 비리가 더 많았다. ^{알 수 없음}
② 법적으로 허용된 수령의 처벌권은 50대 이하의 태형에 국한되었다.[2]
④ 법전에 규정된 수령의 사법권과 ¹¹도한 사법권 행사는 사회 불안을 조장하는 주요 요소였다.
⑤ 백성에게 비리와 폭력을 일삼는 하급 관속들은 법규에 따라 처벌되었다. ^{알 수 없음}

03 다음 글에서 알 수 없는 것은?

출처 | 2013년 민간경력자 PSAT 언어논리

POINT 1	'(반드시) ~해야(만) 한다', '필요하다', '요구된다' 같은 논리적 필요조건에 주목하라.

[1]공영(公營)방송은 세 번의 위기를 겪었다. [2]첫 번째는 사영(私營)방송의 등장이었다. [3]서유럽에서 방송은 1920년대 탄생 초기부터 공영으로 운영되는 것이 일반적이었는데 1950년대 이후 사영방송이라는 경쟁자가 나타나게 된 것이다. [4]그러나 이러한 사영방송의 등장은 공영방송에 '위협'이 되었을 뿐, 진정한 '위기'를 불러오지는 않았다. [5]경제적으로 꾸준히 발전하던 이 시기에 공영방송은 사영방송과 함께 시장을 장악했다.

[6]두 번째 위기는 케이블 TV 등 다채널 방송의 등장이었다. [7]서구에서는 1980년대, 한국에서는 1990년대 후반에 시작한 다채널 서비스의 등장은 공영방송의 존재에 큰 회의를 품게 하였다. [8]다채널 방송은 공영방송이 제공해 온 차별적인 장르들, 즉 뉴스, 다큐멘터리, 어린이 프로그램들을 훨씬 더 전문적인 내용으로, 더 많은 시간 동안 제공하게 되었다. [9]공영방송은 양질의 프로그램 제작을 위해 상대적으로 더 많은 재원을 필요로 하게 되었고, 이를 위해 수신료 인상이 필요했지만, 시청자들은 이에 동의하지 않았다. [10]그러나 이러한 위기에도 불구하고 공영방송은 어느 정도의 시청률을 유지한 채 주류방송으로서의 지위를 굳건히 지켜냈다.

[11]최근 들어 디지털 융합형 미디어의 발전이라는 세 번째 위기가 시작되었다. [12]이는 채널 재송 경쟁자가 늘어나는 것이 아니라 수용자의 미디어 소비 패턴 자체를 바꾸는 변화이기 때문에 훨씬 더 위협적이다. [13]디지털 미디어에 익숙한 젊은 시청자들은 채널을 통해 제공하는 일방향 서비스에 의존적이지 않다. [14]개별 국가의 정체성 형성을 담당하던 공영방송은 유튜브와 팟캐스트 등 국경을 넘나드는 새로운 플랫폼에 속수무책인 상황에 처하게 되었다.

다채널②방송으로 경쟁 환경이 조성되면서 시청자들이 양질의 공영방송 프로그램을 즐기게 되었다.⁹

해황쌤의 풀이 | 글 전체가 공영방송의 위기에 대한 내용이고, 다채널 방송은 두 번째 위기입니다. 글의 큰 흐름만 파악했어도 정답을 바로 파악할 수 있죠? 세부적으로 살펴봐도, 공영방송은 [양질프로그램 → 수신료 인상]을 필요로 했지만 시청자들은 이에 동의하지 않았으므로 [~수신료 인상] **후건부정**을 통해 [~양질프로그램], 즉 공영방송이 양질의 프로그램을 제작하지 못했음을 추론할 수 있습니다.

이때, 후건부정이란 'A^{전건}이면 B^{후건, 필요조건}이다. B는 거짓이다. 따라서 A는 거짓이다.'꼴의 추론을 말합니다.

①은 **13**, ②는 **14**, ③은 **8**, ④는 **10**을 통해 알 수 있습니다.

정답 CHECK 자신이 맞힌 문제는 ○, 헷갈리거나 찍었던 문제는 △, 틀렸던 문제는 × 표기해보세요.

01	1 회 독 | 정답 ( )	**02**	1 회 독 | 정답 ( )	**03**	1 회 독 | 정답 ( )
	2 회 독 | 정답 ( )		2 회 독 | 정답 ( )		2 회 독 | 정답 ( )
	3 회 독 | 정답 ( )		3 회 독 | 정답 ( )		3 회 독 | 정답 ( )

01 다음 글의 내용과 부합하지 <u>않는</u> 것은?

출처 | 2013년 민간경력자 PSAT 언어논리

POINT 1	질문에 대한 답변이 핵심이다.	POINT 2	출제자는 글의 핵심을 문제화 한다.	

[1] 2007년부터 시작되어 역사상 유례없는 전 세계의 동시 불황을 촉발시킨 금융 위기로 신자유주의의 권위는 흔들리기 시작했고, 향후 하나의 사조로서 신자유주의는 더 이상 주류적 지위를 유지하지 못하고 퇴조해갈 것이 거의 확실하다. [2] 경제 정책으로서의 신자유주의 역시 앞으로 대부분의 국가에서 예전과 같은 지지를 받기는 어려울 것이다.

[3] 세계 각국은 금융 위기로부터의 탈출과 함께 조속한 경기 회복을 위한 대책을 강구하는 데 총력을 기울일 것이다. [4] 이 과정에서 기존의 경제 시스템을 각국의 실정에 부합하도록 전환하기 위한 다양한 모색도 활발해질 것으로 보인다. [5] 국가별로 내부 시스템의 전환을 위한 모색이 방향을 잡아감에 따라 새로운 국제 경제 질서에 대한 논의도 동시에 진행될 것이다.

[6] 그렇다면 각국은 내부 경제 시스템의 전환과 위기 탈출을 위해 어떤 선택을 할 수 있을까? [7] 물론 모든 문제를 해결하는 보편적 해법은 없다. [8-1] 변형된 신자유주의부터 1929년 대공황 이후 약 40년간 세계 경제를 지배했던 케인즈주의, [8-2] 신자유주의의 이식 정도가 낮아서 금융 위기의 충격을 덜 받고 있는 북유럽 모델, [8-3] 그리고 남미에서 실험되고 있는 21세기 사회주의까지 대단히 <u>폭넓은 선택지를 두고</u> 생존을 위한 실험이 시작될 것이다.

[9] 그렇다면 우리나라는 신자유주의 이후의 모델을 어디서부터 모색할 것인가? [10] 해답은 고전적 문헌 속이나 기상천외한 이론에 있지 않다. [11] 경제는 오늘과 내일을 살아가는 수많은 사람들의 삶의 틀을 규정하는 문제이기 때문이다. [12] 새로운 모색은 현재 벌어지고 있는 세계적 금융 위기의 현실과 경제 침체가 고용대란으로 이어질 가능성마저 보이고 있는 <u>우리 경제의 현실</u>에서 이루어져야 한다.

정답 ④
각국은 경제 위기를 극복하기 위해 새로운 단일 경제체제를 공동 개발하는 방안을 활발히 논의하고 있다.

해황쌤의 풀이 | 3~4에 비춰봐도 적절하지 않고, 질문에 대한 답변인 7에 정면으로 배치됩니다.

오답풀이
①은 1, ②는 12, ③은 8-2, ⑤는 5를 통해 알 수 있습니다.

02 다음 글에서 추론할 수 있는 것만을 [보기]에서 모두 고르면?

POINT 1	[나열열거]되면 구분지어 가며 읽어라.

[1] 하나의 세포가 표적세포로 신호를 전달하는 방법에는 여러 종류가 있다. [2] 이 중 직접 결합 방법은 세포가 표적세포와 직접 결합하여 신호를 전달하는 방법이다. [3] 또한 측분비 방법은 세포가 신호 전달 물질을 분비하여 근접한 거리에 있는 표적세포에 신호를 전달하는 방법이다. [4] 그리고 내분비 방법은 세포가 신호 전달 물질의 일종인 호르몬을 분비하여 이 물질이 순환계를 통해 비교적 먼 거리를 이동한 후 표적세포에 신호를 전달하는 방법이다.

[5] 동물의 면역세포에서 분비되는 신호 전달 물질은 세포 사이에 존재하는 공간을 통해 확산되어 근거리에 위치한 표적세포에 작용한다. [6] 특정 면역세포가 히스타민을 분비하여 알레르기 반응을 일으키는 것이 대표적인 예이다. [7] 신경세포 사이의 신호 전달은 신경세포에서 분비되는 신경전달물질에 의해 일어난다. [8] 신경전달물질은 세포 사이에 존재하는 공간을 통해 확산되어 근거리에 있는 표적세포에 작용한다.

[9] 내분비샘 세포에서 분비된 호르몬은 모세혈관으로 확산되어 혈액을 따라 이동하고 표적세포의 근처에 도달했을 때 혈관으로부터 빠져나와 표적세포에 작용한다. [10] 따라서 표적세포에서 반응을 일으키는 데 걸리는 시간은 호르몬이 신경전달물질보다 더 오래 걸린다.

지문분석

'세포가 표적세포로 신호를 전달하는 방법'이 [나열열거]됐습니다. **10은 관계니까 글의 핵심!**

정답 ①

㉠ 신경전달물질에 의한 신호 전달은 측분비 방법을 통해 이루어진다.[3+7]

해황쌤의 풀이 | 실전에서는 7을 읽을 때가 되어서야 3과 연결지어 추론할 수 있습니다.

오답풀이

㉡ 내분비 방법이 측분비 방법보다 표적세포에서 더 빠른 반응을 일으킨다.[10]

해황쌤의 풀이 | 핵심인 관계를 왜곡했습니다.

㉢ 하나의 세포가 표적세포로 신호를 전달하기 위해서는 신호 전달 물질의 분비가 필수적이다.[2]

해황쌤의 풀이 | 측분비 방법과 내분비 방법에서는 신호 전달 물질의 분비가 필수적이지만, 직접 결합 방법에서는 불필요합니다.

03 다음 글에서 알 수 있는 것만을 [보기]에서 모두 고르면?

출처 | 2013년 민간경력자 PSAT 언어논리

POINT 1	[비교대조]되면 구분지어가며 읽어라.

¹영국의 식민지였던 시기의 미국 남부와 북부 지역에서는 사회 형성과 관련하여 전혀 다른 상황이 전개되었다. ²가난한 형편을 면하기 위해 남부로 이주한 영국 이주민들은 행실이 방정하지 못하고 교육도 받지 못한 하층민이었다. ³이들 중에는 황금에 눈이 먼 모험가와 투기꾼 기질이 강한 사람들도 있었다. ⁴반면에 뉴잉글랜드 해안에 정착한 북부 이주민들은 모두 영국에서 경제적으로 여유 있던 사람들로서, 새 보금자리인 아메리카에서 빈부귀천의 차이가 없는 특이한 사회 유형을 만들어냈다. ⁵적은 인구에도 불구하고 그들은 거의 예외 없이 훌륭한 교육을 받았으며, 상당수는 뛰어난 재능과 업적으로 유럽 대륙에도 이미 널리 알려져 있었다.

⁶북부 이주민들을 아메리카로 이끈 것은 순수한 종교적 신념과 새로운 사회에 대한 열망이었다. ⁷그들은 청교도라는 별칭을 가진 교파에 속한 이들로, 스스로를 '순례자'로 칭했을 만큼 엄격한 규율을 지켰다. ⁸이들의 종교적 교리는 민주공화이론과 일치했다. ⁹뉴잉글랜드의 이주자들이 가족을 데리고 황량한 해안에 상륙하자마자 맨 먼저 한 일은 자치를 위한 사회 규약을 만드는 일이었다. ¹⁰유럽인들이 전제적인 신분질서에 얽매여 있는 동안, 뉴잉글랜드에서는 평등한 공동사회가 점점 모습을 드러냈다. ¹¹반면에 남부 이주민들은 부양가족이 없는 모험가들로서 기존의 사회 체계를 기반으로 자신들의 사회를 건설하였다.

정답 ③

㉠ 북부 이주민은 종교 규율과 사회 규약을 중시했다.[7+9]

㉡ 남·북부 이주민 사이에 이주 목적의 차이가 있었다.[1+2+6]

해황쌤의 풀이 | ㉡은 글 전체를 아우르는 핵심입니다!

오답풀이

㉢ 북부 이주민은 남부 이주민보다 영국의 사회 체계를 유지하려는 성향[6+10]이 강했다.

01 다음 글을 통해 알 수 있는 소크라테스의 견해가 <u>아닌</u> 것은?

출처 | 2013년 민간경력자 PSAT 언어논리

POINT 1	질문에 대한 답변이 핵심이다.	POINT 2	출제자는 글의 핵심을 문제화 한다.	POINT 3	[비교대조]되면 구분지어가며 읽어라.

소크라테스: ¹그림에다 적합한 색과 형태들을 모두 배정할 수도 있고, 어떤 것들은 빼고 어떤 것들은 덧붙일 수도 있는 것이네. ²그런데 적합한 색이나 형태들을 모두 배정하는 사람은 좋은 그림과 상(像)을 만들어내지만, 덧붙이거나 빼는 사람은 그림과 상을 만들어내기는 하나 나쁜 것을 만들어내는 것이겠지?

크라튈로스: ³그렇습니다.

소크라테스: ⁴같은 이치에 따라서 적합한 음절이나 자모를 모두 배정한다면 이름이 훌륭하겠지만, 조금이라도 빼거나 덧붙인다면 훌륭하지는 않겠지?

크라튈로스: ⁵하지만 음절과 자모를 이름에 배정할 때 우리가 어떤 자모를 빼거나 덧붙인다면, 우리는 이름을 쓰기는 했지만 틀리게 쓴 것이 아니고 아예 쓰지 못한 것입니다.

소크라테스: ⁶그런 식으로 보아서는 우리가 제대로 살펴보지 못한 것이네.

크라튈로스: ⁷왜 그렇죠?

소크라테스: ⁸ 수(數) 의 경우에는 자네 말이 적용되는 것 같네. ⁹모든 수는 자신과 같거나 자신과 다른 수일 수밖에 없으니까. ¹⁰이를테면 10에서 어떤 수를 빼거나 더하면 곧바로 다른 수가 되어 버리지. ¹¹그러나 이것은 상 일반에 적용되는 이치는 아니네. ¹²오히려 정반대로 상은, 그것이 상이려면, 상이 묘사하는 대상의 성질 모두를 상에 배정해서는 결코 안 되네. ¹³예컨대 어떤 신이 자네가 가진 모든 것의 복제를 자네 곁에 놓는다고 해보세. ¹⁴어때 크라튈로스와 크라튈로스의 상이 있는 것일까, 아니면 두 크라튈로스가 있는 것일까?

크라튈로스: ¹⁵제가 보기에는 두 크라튈로스가 있을 것 같습니다.

소크라테스: ¹⁶그렇다면 상이나 이름에 대해서는 다른 종류의 이치를 찾아야 하며, 무엇이 빠지거나 더해지면 더 이상 상이 아니라고 해서는 안 된다는 것을 알겠지? ¹⁷상은 상이 묘사하는 대상과 똑같은 성질을 갖지 못한다는 것을 깨닫지 않았나?

지문분석

발문에 따라 소크라테스의 견해(답변)이 중요합니다.

정답 ④

이름에 자모를 더하거나 빼는 것과 수 에 수를 더하거나 빼는 것은 같은 다른¹⁶ 이치를 따른다.

해황쌤의 풀이 | 16에 따라 거짓입니다. 소크라테스는 "상이나 이름에 대해서는 (수의 경우와는) 다른 종류의 이치를 찾아야"¹⁶ 한다고 했습니다. 즉, 상과 이름은 같은 종류의 이치를 따르지만, 수는 이들과 다른 종류의 이치를 따른다는 거죠.

①은 **13+14+17**, ②, ③, ⑤는 **16**에 따라 적절합니다.

해황쌤의 풀이 | 참고로 ②를 거짓이라고 여기는 것은 크라튈로스의 견해[5]입니다.

02 다음 글의 내용과 부합하는 것은?

출처 | 2014년 민간경력자 PSAT 언어논리

POINT 1	'언제나', '항상', '모든(모두)', '만^{only}' 같은 강조 표현에 주목한다.	

[1]화랑도는 군사력 강화와 인재 양성을 위해 신라 진흥왕대에 공식화되었다. [2]화랑도는 신라가 삼국을 통일하기까지 국가가 필요로 하는 많은 인재를 배출하였다. [3]화랑도 내에는 여러 무리가 있었는데 각 무리는 화랑 한 명과 자문 역할의 승려 한 명 그리고 진골 이하 평민에 이르는 천 명 가까운 낭도들로 이루어졌다. [4]화랑은 이 무리의 중심인물로 진골 귀족 가운데 낭도의 추대를 받아 선발되었다. [5]낭도들은 자발적으로 화랑도에 가입하였으며 연령은 대체로 15세에서 18세까지였다. [6]수련 기간 동안 무예는 물론 춤과 음악을 익혔고, 산천 유람을 통해 심신을 단련하였다. [7]수련 중인 낭도들은 유사시에 군사 작전에 동원되기도 하였고, 수련을 마친 낭도들은 정규 부대에 편입되어 정식 군인이 되었다.

[8]화랑도는 불교의 미륵 신앙과 결부되어 있었다. [9]진골 출신만이 될 수 있었던 화랑은 도솔천에서 내려온 미륵으로 여겨졌고 그 집단 자체가 미륵을 숭상하는 무리로 일컬어졌다. [10]화랑 김유신이 거느린 무리를 당시 사람들은 '용화향도'라고 불렀다. [11]용화라는 이름은 미륵이 인간세계에 내려와 용화수 아래에서 설법을 한다는 말에서 유래했으며, 향도는 불교 신앙 단체를 가리키는 말이다.

[12]화랑도가 크게 활동하던 시기는 골품제라는 신분제도가 확립되고 확산되어 가던 시기였는데 화랑도는 신분 계층 사회에서 발생하기 쉬운 알력이나 갈등을 조정하는 데도 부분적으로 기여하였다. [13]이는 화랑도가 여러 신분 계층으로 구성되어 있으면서도 그 집단 자체가 하나의 목적과 가치를 공유하여 구성원 상호 간의 결속이 긴밀하게 이루어졌기 때문이다.

정답 ③

미륵이라고 간주되는 화랑은 여러 명이 있었다.[3+9]

해황쌤의 풀이 | 화랑도 내에 여러 무리가 있고, 각 무리의 화랑은 미륵으로 여겨졌으니 선지는 참입니다. 필요조건을 문제화했습니다.

① 평민도 화랑이 될 수 있었다.[9]

해황쌤의 풀이 | 필요조건을 문제화했습니다. 'A만이 B일 수 있다'는 'A가 아니면 B일 수 없다'와 뜻이 같습니다.

② 화랑도의 ~~본래 이름은~~ 용화향도였다.[10]

해황쌤의 풀이 | 용화향도는 김유신이 거느런 무리를 가리키는 말입니다.

④ 낭도는 화랑의 추천을 거쳐자발적으로 화랑도에 가입하였다.[4~5]

해황쌤의 풀이 | 낭도는 자발적으로 화랑도에 가입했고, 화랑은 낭도의 추대를 받아 선발됩니다.

⑤ 화랑도는 신라의 신분제도를 해체유지하는 데 기여하였다.[12~13]

해황쌤의 풀이 | 화랑도는 신분제도의 갈등을 조정하여, 오히려 신분제도가 유지되는 데 기여했다고 볼 수 있습니다.

03 다음 글의 내용과 부합하는 것은?

출처 | 2014년 민간경력자 PSAT 언어논리

POINT 1	구성요소가 셋 이상 나열되면, 구조도를 그리며 읽어라.	POINT 2	둘 사이의 관계, 특히 공통점에 주목한다.

[1]금군이란 왕과 왕실 및 궁궐을 호위하는 임무를 띤 특수부대였다. [2]금군의 임무는 크게 국왕의 신변을 보호하는 시위 임무와 왕실 및 궁궐을 지키는 입직 임무로 나누어지는데, 시위의 경우 시립, 배종, 의장의 임무로 세분된다. [3]시립은 궁내의 행사 때 국왕의 곁에 서서 국왕의 신변을 보호하는 것이고, 배종은 어가가 움직일 때 호위하는 것이며, 의장은 왕이 참석하는 중요한 의식에서 병장기와 의복을 갖추고 격식대로 행동하는 것을 말한다.

[4]조선 전기에 금군은 내금위, 겸사복, 우림위의 세 부대로 구성되었다. [5]이들 세 부대를 합하여 금군삼청이라 하였으며 왕의 친병으로 가장 좋은 대우를 받았다. [6]내금위는 1407년에 조직되었다. [7]190명의 인원으로 편성하였는데 왕의 가장 가까이에서 임무를 수행하였으므로 무예는 물론 왕의 신임이 중요한 선발 기준이었다. [8]이들은 주로 양반 자제들로 편성되었으며, 금군 중에서 가장 우대를 받았다. [9]1409년에는 50인으로 구성된 겸사복이 만들어졌는데, 금군 중 최고 정예 부대였다. [10]서얼과 양민에 이르기까지 두루 선발되었고 특별히 함경도, 평안도 지역 출신이 우대되었다. [11]겸사복은 기병이 중심이며 시립과 배종을 주로 담당하였다. [12]우림위는 1492년에 궁성 수비를 목적으로 서얼 출신 50인으로 편성되었다. [13]내금위와 겸사복의 다수가 변방으로 파견되자 이를 보충하기 위한 목적과 함께 서얼 출신의 관직 진출을 열어 주기 위한 목적도 가지고 있었다. [14]이들은 겸사복이나 내금위보다는 낮은 대우를 받았다. [15]하지만 중앙군 소속의 갑사보다는 높은 대우를 받았다.

지문분석

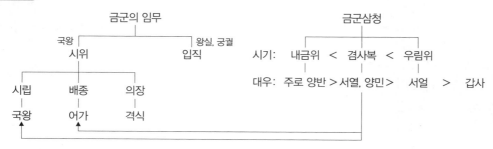

정답 ⑤

어가 호위는 겸사복의 주요 임무 중 하나였다.[11+3]

해황쌤의 풀이 | 겸사복은 시립과 배종을 주로 담당했고, 배종이 어가 호위이므로 적절합니다. 이 선지는 1문단과 2문단을 함께 읽어야만 판단할 수 있다는 데 주의하세요.

오답풀이

① 양민은 원칙상 금군이 될 수 없었다.[10]

해황쌤의 풀이 | 양민은 금군 중 겸사복으로 선발될 수 있었습니다.

② 갑사는 금군보다 ~~높은~~낮은 대우를 받았다.[14~15]

해황쌤의 풀이 | 갑사는 금군 중 가장 대우가 낮은 우림위보다 낮은 대우를 받았습니다.

③ 우림위가 겸사복보다 ~~먼저~~나중에 만들어졌다.[9+12]

④ 내금위~~겸사복~~ 병사들의 무예가 가장 뛰어났다.[9]

해황쌤의 풀이 | 겸사복이 금군 중 최고 정예 부대이므로, 겸사복 병사들의 무예가 가장 뛰어났다고 말해야 합니다.

정답 CHECK	자신이 맞힌 문제는 ○, 헷갈리거나 찍었던 문제는 △, 틀렸던 문제는 × 표기해보세요.				
01	1 회 독ㅣ 정 답 ( )	**02**	1 회 독ㅣ 정 답 ( )	**03**	1 회 독ㅣ 정 답 ( )
	2 회 독ㅣ 정 답 ( )		2 회 독ㅣ 정 답 ( )		2 회 독ㅣ 정 답 ( )
	3 회 독ㅣ 정 답 ( )		3 회 독ㅣ 정 답 ( )		3 회 독ㅣ 정 답 ( )

01 다음 글에서 알 수 있는 것은?

출처 | 2014년 민간경력자 PSAT 언어논리

| POINT 1 | 구체적 사례를 포괄하는 일반적 진술이 핵심이다. | POINT 2 | 출제자는 글의 핵심을 문제화 한다. | |

> ¹소설과 영화는 둘 다 '이야기를 전달'해 주는 예술 양식이다. ²그래서 역사적으로 소설과 영화는 매우 가까운 관계였다. ³초기 영화들은 소설에서 이야기의 소재를 많이 차용했으며, 원작 소설을 각색하여 영화의 시나리오로 만들었다.
> ⁴하지만 소설과 영화는 인물, 배경, 사건과 같은 이야기 구성 요소들을 공유하고 있다 하더라도 이야기를 전달하는 방법에 뚜렷한 차이를 보인다. ⁵예컨대 어떤 인물의 내면 의식을 드러낼 때 소설은 문자 언어를 통해 표현하지만, 영화는 인물의 대사나 화면 밖의 목소리를 통해 전달하거나 혹은 연기자의 표정이나 행위를 통해 암시적으로 표현한다. ⁶또한 소설과 영화의 중개자는 각각 서술자와 카메라이기에 그로 인한 서술 방식의 차이도 크다. ⁷가령 1인칭 시점의 원작 소설과 이를 각색한 영화를 비교해 보면, 소설의 서술자 '나'의 경우 영화에서는 화면에 인물로 등장해야 하므로 이들의 서술 방식은 달라진다.
> ⁸이처럼 원작 소설과 각색 영화 사이에는 이야기가 전달되는 방식에서 큰 차이가 발생한다. ⁹소설은 시공간의 얽매임을 받지 않고 풍부한 재현이나 표현의 수단을 가지고 있지만, 영화는 모든 것을 직접적인 감각성에 의존한 영상과 음향으로 표현해야 하기 때문에 재현이 어려운 심리적 갈등이나 내면 묘사, 내적 독백 등을 소설과 다른 방식으로 나타내야 하는 것이다. ¹⁰요컨대 소설과 영화는 상호 유사한 성격을 지니고 있으면서도 각자 독자적인 예술 양식으로서의 특징을 지니고 있다.

정답 ②

소설과 영화는 매체가 다르므로 두 양식의 이야기 전달 방식도 다르다.⁸⁺⁹

오답풀이

① 영화는 소설과 달리 인물의 내면 의식을 직접적으로 표현하지 못한다.⁵

해황쌤의 풀이 | '영화는 인물의 대사나 화면 밖의 목소리를 통해 (직접적으로) 전달'할 수 있습니다.

③ 매체의 표현 방식에도 진보가 있는데 영화가 소설보다 발달된 매체이다.¹⁰

해황쌤의 풀이 | 뭔가 더 발달되었다는 식의 비교진술은 없습니다. '각자 독자적'이라고 했으니 비교 자체가 성립하지 않는다고 볼 수 있습니다.

④ 소설과 달리 영화는 카메라의 촬영 기술과 효과에 따라 주제가 달라진다. ⁽알 수 없음⁾

⑤ 문자가 영상의 기초가 되므로 영화도 소설처럼 문자 언어적 표현 방식에 따라 화면이 구성된다.⁸⁺⁹

해황쌤의 풀이 | 영화와 소설은 전달 방식 차이가 큽니다!

POINT 1	"A는 B가 아니라 C이다" 꼴 문장은 선지화될 가능성이 매우매우 높다.

¹오늘날 대부분의 경제 정책은 경제의 규모를 확대하거나 좀 더 공평하게 배분하는 것을 도모한다. ²하지만 뉴딜 시기 이전의 상당 기간 동안 미국의 경제 정책은 성장과 분배의 문제보다는 '자치(self-rule)에 가장 적절한 경제 정책은 무엇인가?'의 문제를 중시했다.

³그 시기에 정치인 A와 B는 거대화된 자본 세력에 대해 서로 다르게 대응하였다. ⁴A는 거대 기업에 대항하기 위해 거대 정부로 맞서기보다 기업 담합과 독점을 무너뜨려 경제권력을 분산시키는 것을 대안으로 내세웠다. ⁵그는 산업 민주주의를 옹호했는데 그 까닭은 그것이 노동자들의 소득을 증진시키기 때문이 아니라 자치에 적합한 시민의 역량을 증진시키기 때문이었다. ⁶반면 B는 경제 분산화를 꾀하기보다 연방 정부의 역량을 증가시켜 독점자본을 통제하는 노선을 택했다. ⁷그에 따르면, 민주주의가 성공하기 위해서는 거대 기업에 대응할 만한 전국 단위의 정치권력과 시민 정신이 필요하기 때문이었다. ⁸이렇게 A와 B의 경제 정책에는 차이점이 있지만, 둘 다 경제 정책이 자치에 적합한 시민 도덕을 장려하는 경향을 지녀야 한다고 보았다는 점에서는 일치한다.

⁹하지만 뉴딜 후반기에 시작된 성장과 분배 중심의 정치경제학은 시민 정신 중심의 정치경제학을 밀어내게 된다. ¹⁰실제로 1930년대 대공황 이후 미국의 경제 회복은 시민의 자치 역량과 시민 도덕을 육성하는 경제 구조 개혁보다는 케인즈 경제학에 입각한 중앙정부의 지출 증가에서 시작되었다. ¹¹그에 따라 미국은 자치에 적합한 시민 도덕을 강조할 필요가 없는 경제 정책을 펼쳐나갔다. ¹²또한 모든 가치에 대한 판단은 시민 도덕에 의지하는 것이 아니라 개인이 알아서 해야 하는 것이며 국가는 그 가치관에 중립적이어야만 공정한 것이라는 자유주의 철학이 우세하게 되었다. ¹³모든 이들은 자신이 추구하는 가치와 상관없이 일정 정도의 복지 혜택을 받을 권리를 가지게 되었다. ¹⁴하지만 공정하게 분배될 복지 자원을 만들기 위해 경제 규모는 확장되어야 했으며, 정부는 거대화된 경제권력들이 망하지 않도록 국민의 세금을 투입하여 관리하기 시작했다. ¹⁵그리고 시민들은 자치하는 자, 즉 스스로 통치하는 자가 되기보다 공정한 분배를 받는 수혜자로 전락하게 되었다.

정답　①

A는 시민의 소득 증진을 위하여⁵ 경제권력을 분산시키는 방식을 택하였다.

해황쌤의 풀이 | 지문에서 부정한 것을 긍정하는 방식으로 정보를 왜곡했습니다.

오답풀이

②는 7, ③은 3+8, ④와 ⑤는 9~11을 통해 알 수 있습니다.

03 다음 글에서 알 수 있는 것은?

POINT 1	출제자는 헷갈리기 쉬운 것을 선지화한다.	POINT 2	'(반드시) ~해야(만) 한다', '필요하다', '요구된다' 같은 논리적 필요조건에 주목하라.

[1]우리에게 입력된 감각 정보는 모두 저장되는 것이 아니라 극히 일부분만 특정한 메커니즘을 통해 단기간 또는 장기간 저장된다. [2]신경과학자들은 장기 또는 단기기억의 저장 장소가 뇌의 어디에 존재하는지 연구해 왔고, 그 결과 두 기억은 모두 대뇌피질에 저장된다는 것을 알아냈다.

[3]여러 감각 기관을 통해 입력된 감각 정보는 대부분 대뇌피질에서 인식된다. [4]인식된 일부 정보는 해마와 대뇌피질 간에 이미 형성되어 있는 신경세포 간 연결이 일시적으로 변화하는 과정에서 단기기억으로 저장된다. [5]해마와 대뇌피질 간 연결의 일시적인 변화가 대뇌피질 내에서 새로운 연결로 교체되어 영구히 지속되면 그 단기기억은 장기기억으로 저장된다. [6]해마는 입력된 정보를 단기기억으로 유지하고 또 새로운 장기기억을 획득하는 데 필수적이지만, 기존의 장기기억을 유지하거나 변형하는 부위는 아니다.

[7]걷기, 자전거 타기와 같은 운동 기술은 반복을 통해서 학습되고, 일단 학습되면 잊혀지기 어렵다. [8]자전거 타기와 같은 기술에 관한 기억은 뇌의 성장과 발달에서 보이는 신경세포들 간에 새로운 연결이 이루어지는 메커니즘을 통해서 장기기억이 된다. [9]반면에 전화번호, 사건, 장소를 단기기억할 때는 새로운 연결이 생기는 대신 대뇌피질과 해마 간에 이미 존재하는 신경세포의 연결을 통한 신호 강도가 높아지고 그 상태가 수분에서 수개월까지 유지됨으로써 가능하다. [10]이처럼 신경세포 간 연결 신호의 강도가 상당 기간 동안 증가된 상태로 유지되는 '장기 상승 작용' 현상은 해마 조직에서 처음 밝혀졌으며, 이 현상에는 흥분성 신경 전달 물질인 글루탐산의 역할이 중요하다는 것이 추가로 밝혀졌다.

정답 ①

방금 들은 전화번호를 받아 적기 위한 기억[9]에는 신경세포 간 연결의 장기 상승 작용[10]이 중요하다.

해황쌤의 풀이 | '장기 상승 작용'은 이름에 '장기'가 들어왔지만 '단기' 기억 시에 나타나는 변화입니다. 자칫 지문을 제대로 이해하지 못한 수험생은 [단기-장기]를 왜곡한 선지라고 잘못 판단할 수 있는데, 출제자가 이를 노렸다고 볼 수 있습니다.

오답풀이
② 해마가 손상되면 이미 습득한 자전거 타기와 같은 운동 기술을 실행할 수 없게 된다.[6+8]
③ 장기기억은 대뇌피질에 저장되지만 단기기억은 해마에 저장된다.[2]
④ 새로운 단기기억은 이전에 저장되었던 장기기억에 영향을 준다.[6]
⑤ 글루탐산은 신경세포 간의 새로운 연결의 형성을 유도한다.[4+10]

01 다음 글에서 알 수 있는 것은?

출처 | 2014년 민간경력자 PSAT 언어논리

POINT 1	[나열열거]되면 구분지어가며 읽어라.	POINT 2	생략된 전제는 선지로 나온다.	

---

¹유럽 국가들은 대부분 가장 먼저 철도를 개통한 영국의 규격을 채택하여 철로의 간격을 1.435m로 하였다. ²이러한 이유로 영국의 철로는 '표준궤'로 불렸다. ³하지만 일부 국가들은 전시에 주변 국가들이 철도를 이용해 침입할 것을 우려하여 궤간을 다르게 하였다. ⁴또한 열차 속력과 운송량, 건설 비용 등을 고려하여 궤간을 조정하였다.

⁵일본은 첫 해외 식민지였던 타이완에서는 자국의 철도와 같이 협궤(狹軌)를 설치하였으나 ⁶조선의 철도는 대륙 철도와의 연결을 고려하여 표준궤로 하고자 하였다. ⁷청일전쟁 이후 러시아의 영향력이 강해져 조선의 철도 궤간으로 광궤(廣軌)를 채택할 것인지 아니면 표준궤를 채택할 것인지를 두고 러시아와 대립하기도 했지만 ⁸결국 일본은 표준궤를 강행하였다.

⁹서구 열강이 중국에 건설한 철도는 기본적으로 표준궤였다. ¹⁰하지만 만주 지역에 건설된 철도 중 러시아가 건설한 구간은 1.524m의 광궤였다. ¹¹러일전쟁 과정에서 일본은 자국의 열차를 그대로 사용하기 위해 러시아가 건설한 그 철도 구간을 협궤로 개조하는 작업을 시작했다. ¹²그러다가 러일전쟁 이후 포츠머스조약으로 일본이 러시아로부터 그 구간의 철도를 얻게 되자 표준궤로 개편하였다.

¹³1911년 압록강 철교가 준공되자 표준궤를 채택한 조선 철도는 만주의 철도와 바로 연결이 가능해졌다. ¹⁴1912년 일본 신바시에서 출발해 시모노세키―부산 항로를 건너 조선의 경부선과 경의선을 따라 압록강 대교를 통과해 만주까지 이어지는 철도 수송 체계가 구축되었다.

정답 ④

청일전쟁 이후 러시아는 조선의 철도를 광궤로 할 것을 주장하였다. [6+7]

해황쌤의 풀이 | 만약 러시아가 광궤로 할 것을 주장하지 않았다면 일본과 대립도 없었겠죠!

오답풀이

① 러일전쟁 당시 일본 국내의 철도는 표준궤 협궤 [5] 였다.
② 부산에서 만주까지를 잇는 철도는 광궤 표준궤 [8+12+13] 로 구축되었다.
③ 러일전쟁 이전 만주 지역의 철도는 모두 중 러시아가 건설한 구간은 [10] 광궤로 건설되었다.
⑤ 영국의 표준궤는 유럽 국가들이 철도를 건설하는 데 경제적 부담을 줄여 주었다. [4]

02 다음 글의 내용과 부합하지 <u>않는</u> 것은?

POINT 1	선지에 '때문이다'가 보이면 독해 시 인과관계에 특히 주의하라.	POINT 2	[비교대조]되면 구분지어가며 읽어라.	

¹한국 사회의 근대화 과정은 급속한 산업화와 도시화라는 특징을 가진다. ²1960년대 이후 급속한 근대화에 따라 전통적인 농촌공동체를 떠나 도시로 이주하는 사람들이 급격하게 증가하였으며, 이로 인해 전통적인 사회구조가 해체되었다. ³이 과정에서 직계가족이 가치판단의 중심이 되는 가족주의가 강조되었다. ⁴이는 전통적 공동체가 힘을 잃은 상황에서 가족이 매우 중요한 역할을 담당했기 때문이다. ⁵국가의 복지가 부실한 상황에서 가족은 노동력의 재생산 비용을 담당했다.

⁶가족은 물질적 생존의 측면뿐만 아니라 정서적 생존을 위해서도 중요한 보호막으로 기능했다. ⁷말하자면, 전통적 사회구조가 약화되면서 나타나는 사회적 긴장과 불안을 해소하는 역할을 해 왔다는 것이다. ⁸서구 사회의 근대화 과정에서는 개인의 자율적 판단과 선택을 강조하는 개인주의 윤리나 문화가 그러한 사회적 긴장과 불안을 해소하는 역할을 담당했다. ⁹하지만 한국 사회의 경우 근대화가 급속하게 압축적으로 이루어졌기 때문에 서구 사회와 같은 근대적 개인주의 문화가 제대로 정착하지 못했다. ¹⁰그래서 한국 사회에서는 가족주의 문화가 근대화 과정의 긴장과 불안을 해소하는 역할을 담당하게 되었다.

¹¹한편, 전통적 공동체 문화는 학연과 지연을 매개로 하여 유사 가족주의 형태로 나타났다. ¹²1960년대 이후 농촌을 떠나온 사람들이 도시에서 만든 계나 동창회와 같은 것들이 유사 가족주의의 단적인 사례이다.

정답 ④
한국의 근대화 과정에서 서구의 개인주의 문화가 정착하지 못한 것은 가족주의 문화 때문이었다.⁹
해황쌤의 풀이 | 인과관계를 잘못 파악했습니다. 근대화가 급속하게 압축적으로 이루어졌기 때문이죠.

오답풀이
①은 **3+10**, ②는 **11**, ③은 **8+10**, ⑤는 **10**을 통해 알 수 있습니다.
해황쌤의 풀이 | 이때 ③, ④, ⑤는 모두 2문단의 [원인결과]와 관련되어 있습니다.

03 다음 글의 논지로 가장 적절한 것은?

POINT 1	통념과 어긋나는 진실이 핵심이다.	POINT 2	출제자는 글의 핵심을 문제화한다.	

[1] 최근에 사이버공동체를 중심으로 한 시민의 자발적 정치 참여 현상이 많은 관심을 끌고 있다. [2] 이러한 현상과 관련하여 A의 연구가 새삼 주목 받고 있다. [3] A의 연구에 따르면 공동체의 구성원이 됨으로써 얻게 되는 '사회적 자본'이 시민사회의 성숙과 민주주의 발전을 가져오는 원동력이다. [4] A의 이론에서는 공동체에 대한 자발적 참여를 통해 사회 구성원 간의 상호 의무감과 신뢰, 구성원들이 공유하는 규칙과 관행, 사회적 유대 관계와 같은 사회적 자본이 늘어나면, 사회 구성원 간의 협조적인 행위가 가능하게 된다고 보았다. [5] 더 나아가 A는 자원봉사자와 같이 공동체 참여도가 높은 사람이 투표할 가능성이 높고 정부 정책에 대한 의견 개진도 활발해지는 등 정치 참여도가 높아진다고 주장하였다.

[6] 몇몇 학자들은 A의 이론을 적용하여 면대면 접촉에 따른 인간관계의 산물인 사회적 자본이 사이버공동체에서도 충분히 형성될 수 있다고 보았다. [7] 그리고 사이버공동체에서 사회적 자본의 증가는 곧 정치 참여도 활성화시킬 것으로 기대했다. [8] 하지만 이러한 기대와는 달리 정치 참여가 활성화되지 않았다. [9] 요즘 젊은이들을 보면 각종 사이버공동체에 자발적으로 참여하는 수준은 높지만 투표나 다른 정치 활동에는 무관심하거나 심지어 정치를 혐오하기도 한다. [10] 이런 측면에서 A의 주장은 사이버공동체가 활성화된 오늘날에는 잘 맞지 않는다.

[11] 이러한 이유 때문에 오늘날 사이버공동체를 중심으로 한 정치 참여를 더 잘 이해하기 위해서 '정치적 자본' 개념의 도입이 필요하다. [12] 정치적 자본은 사회적 자본의 구성 요소와는 달리 정치 정보의 습득과 이용, 정치적 토론과 대화, 정치적 효능감 등으로 구성된다. [13] 정치적 자본은 사회적 자본과 마찬가지로 공동체 참여를 통해서 획득되지만, 정치 과정에의 관여를 촉진한다는 점에서 사회적 자본과는 구분될 필요가 있다. [14] 사회적 자본만으로 정치 참여를 기대하기 어렵고, 사회적 자본과 정치 참여 사이를 정치적 자본이 매개할 때 비로소 정치 참여가 활성화된다.

사이버공동체를 통해 축적된 **사회적 자본**에 **정치적 자본**이 더해질 때 **정치 참여가 활성화**된다.[14]

② 사회적 자본은 정치적 자본을 포함하기 때문에 그 자체로 정치 참여의 활성화를 가져온다.[14]

해황쌤의 풀이 | '포함'이라는 표현이 지문에 있으면 문제화될 가능성이 높고, 선지에 있으면 틀렸을 가능성이 높습니다. 어떤 식으로든 출제자의 마음을 끄는 단어이니 만나면 긴장하세요.

③ 사회적 자본이 많은 사회는 정치 참여가 활발하기 때문에 민주주의가 실현된다.[8]

④ 사이버공동체의 특수성으로 인해 시민들의 정치 참여가 어렵게 되었다.[14]

⑤ 사이버공동체에의 자발적 참여 증가는 정치 참여를 활성화시킨다.[8]

해황쌤의 풀이 | ②~⑤ 모두 통념에 해당하는 선지입니다.

정답 CHECK 자신이 맞힌 문제는 ○, 헷갈리거나 찍었던 문제는 △, 틀렸던 문제는 × 표기해보세요.

01	1 회 독 | 정 답 ( )	02	1 회 독 | 정 답 ( )	03	1 회 독 | 정 답 ( )
	2 회 독 | 정 답 ( )		2 회 독 | 정 답 ( )		2 회 독 | 정 답 ( )
	3 회 독 | 정 답 ( )		3 회 독 | 정 답 ( )		3 회 독 | 정 답 ( )

본문 P. 162

01 다음 글의 전체 흐름과 맞지 않는 한 곳을 ⊙~⑩에서 찾아 수정하려고 할 때, 가장 적절한 것은?

출처 | 2015년 민간경력자 PSAT 언어논리

POINT 1	일반적 진술(의의, 가치평가)에 주목하라.

¹소아시아 지역에 위치한 비잔틴 제국의 수도 콘스탄티노플이 이슬람교를 신봉하는 오스만인들에 의해 함락되었다는 소식이 인접해 있는 유럽 지역에까지 전해지자 그곳 교회의 한 수도원 서기는 "⊙ 지금까지 이보다 더 끔찍했던 사건은 없었으며, 앞으로도 결코 없을 것이다."라고 기록했다. ²1453년 5월 29일 화요일, 해가 뜨자마자 오스만 제국의 군대는 난공불락으로 유명한 케르코포르타 성벽의 작은 문을 뚫고 진군하기 시작했다. ³해가 질 무렵, 약탈당한 도시에 남아있는 모든 것들은 그들의 차지가 되었다. ⁴비잔틴 제국의 86번째 황제였던 콘스탄티노스 11세는 서쪽 성벽 아래에 있는 좁은 골목에서 전사하였다. ⁵이것으로 ⓒ 1,100년 이상 존재했던 소아시아 지역의 기독교도 황제가 사라졌다.

⁶잿빛 말을 타고 화요일 오후 늦게 콘스탄티노플에 입성한 술탄 메흐메드 2세는 우선 성소피아 대성당으로 갔다. ⁷그는 이 성당을 파괴하는 대신 이슬람 사원으로 개조하라는 명령을 내렸고, 우선 그 성당을 철저하게 자신의 보호하에 두었다. ⁸또한 학식이 풍부한 그리스 정교회 수사에게 격식을 갖추어 공석중인 총대주교직을 수여하고자 했다. ⁹그는 이슬람 세계를 위해 ⓒ 기독교의 제단뿐만 아니라 그 이상의 것들도 활용했다. ¹⁰역대 비잔틴 황제들이 제정한 법을 그가 주도하고 있던 법제화의 모델로 이용하였던 것이다. ¹¹이러한 행위들은 ② 단절을 추구하는 정복왕 메흐메드 2세의 의도에서 비롯된 것이라고 할 수 있다.

¹²그는 자신이야말로 지중해를 '우리의 바다'라고 불렀던 로마 제국의 진정한 계승자임을 선언하고 싶었던 것이다. ¹³일례로 그는 한때 유럽과 아시아를 포함한 지중해 전역을 지배했던 제국의 정통 상속자임을 선언하면서, 의미심장하게도 자신의 직함에 '룸 카이세리', 즉 로마의 황제라는 칭호를 추가했다. ¹⁴또한 그는 패권 국가였던 로마의 옛 명성을 다시 찾기 위한 노력의 일환으로 로마 사람의 땅이라는 뜻을 지닌 루멜리아에 새로 수도를 정했다. ¹⁵이렇게 함으로써 그는 ⑩ 오스만 제국이 유럽으로 확대될 것이라는 자신의 확신을 보여주었다.

ⓔ을 '**연속성**을 추구하는 정복왕 메흐메드 2세의 의도에서 비롯된 것'으로 고친다.[7]

해황쌤의 풀이 | 발문에서 '전체 흐름과 맞지 않는 한 곳'이라고 했으므로, 지문과 선지를 왔다 갔다 할 필요 없이 지문을 쭉 빠르게 읽으면서 어색한 부분을 찾으면 그게 정답입니다. 그래서 읽다 보면 ⓔ이 어색함을 금방 알 수 있습니다. 6~10은 **파괴/폐기**하는 대신 **개조/활용/이용**하는 구체적 사례이므로, 이를 일반화한 ⓔ은 메흐메드 2세의 의도가 **단절**이 아니라 **연속성**을 추구한 것이라고 해야 합니다. 지문의 나머지 부분은 흐름상 어색하지 않으므로 나머지 선지도 애초에 쳐다볼 이유가 없습니다.

02 다음 '철학의 여인'의 논지를 따를 때, (A)로 적절한 것만을 [보기]에서 모두 고르면?

출처 | 2015년 민간경력자 PSAT 언어논리

POINT 1	통념과 어긋나는 진실이 핵심이다.	POINT 2	출제자는 글의 핵심을 문제화한다.	

[1]다음은 철학의 여인이 비탄에 잠긴 보에티우스에게 건네는 말이다.

"[2]나는 이제 네 병의 원인을 알겠구나. [3]이제 네 병의 원인을 알게 되었으니 (A) 너의 건강을 회복할 수 있는 방법을 찾을 수 있게 되었다. [4]그 방법은 병의 원인이 되는 잘못된 생각을 바로잡아 주는 것이다.

[5]너는 너의 모든 소유물을 박탈당했다고, 사악한 자들이 행복을 누리게 되었다고, 네 운명의 결과가 불의하게도 제멋대로 바뀌었다는 생각으로 비탄에 빠져 있다. [6]그런데 그런 생각은 잘못된 전제에서 비롯된 것이다. [7]네가 눈물을 흘리며 너 자신이 추방당하고 너의 모든 소유물들을 박탈당했다고 생각하는 것은 행운이 네게서 떠났다고 슬퍼하는 것과 다름없는데, 그것은 네가 운명의 본모습을 모르기 때문이다. [8]그리고 사악한 자들이 행복을 가졌다고 생각하는 것이나 사악한 자가 선한 자보다 더 행복을 누린다고 한탄하는 것은 네가 실로 만물의 목적이 무엇인지 모르고 있기 때문이다. [9]다시 말해 만물의 궁극적인 목적이 선을 지향하는 데 있다는 것을 모르고 있기 때문이다. [10]또한 너는 세상이 어떤 통치원리에 의해 다스려지는지 잊어버렸기 때문에 제멋대로 흘러가는 것이라고 믿고 있다. [11]그러나 만물의 목적에 따르면 악은 결코 선을 이길 수 없으며 사악한 자들이 행복할 수는 없다. [12]따라서 세상은 결국에는 불의가 아닌 정의에 의해 다스려지게 된다. [13]그럼에도 불구하고 너는 세상의 통치원리가 정의와는 거리가 멀다고 믿고 있다. [14]이는 그저 병의 원인일 뿐 아니라 죽음에 이르는 원인이 되기도 한다. [15]그러나 다행스럽게도 자연은 너를 완전히 버리지는 않았다. [16]이제 너의 건강을 회복할 수 있는 작은 불씨가 생명의 불길로 타올랐으니 너는 조금도 두려워할 필요가 없다."

정답 ③

㉠ 만물의 궁극적인 목적이 선을 지향하는 데 있다는 것을 아는 것

㉡ 세상이 제멋대로 흘러가는 것이 아니라 정의에 의해 다스려진다는 것을 깨닫는 것

해황쌤의 풀이 | 해결책 (A)는 보에티우스의 잘못된 생각인 5와 10을 9와 12로 바로 잡는 것입니다. ㉠은 9와 일치하고, ㉡은 10+12와 일치합니다.

오답풀이

㉢ 자신이 박탈당했다고 여기는 모든 것들, 즉 재산, 품위, 권좌, 명성 등을 되찾을 방도를 아는 것 ^{제시되지 않음}

03 다음 글의 내용과 상충하는 것만을 [보기]에서 모두 고르면?

출처 | 2015년 민간경력자 PSAT 언어논리

POINT 1	[비교대조]되면 구분지어가며 읽어라.

¹벼슬에 나아감과 물러남의 도리에 밝은 옛 군자는 조금이라도 관직에 책임을 다하지 못하거나 의리의 기준으로 보아 직책을 더 이상 수행할 수 없을 경우, 반드시 몸을 이끌고 급히 물러났습니다. ²그들도 임금을 사랑하는 정(情)이 있기에 차마 물러나기 어려웠을 터이나, 정 때문에 주저하여 자신이 물러나야 할 때를 놓치지는 않았으니, 이는 정보다는 의리를 지키지 않을 수 없었기 때문입니다. ³임금과 어버이는 일체이므로 모두 죽음으로 섬겨야 할 대상입니다. ⁴그러나 부자관계는 천륜이어서 자식이 어버이를 봉양하는 데 한계가 없지만, 군신관계는 의리로 합쳐진 것이라, 신하가 임금을 받드는 데 한계가 있습니다. ⁵한계가 없는 경우에는 은혜가 항상 의리에 우선하므로 관계를 떠날 수 없지만, 한계가 있는 경우에는 때때로 의리가 은혜보다 앞서기도 하므로 떠날 수 있는 상황이 생기는 것입니다. ⁶의리의 문제는 사람과 때에 따라 같지 않습니다. ⁷여러 공들의 경우는 벼슬에 나가는 것이 의리가 되지만 나에게 여러 공들처럼 하도록 요구해서는 안 되며, 내 경우는 물러나는 것이 의리가 되니 여러 공들에게 나처럼 하도록 바라서도 안 됩니다.

정답 ②

㉢ 군신관계에서 신하들이 임금에 대해 의리를 실천하는 방식은 ~~언제나~~ 동일하다.⁶⁻⁷

해황쌤의 풀이 | 부정발문인지 긍정발문인지 항상 주의하세요! '동일'이라는 표현이 지문에 있으면 문제화될 가능성이 높고, 선지에 있으면 틀렸을 가능성이 높습니다. 어떤 식으로든 출제자의 마음을 끄는 단어이니 만나면 긴장하세요!

오답풀이

㉠ 부자관계에서는 은혜가 의리보다 중요하다.⁴⁻⁵

㉡ 군신관계에서 의리가 은혜에 항상 우선하는 것은 아니다.⁴⁻⁵

01 다음 글의 내용과 부합하지 <u>않는</u> 것은?

출처 | 2015년 민간경력자 PSAT 언어논리

POINT 1	"A는 B가 아니라 C이다" 꼴 문장은 선지화될 가능성이 매우매우 높다.	POINT 2	구체적 사례를 포괄하는 일반적 진술이 핵심이다.	

¹고대 철학자인 피타고라스는 현이 하나 달린 음향 측정 기구인 일현금을 사용하여 음정 간격과 수치 비율이 대응하는 원리를 발견하였다. ²이를 바탕으로 피타고라스는 모든 것이 숫자 또는 비율에 의해 표현될 수 있다고 주장하였다.

³그를 신봉한 피타고라스주의자들은 수와 기하학의 규칙이 무질서하게 보이는 자연과 불가해한 가변성의 세계에 질서를 부여한다고 믿었다. ⁴즉 피타고라스주의자들은 자연의 온갖 변화는 조화로운 규칙으로 환원될 수 있다고 믿었다. ⁵이는 피타고라스주의자들이 물리적 세계가 수학적 용어로 분석될 수 있다는 현대 수학자들의 사고에 단초를 제공한 것이라고 할 수 있다.

⁶그러나 피타고라스주의자들은 현대 수학자들과는 달리 수에 상징적이고 심지어 신비적인 의미를 부여했다. ⁷피타고라스주의자들은 '기회', '정의', '결혼'과 같은 추상적인 개념을 특정한 수의 가상적 특징, 즉 특정한 수에 깃들어 있으리라고 추정되는 특징과 연계시켰다. ⁸또한 이들은 여러 물질적 대상에 수를 대응시켰다. ⁹예를 들면 고양이를 그릴 때 다른 동물과 구별되는 고양이의 뚜렷한 특징을 드러내려면 특정한 개수의 점이 필요했다. ¹⁰이때 점의 개수는 곧 고양이를 가리키는 수가 된다. ¹¹이것은 세계에 대한 일종의 원자적 관점과도 관련된다. ¹²이 관점에서는 단위(unity), 즉 숫자 1은 공간상의 한 물리적 점으로 간주되기 때문에 물리적 대상들은 수 형태인 단위 점들로 나타낼 수 있다. ¹³이처럼 피타고라스주의자들은 수를 실재라고 여겼는데 여기서 수는 실재와 무관한 수가 아니라 실재를 구성하는 수를 가리킨다.

¹⁴피타고라스의 사상이 수의 실재성이라는 신비주의적이고 형이상학적인 관념에 기반하고 있다는 점은 틀림없다. ¹⁵그럼에도 불구하고 피타고라스주의자들은 자연을 이해하는 데 있어 수학이 중요하다는 점을 알아차린 최초의 사상가들임이 분명하다.

정답 ④

④ 피타고라스주의자들은 물리적 대상을 원자적 관점에서 실재와 무관한 단위 점으로 나타낼 수 있다고 믿었다.¹³

해황쌤의 풀이 | "A는 B가 아니라 C이다" 꼴의 정보가 주어지면, "A는 B이다"라는 식으로 왜곡된 선지가 곧잘 출제됩니다. 수능/PSAT/LEET 가리지 않고 자주 나오는 패턴이니 잘 기억해 두세요!

오답풀이

①은 1, ②는 15, ③은 7, ⑤는 4를 통해 알 수 있습니다.

02 다음 글의 내용과 부합하는 것은?

POINT 1	통념에 어긋나는 진실이 핵심이다.	POINT 2	출제자는 글의 핵심을 문제화한다.	

[1]'청렴(淸廉)'은 현대 사회에서 좁게는 반부패와 동의어로 사용되며 넓게는 투명성과 책임성 등을 포괄하는 통합적 개념으로 사용되고 있다. [2]유학자들은 청렴을 효제와 같은 인륜의 덕목보다는 하위에 두었지만 군자라면 마땅히 지켜야 할 일상의 덕목으로 중시하였다. [3]조선의 대표적 유학자였던 이황과 이이는 청렴을 사회 규율이자 개인 처세의 지침으로 강조하였다. [4]특히 공적 업무에 종사하는 사람이라면 사회 규율로서의 청렴이 개인의 처세와 직결된다는 점에 유념해야 한다고 보았다.

[5]청렴에 대한 논의는 정약용의 「목민심서」에서 본격적으로 나타난다. [6]정약용은 청렴이야말로 목민관이 지켜야 할 근본적인 덕목이며 목민관의 직무는 청렴이 없이는 불가능하다고 강조하였다. [7]정약용은 청렴을 당위의 차원에서 주장하는 기존의 학자들과 달리 <u>행위자 자신에게 실질적 이익이 된다</u>는 점을 들어 설득하고자 한다. [8]그는 <u>청렴은 큰 이득이 남는 장사</u>라고 말하면서, 지혜롭고 욕심이 큰 사람은 청렴을 택하지만 지혜가 짧고 욕심이 작은 사람은 탐욕을 택한다고 설명한다. [9]정약용은 "지자(知者)는 인(仁)을 이롭게 여긴다."라는 공자의 말을 빌려 [10]"지혜로운 자는 청렴함을 이롭게 여긴다."라고 하였다. [11]비록 재물을 얻는 데 뜻이 있더라도 청렴함을 택하는 것이 결과적으로는 지혜로운 선택이라고 정약용은 말한다. [12]목민관의 작은 탐욕은 단기적으로 보면 눈 앞의 재물을 취하여 이익을 얻을 수 있겠지만 [13]궁극에는 개인의 몰락과 가문의 불명예를 가져올 수 있기 때문이다.

[14]정약용은 청렴을 지키는 것은 두 가지 효과가 있다고 보았다. [15]첫째, 청렴은 다른 사람에게 긍정적 효과를 미친다. [16]<u>목민관이 청렴할 경우 백성을 비롯한 공동체 구성원에게 좋은 혜택이 돌아갈</u> 것이다. [17]둘째, <u>청렴한 행위를 하는 것은 목민관 자신에게도 좋은 결과를 가져다준다.</u> [18]청렴은 그 자신의 덕을 높이는 것일 뿐 아니라 자신의 가문에 빛나는 명성과 영광을 가져다줄 것이다.

정답 ④

정약용은 청렴이 백성에게 이로움[16]을 줄 뿐 아니라 목민관 자신에게도 이로운 행위라고 보았다.[7+8+17]

해황쌤의 풀이 | 통념과 어긋나는 정약용의 주장이 글의 핵심이고, 정답으로 제시됐습니다.

오답풀이

① 정약용은 청렴이 목민관이 반드시 지켜야 할 덕목임을 ~~당위론~~실용적 차원에서 정당화하였다.[7]

② 정약용은 탐욕을 택하는 것보다 청렴을 택하는 것이 이롭다는 공자의 뜻을 계승하였다.[9]

해황쌤의 풀이 | 공자의 말을 변용한 것일 뿐, 공자의 뜻을 계승한 것은 아닙니다.

③ 정약용은 청렴한 사람은 욕심이 ~~작기~~크기 때문에 재물에 대한 탐욕에 빠지지 않는다고 보았다.[8]

⑤ 이황과 이이는 청렴을 개인의 처세에 있어 주요 지침으로 여겼으나 사회 규율로는 보자 않았다.[3]

POINT 1	출제자는 글의 핵심을 문제화한다.	POINT 2	질문에 대한 답변이 핵심이다.	

¹중국에서는 기원전 7~8세기 이후 주나라라부터 청동전이 유통되었다. ²이후 진시황이 중국을 통일하면서 화폐를 통일해 가운데 네모난 구멍이 뚫린 원형 청동 엽전이 등장했고, 이후 중국 통화의 주축으로 자리 잡았다. ³하지만 엽전은 가치가 낮고 금화와 은화는 아직 주조되지 않았기 때문에 고액 거래를 위해서는 지폐가 필요했다. ⁴결국 11세기경 송나라에서 최초의 법정 지폐인 교자(交子)가 발행되었다. ⁵13세기 원나라에서는 강력한 국가 권력을 통해 엽전을 억제하고 교초(交鈔)라는 지폐를 유일한 공식 통화로 삼아 재정 문제를 해결했다.

⁶아시아와 유럽에서 지폐의 등장과 발달 과정은 달랐다. ⁷우선 유럽에서는 금화가 비교적 자유롭게 사용되어 대중들 사이에서 널리 유통되었다. ⁸반면에 아시아의 통치자들은 금의 아름다움과 금이 상징하는 권력을 즐겼다는 점에서는 서구인들과 같았지만, 비천한 사람들이 화폐로 사용하기에는 금이 너무 소중하다고 여겼다. ⁹대중들 사이에서 유통되도록 금을 방출하면 권력이 약화된다고 본 것이다. ¹⁰대신에 일찍부터 지폐가 널리 통용되었다.

¹¹마르코 폴로는 쿠빌라이 칸이 모든 거래를 지폐로 이루어지게 하는 것을 보고 깊은 인상을 받았다. ¹²사실상 종잇조각에 불과한 지폐가 그렇게 널리 통용되었던 이유는 무엇 때문일까? ¹³칸이 만든 지폐에 찍힌 그의 도장은 금이나 은과 같은 권위가 있었다. ¹⁴이것은 지폐의 가치를 확립하고 유지하는 데 국가 권력이 핵심 요소라는 사실을 보여준다.

¹⁵유럽의 지폐는 그 초기 형태가 민간에서 발행한 어음이었으나, 아시아의 지폐는 처음부터 국가가 발행권을 갖고 있었다. ¹⁶금속 주화와는 달리 내재적 가치가 없는 지폐가 화폐로 받아들여지고 사용되기 위해서는 신뢰가 필수적이다. ¹⁷중국은 강력한 왕권이 이 신뢰를 담보할 수 있었지만, 유럽에서 지폐가 사람들의 신뢰를 얻기까지는 그보다 오랜 시간과 성숙된 환경이 필요했다. ¹⁸유럽의 왕들은 종이에 마음대로 숫자를 적어 놓고 화폐로 사용하라고 강제할 수 없었다. ¹⁹그래서 서로 잘 아는 일부 동업자들끼리 신뢰를 바탕으로 자체 지폐를 만들어 사용해야 했다. ²⁰하지만 민간에서 발행한 지폐는 신뢰 확보가 쉽지 않아 주기적으로 금융 위기를 초래했다. ²¹정부가 나서기까지는 오랜 시간이 걸렸고, 17~18세기에 지폐의 법정화와 중앙은행의 설립이 이루어졌다. ²²중앙은행은 금을 보관하고 이를 바탕으로 금 태환(兌換)을 보장하는 증서를 발행해 화폐로 사용하기 시작했고, 그것이 오늘날의 지폐로 이어졌다.

정답 ④

중국에서 지폐 거래의 신뢰를 확보할 수 있었던 것은 강력한 국가 권력이 있었기 때문이다.[15+17]

오답풀이

① 유럽에서 금화의 대중적 확산은 지폐가 널리 통용되는 결정적인 계기가 되었다.[알 수 없음]

② 유럽에서는 민간 거래의 신뢰를 기반으로 지폐가 중국에 비해 일찍부터 통용되었다.[17]

③ 중국에서 청동으로 만든 최초의 화폐는 네모난 구멍이 뚫린 원형 엽전의 형태였다.[1~2]

해황쌤의 풀이 | 중국 최초의 청동화폐가 어떤 모양인지는 지문에 나오지 않았습니다.

⑤ 아시아[8]와 유럽에서는[7] 금화의 사용을 권력의 상징으로 여겨 금화의 제한적인 유통이 이루어졌다.

정답 CHECK 자신이 맞힌 문제는 ○, 헷갈리거나 찍었던 문제는 △, 틀렸던 문제는 × 표기해보세요.

01	1 회 독	정 답 ( )	02	1 회 독	정 답 ( )	03	1 회 독	정 답 ( )
	2 회 독	정 답 ( )		2 회 독	정 답 ( )		2 회 독	정 답 ( )
	3 회 독	정 답 ( )		3 회 독	정 답 ( )		3 회 독	정 답 ( )

01 다음 글에서 추론할 수 있는 것만을 [보기]에서 모두 고르면?

출처 | 2016년 민간경력자 PSAT 언어논리

POINT 1	[나열열거]되면 구분지어가며 읽어라.	

¹독재형 어머니는 아이가 실제로 어떠한 욕망을 지니고 있는지에 무관심하며, 자신의 욕망을 아이에게 공격적으로 강요한다. ²독재형 어머니는 자신의 규칙과 지시에 아이가 순응하기를 기대하며, 그것을 따르지 않을 경우 폭력을 행사하는 경우가 많다. ³독재형 어머니 밑에서 자란 아이들은 공격적 성향과 파괴적 성향을 많이 보이는 것이 특징이다. ⁴또한, 어린 시절 받은 학대로 인해 상상이나 판타지 속에 머무르는 시간이 많고, 이것은 심각한 망상으로 나타나기도 한다.

⁵허용형 어머니는 오로지 아이의 욕망에만 관심을 지니면서, '아이의 욕망을 내가 채워 주고 싶다'는 식으로 자기 욕망을 형성한다. ⁶허용형 어머니는 자녀가 요구하는 것은 무엇이든 해주기 때문에 이런 어머니 밑에서 양육된 아이들은 자아 통제가 부족하기 쉽다. ⁷따라서 이 아이들은 충동적이고 즉흥적인 성향이 강하며, 도덕적 책임 의식이 결여된 경우가 많다.

⁸한편, 방임형 어머니의 경우 아이와 정서적으로 차단되어 있기 때문에 아이의 욕망에 무관심할 뿐만 아니라, 아이 입장에서도 어머니의 욕망을 전혀 파악할 수 없다. ⁹방치된 아이들은 자신의 욕망도 모르고 어머니의 욕망도 파악하지 못하기 때문에, 어떤 방식으로든 오직 어머니의 관심을 끄는 것만이 아이의 유일한 욕망이 된다. ¹⁰이 아이들은 "엄마, 제발 나를 봐주세요.", "엄마, 내가 나쁜 짓을 해야 나를 볼 것인가요?", "엄마, 내가 정말 잔인한 짓을 할지도 몰라요."라면서 어머니의 관심을 끊임없이 요구한다.

지문분석

'독재형', '허용형', '방임형'이라는 이름표로부터 그 내용이 자연스럽게 추론되므로 쉽게 이해하면서 읽을 수 있었을 겁니다. 이렇게 단순 [나열열거] 지문의 경우, 나열된 대상 간의 비교를 주로 묻습니다.

정답 ①

㉠ 허용형 어머니는 방임형 어머니에 비해 아이의 욕망에 높은 관심을 갖는다.⁵⁺⁸

해황쌤의 풀이 | A와 B를 (같은 기준에서) 비교하려면, 근거가 반드시 필요합니다. ㉡, ㉢은 근거가 없어서 비교할 수 없음에도 단정하여 비교결과를 제시하여 적절하지 않습니다.

오답풀이

㉡ 허용형 어머니의 아이는 독재형 어머니의 아이보다 도덕적 의식이 높은 경우가 많다. 알 수 없음

해황쌤의 풀이 | 허용형 어머니의 아이가 도덕적 의식이 낮은 경우가 많을 것은 추론되나, 독재형 어머니의 아이와 비교했을 때 어떤지는 알 수 없습니다.

ⓒ 방임형 어머니의 아이는 독재형 어머니의 아이보다 어머니의 욕망을 더 잘 파악한다. ^{알 수 없음}

해황쌤의 풀이 | 방임형 어머니의 아이가 어머니의 욕망을 잘 파악하지 못한다는 것은 추론되나, 독재형 어머니의 아이와 비교했을 때 어떤지는 알 수 없습니다.

02 다음 글에서 추론할 수 있는 것은?

출처 | 2016년 민간경력자 PSAT 언어논리

POINT 1	통념과 어긋나는 진실이 핵심이다.	POINT 2	출제자는 글의 핵심을 문제화한다.	

[1]두뇌 연구는 지금까지 뉴런을 중심으로 진행되어 왔다. [2]뉴런 연구로 노벨상을 받은 카얄은 뉴런이 '생각의 전화선'이라는 이론을 확립하여 사고와 기억 등 두뇌에서 일어나는 모든 현상을 뉴런의 연결망과 뉴런 간의 전기 신호로 설명했다. [3]그러나 두뇌에는 뉴런 외에도 신경교 세포가 존재한다. [4]신경교 세포는 뉴런처럼 그 수가 많지만 전기 신호를 전달하지 못한다. [5]이 때문에 과학자들은 신경교 세포가 단지 두뇌 유지에 필요한 영양 공급과 두뇌 보호를 위한 전기 절연의 역할만을 가진다고 여겼다.

[6]최근 과학자들은 신경교 세포에서 그 이상의 기능을 발견했다. [7]신경교 세포 중에도 '성상세포'라 불리는 별 모양의 세포는 자신만의 화학적 신호를 가진다는 것이 밝혀졌다. [8]성상세포는 뉴런처럼 전기를 이용하지는 않지만, '뉴런송신기'라고 불리는 화학물질을 방출하고 감지한다. [9]과학자들은 이러한 화학적 신호의 연쇄반응을 통해 신경교 세포가 전체 뉴런을 조정한다고 추론했다.

[10]A 연구팀은 신경교 세포가 전체 뉴런을 조정하면서 기억력과 사고력을 향상시킨다고 예상하고서, 이를 확인하기 위해 인간의 신경교 세포를 갓 태어난 생쥐의 두뇌에 주입했다. [11]쥐가 자라면서 주입된 인간의 신경교 세포도 성장했다. [12]이 세포들은 쥐의 뉴런들과 완벽하게 결합되어 쥐의 두뇌 전체에 걸쳐 퍼지게 되었다. [13]심지어 어느 두뇌 영역에서는 쥐의 뉴런의 숫자를 능가하기도 했다. [14]뉴런과 달리 쥐와 인간의 신경교 세포는 비교적 쉽게 구별된다. [15]인간의 신경교 세포는 매우 길고 무성한 섬유질을 가지기 때문이다. [16]쥐에 주입된 인간의 신경교 세포는 그 기능을 그대로 간직한다. [17]그렇게 성장한 쥐들은 다른 쥐들과 잘 어울렸고, 다른 쥐들의 관심을 끄는 것에 흥미를 보였다. [18]이 쥐들은 미로를 통과해 치즈를 찾는 테스트에서 더 뛰어났다. [19]보통의 쥐들은 네다섯 번의 시도 끝에 올바른 길을 배웠지만, 인간의 신경교 세포를 주입받은 쥐들은 두 번 만에 학습했다.

정답 ④

인간의 신경교 세포를 쥐에게 주입하면, 그 신경교 세포는 쥐의 뉴런을 보다 효과적으로 조정할 것이다.

해황쌤의 풀이 | 글의 핵심이 정답으로 제시되었습니다!

① 인간의 신경교 세포를 쥐에게 주입하면, 쥐의 뉴런은 전기 신호를 전달하지 못할 것이다.[2+19]

해황쌤의 풀이 | 뉴런이 전기 신호를 전달하지 못하면 뇌가 기능을 하지 못하겠죠. 하지만 실험쥐는 뇌가 더 팽팽 돌아갔으므로 적절하지 않습니다.

②, ③ 인간의 뉴런 세포를 쥐에게 주입하면, ~

해황쌤의 풀이 | 뉴런 세포 주입은 지문에 없습니다. 논점 일탈!

⑤ 인간의 신경교 세포를 쥐에게 주입하면, 그 신경교 세포는 쥐의 신경교 세포의 기능을 갖도록 변화할 것이다.[16]

03 다음 글에서 알 수 있는 것은?

출처 | 2016년 민간경력자 PSAT 언어논리

POINT 1	문제에 대한 해결책이 핵심이다.	POINT 2	출제자는 글의 핵심을 문제화한다.	

[1] 경제학자들은 환경자원을 보존하고 환경오염을 억제하는 방편으로 환경세 도입을 제안했다. [2] 환경자원을 이용하거나 오염물질을 배출하는 제품에 환경세를 부과하면 제품 가격 상승으로 인해 그 제품의 소비가 감소함에 따라 환경자원을 아낄 수 있고 환경오염을 줄일 수 있다.

[3] 일부에서는 환경세가 소비자의 경제적 부담을 늘리고 소비와 생산의 위축을 가져올 수 있다고 우려한다. [4] 그러나 많은 경제학자들은 환경세 세수만큼 근로소득세를 경감하는 경우 환경보존과 경제성장이 조화를 이룰 수 있다고 본다.

[5] 환경세는 환경오염을 유발하는 상품의 가격을 인상시킴으로써 가계의 경제적 부담을 늘려 실질소득을 떨어뜨리는 측면이 있다. [6] 하지만 환경세 세수만큼 근로소득세를 경감하게 되면 근로자의 실질소득이 증대되고, 그 증대효과는 환경세 부과로 인한 상품가격 상승효과를 넘어설 정도로 크다. [7] 왜냐하면 상품가격 상승으로 인한 경제적 부담은 연금생활자나 실업자처럼 고용된 근로자가 아닌 사람들 사이에도 분산되는 반면, 근로소득세 경감의 효과는 근로자에게 집중되기 때문이다. [8] 근로자의 실질소득 증대는 사실상 근로자의 실질임금을 높이고, 이것은 대체로 노동공급을 증가시키는 경향이 있다.

[9] 또한, 환경세가 부과되더라도 노동수요가 늘어날 수 있다. [10] 근로소득세 경감은 기업의 입장에서 노동이 그만큼 저렴해지는 효과가 있다. [11] 더욱이 환경세는 노동자원보다는 환경자원의 가격을 인상시켜 상대적으로 노동을 저렴하게 하는 효과가 있다. [12] 이렇게 되면 기업의 노동수요가 늘어난다.

[13] 결국 환경세 세수를 근로소득세 경감으로 재순환시키는 조세구조 개편은 한편으로는 노동의 공급을 늘리고, 다른 한편으로는 노동에 대한 수요를 늘린다. [14] 이것은 고용의 증대를 낳고, 결국 경제 활성화를 가져온다.

정답 ②

환경세를 부과하더라도 그만큼 근로소득세를 경감할 경우, 근로자의 실질소득은 늘어난다.[6]

해황쌤의 풀이 | 글의 핵심이 문제화됐습니다!

(오답풀이)

① 환경세의 환경오염 억제 효과는 근로소득세 경감에 의해 상쇄된다. _{알수없음}

③ 환경세를 부과할 경우 근로소득세 경감이 기업의 고용 증대에 미치는 효과가 나타나지 않는다 나타날 수 있다.[14]

④ 환경세를 부과하더라도 노동집약적 상품의 상대가격이 낮아진다면 기업의 고용은 늘어나지 않는다 늘어날 수 있다.

해황쌤의 풀이 | 2에서 [환경세+ → 제품가격+ → 제품소비-]가 문제됐는데, 제품가격이 오히려 낮아진다면 제품소비가 늘 것이고, 이는 고용 증대로 이어질 가능성이 있습니다. 게다가 근로소득세 경감까지 더해진다면 그 가능성은 더욱 커지겠죠.

⑤ 환경세 부과로 인한 상품가격 상승효과는 근로소득세 경감으로 인한 근로자의 실질소득 상승효과보다 크다 작다.[6]

정답 CHECK 자신이 맞힌 문제는 ○, 헷갈리거나 찍었던 문제는 △, 틀렸던 문제는 × 표기해보세요.

01	1 회 독	정 답 ( )	02	1 회 독	정 답 ( )	03	1 회 독	정 답 ( )
	2 회 독	정 답 ( )		2 회 독	정 답 ( )		2 회 독	정 답 ( )
	3 회 독	정 답 ( )		3 회 독	정 답 ( )		3 회 독	정 답 ( )

본문 P. 171

01 다음 글에서 추론할 수 있는 것은?　　　　　　　　　출처 | 2017년 민간경력자 PSAT 언어논리

POINT 1	[나열열거]되면 구분지어가며 읽어라.

¹인간이 부락집단을 형성하고 인간의 삶 전체가 반영된 이야기가 시작되었을 때부터 설화가 존재하였다. ²설화에는 직설적인 표현도 있지만, 풍부한 상징성을 가진 것이 많다. ³이 이야기들에는 민중이 믿고 숭상했던 신들에 관한 신성한 이야기인 **신화**, 현장과 증거물을 중심으로 엮은 역사적인 이야기인 **전설**, 민중의 욕망과 가치관을 보여주는 허구적 이야기인 **민담**이 있다. ⁴설화 속에는 원(願)도 있고 한(恨)도 있으며, 아름답고 슬픈 사연도 있다. ⁵설화는 한 시대의 인간들의 삶과 문화이며 바로 그 시대에 살았던 인간의식 그 자체이기에 설화 수집은 중요한 일이다.

⁶상주지방에 전해오는 '공갈못설화'를 놓고 볼 때 공갈못의 생성은 과거 우리의 농경사회에서 중요한 역사적 사건으로서 구전되고 인식되었지만, 이에 관한 당시의 문헌 기록은 단 한 줄도 전해지지 않고 있다. ⁷이는 당시 신라의 지배층이나 관의 입장에서 공갈못 생성에 관한 것이 기록할 가치가 있는 정치적 사건은 아니라는 인식을 보여준다. ⁸공갈못 생성은 다만 농경생활에 필요한 농경민들의 사건이었던 것이다.

⁹공갈못 관련 기록은 조선시대에 와서야 발견된다. ¹⁰이에 따르면 공갈못은 삼국시대에 형성된 우리나라 3대 저수지의 하나로 그 중요성이 인정되었다. ¹¹당대에 기록되지 못하고 한참 후에서야 단편적인 기록들만이 전해진 것이다. ¹²일본은 고대 역사를 제대로 정리한 기록이 없는데도 주변에 흩어진 기록과 구전(口傳)을 모아 「일본서기」라는 그럴싸한 역사책을 완성하였다. ¹³이 점을 고려할 때 역사성과 현장성이 있는 **전설**을 가볍게 취급해서는 결코 안 된다. ¹⁴이러한 의미에서 상주지방에 전하는 지금의 공갈못에 관한 이야기도 공갈못 생성의 증거가 될 수 있는 역사성을 가진 귀중한 자료인 것이다.

정답 ①

공갈못설화는 전설에 해당한다. ¹³~¹⁴

해황쌤의 풀이 | 설화의 유형을 셋으로 제시한 후, 공갈못설화가 어떤 유형에 해당되는지 판단하길 요하는 문항입니다.

오답풀이

② 설화가 기록되기 위해서는 원이나 한이 배제되어야 한다. ⁴

③ 삼국의 사서에는 농경생활 관련 사건이 기록되어 있지 않다. 알 수 없음

④ 한국의 3대 저수지 생성 사건은 조선시대에 처음 기록되었다. 알 수 없음

해황쌤의 풀이 | 3대 저수지 중 하나인 공갈못에만 해당되는 선지로, 나머지 두 저수지에 대해서는 판단할 수 없습니다.

⑤ 조선과 일본의 역사기술 방식의 차이는 전설에 대한 기록 여부에 있다.[12]

해황쌤의 풀이 | 일본도 「일본서기」에 전설을 기록했고, 조선에서도 전설인 공갈못설화가 기록되었습니다.

02 다음 글에서 알 수 없는 것은?

출처 | 2017년 민간경력자 PSAT 언어논리

POINT 1	구체적 사건에 대한 일반적 해석(의의, 가치평가)이 핵심이다.	POINT 2	출제자는 글의 핵심을 문제화한다.	POINT 3	[나열열거]되면 구분지어가며 읽어라.

[1]무신정변 이후 집권자들의 권력 쟁탈로 지방에 대한 통제력이 이완되고 지배층의 수탈이 더욱 심해지자 백성들은 이에 저항하는 민란을 일으켰다. [2]이들은 당시 사료에 '산적'이나 '화적', 또는 '초적'이라는 이름의 도적으로 일컬어졌다. [3]최우는 집권 후 야별초를 만들어 이들을 진압하려 했다. [4]야별초는 집권자의 사병처럼 이용되어 주로 민란을 진압하고 정적을 제거하는 데 동원되었다. [5]이들은 그 대가로 월등한 녹봉이나 상여금과 함께 진급에서 특혜를 누렸고, 최씨 정권은 안팎의 위협으로부터 안전할 수 있었다. [6]이후 규모가 방대해진 야별초는 좌별초와 우별초로 나뉘었고 여기에 신의군이 합해져 삼별초로 계승되었다.

[7]1231년 몽고의 공격이 시작되자 최우를 중심으로 한 무인 정권은 항전을 주장하였으나, [8]왕과 문신관료들은 왕권 회복을 희망하여 몽고와의 강화(講和)를 바랐다. [9]대몽 항전을 정권 유지를 위한 방책으로 활용하려 했던 최우는 다수의 반대를 무릅쓰고 강화도 천도를 결행하였으나 [10]이는 지배세력 내의 불만을 증폭시켰으며 [11]백성들에게는 권력자들의 안전만을 도모하는 일종의 배신행위로 받아들여졌다.

[12]이후 무인 정권이 붕괴되자 그 주력부대였던 삼별초는 개경으로 환도한 고려 정부에 불복해 강화도에서 반란을 일으켰다. [13]삼별초의 난이 일어나자 전쟁 중에 몽고 침략 및 지배층의 과중한 수탈에 맞서 싸워 왔던 일반 백성들의 호응이 뒤따랐다. [14]1270년 봉기하여 1273년 진압될 때까지 약 3년에 걸쳐 진행된 삼별초의 난에는 서로 다른 두 가지 성격이 양립하고 있었다. [15]하나는 지배층 내부의 정쟁에서 패배한 무인 정권의 잔존세력이 일으킨 정치적 반란이고, [16]다른 하나는 민란의 전통과 대몽 항쟁의 전통을 계승한 백성들의 항쟁이다. [17]전자는 무너진 무인 정권을 회복하고 눈앞에 닥친 정치적 보복에서 벗어나기 위해 몽고와 고려 정부에 항쟁하던 삼별초의 반란이었다. [18]후자는 새로운 권력층과 침략자의 결탁 속에서 가중되는 수탈에 저항하던 백성들이 때마침 삼별초의 난을 만나 이에 합류하는 형태로 일으킨 민란이었다.

정답 ③

삼별초의 난에서 삼별초와 일반 백성들은 항전의 대상과 목적이 같았다.

해황쌤의 풀이 | 17~18에서 보듯, 둘의 항전 대상은 겹칠 수 있으나 목적은 다릅니다.

03 다음 글에서 알 수 있는 것은?

출처 | 2017년 민간경력자 PSAT 언어논리

POINT 1	구체적 사건에 대한 일반적 해석이 핵심이다.	POINT 2	출제자는 글의 핵심을 문제화한다.	

[1]우리들 대부분이 당연시하지만 세상을 이해하는 데 필요한 몇몇 범주는 표준화를 위해 노력한 국가적 사업에 그 기원이 있다. [2]성(姓)의 세습이 대표적인 사례이다.

[3]부계(父系) 성의 고착화는 대부분의 경우 국가적 프로젝트였으며, 관리가 시민들의 신원을 분명하게 확인할 수 있도록 설계되었다. [4]이 프로젝트의 성공은 국민을 '읽기 쉬운' 대상으로 만드는 데 달려 있다. [5]개개인의 신원을 확보하고 이를 친족 집단과 연결시키는 방법 없이는 세금 징수, 소유권 증서 발행, 징병 대상자 목록 작성 등은 어렵기 때문이다. [6]여기서 짐작할 수 있는 것처럼 부계 성을 고착화하려는 노력은 한층 견고하고 수지맞는 재정 시스템을 구축하려는 국가의 의도에서 비롯되었다.

[7]국민을 효율적으로 통치하기 위한 성의 세습은 시기적으로 일찍 발전한 국가에서 나타났다. [8]이 점과 관련해 중국은 인상적인 사례이다. [9]대략 기원전 4세기에 진(秦)나라는 세금 부과, 노역, 징집 등에 이용하기 위해 백성 대다수에게 성을 부여한 다음 그들의 호구를 파악한 것으로 알려져 있다. [10]이러한 시도가 '라오바이싱'[老百姓]이라는 용어의 기원이 되었으며, 이는 문자 그대로 '오래된 100개의 성'이란 뜻으로 중국에서 '백성'을 의미하게 되었다.

[11]예로부터 중국에 부계전통이 있었지만 진나라 이전에는 몇몇 지배 계층의 가문 및 그 일족을 제외한 백성은 성이 없었다. [12]그들은 성이 없었을 뿐만 아니라 지배 계층을 따라 성을 가질 생각도 하지 않았다. [13]부계 성을 따르도록 하는 진나라의 국가 정책은 가족 내에서 남편에게 우월한 지위를 부여하고, 부인, 자식, 손아랫사람에 대한 법적인 지배권을 주면서 가족 전체에 대한 재정적 의무를 지도록 했다. [14]이러한 정책은 모든 백성에게 인구 등록을 요구했다. [15]아무렇게나 불리던 사람들의 이름에 성을 붙여 분류한 다음, 아버지의 성을 후손에게 영구히 물려주도록 한 것이다.

(정답) ⑤
진나라가 백성에게 성을 부여[9]한 목적은 통치의 효율성[7]을 높이고자 한 것이었다.

① 부계전통의 확립은 중국에서 처음^{알수없음} 이루어졌다.

② 진나라는 모든대다수⁹ 백성에게 새로운^{알수없음} 100개의 성을 부여하였다.

③ 중국의 부계전통은 진나라가 부계 성 정책을 시행함에 따라 만들어졌다예로부터 있었다.¹¹

④ 진나라의 부계 성 정책은 몇몇 지배 계층의 기존 성을 확산하려는 시도⁹였다.

정답 CHECK 자신이 맞힌 문제는 ○, 헷갈리거나 찍었던 문제는 △, 틀렸던 문제는 × 표기해보세요.

01	1 회 독 | 정 답 ( )	02	1 회 독 | 정 답 ( )	03	1 회 독 | 정 답 ( )
	2 회 독 | 정 답 ( )		2 회 독 | 정 답 ( )		2 회 독 | 정 답 ( )
	3 회 독 | 정 답 ( )		3 회 독 | 정 답 ( )		3 회 독 | 정 답 ( )

01 다음 글에서 추론할 수 있는 것은?

출처 | 2017년 민간경력자 PSAT 언어논리

POINT 1	[비교대조]되면 구분지어가며 읽어라.	POINT 2	'언제나', '항상', '모든(모두)', '만only' 같은 강조 표현에 주목한다.

¹조선후기 숙종 때 서울 시내의 무뢰배가 검계를 결성하여 무술훈련을 하였다. ²좌의정 민정중이 '검계의 군사훈련 때문에 한양의 백성들이 공포에 떨고 있으니 이들을 처벌해야 한다.'고 상소하자 임금이 포도청에 명하여 검계 일당을 잡아들이게 하였다. ³포도대장 장봉익은 몸에 칼자국이 있는 자들을 잡아들였는데, 이는 검계 일당이 모두 몸에 칼자국을 내어 자신들과 남을 구별하는 징표로 삼았기 때문이다.

⁴검계는 원래 향도계에서 비롯하였다. ⁵향도계는 장례를 치르기 위해 결성된 계였다. ⁶비용이 많이 소요되는 장례에 대비하기 위해 계를 구성하여 평소 얼마간 금전을 갹출하고, 구성원 중에 상을 당한 자가 있으면 갹출한 금전에 얼마를 더하여 비용을 마련해주는 방식이었다. ⁷향도계는 서울 시내 백성들에게 널리 퍼져 있었으며, 양반들 중에도 가입하는 이들이 있었다. ⁸향도계를 관리하는 조직을 도가라 하였는데, 도가는 점차 죄를 지어 법망을 피하려는 자들을 숨겨주는 소굴이 되었다. ⁹이 도가 내부의 비밀조직이 검계였다.

¹⁰검계의 구성원들은 스스로를 왈짜라 부르고 있었다. ¹¹왈짜는 도박장이나 기생집, 술집 등 도시의 유흥공간을 세력권으로 삼아 활동하는 이들이었다. ¹²하지만 모든 왈짜가 검계의 구성원이었던 것은 아니다. ¹³왈짜와 검계는 모두 폭력성을 지녔고 활동하는 주 무대도 같았지만 왈짜는 검계와 달리 조직화된 집단은 아니었다. ¹⁴부유한 집안의 아들이었던 김홍연은 대과를 준비하다가 너무 답답하다는 이유로 중도에 그만두고 무과 공부를 하였다. ¹⁵그는 무예에 탁월했지만 지방 출신이라는 점이 출세하는 데 장애가 될 것을 염려하여 무과 역시 포기하고 왈짜가 되었다. ¹⁶김홍연은 왈짜였지만 검계의 일원은 아니었다.

정답 ③

향도계는 공공연한 조직⁷이었지만 검계는 비밀조직⁹이었다.

해황쌤의 풀이 | 2문단의 두드러진 [비교대조]를 선지화했습니다.

오답풀이

① 도가의 장은 향도계의 장을 겸임하였다.알 수 없음
② 향도계의 구성원 중에는 검계 출신이 많았다.알 수 없음

④ 몸에 칼자국이 없으면서 검계의 구성원인 왈짜도 있었다. ^{없었다.4}

해황쌤의 풀이 | 3과 모순관계입니다. 지문은 '**검계 → 칼자국**'인데 선지는 이와 모순 관계인 '**검계and~칼자국**'을 주장하므로 반드시 거짓입니다.

⑤ 김홍연이 검계의 일원이 되지 못하고 왈짜에 머물렀던 것은 지방 출신이었기 때문이다. ^{알 수 없음}

해황쌤의 풀이 | 무과를 포기한 이유는 지방 출신이었기 때문이 맞습니다. 하지만 검계의 일원이 되지 '**못한**' 이유에 대해서는 알 수 없습니다.

02 다음 글의 (가)~(다)에 들어갈 진술을 [보기]에서 골라 짝지은 것으로 가장 적절한 것은?

출처 | 2017년 민간경력자 PSAT 언어논리

POINT 1	[비교대조]되면 구분지어가며 읽어라.

¹비어즐리는 '제도론적 예술가'와 '낭만주의적 예술가'의 개념을 대비시킨다. ²낭만주의적 예술가는 사회의 모든 행정과 교육의 제도로부터 독립하여 작업하는 사람이다. ³그는 자기만의 상아탑에 칩거하며, 혼자 캔버스 위에서 일하고, 자신의 돌을 깎고, 자신의 소중한 서정시의 운율을 다듬는다.

⁴그러나 사회와 동떨어져 혼자 작업하더라도 예술가는 작품을 만드는 동안 예술 제도로부터 단절될 수 없다. ⁵⬚ (가) ⬚ ⁶예술가는 특정 예술 제도 속에서 예술의 사례들을 경험하고, 예술적 기술의 훈련이나 교육을 받음으로써 예술에 대한 배경지식을 얻게 된다. ⁷그리고 이와 같은 배경지식이 예술가의 작품 활동에 반영된다.

⁸낭만주의적 예술가 개념은 예술 창조의 주도권이 완전히 개인에게 있으며 예술가가 문화의 진공 상태 안에서 작품을 창조할 수 있다고 가정한다. ⁹하지만 그런 낭만주의적 예술가는 사실상 존재하기 어렵다. ¹⁰심지어 어린 아이들의 그림이나 놀이조차도 문화의 진공 상태에서 이루어지지 않는다. ¹¹⬚ (나) ⬚

¹²어떤 사람이 예술작품을 전혀 본 적 없는 상태에서 진흙으로 어떤 형상을 만들어냈다고 가정해 보자. ¹³이것이 지금까지 본 적이 없던 새로운 형상이라 하더라도, 그 사람은 예술작품을 창조한 것이라 볼 수 없다. ¹⁴⬚ (다) ⬚ ¹⁵비어즐리의 주장과는 달리 예술가는 아무 맥락 없는 진공 상태에서 창작하지 않는다. ¹⁶예술은 어떤 사람이 문화적 역할을 수행한 산물이며, 언제나 문화적 주형(鑄型) 안에 존재한다.

정답 ⑤

(가) – ⓒ 왜냐하면 예술가들은 예술작품을 만들 때 의식적이든 무의식적이든 예술교육을 받으면서 수용한 가치 등을 고려하는데, 그러한 교육은 예술 제도 안에서 이루어지기 때문이다.

(나) – ⓛ 왜냐하면 사람은 두세 살만 되어도 인지구조가 형성되고, 이 과정에서 문화의 영향을 받을 수밖에 없기 때문이다.

(다) – ㉠ 왜냐하면 어떤 사람이 예술작품을 ~~창조~~하였다고 하기 위해서는 그는 예술작품이 무엇인가에 대한 개념을 가지고 있어야 하기 때문이다. 그런데 이 개념을 알기 위해서는 문화가 필요하다.15~16

해황쌤의 풀이 | 여기서 '창조'는 '문화의 진공 상태'에서, '문화적 주형' 밖에서 만들어진 것을 뜻합니다. 그런데 이런 관점에서의 '창조'는 존재할 수 없다는 게 3~4문단의 핵심주장이고요.

03 다음 글에서 알 수 <u>없는</u> 것은?

출처 | 2017년 민간경력자 PSAT 언어논리

POINT 1	같은 판단이라도 동원되는 근거는 다를 수 있다.	POINT 2	질문에 대한 답변이 핵심이다.

¹갈릴레오는 「두 가지 주된 세계 체계에 관한 대화」에서 등장인물인 살비아티에게 자신을 대변하는 역할을 맡겼다. ²심플리치오는 아리스토텔레스의 자연철학을 대변하는 인물로서 살비아티의 대화 상대역을 맡고 있다. ³또 다른 등장인물인 사그레도는 건전한 판단력을 지닌 자로서 살비아티와 심플리치오 사이에서 중재자 역할을 맡고 있다.

⁴이 책의 마지막 부분에서 사그레도는 나흘간의 대화를 마무리하며 <u>코페르니쿠스의 지동설을 옳은 견해로 인정한다.</u> ⁵그리고 그는 그 견해를 지지하는 세 가지 근거를 제시한다. ⁶첫째는 행성의 겉보기 운동과 역행 운동에서, 둘째는 태양이 자전한다는 것과 그 흑점들의 운동에서, 셋째는 조수 현상에서 찾아낸다.

⁷이에 비해 살비아티는 <u>지동설의 근거로서 사그레도가 언급하지 않은 항성의 시차(視差)를 중요하게 다룬다.</u> ⁸살비아티는 지구의 공전을 입증하기 위한 첫 번째 단계로 지구의 공전을 전제로 한 코페르니쿠스의 이론이 행성의 겉보기 운동을 얼마나 간단하고 조화롭게 설명할 수 있는지를 보여준다. ⁹그런 다음 그는 지구의 공전을 전제로 할 때, 공전 궤도의 두 맞은편 지점에서 관측자에게 보이는 항성의 위치가 달라지는 현상, 즉 <u>항성의 시차를 기하학적으로 설명한다.</u>

¹⁰그렇다면 사그레도는 왜 이 중요한 사실을 거론하지 않았을까? ¹¹그것은 세 번째 날의 대화에서 심플리치오가 아리스토텔레스의 이론을 옹호하면서 지동설에 대한 반박 근거로 공전에 의한 항성의 시차가 관측되지 않음을 지적한 것과 관련이 있다. ¹²당시 갈릴레오는 자신의 망원경을 통해 별의 시차를 관측하지 못했다. ¹³그는 그 이유가 항성이 당시 알려진 것보다 훨씬 멀리 있기 때문이라고 주장하였지만, 반대자들에게 그것은 임기응변적인 가설로 치부될 뿐이었다. ¹⁴결국 그 작은 각도가 나중에 더 좋은 망원경에 의해 관측되기까지 항성의 시차는 지동설의 옹호자들에게 '불편한 진실'로 남아 있었다.

지문분석

지문 흐름을 대화로 나타내면 다음과 같습니다.

사그레도: 코페르니쿠스의 지동설이 옳은 듯. 근거가 셋이나 있음.

살비아티: 지동설의 근거로 항성의 시차는 왜 빼먹음?

심플리치오: 시차는 관측 안 되잖아.

살비아티: 너무 멀리 있어서 그래.

심플리치오: 임기응변 쩌네. 너나 믿어라.

살비아티: 사그레도, 나를 믿어줘.

사그레도: 시차는 증거가 없으니까 근거로 삼기는 쫌 그래.

정답 ②

사그레도는 항성의 시차에 관련 기하학적 예측에 근거하여 코페르니쿠스의 지동설을 받아들인다.[7+10]

해황쌤의 풀이 | 사그레도는 항성의 시차를 언급조차 안 했습니다. 근거에서 의도적으로 배제했죠.

오답풀이

①, ④는 **11**(답변), ③은 **6~7**, ⑤는 **7, 9**를 통해 알 수 있습니다.

정답 CHECK 자신이 맞힌 문제는 ○, 헷갈리거나 찍었던 문제는 △, 틀렸던 문제는 × 표기해보세요.

01	1 회 독 | 정 답 ( )	02	1 회 독 | 정 답 ( )	03	1 회 독 | 정 답 ( )
	2 회 독 | 정 답 ( )		2 회 독 | 정 답 ( )		2 회 독 | 정 답 ( )
	3 회 독 | 정 답 ( )		3 회 독 | 정 답 ( )		3 회 독 | 정 답 ( )

01 다음 글의 ㉠~㉤에서 전체 흐름과 맞지 않는 한 곳을 찾아 수정할 때, 가장 적절한 것은?

출처 | 2018년 민간경력자 PSAT 언어논리

POINT 1	일반적 진술은 구체적 진술을 포괄할 수 있어야 한다.	

¹상업적 농업이란 전통적인 자급자족 형태의 농업과 달리 ㉠ 판매를 위해 경작하는 농업을 일컫는다. ²농업이 상업화된다는 것은 산출할 수 있는 최대의 수익을 얻기 위해 경작이 이루어짐을 뜻한다. ³이를 위해 쟁기질, 제초작업 등과 같은 생산 과정의 일부를 인간보다 효율이 높은 기계로 작업하게 되고, 농장에서 일하는 노동자도 다른 산업 분야처럼 경영상의 이유에 따라 쉽게 고용되고 해고된다. ⁴이처럼 상업적 농업의 도입은 근대 사회의 상업화를 촉진한 측면이 있다.

⁵홉스봄은 18세기 유럽에 상업적 농업이 도입되면서 일어난 몇 가지 변화에 주목했다. ⁶중세 말기 장원의 해체로 인해 지주와 소작인 간의 인간적이었던 관계가 사라진 것처럼, ㉡ 농장주와 농장 노동자의 친밀하고 가까웠던 관계가 상업적 농업의 도입으로 인해 사라졌다. ⁷토지는 삶의 터전이라기보다는 수익의 원천으로 여겨지게 되었고, 농장 노동자는 시세대로 고용되어 임금을 받는 존재로 변화하였다. ⁸결국 대량 판매 시장을 위한 ㉢ 대규모 생산이 점점 더 강조되면서 기계가 인간을 대체하기 시작했다.

⁹또한 상업적 농업의 도입은 중요한 사회적 결과를 가져왔다. ¹⁰점차적으로 ㉣ 중간 계급으로의 수렴현상이 나타난 것이다. ¹¹저임금 구조의 고착화로 농장주와 농장 노동자 간의 소득 격차는 갈수록 벌어졌고, 농장 노동자의 처지는 위생과 복지의 양 측면에서 이전보다 더욱 열악해졌다.

¹²나아가 상업화로 인해 그동안 호혜성의 원리가 적용되어 왔던 대상들의 성격이 변화하였는데, 특히 돈과 관련된 것, 즉 재산권이 그러했다. ¹³수익을 얻기 위한 토지 매매가 본격화되면서 ㉤ 재산권은 공유되기보다는 개별화되었다. ¹⁴이에 따라 이전에 평등주의 가치관이 우세했던 일부 유럽 국가에서조차 자원의 불평등한 분배와 사회적 양극화가 심화되었다.

지문분석

이 유형은 지문과 선지를 왔다 갔다 할 필요 없이, 지문을 쭉 정독해 나가면 됩니다. 그러다 흐름이 어색한 곳이 있으면 그때 선지를 보면 빠르게 풀고 넘어갈 수 있습니다. 읽다 보면 ㉣은 뒤에 나오는 구체적 진술과 상반되므로 어색합니다. ④를 확인해 보면 구체적 진술을 올바르게 일반화했으므로 정답입니다.

정답 ④

㉣을 "계급의 양극화가 나타난 것이다."로 고친다.

POINT 1	증가–감소 관계는 문제화될 가능성이 매우매우 높다.	

¹공동의 번영과 조화를 뜻하는 공화(共和)에서 비롯된 공화국이라는 용어는 국가라는 정치 공동체 전체를 위해 때로는 개인의 양보가 필요할 수 있음을 전제하고 있다는 점에서 사회적 공공성 개념과 연결된다. ²이미 1919년 임시 정부가 출범하면서 '민주공화국'이라는 표현이 등장하였고 헌법 제1조에도 '대한민국은 민주공화국'이라고 명시되어 있지만, 분단 이후 북한도 '공화국'이라는 용어를 사용함에 따라 한국에서는 이 용어의 사용이 기피되었다. ³냉전 체제의 고착화로 인해 반공이 국시가 되면서 '공화국'보다는 오히려 '자유민주주의'라는 용어가 훨씬 더 널리 사용되었는데, 이때에도 민주주의보다는 자유가 강조되었다.

⁴그런데 해방 이후 한국 사회에 널리 유포된 자유의 개념은 대체로 서구의 고전적 자유주의 전통에서 비롯된 것이다. ⁵이 전통에서 보자면, 자유란 '국가의 강제에 대립하여 자신의 사유 재산권을 자기 마음대로 행사할 수 있는 것'을 의미한다. ⁶이 같은 자유 개념에 기초하고 있는 자유민주주의에서는 개인의 자유를 강조할수록 사회적 공공성은 약화될 수밖에 없다.

⁷자유민주주의가 1960년대 이후 급속히 팽배하기 시작한 개인주의와 결합하면서 사회적 공공성은 더욱 후퇴하였다. ⁸이 시기 군사정권이 내세웠던 "잘 살아보세."라는 표어는 우리 공동체 전체가 다 함께 잘 사는 것이라기보다는 사실상 나 또는 내 가족만큼은 잘 살아보자는 개인적 욕망의 합리화를 의미했다. ⁹그 결과 공동체 전체의 번영을 위한 사회 전반의 공공성이 강화되기보다는 사유 재산의 증대를 위해 국가의 간섭을 배제해야 한다는 논리가 강화되었던 것이다.

정답 ③
고전적 자유주의에서 비롯된 자유 개념을 강조할수록 사회적 공공성이 약화될 수 있다.⁶

오답풀이
① 한국 사회에서 자유민주주의라는 용어는 공화국의 이념을 충실하게 수용한 것이다.³⁺⁵
② 임시 정부에서 민주공화국이라는 용어를 사용한 것은 자유주의 전통에 따른 것이다.¹
④ 반공이 국시가 된 이후³ 국가 공동체에 대한 충성을 강조한 결과 공공성에 대한 관심이 증대되었다.⁵⁻⁶
⑤ 1960년대 이후 개인주의와 자유민주주의의 결합⁷은 공동체 전체의 번영이라는 사회적 결과를 낳았다.⁹

03 다음 글에서 알 수 있는 것은?

POINT 1	[비교대조]되면 구분지어가며 읽어라.	POINT 2	필자가 중요하다고 하는 내용에 주목하라.

[1]체험사업을 운영하는 이들은 아이들에게 다양한 직업의 현장과 삶의 실상, 즉 현실을 체험하게 해준다고 홍보한다. [2]직접 겪지 못하는 현실을 잠시나마 체험함으로써 미래에 더 좋은 선택을 할 수 있게 한다는 것이다. [3]체험은 생산자에게는 홍보와 돈벌이 수단이 되고, 소비자에게는 교육의 연장이자 주말 나들이 거리가 된다. [4]이런 필요와 전략이 맞물려 체험사업이 번성한다. [5]그러나 이때의 현실은 체험하는 사람의 필요와 여건에 맞추어 미리 짜놓은 현실, 치밀하게 계산된 현실이다. [6]다른 말로 하면 가상현실이다. [7]아이들의 상황을 고려해서 눈앞에 보일 만한 것, 손에 닿을 만한 것, 짧은 시간에 마칠 수 있는 것을 잘 계산해서 마련해 놓은 맞춤형 가상현실인 것이다. [8]눈에 보이지 않는 구조, 손에 닿지 않는 제도, 장기간 반복되는 일상은 체험행사에서는 제공될 수 없다.

[9]여기서 주목해야 할 것은 경험과 체험의 차이이다. [10]경험은 타자와의 만남이다. [11]반면 체험 속에서 인간은 언제나 자기 자신만을 볼 뿐이다. [12]타자들로 가득한 현실을 경험함으로써 인간은 스스로 변화하는 동시에 현실을 변화시킬 동력을 얻는다. [13]이와 달리 가상현실에서는 그것을 체험하고 있는 자신을 재확인하는 것으로 귀결되기 마련이다. [14]경험 대신 체험을 제공하는 가상현실은 실제와 가상의 경계를 모호하게 할 뿐만 아니라 우리를 현실에 순응하도록 이끈다. [15]요즘 미래 기술로 각광받는 디지털 가상현실 기술은 경험을 체험으로 대체하려는 오랜 시도의 결정판이다. [16]버튼 하나만 누르면 3차원으로 재현된 세계가 바로 앞에 펼쳐진다. [17]한층 빠르고 정교한 계산으로 구현한 가상현실은 우리에게 필요한 모든 것을 눈앞에서 체험할 수 있는 본격 체험사회를 예고하는 것만 같다.

지문분석

지문에서 경험과 체험의 차이에 주목해야 한다며 [비교대조]를 했습니다. 네모는 네모끼리, 세모는 세모끼리 잘 엮은 선지를 찾으면 됩니다.

정답 ②

현실을 변화시킬 수 있는 동력은 체험이 아닌 현실을 경험함으로써 얻게 된다.[12]

오답풀이

① 체험사업은 장기간의 반복적 일상[8]을 가상현실을 통해 경험하도록 해준다.

③ 가상현실은 실제와 가상 세계의 경계를 구분하여 모호하게 하여[14] 자기 자신을 체험할 수 없도록 한다.

④ 체험사업은 아이들에게 타자와의 만남을 경험하게 해줌으로써 경제적 이윤을 얻고 있다.

⑤ 디지털 가상현실 기술은 아이들에게 현실을 경험하게 함으로써 미래에 더 좋은 선택을 하도록 돕는다.

01 다음 글에서 알 수 없는 것은?

출처 | 2018년 민간경력자 PSAT 언어논리

POINT 1	[비교대조]를 통해 강조할 수 있다.	POINT 2	출제자는 글의 핵심을 문제화한다.

[1]고대에는 별이 뜨고 지는 것을 통해 방위를 파악했다. [2]최근까지 서태평양 캐롤라인 제도의 주민은 현대식 항해 장치 없이도 방위를 파악하여 카누 하나만으로 드넓은 열대 바다를 항해하였다. [3]인류학자들에 따르면, 그들은 별을 나침반처럼 이용하여 여러 섬을 찾아다녔고 이때의 방위는 북쪽의 북극성, 남쪽의 남십자성, 그 밖에 특별히 선정한 별이 뜨고 지는 것에 따라 정해졌다.

[4]캐롤라인 제도는 적도의 북쪽에 있어서 그 주민들은 북쪽 수평선의 바로 위쪽에서 북극성을 볼 수 있다. [5]북극성은 천구의 북극점으로부터 매우 가까운 거리에서 작은 원을 그리며 공전한다. [6]천구의 북극점은 지구 자전축의 북쪽 연장선상에 있기 때문에 천구의 북극점에 있는 별은 공전을 하지 않고 정지된 것처럼 보인다. [7]이처럼 천구의 북극점에 있는 별을 제외하고 북극성을 포함한 별이 천구의 북극점을 중심으로 공전하는 것처럼 보이는 것은 지구가 자전하기 때문이다.

[8]캐롤라인 제도의 주민이 북쪽을 찾기 위해 이용했던 북극성은 자기(磁氣) 나침반보다 더 정확하게 천구의 북극점을 가리킨다. [9]이는 나침반의 바늘이 지구의 자전축으로부터 거리가 멀리 떨어져 있는 지구자기의 북극점을 향하기 때문이다. [10]또한 천구의 남극점 근처에서 쉽게 관측할 수 있는 고정된 별은 없으므로 캐롤라인 제도의 주민은 남극점 자체를 볼 수 없다. [11]그러나 남십자성이 천구의 남극점 주위를 돌고 있으므로 남쪽을 파악하는 데는 큰 어려움이 없다.

지문분석

북극성을 통해 북쪽을 찾는 것이 얼마나 정확한지를 강조하기 위해 나침반과 비교하여 강조했습니다. 이를 잘 이해했는지 묻는 선지가 ④입니다.

정답 ④

자기 나침반을 이용하면 북극성을 이용할 때보다 더덜 정확히 천구의 북극점을 찾을 수 있다.[8]

오답풀이

①은 1~2(별 활용)를, ②는 11을, ③은 6을, ⑤는 7을 통해 알 수 있습니다.

POINT 1	[비교대조]를 통해 강조할 수 있다.

---

¹유교 전통에서는 이상적 정치가 군주 개인의 윤리적 실천에 의해 실현된다고 보았을 뿐 윤리와 구별되는 정치 그 자체의 독자적 영역을 설정하지는 않았다. ²달리 말하면 유교 전통에서는 통치자의 윤리만을 문제 삼았을 뿐, 갈등하는 세력들 간의 공존을 위한 정치나 정치제도에는 관심을 두지 않았다. ³유교 전통의 이런 측면은 동아시아에서의 민주주의의 실현 가능성을 제한하였다.

⁴'조화(調和)'를 이상으로 생각하는 유교의 전통 또한 차이와 갈등을 긍정하는 서구의 민주주의 정치 전통과는 거리가 있다. ⁵유교 전통에 따르면, 인간의 행위와 사회 제도는 모두 자연의 운행처럼 조화를 이루어야 한다. ⁶조화를 이루지 못하는 것은 근본적으로 그릇된 것이기 때문에 모든 것은 계절이 자연스럽게 변화하듯 조화를 실현해야 한다. ⁷그러나 서구의 개인주의적 맥락에서 보자면 정치란 서로 다른 개인들 간의 갈등을 조정하는 제도적 장치를 마련하는 과정이었다. ⁸그 결과 서구의 민주주의 사회에서는 다양한 정치적 입장들이 독자적인 형태를 취하면서 경쟁하며 공존할 수 있었다.

⁹물론 유교 전통하에서도 다양한 정치적 입장들이 존재했다고 주장할 수 있다. ¹⁰군주 절대권이 인정되었다고 해도, 실질적 국가운영을 맡았던 것은 문사(文士) 계층이었고 이들은 다양한 정치적 견해를 군주에게 전달할 수 있었다. ¹¹문사 계층은 윤리적 덕목을 군주가 실천하도록 함으로써 갈등 자체가 발생하지 않도록 힘썼다. ¹²또한 이들은 유교 윤리에서 벗어난 군주의 그릇된 행위를 비판하기도 하였다. ¹³그렇다고 하더라도 이들이 서구의 계몽사상가들처럼 기존의 유교적 질서와 다른 정치적 대안을 제시할 수는 없었다. ¹⁴이들에게 정치는 윤리와 구별되는 독자적 영역으로 인식되지 못하였다.

정답 ②
유교 전통에서 문사 계층은 기존 유교적 질서와 다른 정치적 대안을 제시하지는 못했다.¹³

해황쌤의 풀이 | 4~8, 13은 서구와 비교하여 유교 전통에서 다른 정치적 대안(=민주주의)을 실현하지 못했음을 강조합니다.

오답풀이

① 유교 전통에서 사회적 갈등을 원활히 관리하지 못하는 군주는 교체될 수 있었다. ^{알 수 없음}
③ 조화를 강조하는 유교 전통에서는 서구의 민주주의와 다른 새로운 유형의 민주주의가 등장하였다.³
④ 유교 전통에서는 조화의 이상에 따라 군주의 주도로 갈등하는 세력이 공존하는 정치가 유지될 수 있었다.⁴
⑤ 군주의 통치 행위에 대해 다양하게 비판할 수 있었던 유교 전통으로 인해 동아시아에서 민주주의가 발전하였다.³

03 다음 글에서 알 수 <u>없는</u> 것은?

출처 | 2018년 민간경력자 PSAT 언어논리

POINT 1	'반드시/항상/언제나/예외 없이/관계없이' 같은 강조 표현에 주목하라.	

[1]루머는 구전과 인터넷을 통해 확산되고, 그 과정에서 여러 사람들의 의견이 더해진다. [2]루머는 특히 사회적 불안감이 형성되었을 때 빠르게 확산되는데, 이는 사람들이 사회적·개인적 불안감을 해소하기 위한 수단으로 루머에 의지하기 때문이다.

[3]나아가 루머가 확산되는 데는 사회적 동조가 중요한 영향을 미친다. [4]<u>사회적 동조란 '다수의 의견이나 사회적 규범에 개인의 의견과 행동을 맞추거나 동화시키는 경향'</u>을 뜻한다. [5]사회적 동조는 루머가 사실로 인식되고 대중적으로 수용되는 과정에서도 큰 영향력을 행사한다.

[6]사회적 동조는 개인이 어떤 정보에 대해 판단하거나 그에 대한 태도를 결정하는 데 정당성을 제공한다. [7]다수의 의견을 따름으로써 어떤 정보를 믿는 것에 대한 합리적 이유를 갖게 되는 것이다. [8]실제로 루머에 대한 지지 댓글을 많이 본 사람들은 루머에 대한 반박 댓글을 많이 본 사람들에 비해 루머를 사실로 믿는 경향이 더욱 강한 것으로 나타났다. [9]또한 사회적 동조가 있는 상태에서는 개인의 성향과 상관없이 루머를 사실이라고 믿는 경우가 많았다.

[10]사회적 동조의 또 다른 역할은 사람들이 자신의 의견을 제시할 때 사회적 분위기를 고려하게 하는 것이다. [11]소속된 집단으로부터 소외되지 않기 위해서 다수에 의해 지지되는 의견을 따라가는 현상이 발생하기도 한다. [12]이와 같은 현상은 개인주의 문화권보다는 집단주의 문화권에 있는 사람들에게서 더 잘 나타난다. [13]집단주의 문화권 사람들은 루머를 믿는 사람들로부터 루머에 대한 정보를 얻고 그것을 근거로 하여 판단하며, 다른 사람들의 의견에 개인의 생각을 일치시키는 경향이 두드러진다.

정답 ⑤

사회적 동조가 있을 때, 충동적인 사람들은 충동적이지 않은 사람들에 비해 루머를 사실로 믿는 경향이 더 강하다.[9]

해황쌤의 풀이 9는 "사회적 동조가 있는 상태에서는 루머를 사실이라고 믿는 경우가 많았다."라고만 표현해도 충분합니다. 그런데 '개인의 성향과 상관없이'가 들어감으로써 내용이 더 강조됐고, 출제자는 이를 정답으로 만들었습니다.

오답풀이

①은 2, ②는 6~9, ③은 12~13, ④는 8을 통해 알 수 있습니다.

해황쌤의 풀이 ④와 8은 둘 다 x<y를 나타냅니다. 단지 주어를 x로 두냐, y로 두냐에 따라 표현이 달라졌을 뿐이죠.

정답 CHECK	자신이 맞힌 문제는 ○, 헷갈리거나 찍었던 문제는 △, 틀렸던 문제는 × 표기해보세요.		
01	1 회 독 | 정 답 ( )	**02**	1 회 독 | 정 답 ( )	**03**	1 회 독 | 정 답 ( )
	2 회 독 | 정 답 ( )		2 회 독 | 정 답 ( )		2 회 독 | 정 답 ( )
	3 회 독 | 정 답 ( )		3 회 독 | 정 답 ( )		3 회 독 | 정 답 ( )

DAY 21   85

01 다음 글에서 알 수 있는 것만을 [보기]에서 모두 고르면?

출처 | 2018년 민간경력자 PSAT 언어논리

POINT 1	'(반드시) ~해야(만) 한다', '필요하다', '요구된다' 같은 논리적 필요조건에 주목하라.	POINT 2	문제에 대한 해결책이 핵심이다.	

¹사람은 사진이나 영상만 보고도 어떤 사물의 이미지인지 아주 쉽게 분별하지만 컴퓨터는 매우 복잡한 과정을 거쳐야만 분별할 수 있다. ²이를 해결하기 위해 컴퓨터가 스스로 학습하면서 패턴을 찾아내 분류하는 기술적 방식인 '기계학습'이 고안됐다. ³기계학습을 통해 컴퓨터가 입력되는 수많은 데이터 중에서 비슷한 것들끼리 분류할 수 있도록 학습시킨다. ⁴데이터 분류 방식을 컴퓨터에게 학습시키기 위해 많은 기계학습 알고리즘이 개발되었다.

⁵기계학습 알고리즘은 컴퓨터에서 사용되는 사물 분별 방식에 기반하고 있는데, 이러한 사물 분별 방식은 크게 '지도 학습'과 '자율 학습' 두 가지로 나뉜다. ⁶초기의 기계학습 알고리즘들은 대부분 지도 학습에 기초하고 있다. ⁷지도 학습 방식에서는 컴퓨터에 먼저 '이런 이미지가 고양이야'라고 학습시키면, 컴퓨터는 학습된 결과를 바탕으로 고양이 사진을 분별하게 된다. ⁸따라서 사전 학습 데이터가 반드시 제공되어야 한다. ⁹사전 학습 데이터가 적으면 오류가 커지므로 데이터의 양도 충분해야만 한다. ¹⁰반면 지도 학습 방식보다 진일보한 방식인 자율 학습에서는 이 과정이 생략된다. ¹¹'이런 이미지가 고양이야'라고 학습시키지 않아도 컴퓨터는 자율적으로 '이런 이미지가 고양이군'이라고 학습하게 된다. ¹²이러한 자율 학습 방식을 응용하여 '심화신경망' 알고리즘을 활용한 기계학습 분야를 '딥러닝'이라고 일컫는다.

¹³그러나 딥러닝 작업은 고도의 연산 능력이 요구되기 때문에, 웬만한 컴퓨팅 능력으로는 이를 시도하기 쉽지 않았다. ¹⁴A 교수가 1989년에 필기체 인식을 위해 심화신경망 알고리즘을 도입했을 때 연산에만 3일이 걸렸다는 사실은 잘 알려져 있다. ¹⁵하지만 고성능 CPU가 등장하면서 연산을 위한 시간의 문제는 자연스럽게 해소되었다. ¹⁶딥러닝 기술의 활용 범위는 RBM과 드롭아웃이라는 새로운 알고리즘이 개발된 후에야 비로소 넓어졌다.

지문분석

기계학습 알고리즘으로 각 학습의 필요 조건(반드시 ~해야 한다, 요구된다)을 선지화하였습니다. 이에 유의하여 [보기]를 확인해 봅시다.

정답 ①

㉠ 지도 학습 방식을 사용하여 컴퓨터가 사물을 분별하기 위해서는 사전 학습 데이터가 주어져야 한다.⁸

02 다음 글의 문맥상 (가)~(마)에 들어갈 내용으로 적절하지 **않은** 것은?

출처 | 2019년 민간경력자 PSAT 언어논리

POINT 1	근거를 토대로 논리적으로 판단하라.	POINT 2	일반적 진술은 구체적 진술을 포괄할 수 있어야 한다.	

[1]'방언(方言)'이라는 용어는 표준어와 대립되는 개념으로 사용될 수 있다. [2]이때 방언이란 '교양 있는 사람들이 두루 쓰는 현대 서울말'로서의 표준어가 아닌 말, 즉 비표준어라는 뜻을 갖는다. [3]사령 ___(가)___ 는 생각에는 방언을 비표준어로서 낮잡아 보는 인식이 담겨 있다. [4]이러한 개념으로서의 방언은 '사투리'라는 용어로 바뀌어 쓰이는 수가 많다. [5]'충청도 사투리', '평안도 사투리'라고 할 때의 사투리는 대개 이러한 개념으로 쓰이는 경우이다. [6]이때의 방언이나 사투리는, 말하자면 표준어인 서울말이 아닌 어느 지역의 말을 가리키거나, 더 나아가 ___(나)___ 을 일컫는다. [7]이러한 용법에는 방언이 표준어보다 열등하다는 오해와 편견이 포함되어 있다. [8]여기에는 표준어보다 못하다거나 세련되지 못하고 규칙에 엄격하지 않다와 같은 부정적 평가가 담겨 있는 것이다. [9]그런가 하면 사투리는 한 지역의 언어 체계 전반을 뜻하기보다 그 지역의 말 가운데 표준어에는 없는, 그 지역 특유의 언어 요소만을 일컫기도 한다. [10]___(다)___ 고 할 때의 사투리가 그러한 경우에 해당된다.

[11]언어학에서의 방언은 한 언어를 형성하고 있는 하위 단위로서의 언어 체계 전부를 일컫는 말로 사용된다. [12]가령 한국어를 예로 들면 한국어를 이루고 있는 각 지역의 말 하나하나, 즉 그 지역의 언어 체계 전부를 방언이라 한다. [13]서울말은 이 경우 표준어이면서 한국어의 한 방언이다. [14]그리고 나머지 지역의 방언들은 ___(라)___. [15]이러한 의미에서의 '충청도 방언'은, 충청도에서만 쓰이는, 표준어에도 없고 다른 도의 말에도 없는 충청도 특유의 언어 요소만을 가리키는 것이 아니다. [16]'충청도 방언'은 충청도의 토박이들이 전래적으로 써 온 한국어 전부를 가리킨다. [17]이 점에서 한국어는 ___(마)___.

정답 ⑤

(마): 표준어와 지역 방언의 공통부분을 지칭하는 개념이다.

해황쌤의 풀이 | '방언'에 대한 인상적 개념이 1문단에, 학술적 개념이 2문단에 제시됐습니다. 이 문항은 상식에 어긋나는, 학술적 개념으로서의 '방언'을 잘 이해했는지 묻는 문항으로 볼 수 있습니다. 11~12를 잘 이해했다면 이를 근거로 (마)에 "한국에서 쓰이는 각 방언의 합집합이라고 할 수 있다."라는 판단을 넣을 수 있습니다. 그런데 ⑤는 합집합이 아니라 교집합이라고 했으므로 적절하지 않습니다.

① (가): 바른말을 써야 하는 아나운서가 방언을 써서는 안 된다 ← [2]비표준어

② (나): 표준어가 아닌, 세련되지 못하고 격을 갖추지 못한 말 ← [7]오해와 편견

③ (다): 사투리를 많이 쓰는 사람과는 의사소통이 어렵다 ← [9]표준어에는 없는, 그 지역 특유의 언어 요소

④ (라): 한국어라는 한 언어의 하위 단위이기 때문에 방언이다 ← [12]그 지역의 언어 체계 전부를 방언

03 다음 글에서 알 수 <u>없는</u> 것은?

출처 | 2019년 민간경력자 PSAT 언어논리

POINT 1	'(반드시) ~해야(만) 한다' 같은 논리적 필요조건에 주목하라.	

[1]A효과란 기업이 시장에 최초로 진입하여 무형 및 유형의 이익을 얻는 것을 의미한다. [2]반면 뒤늦게 뛰어든 기업이 앞서 진출한 기업의 투자를 징검다리로 이용하여 성공적으로 시장에 안착하는 것을 B효과라고 한다. [3]물론 B효과는 후발진입기업이 최초진입기업과 동등한 수준의 기술 및 제품을 보다 낮은 비용으로 개발할 수 있을 때만 가능하다.

[4]생산량이 증가할수록 평균생산비용이 감소하는 규모의 경제 효과 측면에서, 후발진입기업에 비해 최초진입기업이 유리하다. [5]즉 대량 생산, 인프라 구축 등에서 우위를 조기에 확보하여 효율성 증대와 생산성 향상을 꾀할 수 있다. [6]반면 후발진입기업 역시 연구개발 투자 측면에서 최초진입기업에 비해 상대적으로 유리한 면이 있다. [7]후발진입기업의 모방 비용은 최초진입기업이 신제품 개발에 투자한 비용 대비 65% 수준이기 때문이다. [8]최초진입기업의 경우, 규모의 경제 효과를 얼마나 단기간에 이룰 수 있는가가 성공의 필수 요건이 된다. [9]후발진입기업의 경우, 절감된 비용을 마케팅 등에 효과적으로 투자하여 최초진입기업의 시장 점유율을 단기간에 빼앗아 오는 것이 성공의 핵심 조건이다.

[10]규모의 경제 달성으로 인한 비용상의 이점 이외에도 최초진입기업이 누릴 수 있는 강점은 강력한 진입 장벽을 구축할 수 있다는 것이다. [11]시장에 최초로 진입했기에 소비자에게 우선적으로 인식된다. [12]그로 인해 후발진입기업에 비해 적어도 인지도 측면에서는 월등한 우위를 확보한다. [13]또한 기술적 우위를 확보하여 라이센스, 특허 전략 등을 통해 후발진입기업의 시장 진입을 방해하기도 한다. [14]뿐만 아니라 소비자들이 후발진입기업의 브랜드로 전환하려고 할 때 발생하는 노력, 비용, 심리적 위험 등을 마케팅에 활용하여 후발진입기업이 시장에 진입하기 어렵게 할 수도 있다. [15]결국 A효과를 극대화할 수 있는지는 규모의 경제 달성 이외에도 얼마나 오랫동안 후발주자가 진입하지 못하도록 할 수 있는가에 달려 있다.

정답 ①

① 최초 진입기업은 후발진입기업에 비해 매년 더 많은 마케팅 비용을 사용한다. ^{알 수 없음}

오답풀이

②는 **7**, ③은 **1, 11~12**, ④는 **9**, ⑤는 **3**을 통해 알 수 있습니다.

해황쌤의 풀이 | 참고로 ④, ⑤는 출제자가 논리적 조건문에 주목하며 만들어진 선지입니다. 앞서 배운 내용이지만 혹 잊은 분들을 위해 한 번 더 제시합니다!

'B는 A의 필수요건/필요조건/핵심조건/선결조건이다.' = 'B가 성립하지 않으면 A가 성립할 수 없다.' = 'A이면 B이다.' = 'B가 성립해야만 A가 성립한다.'

01 다음 글에서 알 수 있는 것은?

출처 | 2019년 민간경력자 PSAT 언어논리

POINT 1	지문에 계산할 여지가 있다면 이를 묻는 선지에 주목하라.	POINT 2	문제에 대한 해결책이 핵심이다.	

> [1]1996년 미국, EU 및 캐나다는 일본에서 위스키의 주세율이 소주에 비해 지나치게 높다는 이유로 일본을 WTO에 제소했다. [2]WTO 패널은 제소국인 미국, EU 및 캐나다의 손을 들어주었다. [3]이 판정을 근거로 미국과 EU는 한국에 대해서도 소주와 위스키의 주세율을 조정해줄 것을 요구했는데, 받아들여지지 않자 한국을 WTO에 제소했다. [4]당시 소주의 주세율은 증류식이 50%, 희석식이 35%였는데, 위스키의 주세율은 100%로 소주에 비해 크게 높았다. [5]한국에 위스키 원액을 수출하던 EU는 1997년 4월에 한국을 제소했고, 5월에는 미국도 한국을 제소했다. [6]패널은 1998년 7월에 한국의 패소를 결정했다.
>
> [7]패널의 판정은, 소주와 위스키가 직접적인 경쟁 관계에 있고 동시에 대체 관계가 존재하므로 국산품인 소주에 비해 수입품인 위스키에 높은 주세율을 적용하고 있는 한국의 주세 제도가 WTO 협정의 내국민대우 조항에 위배된다는 것이었다. [8]그리고 3개월 후 한국이 패널의 판정에 대해 상소했으나 상소 기구에서 패널의 판정이 그대로 인정되었다. [9]따라서 한국은 소주와 위스키 간 주세율의 차이를 해소해야 했는데, 그 방안은 위스키의 주세를 낮추거나 소주의 주세를 올리는 것이었다. [10]당시 어느 것이 옳은가에 대한 논쟁이 적지 않았다. [11]결국 소주의 주세율은 올리고 위스키의 주세율은 내려서, 똑같이 72%로 맞추는 방식으로 2000년 1월 주세법을 개정하여 차이를 해소했다.

정답 ②

2000년 주세법 개정 결과 희석식 소주가 증류식 소주보다 주세율 상승폭이 컸다.[4+11]

해황쌤의 풀이 | 희석식 소주는 (72-35)%p, 증류식 소주는 (72-50)%p 상승했죠. [해결책]을 잘 이해했는지 묻는 선지로 볼 수 있습니다. 참고로 출제자는 지문에 계산할 여지가 있으면, 선지를 통해 계산을 잘 했는지 확인하는 선지를 제시하곤 합니다. 정답!

오답풀이

① WTO 협정에 따르면, 제품 간 대체 관계가 존재하면 세율이 같아야 한다.[7]

해황쌤의 풀이 | 직접적인 경쟁 관계와 제품 간 대체 관계가 동시에 성립해야 합니다. 참고로 7은 (A&B) → C꼴인데, 선지는 B → C꼴이죠? (A&B) → C로부터 B → C를 추론하는 것은 타당하지 않습니다. 외워도 좋은 논리패턴입니다.

③ 2000년 주세법 개정 이후 소주와 위스키의 세금 총액은 개정 전에 비해 증가하였다.^{알 수 없음}

④ 미국, EU 및 캐나다^{알 수 없음}는 일본과의 WTO 분쟁 판정 결과를 근거로 한국에서도 주세율을 조정하고자 했다.

⑤ 한국의 소주와 위스키의 주세율을 일본과 동일하게^{알 수 없음} 하라는 권고가 WTO 패널의 판정에 포함되어 있다.

해황쌤의 풀이 | '동일'이라는 표현이 지문에 있으면 선지화될 가능성이 높고, 선지에 있으면 적절하지 않을 가능성이 높습니다.

02 다음 글의 내용과 부합하지 <u>않는</u> 것은?

POINT 1	[비교대조]는 구분지어가며 읽어라.	

---

¹기원전 3천 년쯤 처음 나타난 원시 수메르어 문자 체계는 두 종류의 기호를 사용했다. ²한 종류는 숫자를 나타냈고, 1, 10, 60 등에 해당하는 기호가 있었다. ³다른 종류의 기호는 사람, 동물, 사유물, 토지 등을 나타냈다. ⁴두 종류의 기호를 사용하여 수메르인들은 많은 정보를 보존할 수 있었다.

⁵이 시기의 수메르어 기록은 사물과 숫자에 한정되었다. ⁶쓰기는 시간과 노고를 요구하는 일이었고, 기호를 읽고 쓸 줄 아는 사람은 얼마 되지 않았다. ⁷이런 고비용의 기호를 장부 기록 이외의 일에 활용할 이유가 없었다. ⁸현존하는 원시 수메르어 문서 가운데 예외는 하나뿐이고, 그 내용은 기록하는 일을 맡게 된 견습생이 교육을 받으면서 반복해서 썼던 단어들이다. ⁹지루해진 견습생이 자기 마음을 표현하는 시를 적고 싶었더라도 그는 그렇게 할 수 없었다. ¹⁰원시 수메르어 문자 체계는 완전한 문자 체계가 아니었기 때문이다. ¹¹완전한 문자 체계란 구어의 범위를 포괄하는 기호 체계, 즉 시를 포함하여 사람들이 말하는 것은 무엇이든 표현할 수 있는 체계이다. ¹²반면에 불완전한 문자 체계는 인간 행동의 제한된 영역에 속하는 특정한 종류의 정보만 표현할 수 있는 기호 체계다. ¹³라틴어, 고대 이집트 상형문자, 브라유 점자는 완전한 문자 체계이다. ¹⁴이것들로는 상거래를 기록하고, 상법을 명문화하고, 역사책을 쓰고, 연애시를 쓸 수 있다. ¹⁵이와 달리 원시 수메르어 문자 체계는 수학의 언어나 음악 기호처럼 불완전했다. ¹⁶그러나 수메르인들은 불편함을 느끼지 않았다. ¹⁷그들이 문자를 만들어 쓴 이유는 구어를 고스란히 베끼기 위해서가 아니라 거래 기록의 보존처럼 구어로는 하지 못할 일을 하기 위해서였기 때문이다.

정답 ⑤

원시 수메르어 문자와 마찬가지로 고대 이집트 상형문자는 구어의 범위를 포괄하지 못했다.

해황쌤의 풀이 | 고대 이집트 상형문자는 구어의 범위를 포괄합니다.

오답풀이

①은 17, ②는 9~10, ③은 6, ④는 2~3을 통해 알 수 있습니다.

03 다음 글에서 알 수 있는 것은?

POINT 1	지문에 계산할 여지가 있다면 이를 묻는 선지에 주목하라.	POINT 2	문제에 대한 해결책이 핵심이다.	

¹조선 왕조가 개창될 당시에는 승려에게 군역을 부과하지 않는 것이 상례였는데, 이를 노리고 승려가 되어 군역을 피하는 자가 많았다. ²태조 이성계는 이를 막기 위해 국왕이 되자마자 앞으로 승려가 되려는 자는 빠짐없이 일종의 승려 신분증인 도첩을 발급 받으라고 명했다. ³그는 도첩을 받은 자만 승려가 될 수 있으며 도첩을 신청할 때는 반드시 면포 150필을 내야 한다는 규정을 공포했다. ⁴그런데 평범한 사람이 면포 150필을 마련하기란 쉽지 않았다. ⁵이 때문에 도첩을 위조해 승려 행세하는 자들이 생겨났다.

⁶태종은 이 문제를 해결하고자 즉위한 지 16년째 되는 해에 담당 관청으로 하여금 도첩을 위조해 승려 행세하는 자를 색출하게 했다. ⁷이처럼 엄한 대응책 탓에 도첩을 위조해 승려 행세하는 사람은 크게 줄어들었다. ⁸하지만 정식으로 도첩을 받은 후 승려 명부에 이름만 올려놓고 실제로는 승려 생활을 하지 않는 부자가 많은 것이 드러났다. ⁹이런 자들은 불교 지식도 갖추지 않은 것으로 나타났다. ¹⁰태종과 태종의 뒤를 이은 세종은 태조가 세운 방침을 준수할 뿐 이 문제에 대해 특별한 대책을 내놓지 않았다.

¹¹세조는 이 문제를 해결하기 위해 즉위하자마자 담당 관청에 대책을 세우라고 명했다. ¹²그는 수년 후 담당 관청이 작성한 방안을 바탕으로 새 규정을 시행하였다. ¹³이 방침에는 도첩을 신청한 자가 내야 할 면포 수량을 30필로 낮추되 불교 경전인 심경, 금강경, 살달타를 암송하는 자에게만 도첩을 준다는 내용이 있었다. ¹⁴세조의 뒤를 이은 예종은 규정을 고쳐 도첩 신청자가 납부해야 할 면포 수량을 20필 더 늘리고, 암송할 불경에 법화경을 추가하였다. ¹⁵이처럼 기준이 강화되자 도첩 신청자 수가 줄어들었다. 이에 성종 때에는 세조가 정한 규정으로 돌아가자는 주장이 나왔다. ¹⁶하지만 성종은 이를 거부하고, 예종 때 만들어진 규정을 그대로 유지했다.

정답 ⑤

세종 때 도첩 신청자가 내도록 규정된 면포 수량(150필¹⁰)은 예종 때 도첩 신청자가 내도록 규정된 면포 수량(50필¹⁴)보다 많았다.

해황쌤의 풀이 | ④, ⑤에서 보듯, 출제자는 지문에 계산할 여지가 있으면, 선지를 통해 계산을 잘 했는지 확인하는 선지를 제시하곤 합니다. 예종 때는 기존 30필에 20필을 더 늘렸으니 총 50필을 납부해야 합니다.

오답풀이

① 태종은 도첩을 위조해 승려가 된 자를 색출한 후 ~~면포 30필을 내게 했다.~~ 알 수 없음

② 태조는 자신이 국왕이 되기 전부터²~³ 승려였던 자들에게 면포 150필을 일괄적으로 거두어들였다.

③ 세조가 즉위한 해부터¹²~¹³ 심경, 금강경, 살달타를 암송한 자에게만 도첩을 발급한다는 규정이 시행되었다.

④ 성종은 법화경을 암송할 수 있다는 사실을 인정받은 자가 면포 ~~20필~~50필¹⁴⁺¹⁶을 납부할 때에만 도첩을 내주게 했다.

01 다음 글에서 알 수 있는 것은?

출처 | 2019년 민간경력자 PSAT 언어논리

POINT 1	비례/반비례 관계는 반드시 선지화된다.	POINT 2	서로 다른 문단을 억지로 연결시킨 선지를 주의하라.	

[1]대부분의 미국 경찰관은 총격 사건을 경험하지 않고 은퇴하지만, 그럼에도 매년 약 600명이 총에 맞아 사망하고, 약 200명은 부상당한다. [2]미국에서 총격 사건 중 총기 발사 경험이 있는 경찰관 대부분이 심리적 문제를 보인다.

[3]총격 사건을 겪은 경찰관을 조사한 결과, 총격 사건이 일어나는 동안 발생하는 중요한 심리현상 중의 하나가 시간·시각·청각왜곡을 포함하는 지각왜곡이었다. [4]83%의 경찰관이 총격이 오가는 동안 시간왜곡을 경험했는데, 그들 대부분은 한 시점에서 시간이 감속하여 모든 것이 느려진다고 느꼈다. [5]또한 56%가 시각왜곡을, 63%가 청각왜곡을 겪었다. [6]시각왜곡 중에서 가장 빈번한 증상은 한 가지 물체에만 주의가 집중되고 그 밖의 장면은 무시되는 것이다. [7]청각왜곡은 권총 소리, 고함 소리, 지시 사항 등의 소리를 제대로 듣지 못하는 것이다.

[8]총격 사건에서 총기를 발사한 경찰관은 사건 후 수많은 심리증상을 경험한다. [9]가장 일반적인 심리증상은 높은 위험 지각, 분노, 불면, 고립감 등인데, 이러한 반응은 특히 총격 피해자 사망 시에 잘 나타난다. [10]총격 사건을 겪은 경찰관은 이전에 생각했던 것보다 자신의 직업이 더욱 위험하다고 지각하게 된다. [11]그들은 총격 피해자, 부서, 동료, 또는 사회에 분노를 느끼기도 하는데, 이는 자신을 누군가에게 총을 쏴야만 하는 상황으로 몰아넣었다는 생각 때문에 발생한다. [12]이러한 심리증상은 그 정도에서 큰 차이를 보였다. [13]37%의 경찰관은 심리증상이 경미했고, 35%는 중간 정도이며, 28%는 심각했다. [14]이러한 심리증상의 정도는 총격 사건이 발생한 상황에서 경찰관 자신의 총기 사용이 얼마나 정당했는가와 반비례하는 것으로 보인다. [15]수적으로 열세인 것, 권총으로 강력한 자동화기를 상대해야 하는 것 등의 요소가 총기 사용의 정당성을 높여준다.

정답 ⑤
범죄자가 경찰관보다 강력한 무기로 무장했을 경우 경찰관이 총격 사건 후 경험하는 심리증상은 반대의 경우보다 약할 것이다.[14~15]

해황쌤의 풀이 | 범죄자가 강력한 무기로 무장했을 경우 반대의 경우보다 총기 사용의 정당성이 높아질 것[15]이고, 이에 반비례하는 심리증상은 반대의 경우보다 약할 것[14]입니다.

① 총격 사건 중에 경험하는 지각왜곡 중에서 청각왜곡 ~~시간왜곡~~[4+5]이 가장 빈번하게 나타난다.

② 전체 미국 경찰관 중 총격 사건을 경험하는 사람이 경험하지 않는 사람보다 ~~많다~~ 적다[1].

해황쌤의 풀이 | 1에서 대부분의 미국 경찰관은 총격 사건을 경험하지 않고 은퇴한다고 했으니, '대부분'이면 '과반수'(50% 초과)입니다.

③ 총격 피해자가 **사망**[9(3문단)]했을 경우 경찰관이 경험하는 **청각왜곡**[3(2문단)]은 그렇지 않은 경우보다 심각할 것이다. [알 수 없음]

해황쌤의 풀이 | 2문단은 총격 사건이 일어나는 동안이고, 3문단은 총격사건이 끝난 후입니다. ③은 두 문단을 억지로 연결했으므로 적절하지 않습니다. 글의 흐름만 파악했어도 "잉?" 이렇게 넘어갈 수 있는 선지입니다.

④ 총격 사건 후 경찰관이 느끼는 높은 위험 지각, 분노 등의 심리증상은 지각왜곡의 정도에 의해 영향을 받는다. [알 수 없음]

해황쌤의 풀이 | 지각왜곡은 2문단, 심리증상은 3문단입니다. ③과 마찬가지로 두 문단을 억지로 연결한 선지입니다.

---

02 다음 글에서 알 수 있는 것은?

출처 | 2019년 민간경력자 PSAT 언어논리

POINT 1	출제자는 중요한 내용을 잘 이해했는지 묻는다.	POINT 2	서로 다른 문단을 억지로 연결시킨 선지를 주의하라.	POINT 3	[비교대조]되면 구분지어가며 읽어라.

[1]탁주는 혼탁한 술이다. [2]탁주는 알코올 농도가 낮고, 맑지 않아 맛이 텁텁하다. [3]반면 청주는 탁주에 비해 알코올 농도가 높고 맑은 술이다. [4]그러나 얼마만큼 맑아야 청주이고 얼마나 흐려야 탁주인가 하는 질문에는 명쾌하게 답을 내리기가 쉽지 않다. [5]탁주의 정의 자체에 혼탁이라는 다소 불분명한 용어가 쓰이기 때문이다. [6]과학적이라고 볼 수는 없지만, 투명한 병에 술을 담고 그 병 뒤에 작은 물체를 두었을 경우 그 물체가 희미하게 보이거나 아예 보이지 않으면 탁주라고 부른다. [7]술을 담은 병 뒤에 둔 작은 물체가 희미하게 보일 때 이 술의 탁도는 350ebc* 정도이다. [8]청주의 탁도는 18ebc 이하이며, 탁주 중에 막걸리는 탁도가 1,500ebc 이상인 술이다.

[9]막걸리를 만들기 위해서는 찹쌀, 보리, 밀가루 등을 시루에 쪄서 만든 지에밥이 필요하다. [10]적당히 말린 지에밥에 누룩, 효모와 물을 섞어 술독에 넣고 나서 며칠 지나면 막걸리가 만들어진다. [11]술독에서는 미생물에 의한 당화과정과 발효과정이 거의 동시에 일어나며, 이 두 과정을 통해 지에밥의 녹말이 알코올로 바뀌게 된다. [12]효모가 녹말을 바로 분해하지 못하므로, 지에밥에 들어있는 녹말을 엿당이나 포도당으로 분해하는 당화과정에서는 누룩곰팡이가 중요한 역할을 한다. [13]누룩곰팡이가 갖고 있는 아밀라아제는 녹말을 잘게 잘라 엿당이나 포도당으로 분해한다. [14]이 당화과정에서 만들어진 엿당이나 포도당을 효모가 알코올로 분해하는 과정을 발효과정이라 한다. [15]당화과정과 발효과정 중에 나오는 에너지로 인하여 열이 발생하게 되며, 이 열로 술독 내부의 온도인 품온(品溫)이 높아진다. [16]품온은 막걸리의 질과 풍미를 결정하기에 적정 품온이 유지되도록 술독을 관리해야 하는데, 일반적인 적정 품온은 23~28℃이다.

*ebc: 유럽양조협회에서 정한 탁도의 단위

정답 ②

지에밥의 녹말이 알코올로 변하면서 발생하는 열이 ~~풍온~~ 품온을 높인다.[15]

해황쌤의 풀이 | [원인결과]를 선지화했습니다. 적정 품온 유지관리는 막걸리 질과 풍미를 결정하는 조건이므로 2문단의 중요내용을 문제화했다고 볼 수 있습니다. 또한 독자가 '품온'이라는 낯선 개념을 잘 이해했는지를 측정하는 선지로 볼 수도 있습니다.

(오답풀이)

① 청주와 막걸리의 탁도는 다르지만 알코올 농도는 같다.[3]

해황쌤의 풀이 | '동일(같음)'이라는 표현이 지문에 있으면 선지화될 가능성이 높고, 선지에 있으면 적절하지 않을 가능성이 높습니다.

③ 누룩곰팡이가 지닌 아밀라아제는 엿당이나 포도당을 ~~알코올~~로 분해한다.[13~14]

해황쌤의 풀이 | 네모와 세모를 억지로 연결시키는 것은 전형적인 적절하지 않은 선지 제작방식입니다!

④ 술독에 넣는 효모의 양을 조절하면 청주와 막걸리를 구분하여 만들 수 있다. [알 수 없음]

⑤ 막걸리를 만들 때, 술독 안의 당화과정은 발효과정이 완료된 이후에 시작된다.[11]

해황쌤의 풀이 | 논리적으로, 또 국소적으로는 당화과정(녹말 → 엿당, 포도당) 이후 발효과정(엿당, 포도당 → 알코올)이 일어나지만, 술독 전체적으로 보면 아직 당화과정이 안 끝난 곳도 있을 거고, 당화과정이 일찍 끝나서 발효과정이 시작된 곳도 있을 겁니다. 따라서 11과 같이 '거의 동시'라고 말할 수 있습니다.

03 다음 글에서 추론할 수 있는 것만을 [보기]에서 모두 고르면?   출처 | 2019년 민간경력자 PSAT 언어논리

POINT 1	개념 간 관계에 주목하라.	

[1] 생산자가 어떤 자원을 투입물로 사용해서 어떤 제품이나 서비스 등의 산출물을 만드는 생산과정을 생각하자. [2] 산출물의 가치에서 생산하는 데 소요된 모든 비용을 뺀 것이 '순생산가치'이다. [3] 생산자가 생산과정에서 투입물 1단위를 추가할 때 순생산가치의 증가분이 '한계순생산가치'이다. [4] 경제학자 P는 이를 ⓐ '사적(私的) 한계순생산가치'와 ⓑ '사회적 한계순생산가치'로 구분했다.

[5] 사적 한계순생산가치는 한 기업이 생산과정에서 투입물 1단위를 추가할 때 그 기업에 직접 발생하는 순생산가치의 증가분이다. [6] 사회적 한계순생산가치는 한 기업이 투입물 1단위를 추가할 때 발생하는 사적 한계순생산가치에 그 생산에 의해 부가적으로 발생하는 사회적 비용을 빼고 편익을 더한 것이다. [7] 여기서 이 생산과정에서 부가적으로 발생하는 사회적 비용이나 편익에는 그 기업의 사적 한계순생산가치가 포함되지 않는다.

[ⓐ와 ⓑ의 관계]

ⓑ = ⓐ − 사회적 비용 + 편익

※ 경제학 지문독해를 위한 필수 배경지식

경제학에서 '한계'(marginal)란 '1개^{단위} 추가'라고 생각하면 됩니다. 예를 들어, 한계비용이란 1개^{단위} 추가로 생산할 때 드는 비용을 가리킵니다.

예 경제학에서는 가격이 한계 비용과 일치할 때를 가장 이상적인 상태라고 본다. '한계 비용'이란 재화의 생산량을 <u>한 단위 증가시킬 때 추가되는 비용</u>을 말한다.

정답 ③

㉠ ⓐ의 크기는 기업의 생산이 사회에 부가적인 편익을 발생시키는지의 여부와 무관하게 결정된다.

해황쌤의 풀이ㅣ ㄱ에서 '포함'을 잘 이해했는지 묻는 선지입니다. 편익과 ⓐ는 공통부분이 없으므로, ⓐ는 편익과 무관하게 결정됩니다.

㉢ 어떤 기업이 투입물 1단위를 추가할 때 사회에 발생하는 부가적인 편익이나 비용이 없는 경우, 이 기업이 야기하는 ⓐ와 ⓑ의 크기는 같다.

해황쌤의 풀이ㅣ ⓐ와 ⓑ의 관계$^{ㄴ~ㄱ}$를 잘 이해했는지 묻는 선지입니다. ⓑ=ⓐ-0+0 이면 ⓑ=ⓐ일 수밖에 없죠.

오답풀이

㉡ 기업 A와 기업 B가 동일한 투입물 1단위를 추가했을 때 각 기업에 의해 사회에 부가적으로 발생하는 비용이 같을 경우, 두 기업이 야기하는 ⓑ의 크기는 같다. ^{알 수 없음}

해황쌤의 풀이ㅣ 역시 ⓐ와 ⓑ의 관계$^{ㄴ~ㄱ}$를 잘 이해했는지 묻는 선지입니다. ⓐ와 편익의 크기에 따라 ⓑ의 크기는 같을 수도 다를 수도 있습니다.

정답 CHECK 자신이 맞힌 문제는 ○, 헷갈리거나 찍었던 문제는 △, 틀렸던 문제는 ✕ 표기해보세요.							
01	1 회 독ㅣ 정 답 ( )	**02**	1 회 독ㅣ 정 답 ( )	**03**	1 회 독ㅣ 정 답 ( )
	2 회 독ㅣ 정 답 ( )		2 회 독ㅣ 정 답 ( )		2 회 독ㅣ 정 답 ( )
	3 회 독ㅣ 정 답 ( )		3 회 독ㅣ 정 답 ( )		3 회 독ㅣ 정 답 ( )

01 다음 글에서 알 수 <u>없는</u> 것은?

출처 | 2019년 민간경력자 PSAT 언어논리

POINT 1	큰 흐름만 알아도 정답을 찾을 수 있다.	POINT 2	서로 다른 문단을 억지로 연결시킨 선지를 주의하라.	

[1]휴대전화를 뜻하는 '셀룰러폰'은 이동 통신 서비스에서 하나의 기지국이 담당하는 지역을 셀이라고 말한 것에서 유래하였다. [2]이동 통신은 주어진 총 주파수 대역폭을 다수의 사용자가 이용하므로 통화 채널당 할당된 주파수 대역을 재사용하는 기술이 무엇보다 중요하다. [3]이동 통신 회사들은 제한된 주파수 자원을 보다 효율적으로 사용하기 위하여 넓은 지역을 작은 셀로 나누고, 셀의 중심에 기지국을 만든다. [4]각 기지국마다 특정 주파수 대역을 사용해 서비스를 제공하는데, 일정 거리 이상 떨어진 기지국은 동일한 주파수 대역을 다시 사용함으로써 주파수 재사용률을 높인다. [5]예를 들면, 아래 그림은 특정 지역에 이동 통신 서비스를 제공하기 위하여 네 종류의 주파수 대역(F1, F2, F3, F4)을 사용하고 있다. [6]주파수 간섭 문제를 피하기 위해 인접한 셀들은 서로 다른 주파수 대역을 사용하지만, 인접하지 않은 셀에서는 이미 사용하고 있는 주파수 대역을 다시 사용하는 것을 볼 수 있다. [7]이렇게 셀을 구성하여 방대한 지역을 제한된 몇 개의 주파수 대역으로 서비스할 수 있다.

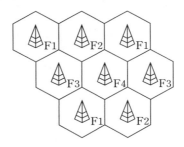

[8]하나의 기지국이 감당할 수 있는 최대 통화량은 일정하다. [9]평지에서 기지국이 전파를 발사하면 전파의 장은 기지국을 중심으로 한 원 모양이지만, 서비스 지역에 셀을 배치하는 시스템 설계자는 해당 지역을 육각형의 셀로 디자인하여 중심에 기지국을 배치한다. [10]기지국의 전파 강도를 조절하여 셀의 반지름을 반으로 줄이면 면적은 약 1/4로 줄어들게 된다. [11]따라서 셀의 반지름을 반으로 줄일 경우 동일한 지역에는 셀의 수가 약 4배가 되고, 수용 가능한 통화량도 약 4배로 증가하게 된다. [12]이를 이용하여 시스템 설계자는 평소 통화량이 많은 곳은 셀의 반지름을 줄이고 통화량이 적은 곳은 셀의 반지름을 늘려 서비스 효율성을 높인다.

주파수 재사용률을 높이기[4(1문단)] 위해 기지국의 전파 강도[10(2문단)]를 높여 이동 통신 서비스를 제공한다.

해황쌤의 풀이 | 출제자는 수험생이 정오답의 근거를 해설서처럼 정확하게 파악하길 요구하지 않습니다. 시험장에서 그럴 수 있는 사람은 없으니까요. 대신 글의 큰 흐름을 파악했다면 적절한 선지는 적절하다고, 적절하지 않은 선지는 적절하지 않다고 감각적으로 느낄 수 있게 출제합니다. ①도 그렇습니다. 지문에 주파수 재사용률을 높이기 위한 방법은 문장 4(1문단)밖에 없습니다. 반면 전파 강도는 문장 10(2문단)에서 서비스 효율성과 관련해서 언급됐을 뿐입니다. ①은 두 문단을 억지로 연결시켰으므로 선지를 보자마자 적절하지 않다고 쉽게 판단할 수 있습니다.

오답풀이
②는 7, ③은 6, ④는 12, ⑤는 11을 통해 알 수 있습니다.

02 다음 글의 내용과 부합하지 않는 것은?

출처 | 2020년 민간경력자 PSAT 언어논리

POINT 1	[비교대조]가 나오면 공통점과 차이점에 주목하라.

[1]우리나라 헌법상 정부는 대통령과 행정부로 구성된다. [2]행정부에는 국무총리, 행정각부, 감사원 등이 있으며, 이들은 모두 대통령 소속 하에 있다. [3]이외에도 행정부에는 국무회의와 각종 대통령 자문기관들이 있다.

[4]우리나라 국무회의는 정부의 중요 정책에 대한 최고 심의기관으로, 그 설치를 헌법에서 규정하고 있다. [5]미국 대통령제의 각료회의는 헌법에 규정이 없는 편의상의 기구라는 점에서, 영국 의원내각제의 내각은 의결기관이라는 점에서 우리나라의 국무회의는 이들과 법적 성격이 다르다.

[6]대통령이 국무회의 심의 결과에 구속되지 않는다는 점에서 국무회의는 자문기관과 큰 차이가 없다. [7]그러나 일반 대통령 자문기관들은 대통령이 임의적으로 요청하는 사항에 응하여 자문을 개진하는 것과 달리 국무회의는 심의 사항이 헌법에 명시되어 있으며 해당 심의는 필수적이라는 점에서 단순한 자문기관도 아니다.

[8]행정각부의 장은 대통령, 국무총리와 함께 국무회의를 구성하는 국무위원임과 동시에 대통령이 결정한 정책을 집행하는 행정관청이다. [9]그러나 행정각부의 장이 국무위원으로서 갖는 지위와 행정관청으로서 갖는 지위는 구별된다. [10]국무위원으로서 행정각부의 장은 대통령, 국무총리와 법적으로 동등한 지위를 갖지만, 행정관청으로서 행정각부의 장은 대통령은 물론 상급행정관청인 국무총리의 지휘와 감독에 따라야 한다.

국무회의 심의 결과는 대통령을 구속한다는[6] 점에서 국가의사를 표시한다.

해황쌤의 풀이 | 국무회의와 자문기관의 ~~공통점~~ 을 잘 이해했는지 묻는 선지입니다.

오답풀이

①은 **2**, ②는 **4~5**(차이점), **7**(차이점), ④는 **7**(차이점), ⑤는 **10**(차이점)을 통해 알 수 있습니다.

해황쌤의 풀이 | 지문에 "A에는 x, y, z가 포함된다"처럼 사례가 [나열열거]되면, ①처럼 이중 하나를 쏙 뽑아서 'y는 A에 포함된다' 같은 선지가 곧잘 나옵니다.

03 다음 글의 내용과 부합하는 것은?

출처 | 2020년 민간경력자 PSAT 언어논리

POINT 1	'(반드시) ~해야(만) 한다' 같은 논리적 필요조건에 주목하라.	POINT 2	'반드시/항상/언제나/예외 없이/관계없이' 같은 강조표현에 주목하라.

[1]조선 시대에는 각 고을에 '유향소'라는 기구가 있었다. [2]이 기구는 해당 지역의 명망가들로 구성되어 있었으며, 지방관을 보좌하고 아전을 감독하는 역할을 했다. [3]유향소는 그 회원들의 이름을 '향안'이라는 책자에 기록해 두었다. [4]향안에 이름이 오른 사람은 유향소의 장(長)인 좌수 혹은 별감을 선출하는 선거에 참여할 수 있고, 유향소가 개최하는 회의에 참석해 지방행정에 관한 의견을 개진할 수 있었다. [5]회원 자격을 획득한 후 일정한 기간이 지나면 좌수와 별감으로 뽑힐 수도 있었다.

[6]향안에 이름이 오르는 것을 '입록'이라고 불렀다. [7]향안에 입록되는 것은 당시로서는 큰 영예였다. [8]16세기에 대부분의 유향소는 부친, 모친, 처가 모두 그 지역 출신이어야 향안에 입록될 수 있도록 했는데, 이 조건을 '삼향'이라고 불렀다. [9]그런데 당시에는 멀리 떨어진 고을의 가문과 혼인 관계를 맺는 일이 잦아 삼향의 조건을 갖춘 사람은 드물었다. [10]유향소가 이 조건을 고수한다면 전국적인 명망가라고 하더라도 유향소 회원이 되기 어려웠다. [11]이런 까닭에 삼향이라는 조건을 거두어들이는 유향소가 늘어났다. [12]그 결과 17세기에는 삼향의 조건을 갖추지 않았다는 이유로 향안 입록을 거부하는 유향소가 크게 줄었다.

[13]한편 서얼이나 상민과 혼인한 사람은 어떤 경우라도 향안에 입록될 수 없었고, 이 규정이 사라진 적도 없었다. [14]향안에 들어가고자 하는 사람은 기존 유향소 회원들의 동의도 받아야 했다. [15]향안 입록 신청자가 생기면 유향소 회원들은 한 곳에 모여 투표를 해 허용 여부를 결정했다. [16]입록 신청자를 받아들일지 결정하는 투표를 '권점'이라고 불렀다. [17]권점을 통과하기 위해서는 일정한 비율 이상의 찬성표가 나와야 했다. [18]이 때문에 향안에 이름을 올리려는 자는 평소 나쁜 평판이 퍼지지 않게 행실에 주의를 기울였다.

향안에 입록된 사람⁶은 해당 지역 유향소의 별감이나 좌수를 뽑는 데 참여할 수 있었다.[4~5]

오답풀이

② 지역 유향소들은 아전의 부정행위를 막기 위해[10~12] 17세기에 향안 입록 조건을 완화하였다.

해황쌤의 풀이ㅣ 'A를 위해 B했다' 같은 표현은 A와 B가 적절하더라도 '위해(위해서)'라는 관계가 적절한지 잘 살펴봐야 합니다. 수능/PSAT/LEET 가리지 않고 출제자가 '위해'를 갖고 장난칩니다. 17세기 향안 입록 조건을 완화한 이유(목적)는 10~12입니다. 부정행위는 아예 언급조차 된 적 없습니다.

③ 유향소 회의에 참여할 자격을 얻기 위해서는 향안에 입록된 ~~후에 다시~~ 권점을 통과해야 하였다.

해황쌤의 풀이ㅣ 논리적 필요조건을 묻는 선지입니다. 입록되었다면 이미 권점을 통과한 것입니다. 따라서 다시 권점을 통과할 필요가 없습니다. 선지를 적절하게 바꾸려면 "유향소 회의에 참여할 자격을 얻기 위해서는 권점을 통과하여 향안에 입록되어야 했다."라고 해야 합니다.

④ 16세기에는 서얼 가문과 혼인한 사람이 향안에 입록될 수 없었으~~나~~, 17세기에는 입록될 수 있었다.

해황쌤의 풀이ㅣ 13에 따르면 해당 규정은 사라진 적이 없었습니다. '어떤 경우라도'가 들어간 표현에 주목하며 읽었다면 쉽게 판단할 수 있었습니다.

⑤ 17세기에 새로이 유향소 회원이 된 사람들은 모두 삼향의 조건을 갖추고[12] 권점을 통과한 인물이었다.

해황쌤의 풀이ㅣ 17세기에 삼향은 유향소 회원이 되기 위한 필요조건이 아닙니다. 따라서 '모두'는 적절하지 않습니다. 참고로 ⑤의 '17세기'를 '16세기'로 바꿔도 여전히 적절하지 않습니다. '모든' 유향소가 아니라 '대부분'의 유향소가 삼향을 필요조건으로 내세웠을 뿐이기 때문입니다.

정답 CHECK	자신이 맞힌 문제는 ○, 헷갈리거나 찍었던 문제는 △, 틀렸던 문제는 × 표기해보세요.					
01	1 회 독ㅣ 정 답 ( )	**02**	1 회 독ㅣ 정 답 ( )	**03**	1 회 독ㅣ 정 답 ( )
	2 회 독ㅣ 정 답 ( )		2 회 독ㅣ 정 답 ( )		2 회 독ㅣ 정 답 ( )
	3 회 독ㅣ 정 답 ( )		3 회 독ㅣ 정 답 ( )		3 회 독ㅣ 정 답 ( )

본문 P. 195

01 다음 글에서 알 수 있는 것은?

출처 | 2020년 민간경력자 PSAT 언어논리

POINT 1	최상급 등 두드러지는 정보에 주목하라.	POINT 2	서로 다른 문단을 억지로 연결시킨 선지를 주의하라.	

¹부처의 말씀을 담은 경장과 그 해설서인 논장, 수행자의 계율을 담은 율장 외에 여러 가지 불교 관련 자료들을 모아 펴낸 것을 대장경이라고 부른다. ²고려는 몇 차례 대장경 간행 사업을 벌였는데, 처음 대장경 간행에 돌입한 것은 거란의 침입을 받았던 현종 때 일이다. ³당시 고려는 대장경을 만드는 데 필요한 자료들을 확보하지 못해 애를 먹다가 거란에서 만든 대장경을 수입해 분석한 후 선종 때 이를 완성했다. ⁴이 대장경을 '초조대장경'이라고 부른다.

⁵한편 고려는 몽골이 침략해 들어오자 불교 신앙으로 국난을 극복하겠다는 뜻에서 다시 대장경 제작 사업에 돌입했다. ⁶이 대장경은 두 번째로 만든 것이라고 해서 '재조대장경'이라 불렀다. ⁷고려는 재조대장경을 활자로 인쇄하기로 하고, 전국 각지에서 나무를 베어 경판을 만들었다. ⁸완성된 경판의 숫자가 8만여 개에 이르기 때문에 이 대장경을 '팔만대장경'이라고도 부른다. ⁹재조대장경을 찍어내기 위해 만든 경판은 현재까지 남아 있는데, 이는 전세계에 남아 있는 대장경 인쇄용 경판 가운데 가장 오래된 것이다. ¹⁰재조대장경판은 그 규모가 무척 커서 제작을 시작한 지 16년 만에 완성할 수 있었다.

¹¹재조대장경을 찍어내고자 수많은 경판을 만들었다는 사실에서 알 수 있듯이 한반도에서는 인쇄술이 일찍부터 발달해 있었다. ¹²이를 잘 보여주는 유물이 불국사에서 발견된 「무구정광대다라니경」이다. ¹³분석 결과, 이 유물은 통일신라 경덕왕 때 목판으로 찍어낸 것으로 밝혀졌다. ¹⁴「무구정광대다라니경」은 목판으로 인쇄되어 전하는 자료 가운데 세계에서 가장 오래된 것이다. ¹⁵금속활자를 이용한 인쇄술도 일찍부터 발달했다. ¹⁶몽골의 1차 고려 침략이 시작된 해에 세계 최초로 금속활자를 이용한 「상정고금예문」이 고려에서 발간되었다고 알려져 있다. ¹⁷이처럼 고려 사람들은 선진 인쇄술을 바탕으로 문화를 발전시켜 나갔다.

정답 ①

재조대장경판의 제작이 완료되기 전에 금속활자로 「상정고금예문」을 발간한 일이 있었던 것으로 전해진다.

해황쌤의 풀이 | 두드러진 정보들을 비교하는 선지입니다. 5+10을 보면 재조대장경판은 몽골 침략 후 적어도 16년 후 완성되었고, 16을 보면 상정고금예문은 몽골이 첫 침략한 해에 발간되었습니다. 따라서 적절합니다.

② 재조대장경은 고려 현종 때 외적의 침입을 막고자 거란에서 들여온 대장경을 참고해 만든 것이다.[3~6]

해황쌤의 풀이 | 서로 다른 시기의 것을 억지로 연결했으므로 적절하지 않습니다.

③ 고려 시대에 만들어진 대장경판으로서 현재 남아있는 것 중 가장 오래된 것은 ~~초조대장경판~~ 재조대장경판[9]이다.

해황쌤의 풀이 | 두드러진 표현에 주목했다면 쉽게 정오를 판단할 수 있습니다.

④ 「무구정광대다라니경」은 목판으로 인쇄되었으며, 재조대장경은 ~~금속활자~~ 목판으로[7] 인쇄되었다.

⑤ ~~불교 진흥을 위해~~ 국난 극복을 위해[5] 고려 시대에 만들어진 ~~최초의~~ 두 번째[6] 대장경은 팔만대장경이다.

02 다음 글에서 알 수 있는 것은?

출처 | 2020년 민간경력자 PSAT 언어논리

POINT 1	'포함' 개념은 어떤 식으로든 문제화된다.	

[1]많은 국가들의 소년사법 제도는 영국의 관습법에서 유래한다. [2]영국 관습법에 따르면 7세 이하 소년은 범죄 의도를 소유할 능력이 없는 것으로 간주되고, 8세 이상 14세 미만의 소년은 형사책임을 물을 수 없고, 14세 이상의 소년에 대해서는 형사책임을 물을 수 있다.

[3]우리나라의 소년사법 역시 소년의 나이에 따라 세 그룹으로 구분하여 범죄 의도 소유 능력 여부와 형사책임 여부를 결정한다. [4]다만 그 나이의 기준을 9세 이하, 10세 이상 14세 미만, 그리고 14세 이상 19세 미만으로 구분할 뿐이다. [5]우리나라 「소년법」은 10세 이상 14세 미만의 소년 중 형벌 법령에 저촉되는 행위를 한 자를 촉법소년으로 규정하여 소년사법의 대상으로 하고 있다. [6]또한, 10세 이상 19세 미만의 소년 중 이유 없는 가출을 하거나 술을 마시는 행동을 하는 등 그대로 두면 장래에 범법 행위를 할 우려가 있는 소년을 우범소년으로 규정하여 소년사법의 대상으로 (포함)하고 있다. [7]일부에서는 단순히 불량성이 있을 뿐 ~~범죄를 저지르지~~ 않았음에도 소년사법의 대상이 되는 우범소년 제도에 의문을 품기도 한다.

[8]소년사법은 ~~범죄를 저지르지~~ 않은 소년까지도 사법의 대상으로 (포함)한다는 점에서 자기책임주의를 엄격히 적용하는 성인사법과 구별된다. [9]소년사법의 이러한 특징은 국가가 궁극적 보호자로서 아동을 양육하고 보호해야 한다는 국친 사상에 근거를 둔다. [10]과거 봉건 국가 시대에는 친부모가 자녀에 대한 양육·보호를 제대로 하지 못하는 경우 왕이 양육·보호책임을 진다고 믿었다. [11]이런 취지에서 오늘날에도 비록 ~~죄를 범하지는~~ 않았지만 그대로 둔다면 범행을 할 가능성이 있는 소년까지 소년사법의 대상으로 보는 것이다. [12]이처럼 소년사법의 철학적 기초에는 국친 사상이 있다.

우리나라 소년법상 10세 이상 19세 미만의 소년은 범죄를 저지를 우려가 있으면 범죄를 저지르지 않아도 소년사법의 적용을 받을 수 있다.[6]

해황쌤의 풀이 | 사실상 중심 내용을 찾으라는 문항입니다. 글에 반복되는 핵심은 (성인과 달리) 10세 이상 19세 미만의 소년은 범죄를 저지르지 않았음에도 소년사법의 대상에 포함된다는 것입니다. ⑤는 이러한 주제를 잘 담아냈으므로 정답입니다. 나머지 선지의 오답 근거를 꼼꼼하게 체크하지 못하더라도, ⑤가 적절하다는 것을 판단하기는 너무나도 쉽게 출제됐습니다. (이런 출제자의 배려를 시험장에서도 느낄 수 있어야 합니다!)

오답풀이
① 국친 사상은 소년사법의 대상 범위를 축소확대[8~12]하는 철학적 기초이다.
② 성인범도 국친 사상의 대상[11]이 되어 범행할 가능성이 있으면 처벌을 받는다.[8]
③ 우리나라 소년법상 촉법소년(=10~14세)[5]은 범죄 의도를 소유할 수 없는 것(=9세 이하)[2+4]으로 간주된다.
④ 영국의 관습법상 7세의 소년은 범죄 의도는 소유할 수 있지만[2], 형사책임이 없는 것으로 간주된다.

03 다음 글에서 알 수 있는 것은?

출처 | 2020년 민간경력자 PSAT 언어논리

POINT 1	[비교대조]가 나오면 공통점과 차이점에 주목하라.

[1]바르트는 언어를 '랑그', '스틸', '에크리튀르'로 구분해서 파악했다. [2]랑그는 영어의 'language'에 해당한다. [3]인간은 한국어, 중국어, 영어 등 어떤 언어를 공유하는 집단에서 태어난다. [4]그때 부모나 주변 사람들이 이야기하는 언어가 '모어(母語)'이고 그것이 랑그이다.

[5]랑그에 대해 유일하게 말할 수 있는 사실은, 태어날 때부터 부모가 쓰는 언어여서 우리에게 선택권이 없다는 것이다. [6]인간은 '모어 속에 던져지는' 방식으로 태어나기 때문에 랑그에는 관여할 수 없다. [7]태어나면서 쉼 없이 랑그를 듣고 자라기 때문에 어느새 그 언어로 사고하고, 그 언어로 숫자를 세고, 그 언어로 말장난을 하고, 그 언어로 신어(新語)를 창조한다.

[8]스틸의 사전적인 번역어는 '문체'이지만 실제 의미는 '어감'에 가깝다. [9]이는 언어에 대한 개인적인 호오(好惡)의 감각을 말한다. [10]누구나 언어의 소리나 리듬에 대한 호오가 있다. [11]글자 모양에 대해서도 사람마다 취향이 다르다. [12]이는 좋고 싫음의 문제이기 때문에 어쩔 도리가 없다. [13]따라서 스틸은 기호에 대한 개인적 호오라고 해도 좋다. [14]다시 말해 스틸은 몸에 각인된 것이어서 주체가 자유롭게 선택할 수 없다.

[15]인간이 언어기호를 조작할 때에는 두 가지 규제가 있다. [16]랑그는 외적인 규제, 스틸은 내적인 규제이다. [17]에크리튀르는 이 두 가지 규제의 중간에 위치한다. [18]에크리튀르는 한국어로 옮기기 어려운데, 굳이 말하자면 '사회방언'이라고 할 수 있다. [19]방언은 한 언어의 큰 틀 속에 산재하고 있으며, 국소적으로 형성된 것이다. [20]흔히 방언이라고 하면 '지역방언'을 떠올리는데, 이는 태어나 자란

지역의 언어이므로 랑그로 분류된다. [21]하지만 사회적으로 형성된 방언은 직업이나 생활양식을 선택할 때 동시에 따라온다. [22]불량청소년의 말, 영업사원의 말 등은 우리가 선택할 수 있다.

정답 ④

같은 모어를 사용하는 형제라도 스틸은 다를 수 있다.[13]

해황쌤의 풀이 | 개인적 호오(취향)는 당연히 형제라도 다를 수 있습니다.

오답풀이

① 랑그는 선택의 여지가 없지만[5], 스틸[14]과 에크리튀르는 자유로운 선택이 가능[22]하다.

해황쌤의 풀이 | 랑그와 스틸의 공통점은 선택의 여지가 없는 것입니다. 출제자가 공통점과 차이점을 잘 파악했는지 묻는 선지입니다.

② 방언에 대한 선택은 언어에 대한 개인의 호오 감각[13]에 기인한다.

해황쌤의 풀이 | '방언'을 사회방언으로 보든, 지역방언으로 보든, 스틸에서 기인하는 건 아닙니다.

③ 동일한 에크리튀르를 사용하는 사람들은 같은 지역 출신이다.[18~20]

해황쌤의 풀이 | 여러 차례 강조했듯, '동일'이라는 표현이 지문에 있으면 선지화될 가능성이 높고, 선지에 있으면 적절하지 않을 가능성이 높습니다. 선지 ①에서 봤듯, 에크리튀르는 자유로운 선택이 가능하므로, 지역에 구속되지 않습니다.

⑤ 스틸과 에크리튀르는 언어 규제상 성격이 같다.[16~17]

해황쌤의 풀이 | 둘의 성격이 같았으면 에크리튀르는 지문에 '두 규제의 중간'이 아니라 '내적인 규제'로 서술됐을 겁니다.

정답 CHECK 자신이 맞힌 문제는 ○, 헷갈리거나 찍었던 문제는 △, 틀렸던 문제는 × 표기해보세요.

01	1 회 독	정 답 ( )	02	1 회 독	정 답 ( )	03	1 회 독	정 답 ( )
	2 회 독	정 답 ( )		2 회 독	정 답 ( )		2 회 독	정 답 ( )
	3 회 독	정 답 ( )		3 회 독	정 답 ( )		3 회 독	정 답 ( )

01 다음 글의 빈칸에 들어갈 내용으로 가장 적절한 것은?

출처 | 2020년 민간경력자 PSAT 언어논리

POINT 1	[문제해결]에서는 해결책이 핵심이다.	POINT 2	빈칸 문제는 빈칸 주변부터 읽어라.	

¹ 텔레비전이라는 단어는 '멀리'라는 뜻의 그리스어 '텔레'와 '시야'를 뜻하는 라틴어 '비지오'에서 왔다. ² 원래 텔레비전은 우리가 멀리서도 볼 수 있도록 해주는 기기로 인식됐다. ³ 하지만 조만간 텔레비전은 멀리에서 우리를 보이게 해 줄 것이다. ⁴ 오웰의 「1984」에서 상상한 것처럼, 우리가 텔레비전을 보는 동안 텔레비전이 우리를 감시할 것이다. ⁵ 우리는 텔레비전에서 본 내용을 대부분 잊어버리겠지만, 텔레비전에 영상을 공급하는 기업은 우리가 만들어낸 데이터를 기반으로 하여 알고리즘을 통해 우리 입맛에 맞는 영화를 골라 줄 것이다. ⁶ 나아가 인생에서 중요한 것들, 이를테면 어디서 일해야 하는지, 누구와 결혼해야 하는지도 대신 결정해 줄 것이다.

⁷ 그들의 답이 늘 옳지는 않을 것이다. ⁸ 그것은 불가능하다. ⁹ 데이터 부족, 프로그램 오류, 삶의 근본적인 무질서 때문에 알고리즘은 실수를 범할 수밖에 없다. ¹⁰ 하지만 완벽해야 할 필요는 없다. ¹¹ 평균적으로 우리 인간보다 낫기만 하면 된다. ¹² 그 정도는 그리 어려운 일이 아니다. ¹³ 왜냐하면 대부분의 사람은 자신을 잘 모르기 때문이다. ¹⁴ 사람들은 인생의 중요한 결정을 내리면서도 끔찍한 실수를 저지를 때가 많다. ¹⁵ 데이터 부족, 프로그램 오류, 삶의 근본적인 무질서로 인한 고충도 인간이 알고리즘보다 훨씬 더 크게 겪는다.

¹⁶ 우리는 알고리즘을 둘러싼 많은 문제들을 열거하고 나서, 그렇기 때문에 사람들은 결코 알고리즘을 신뢰하지 않을 거라고 결론 내릴 수도 있다. ¹⁷ 하지만 그것은 민주주의의 모든 결점들을 나열한 후에 '제정신인 사람이라면 그런 체제는 지지하려 들지 않을 것'이라고 결론짓는 것과 비슷하다. ¹⁸ 처칠의 유명한 말이 있지 않은가? ¹⁹ "민주주의는 세상에서 가장 나쁜 정치 체제다. 다른 모든 체제를 제외하면." ²⁰ 알고리즘에 대해서도 마찬가지로 다음과 같은 결론을 내릴 수 있다. ²¹ [   ]

지문분석

빈칸 문제는 빈칸 주변을 먼저 훑어보는 게 도움이 됩니다. **20**에서 알 수 있듯, 이 문항은 결론을 찾는, 사실상 중심 내용을 찾는 유형입니다. '알고리즘'에 대해 어떤 관점을 갖고 있는지 찾는 식으로, 알고리즘이 실수를 범한다는 [문제]에 대한 [해결책]으로 **11**이 제시됐습니다. 빈칸에는 결론이 들어가므로, **19**를 참고하여 해결책을 재진술한 내용을 선지에서 찾으면 ④입니다. 어쨌든 알고리즘이 다른 모든 것들보다 낫다는 거죠.

정답 ④

실수를 범하기는 하지만 현실적으로 알고리즘보다 더 신뢰할 만한 대안을 찾기 어렵다.

해황쌤의 풀이 | 나머지 선지는 검토할 필요 없습니다. 주관식처럼 정답을 대략적으로 도출한 후, 이들 선지에서 찾는 식으로 풀면 됩니다.

| POINT 1 | [비교대조]는 구분지어가며 읽어라. | |

¹아이를 엄격하게 키우는 것은 부모와 다른 사람들에 대해 반감과 공격성을 일으킬 수 있고, 그 결과 죄책감과 불안감을 낳으며, 결국에는 아이의 창조적인 잠재성을 해치게 된다. ²반면에 아이를 너그럽게 키우는 것은 그와 같은 결과를 피하고, 더 행복한 인간관계를 만들며, 풍요로운 마음과 자기신뢰를 고취하고, 자신의 잠재력을 발전시킬 수 있도록 한다. ³이와 같은 진술은 과학적 탐구의 범위에 속하는 진술이다. ⁴논의의 편의상 이 두 주장이 실제로 강력하게 입증되었다고 가정해보자. ⁵그렇다면 우리는 이로부터 엄격한 방식보다는 너그러운 방식으로 아이를 키우는 것이 더 좋다는 점이 과학적 연구에 의해 객관적으로 확립되었다고 말할 수 있을까?

⁶위의 연구를 통해 확립된 것은 다음과 같은 조건부 진술일 뿐이다. ⁷만약 우리의 아이를 죄책감을 지닌 혼란스러운 영혼이 아니라 행복하고 정서적으로 안정된 창조적인 개인으로 키우고자 한다면, 아이를 엄격한 방식보다는 너그러운 방식으로 키우는 것이 더 좋다. ⁸이와 같은 진술은 상대적인 가치판단을 나타낸다. ⁹상대적인 가치판단은 특정한 목표를 달성하려면 어떤 행위가 좋다는 것을 진술하는데, 이런 종류의 진술은 경험적 진술이고, 경험적 진술은 모두 관찰을 통해 객관적인 과학적 테스트가 가능하다. ¹⁰반면 "아이를 엄격한 방식보다는 너그러운 방식으로 키우는 것이 더 좋다."라는 문장은 가령 "살인은 악이다."와 같은 문장처럼 절대적인 가치판단을 표현한다. ¹¹그런 문장은 관찰에 의해 테스트할 수 있는 주장을 표현하지 않는다. ¹²오히려 그런 문장은 행위의 도덕적 평가기준 또는 행위의 규범을 표현한다. ¹³절대적인 가치판단은 과학적 테스트를 통한 입증의 대상이 될 수 없다. ¹⁴왜냐하면 그와 같은 판단은 주장을 표현하는 것이 아니라 행위의 기준이나 규범을 나타내기 때문이다.

정답 ②

아이를 엄격한 방식보다는 너그러운 방식으로 키우는 것이 더 좋다는 것은 상대적인 가치판단이다.

해황쌤의 풀이 | '□는 □이다', '△는 △이다', '△는 □가 아니다', '□는 △가 아니다'는 적절합니다. 반면, '□는 △이다', '△는 □이다'는 적절하지 않습니다.

오답풀이

① 아이를 엄격한 방식보다는 너그러운 방식으로 키우는 것이 더 좋다는 것은 경험적 진술이 아니다.

③ 아이를 엄격한 방식보다는 너그러운 방식으로 키우는 것이 더 좋다는 것은 과학적 연구에 의해 객관적으로 입증될 수 있는 주장이 아니다.

④ 정서적으로 안정된 창조적 개인으로 키우려면, 아이를 엄격한 방식보다는 너그러운 방식으로 키우는 것이 더 좋다는 것은 상대적인 가치판단이다.

⑤ 정서적으로 안정된 창조적 개인으로 키우려면, 아이를 엄격한 방식보다는 너그러운 방식으로 키우는 것이 더 좋다는 것은 과학적으로 테스트할 수 있다.

출처 | 2020년 민간경력자 PSAT 언어논리

POINT 1	'한하여(한해)', '제한하여', '한정하여', '국한하여' 같은 제한조건에 주목하라.	POINT 2	문제에 대한 해결책이 핵심이다.	

¹조선 시대에는 왕실과 관청이 필요로 하는 물품을 '공물'이라는 이름으로 백성들로부터 수취하는 제도가 있었다. ²조선 왕조는 각 지역의 특산물이 무엇인지 조사한 후, 그 결과를 바탕으로 백성들이 내야 할 공물의 종류와 양을 지역마다 미리 규정해두었다. ³그런데 시간이 지남에 따라 환경 변화 등으로 그 물품이 생산되지 않는 곳이 많아졌다. ⁴이에 백성들은 부과된 공물을 상인으로 하여금 생산지에서 구매해 대납하게 했는데, 이를 '방납'이라고 부른다.

⁵방납은 16세기 이후 크게 성행했다. ⁶그런데 방납을 의뢰받은 상인들은 대개 시세보다 높은 값을 부르거나 품질이 떨어지는 물품을 대납해 부당 이익을 취했다. ⁷이런 폐단이 날로 심해지자 "공물을 면포나 쌀로 거둔 후, 그것으로 필요한 물품을 관청이 직접 구매하자."라는 주장이 나타났다. ⁸이런 주장은 임진왜란이 끝난 후 거세졌다. ⁹한백겸과 이원익 등은 광해군 즉위 초에 경기도에 한해 '백성들이 소유한 토지의 다과에 따라 쌀을 공물로 거두고, 이렇게 수납한 쌀을 선혜청으로 운반해 국가가 필요로 하는 물품을 구매'하는 정책, 즉 '대동법'을 시행하자고 했다. ¹⁰광해군이 이를 받아들이자 경기도민들은 크게 환영했다. ¹¹광해군은 이 정책에 대한 반응이 좋다는 것을 알고 경기도 외에 다른 곳으로 확대 시행할 것을 고려했으나 그렇게 하지는 못했다.

¹²광해군을 몰아내고 왕이 된 인조는 김육의 주장을 받아들여 강원도, 충청도, 전라도까지 대동법을 확대 시행했다. ¹³그런데 그 직후 전국에 흉년이 들어 농민들이 제대로 쌀을 구하지 못할 정도가 되었다. ¹⁴이에 인조는 충청도와 전라도에 대동법을 시행한다는 결정을 철회했다. ¹⁵인조의 뒤를 이은 효종은 전라도 일부 지역과 충청도가 흉년에서 벗어났다고 생각해 그 지역들에 대동법을 다시 시행했고, 효종을 이은 현종도 전라도 전역에 대동법을 확대 시행했다. ¹⁶이처럼 대동법 시행 지역은 조금씩 늘어났다.

정답 ③

광해군이 국왕으로 재위할 때 공물을 쌀로 내게 하는 조치가 경기도에 취해졌다.¹⁰~¹¹

해황쌤의 풀이 | 제한조건인 '한해'에 주목하여 읽었다면 선지를 좀 더 빠르게 판단할 수 있었을 겁니다. ③은 아래와 같이 변주할 수 있습니다.
③ 광해군이 국왕으로 재위할 때 공물을 쌀로 내게 하는 조치가 경기도에만 취해졌다. (적절)
③ 광해군이 국왕으로 재위할 때 공물을 쌀로 내게 하는 조치가 경기도에도 취해졌다. (부적절)

오답풀이

① 현종은 방납의 폐단을 없애기 위해 대동법을 전국 모든 지역에 시행하였다.

해황쌤의 풀이 | 지문에서 '현종'에 대한 서술을 찾지 않아도 됩니다! 글의 큰 흐름만 알아도 쉽게 제낄 수 있습니다. 16에서 보듯, 조금씩 늘어났을 뿐, 전국 모든 지역 시행은 알 수 없습니다.

② 효종인조**12**는 김육의 요청대로 충청도, 전라도, 경상도강원도**12**에 대동법을 적용하였다.

해황쌤의 풀이ㅣ 지엽적인 정보를 묻기 때문에 바로 정오판정이 어려울 수 있습니다. 이럴 때는 다른 선지부터 살펴보는 편이 좋습니다.

④ 인조는 이원익 등의 제안대로 방납이라는 방식으로 공물을 납부하는 행위를 전면 금지하였다.

해황쌤의 풀이ㅣ 지문에서 '인조', '이원익'에 대한 서술을 찾지 않아도 됩니다. 글의 큰 흐름만 알아도 쉽게 제낄 수 있습니다. 지문에 '방납'을 전면 금지했다는 내용이 없었기 때문이죠.

⑤ 한백겸은 상인이 관청백성들**4**의 의뢰를 받아 특산물을 생산지에서 구매해 대답하는 것은 부당하다고 하였다.

해황쌤의 풀이ㅣ 백성이 상인에게 의뢰하는 방납의 폐단만 제시됐을 뿐, 관청이 상인에게 의뢰한다는 내용 자체가 없었습니다.

정답 CHECK 자신이 맞힌 문제는 ○, 헷갈리거나 찍었던 문제는 △, 틀렸던 문제는 × 표기해보세요.

01	1 회 독ㅣ 정 답 ( )	02	1 회 독ㅣ 정 답 ( )	03	1 회 독ㅣ 정 답 ( )
	2 회 독ㅣ 정 답 ( )		2 회 독ㅣ 정 답 ( )		2 회 독ㅣ 정 답 ( )
	3 회 독ㅣ 정 답 ( )		3 회 독ㅣ 정 답 ( )		3 회 독ㅣ 정 답 ( )

01 다음 글에서 알 수 있는 것은?

출처 | 2020년 민간경력자 PSAT 언어논리

POINT 1	서술분량은 중요도에 비례하다.	POINT 2	[비교대조]는 구분지어가며 읽어라.	POINT 3	지나치게 지엽적인 선지가 정답일 가능성은 낮다.

[1]불교가 이 땅에 전래된 후 불교신앙을 전파하고자 신앙결사를 만든 승려가 여러 명 나타났다. [2]통일신라 초기에 왕실은 화엄종을 후원했는데, 화엄종 계통의 승려들은 수도에 대규모 신앙결사를 만들어 놓고 불교신앙에 관심을 가진 귀족들을 대상으로 불교 수행법을 전파했다. [3]통일신라가 쇠퇴기에 접어든 신라 하대에는 지방에도 신앙결사가 만들어졌다. [4]신라 하대에 나타난 신앙결사는 대부분 미륵신앙을 지향하는 정토종 승려들이 만든 것이었다.

[5]신앙결사 운동이 더욱 확장된 것은 고려 때의 일이다. [6]고려 시대 가장 유명한 신앙결사는 지눌의 정혜사다. [7]지눌은 명종 때 거조사라는 절에서 정혜사라는 이름의 신앙결사를 만들었다. [8]그는 돈오점수 사상을 내세우고, 조계선이라는 수행 방법을 강조했다. [9]지눌이 만든 신앙결사에 참여해 함께 수행하는 승려가 날로 늘었다. [10]그 가운데 가장 유명한 사람이 요세라는 승려다. [11]요세는 무신집권자 최충헌이 명종을 쫓아내고 신종을 국왕으로 옹립한 해에 지눌과 함께 순천으로 근거지를 옮기는 도중에 따로 독립했다. [12]순천으로 옮겨 간 지눌은 그곳에서 정혜사라는 명칭을 수선사로 바꾸어 활동했고, 요세는 강진에서 백련사라는 결사를 새로 만들어 활동했다.

[13]지눌의 수선사는 불교에 대한 이해가 높은 사람들을 대상으로 다소 난해한 돈오점수 사상을 전파하는 데 주력했다. [14]그 때문에 대중적이지 않다는 평을 받았다. [15]요세는 지눌과 달리 불교 지식을 갖추지 못한 평민도 쉽게 수행할 수 있도록 간명하게 수행법을 제시한 천태종을 중시했다. [16]또 그는 평민들이 백련사에 참여하는 것을 당연하다고 여겼다. [17]백련사가 세워진 후 많은 사람들이 참여하자 권력층도 관심을 갖고 후원하기 시작했다. [18]명종 때부터 권력을 줄곧 독차지하고 있던 최충헌을 비롯해 여러 명의 고위 관료들이 백련사에 토지와 재물을 헌납해 그 활동을 도왔다.

지문분석

1문단에서는 신앙결사가, 2문단에서는 지눌과 요세가 반반씩, 3문단에서는 요세를 중심으로 서술됩니다. 글 후반으로 갈수록 요세의 서술비중이 늘어나므로, 글의 초점은 요세라고 볼 수 있습니다.

정답 ③

요세는 무신이 권력을 잡고 있던 시기에 불교 신앙결사를 만들어 활동하였다.[11]

해황쌤의 풀이 | 선지 중 요세를 언급하는 것은 ③밖에 없고 이는 11을 통해 참임을 알 수 있습니다.

① 화엄종지눌[13]은 돈오점수 사상을 전파하고자 신앙결사를 만들어 활동하였다.

② 백련사는 수선사[12]와는 달리 조계선[8]이라는 수행 방법을 고수해 주목받았다.

해황쌤의 풀이 | 조계선의 수행방법은 수선사와 다르지 않을 겁니다.

④ 정혜사는 강진에서 조직되었던 반면 백련사는 순천에 근거지를 두고 활동하였다.[12]

해황쌤의 풀이 | □와 △를 바꿔치기했으므로 적절하지 않습니다. 굳이 본문을 꼼꼼하게 거슬러 올라가 확인하지 않아도, "이렇게 지엽적인 내용을 출제자가 굳이 정답으로 만들었을까?" 하고 일단 넘어가도 됩니다.

⑤ 지눌은 정토종 출신의 승려인 요세가 정혜사에 참여하자[11] 그를 설득해 천태종으로 끌어들였다. ^{알 수 없음}

해황쌤의 풀이 | 요세는 지눌쪽에 참여한 것이 아니라 오히려 지눌에게서 독립했습니다.

---

02 다음 글의 빈칸에 들어갈 내용으로 가장 적절한 것은? 출처 | 2020년 민간경력자 PSAT 언어논리

POINT 1	빈칸 문제는 빈칸 주변을 먼저 훑어보자.	POINT 2	문제에 대한 해결책이 핵심이다.	POINT 3	일반적 진술은 구체적 진술을 포괄할 수 있어야 한다.

[1]대안적 분쟁해결절차(ADR)는 재판보다 분쟁을 신속하게 해결한다고 알려져 있다. [2]그러나 재판이 서면 심리를 중심으로 진행되는 반면, ADR은 당사자 의견도 충분히 청취하기 때문에 재판보다 더 많은 시간이 소요된다. [3]그럼에도 불구하고 ADR이 재판보다 신속하다고 알려진 이유는 법원에 지나치게 많은 사건이 밀려 있어 재판이 더디게 이루어지기 때문이다.

[4]법원행정처는 재판이 너무 더디다는 비난에 대응하기 위해 일선 법원에서도 사법형 ADR인 조정 제도를 적극적으로 활용할 것을 독려하고 있다. [5]그러나 이는 법관이 신속한 조정안 도출을 위해 사건 당사자에게 화해를 압박하는 부작용을 낳을 수 있다. [6]사법형 ADR 활성화 정책은 법관의 증원 없이 과도한 사건 부담 문제를 해결하려는 미봉책일 뿐이다. [7]결국, 사법형 ADR 활성화 정책은 사법 불신으로 이어져 재판 정당성에 대한 국민의 인식을 더욱 떨어뜨리게 한다.

[8]또한 사법형 ADR 활성화 정책은 민간형 ADR이 활성화되는 것을 저해한다. [9]분쟁 당사자들이 민간형 ADR의 조정안을 따르도록 하려면, 재판에서도 거의 같은 결과가 나온다는 확신이 들게 해야 한다. [10]그러기 위해서는 법원이 확고한 판례를 제시하여야 한다. [11]그런데 사법형 ADR 활성화 정책은 새롭고 복잡한 사건을 재판보다는 ADR로 유도하게 된다. [12]이렇게 되면 새롭고 복잡한 사건에 대한 판례가 만들어지지 않고, 민간형 ADR에서 분쟁을 해결할 기준도 마련되지 않게 된다. [13]결국 판례가 없는 수많은 사건들이 끊임없이 법원으로 밀려들게 된다.

[14]따라서 [S   ] [15]먼저 법원은 본연의 임무인 재판을 통해 당사자의 응어리를 풀어주겠다는 의식으로 접근해야 할 것이다. [16]그것이 현재 법원의 실정으로 어렵다고 판단되면, 국민의 동의를 구해 예산과 인력을 확충하는 방향으로 나아가는 것이 옳은 방법이다. [17]법원의 인프라를 확충하고 판례를 충실히 쌓아가면, 민간형 ADR도 활성화될 것이다.

빈칸 문제는 빈칸 주변을 먼저 훑어보는 게 도움이 됩니다. 마지막 문단의 '따라서' 다음이므로 결론, 즉 중심내용을 찾는 문제와 같습니다. 그런데 바로 뒤에 '먼저'라며 빈칸을 구체화하여 서술해 주니, 이 부분을 쭉 읽어 보면 각 내용을 포괄하는 ④가 가장 적절함을 알 수 있습니다.

정답 ④

법원은 재판에 주력15하여야 하며 그것이 결과적으로 민간형 ADR의 활성화17에도 도움이 된다.

해황쌤의 풀이ㅣ 지문 전체 흐름을 보도, 빈칸에는 문제를 극복할 수 있는 해결책이 들어가야 합니다. 이는 10에서 '-하여야 한다'로 제시되었고, 이게 15로 그대로 이어집니다. 13은 해결책이 적용되지 않을 때의 폐해, 17은 해결책이 적용될 때의 기대효과입니다.

---

03 다음 글에서 알 수 있는 것은?

출처ㅣ 2021년 민간경력자 PSAT 언어논리

POINT 1	'(반드시) ~해야(만) 한다' 같은 논리적 필요조건에 주목하라.	POINT 2	서로 다른 문단을 억지로 연결시킨 선지를 주의하라.	

[1]1883년에 조선과 일본이 맺은 조일통상장정 제41관에는 "일본인이 조선의 전라도, 경상도, 강원도, 함경도 연해에서 어업 활동을 할 수 있도록 허용한다."라는 내용이 있다. [2]당시 양측은 이 조항에 적시되지 않은 지방 연해에서 일본인이 어업 활동을 하는 것은 금하기로 했다. [3]이 장정 체결 직후에 일본은 자국의 각 부·현에 조선해통어조합을 만들어 조선 어장에 대한 정보를 제공하기 시작했다. [4]이러한 지원으로 조선 연해에서 조업하는 일본인이 늘었는데, 특히 제주도에는 일본인들이 많이 들어와 전복을 마구 잡는 바람에 주민들의 전복 채취량이 급감했다. [5]이에 제주목사는 1886년 6월에 일본인의 제주도 연해 조업을 금했다. [6]일본은 이 조치가 조일통상장정 제41관을 위반한 것이라며 항의했고, 조선도 이를 받아들여 조업 금지 조치를 철회하게 했다. [7]이후 조선은 일본인이 아무런 제약 없이 어업 활동을 하게 해서는 안 된다고 여기게 되었으며, 일본과 여러 차례 협상을 벌여 1889년에 조일통어장정을 맺었다.

[8]조일통어장정에는 일본인이 조일통상장정 제41관에 적시된 지방의 해안선으로부터 3해리 이내 해역에서 어업 활동을 하고자 할 때 조업하려는 지방의 관리로부터 어업준단을 발급받아야 한다는 내용이 있다. [9]어업준단의 유효기간은 발급일로부터 1년이었으며, 이를 받고자 하는 자는 소정의 어업세를 먼저 내야 했다. [10]이 장정 체결 직후에 일본은 조선해통어조합연합회를 만들어 자국민의 어업준단 발급 신청을 지원하게 했다. [11]이후 일본은 1908년에 '어업에 관한 협정'을 강요해 맺었다. [12]여기에는 앞으로 한반도 연해에서 어업 활동을 하려는 일본인은 대한제국 어업 법령의 적용을 받도록 한다는 조항이 있다. [13]대한제국은 이듬해에 한반도 해역에서 어업을 영위하고자 하는 자는 먼저 어업 면허를 취득해야 한다는 내용의 어업법을 공포했고, 일본은 자국민도 이 법의 적용을 받게 해야 한다는 입장을 관철했다. [14]일본은 1902년에 조선해통어조합연합회를 없애고 조선해수산조합을 만들었는데, 이 조합은 어업법 공포 후 일본인의 어업 면허 신청을 대행하는 등의 일을 했다.

정답 ③

조선해통어조합연합회가 만들어져 활동하던 당시에 어업준단을 발급받고자 하는 일본인은 어업세를 내도록 되어 있었다.⁹

해황쌤의 풀이 | ③은 9와 일치합니다. 필요조건을 선지화했죠!

오답풀이

① 조선해통어조합³⁽¹문단⁾조선해수산조합¹⁴⁽²문단⁾은 '어업에 관한 협정'에 따라 일본인의 어업 면허 신청을 대행하는 업무를 보았다.

② 조일통어장정에는 제주도 해안선으로부터 3해리 밖에서 조선인이 어업 활동을 하는 것을 모두 금한다는 조항이 있다. 알수없음

④ 조일통상장정¹⁽¹문단⁾에는 조선해통어조합연합회¹⁰⁽²문단⁾를 조직해 일본인이 한반도 연해에서 조업할 수 있도록 지원한다는 내용이 있다. 알수없음

⑤ 한반도 해역에서 조업하는 일본인은 조일통상장정 제41관¹⁽¹문단⁾어업법¹³⁽²문단⁾에 따라 조선해통어조합대한제국¹³⁽²문단⁾으로부터 어업 면허¹³⁽²문단⁾를 발급받아야 하였다.

해황쌤의 풀이 | ①, ④, ⑤는 서로 다른 문단에서 언급된 것들을 억지로 연결시킨 선지입니다. ③, ⑤는 필요조건을 잘 이해했는지 묻는 선지고요.

01 다음 글에서 알 수 있는 것은?

출처 | 2021년 민간경력자 PSAT 언어논리

POINT 1	'반드시/항상/언제나/예외 없이/관계없이' 같은 강조 표현에 주목하라.

　¹비정규직 근로자들이 늘어나면서 '프레카리아트'라고 불리는 새로운 계급이 형성되고 있다. ²프레카리아트란 '불안한(precarious)'이라는 단어와 '무산계급(proletariat)'이라는 단어를 합친 용어로 불안정한 고용 상태에 놓여 있는 사람들을 의미한다. ³프레카리아트에 속한 사람들은 직장 생활을 하다가 쫓겨나 실업자가 되었다가 다시 직장에 복귀하기를 반복한다. ⁴이들은 고용 보장, 직무 보장, 근로안전 보장 등 노동 보장을 받지 못하며, 직장 소속감도 없을 뿐만 아니라, 자신의 직업에 대한 전망이나 직업 정체성도 결여되어 있다. ⁵프레카리아트는 분노, 무력감, 걱정, 소외를 경험할 수밖에 없는 '위험한 계급'으로 전락한다. ⁶이는 의미 있는 삶의 길이 막혀 있다는 좌절감과 상대적 박탈감, 계속된 실패의 반복 때문이다. ⁷이러한 사람들이 늘어나면 자연히 갈등, 폭력, 범죄와 같은 사회적 병폐들이 성행하여 우리 사회는 점점 더 불안해지게 된다.

　⁸프레카리아트와 비슷하지만 약간 다른 노동자 집단이 있다. ⁹이른바 '긱 노동자'다. ¹⁰'긱(gig)'이란 기업들이 필요에 따라 단기 계약 등을 통해 임시로 인력을 충원하고 그때그때 대가를 지불하는 것을 의미한다. ¹¹예를 들어 방송사에서는 드라마를 제작할 때마다 적합한 사람들을 섭외하여 팀을 꾸리고 작업에 착수한다. ¹²긱 노동자들은 고용주가 누구든 간에 자신이 보유한 고유의 직업 역량을 고용주에게 판매하면서, 자신의 직업을 독립적인 '프리랜서' 또는 '개인 사업자' 형태로 인식한다. ¹³정보통신 기술의 발달은 긱을 더욱더 활성화한다. ¹⁴정보통신 기술을 이용하면 긱 노동자의 모집이 아주 쉬워진다. ¹⁵기업은 사업 아이디어만 좋으면 인터넷을 이용하여 필요한 긱 노동자를 모집할 수 있다. ¹⁶기업이 긱을 잘 활용하면 경쟁력을 높여 정규직 위주의 기존 기업들을 앞서나갈 수 있다.

　　정답 ①
긱 노동자가 자신의 직업 형태에 대해 갖는 인식은 자신을 고용한 기업에 따라 달라지지 않는다.¹²
해황쌤의 풀이 | 12의 '누구든 간에'는 '상관없이', '관계없이'와 같은 강조표현이므로 주목해서 읽었어야 합니다. ①은 12를 문제화했고, 이때의 '인식'은 '프리랜서' 또는 '개인 사업자'입니다.

② 정보통신 기술의 발달은 프레카리아트 계급^{알 수 없음}과 긱 노동자 집단을 확산시킨다.

③ 긱 노동자 집단이 확산하면 프레카리아트 계급은 축소된다.^{알 수 없음}

④ '위험한 계급'이 겪는 부정적인 경험이 적은 프레카리아트일수록 정규직 근로자로 변모할 가능성이 크다.^{알 수 없음}

해황쌤의 풀이 | 지문에 정규직 근로자로의 변모가 전혀 언급되지 않았습니다. 상식적으로 추론해봐도, 프레카리아트가 겪는 부정적 경험이 적다면, 프레카리아트를 회피하고자 하는 경향도 상대적으로 적을 겁니다. 그렇다면 굳이 정규직 근로자에 목을 맬 이유도 없고요.

⑤ 비정규직 근로자에 대한 노동 보장의 강화는 프레카리아트 계급을 축소시키고 긱 노동자 집단을 확산시킨다.^{알 수 없음}

02 다음 글의 빈칸에 들어갈 내용으로 가장 적절한 것은?

출처 | 2021년 민간경력자 PSAT 언어논리

POINT 1	빈칸 문제는 빈칸 주변부터 읽어라.	POINT 2	일반적 진술을 중심에 두고, 구체적 진술은 빠르게 읽어라.	

¹서구사회의 기독교적 전통 하에서 이 전통에 속하는 이들은 자신들을 정상적인 존재로, 이러한 전통에 속하지 않는 이들을 비정상적인 존재로 구별하려 했다. ²후자에 해당하는 대표적인 것이 적그리스도, 이교도들, 그리고 나병과 흑사병에 걸린 환자들이었는데, 그들에게 부과한 비정상성을 구체적인 형상을 통해 재현함으로써 그들이 전통 바깥의 존재라는 사실을 명확히 했다.

³당연하게도 기독교에서 가장 큰 적으로 꼽는 것은 사탄의 대리자인 적그리스도였다. ⁴기독교 초기, 몽티에랑데르나 힐데가르트 등이 쓴 유명한 저서들뿐만 아니라 적그리스도의 얼굴이 묘사된 모든 종류의 텍스트들에서 그의 모습은 충격적일 정도로 외설스러울 뿐만 아니라 받아들이기 힘들 정도로 추악하게 나타난다.

⁵두 번째는 이교도들이었는데, 서유럽과 동유럽의 기독교인들이 이교도들에 대해 사용했던 무기 중 하나가 그들을 추악한 얼굴의 악마로 묘사하는 것이었다. ⁶또한 이교도들이 즐겨 입는 의복이나 진미로 여기는 음식을 끔찍하게 묘사하여 이교도들을 자신들과는 분명히 구분되는 존재로 만들었다.

⁷마지막으로, 나병과 흑사병에 걸린 환자들을 꼽을 수 있다. ⁸당시의 의학 수준으로 그런 병들은 치료가 불가능했으며, 전염성이 있다고 믿어졌다. ⁹때문에 자신을 정상적 존재라고 생각하는 사람들은 해당 병에 걸린 불행한 사람들을 신에게서 버림받은 죄인이자 공동체에서 추방해야 할 공공의 적으로 여겼다. ¹⁰그들의 외모나 신체 또한 실제 여부와 무관하게 항상 뒤틀어지고 지극히 흉측한 모습으로 형상화되었다.

¹¹정리하자면, [   ]

일반적 진술 1문단에 대한 구체적 진술이 2~4문단에 [나열열거]됐습니다. 그리고 5문단 빈칸에는 다시 일반적 진술이 제시되어야 합니다. 사실상 중심 내용을 찾는 유형이고, 선지를 보면 정답이 될 수 있는 건 ④밖에 없습니다. 1문단의 일반적 진술에 2~4문단에 제시된 구체성(= 추악한 형상)이 가미되어 있습니다.

서구의 기독교적 전통 하에서 추악한 형상(= 비정상성을 구체적인 형상을 통해 재현[2] = 모습은 충격적일 정도로 외설스러울 뿐만 아니라 받아들이기 힘들 정도로 추악[4] = 추악한 얼굴의 악마로 묘사[5] = 끔찍하게 묘사[6] = 항상 뒤틀어지고 지극히 흉측한 모습으로 형상화[10])은 그 전통에 속하지 않는 이들을 전통에 속한 이들과 구분짓기 위해 활용되었다.[1-2]

03 다음 글에서 알 수 있는 것은?

출처 | 2022년 민간경력자 PSAT 언어논리

POINT 1	역사기록도 전개방식을 고려하며 읽어라.	POINT 2	[문제해결]에서는 해결책이 핵심이다.

[1] 세종이 즉위한 이듬해 5월에 대마도의 왜구가 충청도 해안에 와서 노략질하는 일이 벌어졌다. [2] 이 왜구는 황해도 해주 앞바다에도 나타나 조선군과 교전을 벌인 후 명의 땅인 요동반도 방향으로 북상했다. [3] 세종에게 왕위를 물려주고 상왕으로 있던 태종은 이종무에게 "북상한 왜구가 본거지로 되돌아가기 전에 대마도를 정벌하라!"라고 명했다. [4] 이에 따라 이종무는 군사를 모아 대마도 정벌에 나섰다.

[5] 남북으로 긴 대마도에는 섬을 남과 북의 두 부분으로 나누는 중간에 아소만이라는 곳이 있는데, 이 만의 초입에 두지포라는 요충지가 있었다. [6] 이종무는 이곳을 공격한 후 귀순을 요구하면 대마도주가 응할 것이라 보았다. [7] 그는 6월 20일 두지포에 상륙해 왜인 마을을 불사른 후 계획대로 대마도주에게 서신을 보내 귀순을 요구했다. [8] 하지만 대마도주는 이에 반응을 보이지 않았다. [9] 분노한 이종무는 대마도주를 사로잡아 항복을 받아내기로 하고, 니로라는 곳에 병력을 상륙시켰다. [10] 하지만 그곳에서 조선군은 매복한 적의 공격으로 크게 패했다. [11] 이에 이종무는 군사를 거두어 거제도 견내량으로 돌아왔다.

[12] 이종무가 견내량으로 돌아온 다음 날, 태종은 요동반도로 북상했던 대마도의 왜구가 그곳으로부터 남하하던 도중 충청도에서 조운선을 공격했다는 보고를 받았다. [13] 이 사건이 일어난 지 며칠 지나지 않았음을 알게 된 태종은 왜구가 대마도에 당도하기 전에 바다에서 격파해야 한다고 생각하고, 이종무에게 그들을 공격하라고 명했다. [14] 그런데 이 명이 내려진 후에 새로운 보고가 들어왔다. [15] 대마도의 왜구가 요동반도에 상륙했다가 크게 패배하는 바람에 살아남은 자가 겨우 300여 명에 불과하다는 것이었다. [16] 이 보고를 접한 태종은 대마도주가 거느린 병사가 많이 죽어 그 세력이 꺾였으니 그에게 다시금 귀순을 요구하면 응할 것으로 판단했다. [17] 이에 그는 이종무에게 내린 출진 명령을 취소하고, 측근 중 적임자를 골라 대마도주에게 귀순을 요구하는 사신으로 보냈다. [18] 이 사신을 만난 대마도주는 고심 끝에 조선에 귀순하기로 했다.

정답 ①

해주 앞바다에 나타나 조선군과 싸운 대마도의 **P** 왜구가 요동반도를 향해 북상[2]한 뒤 **이종무**의 군대가 **S** 대마도로 건너 갔다.[5-7]

해황쌤의 풀이 | 지문의 대부분인 3~17까지가 모두 이종무의 이야기입니다. 따라서 이종무에 대해 잘 이해했는지를 묻는 선지로 볼 수 있습니다. [문제해결] 구조로 글을 읽어나갔다면 선지 판단이 좀 더 쉬웠을 겁니다. 종종 2, 4만으로도 ①이 참임을 알 수 있다는 해설을 보는데, 이는 적절하지 않습니다. 이종무가 대마도 정벌에 나섰더라도 대마도에 도착하지 못했을 수도 있습니다. 따라서 5~7까지 봐야만 ①이 참임을 알 수 있습니다. [두지포⊂아소만⊂대마도][5]이므로, 이종무는 두지포에 상륙했다면 이종무는 대마도에 상륙한 것입니다.

오답풀이

② 조선이 왜구의 본거지인 대마도를 공격하기로 하자 명의 군대도 대마도까지 가서 정벌에 참여 ^알 수 없음 하였다.

③ 이종무는 **세종**이 대마도에 보내는 사절단 ^알 수 없음 에 포함되어 대마도를 여러 차례 방문하였다.

④ 태종은 대마도 정벌을 준비하였지만, **세종**의 반대 ^알 수 없음 로 뜻을 이루지 못하였다.

해황쌤의 풀이 | 지문에서 세종은 거의 존재감이 없습니다.

⑤ 조선군이 대마도주를 사로잡기 위해 상륙하였다가 패배한 곳은 견내량니로[9-10]이다.

해황쌤의 풀이 | 11에 따르면 패배한 후 돌아온 곳이 **견내량**입니다.

정답 CHECK 자신이 맞힌 문제는 ○, 헷갈리거나 찍었던 문제는 △, 틀렸던 문제는 × 표기해보세요.

01	1 회 독 | 정 답 ( )	02	1 회 독 | 정 답 ( )	03	1 회 독 | 정 답 ( )
	2 회 독 | 정 답 ( )		2 회 독 | 정 답 ( )		2 회 독 | 정 답 ( )
	3 회 독 | 정 답 ( )		3 회 독 | 정 답 ( )		3 회 독 | 정 답 ( )

01 다음 글의 (가)와 (나)에 들어갈 말을 적절하게 나열한 것은?

출처 | 2022년 민간경력자 PSAT 언어논리

POINT 1	빈칸 문제는 빈칸 주변부터 읽어라.	POINT 2	일반적 진술을 중심에 두고, 구체적 진술은 빠르게 읽어라.

---

[1] 서양 사람들은 옛날부터 신이 자연 속에 진리를 감추어 놓았다고 믿고 그 진리를 찾기 위해 노력했다. [2] 그들은 숨겨진 진리가 바로 수학이며 자연물 속에 비례의 형태로 숨어 있다고 생각했다. [3] 또한 신이 자연물에 숨겨 놓은 수많은 진리 중에서도 인체 비례야말로 가장 아름다운 진리의 정수로 여겼다. [4] 그래서 서양 사람들은 예로부터 이러한 **신의 진리**를 드러내기 위해서 **완벽한 인체**를 구현하는 데 몰두했다. [5] 레오나르도 다빈치의 「인체 비례도」를 보면, 원과 정사각형을 배치하여 사람의 몸을 표현하고 있다. [6] 가장 **기본적인 기하 도형**이 **인체 비례**와 관련 있다는 점에 착안하였던 것이다. [7] 르네상스 시대 건축가들은 이러한 **기본 기하 도형**으로 건축물을 디자인하면 　(가)　 위대한 건물을 지을 수 있다고 생각했다.

[8] 건축에서 미적 표준으로 인체 비례를 활용하는 조형적 안목은 **서양뿐 아니라 동양**에서도 찾을 수 있다. [9] **고대부터 중국이나 우리나라**에서도 인체 비례를 건축물 축조에 활용하였다. [10] 불국사의 청운교와 백운교는 3 : 4 : 5 비례의 직각삼각형으로 이루어져 있다. [11] 이와 같은 비례로 건축하는 것을 '구고현(勾股弦)법'이라 한다. [12] 뒤꿈치를 바닥에 대고 무릎을 직각으로 구부린 채 누우면 바닥과 다리 사이에 삼각형이 이루어지는데, 이것이 구고현법의 삼각형이다. [13] 짧은 변인 구(勾)는 넓적다리에, 긴 변인 고(股)는 장딴지에 대응하고, 빗변인 현(弦)은 바닥의 선에 대응한다. [14] 이 삼각형은 **고대 서양**에서 신성불가침의 삼각형이라 불렀던 것과 동일한 비례를 가지고 있다. [15] 동일한 비례를 아름다움의 기준으로 삼았다는 점에서 　(나)　 는 것을 알 수 있다.

지문분석

빈칸 문제는 빈칸 주변을 먼저 읽는 것이 좋습니다. (가)가 포함된 문장을 보면, '기본 기하 도형'으로 시작해서 어떤 경로로 어떤 목적지(결과)에 도달하는지를 파악하는 문제임을 알 수 있습니다. (나)가 포함된 문장을 보면, 앞서 제시된 사례(구체적 진술)를 바탕으로 판단(일반적 진술)하는 문장임을 알 수 있습니다. 이때 사례(구체적 진술)인 **10~13**은 빠르게 읽고 넘어갑니다.

정답 ①

(가): **인체 비례**에 숨겨진 **신의 진리**를 구현한
(나): 조형미에 대한 동서양의 안목이 유사하였다

해황쌤의 풀이 | (가)는 연결되는 흐름을 파악했다면 쉽게 알 수 있고, (나)는 '동일'에 주목했다면 공통점/유사점을 묻는다는 것을 쉽게 알 수 있습니다.

02 다음 글에서 추론할 수 있는 것은?

POINT 1	[통념진실]에는 진실이 핵심이다.	

[1]종자와 농약을 생산하는 대기업들은 자신들이 유전자 기술로 조작한 종자가 농약을 현저히 적게 사용해도 되기 때문에 농부들이 더 많은 이윤을 낼 수 있다고 주장하였다. [2]그러나 미국에서 유전자 변형 작물을 재배한 16년(1996년~2011년) 동안의 농약 사용량을 살펴보면, 이 주장은 사실이 아님을 알 수 있다.

[3]유전자 변형 작물은 해충에 훨씬 더 잘 견디는 장점이 있다. [4]유전자 변형 작물이 해충을 막기 위해 자체적으로 독소를 만들어내기 때문이다. [5]독소를 함유한 유전자 변형 작물을 재배함으로써 일반 작물 재배와 비교하여 16년 동안 살충제 소비를 약 56,000톤 줄일 수 있었다. [6]그런데 제초제의 경우는 달랐다. [7]처음 4~5년 동안에는 제초제의 사용이 감소하였다. [8]그렇지만 전체 재배 기간을 고려하면 일반 작물 재배와 비교할 때 약 239,000톤이 더 소비되었다. [9]늘어난 제초제의 양에서 줄어든 살충제의 양을 빼면 일반 작물 재배와 비교하여 농약 사용이 재배 기간 16년 동안 183,000톤 증가했다.

[10]M사의 제초제인 글리포세이트에 내성을 가진 유전자 변형 작물을 재배하기 시작한 농부들은 그 제초제를 매년 반복해서 사용했다. [11]이로 인해 그 지역에서는 글리포세이트에 대해 내성을 가진 잡초가 생겨났다. [12]이와 같이 제초제에 내성을 가진 잡초를 슈퍼잡초라고 부른다. [13]유전자 변형 작물을 재배하는 농지는 대부분 이러한 슈퍼잡초로 인해 어려움을 겪게 되었다. [14]슈퍼잡초를 제거하기 위해서는 제초제를 더 자주 사용하거나 여러 제초제를 섞어서 사용하거나 아니면 새로 개발된 제초제를 사용해야 한다. [15]이로 인해 농부들은 더 많은 비용을 지불할 수밖에 없었다.

정답 ④

유전자 변형 작물 재배로 슈퍼잡초가 발생한 지역에서는 작물 생산 비용이 증가했다.

해황쌤의 풀이 | 통념과 달리 진실[15]은 ④와 같다는 거죠? 핵심을 파악했다면 너무 쉽게 풀 수 있었습니다.

오답풀이

① '모든' 때문에 적절하지 않습니다. 5에 따르면 농약 중 살충제 사용은 감소합니다.

② 7을 고려했을 때 '도입한 해'가 아니라 '도입하고 4~5년이 지난 해'로 바꿔야 합니다.

③ '일반 작물 재배의 경우에도'라고 했으므로 ①과 같은 이유로 틀렸습니다.

⑤ 10~13을 고려했을 때 적절하지 않습니다. 유전자 변형 작물을 재배하는 지역이 일반 작물을 재배하는 지역에 비해 슈퍼잡초의 발생 정도가 더 많을 것입니다.

03 다음 글에서 추론할 수 있는 것은?

출처 | 2012년 민간경력자 PSAT 언어논리

POINT 1	서술분량은 중요도에 비례한다.	POINT 2	'언제나', '항상', '모든(모두)', '만only' 같은 강조 표현에 주목한다.

[1]고려시대에 지방에서 의료를 담당했던 사람으로는 의학박사, 의사, 약점사가 있었다. [2]의학박사는 지방에 파견된 최초의 의관으로서, 12목에 파견되어 지방의 인재들을 뽑아 의학을 가르쳤다. [3]반면 의사는 지방 군현에 주재하면서 약재 채취와 백성의 치료를 담당하였다. [4]의사는 의학박사만큼 교육에 종사하기는 어려웠지만 의학교육의 일부를 담당했다. [5]의학박사에 비해 관품이 낮은 의사들은 실력이 뒤지거나 경력이 부족했으며 행정업무를 병행하기도 하였다.

[6]한편 지방 관청에는 약점이 설치되었고, 그곳에 약점사를 배치하였다. [7]약점사는 향리들 중에서 임명하였는데, 향리가 없는 개경과 서경을 제외한 전국의 모든 고을에 있었다. [8]약점은 약점사들이 환자들을 치료하는 공간이자 약재의 유통 공간이었다. [9]지방 관청에는 향리들의 관청인 읍사가 있었다. [10]큰 고을은 100여 칸, 중간 크기 고을은 10여 칸, 작은 고을은 4~5칸 정도의 규모였다. [11]약점도 읍사 건물의 일부를 사용하였다. [12]약점사들이 담당한 여러 일 중 가장 중요한 것은 인삼, 생강, 백자인 등 백성들이 공물로 바치는 약재를 수취하고 관리하여 중앙정부에 전달하는 일이었다. [13]약점사는 국왕이 하사한 약재들을 관리하는 일과 환자들을 치료하는 일도 담당하였다. [14]지방마다 의사를 두지는 못하였으므로 의사가 없는 지방에서는 의사의 업무 모두를 약점사가 담당했다.

지문분석

고려시대 지방의료를 담당한 직업군이 [나열열거]되었습니다. 이때 약점사에 대한 서술분량이 가장 많죠? 이를 통해 출제자는 약점사를 핵심으로 생각했다고 추정할 수 있고, 정답도 약점사와 관련이 있을 것으로 예측할 수 있습니다.

정답 ③
약점사가 의학교육을 담당할 수도 있었다.
해황쌤의 풀이 | 4+14를 통해 알 수 있습니다. '모두'에 주목하여 읽었다면 쉽게 풀 수 있겠습니다.

오답풀이
①, ② 알 수 없습니다.
④, ⑤ '약점사'를 '의사'로 바꿔치기했습니다.

독해력 실전 모의고사 1회

P. 214

01	①	02	④	03	②	04	②	05	④	06	②	07	①	08	④	09	④	10	①
11	④	12	③	13	①	14	⑤	15	②	16	③	17	①	18	④	19	③	20	⑤

01 다음 글의 내용과 일치하지 <u>않는</u> 것은?

출처 | SK그룹 최신 기출 변형

POINT 1	[비교대조]되면 구분지어가며 읽어라.	POINT 2	[비교대조]가 나오면 공통점과 차이점에 주목하라.	POINT 3	큰 흐름만 알아도 정답을 찾을 수 있다.

¹길항작용이란 상반되는 2가지 요인이 동시에 작용하여 그 효과를 서로 상쇄시켜 항상성을 유지하는 작용을 말한다. ²이때 상반되는 2가지 요인을 '길항인'이라 한다. ³한편 어떤 원인에 의해 나타난 결과가 다시 원인에 작용해 그 결과를 줄이거나 늘리는 '자동 조절 원리'를 피드백이라고 말하는데, 이러한 피드백 과정을 통해 우리의 인체는 항상성을 유지한다.

⁴그렇다면 두 작용의 차이는 무엇일까? ⁵먼저 길항작용의 예를 들어보자. ⁶우리 체내에 나쁜 영향을 주는 독소 물질이 유입되면, 자동으로 우리의 몸은 그 독소를 제거할 어떤 물질을 분비하게 된다. ⁷그리하여 그 독소와 독소 제거 물질은 서로 만나 상쇄되어 상호 효력을 상실하는 것이다.

⁸반면, 피드백은 조금 다르다. ⁹예를 들어 간뇌는 체내에 필요한 티록신의 양이 부족함을 감지할 경우, 뇌하수체를 거쳐 갑상샘으로 하여금 티록신을 분비하라고 체내에서 명령을 내리고, 그 명령을 하달받은 갑상샘은 티록신을 분비한다. ¹⁰체내 티록신 양이 충분히 분비되었음이 감지 되면, 간뇌는 분비를 중단하라고 명령을 내릴 것이다. ¹¹그리하여 티록신의 분비는 중단되고, 이로써 체내에 필요한 만큼만 티록신이 분비되어 항상성이 유지되는 것이다. ¹²이는 부족했던 티록신이 원인이 되어 작용이 일어나고, 작용을 일으켰던 티록신이 또다시 작용 중단의 원인으로 작용한 것이다. ¹³이런 경우를 음성피드백이라고 한다. ¹⁴이와는 반대로 양성피드백은 옥시토신이라는 호르몬의 작용에서 볼 수 있는데, 임산부의 경우에 분만 시기가 되면 임산부의 뇌하수체 후엽에서는 옥시토신이 분비되어 자궁을 수축시킴으로써 진통을 유발한다. ¹⁵이 진통은 옥시토신의 분비를 더욱 촉진시키고 더 강하게 자궁을 수축시키므로 아기를 세상 밖으로 나오게 한다. ¹⁶이와 같이 양성피드백은 옥시토신의 분비로 일어나는 생체 내 반응이 원래의 자극을 한층 더 증가시키는 방향으로 작용하는 것을 말한다.

옥시토신 호르몬 작용은 음성피드백의 사례라고 볼 수 있다.[14+16]

해황쌤의 풀이 | 옥시토신은 양성피드백의 사례입니다. 지문의 큰 흐름만 파악해도 쉽게 걸러낼 수 있는 선지였습니다.

②는 1+3(공통점), ③은 15, ④는 3, 12, ⑤는 1~2를 통해 알 수 있습니다.

02 다음 글을 읽고 추론한 내용으로 적절한 것은?

출처 | SK그룹 최신 기출 변형

POINT 1	큰 흐름만 알아도 정답을 찾을 수 있다.	POINT 2	해결책은 문제점을 해결한 것이다.	

[1]한국과학기술연구원은 주파수가 높고 파장이 짧은 초음파 특성을 이용한 초음파 센서를 로봇 기술에 적용해 초음파 무선 전력전송 기술을 개발했다고 밝혔다. [2]무선 전력 기술에는 전자기유도 방식과 자기공명 방식 두 가지 방식이 있는데 전자기유도 방식은 물이나 금속체를 통과하지 못하며 충전 중에 발생하는 발열 문제로 신체에 해를 끼칠 수 있다는 위험이 있다면, 자기공명 방식은 와이파이와 같은 무선통신 주파수와 충돌을 일으켜 충전 효율성이 떨어진다는 단점이 있다. [3]그래서 연구진은 전자기파나 자기장 대신 초음파를 이용해 에너지를 전기에너지로 변환하는 소자를 만들었다. [4-1]이번 연구를 통하여 초음파를 이용해 무선 충전이 가능하다는 것을 입증하였고 [4-2]앞으로 안정성과 효율성이 보장된다면 배터리 교체가 번거로운 의학, 해저 등의 분야에 전력을 무선으로 공급하여 다양한 곳에 쓰임을 발휘할 것으로 기대된다.

초음파 무선 전력전송 방식은 물과 금속체를 통과할 수 있다.[2~3]

해황쌤의 풀이 | 초음파 방식은 전자기유도 방식과 자기공명 방식의 문제점에 대한 해결책입니다. 따라서 전자기유도 방식의 단점이었던 '물이나 금속체를 통과하지 못하며'를 해결했을 겁니다. [문제해결] 구조임을 이해했다면 쉽게 판단할 수 있죠!

① 초음파 무선 전력전송 방식은 안정성이 입증되었다.[4-2]

해황쌤의 풀이 | 4-2에서 안정성이 입증된다고 **가정**하면 이러저러할 것으로 기대된다고 했을 뿐이므로, 아직은 입증되지 않았다고 볼 수 있습니다.

일반적으로 "A이면 B"(A → B)로부터 A나 B가 참임을 도출하는 것은 오류입니다. 예를 들어, "내가 이번 주 로또 당첨되면, 다음 주에 바로 회사 때려친다"로부터 "내가 이번 주 로또 당첨된다"라거나 "다음 주에 바로 회사 때려친다"가 참임을 도출할 수 없는 것 처럼요.

② 전자기유도 방식보다 자기공명 방식을 더 많이^{알 수 없음} 사용한다.

③ 충전거리는 자기공명 방식보다 초음파 전송 방식이 더 짧다. ^{알 수 없음}

해황쌤의 풀이 | ②, ③은 지문으로부터 알 수 없으므로 부적절한 비교입니다.

⑤ 인공 심박동기의 배터리 충전은 전자기유도 방식이 가장 적합하다. ²

해황쌤의 풀이 | 전자기유도 방식은 발열로 신체에 해를 끼칠 수 있으므로 가장 적합하지 않다고 판단할 수 있습니다.

---

03 다음 [가]~[라] 문단을 글의 흐름에 따라 순서대로 바르게 배열한 것은? 출처 | SK그룹 최신 기출 변형

POINT 1	순서배열 문제는 선지를 적극 활용하라.	POINT 2	순서배열은 비교대조, 인과 관계 등을 고려하라.	

[가] 코로나 19 상황이 장기화되고 마스크 착용 기간이 늘어남에 따라 한창 언어를 배워야 하는 시점의 아이들이 언어 발달 과정에서 마스크로 인한 발달 지연 부작용이 심각하다는 우려가 나오고 있다.

[나] 하지만 당장의 코로나 19 상황을 변화시킬 수 없기에 아이들의 상태를 파악하고 발달을 도울 수 있는 환경을 조성하여 발달 과정에 맞는 적절한 교육과 꾸준한 훈련이 동반되어야 한다.

[다] 아이들은 어떻게 언어를 배울까? 생후 8개월 정도는 옹알이를 시작하는 시기인데 아이는 이때부터 감정 전달을 표현하기 위해 언어에 관심을 갖기 시작한다. 가장 먼저 부모의 입술 읽기로 시작하여 시각적 언어 신호에 접근하면서 말소리를 배운다. 아이들은 발화자의 말소리, 세기, 억양 등 이외에도 비언어적 표정, 몸짓, 입 모양 등을 통해 언어를 배운다. 그렇기 때문에 아이는 발화자의 시선과 입을 많이 보고 입술 읽기를 할수록 언어적 표현과 비언어적 표현이 고르게 발달하여 언어 능력이 좋아진다.

[라] 이렇게 언어를 충분히 배우고 발달시켜야 할 시기에 아이들이 마스크의 착용으로 언어 발달 지연 부작용을 겪어 또래와의 소통이 불가능해 왕따 등의 정서 문제를 겪고 있는 현실이 매우 안타깝다. 아동의 발달 영역끼리 밀접하게 상호 작용이 되지 못하면 성장하면서 많은 어려움이 있을 수 있으므로 대책을 마련해야 한다.

지문분석

[가]는 문제점, [나]는 해결책, [다]는 배경정보, [라]는 문제점^{원인}에 따른 폐해^{결과}인데, [다]의 위치가 다소 애매하나, [가]^{문제점} – [라]^{문제점에 따른 폐해} – [나]^{해결책} 순서는 확실합니다. 이러한 순서를 갖고 있는 건 ②밖에 없습니다.

정답 ②

[가] – [다] – [라] – [나]

해황쌤의 풀이 | 만약 '[다]-[가]-[라]-[나]' 같은 선지가 있었다면 이 또한 정답이 될 수 있었겠지만, 출제오류 논란을 피하기 위해 출제자가 의도적으로 배제한 것으로 볼 수 있습니다. 이처럼 순서배열 문항은 논리적으로 적절한 배열이 둘 이상 가능할 때가 많으므로, 확실한 배열을 기준으로 선지에서 소거법으로 정답을 찾아야 합니다.

POINT 1	빈칸 문제는 빈칸 주변부터 읽어라.	POINT 2	[비교대조]되면 구분지어가며 읽어라.	

¹ 우리는 기쁨, 슬픔, 분노, 즐거움 등 여러 감정들을 얼마든지 표정으로 표현할 수 있으며, 남의 표정을 보고 상대방의 그런 감정 상태를 읽을 수도 있다. ² 설령 미국 사람을 한 번도 본 적이 없는 어린아이라 하더라도 찡그리는 미국인의 표정을 보고 그가 화가 났다거나 슬프다는 감정을 읽을 수 있다. ³ 이렇듯 인간은 자신의 원초적인 감정을 표정이나 몸동작으로 나타내고 그것을 읽어 낼 수 있는 능력을 갖추고 있지만, 공교롭게도 사랑에 대응되는 표정은 존재하지 않는다. ⁴ 아무도 사랑에 빠진 표정을 명확히 지을 수는 없다. ⁵ 우리는 친구나 동생에게 연인이 생기면 그 사실을 다양한 행동을 보고 알아차릴 수는 있지만, 표정을 보고 읽어 낼 수는 없다. ⁶ 사랑은 반드시 행동을 동반한다는 점에서도 여느 감정과 구별된다. ⁷ 우리는 슬프거나 기쁜 감정 상태가 행동으로 표출되지 않고 마음에 간직된다고 해서 감정의 존재 자체를 부정하지 않지만, 사랑은 다르다. ⁸ 사랑이라는 상태는 사랑하는 상대방에게 모든 것을 집중시키며, 그와 함께하고 그를 얻기 위해 할 수 있는 모든 행동을 수행하도록 만든다. ⁹ 즉, 일련의 행동에 뚜렷한 목적이 존재하는 것이다. ¹⁰ 그런 점에서 사랑은 [   ]

[지문분석]

빈칸은 사랑에 대한 특성이 들어가야 합니다. 그리고 나서 지문을 읽어보면 감정과 사랑의 차이점이 [비교대조]됩니다. 따라서 빈칸에는 '사랑은 감정이 아니라는 행동을 일으키는 무언가'라는 내용이 들어가야 합니다. 이런 관점에서 적절한 것은 ②밖에 없습니다.

[정답] ②

감정이라기보다는 동기나 욕구에 더 가깝다.

해황쌤의 풀이 | '동기나 욕구'는 행동을 수행하도록 만든다는 점에서 빈칸에 들어갈 말로 적절합니다.

[오답풀이]

나머지 선지는 모두 사랑을 감정 중 하나로 보기 때문에 적절하지 않습니다.

POINT 1	'(반드시) ~해야(만) 한다', '필요하다', '요구된다' 같은 논리적 필요조건에 주목하라.	POINT 2	구체적 사례를 포괄하는 일반적 진술이 핵심이다.	

¹에너지 컨설팅업체 우드맥킨지에 따르면 앞으로 30년간 구리 수요가 250% 늘어날 것으로 예상된다. ²왜냐하면 전기차 보급에 따라 전기차 충전소를 확충하는 데 많은 구리가 필요하기 때문이다. ³우드맥킨지는 최근 발표한 보고서에서 오는 2030년까지 2,000만여 개의 전기차 충전소 시설이 구축돼 구리를 2019년에 비해 250% 이상 소비할 것으로 전망했다.

⁴휘발유 엔진 차량과 버스와 견주어 전기 승용차와 전기 버스의 구리 사용량은 훨씬 많다. ⁵휘발유 엔진 차량은 주로 전선 등에 약 20kg의 구리를 사용하는데 하이브리드 차량은 약 40kg, 전기 승용차는 약 80kg을 소비한다. ⁶다시 말해 전기 승용차의 구리 소비량은 휘발유 엔진 차량의 4배다. ⁷대형 전기 버스는 이보다 더 많은 구리를 사용하며, 차량 크기와 배터리 크기에 따라 구리 소비량이 11~18배에 이른다. ⁸이에 따라 올해 1%에 불과한 세계 전기차 보급률이 오는 2030년에는 11%로 상승하면서 구리 수요가 폭발적으로 증가할 것이다. ⁹전문가들은 앞으로 10년간 세계 구리 수요가 300만 t~500만 t 늘어날 것이며, 전기차가 대중화된다면 전기차만으로도 구리 신규 수요가 110만 t에 이를 것이라고 예상한다.

¹⁰그러나 우드맥킨지는 구리 수요 증가를 견인하는 것은 전기차가 아니라 전기차 충전시설과 관련 인프라가 될 것이라고 예상했다. ¹¹휘발유 주유소는 도처에 있고 주유가 빨라 휘발유를 다 쓰기 전에 어디서 멈춰 주유할지 계획을 세울 필요가 없다. ¹²그러나 전기차 충전소는 드물고 충전하는 데 시간이 많이 걸린다. ¹³충전기와 배터리 기술이 발전했다고 하더라도 이런 문제를 해결하기 위해서는 충전소를 많이 설치해야만 한다. ¹⁴이처럼 충전소를 많이 설치하기 위해서는 공공과 민간 부문의 적극적인 투자가 필요하다. ¹⁵전기차 충전시스템은 매우 복잡하며 프로젝트 대부분이 민관 참여자들 간의 강력한 파트너십을 필요로 한다. ¹⁶전기회사는 물론, 장비업체, 소프트웨어와 네트워크 업체, 정부와 비정부 조직이 힘을 합쳐야 하는 것이다.

¹⁷우드맥킨지는 북미지역에서만 전기차 인프라 시장 규모가 2021년 27억 달러, 2030년 186억 달러에 이를 것으로 예상했다. ¹⁸해리 솔즈버리 우드맥킨지 조사 분석가는 "오는 2040년에는 전기 승용차가 해마다 370여만 t의 구리를 소비하는 반면 휘발유 승용차의 구리 소비량은 100만 t을 조금 웃돌 것"으로 내다봤다. ¹⁹솔즈버리는 "올해부터 2040년까지 누적 구리 수요량은 3,540만 t으로 현재의 내연기관 수요를 충족하는 것보다 500만 t 이상 더 많을 것"이라고 전망했다.

지문분석

1문단에 핵심이 다 나왔습니다. 2문단은 1문단의 핵심과 다소 거리가 있으므로 일반적 진술 **4**만 읽고 매우 빠르게 읽으면 되고, 3, 4문단은 핵심을 구체적으로 소개하는 내용일 뿐이니 역시 매우 빠르게 읽어나갈 수 있습니다. 그러고 나서 선지를 보면, 핵심을 담고 있는 건 ④밖에 없습니다.

전기 자동차 충전소 인프라 확충에 따른 구리 수요 증가 상황[1~2, 10, 17]

06 다음 글을 읽고 공유자원에 대한 시장실패를 막을 수 있는 예방책으로 적절하지 않은 것은?

출처 | 코레일 최신 기출 변형

POINT 1	발문을 고려하여 지문 독해 전략을 세워라.	

[1] 공공재는 배제성과 경합성이 없는 재화를 말한다. [2] 배제성이란 사람들이 재화를 소비하는 것을 막을 수 있는 가능성을 말하고, 경합성이란 한 사람이 재화를 소비하면 다른 사람이 소비에 제한을 받는 속성을 말한다. [3] 공공재가 배제성이 없다는 것은 재화를 생산하더라도 그것을 소비하는 데 드는 비용을 지불할 사람이 없다는 것이므로 누구도 공공재를 공급하려 하지 않는다. [4] 따라서 정부가 사회적 비용과 편익을 따져 공공재를 공급함으로써 시장실패를 예방할 수 있다.

[5] 공유자원은 공공재와 같이 배제성이 없어 누구나 공짜로 사용할 수 있지만 경합성이 있는 재화이다. [6] 이에 따라 '공유자원의 비극'이라는 심각한 문제를 야기한다. [7] 누구든지 자유롭게 사용할 수 있는 목초지가 있다고 하자. [8] 소 주인들은 공짜로 풀을 먹일 수 있기 때문에 가급적 많은 소를 몰고 와서 먹이려고 할 것이다. [9] 자기 소를 한 마리 더 들여와 목초지가 점점 훼손된다 하더라도, 그에 따른 불이익은 목초지를 이용하는 모든 소 주인들이 함께 나누기 때문이다. [10] 그러나 목초지의 풀은 제한되어 있어 어느 수준 이상의 소가 들어오면 목초지는 그 기능을 상실하게 된다.

[11] 공공재에 의한 시장실패는 정부가 공공재의 공급 비용을 부담함으로써 쉽게 예방할 수 있다. [12] 하지만 공유자원에 의한 시장실패는 위의 예와 같이 개인들이 더 많은 자원을 사용하려고 경합하는 데서 발생하기 때문에 재화의 경합성을 적절하게 조정하는 예방책이 필요하다. [13] 그 구체적인 예방책으로는 정부가 공유자원의 사용을 직접 통제하거나 공유자원에 사유 재산권을 부여하는 방법이 있다. [14] 정부의 직접 통제는 정부가 특정 장비 사용의 제한, 사용 시간이나 장소의 할당, 이용 단위나 비용의 설정 등을 통해 수요를 억제하는 방법이다. [15] 사유 재산권 부여는 자신의 재산을 잘 관리하려는 사람들의 성향을 이용하여 공유자원을 관리하게 함으로써 공유자원이 황폐화되는 것을 막기 위한 방법이다. [16] 이 두 방법은 정부의 시장 개입이 수반된다는 점에서 통제 방식이나 절차, 사유 재산권 배분 기준에 대한 사회적 합의가 전제되어야 한다. [17] 또한 공유자원을 사용하는 사람들에 대한 정부의 통제 능력과 개인의 사유재산 관리 능력을 확보하는 것이 성패의 관건이 된다.

[18] 공공재와 공유자원에 의한 시장실패는 자원의 왜곡된 배분을 가져와 사회 전체의 효용을 감소시킨다. [19] 또한 재화의 관리가 효율적으로 이루어지지 않으면 재화를 공급하여 얻는 편익이 감소될 가능성이 크다. [20] 따라서 시장실패가 초래하는 비극을 예방할 수 있는 효율적인 방안을 강구해 구성원의 경제적 후생을 향상시키는 것이 정부의 중요한 경제 정책이 되어야 한다.

발문을 고려하여 지문을 독해해야 합니다. '공유자원'의 개념을 이해하고, '시장실패를 막을 수 있는 예방책'을 파악하면 되겠죠? **15**에서 글을 읽는 목적이 달성되었으므로, 나머지 **16~20**은 더 이상 읽지 않고 바로 선지를 살펴봅니다.

정답 ②

치안 불안을 해소하기 위해 우범 지역에 CCTV를 설치한다.

해황쌤의 풀이 l '치안'이나 '우범 지역'은 공유자원이 아닙니다. 애초에 공유자원이 없으므로 CCTV 설치는 '공유자원에 대한 시장실패를 막을 수 있는 예방책'일 수 없습니다.

오답풀이

① 야생동물을 보호하기 위해 야생동물 수렵지역을 한정 한다.

해황쌤의 풀이 l 야생동물은 공짜로 잡을 수 있으므로 배제성은 없지만, 숫자가 제한적이라 경합성이 있습니다. 따라서 공유자원입니다. 수렵지역을 한정하는 것은 정부의 직접 통제, 그중에서도 사용 자의 할당에 해당됩니다.

③ 도심의 혼잡한 교통 상황을 원활하게 하기 위해 통행료를 징수 한다.

해황쌤의 풀이 l 도로는 자동차가 들어오는 것을 막을 수 없으니 배제성은 없지만, 면적이 제한적이라 경합성이 있습니다. 따라서 공유자원입니다. 통행료 징수는 정부의 직접 통제, 그중에서도 비용 설정에 해당됩니다.

④ 바다의 바닥을 긁어 물고기를 잡는 것을 막기 위해 저인망그물 사용을 제한 한다.

해황쌤의 풀이 l 바다의 물고기는 공짜로 잡을 수 있으므로 배제성은 없지만, 숫자가 제한적이라 경합성이 있습니다. 따라서 공유자원입니다. 저인망그물이 바다 밑바닥 긁는 그물인 걸 몰랐어도 선지의 맥락을 통해 뜻을 추측할 수 있죠? 이를 제한하는 것은 장비사용의 제한에 해당됩니다.

⑤ 기업에게 온실가스 배출 허용량을 동일하게 부과하고, 온실가스 배출권을 판매할 수 있도록 한다.

해황쌤의 풀이 l 뉴스에 곧잘 나오는 주제라서 익숙한 분들이 많을 겁니다. 온실가스가 배출되면 지구환경이 파괴되죠? 여기서는 지구환경 자체를 공유자원으로 봐야 합니다. 지구환경은 소비하거나 파괴하는 것을 막을 수 없으니 배제성은 없지만, 제한적이므로 경합성은 있습니다. 이때 온실가스 허용량을 정하여 사고팔 수 있게 하는 것은 사유 재산권 부여에 해당됩니다.

해황쌤의 말

경합성, 배제성, 공유재, 공유자원에 대한 내용은 수능, PSAT, LEET에도 빈출테마입니다. 이 지문과 함께 다음 내용을 배경지식으로 잘 정리해 두세요.

01 다음 글로부터 추론한 내용으로 가장 적절한 것은?   출처 | 2012년 민간경력자 PSAT 언어논리

많은 재화나 서비스는 경합성과 배제성을 지닌 '사유재'이다. 여기서 경합성이란 한 사람이 어떤 재화나 서비스를 소비하면 다른 사람의 소비를 제한하는 특성을 의미하며, 배제성이란 공급자에게 대가를 지불하지 않으면 그 재화를 소비하지 못하는 특성을 의미한다. 반면 '공공재'란 사유재와는 반대로 비경합적이면서도 비배제적인 특성을 가진 재화나 서비스를 말한다.

그러나 우리 주위에서는 이렇듯 순수한 사유재나 공공재와는 또 다른 특성을 지닌 재화나 서비스도 많이 찾아볼 수 있다. 예를 들어 영화 관람이라는 소비 행위는 비경합적이지만 배제가 가능하다. 왜냐하면 영화는 사람들과 동시에 즐길 수 있으나 대가를 지불하지 않고서는 영화관에 입장할 수 없기 때문이다. 마찬가지로 케이블 TV를 즐기기 위해서는 시청료를 지불해야 한다.

비배제적이지만 경합적인 재화들도 찾아낼 수 있다. 예를 들어 출퇴근 시간대의 무료 도로를 생각해보자. 자가용으로 집을 출발해서 직장에 도달하는 동안 도로에 진입하는 데에 요금을 지불하지 않으므로 도로의 소비는 비배제적이다. 하지만 출퇴근 시간대의 체증이 심한 도로는 내가 그 도로에 존재함으로 인해서 다른 사람의 소비를 제한하게 된다. 따라서 출퇴근 시간대의 도로 사용은 경합적인 성격을 갖는다.

이상의 내용을 아래의 표에 분류해 보면 다음과 같다.

경합성 \ 배제성	배제적	비배제적
경합적	a	b
비경합적	c	d

① 체증이 심한 유료 도로 이용은 a에 해당한다.
② 케이블 TV 시청은 b에 해당한다.
③ 사 먹는 아이스크림과 같은 사유재는 b에 해당한다.
④ 국방 서비스와 같은 공공재는 c에 해당한다.
⑤ 영화 관람이라는 소비 행위는 d에 해당한다.

정답 ①

체증이 심한 유료 도로 이용은 a에 해당한다.

해황쌤의 풀이 | '유료' 도로이므로 배제적, '체증이 심한' 도로는 (지문에 의하듯) 경합적입니다. 따라서 a에 해당됩니다. 정답!

오답풀이

② 지문에서 케이블 TV는 비경합적&배제적 사례로 제시되어 있습니다. 따라서 b가 아니라 c에 해당됩니다.
③ 사유재는 경합적&배제적이므로 b가 아니라 a에 해당됩니다.
④ 공공재는 비배제적&비경합적이므로 c가 아니라 d에 해당됩니다.
⑤ 영화 관람은 케이블 TV와 마찬가지로, 비경합적&배제적 사례로 제시되어 있습니다. 따라서 d가 아니라 c에 해당됩니다.

해황쌤의 풀이 | a는 사유재(private goods), b는 공유자원(common resources), c는 클럽재(club goods), d는 공공재(public goods)라는 것을 배경지식으로 알아 두세요. 2012학년도 언어추론에는 '공유자원(commons)의 비극', '반(anti)-공유자원의 비극', '반(semi)-공유자원의 비극'이 나왔고, 2015학년도 수능에는 다음 지문이, 2019년 입법고시 PSAT 언어논리에는 공유지의 비극 해결책과 관련된 지문이 나왔습니다.

정부는 공공의 이익을 위해 정책을 기획, 수행하여 유형 또는 무형의 생산물인 공공 서비스를 공급한다. 공공 서비스의 특성은 배제성과 경합성의 개념으로 설명할 수 있다. 배제성은 대가를 지불하여야 사용이 가능한 성질을 말하며, 경합성은 한 사람이 서비스를 사용하면 다른 사람은 사용할 수 없는 성질을 말한다. 이러한 배제성과 경합성의 정도에 따라 공공 서비스의 특성이 결정된다. 예를 들어 국방이나 치안은 사용자가 비용을 직접 지불하지 않고 여러 사람이 한꺼번에 사용할 수 있으므로 배제성과 경합성이 모두 없다. 이에 비해 배제성은 없지만, 많은 사람이 한꺼번에 사용하는 것이 불편하여 경합성이 나타나는 경우도 있다. 무료로 이용하는 공공 도서관에서 이용자가 많아 도서 열람이나 대출이 제한될 경우가 이에 해당한다.

과거에는 공공 서비스가 경합성과 배제성이 모두 약한 사회 기반 시설 공급을 중심으로 제공되었다. 이런 경우 서비스 제공에 드는 비용은 주로 세금을 비롯한 공적 재원으로 충당을 한다. 하지만 복지와 같은 개인 단위 공공 서비스에 대한 사회적 요구가 증가함에 따라 관련 공공 서비스의 다양화와 양적 확대가 이루어지고 있다.

그리고 이 내용이 2022년 시험에 그대로 또 출제됐습니다!!

02 다음 글에서 알 수 <u>없는</u> 것은?

출처 | 2022년 7급 PSAT 언어논리

[1] 재화나 용역 중에는 비경합적이고 비배제적인 방식으로 소비되는 것들이 있다. [2] 먼저 재화나 용역이 비경합적으로 소비된다는 말은, 그것에 대한 누군가의 소비가 다른 사람의 소비 가능성을 줄어들게 하지 않는다는 것을 뜻한다. [3] 예컨대 10개의 사탕이 있는데 내가 8개를 먹어 버리면 다른 사람이 그 사탕을 소비할 가능성은 그만큼 줄어들게 된다. [4] 반면에 라디오 방송 서비스 같은 경우는 내가 그것을 이용한다고 해서 다른 사람의 소비 가능성이 줄어들게 되지 않는다는 점에서 비경합적이다.

[5] 재화나 용역이 비배제적으로 소비된다는 말은, 그것이 공급되었을 때 누군가 그 대가를 지불하지 않았다고 해서 그 사람이 그 재화나 용역을 소비하지 못하도록 배제할 수 없다는 것을 뜻한다. [6] 이러한 의미에서 국방 서비스는 비배제적으로 소비된다. [7] 정부가 국방 서비스를 제공받는 모든 국민에게 그 비용을 지불하도록 하는 정책을 채택했다고 하자. [8] 이때 어떤 국민이 이런 정책에 불만을 표하며 비용 지불을 거부한다고 해도 정부는 그를 국방 서비스의 수혜에서 배제하기 어렵다. [9] 설령 그를 구속하여 감옥에 가두더라도 그는 국방 서비스의 수혜자 범위에서 제외되지 않는다.

[10] 비경합적이고 비배제적인 방식으로 소비되는 재화와 용역의 생산과 배분이 시장에서 제대로 이루어질 수 있을까? [11] 국방의 예를 이어나가 보자. [12] 대부분의 국민은 자신의 생명과 재산을 보호받고자 하는 욕구가 있고 국방 서비스에 대한 수요도 있기 마련이다. [13] 그러나 만약 국방 서비스를 시장에서 생산하여 판매한다면, 경제적으로 합리적인 국민은 국방 서비스를 구매하지 않을 것이다. [14] 왜냐하면 다른 이가 구매하는 국방 서비스에 자신도 무임승차할 수 있기 때문이다. [15] 결과적으로 국방 서비스는 과소 생산되는 문제가 발생하고, 그 피해는 모든 국민에게 돌아가게 될 것이다. [16] 따라서 이와 같은 유형의 재화나 용역을 사회적으로 필요한 만큼 생산하기 위해서는 국가가 개입해야 하기에 이런 재화나 용역에는 공공재라는 이름을 붙이는 것이다.

① 유료 공연에서 일정한 돈을 지불하지 않은 사람의 공연장 입장을 차단한다면, 그 공연은 배제적으로 소비될 수 있다.

② 국방 서비스를 소비하는 모든 국민에게 그 비용을 지불하도록 한다면, 그 서비스는 비경합적으로 소비될 수 없다.

③ 이용할 수 있는 수가 한정된 여객기 좌석은 경합적으로 소비될 수 있다.

④ 무임승차를 쉽게 방지할 수 없는 재화나 용역은 과소 생산될 수 있다.

⑤ 라디오 방송 서비스는 여러 사람이 비경합적으로 소비할 수 있다.

정답 ②

②는 **6~8**을 통해 틀렸음을 알 수 있습니다. 반면, ①은 **5**를 통해, ③은 **2~3**을 통해, ④는 **14~15**를 통해, ⑤는 **4**를 통해 적절함을 알 수 있습니다.

해황쌤의 풀이 | **경합성, 배제성 개념과 아래 표는 기억해 두세요. 또 나올 겁니다. :)**

경합성＼배제성	배제적	비배제적
경합적	사유재	공유자원
비경합적	클럽재	공공재

07 다음 글을 이해한 내용으로 적절하지 <u>않은</u> 것은?   출처 | 코레일 최신 기출 변형

POINT 1	[비교대조]되면 구분지어가며 읽어라.	POINT 2	질문에 대한 답변이 핵심이다.	POINT 3	'(반드시) ~해야(만) 한다', '필요하다', '요구된다' 같은 논리적 필요조건에 주목하라.

¹천재는 선천적으로 타고난 것일까 아니면 후천적으로 만들어지는 것일까? ²이 질문은 오랜 시간 동안 많은 사람들의 대표적인 궁금증이었다.

³고대의 철학자 플라톤은 저서 『이온』에서 스승인 소크라테스의 입을 빌려 예술가의 영감에 대해 이야기한다. ⁴『이온』에서 소크라테스는 음유시인 이온의 성공이 기술에 근거한 것이 아니며, 신적 영감 덕분이라고 논증한다. ⁵같은 고대의 철학자 아리스토텔레스 역시 철학과 예술 방면의 비범한 사람들은 멜랑콜리 기질을 가지고 있고, 그런 예술가가 되기 위해서는 멜랑콜리 기질을 가져야만 한다고 주장하였다. ⁶이 멜랑콜리 기질은 고독함을 수반한다고 했다. ⁷그런데 멜랑콜리 기질은 노력으로 얻을 수 있는 것이 아니었다. ⁸이런 그의 천재론은 낭만주의 예술에까지 이어졌는데, 낭만주의 예술에서 멜랑콜리는 천재의 증표이며 오직 천재만이 예술가가 될 수 있다고 하였다.

⁹근대에 접어들어 칸트에 오게 되면, '천재'란 '자연의 총아'이자 '예술에 규칙을 부여하는 능력'이다. ¹⁰이는 자연 속에서 규칙을 발견하여 작품화하도록 자연으로부터 부여받은 '생득적인 산출 능력'이라 할 수 있다. ¹¹그런데 그는 천재는 단순히 자연을 '모방'하는 것이 아니라 '독창성'을 가장 큰 특징으로 한다고 말했다. ¹²칸트는 통제를 넘어선 천재 개념을 거부했고, 아무리 천재라 할지라도 독창적인 소재를 표현해내기 위해선 학습에 의한 기술 역시 필요하다고 주장하였다.

¹³그렇다면 서구 과학의 역사에서 가장 탁월한 업적을 남긴 뉴턴과 아인슈타인은 어떤 종류의 천재였을까? ¹⁴우리는 종종 뉴턴이 사과나무 아래에서 편안하게 쉬다가 사과가 떨어지는 걸 보고 운 좋게 만유인력의 법칙을 발견했다고 생각한다. ¹⁵그러나 뉴턴 이전에 사과가 떨어지는 걸 본 과학자들은 많았다. ¹⁶그런데 왜 유독 뉴턴만 만유인력을 발견했을까? ¹⁷정답은 노력이다. ¹⁸오랜 시간 중력에 대한 비밀에 집착했고 수많은 실험을 겪은 뉴턴 눈에만 보이는 진리였던 셈이다. ¹⁹뉴턴은 대기만성형의 노력하는 학자였다. ²⁰그는 1662년 광학을 연구하기 시작했고, 10년이 지난 1672년이 돼서야 첫 논문을 발표한다. ²¹유명한 저서인 『광학』을 펴낸 건 30년이 지난 1704년 일이었다. ²²그의 눈앞에서 사과가 떨어진 건 뉴턴이 만유인력을 연구하기 시작한 지 20년 만이었다고 한다.

²³한편, 아인슈타인이 과학적 업적을 남길 수 있게 한 가장 큰 원인은 끊임없는 실험과 집착이었다. ²⁴아인슈타인이 상대성 원리를 발견한 것은 뛰어난 머리 때문이 아니라 노력 때문이었다. ²⁵아인슈타인은 무서울 정도로 실험에 집착했다. ²⁶다른 이론 물리학자들이 이미 나와 있는 실험 결과를 바탕으로 연구를 할 때 아인슈타인은 연구실에 틀어박혀 하나하나 다시 실험했다. ²⁷빛 속도, 자기장, 에테르 진동, 금속의 운동역학 등 아인슈타인이 결론을 도출하는 데 사용한 모든 초기 요인들은 철저한 실험에 의한 것이었다.

²⁸20세기에 들어 천재가 되기 위해서는 선천적인 능력보다 후천적인 노력을 더 많이 기울여야 한다고 생각하기 시작했다. ²⁹어릴 때부터 재능 분야가 두드러지는 신동들도 후천적인 노력을 하지 않으면 능력이 거기서 멈춰버린다. ³⁰반면 보통의 능력을 갖고 태어난 사람들이 엄청나게 많은 노력을 기울이면 성공할 수 있다는 것을 체험했다. ³¹따라서 지금의 천재는 자신의 재능을 찾고 거기에 걸맞은 노력을 하는 사람이라고 할 수 있다.

지문분석

천재가 선천적인지, 후천적인지에 대한 질문이 제시됐고, 그에 대한 답변이 [열거나열]됐습니다. 각각 뭐라고 답했는지 다음과 같이 빠르게 체크하면서 읽어나가면 됩니다.

- 플라톤, 아리스토텔레스: 선천적(신적 영감, 기질)
- 칸트: 선천적(생득적) + 후천적(학습)
- 뉴턴: 후천적(노력)
- 아인슈타인: 후천적(노력)
- 20세기: 선천적(재능) < 후천적(노력)

08 다음 글을 바탕으로 빈칸 ㉠~㉤에 들어갈 내용으로 적절하지 <u>않은</u> 것은?

출처 | 코레일 최신 기출 변형

POINT 1	근거를 토대로 논리적으로 판단하라.	POINT 2	일반적 진술은 구체적 진술을 포괄할 수 있어야 한다.	POINT 3	빈칸 문제는 빈칸 주변부터 읽어라.

---

¹언론의 여러 기능 가운데 하나는 (㉠) 일이다. ²언론이 표준어를 사용하는 이유, 비속어를 쓰지 않는 이유 모두 국민의 언어생활에 지대한 영향을 미치는 공적 기관이기 때문이며, 언론이 국민 언어생활에 미치는 영향은 막대하다.

(2문단 읽지 않음)

¹¹언론에서부터 일상까지 전투 용어가 일반화된 것은 우리의 (㉡). ¹²모든 걸 전쟁으로 내몰았던 일제 강점기, 그리고 한국전쟁과 군사정권을 거치면서 전쟁이나 군사 용어가 아무렇지도 않게 일상 언어까지 지배하게 됐다. ¹³이제 조국은 해방됐고, 군부독재도 끝이 났다. ¹⁴그리고 우리는 평화를 갈구한다. ¹⁵미디어가 전쟁·군사 용어를 마구 쓰면 과도한 대결적 정서나 폭력 문화가 양산될 소지가 있다. ¹⁶아이들에게도 (㉢)을/를 미칠 수 있다.

(4문단 및 5문단 앞부분 읽지 않음)

²⁹세 번째로 언론은 객관적인 언어를 써야 한다. ³⁰신문이나 방송이 가장 자주 쓰는 '논란'이라는 말이다. ³¹말 자체는 틀린 게 없지만 거의 모든 사안을 논란으로 몰아가는 것은 사실관계만 객관적으로 전해야 하는 언론의 (㉣)과/와 맞지 않다. ³²특히 언론이 자주 쓰는 서술어가 객관적이지 않는다는 것도 문제점이다. ³³기자 주관을 지나치게 드러내는 것이다. ³⁴우리말은 서술어 하나로도 어감이 확 달라지는 경우가 많다. ³⁵언론이 어떤 이의 말을 소개할 때 붙이는 서술어는 크게 세 종류다. ³⁶①<u>하나는 중립적 표현</u>으로 "~라고 했다.", "~라고 밝혔다." 같은 표현이다. ³⁷이런 표현은 가치판단을 배제하고 있는 그대로 전하는 화법이다. ³⁸또 ②<u>하나는 비교적 긍정 서술어</u>다. ³⁹언뜻 보면 가치판단을 배제하고 있는 것처럼 보이지만, 중립적 표현보다 당위 개념이 훨씬 짙게 배어 있다. ⁴⁰"~라고 질타했다.", "~라고 역설했다." 등이다. ⁴¹마③<u>막은 부정적 표현</u>이다. ⁴²객관을 가장하고 있지만, 서술어 어감에서 이미 비판을 작정한 표현이다. ⁴³"~라고 비난했다.", "~라고 공격했다.", "~라고 쏟아냈다." 등과 같은 표현이다. ⁴⁴언론은 이런 표현을 (㉤)해야 한다.

글이 지나치게 길기 때문에, 빈칸 위주로 읽으면서 선지를 대입해서 자연스러운지를 따져 보면 됩니다.

정답 ④

ⓔ: 보편적 언어 사용 ← ²⁹ 객관적인 언어, ³¹ 객관적으로, ³² 객관적, ³³ 주관을 지나치게

해황쌤의 풀이 | 보편적이지 않은 언어 사용이 문제가 아닙니다. 객관적인 언어 사용이 아니라서 문제됐던 거죠. 참고로 원문에는 '전체 원칙'이라고 표현됐습니다.

오답풀이

① ㉠: 국어를 올바르게 사용하는 ← ² 표준어O, 비속어X

② ㉡: 역사와 무관하지 않다 ← ¹² 일제 강점기, 한국전쟁, 군사정권

③ ㉢: 부정적 영향 ← ¹⁵ 과도한 대결적 정서나 폭력 문화가 양상 + ¹⁶ 아이들에게도

⑤ ㉤: 오남용하는 것을 주의 ← ³³ 기자 주관을 지나치게 드러내는 것, ⁴² 이미 비판을 작정한 표현

09 다음 글을 읽고 추론한 내용으로 적절하지 않은 것은?

출처 | 코레일 최신 기출 변형

POINT 1	[비교대조]되면 구분지어가며 읽어라.	POINT 2	'예외없이', '다른 것들과 마찬가지로' 같은 강조표현에 주목하라.

¹ 달걀은 하나의 세포로, 크게 노른자위(난황), 흰자위(난백), 껍데기(난각)로 구성되어 있다. ² 달걀의 대부분을 차지하는 흰자위는 약 90%가 물이고, 나머지 약 10%가 단백질이다. ³ 단백질은 많은 종류의 아미노산이 결합된 거대 분자이며, 물을 싫어하는 소수성 사슬과 물을 좋아하는 친수성 사슬이 혼합되어 있다. ⁴ 그런데 흰자위는 소량의 단백질이 많은 물에 녹아 있는 액체이다. ⁵ 그러므로 흰자위 단백질의 대부분은 구에 가까운 구조(globular protein)를 하고 있다. ⁶ 이것은 극성을 띤 물에서 안정하게 녹아 있으려면 단백질의 외부는 친수성 사슬로, 내부는 소수성 사슬로 된 형태가 되어야 하고, 표면적을 최소화시켜 소수성 부분의 노출을 최대로 줄이는 구의 형태가 유리하기 때문일 것이다.

⁷ 흰자위 단백질에서 가장 높은 비중을 차지하는 것은 오발부민(ovalbumin)으로, 비중은 약 60%다. ⁸ 오발부민은 모두 385개의 아미노산으로 구성된 단백질로 알려져 있다. ⁹ 다른 단백질과 마찬가지로 오발부민도 온도, pH 변화에 따라 변성이 된다. ¹⁰ 삶을 때 단백질은 열에 의해 변성이 진행된다. ¹¹ 가열되면 구 모양의 단백질 내부로 많은 물 분자들이 강제로 침투하여 더 이상 소수성 사슬끼리 뭉쳐진 구 모양을 유지하기 힘들다. ¹² 열 혹은 물의 작용으로 구 단백질은 길게 펴지고, 그것은 근처에 위치한 또 다른 펴진 단백질과 상호작용이 활발해진다. ¹³ 소수성 사슬들이 물과의 상호작용을 피해서 자기들끼리 서로 결속하기 때문에 단백질은 더욱 잘 뭉쳐져 젤 형태로 변한다. ¹⁴ 열이 더

가해지면 젤 상태의 단백질 내부에 물리적으로 갇혀 있던 물 분자마저 빠져 나오면서 더욱 단단한 고체로 변한다. [15]젤 형태의 반고체만 되어도 반사되는 빛이 많아져 불투명한 상태가 된다.

[16]노른자위는 루테인(lutein)과 제아잔틴(Zeaxanthin) 같은 화학물질 때문에 색이 노랗다. [17]항산화작용 능력을 갖춘 이 화학물질은 눈의 망막과 황반(macula lutea)에 축적되어 눈을 보호해 준다. [18]짧은 파장의 가시광선 혹은 자외선 때문에 생성된, 눈 건강을 해치는 활성 산소(혹은 자유 라디칼)를 없애주는 고마운 물질이다. [19]노른자위의 단백질은 흰자위보다 조금 적지만, 지용성 비타민(A, D, E)은 훨씬 더 많이 녹아 있다. [20]거의 물로 이루어진 흰자위에는 지용성 물질이 녹아 있기 힘들기 때문이다.

[21]껍데기를 벗긴 삶은 달걀의 외형은 날달걀과 같은 타원형이 아니다. [22]대신 비교적 평평한 면이 보인다. [23]그것은 달걀 내부에 있던 공기가 삶을 때 빠져나가지 못하고 흰자가 굳어지며 형성된 모양이다. [24]달걀을 삶을 때 온도를 급격히 올리면 달걀 내의 공기가 팽창하면서 껍데기가 깨진다. [25]그러나 서서히 가열하면 껍데기가 깨지는 것을 예방할 수 있다. [26]그 이유는 서서히 온도를 올리면 달걀 껍데기의 미세한 구멍으로 내부의 공기가 빠져나갈 수 있는 시간이 충분하기 때문이다. [27]그렇지만 달걀 껍데기(주성분이 탄산칼슘($CaCO_3$))의 두께가 균일하지 못한 경우에는 온도 증가에 따라 팽창 정도가 달라지므로 껍데기가 깨질 수 있다. [28]냉장고에서 꺼낸 달걀을 바로 삶지 말고 조금 두었다 삶으라고 하는 것도 위와 같은 이유 때문이다.

정답 ④

단백질의 소수성 사슬과 친수성 사슬은 서로 결합하려는 성질을 띠고 있다.

해황쌤의 풀이 | 11, 13을 통해 소수성 사슬은 소수성 사슬 자기들끼리 서로 결속함을 알 수 있습니다. 참고로 친수성, 소수성은 배경지식으로 알아두길 바랍니다.

오답풀이

①은 10, 15(불투명한 상태 = 흰색), ②는 27, ③은 19~20, ⑤는 9를 통해 알 수 있습니다.

10 다음 글을 읽고 추론한 내용으로 옳지 <u>않은</u> 것은?

출처 | 코레일 최신 기출 변형

POINT 1	질문에 대한 답변이 핵심이다.	POINT 2	출제자는 핵심을 문제화한다.	

[1]박쥐와 관련이 있는 인수공통감염병을 일으키는 바이러스는 사스 말고도 헨드라, 니파 바이러스가 확인됐고, 메르스와 에볼라 바이러스 등 세계적으로 파문을 일으킨 감염병의 기원으로 유력하다. [2]박쥐는 200종 이상의 바이러스가 모인 '저수지'이고, 여기서 흘러넘친 바이러스가 세계적인 감염병을 일으킨다. [3]박쥐는 왜 이렇게 다양한 감염병 바이러스를 보유하게 됐고, 그러면서도 스스로는 왜 병에 걸리지 않는 걸까.

[4]이 답을 알기 위해서는 박쥐가 어떤 동물인지 아는 것이 출발점이다. [5]박쥐는 포유류 가운데 매우 특별한 동물이기 때문이다.

[6]포유류 가운데 날개를 퍼덕여 나는 유일한 동물인 박쥐는 진화 역사가 가장 오랜 포유류 중 하나다. [7]지난 1억 년 동안 극지방을 뺀 세계 곳곳에 퍼져 1,200여 종으로 진화했다. [8]포유류 종의 약 20%를 차지할 만큼 다양하다.

[9]박쥐는 몸집에 비해 오래 살아 바이러스가 오래 머물 수 있고, 종종 거대한 무리를 이뤄 한 개체에 감염된 바이러스가 쉽사리 다른 개체로 옮아간다. [10]멕시코꼬리박쥐는 서식지 한 곳에 100만 마리의 큰 무리를 이루곤 하는데, 밀도가 $1m^2$당 300마리에 이른다. [11]도시의 건물과 시설물에 깃들고 멀리 날 수 있는 능력도 인수공통감염병을 퍼뜨리기 용이한 특징이다.

[12]특히 비행 능력은 박쥐가 세계 구석구석까지 퍼져나가 다양하게 분화한 원동력이지만 동시에 수많은 바이러스를 몸속에 지니면서도 거의 병에 걸리지 않는 비결과 관련 있다고 과학자들은 본다.

[13]토머스 시어 미국 지질조사국 생물학자 등은 2014년 과학저널 「신종 감염병」에 실린 논문에서 '날아가는 박쥐의 높은 체온이 다른 포유류가 감염 때 보이는 발열반응과 비슷하기 때문에 병에 걸리지 않고 다수의 바이러스를 보유할 수 있다'는 가설을 제안했다. [14]연구자들은 나아가 "박쥐에서 다른 포유류로 흘러넘친 바이러스가 강한 병원성을 나타내는 것도 박쥐가 고온 조건에서 생존하는 능력이 있기 때문"이라고 설명했다.

[15]그러나 최근 과학자들은 단지 체온뿐 아니라 박쥐의 면역체계 자체가 독특하다는 데 주목한다. [16]비행하려면 많은 에너지를 써야 하고 몸의 신진대사가 빨라져 유해산소도 많이 발생한다. [17]이런 비행 스트레스 때문에 세포 안에는 손상된 DNA 조각이 생기는데, 보통 포유류라면 이를 외부에서 침입한 병원체로 간주해 염증 등 면역반응을 일으킨다. [18]그러나 박쥐는 달랐다.

[19]저우 펑 중국 우한 바이러스학 연구소 미생물학자 등 중국 연구자들은 2018년 과학저널 「세포 숙주 및 미생물」에 실린 논문에서 '박쥐는 바이러스에 대항하는 면역력을 병에 걸리지 않을 정도로 약화해 지나치게 강한 면역반응을 피한다.'라고 밝혔다. [20]지나친 면역반응은 종종 병으로 이어진다. [21]박쥐는 면역체계의 과잉반응과 바이러스의 악영향을 동시에 누르는 균형을 절묘하게 잡는다는 것이다.

²²박쥐의 또 다른 특징은 오래 산다는 것이다. ²³관박쥐 등은 30년 이상 산다. ²⁴이는 일반적으로 몸이 클수록 오래 산다는 포유류의 일반적 경향과 어긋난다. ²⁵쥐의 절반 무게이면서 쥐보다 10배 오래 사는 장수의 비결은 무엇일까.

²⁶싱가포르 듀크–NUS 의대 연구자들은 지난해 「네이처 미생물학」에 실린 논문에서 "박쥐의 면역 억제가 노화를 늦추는 구실을 한다."라고 밝혔다. ²⁷다시 말해 비행에 따른 감염을 억제하는 쪽으로 진화했는데, 그 과정에서 노화를 막는 효과를 부수적으로 얻었다는 것이다.

²⁸신종 감염병의 약 75%는 인수공통감염병이고, 야생동물에서 건너오는 신종 바이러스가 늘어나고 있다. ²⁹바이러스의 자연적인 저수지 구실을 하는 박쥐에서 비롯하는 감염병이 늘어날 것이란 전망이 많다.

³⁰박쥐는 신종 인수공통감염병의 원천이기도 하지만 인류에게 꼭 필요한 생태적 기능도 한다. ³¹바나나, 아보카도, 망고 등의 꽃가루받이를 하고 다양한 열대식물의 씨앗을 퍼뜨린다. ³²손된 열대림 복원에 큰 구실을 하며, 많은 양의 농업 해충을 잡아먹기도 한다. ³³유엔식량농업기구(FAO)는 2011년 발간한 「박쥐와 신종 인수공통감염병 관련 편람」에서 '생태와 보전, 공중보건의 이해 사이에 균형을 잡아야 한다.'라고 강조했다.

지문분석

1문단에서 던진 질문에 대한 답변으로 5, 6문단에서 비행 능력에 따른 체온 상승, 7, 8문단에서 면역 억제가 제시됐습니다. 그리고 9문단의 장수 비결에 대한 답변으로 10문단에서 면역 억제가 제시됐습니다. 면역 억제는 지문에 제시된 두 질문의 공통 답변이라는 점에서 매우 중요하겠네요!

정답 ①

박쥐의 수명이 긴 이유²⁵ 중 하나는 박쥐가 무리생활을 한다는 점이다.
해황쌤의 풀이 | 박쥐의 수명이 긴 이유는 면역 억제 때문입니다. 질문에 대한 답변을 잘 이해했는지, 글의 핵심을 잘 파악했는지 묻는 선지입니다.

오답풀이

②는 **12~13**, ③은 **30, 33**, ④는 **14**, ⑤는 **21**을 통해 알 수 있습니다.
해황쌤의 풀이 | 출제자는 수험생이 정오답의 근거를 해설서처럼 정확하게 파악하길 요구하지 않습니다. 시험장에서 그럴 수 있는 사람은 없으니까요. 대신 글의 큰 흐름을 파악했다면 적절한 선지는 적절하다고, 적절하지 않은 선지는 적절하지 않다고 감각적으로 느낄 수 있게 출제합니다. :)

11 다음 글을 읽고 보인 반응으로 옳은 것은?

출처 | 코레일 최신 기출 변형

POINT 1	공백명사의 뜻을 문맥으로 채워가며 읽어라.	POINT 2	구체적 사례를 포괄하는 일반적 진술이 핵심이다.

[1]자율감각 쾌락반응(Autonomous Sensory Meridian Response, ASMR)은 주로 청각을 중심으로 하는 시각적, 청각적, 촉각적, 후각적 혹은 인지적 자극에 반응하여 나타나는, 형언하기 어려운 심리적 안정감이나 쾌감 따위의 감각적 경험을 일컫는 말이다. [2]흔히 심리 안정과 집중에 도움을 준다고 알려진 백색소음 등의 새로운 활용으로 볼 수도 있다.

[3]하지만 이 현상에 대한 일화적 증거는 있지만 과학적 증거나 연구 검증된 자료는 거의 없어서 ASMR 현상의 성격과 분류에 대해서는 논란이 있다. [4]미국의 예일 대학교 의대 신경의학과 교수인 스티븐 노벨라 교수는 ASMR에 대한 과학적 연구가 부족하다고 언급하며, ASMR이 즐거운 종류의 발작이거나 쾌감 반응을 유발시키는 하나의 방법일 가능성을 제기했다. [5]또한 영국 셰필드 대학교의 심리학 강사이자 인지과학 강사인 톰 스태포드(Tom Stafford) 역시 ASMR 현상이 진실이든 아니든 본질적으로 연구하기 어려운 성격을 지닌다고 주장했다. [6]신경학자 에드워드 오코너(Edward J. O'Connor)는 모든 사람들에게서 ASMR을 유발시킬 수 있는 단일한 자극이 없을 수도 있다는 점을 ASMR 현상 연구의 난점으로 꼽았다. [7]즉 ASMR이 전문적인 의학용어도 아닐 뿐더러 불면증 치료에 효과가 있는지는 매우 의문이다.

[8]그러나 많은 사람들은 ASMR을 들으면 긴장이 완화되고 잠이 온다고 느낀다. [9]특히 빗소리 같은 자연의 소리를 들으면 마음의 안정을 느끼는 사람들이 많은데, 이는 자연의 소리가 가진 특유의 소리 성분 때문이다. [10]빗소리나 새소리 등 자연의 소리는 비교적 저음 성분이 많다. [11]이 때문에 자연의 소리를 들으면 뇌파 중 저주파인 세타파와 델타파에 발생에너지가 몰린다. [12]인간은 보통 때엔 주로 중간 주파수인 알파파 쪽에 뇌파 성분이 있지만, 어떤 일에 몰두하거나 잠이 들면 뇌파가 저주파로 쏠린다. [13]자연의 소리 ASMR을 들을 때와 같은 상황인 것이다. [14]이 둘이 맞아떨어지기 때문에 자연의 소리를 들으면 마음의 안정을 느끼는 것이다.

[15]ASMR을 느끼게 해 주는 자극을 ASMR 트리거(trigger)라고 한다. [16]사람들마다 선호하는 자극이 다르므로 ASMR 트리거에도 개인차가 있지만, 가장 보편적인 트리거로 속삭이는 소리를 들 수 있다. [17]속삭이거나 부드러운 억양으로 말한 내용을 녹음한 비디오를 유튜브에서 많이 찾아볼 수 있다. [18]이 밖에도 긁는 소리, 구깃구깃하는 소리, 두드리는 소리, 바람 부는 소리, 연필 사각거리는 소리 등의 환경소음을 통해서 ASMR을 느끼기도 한다. [19]이러한 종류의 트리거를 다룬 영상들도 유튜브에 많이 올라오고 있으며 실제 3D 환경처럼 느껴지도록 하기 위해서 바이노럴 녹음을 사용하는 경우가 많다. [20]사람이 내는 소리를 3D 사운드로 녹음할 경우 실제로 사람이 가까이에 있는 것처럼 청자가 느끼게 되며, 특정 환경 소음을 3D 사운드로 녹음하면 그 소리가 기분 좋은 소리로 들린다고 한다.

²¹ ASMR 콘텐츠가 다양화되면서 목적과 용도가 세분화되었고, 이로 인해 단순한 청각뿐만 아니라 시각이나 촉각 또는 미각을 자극하기도 한다. ²² 슬라임을 만지는 ASMR은 시각과 청각으로 촉각을 자극한다. ²³ 그리고 요리나 음식 ASMR은 시각과 청각으로 미각을 자극한다. ²⁴ 이런 다양한 감각을 활용하는 ASMR은 심신 안정에서 나아가 광고 마케팅 분야에서도 활용되고 있다.

정답 ④

최근 ASMR은 청각에만 국한되지 않고, 다양한 감각을 자극하는 등 여러 방법을 고안하고 있군.²²

해황쌤의 풀이 | 마지막 문단을 정확히 이해한 반응이므로 적절합니다.

오답풀이

① ASMR의 효과에 대한 학문적 연구가 활발히 진행되었군.

해황쌤의 풀이 | 3에 제시된 '논란'은 '도구, 어휘력(P.27)'에서 다룬 공백명사입니다. 맥락을 통해 공백명사의 구체적인 의미를 파악할 수 있는지가 바로 ①입니다. 논란의 핵심은 학문적으로 연구하기 어렵다는 거죠.

② 인간이 자연의 소리 ASMR을 좋아하는 이유는 원시 때부터 듣던 소리와 유사하기 때문이군.

해황쌤의 풀이 | 선지만 보면 그럴듯하지만, 지문의 10에 따르면 자연의 소리가 가진 특유의 소리 성분 때문입니다.

③ 3D 사운드로 녹음할 경우, 소리가 메아리처럼 들려 듣는 사람의 기분이 좋아지는군.

해황쌤의 풀이 | '메아리'는 지문에 언급도 없었고, 상식적으로도 '3D 사운드로 녹음'과 '메아리처럼 들려'는 인과관계가 없습니다.

⑤ ASMR의 콘텐츠가 다양해지면서 지나친 광고와 마케팅이 문제가 되는군.

해황쌤의 풀이 | 독해 시 이러한 문제점이 제시된 적 없습니다.

12 다음 글을 통해 추론한 내용으로 적절하지 않은 것은?

출처 | 한국전력공사 최신 기출 변형

POINT 1	해결책은 문제점을 해결한 것이다.	POINT 2	문제에 대한 해결책이 핵심이다.	

¹ 스마트 그리드(Smart grid)는 '발전(發電) – 송전·배전(送電·配電) – 판매(販賣)'의 단계로 이루어지던 기존 전력망에 IT 기술을 접목하여 전력 공급자와 소비자가 양방향으로 실시간 정보를 교환함으로써 에너지 효율을 최적화하고자 하는 차세대 지능형 전력망이다. ² 다시 말해 스마트 그리드는 전력 공급자와 소비자가 양방향으로 실시간 정보를 교환하여 전력시스템 전체를 한 몸처럼 효율적으로 작동하는 것을 핵심 개념으로 한다. ³ 자동 조정 시스템으로 운영되므로 사전에 고장 요인을 감지하여 정전을 최소화할 뿐만 아니라 전력 공급자와 소비자가 직접 연결되는 분산형 전원 체제로 전환되면서 신재생에너지의 활용도가 증대된다.

⁴향후 원유 가격의 상승과 지구 온난화의 심화로 전력 소비자들은 높은 전기사용료를 지불하여야 하기 때문에 신재생에너지원을 이용한 전력 생산의 확충이 불가피하다. ⁵또한, 화석연료의 사용으로 배출되는 이산화탄소 의무 감축이 전 세계적으로 본격화되면 신재생에너지의 비율이 2030년까지 11%로 확대될 것으로 전망된다. ⁶태양광이나 풍력과 같은 분산 전원은 소규모 가정용이나 가로등과 같은 공공용으로 개발하여 사용하여 왔으나, 도심지와 가까운 곳에 해상풍력, 메가 솔라와 같은 대규모 신재생 발전 단지가 증가하면 송전 거리가 단축되어 전력 손실을 줄일 수 있다. ⁷다만, 신재생에너지원은 기상 상태에 따라 발전 출력이 결정되므로 이에 대한 대응 방안과 전기 품질의 유지 방안이 필요하다.

⁸여기에 스마트 그리드의 자동 조정 시스템을 활용하면 풍량과 일조량 등에 따라 전력 생산이 불규칙했던 신재생에너지의 한계를 극복하여 그 활용도를 증대시킬 수 있다. ⁹신재생에너지의 활용도가 높아지면 화력발전소를 대체할 수 있게 된다. ¹⁰결과적으로 스마트 그리드는 온실가스와 오염 물질을 감축하게 되면서 환경문제를 해소하는 데도 도움이 된다. ¹¹이러한 이유로 전 세계가 스마트 그리드와 신재생에너지, 전기 자동차 등 청정 녹색기술의 접목·확장이 용이한 개방형 시스템으로 산업 간 융·복합을 통한 신(新)비즈니스를 창출하기 위해 노력 중이다.

정답 ③

미래에 신재생에너지원을 이용한 전력을 사용하기 위해서는 높은 전기사용료를 지불해야 한다.⁴

해황쌤의 풀이 | 높은 전기사용료라는 문제점에 대한 해결책으로 신재생에너지원이 제시되었습니다. 해결책은 문제를 해결한 것이므로, 신재생에너지원을 이용한 전력의 전기사용료는 높지 않을 것입니다.

오답풀이

①은 1, ②는 6, ④는 3, 8, ⑤는 7~8을 통해 알 수 있습니다.

---

13 다음 글의 주제로 가장 적절한 것은?

출처 | 한국전력공사 최신 기출 변형

POINT 1	구체적 사례를 포괄하는 일반적 진술이 핵심이다.	

¹한옥은 자연과 조화롭게 살고자 하였던 한국인의 삶과 철학을 고스란히 담고 있다. ²흙으로 구운 기와를 지붕에 올린 기와집이든, 볏짚을 엮어 만든 초가지붕을 얹은 초가집이든 모든 한옥은 자연을 거스르지 않는다. ³자연과 완벽하게 조화를 이루는 한옥의 매력은 그 외형에서부터 드러난다. ⁴한옥의 지붕이나 처마의 선은 완만한 곡선을 나타낸다. ⁵자연스럽게 끝을 올린 한옥의 곡선은 중국과 일본의 전통 건축에서 볼 수 있는 직선적인 지붕 형태와 비교하였을 때 고전적인 아름다움이 돋보인다.

⁶한옥은 대문과 현관, 거실로 이어지는 흐름 또한 직선적인 구조를 피하며, 자연 속을 산책하게 함으로써 사색하는 철학자가 되게 한다.

⁷한옥에 사용되는 재료들은 대부분 재활용이 가능하다. ⁸돌과 나무, 흙 등의 재료는 가공하지 않은 자연 상태 그대로를 사용하기 때문에 아파트 등 다른 재료의 건물에 비해 독성이 없어서 인간의 몸에 해롭지 않다. ⁹이와 더불어 한옥은 건물을 짓기 위해 터전을 훼손시키지 않고, 주변 환경에 순응하여 그곳의 지세에 맞는 형태로 지어진다. ¹⁰자연과의 상생을 추구하는 한옥은 계절에 따라 자연과 편안하게 어우러진다.

¹¹한옥에서 가장 중요한 특징은 바로 온돌이라 할 수 있다. ¹²온돌은 역사적으로 오랜 기간 유지되어 온 우리의 전통문화이다. ¹³온돌은 불을 때는 아궁이, 아궁이에서 나온 열을 전달받은 구들, 그리고 열기가 빨리 빠져 나가는 것을 막는 개자리, 연기가 통하는 연도, 그리고 연기를 배출하는 굴뚝으로 구성된다. ¹⁴온돌은 열의 전도를 이용한 복사 난방 방식의 원리를 이용하여 습기가 차지 않고 화재에도 안전하다. ¹⁵이러한 온돌은 꾸준히 개량되어 오늘날 아파트 난방에도 널리 사용되고 있다.

¹⁶과거 근대화 과정에서 한옥의 맥은 거의 단절되었다고 여겨지는데, 최근 한옥의 건축 양식에 대해 사람들의 관심이 높아지고 있다. ¹⁷환경 친화적인 한옥의 장점과 완만한 곡선이 돋보이는 건축 양식이 현대 건축에도 충분히 접목 가능한 요소가 되었기 때문이다. ¹⁸뜨거운 여름에도 시원함을 유지하는 대청마루, 자연과 조화를 이루는 안정성 있는 설계 등이 현대 도시건축에서도 중요하게 다뤄진다. ¹⁹즉 한국의 미래 건축 양식은 한옥의 건축 양식에서부터 시작된다고 보아야 할 것이다.

정답 ①

한옥의 특징¹~³문단과 미래 전망⁴문단

14 다음 글의 내용과 일치하지 <u>않는</u> 것은?

출처 | 한국전력공사 최신 기출 변형

POINT 1	최상급 등 두드러지는 정보에 주목하라	POINT 2	'(반드시) ~해야(만) 한다', '전제한다' 같은 논리적 필요조건에 주목하라.	POINT 3	'포함' 개념은 어떤 식으로든 문제화된다.

¹거리 예술은 예술이 주로 공연장, 전시관 등 정형화된 장소에서 소수의 특권층에게만 전유되던 시기에 예술을 즐길 기회를 갖지 못하는 대중에게 예술을 제공한다는 명분으로 시작되었다. ²거리는 쉽게 대중을 만날 수 있는 장소이지만 예술 행위를 하기에는 너무 소란스럽고 산만하다. ³예술을 추구하자니 거리와 대중을 떠나야 할 것 같고, 거리의 대중을 좇자니 예술을 포기해야 할 것처럼 보인다. ⁴하지만 거리 예술은 예술이 향유되는 장소가 다수의 사람을 만날 수 있는 거리라는 점에서 큰 의의를 갖는다.

⁵거리 공연의 풍경은 우리에게 친숙하다. ⁶보통은 도심의 광장 같은 데서 노래하거나 악기를 연주하는 버스킹을 떠올리기 쉽다. ⁷그러나 실제로는 음악 이외에도 춤, 마임, 코미디, 마술 등 그 종류가 매우 다양하다. ⁸공연자가 목재를 들고 사다리를 타면서 집 짓는 흉내를 내는 건축적 마임 등은 거리 공연의 재미있는 예다. ⁹일상 공간을 무대로 삼는 거리 예술은 삶과 밀접한 소재를 다루며 사회적 메시지를 담아내기도 한다. ¹⁰우리나라 거리극의 시초라 할 수 있는 마당극이 시대정신을 담은 것처럼 현대 거리 예술도 대중에게 삶과 사회에 대한 질문을 던진다.

¹¹야외에서 진행되는 작품일지라도 무대 세트를 그대로 옮겨와 극장과 같은 환경을 갖추어 진행하는 작품들은 거리 예술의 범주에 포함되지 않는다. ¹²거리 예술에서 공간을 읽어내고 이에 작품을 반영하는 것이 무엇보다도 중요한 지점임을 알 수 있다. ¹³이와 더불어 거리 예술은 극장처럼 객석이 완비된 환경과는 달리 밀집된 공간에서 군중을 상대하는 만큼, 예술가와 관객의 상호작용을 전제하므로 관객의 참여를 이끌어 내는 것이 매우 중요하다.

¹⁴유럽의 경우 공간적, 문화적인 면에서 거리 예술이 발달하기 좋은 환경을 갖추고 있다. ¹⁵거리 예술의 무대가 되는 유럽의 광장, 공원, 도로, 지하철역 등은 번잡하지 않고 그 터가 넓어 거리 예술을 하는 데 최적의 환경을 가지고 있다. ¹⁶특히 영국과 프랑스를 비롯한 많은 유럽 국가의 지하철역은 역사가 오래되어 낡고 좁다는 단점을 지니고 있지만 사이사이 구역을 지정하여 지하철역에서 공연을 하도록 배려하여 삭막한 환경을 개선하는 효과를 누리고 있다. ¹⁷오늘날 우리나라의 지하철역도 문화 예술의 공간으로 다양한 탈바꿈을 시도하고 있다. ¹⁸정거장을 하나의 상설 무대로 인식하고 승객을 관람객으로 연결하려는 노력이 이어지고 있다. ¹⁹사람들이 일상생활 속에서 자주 오가는 도심의 거리, 그리고 지하철역 등의 공공시설에서 거리 예술이 보편적으로 행해진다면 사람들에게 예술은 굳이 공연장이나 전시관을 찾지 않아도 쉽게 접할 수 있는 분야로 자리 잡을 수 있을 것이다.

정답 ⑤

유럽에서는 지하철역을 제외하고 거리 어느 곳에서나 거리 공연을 할 수 있다.¹⁶~¹⁷

해황쌤의 풀이 | 지하철역에서 거리 공연을 할 수 있는 것은 유럽과 우리나라의 공통점이었습니다.

오답풀이

①은 11(포함되지 않는다), ②는 13(전제하므로), ③은 1, ④는 10(시초^{최상급})을 통해 알 수 있습니다.

해황쌤의 풀이 | '자주 묻는 질문'에서 다뤘듯이, "□는 △를 전제한다"는 "□이려면/하려면 △이어야/해야(만) 한다"와 뜻이 같습니다. ②를 이 관점에서 살펴보세요.

15 다음 [가]~[라] 문단을 글의 흐름에 따라 순서대로 바르게 배열한 것은? 출처 | 한국전력공사 최신 기출 변형

POINT 1	순서배열 문제는 선지를 적극 활용하라.

> [가] 현재 수소 에너지로서 활용될 핵심 기술로 꼽히고 있는 **연료 전지**는 전자, 자동차 등 다양한 산업에 혁신적 변화를 불러올 수 있는 기술이다. (하략)
>
> [라] **연료 전지**는 기계 장치를 사용하지 않고 발전하기 때문에 거의 소음이 없으며, 수소와 산소가 반응해 전기를 생성하기 때문에 공해 물질을 거의 배출하지 않는다. (하략)
>
> [다] (전략) 수소를 에너지원으로 보급 및 활성화하기 위해서 수소 활용 영역과 인프라 확보의 불균형을 해소하여 모든 산업과 시장이 수소 생산 – 저장·운송 – 활용의 밸류 체인으로 이루어 **나아갈 때 비로소** 새로운 에너지 패러다임으로 접어들 **수 있을 것이다.**

지문분석

[가]는 '연료 전지'를 처음 소개하므로, [라]보다 앞에 있어야 합니다. [다]는 과제/전망을 제시하므로 제일 마지막에 가야 합니다. ②~⑤ 모두 [다]를 마지막에 두기도 했고요. 따라서 [가] 〈 [라] 〈 [다] 순서를 선지에서 찾아보면 정답이 될 수 있는 것은 ②밖에 없습니다.

정답 ②

[나] – [가] – [라] – [다]

---

16 다음 글의 내용과 일치하는 것을 [보기]에서 모두 고르면? 출처 | 한국전력공사 최신 기출 변형

POINT 1	질문에 대한 답변이 핵심이다.

> [1] 진화론은 모든 생물이 진화의 과정을 통해 현재의 모습에 이르렀다고 설명하는 이론이다. [2] 인간이 복합적인 언어를 사용한 것 역시 진화론으로 설명할 수 있다. [3] 우선 인간이 언어를 구사하기 위해서는 해부학적으로 한 가지 조건이 반드시 충족되어야 하는데 그것은 목의 후강이 내려앉아야 한다는 것이다. [4] 학계에서는 약 30만 년 전에 인간의 해부학적 목의 구조가 이처럼 진화하였다고 보고 있다. [5] 그렇다면 동물들은 의사소통을 하기 위해 어떻게 진화했을까?
>
> [6] 2007년까지 살았던 아프리카 회색 앵무새 '알렉스'는 1에서 8까지 숫자를 셀 수 있었고 50개에 달하는 물건의 이름을 구별할 줄 알았다. [7] 또한 150개의 단어를 조합해 짤막한 문장을 만들기도 했다. [8] 한편, 1971년생 고릴라 '코코'는 사람이 발음하는 단어 중 2,000개를 알아듣고 1,000개의 단어를 수화로 표현할 줄 알았다. [9] 오스트리아의 생물학자 카를 폰 프리슈는 꿀벌의 춤에 담긴 의미를 알아내 1973년 노벨 생리의학상을 받기도 했다. [10] 프리슈는 40년 동안의 연구 끝에 꿀벌이 원을 그리

거나 8자 모양으로 분주하게 움직이는 ~~이유~~가 꿀이 가득한 꽃의 위치를 알려 주기 위해서라는 사실을 밝혀냈다. ¹¹2013년 3월에는 돌고래의 언어도 발견됐다. ¹²~~돌~~고래는 특히 여러 사물을 접할 때마다 다른 소리를 냄으로써 "이것은 사과", "저것은 포도" 하는 식으로 각각의 이름을 붙이고 있었다.

¹³동물들의 의사소통은 인간처럼 정식 언어를 이용하는 것이 아니라 그저 본능에 따라 정해진 소리를 내는 것은 아닐까? ¹⁴그렇다면 고양이는 전 세계 어디서든 '야옹' 하고 울어야 하고 새들은 종에 따라 고유의 울음소리를 내야만 한다. ¹⁵하지만 미국과 캐나다 동부 해안의 국경지대에 위치한 켄트 섬의 새들을 연구하면서 새로운 사실이 드러났다. ¹⁶1980년부터 2011년까지 30년 동안 초원 멧새들의 울음소리를 녹음해 비교한 결과, 시간의 흐름에 따라 소리의 구성이 조금씩 바뀌어 왔던 것이다. ¹⁷켄트 섬의 초원멧새들은 도입(intro), 중앙(middle), 버즈(buzz), 트릴(trill) 단락으로 이루어진 한 가지 울음소리만 낸다. ¹⁸그러나 30년이라는 긴 세월이 흐르면서 중앙 부분에 짧고 강한 스타카토가 삽입됐고 마지막 트릴 부분은 낮고 짧은 소리로 바뀌었다. ¹⁹시대에 따라 사람들의 말투가 달라지고 억양이 바뀌는 것처럼 ~~새들~~의 소리도 문화적인 진화가 이루어진 것이다.

정답 ③

ⓛ 인간은 해부학적으로 목의 구조가 진화하면서 복합적인 언어를 구사할 수 있게 되었을 것이다.
ⓒ 회색 앵무새는 물건의 이름을 구별할 수 있을 뿐더러 스스로 단어를 조합해 문장을 만들 수도 있다.
해황쌤의 풀이 | ⓛ은 2~4, ⓒ은 6~7을 통해 알 수 있습니다.

오답풀이

㉠ 프리슈의 연구 결과에 따르면 꿀벌은 꿀이 담긴 꽃의 위치를 알리기 위해 ~~초음파로~~ 의사소통한다.¹⁰
해황쌤의 풀이 | '초음파'는 지문에 언급된 적 없습니다.(동물 다큐멘터리를 종종 보는 분들이라면, 돌고래가 초음파로 의사소통한다는 건 알고 있을 겁니다.)
㉣ 초원멧새들의 울음소리는 인간의 언어와는 다르게 세월이 흘러도 소리의 구성이 ~~변하지 않는다.~~¹⁹
해황쌤의 풀이 | 13의 질문에 대한 답변을 잘 이해했는지 묻는 선지입니다.

POINT 1	'동일(같음)'이라는 표현은 문제화될 가능성이 높다.	POINT 2	[나열열거]되면 구분지어가며 읽어라.

¹일제 강점기 조선인들에게 철도를 '체험'한다는 것은 어떠한 의미였을까? ²우리나라 근대 문학사에서 기차는 많은 작품 속에 등장하면서 중요한 역할을 해 왔다. ³이광수는 소설 『무정』에서 "도회의 소리? 그러나 그것이 문명의 소리다. 그 소리가 요란할수록 그 나라는 소리가 합하여서 비로소 찬란한 문명을 낳는다. 그 소리가 요란할수록 그 나라는 잘 된다."라며 철도 문명에 감복했다. ⁴『무정』에서 기차는 이른바 근대적 주체가 새롭게 태어나는 공간, 그 새로운 주체의 이념과 실천이 수행되는 공간으로 그려지고 있다. ⁵그러나 최명익, 이태준, 채만식은 기차에 대한 인식을 달리했다. ⁶한반도에 부설된 철도는 대륙으로 야망을 실어 나르는 일본 제국주의의 가장 핵심적 도구였다. ⁷그들은 이 사실에 주목한 것이다. ⁸식민지로 전락한 한반도에 거주하는 한국인은 철저한 이등 국민이자 착취 대상으로서의 삶을 살았다. ⁹대다수의 농민이 소작농으로 전락하였고 남부여대하여 고향을 떠났다. ¹⁰피눈물을 흘리는 심정으로 고향을 떠나는 이들을 만주로, 간도로 실어 나른 것이 기차였다.

¹¹최명익과 이태준은 이렇게 떠나가는 농민과 여러 군상의 모습, 서러움, 고통을 소설 속에 그렸다. ¹²최명익의 소설 『장삼이사』에서 기차는 '전진', '발전'을 상징하거나, 근대를 선취한 성공한 사람들의 공간이 아니었다. ¹³최명익이 『장삼이사』를 통해 타자로서 같은 식민지 동포를 바라보았다면, 이태준은 소설 『철로』를 통해 작은 어촌에서 답답한 식민지 현실을 살아가는 청년의 희망과 좌절을 보여 주었다. ¹⁴채만식은 소설 『탁류』에서 삼등 객차에 탄 재호를 통해 기차는 양극화의 현주소라고 고발한다. ¹⁵그대는 새로운 문물로 사람들을 유혹했지만, 모든 이에게 동일한 권리가 주어진 것은 아니었다. ¹⁶돈에 따라 사람을 구별했고, 공간을 분리했다.

¹⁷그렇다면 외국은 어땠을까? ¹⁸기차로 인해 새로운 공간과 문화를 경험한 작가들은 다양한 주제 의식을 갖고 새롭고 독특한 형식의 글을 쓰기 시작했다. ¹⁹대표적인 것이 바로 추리 소설이다. ²⁰사람을 낯선 곳으로 실어 나르는 기차는 로맨스와 호기심, 스릴 등 온갖 재미난 상상을 하기에 알맞은 곳이었다. ²¹밀폐되고 한정된 공간이 주는 특유의 긴장감, 언제 터질지 모르는 위태로움은 범죄의 시발점으로 설정하기에도 적합하여 추리 소설에 빈번하게 활용되었다. ²²일례로 애거사 크리스티는 소설 『오리엔트 특급 살인』에서 기차라는 공간을 아주 적절하게 활용했다. ²³추리 소설 외에도 기차를 배경으로 활용한 문학 작품은 셀 수 없이 많다. ²⁴기차는 첫 개통 이후 지금까지 수많은 작가들에게 영향을 미쳤다. ²⁵신문명과 산업화의 상징, 낭만적 로맨스의 배경, 죽음이나 비극적 운명을 암시하는 잔인한 공간 등 기차는 여러 문학 작품 속에서 다양한 모습으로 그려지며 문학 발달의 한 축을 담당하고 있다.

17 윗글의 서술상 특징으로 가장 적절한 것은?

> **정답** ①
> 예시를 통해 서술 대상(=기차)에 관한 다양한 인식(①, ②, ③, ←)을 제시하고 있다.

18 윗글의 내용과 일치하지 <u>않는</u> 것은?

> **정답** ④
> 근대는 새로운 문물로 사람들을 유혹하면서도 신분돈[15~16]의 차이에 따라 사람들과 공간을 분리하였다.
>
> *해황쌤의 풀이 | 15의 '동일'과 관련하여 구체적으로 이해했는지 묻는 것으로 볼 수 있습니다.*

> (오답풀이)
> ①은 **3~4**, ②는 **4~5**, ③은 **24~25**, ⑤는 **19~21**을 통해 알 수 있습니다.

19 다음 글을 읽고 답할 수 <u>없는</u> 질문은? 출처 | 한국전력공사 최신 기출 변형

POINT 1	큰 흐름만 알아도 정답을 찾을 수 있다.	

> [1]노동이란 단어의 어원은 고문·속박에서 찾을 수 있다. [2]다시 말해 노동은 원래부터 고통스러운 활동을 지칭하였던 것이다. [3]사실 인간이 노동하는 것은 결국 부족함에서 비롯되는데, 인간의 욕구는 끝이 없다고 전제해 볼 때 결국 인간은 끝없이 일을 해야 한다는 비관적 결론에 도달할 수도 있다. [4]이처럼 <u>노동이란 자유와 여가의 박탈을 감내하여 생계 수단을 확보하는 수단적 활동에 불과하다고 보는 사상가도 많다.</u>
>
> [5]가령 고대 그리스에서 노동은 인간의 삶의 본질과는 거리가 멀었다. [6]아리스토텔레스는 일이란 가능하면 노예들에게 떠맡겨야 하는 것이며 이득을 얻기 위해 하는 일은 그 자체로 저주가 될 수 있다고 믿었다. [7]아리스토텔레스는 노동의 목적은 여가를 얻기 위한 것에 불과하다고 주장하였다. [8]또한 소크라테스, 플라톤 등은 노동에 매달리는 것은 고통을 받으며 쾌락을 느끼는 가학적 경향이라고 보기도 했으며, 버트런드 러셀은 자기가 하는 일이 중요하다며 노동에 집착하는 것도 정신병 증세라고 지적하며 게으름을 찬양하였다.
>
> [9]그런데 로마 제국의 몰락 이후 노동의 의미는 <u>점차 긍정적으로 인식</u>되기 시작했다. [10]가톨릭 수도원에서는 자급자족 체제를 유지하기 위하여 일과에 노동과 면학을 포함하였고, 일을 인간의 원죄 때문에 의무적으로 수행해야 할 '눈에 보이는 기도'로 여기게 되었다. [11]또한, 중세에 접어들면서 장인 조합이 등장하는 등 사회적 환경 변화에 따라 <u>점점 노동에 긍정적 의미가 결부</u>되기 시작하였다.

¹²특히 르네상스 시대에는 게으름을 비난하는 노동 윤리가 널리 확산되었는데, 토머스 모어나 톰마소 캄파넬라 등은 노동의 조직화와 분배에 대한 구체적 이상향을 제시하기도 했다. ¹³게다가 종교 개혁 후에는 루터와 칼뱅의 노동 윤리, 프로테스탄트 노동 윤리 등의 노동 소명설로 발전했고, 자본주의의 태동 후에는 많은 노동력을 필요로 했던 시대적 상황과 맞물려 오늘날의 노동 윤리로 발전하였다.

정답 ③

르네상스 시대에 게으름을 죄악으로 생각한 이유는 무엇인가?

해황쌤의 풀이ㅣ 글의 큰 흐름은 노동의 의미 변화 양상입니다. '게으름'에 초점이 맞춰져 있지 않으므로 이를 죄악시한 이유도 서술된 적 없습니다.

오답풀이

①은 5, ②는 6~7, ④는 10~11, ⑤는 1~2를 통해 알 수 있습니다. 참고로 ③과 달리, ①~②, ④~⑤는 모두 '노동'을 포함하고 있습니다.

---

20 다음 글의 내용과 일치하지 <u>않는</u> 것은?

출처ㅣ한국전력공사 최신 기출 변형

POINT 1	[나열열거]되면 구분지어가며 읽어라.	POINT 2	문제에 대한 해결책이 핵심 이다.	

¹AMI에 대해 알아보기 전에 스마트 그리드를 먼저 이해해야 한다. ²스마트 그리드는 기존의 전력망에 정보통신기술을 접목한 기술이다. ³공급자와 수요자가 정보를 실시간으로 교환할 수 있고 그를 통해서 전력 수요를 관리하거나, 신재생에너지에 바탕을 둔 분산 전원의 활성화를 통해 에너지의 해외 의존도도 감소시킬 수 있는 전력망 형태이다. ⁴AMI(Advanced Metering Infrastructure)는 스마트 그리드를 구현하는 데 필요한 핵심 인프라로 사용되며, 계량기, 통신 설비, 운영 시스템 등으로 이루어져 있다. ⁵양방향 통신망을 이용해 전력 사용량, 시간대별 요금 정보 등의 전기 사용 정보를 고객에게 제공해 자발적인 전기 절약과 수요 반응을 유도한다.

⁶AMI가 스마트 그리드 구성에 필요한 이유는 크게 세 가지로 정리할 수 있다. ⁷첫 번째로 전기 계량기의 경우 누적 사용량만 볼 수 있어서 실시간 사용량을 파악하기 힘들다는 단점이 있지만, AMI는 전력 사용 현황을 자동으로 분석해주기 때문에 요금, 사용량 등을 실시간으로 알 수 있다. ⁸실시간으로 사용되는 전기요금을 알 수 있다면 불필요한 전력을 아껴 과소비를 막을 수 있다. ⁹두 번째로 AMI를 사용하면 전력 소비자에게 좀 더 다양한 요금제를 지원해 줄 수 있다. ¹⁰우선 '계시별 요금제'이다. ¹¹이 요금제는 계절을 봄·가을·겨울 3개로 나누고, 시간대를 최대부하·중간부하·경부하 등 3개 구간으로 나누어 전기요금을 차등 적용하는 요금체계이다. ¹²그리고 '피크 요금제'가

있다. **¹³**전력소비량이 많은 낮 시간대에는 상대적으로 비싼 요금, 전력사용량이 적은 시간대에는 비교적 저렴한 요금을 책정하는 제도이다. **¹⁴**마지막으로 '실시간 요금제도'가 있다. **¹⁵**도매 혹은 소매 가격을 바탕으로 소비자 요금이 시간별로 변동하는 요금제이다. **¹⁶**세 번째로 AMI는 전기 사용 정보를 원격으로 검침할 수 있다. **¹⁷**이러한 특성 덕분에 검침원들이 직접 계량기를 검침하는 시스템보다 시간과 비용을 많이 절약할 수 있다.

¹⁸한국전력공사의 AMI 보급 사업은 정부 스마트 그리드 국가 로드맵 수립부터 시작되어 약 2,250만 호에 AMI를 보급하는 것을 목적으로 한다. **¹⁹**실제로 AMI는 2020년 5월 기준으로 총 2,250만 호 중 43%에 달하는 962만 호에 보급되었다. **²⁰**또한, 2020년 7월부터는 그린뉴딜 정책과 더불어 노후화된 아파트에 AMI를 통해 전력 인프라를 개선하는 '가정용 스마트전력 플랫폼 사업'을 진행하고 있다.

정답 ⑤

계시별 요금제는 전력소비량이 많은 낮 시간대와 전력사용량이 적은 시간대에 다른 요금을 책정한다. **10, 12**

해황쌤의 풀이 | 전형적인 선지제작 방식이죠? □ '계시별'을 '피크'로 바꿔야 합니다.

오답풀이

①은 **16~17**, ②는 **8**, ③은 **18~19**, ④는 **5**를 통해 알 수 있습니다.

| 01 | ② | 02 | ① | 03 | ② | 04 | ⑤ | 05 | ⑤ | 06 | ③ | 07 | ④ | 08 | ④ | 09 | ⑤ | 10 | ③ |
| 11 | ① | 12 | ④ | 13 | ④ | 14 | ① | 15 | ⑤ | 16 | ② | 17 | ② | 18 | ⑤ | 19 | ③ | 20 | ② |

01 다음 글의 주제로 가장 적절한 것은?

출처 | LG그룹 최신 기출 변형

| POINT 1 | 구체적 사례를 포괄하는 일반적 진술이 핵심이다. | |

¹아프리카 남동부에서 사용되는 스와힐리어에서는 사람이 태어나면 일단 사물을 지칭하는 단어인 'kintu'라고 부르다가. 언어를 배우게 되면 비로소 인간을 뜻하는 'muntu'라고 부른다고 한다. ²일부 영어권에서도 유아는 'it'라고 지칭하다가 언어를 습득하고 난 후에야 'he'나 'she'라고 지칭한다. ³이러한 예를 통해서 <u>언어와 인간의 절대적인 관계</u>를 확인할 수 있다. ⁴인간의 생활과 더불어 생겨난 것이 문화이다. ⁵<u>문화는 언어를 통하여 유지되고, ~~또한~~ 언어는 그 자체가 문화이면서 새로운 문화를 창조하고 축적하는 수단이 된다.</u> ⁶우리말에는 ' 따비, 괭이, 쇠스랑, 삽, 종가래, 가래, 호미, 낫, 도끼' 등과 같은 농사 용어들이 발달되어 있다. ⁷이는 우리 사회가 전통적으로 농경 문화를 가지고 있었음을 보여 준다. ⁸에스키모어에는 '가루눈, 적은 눈, 큰 눈' 등을 구별하는 어휘가 있으며, 오스트레일리아어에는 모래와 관련된 어휘가 많이 발달되어 있다.

정답 ②

언어는 그 사회의 문화를 반영한다.³⁻⁵

해황쌤의 풀이 | 구체적 사례(1~2, 6~8)를 빠르게 읽고, 일반적 진술(3~5)을 천천히 읽었어야 합니다. 언어와 인간의 문화의 관계가 핵심이고, 이에 대해 언급하는 건 ②밖에 없습니다.

오답풀이

③ 언어와 인간의 문화는 별개의 문제이다.

해황쌤의 풀이 | 지문의 주제와 정면으로 배치되므로 적절하지 않습니다.

02 다음 글의 내용과 일치하지 않는 것은?

출처 | LG그룹 최신 기출 변형

POINT 1	[나열열거]되면 구분지어가며 읽어라.	POINT 2	큰 흐름만 알아도 정답을 찾을 수 있다.	

¹알코올성 간 질환은 B형 간염, C형 간염과 함께 우리나라 만성 간 질환의 중요한 원인이 되고 있다. ²알코올성 간 질환은 크게 알코올성①지방간, 알코올성②간염, 알코올성③간경변증으로 분류된다. ³알코올성①지방간이란 간 내에 지방이 정상 이상으로 쌓이는 것으로 간 기능에는 큰 이상이 없는 상태를 말한다. ⁴알코올성②간염이란 과도한 음주로 간에 염증성 손상이 진행되는 상태이다. ⁵알코올성 간경변증이란 간의 염증성 손상이 비가역적으로 축적되고 섬유화되는 것으로, 출혈, 혼수, 간암 등의 심각한 합병증이 동반될 수 있다. ⁶알코올에 의한 간 손상 초기에는①지방간 소견을 보이며, 음주를 계속하면 알코올성②간염이 유발되고, 알코올성 간염에서 다시③간경변증으로 진행된다. ⁷때로는 알코올성 지방간에서 알코올성 간염을 거치지 않고 바로 간경변증으로 진행하기도 한다. ⁸한 가지 소견이 발견되는 경우는 드물며, 환자에 따라 여러 소견이 겹쳐서 나타난다.

지문분석

알코올성 간 질환은 ① < ② < ③으로 갈수록 심각한 질환입니다.

정답 ①
알코올성②간염은 심각한③합병증을 동반한다.
해황쌤의 풀이 | '심각한 합병증'은 '간염'이 아니라 '간경변증'입니다. 뒤에 나열될수록 심각한 병이라는 큰 흐름만 파악했으면 쉽게 풀 수 있는 문항입니다. (참고로 이러한 큰 흐름을 짚고 있는 선지는 ⑤입니다.)

오답풀이
②는 3, ③은 1, ④는 8, ⑤는 3~5를 통해 알 수 있습니다.

03 다음 [가]~[라] 문단을 글의 흐름에 따라 순서대로 바르게 배열한 것은?

출처 | LG그룹 최신 기출 변형

POINT 1	순서배열은 비교대조, 인과 관계 등을 고려하라.

자동차 시대가 열리자 고속도로가 등장했고 수천 킬로미터 길이의 아스팔트와 시멘트로 포장되었다. 1909년 디트로이트와 웨인의 박람회장을 잇는 작은 도로 건설을 시발점으로 하여 미국은 역사상 유례없이 값비싼 토목 공사에 돌입했다.

[가] 자동차 시대의 시작은 도로 건설뿐만 아니라 자동차 부품의 복잡함으로 인해 다양한 관련 산업의 발달을 촉발함으로써 미국 경제를 이끌어갔다. 미국은 세계 최대의 자동차 생산국이자 세계 최대의 자동차 소비국가가 되었다.

[나] 석유 자원은 수십 년 안에 고갈될 것으로 예견되며, 자동차로 인해 인류는 파멸의 위기에 빠질 수 있다.

[다] 그러나 자동차의 폭발적인 증가가 긍정적인 효과만을 낳은 것은 아니다. 교통사고가 빈발하여 이에 따른 인적, 물적 피해가 엄청나게 늘어났으며 환경 문제도 심각해졌다.

[라] 자동차가 끼친 가장 심각한 문제는 연료 소비가 대폭 늘어남에 따라 에너지 고갈 위기가 다가왔다는 것이다.

정답 ②

[가] - [다] - [라] - [나]

해황쌤의 풀이 | [가]는 긍정적 효과, [나]는 에너지 고갈에 따른 문제점, [다]는 긍정적 효과와 대비되는 부정적 문제점, [라]는 심각한 문제점(에너지 고갈)입니다. 논리적으로 [가]^긍정적 효과 – [다]^긍정적 효과와 대비되는 부정적 문제점 – [라]^심각한 문제점(에너지 고갈) – [나]^에너지 고갈에 따라 예상되는 결과(인류 멸망) 순서가 되어야 합니다.

04 다음 글을 읽고 추론한 내용으로 가장 적절한 것은?

출처 | LG그룹 최신 기출 변형

POINT 1	[비교대조]되면 구분지어가며 읽어라.	POINT 2	최상급 등 두드러지는 정보에 주목하라.	POINT 3	큰 흐름만 알아도 정답을 찾을 수 있다.

¹우주로 날아가는 로켓의 핵심 원리는 뉴턴의 운동 제3법칙인 '작용–반작용 힘'이다. ²쉬운 예로 작용–반작용은 공기를 가득 채운 풍선을 주둥이가 열린 채로 공중에 놓았을 때 관찰할 수 있는데, 풍선의 탄성력이 풍선을 쭈그러트리며 속의 공기를 밖으로 밀어내면, 반작용으로 공기가 풍선을 밀어낸다. ³풍선이 고무의 탄성으로 공기를 밀어냈다면, 로켓 엔진은 내부에서 엄청난 가스를 만들어내 이를 배출한다. ⁴그리고 이 가스의 반작용으로 추진력을 얻는다. ⁵고압의 가스는 압력이 낮은 쪽으로 나가려 하는데 로켓 추진 기관의 맨 뒤에는 노즐이라 불리는 구멍이 있다. ⁶좁은 공간에 모인 가스가 나가려니 그 반작용이 매우 강력한 것이다. ⁷엄청난 가스를 만들어내기 위해 로켓의 연소관에는 연료가 채워져 있는데, 가장 역사가 오래된 것은 고체연료이다. ⁸다이너마이트의 원료로 유명한 니트로글리세린 같은 물질이 대표적인 고체연료이다. ⁹고체연료를 사용한 고체로켓은 그 구조가 단순하고 연료를 보관한 채 오랫동안 대기할 수 있으며 비용도 적게 들지만, 한번 점화하면 제어할 수 없다는 단점을 지닌다. ¹⁰반면 액체연료 로켓은 액체상태의 연료, 연료에 불을 붙게 하는 산화제를 각각 다른 공간에 주입하여 추후 투입량을 제어할 수 있게 구성된다. ¹¹가장 널리 쓰이는 연료는 등유이며, 산화제로는 플로오린, 질산, 과산화수소 등이 있다.

최초로 발사된 로켓은 연료가 점화된 후 이를 조절할 수 없었을 것이다.[7+9]

해황쌤의 풀이 | 로켓 연료 중 가장 역사가 오래된 것은 고체연료[7]였으므로, 최초 발사된 로켓의 연료인 고체연료는 점화하면 제어(조절)할 수 없다는 단점[9]이 있습니다. [문제해결] 구조임을 염두에 두고 읽었으면 좀 더 쉽게 선지를 판단할 수 있었을 겁니다.

오답풀이

① 로켓의 노즐은 산화제가 주입된 공간과 바로 연결될 것이다.[5]

해황쌤의 풀이 | 노즐은 추진 기관 맨 뒤에 있습니다.

② 풍선 내부에 채운 공기가 빠질 때 반작용은 풍선 내부에서 관찰된다.[2]

해황쌤의 풀이 | 반작용은 '공기가 풍선을 밀어'내는 것이므로, 내부에서 관찰되지 않습니다.

③ 액체연료 로켓에서 등유는 과산화수소와 같은 공간에 보관할 수 있다.[10~11]

해황쌤의 풀이 | 연료(등유)에 불을 붙게 하는 산화제(과산화수소)는 동일 공간에 보관할 수 없습니다. 다소 지엽적인 정보로 만든 선지이긴 하나, '과산화수소' 같은 단어는 눈에 쉽게 들어오기 때문에 지문으로 되돌아가서 찾는다고 해도 시간이 별로 안 걸렸을 겁니다.

④ 액체연료로 사용할 수 있는 물질의 수는 고체연료보다 다양할 것이다.[알 수 없음]

해황쌤의 풀이 | 지문으로부터 알 수 없으므로 부적절한 비교입니다.

---

05 다음 글의 빈칸 ⊙~⑩에 들어갈 말로 적절하지 않은 것은? 출처 | 코레일 최신 기출 변형

POINT 1	문제에 대한 해결책이 핵심이다.	POINT 2	통념과 어긋나는 진실이 핵심이다.

[1]공공재란 사회의 모든 구성원에게 소비혜택이 공유될 수 있는 재화나 서비스로서, 시장에 의한 자원배분이 어려워 일반적으로 공공(정부 또는 지방자치단체)에서 공급한다. [2]또한 특정인의 소비를 배제할 수 없으며, 한 개인의 소비가 타인의 소비가치를 감소시키지 않는다는 특성을 가지고 있다. [3]하지만 공공재의 무임승차적 성격은 과도한 소비를 가져올 수 있고, 공급이 원활하지 않은 경우에는 한 개인의 소비가 타인의 소비가치를 감소시키게 된다. [4]이 경우 잠재 소비자들 간의 적절한 분배가 어려워져 개인의 합리성과 사회적 공공성의 충돌이 일어나게 된다.

[5]오늘날 주차장은 교통시설로서의 기능과 공공공간으로서의 기능을 수행하는 공공재로 여겨지고 있다. [6]그러나 주차장을 공공재로 인식하게 되면서 사회적으로 여러 문제가 발생하고 있다. [7]정부가 운영하는 공영 주차장은 누구나 이용할 수 있지만 주차장을 이용하려는 차량이 많아 수용 대수가 초과되면 이용하지 못하는 사람이 생긴다. [8]이 상황을 방치한다면 과도한 소비로 인해 개인적으로는 합리적이라고 생각하는 소비가 사회 전체적으로는 불합리한 소비가 되는 '공유의 비극'이 발생한다. [9]다시 말해 공영 주차장은 공공재 중에서도 소비는 경합적이지만 배제에 따른 비용 부담이 과중하여 배제의 원칙이 적용되기 어려운 공유재에 해당하는 것이다.

10 주차장을 이용하지 않는 사람들의 측면에서도 생각해 볼 수 있다. **11** 주차장이 공공재로 분류되어 세금으로 신설된다면 자동차가 없어서 주차장을 이용하지 않는 사람들은 세금을 내고도 주차장이라는 공공재의 혜택을 누리지 못한다는 점에서 (㉠)이/가 요구된다. **12** 이러한 불합리함에 불만을 가진 사람들이 주차장을 이용하기 위해 대중교통을 이용하는 대신 자동차를 구매하게 된다면 환경 오염이 심각해지는 데 일조하는 것과 다름없다. **13** 결과적으로 주차 여건이 복합쇼핑몰, 병원, 체육시설 등 대형 건축물의 성패를 결정한다는 인식이 생길 정도로 자동차를 보유한 사람들이 급격히 증가하고 있다. **14** 실제로 주말이면 자동차를 끌고 일주일치 식량을 구매하기 위해 대형 마트를 찾는 인파의 영향으로, 대형 마트 주변은 주말마다 교통난과 주차난으로 몸살을 앓는다.

15 서울시에서는 주차난을 해결하기 위해 주택가의 담장과 대문을 허물고 여유 공간에 주차장을 조성하는 그린파킹 사업을 시행하는 등의 노력을 하고 있지만, 이러한 노력 이전에 근본적으로 주차장은 (㉡)이/가 아니라는 사실을 기억해야 한다. **16** 일각에서는 주차장을 무료로, 혹은 매우 적은 비용을 내고 이용하는 것을 일종의 (㉢)(으)로 생각하기도 하는데, 주차장은 자동차 운전자들이 당연하게 제공받아야 하는 서비스가 아니다. **17** 특히 앞서 언급한 바와 같이 공영 주차장은 경쟁이 치열하여 소비가 경합적이고 배제가 불가능하지만, 한 사람의 사용이 다른 사람의 사용을 제한하는 (㉣)(이)라는 점을 고려하면 더욱 그러하다. **18** 따라서 주차장을 조성하고 운영하는 데 필요한 비용은 (㉤)이/가 부담해야 한다.

정답 ⑤

㉤: 지자체 ← 개인, 자동차 운전자들

오답풀이

① ㉠: 희생 ← **12** 이러한 불합리함
② ㉡: 공공재 ← **5** 공공재
③ ㉢: 권리 ← **16** 당연하게 제공받아야 하는 서비스
④ ㉣: 공유재 ← **9** 공유재

해황쌤의 풀이 | 이 문항은 '공공재', '공유재(공유자원)'에 대한 배경지식이 있으면 보다 쉽게 읽을 수 있습니다. 수능/PSAT/LEET/NCS 가리지 않고 나오는 주제이니, 앞서 제가 정리해 드린 표와 함께 이 지문도 잘 기억해 두길 바랍니다.

06 다음 글의 ㉠에 대해 설명하는 방식으로 옳지 <u>않은</u> 것은?

출처 | 코레일 최신 기출 변형

POINT 1	[비교대조]되면 구분지어가며 읽어라.	POINT 2	[비교대조]가 나오면 공통점과 차이점에 주목하라.	POINT 3	큰 흐름만 알아도 정답을 찾을 수 있다.

¹㉠ 모터리제이션(Motorization)은 'Motor'와 'Civilization'의 합성어로 자동차가 사회생활 속에 밀접하게 관련되어 광범위하게 보급된 현상을 의미한다. ²자동차는 20세기 인류의 최대의 발명품이자 혁명적인 운송수단이다. ³그러나 자동차의 시초는 18세기이다. ⁴즉 2세기 가까이 자동차는 군용 목적이거나 일부 사람들만 사용하는 것이었다. ⁵자동차가 대중화된 것은 1920년대에 오늘날 국제 유가의 지표로 꼽히는 미국의 '서부 텍사스산 중질유'가 본격적으로 채굴되기 시작한 것이 결정적이었다. ⁶이 시기를 전후하여 세계 시장에는 저렴한 가격에 질 좋은 휘발유가 대량으로 공급되기 시작했고, 헨리 포드의 '모델 T'가 대량으로 생산되면서 가솔린 엔진 자동차를 중추로 하는 모터리제이션이 시작되었다.

⁷자동차와 모터리제이션은 전 세계를 동일 경제권으로 만드는 데 가장 크게 기여했다. ⁸경제민주화와 더불어 정보의 민주화까지 이루어내는 데 자동차는 없어서는 안 될 존재로 부상했고 그 역할을 수행했다. ⁹자동차의 대중화에 앞장 선 미국이 세계 최대의 경제대국으로 부상한 것도 자동차로 인한 것이었다.

¹⁰이러한 자동차가 등장한 지 130년이 지나 새로운 도전에 직면했다. ¹¹자동차는 전 세계 석유의 45%를 소비한다. ¹²석유의 소비는 곧 환경오염으로 이어진다. ¹³이에 '더러운' 내연기관 자동차를 대체할 '깨끗한' 자동차를 찾는 목소리가 나타나기 시작하였다. ¹⁴그래서 1990년대 전후로 전기차에 대한 연구가 다시금 기지개를 켜기 시작했고, 일부 제조사에서는 양산형 전기차를 내놓아 민간에 판매하는 등 하나둘씩 전기차의 대중화를 시도하고 있었다.

¹⁵전기차에 대한 연구는 21세기 들어 한층 활발해졌다. ¹⁶기후변화의 영향이 점차 가시화되고 있었음은 물론, 유가 상승과 경제 위기 등이 겹치면서 세계 각국의 자동차 제조사들은 화석 연료를 대체할 수 있는 새로운 에너지원을 이용하는 자동차를 개발할 필요에 대해 절감하고 있었기 때문이다. ¹⁷그리고 지금 자동차 시장에서 전기차는 거의 대세로 자리 잡고 있다. ¹⁸2021년 현재 1,000만 대를 넘보고 있다. ¹⁹5년 전보다는 10배, 10년 전보다는 100배가 오른 수준이다.

²⁰이와 같이 모터리제이션의 개념은 자동차의 대중화, 생활화에서 벗어나 인간, 자연환경, 자동차가 같이 공존할 수 있는 개념으로 전환되고 있다.

정답 ③

상반되는 개념을 소개한 후 비교하고 있다.

해황쌤의 풀이 | 상반되는 개념이 제시된 적 없었습니다. 있었다면 네모, 세모로 [비교대조]를 나타냈겠죠.

오답풀이

①은 **5~6**, ②는 **1**, ④는 **20**, ⑤는 3문단을 통해 알 수 있습니다.

POINT 1	통념과 어긋나는 진실이 핵심이다.	POINT 2	구체적 사례를 포괄하는 일반적 진술이 핵심이다.	POINT 3	큰 흐름만 알아도 정답을 찾을 수 있다.

[1] 스트레스는 '팽팽히 조인다'는 의미의 라틴어 스트링게르(Stringer)에서 유래하였다. [2] 이 표현이 처음으로 사용된 것은 물리학 분야였고, 의학적 용어로 사용된 것은 20세기에 들어서 캐나다의 학자 한스 셀리에에 의해서였다. [3] 그는 스트레스를 '정신적 육체적 균형과 안정을 깨뜨리려고 하는 자극에 대해 자신이 있던 안정 상태를 유지하기 위해 변화에 저항하는 반응'이라고 정의하였다. [4] 다시 말해 우리 몸과 마음은 늘 일정한 상태에 있으려는 습성인 항상성(恒常性)이 있는데, 이 항상성을 깨는 모든 자극을 스트레스라고 보는 것이다. [5] 신체적 변화는 물론 감정의 변화도 스트레스로 작용한다. [6] 만약 몸도 마음도 자극이 없는 무자극 상태를 유지할 수 있다면 스트레스는 발생하지 않을 것이다. [7] 하지만 당연하게도 이런 삶을 사는 것은 불가능하다. [8] 결국 죽을 때까지 스트레스를 피할 수 없다는 얘기다. [9] 그렇다면 남은 것은 스트레스를 어떻게 받아들일 것인가이다.

[10] 기본적으로 사람들은 자신이 스트레스를 객관적 기준이나 실제적 영향보다 더 많이 더 쉽게 자신을 괴롭힌다고 생각한다. [11] 그뿐만 아니라 대부분 스트레스는 나쁘기 때문에 스트레스를 받지 않도록 해야 한다고 믿고 피하기 바쁘다. [12] 이쯤에서 한 가지 생각해 볼 것은 스트레스의 유해함이다. [13] 누구도 스트레스가 왜 나쁜 것인지, 스트레스를 받을 때 가장 효과적인 대응법은 무엇인지 제대로 알아본 적이 없는데 우리는 오랫동안 그렇게 믿어왔으며, 의심도 하지 않았다. [14] 그래서 여기 스트레스에 대한 오해를 풀어줄 보고들을 찾았다. [15] 스트레스가 해롭지 않은 것에서 나아가 오히려 건강에 도움을 주기도 한다는 긍정적 영향에 대한 연구 보고이다.

[16] 미국의 시사매거진 〈TIME〉에 따르면 스트레스는 두뇌의 힘을 증가시키는 데 도움을 준다. [17] 낮은 수준의 스트레스 요인은 신경트로핀이라 불리는 뇌 화학물질의 생성을 자극하고, 뇌의 뉴런 사이의 연결을 강화한다. [18] 사실 이것은 운동이 생산성과 집중력을 높이는 데 도움이 되는 주요한 메커니즘과 유사하다고 한다. [19] 또 적당한 스트레스는 면역력을 증대하는 효과도 있다. [20] 스트레스를 느낀 신체는 부상이나 감염의 위험을 느끼고 이를 대비하는 여분의 인터루킨(Interleukin)을 분비하는데 이 분비물이 일시적으로 면역력을 강화한다. [21] 낮은 수준의 스트레스에 반복적으로 노출됨으로써 더 큰 스트레스 상황에 대처할 수 있는 능력이 배양된다는 주장은 상식적으로도 충분히 이해할 만하다.

[22] 그리고 또 한 가지 스트레스의 긍정적 영향을 볼 수 있는 재미있는 실험 결과가 있다. [23] 하버드 대학 연구팀은 실험 시작 전 일부 참가자들에게 스트레스가 유익하다고 생각하도록 가르쳤다. [24] 긴장으로 쿵쾅거리는 심장과 가빠진 호흡은 문제가 아니라 뇌에 산소를 더 공급하는 것일 뿐이라고 안심시켰다. [25] 이후 스트레스 상황을 만들어 참가자들의 신체 반응을 살핀 결과, 스트레스에 대해 긍정적 인식을 심어준 참가들의 심박수가 올라가고 혈관이 이완되는 것을 볼 수 있었다. [26] 심박수가 올라가고 혈관이 수축되는 일반적인 스트레스 반응과는 달랐다. [27] 스트레스를 긍정적으로 생각하고 받아들이는 이들에게는 심혈관 질환을 부를 수도 있는 혈관 수축 반응이 나타나지 않은 것이다.

^{28}이처럼 스트레스는 같은 내용이라도 수용하는 자세에 따라 다른 결과를 부른다. ^{29}혹여 스트레스를 피하려고 노력하면 오히려 삶의 만족감, 행복감이 크게 줄어든다고 심리학자들은 말한다. ^{30}스트레스를 피하는 사람들은 향후 10년 동안 우울감을 보이는 경향이 더 컸고 자신이 처한 상황을 더 악화시킨다는 견해도 있다. ^{31}심리학자들은 이것을 '스트레스 유발'이라고 한다. ^{32}한마디로 스트레스를 피하기 위해 노력하다가 스트레스 원천을 더 많이 만들어 낸다는 것이다.

정답 ④

스트레스는 사람들이 수용하는 태도에 따라 신체에 미치는 영향이 상이하다.$^{27~28}$

오답풀이

① 스트레스는 부정적 영향만 주므로 스트레스 상황을 최대한 피해야 한다.^{15}

② 스트레스는 뉴런 생성을 유도하여 기억력을 향상시키는 데뉴런 사이의 연결을 강화하여 생산성과 집중력을 향상시키는 데^{17} 도움이 된다.

③ 적당한 스트레스는 인터루킨을 분비하여 지속적으로일시적으로^{20} 면역력을 증대시킨다.

⑤ 높은낮은^{21} 수준의 스트레스에 반복적으로 노출될 경우 상황 대처 능력이 향상된다.

해황쌤의 풀이ㅣ ②, ③은 기억하기 어려운 지엽적인 정보입니다. 일단 판단을 보류한 후, 나머지 선지를 살펴봅니다. 그래도 정 정답이 안 보이면 그때 지문으로 돌아가서 해당 키워드를 찾아 확인하면 됩니다.

---

08 다음 [가]~[마] 문단을 글의 흐름에 따라 순서대로 바르게 배열한 것은? 출처ㅣ코레일 최신 기출 변형

POINT 1	순서배열 문제는 선지를 적극 활용하라.

[라] (전략) 두 번째로 유전자의 다형성에 따라 영양소와 식품성분이 어떻게 반응하고 대사되는지를 연구하여 개인에게 맞는 음식으로 건강을 보완하고자 하는 **영양유전학(Nutrigenetics) 분야**가 있다.

[가] 우리가 매일 먹는 음식이나 다양한 라이프 스타일은 우리 몸의 유전자 스위치를 끄거나 켤 수도 있다. **영양후성유전학(Nutriepigenetics)**에서는 식생활과 음식에 의하여 DNA 염기서열을 바꾸지 않으면서, 장기적으로 유전자의 발현과 다음 세대에게 유전되는 현상을 다룬다. **음식**이 DNA에 영향을 미친다는 증거는 다양하다. (후략)

[나] 성장기와 성인기의 **식이습관 역시 후성유전학적 변화**를 유발하는 주요 원인으로 작용한다. (후략)

[다] **그렇다면 무엇을 먹을 것인가?** (중략) 건강을 결정하는 라이프 스타일－환경－유전정보 간의 연결고리는 건강요소의 90%를 차지하므로 라이프 스타일에 따라 변하는 **후성유전학 데이터**를 통해 미래에 예측되는 건강지표에 맞는 개인 맞춤형 영양소와 맞춤식단이 필요할 것이다.

처음 등장하는 전문용어는 한자나 영어 표현이 병기됩니다. 지문의 흐름을 보면 [라]에서 영양유전학(Nutrigenetics)이 처음 등장하고, 이보다 구체화된 영양후성유전학(Nutriepigenetics)이 [가]에서 등장합니다. 그리고 [가]는 음식이 후성유전학적 변화를 일으킨다고 했고, [라]는 식이습관 역시 후성유전학적 변화를 일으킨다고 합니다. 따라서 글의 순서는 [라] < [가] < [나]여야 하고, 남는 선지는 ④, ⑤뿐입니다.

이때 [다]는 '그렇다면'을 통해 어떤 음식을 먹어야 하는지 묻는데, '음식'의 중요성을 이야기한 [가] 이후여야 적절합니다. 따라서 남는 선지는 ④밖에 없습니다.

정답 ④

[마] – [라] – [가] – [나] – [다]

---

09 다음 글의 ㉠에 대한 답을 추론한 내용으로 옳은 것은?

출처 | 코레일 최신 기출 변형

POINT 1	문제에 대한 해결책이 핵심이다.	POINT 2	질문에 대한 답변이 핵심이다.	

(전략)

¹²한때 많은 사람들이 즐겨하는 취미 가운데 한 가지는 바로 퍼즐 조각 맞추기 게임이었다. ¹³그림 전체의 이미지나 분위기 등을 잘 알지 못하는 상황 속에서 수백, 수천 개에 달하는 퍼즐 조각들을 제대로 맞추기는 어렵다. ¹⁴그렇다면 ㉠ 수천 개에 이르는 퍼즐 조각들을 쉽고 재미있게 맞출 수 있는 방법은 무엇일까?

¹⁵퍼즐 판은 한 가지의 기원만을 설명하지 않는다. ¹⁶우리가 관찰할 수 있는 세상 모든 것들은 모두 상호관련성이 있기 때문이다. ¹⁷하늘에 떠 있는 태양이나 별, 달, 산이나 물과 같은 주변 환경, 다양한 생명체, 그리고 인간은 서로 연결되어 있다. ¹⁸오늘날 가장 믿을 만한 과학적 증거에 따르면, 별에서 만들어지는 여러 가지 원소들이 다양한 방식으로 결합하면서 이 모든 것을 만들기 때문이다. ¹⁹인간 역시 이와 같은 방식으로 구성되어 있다. ²⁰즉 세상 모든 것의 기원은 하나의 기원만을 살펴보고 분석하는 것이 아니라 다양한 기원과 설명을 통해 인간과 나머지 모든 것들의 상호관련성을 살펴볼 때 비로소 보다 분명하고 명확하게 이해할 수 있는 것이다.

²¹이러한 점에서 138억 년 전에 나타났던 우주의 시작인 빅뱅으로부터 현재와 미래까지 수많은 시간과 공간을 다양한 규모에서 살펴보고자 하는 빅히스토리(Big History)는 지금까지 인간만을 분석 대상으로 삼았던 기존의 관점을 초월한다. ²²인간뿐만 아니라 생명과 우주 역시 기원을 가지고 있기 때문이다. ²³지금까지 인간의 기원과 인간 사회에서 발생했던 수많은 복잡한 현상들을 분석하고, 이와 같은 현상들이 지니는 역사적 의미를 규명하기 위한 노력들이 등장했는데, 빅히스토리는 분석 대상의 범위를 생명과 우주까지 확대시켜 인간과 생명, 그리고 우주의 상호관련성을 이해하고자 한다.

²⁴이를 위해서는 무엇보다도 지금까지 전문적인 학문으로써 발전해왔던 다양한 학문들 사이의 소통과 공존, 그리고 상호관련성을 살펴보아야 한다. ²⁵이러한 점에서 빅히스토리는 세상 모든 것의 기원과 변화에 관련해 '세상은 어떻게 시작되었을까?', '인간은 어떻게 탄생했을까?', '인간이 진화하면서 어떤 변화들이 나타났을까?' 등과 같은 빅퀘스천(Big Question)을 제기하고, 그에 대한 대답을 단일한 학문 분야가 아닌 다양한 학문 분야들의 소통 속에서 찾아나가는 과정이다. ²⁶이와 같은 과정 속에서 우리는 밤하늘에 아름답게 빛나는 별을 바라보면서 별의 탄생 과정이나 밝기와 관련된 과학적 지식뿐만 아니라 과거에는 별을 어떤 방식으로 이해하고 바라보았는지, 그리고 별에서 만들어지는 다양한 원소들이 인간과 주변의 여러 가지 사물들을 어떻게 구성하는지 연결하는 커다란 그림을 상상할 수 있는 것이다.

정답 ⑤
전체 퍼즐 판의 모습을 상상²⁶하고, 퍼즐 조각들이 퍼즐 판의 어느 부분에 해당하는지¹⁶, ¹⁹, ²³ 이해해야 한다.

10 다음 글의 빈칸에 들어갈 내용을 [보기]에서 골라 순서대로 바르게 배열한 것은?

출처 | 한국전력공사 최신 기출 변형

POINT 1	일반적 진술은 구체적 진술을 포괄할 수 있어야 한다.	POINT 2	판단은 근거를 바탕으로 해야 한다.	POINT 3	순서배열 문제는 선지를 적극 활용하라.

¹'역사란 무엇인가?'라는 대단히 어려운 물음에 아주 쉽게 답한다면, 그것은 인간 사회의 지난날에 일어난 사실들 자체를 가리키기도 하고, 또 그 사실들에 관해 적어 놓은 기록들을 가리키기도 한다고 흔히 말할 수 있다. ²그러나 (   ) ³쉬운 예를 들면, 김 총각과 박 처녀가 결혼한 사실은 역사가 될 수 없고, 한글 창제의 사실, 임진왜란이 일어난 사실 등은 역사가 되는 것이다.

⁴이렇게 보면 사소한 일, 일상적으로 반복되는 일은 역사가 될 수 없고, 거대한 사실, 한 번만 일어나는 사실만이 역사가 될 것 같지만 반드시 그런 것도 아니다. ⁵고려시대의 경우를 보면, 주기적으로 일어나는 자연 현상인 일식과 월식은 하늘이 인간 세계의 부조리를 경고하는 것이라 생각했기 때문에 역사가 되었으면서도 세계에서 가장 먼저 발명된 금속 활자는 목판본이나 목활자 인쇄술이 금속 활자로 넘어가는 중요성이 인식되지 않았기 때문에 그것은 역사가 될 수 없었다. ⁶따라서 (   )

⁷이를 생각해 보면, 여기에 몇 가지 되씹어 봐야 할 문제가 있다. ⁸첫째는 '기록해 둘 만한 중요한 사실이란 무엇을 말하는 것인가'하는 문제이고, 둘째는 '과거에 일어난 일들 중에서 기록해 둘 만한 중요한 사실을 가려내는 사람의 생각과 처지'의 문제이다.

(후략)

ⓒ 지난날 인간 사회에서 일어난 사실이 모두 역사가 되는 것은 아니다.

해황쌤의 풀이 | 3을 포괄하는 일반적 진술이므로 2에 들어가기 적절합니다.

ⓔ 역사라는 것은 지난날의 인간 사회에서 일어난 사실 중에서 누군가에 의해 중요한 일이라고 여겨 뽑힌 것이라 할 수 있다.

해황쌤의 풀이 | 5를 바탕으로 판단했으므로 6에 들어가기 적절합니다. ⓔ은 바로 뒤의 7~8과도 밀접하게 연결됩니다. 처음 두 빈 칸에 ⓒ-ⓔ이 들어가고, 이를 만족하는 선지는 ③ ⓒ-ⓔ-ⓜ-ⓒ-ⓖ밖에 없습니다.

11 다음 글의 주된 전개 방식으로 가장 적절한 것은?

출처 | 코레일 최신 기출 변형

POINT 1	언급순서가 내용의 전개순서를 결정한다.	POINT 2	큰 흐름만 파악해도 정답을 찾을 수 있다.	

¹교통은 인간의 이동 및 화물의 수송, 전달과 관련된 모든 행위와 조직체계를 가리키는 용어이다. ²교통은 운반의 대상에 따라 여객 교통과 화물 교통으로 나눌 수 있으며, 교통로에 따라 육상 교통, 해상 교통, 항공 교통으로 나눌 수 있다.

³먼저 국내의 화물 운송의 대부분을 차지하는 육상교통수단 중 도로운송의 특징을 살펴보자. ⁴화물자동차를 통한 도로운송은 단언컨대 모든 운송 수단 중에 우리와 가장 친숙하며, 일상 속에서 쉽게 찾아볼 수 있는 운송 수단이다. ⁵이러한 도로운송의 최대 강점 중 하나는 바로 접근성이다. ⁶공항이나 항구, 역을 거칠 필요가 전혀 없고 어디서든 쉽게 연결될 수 있기 때문이다. ⁷또한 도로운송의 신속성은, 우리나라와 같이 도시 간의 거리가 멀지 않고 동시에 몇 개의 중심 교점(Node)이 매우 중요한 역할을 하는 환경에서 가장 선호되는 운송 수단일 수밖에 없다. ⁸그러나 타 운송 수단 대비 대량 운송이 어렵고, 교통체증에 취약하며 다른 국가로의 장거리 운송이 어렵다는 약점이 있다. ⁹최근에는 석유 고갈 문제와 탄소 배출로 인한 환경오염에 영향을 준다는 점에서도 도로운송에 대해 회의적인 입장이 많아졌다.

¹⁰철도운송은 상대적으로 많은 양의 화물을 운송할 수 있다는 점에서 도로운송과 결정적인 차이가 있다. ¹¹이는 곧 운임경쟁력의 비교 우위와 환경문제에서의 강점을 만들어 낸다. ¹²또한 화물자동차가 운송할 수 있는 화물이 상당히 제한적인 것에 비해 철도운송은 다양한 종류의 화물을 운송할 수 있다는 특징도 있다. ¹³비록 접근성이 떨어지고 제한된 시간에만 운행한다는 단점이 있지만, 정시성이 보장된다는 강점 역시 빼놓을 수 없는 철도운송의 강점 중 하나이다. ¹⁴또 하나의 주목할 만한 철도운송의 특징은 치열한 화물자동차 시장의 경쟁상황과 달리 대부분 독과점이 이루어지고 있어서 동일 시장 내에서의 출혈경쟁의 위험과 시장불안정 요인이 적다는 것도 강점이 될 수 있다.

¹⁵해상교통수단과 항공교통수단은 둘 다 국제 운송을 가능케 하는 운송 수단이지만 전혀 다른 특징을 갖고 있다. ¹⁶먼저 해상교통수단의 경우, 한 번에 많은 화물을 운송하기 때문에 비용은 현저하게 낮아지지만 운송 시간의 장기화로 인한 여러 가지 안정성 문제를 야기한다. ¹⁷반면 항공교통수단은 운임은 비싸지만 화물의 안정성에서 보다 확실한 신뢰를 얻을 수 있고, 그 신속성으로 인해 리드타임이 극적으로 감소한다. ¹⁸한편, 해상교통수단은 거의 모든 종류의 화물을 무차별적으로 취급할수 있지만 항공교통수단의 경우 그 물리적 한계 때문에 취급화물이 상대적으로 제한이 된다는 점이 있다. ¹⁹하지만 두 교통수단 모두 접근성이 상대적으로 떨어지고 화물자동차와 같은 육상교통수단이 연계되어야 운송을 완료할 수 있다는 공통점도 존재한다.

정답 ①

대상을 유형에 따라 분류하고 장단점을 설명하고 있다.

12 다음 글의 핵심 내용으로 가장 적절한 것은?

출처 | 코레일 최신 기출 변형

POINT 1	[비교대조]되면 구분지어가며 읽어라.	POINT 2	큰 흐름만 파악해도 정답을 찾을 수 있다.	

¹고대 그리스의 철학자 아리스토텔레스는 '자연의 사다리'라는 것을 주장했다. ²그는 모든 동물을 12가지로 분류했다. ³아리스토텔레스는 자연계에서 동물들은 보다 나은 것부터 모자라는 것의 순서에 따라 사다리꼴 모양으로 배열되어 있다고 생각했다. ⁴이를 '자연의 사다리'라 불렀다. ⁵사다리의 가장 높은 곳에는 인간이 차지하고 있고, 인간과 비슷한 것들이 그다음에 위치하고 있다는 것이다. ⁶이를 순서대로 나열해 보면 인간 다음에 짐승, 즉 새, 물고기, 벌레, 눈에 보이지 않는 것 등의 순이었다.

⁷아리스토텔레스는 사다리 속에서 가장 낮은 수준의 동물인 뱀부터 사고를 하는 사람까지 존재한다고 제안하였다. ⁸여기에서 구조와 기능이 복잡하고 생존력과 움직이는 능력이 클수록 '고등'한 것이라 간주하였다. ⁹플라톤과 아리스토텔레스의 사상은 로마 제국 시대, 중세, 르네상스를 거쳐 19세기 초에 이르는 1,400년 이상을 서구 사회를 지배하는 생물관으로 군림하여 왔다.

¹⁰한편 동양적 자연관의 기본 정신은 '상의'(相依)와 '화해'(和諧)라는 두 단어로 요약할 수 있다. ¹¹상의는 개개의 사물이 서로 의존해서 존재한다는 뜻이고, 화해는 개개의 존재가 서로 간의 균형과 협동을 통해서 커다란 조화를 이룬다는 의미이다.

¹²유학의 '천인합일설', 도가의 '무위자연설', 그리고 불교의 '연기설'은 인간과 자연의 관계를 '상의'와 '화해'의 관점에서 바라본다는 점에서 공통적이다. ¹³특히, 불교에서는 이러한 상호 의존적인 세계의 모습을 '인타라망'이라는 그물에 비유한다. ¹⁴인타라망이란 제석천이 사용하는 무한히 큰 그물로 코에 달린 보석들은 서로의 빛을 받아 다시 서로에게 반사한다. ¹⁵개개의 보석은 각기 혼자의

빛으로 세상을 밝히는 것이 아니라, 서로의 빛을 주고받아 반사함으로써 무궁무진한 상호 의존의 세계를 이루는 것이다.

¹⁶이처럼 동양적 자연관은 만물 간의 관계를 상호 의존적인 것으로 파악하기 때문에, 경쟁과 다툼 대신 협력과 화해를 중시한다. ¹⁷'화해'의 세계관은 개별적인 사물이 다른 사물들과 경쟁을 통해서만 발전할 수 있다는 투쟁의 역사관을 거부한다.

¹⁸동양 사상에서 만물은 자연(自然) 그대로, 또는 무(無)라고 하고, 세계는 비어 있다고 하는 데 비해 서양 사상에서 만물은 창조주가 창조한 것이고, 세계는 꽉 차 있으며 자연은 인간을 예속하는 존재가 아니라 인간에게 주어진 선물이라는 것이다. ¹⁹이러한 사상은 문학, 예술, 그림에도 영향을 끼쳤다.

정답 ④

서양의 자연관¹⁻²문단 ↔ 동양의 자연관³⁻⁵문단

해황쌤의 풀이 | 동양의 자연관, 서양의 자연관을 순차적으로 소개한 뒤, 마지막 6문단에서 둘의 차이점을 집약했습니다.

13 다음 글의 빈칸에 들어갈 말로 가장 적절한 것은?

출처 | 한국전력공사 최신 기출 변형

POINT 1	'(반드시) ~해야(만) 한다', '필요하다', '~없으면 ~없다' 같은 논리적 필요조건에 주목하라.	POINT 2	"A는 B가 아니라 C이다" 꼴 문장은 선지화될 가능성이 매우매우 높다.	

¹전 세계적으로 도시는 인구 집중과 기반 시설 노화로 인해 자원과 기반 부족, 교통 혼잡, 에너지 부족 등 다양한 주거·생활 편의 문제와 마주하게 되었다. ²그 해결책으로 도시 기반을 계속 늘리는 대신에 기존 인프라의 효율적 활용을 통해 적은 비용으로 도시 문제를 해결하는 접근 방식이 주목받고 있다. ³이에 따라 4차 산업 혁명에 맞춰 정보 통신 기술을 도시에 접목해 새로운 성장 동력으로 삼고자 하는 스마트 시티가 빠르게 확산되고 있다. ⁴세계 각국이 낮은 성장 추세, 첨단 정보 통신의 발전, 늘어가는 도시 개발 수요를 고려하여 경쟁적으로 스마트 시티 사업에 나선 것이다.

⁵지금까지 스마트 시티는 첨단화되고 현대화된 도시, 지속 가능한 미래의 도시와 같은 목적물로 보는 시선이 강했다. ⁶그러나 최근에는 스마트 시티를 하나의 목적이 아닌 수단과 과정으로 이해하는 경향이 나타났으며, 4차 산업 혁명을 실현하는 하나의 플랫폼으로서 스마트 시티를 주목하고 있다. ⁷새롭게 정의된 스마트 시티는 [   ] 플랫폼이다. ⁸도시의 핵심 요소인 교통·에너지 등의 분야가 수직적으로 구축된 것이 아니라 각 분야가 유기적으로 연결되고 수평적으로 통합되는 의미가 강조되고 있다.

⁹스마트 시티의 개념 변화와 함께 떠오른 이슈가 '스마트 시민'이다. ¹⁰새로운 스마트 시티는 시민이 참여하여 양방향으로 운영되는 지속 가능한 도시의 모델을 지향하고 있다. ¹¹도시의 모습이 아무리 변해도 스마트 시티에서 가장 중요한 것은 결국 사람이다. ¹²아무리 좋은 서비스를 제공해도 그것을 사용하는 사람이 없으면 의미가 없다. ¹³디지털에 익숙한 스마트 시티 사용자인 스마트 시민은 끊임없이 도시 공간과 상호 작용하며 도시와 함께 진화하게 된다.

지문분석

정리하자면, 스마트 시티는 유기적으로 연결⁸되고, 수평적으로 통합⁸되는 플랫폼⁶입니다. 스마트 시티의 필요조건¹²은 사용하는 사람(=수요자)이고, 스마트 시민은 양방향으로 참여¹⁰하고, 끊임없이 도시 공간과 상호 작용¹³합니다.

정답 ④

공급자 중심의 닫힌 생태계가 아니라², 수요자(=사용하는 사람)¹²와 시민 참여¹⁰ 중심의 열린 생태계⁶

해황쌤의 풀이 | "도시 기반을 계속 늘리는 대신²"은 '도시 기반을 계속 공급하는 대신'으로 이해할 수 있고, 이를 선지의 '공급자 중심의 생태계가 아니라'로 연결시킬 수 있습니다.

참고로 지문에 '닫힌 생태계', '열린 생태계'에 대한 정의가 제시되지 않았죠? 따라서 선지의 '닫힌'이나 '열린'이 적절한지에 대해서는 수험생으로서 판단하기 어렵습니다. 따라서 이 부분은 내버려 두고 나머지 부분들로 선지를 판단하면 됩니다. 다만, ⑤처럼 "닫히지도 열리지도 않은 생태계" 같은 개념은 없습니다. 출제자가 선지 만들다가 지쳐서 말장난을 친 것으로 보입니다.

14 다음 보도자료의 주제로 가장 적절한 것은? 〈출처 | 한국전력공사 최신 기출 변형〉

POINT 1	역피라미드식 글에서는 앞에 있을수록 중요도가 높다.

¹과학기술정보통신부(이하 과기정통부)는 정보통신기술(ICT) 규제 샌드박스 지정기업인 스타코프가 2월 19일부터 일반 220V용 콘센트를 활용하여 전기차를 충전할 수 있는 스마트 전기자동차 충전콘센트(제품명 '차지콘')를 본격 출시하였다고 밝혔다. ²현행 전기사업법은 플러그 형태의 전기차 충전설비를 갖춘 경우에만 전기차 충전사업자로 등록할 수 있어, 일반 콘센트를 활용한 전기차 충전 서비스를 할 수 없었다. ³이에 과기정통부는 제2차 ICT 규제 샌드박스 심의위원회('19. 3. 6)에서 ① 전기차 충전콘센트 사업을 하는 스타코프를 전기차 충전사업자로 등록할 수 있도록 하고, ② 스타코프의 '전기차 충전용 과금형 콘센트' 제품에 대해 시장 출시를 할 수 있도록 임시 허가를 부여하였다.

⁴⁻¹이번에 출시된 제품을 통해 전기차 충전시설 설치비용을 획기적으로 줄여 저비용으로 시설을 확대해 나갈 수 있어 점차 증가하는 전기차 충전 수요에 대응해 나갈 것으로 기대되며, ⁴⁻²전기차 이용자가 집이나 직장 등에서 보다 편리하게 충전시설을 이용할 것으로 전망된다. ⁵⁻¹아울러 과기정통부는 규제 샌드박스 성과가 빠른 시일 내 확대되도록 주무부처인 산업부, 국가기술표준원과 협의하여

⁵⁻²'전기차 충전용 과금형 콘센트' 기술기준을 마련하고, ⁵⁻³'전기차 충전사업자로 허용'하는 규제 개선(전기사업법 시행령 개정)도 적극 추진키로 하였다.

   ⁶⁻¹한편, 스타코프는 스마트 전기자동차 충전콘센트 이용자의 안전과 피해 보상을 위해 책임보험에 가입하였으며, ⁶⁻²앞으로 성동구청, 한국전력 등과 협력하여 생활밀착형 전기차 충전 인프라 구축을 추진할 예정이다.

지문분석

'과학기술정보통신부'가 낸 보도자료이므로, '스타코프'라는 기업명보다는 '정보통신기술(ICT) 규제 샌드박스' 덕분에(!) '스마트 전기자동차 충전콘센트'라는 제품이 출시된 것이 중요합니다. 그리고 기사나 보도자료는 중요한 내용을 가장 앞에 제시하는 역피라미드식 글이므로, 1문단을 기준으로 정답을 찾으면 ①이 가장 적절합니다.

정답 ①

ICT 규제 샌드박스 제도를 통해 '스마트 전기자동차 충전콘센트'가 본격 출시되었다.

---

15 다음 글의 빈칸 ㉠에 들어갈 말로 가장 적절한 것은?

출처 | 한국전력공사 최신 기출 변형

POINT 1	빈칸 문제는 빈칸 주변부터 읽어라.	POINT 2	문제에 대한 해결책이 핵심이다.	

   ¹사회화 과정이 시작되면서부터 우리는 부모, 교사, 종교 지도자, 정치가 등의 모든 권위에 복종하고, 그럼으로써 보상을 받는다. ²교육제도나 사회적 가치 체계 그 어디에도 적절한 불복종에 대한 훈련은 없다. ³정당한 권위에의 복종과 부당한 권위에의 저항을 구별할 수 있게 하는 훈련도 없다.

   ⁴공공기관이나 민간기관 할 것 없이, 권위를 가진 사람에게 무조건 동의하고, 순응하고, 복종하는 성인들 때문에 해마다 크나큰 문제가 발생한다. ⁵교육기관에서도 나중에 성인이 되어 그와 같이 잘못된 복종을 하도록 하는 복종의 씨앗이 자라고 있다. ⁶우리는 권위에 대한 복종과 독립적 선택 사이에서 적절하게 균형을 잡아야 한다. ⁷그렇다면 참신한 해결책은 어디에서 찾아야 할까?

   ⁸두 가지 방향이 있다. ⁹기존 사회과학 연구에 근거하여 해답, 운이 닿으면 해결책까지 찾는 것이 첫 번째 방향이다. ¹⁰그게 아니라면 완전히 새로운 방향을 모색해야 한다. ¹¹즉 안티건의 똑똑한 불복종 훈련에서 우리가 배울 점을 찾는 것이다.

   ¹²먼저 기존 사회과학 연구에서 해답을 찾아본다면 1960년대 스탠리 밀그램 예일 대학교 교수의 권위와 복종에 대한 최초의 사회과학 실험이 있다.

(중략)

   ²⁹이에 대해 완전히 새로운 방향을 모색한다면 어디에서 찾을 수 있을까?

³⁰이 해답에 대해 아이라 샬레프가 쓴 저서에서 발견할 수 있다. ³¹그는 '인간의 가장 좋은 친구'에게서 효과적인 모델과 비유를 찾아 제시한다. ³²위험한 명령으로 인한 사고를 피하기 위해 시각장애인 안내견에게 복종해야 할 때와 저항해야 할 때를 가르치는 것은 확실히 어려운 일이다. ³³학생 교육을 통해 혹은 제대로 된 사회를 만드는 데 매우 민감한 역할을 하는 직업 교육을 통해 우리 인간에게도 분명 그와 같은 훈련을 할 수 있다. ³⁴교실을 운영하는 교사, 도처에서 안전을 담당하는 요원, 우리의 사생활과 개인정보를 다루는 전문가 누구를 대상으로 하든 (②)은 매우 중요하다.

3문단에서 문제에 대한 해결방향으로 ①, ②가 제시됐습니다. 빈칸은 ②와 관련되어 있으므로, ①과 관련된 부분은 매우 빠르게 읽어 내려가면 됩니다. 빈칸에는 '그와 같은 훈련³³'='복종해야 할 때와 저항해야 할 때를 가르치는 것³²'='완전히 새로운 방향¹⁰,²⁹'이 들어가야 하고, 이를 선지에서 찾으면 ⑤가 가장 적절합니다.

정답 ⑤

적절한 복종과 정당한 불복종을 구별할 수 있도록 하는 새로운 훈련 방식을 개발하는 것

오답풀이

③ '새로운 훈련 방식'이라는 키워드는 적절하나, '권위에 무조건적으로 불복종'이 적절하지 않습니다.

16 다음 [가]~[라] 문단을 글의 흐름에 따라 순서대로 바르게 배열한 것은? 출처 | 한국전력공사 최신 기출 변형

POINT 1	큰 흐름만 알아도 정답을 찾을 수 있다.	

[가] 환경문제가 인류의 생존문제로까지 부각되면서 유엔기후변화협약 제21차 당사국 총회에서는 지구의 온도를 산업혁명 시기 대비 2℃ 이내 상승으로 억제하기 위한 온실가스 감축과 기후변화 적응 의무를 참여 국가에 부여하였다. 목표달성을 위해서는 2050년 세계 에너지 수요가 재생 가능 에너지 44%, 화석 연료 45%, 원자력 11% 수준으로 변화될 것으로 예상된다.

[라] 온실가스를 저감하기 위해 신재생 에너지를 더 많이 이용하려는 노력이 우리나라를 포함한 전 세계에서 이루어지고 있다. 지속가능한 밝은 미래에 대한 기대가 큰 만큼, 이러한 변화가 가지고 올 새로운 문제들에 대한 우려도 크다. 전력망에서는 전력의 공급과 소비의 균형이 이루어져야 한다. 현재 전력망에서는 언제라도 전력을 생산할 수 있는 발전예비력을 가지고, 수요의 변화에 맞추어 공급을 제어하고 있다. 석탄이나 천연가스 등 화석연료 기반의 발전시스템에서는 이처럼 발전기의 제어를 통해 전력망의 수급을 맞추고 주파수를 안정적으로 유지할 수 있다. 그

[라] 태양광, 풍력 등 재생에너지는 본질적으로 날씨와 계절의 변화에 영향을 받기 때문에 공급량을 제어할 수 없다.

[나] 수소는 우주 물질의 75%를 차지할 정도로 풍부하며, 가장 큰 출력 밀도와 에너지 저장량을 가지는 대규모 에너지 저장 매체로, (하략)

지문분석

[가]의 '온실가스 감축', '재생 가능 에너지'는 각각 [라]의 첫 부분 '온실가스를 저감', '신재생 에너지'로 연결됩니다. 그리고 [라] 마지막에 제시된 태양광, 풍력의 '공급량을 제어할 수 없다'(= 공급량이 부족할 수 있다)는 [나] 처음에 제시된 수소의 '풍부', '가장 큰 에너지 저장량'과 대조됩니다. 따라서 [가]–[라]–[나] 순서는 확실합니다. 이러한 순서를 갖는 건 ②밖에 없고요.

정답 ②

[가] – [라] – [나] – [다]

17 다음 글의 내용과 일치하지 <u>않는</u> 것은?

출처 | 한국전력공사 최신 기출 변형

POINT 1	큰 흐름만 알아도 정답을 찾을 수 있다.

¹최근 지구온난화와 고유가로 인해 에너지 절약에 대한 관심이 고조되고 있으며, 각국은 태양광 등 신재생에너지 개발과 에너지효율 개선에 주력하고 있다. ²현재 자동차 연료 중 15%만이 운전 및 냉난방용으로 사용되고 나머지 85%는 버려지고 있어, 폐열 등 버려지는 에너지들을 회수해 전기에너지로 변환하는 에너지 하베스팅이 주목을 받고 있다. ³열전소자는 열에너지를 전기에너지로, 전기에너지를 열에너지로 직접 변환하는 데 사용되는 소자로 에너지 절감이라는 시대적 요구에 가장 잘 부응하는 소자이자 기술이다. ⁴열전소자는 자동차, 우주항공, 반도체, 바이오, 광학, 컴퓨터, 발전, 가전제품 등 산업 전반에서 활용되고 있다.

⁵미국, 일본, 독일은 열전분야의 프로젝트와 프로그램을 통해 원천물질 개발과 함께 소자화 및 상용화 연구 개발을 병렬화해 지원하고 있고, 대학 및 연구소는 기초연구를 담당하며, 기업은 응용연구를 진행하고 있다. ⁶열전발전의 효용성은 에너지분야에 그치지 않고 다양한 분야로 확대 적용할 수 있어 미래 새로운 성장동력으로 부상하고 있다. ⁷열전소자 기술은 반도체의 경쟁력 및 연구자 역량 등을 고려할 때 우리나라가 중장기적으로 국제경쟁력을 가질 수 있는 몇 안 되는 에너지 기술로 간주되고 있다.

⁸열전소자를 응용한 시스템 기술이 가장 발달한 분야는 우주 항공용이며 군용, 생체분야, 전자 분야 등에서도 연구가 많이 수행되고 있다. ⁹미국, 일본, 독일 등 선진국에서 대다수의 기술개발이 이루어지고 있으며 재료 및 시스템 기술의 종합이라고 할 수 있다. ¹⁰GM, 포드, 도요타/덴소, BMW, 폭스바겐 등은 연비 향상이나 고온에서도 안정된 열전소자와 모듈 개발에 주력하고 있다.

독해력 실전 모의고사 2회   165

¹¹현재 열전소자가 상용화된 제품으로는 화장품 냉장고, 와인 냉장고, 정수기, 차량용 통풍 시트 등에 열전소자가 적용되어 있다. ¹²열을 식히거나 가열이 필요한 모든 제품에 적용 가능하며, 가전이나 자동차용으로 수요가 높다. ¹³향후 의료 또는 국방, 우주 항공 산업으로도 활용 가능성이 높아질 전망이다.

¹⁴열전소자를 이용한 활용은 다양한 분야에서 이루어지고 있다. ¹⁵먼저 우주선의 전력원으로 NASA에서 RTG(Radioisotope Thermoelectric Generator) 열전발전기를 제작해 우주선에 적용하고 있는데, 방사선 동위원소의 붕괴에서 나오는 열에너지를 열원으로 하여 열전모듈을 통해 전기를 생산하고, 이를 탐사선의 구동에너지로 사용한다. ¹⁶하이브리드 자동차에서도 활용이 가능한데, 하이브리드카는 가솔린이 가지고 있는 환경 오염 및 석유 연료 고갈 등의 문제를 해결할 차세대 연구 분야이다. ¹⁷하이브리드카에서는 배기구나 다른 엔진 등을 통해 높은 열이 발생하며 열전모듈을 통해 수확해 배터리에 저장하고 연료로 활용한다. ¹⁸BMW, 벤츠 등에서도 시스템 구현을 위한 연구가 진행 중이며 앞으로 열전소자의 규모도 커질 것으로 기대된다.

정답 ②

열전소자의 효율이 다른 소자 기술보다 효율성이 높다. ^{알 수 없음}

해황쌤의 풀이 | 처음부터 끝까지 **열전소자**에 대한 글이었고, 다른 소자에 대해서는 언급이 없었죠? 따라서 ②는 지문으로부터 알 수 없는, 부적절한 비교 선지입니다. 큰 흐름만 알아도 쉽게 판단할 수 있는 선지죠!

참고로, 이번 기회에 '다른 소자'에 대한 배경지식을 알아둡시다. 열전소자 말고 **압전소자**라는 것도 있습니다. **압력**을 받으면 **전기**를 발생시키는 **소자**입니다. 보통 초음파를 통해 압력을 가하는데, 이 내용이 2008학년도 고3 6월 모의평가에 나온 적 있고, 대기업 인적성 독해 지문으로도 종종 소개됩니다.

오답풀이

①은 2~3, ③은 11, ④는 15~16, ⑤는 9~10을 통해 알 수 있습니다.

18 다음 글의 '공간'과 '장소'에 대한 설명으로 적절하지 <u>않은</u> 것은?   출처 | 한국전력공사 최신 기출 변형

POINT 1	[비교대조]되면 구분지어가며 읽어라.	POINT 2	예외는 곧잘 문제화된다.	

¹공간(space)이면서 장소(place)인 곳들이 있다. ²얼핏 공간과 장소는 같은 개념으로 해석되지만, 책 『공간과 장소』의 저자인 지리학자 이-푸 투안 박사는 둘을 분명하게 구분한다. ³그 기준은 바로 '가치'이다. ⁴투안 박사는 "공간은 장소보다 추상적이다. ⁵처음에는 별 특징이 없던 공간은 우리가 그곳을 더 잘 알게 되고 그곳에 가치를 부여하면서 장소가 된다"고 주장한다. ⁶예를 들어 호주의 울루루(Uluru) 바위를 생각해 보자. ⁷배경지식이 없는 이들에게 울루루 바위는 이들에게 울루루 바위는

단순히 호주의 중앙에 있는 사암으로 이뤄진 엄청나게 큰 바위에 불과할 것이다. [8]그러나 울루루가 일본 영화 '세상의 중심에서 사랑을 외치다'에서 백혈병으로 죽어가는 한 소녀가 생의 마지막 순간 까지도 꼭 가고 싶어 했던 꿈의 장소라는 것을 안다면, 그리고 그녀가 세상을 떠나고 오랜 세월이 지나 연인이 혼자 찾아온 장소라는 것을 안다면 시간이 가져다준 무게만큼의 황량함과 상실감을 안은 채 뭔가 허무의 기운마저 자아내는 느낌을 받는다. [9]단순한 공간이 특별한 장소로 변하는 순간이다.

[10]투안 박사에 따르면 공간은 '자유'를 상징하기도 한다. [11]인간은 광활한 공간을 질주하고 경험하기를 원하는 자유 욕망을 지니는데, 그 공간에 '애착'이 생기고 '안전'이 더해지면 장소가 된다. [12]공간을 움직임이 허용되는 곳으로 생각한다면 장소는 정지가 일어나는 곳이다. [13]또한 공간은 욕망을 투영한 '권력의 대상'이기도 하다. [14]중요 인물은 지위가 낮은 사람들보다 더 넓은 공간을 차지하거나 더 많은 공간에 접근할 수 있기 때문이다. [15]이는 국가라는 집단적인 자아가 더 많은 생활권을 차지하기 위해 주변의 약소국가들을 침략하는 이유이기도 하다. [16]투안 박사는 "모든 동물에게 생물학적 필요조건인 공간이 인간에게는 심리적 욕구이자 사회적 특권"이라고 강조한다. [17]같은 이유에서 인간은 다른 사람의 시선을 받게 되면 그 공간을 통제하는 유일한 주체에서 방 안의 수많은 객체들 중 하나가 되고, 그렇게 되면 자신만의 고유한 관점에 따라 사물을 공간에 질서정연하게 배열하는 힘을 상실했다고 느끼게 된다. [18]좋은 사람들이 없다면 사람과 장소는 순식간에 그 의미를 잃고 영속성 또한 편안함보다는 고통을 불러일으킨다는 것이다.

[19]공간은 사회문화를 규정하기도 한다. [20]벼농사를 짓는 템네족은 경직되고 권위적이다. [21]남자들은 여자들을 통제하고 혼인법을 위반하면 가혹한 처벌이 내려진다. [22]템네족 안에서 안전을 취하려면 집단의 방식을 철저히 따라야 한다. [23]하지만 혹독한 추위 속에 살아가는 에스키모인들은 그 무엇보다 자유를 우선한다. [24]그들은 수렵으로 먹고 살며 가족 단위로 거주하기 때문에 혼자 일하거나 가까운 친척들과 함께 일한다. [25]에스키모인들 개개인은 자연을 극복하기 위해 조직화된 사회의 힘에 의존하지 않는다. [26]대신 그들은 개인의 재능과 의지에 의존하기에 개인주의적이고 모험심이 강하다.

[27]그렇다면 인간이 한 장소에 애착을 느끼기까지 어느 정도의 시간이 필요할까? [28]경험과 장소에 관한 인식과 시각적 특징은 빠르게 파악될 수 있지만 '느낌'을 획득하는 데는 적잖은 시간이 소요된다. [29]왜냐하면 그 느낌은 매일 매일 수년에 걸쳐 반복되는, 대부분은 찰나적이고 강렬하지 않은 경험들의 산물이기 때문이다. [30]새로운 환경에 놓인 관광객들이 그곳에 완전히 몰두하려면 자신의 존재를 강화해 주던 기존의 익숙한 세계의 모습, 소리, 냄새 등을 모두 배제한 채 오로지 새로운 장소만 보고 생각해야 한다. [31]휴가지라는 곳이 재미는 있지만 잠깐 지나면 비현실적인 것으로 보이는 것도 이런 이유에서라고 투안 박사는 설명한다. [32]아울러 투안 박사는 일몰과 일출 시간, 일과 휴식의 시간처럼 자연적이거나 인공적인 리듬의 독특한 조화로 한 장소에 대한 감정은 그 사람의 뼈와 근육에 새겨진다면서 한 남자가 한 여성을 만나 첫눈에 사랑에 빠진 것처럼 장소도 첫눈에 사랑에 빠질 수 있다는 점을 언급한다.

관광지가 '장소'가 되기 위해서는 오랜 시간이 필요하므로 처음 가 본 '공간'이 바로 '장소'가 ~~될 수는 없다.~~[32]

해황쌤의 풀이 | 27의 질문에 대해 '적잖은 시간'이 필요하다고 했지만, 예외적으로 '첫눈에 사랑에 빠질 수' 있다고 했습니다. 이러한 예외가 있으므로 ⑤는 적절하지 않습니다.

오답풀이

① ~~신혼여행의 추억~~이 담겨 있는 제주도는 '~~장소~~'에 해당한다.[4, 8]

해황쌤의 풀이 | 신혼여행의 추억으로 인해, 제주도는 단순한 공간이 아니라 가치가 부여된 특별한 장소가 됩니다.

② 새집을 사기 위해 여러 사진 중 고른 주택은 '공간'에 해당한다.[4~5]

해황쌤의 풀이 | 가치가 부여된 것도 아니고, 애착이 생긴 것도, 특별한 곳도 아니므로 공간입니다.

③ 강대국이 약소국을 지배했던 제국주의 시대에서 강대국이 차지하려고 했던 것은 '공간'이다.[13~15]

해황쌤의 풀이 | 권력, 침략과 관련이 있는 건 공간입니다.

④ 도시 사람들과 농촌 사람들의 생활 모습이 다른 이유는 이들이 사는 '공간'이 다르기 때문이다.[19~26]

해황쌤의 풀이 | 사회문화를 다르게 규정하는 것은 공간입니다.

---

19 다음 글의 내용과 일치하지 <u>않는</u> 것은?

출처 | 한국전력공사 최신 기출 변형

POINT 1	통념과 어긋나는 진실이 핵심이다.

[1]'메기효과(Catfish effect)'라는 말이 있다. [2]강한 경쟁자가 있으면 다른 경쟁자들의 잠재력도 올라간다는 것이다. [3]미꾸라지 어항에 천적인 메기를 넣는다. [4]미꾸라지들은 메기를 피해 빨리 움직인다. [5]메기 한 마리로 미꾸라지들이 강해지는 현상을 경영이론으로 도입한 것이 바로 메기효과이다. [6]기업이 경쟁력을 키우려면 적절한 위협요인과 자극이 필요하며, 치열한 경쟁 속에서 적절한 긴장과 자극이 생긴다. [7]메기효과는 강력한 제도나 경쟁자의 도입으로 기업의 경쟁력이 높아지는 것을 말한다.

[8]메기효과는 영국의 경제학자이자 역사학자였던 아널드 토인비 박사가 즐겨 사용했다. [9]좋은 환경보다 가혹한 환경이 문명을 낳고 인류를 발전시키는 원동력이었다는 자신의 역사 이론을 설명하는 데 매우 효과적인 에피소드였기 때문이다.

[10]2019년 12월 16일 금융위원회는 토스 뱅크의 인터넷전문은행 예비인가를 의결했다. [11]관련 전문가들은 토스뱅크의 등장이 기존 금융 시장에 메기효과를 일으킬 것으로 전망했다. [12]새로운 인터넷 은행의 등장은 기존 은행들에 위협이 된다. [13]카오뱅크와 케이뱅크가 장악한 인터넷 은행 시장 내에서도 활발한 경쟁이 일어날 것으로 보인다. [14]다른 메기효과의 사례로는 이케아와 넷플릭스가 있다. [15]관계자들은 스웨덴 가구업체 '이케아'의 국내 진출이 한국 시장을 잠식할 것이라고 예상했다. [16]그러나 시장 잠식은 생각보다 적었다. [17]국내 가구업체들이 소비자의 요구에 관심을 보이기 시

작했다. [18] 이케아가 국내 시장에 메기효과를 일으킨 것이다. [19] 넷플릭스의 등장 역시 국내 OTT 사업자들이 공격적으로 투자하게 했다. [20] 현재 국내 미디어 시장은 웨이브, 왓챠플레이 등 많은 선택지가 있다. [21] 넷플릭스의 메기효과로 시장의 활발한 경쟁이 펼쳐졌다. [22] 이러한 메기효과를 기업 조직에 접목하는 경우도 있다. [23] 부서 인사를 할 때 외부의 능력있는 직원을 스카우트해서 조직원들이 자극을 받도록 하는 것이 그런 경우이다.

[24] 그러나 최근에는 메기효과에 대한 경계심을 촉구하는 주장도 있다. [25] 정작 포식자와 피식자의 관계를 다루는 생태학에서 그런 '효과'의 근거는 전혀 없다. [26] 포식자인 메기를 넣으면 피식자인 미꾸라지가 더욱 활기를 띠기는커녕 사망률이 높아졌다. [27] 사망률이 높아진 까닭은 스트레스로 인한 직·간접적 영향이다. [28] 정반대로 포식자가 곁에 있다는 사실만으로도 먹잇감이 되는 동물은 스트레스에 쌓여 먹이 찾기와 짝짓기를 꺼렸다. [29] 또 새끼는 출생할 때 무게가 적었고, 어미는 젖 먹이는 횟수를 줄이거나 아예 젖 먹이기를 거부했다. [30] 연구자들은 "이런 스트레스의 영향은 사람이 전쟁이나 자연재해를 겪을 때 나타나는 것과 비슷하다"고 밝혔다.

[31] 즉 메기효과란 약체기업이 받을 수 있는 스트레스를 미화하고 약자를 억압하는 이론으로 작용할 수도 있다. [32] 조직이 정체되어 있을 때는 메기효과가 조직 분위기를 바꿀 수 있는 좋은 방안이 될 수 있지만, 이미 제대로 작동하고 있는 조직에서는 불필요한 스트레스만을 가중시키는 역효과로도 작용될 수도 있다는 것이다. [33] 업종 또는 기업의 상태와 자극 정도, 전반적 문화, 적응 능력 등의 여러 요인을 감안하여 메기효과를 적절하게 사용해야 한다.

정답 ③

메기효과에 부정적인 입장은 메기효과는 생태계에서 나타난다는 효과라 주장한다.[24~27]

해황쌤의 풀이 | 메기효과가 생태계에서 나타난다는 것은 잘못된 통념입니다. 진실은 나타나지 않는다는 것입니다.

오답풀이

①은 **2, 7,** ②는 **3문단,** ④는 **31,** ⑤는 **33**을 통해 알 수 있습니다.

POINT 1	문제에 대한 해결책이 핵심이다.	POINT 2	[나열열거]되면 구분지어가며 읽어라.	

¹전 세계적으로 이상기후 문제가 심상치 않다. ²독일과 중국에서는 유례없는 홍수가 발생했고 미국, 일본, 한국은 혹독한 폭염을 겪고 있다. ³폭염은 단순히 습하고 더운 날씨에서 그치지 않고, 필연적으로 냉난방 시설의 전력 사용량 증가로 이어진다. ⁴최근 한국의 경우, 2013년 이후 처음으로 전력 수급 비상단계 발령이 논의될 정도로 전력수요가 예상보다 급증하면서 전력 수요관리에 큰 문제를 야기하고 있다.

⁵재화로서 '전기'는 한 가지 특징이 있다. ⁶한번 생산하면 바로 소비해야 한다는 것이다. ⁷여타 상품처럼 시장이 있고 공급자와 수요자가 거래를 하지만, 재고처리가 되지 않기 때문에 전력 생산자(발전소)와 소비자(기업 혹은 일반 시민)들의 즉각적인 만남을 조율하는 전력망의 역할이 상당히 중요하다.

⁸최근 기후변화 대응 차원에서 다양한 에너지원을 활용한 재생에너지 사용이 확대되고 있다. ⁹재생에너지는 자연조건에 의존하여 발전하기 때문에 어느 정도의 변동성이 존재한다. ¹⁰최근에는 폭염, 가뭄, 홍수 등 자연재해가 잇달아 발생하며 과거에 비해 전력망의 변동성과 불확실성은 더욱 커지고 있다. ¹¹게다가 과거에는 중앙에서 전력을 공급하는 방식이었다면 재생에너지는 각 지역을 기반으로 한 분산형 에너지원이기 때문에 전체적인 전력공급은 더욱 복잡해질 수밖에 없다. ¹²전력을 언제 어디서 더 많이 소비할지 예측하기가 어려워진 것이다. ¹³그래서 나온 기술이 바로, 이 수요와 공급을 보다 똑똑하고 정교하게 관리할 수 있는 스마트 그리드 기술이다.

¹⁴차세대 전력망이라 불리는 스마트 그리드란 태양광·풍력 등 재생에너지와 에너지저장장치가 융합된 형태로 기존의 전력망에 정보통신기술을 활용하여 전력망을 고도화함으로써 에너지를 최적화하는 차세대 전력망을 의미한다. ¹⁵즉, 기존에는 공급자가 수요자에게 전력을 일방적으로 보냈다면 스마트 그리드는 IT 통신망을 통해서 공급자와 수요자가 쌍방향으로 전력 정보를 교환함으로써 보다 효율적으로 에너지를 사용할 수 있는 것이다. ¹⁶이러한 기술은 발전에서 송전, 배전 등 전력시스템 전 분야에 걸쳐 적용된다. ¹⁷전력망을 효율적으로 관리하는 ICT 기반의 광역 모니터링 및 제어 기술로 광범위한 지역에서도 실시간으로 모니터링하고 제어가 가능하다.

¹⁸다만, 기존 전력망과 달리 전력망이 분산되면 한눈에 전체 전력 수요를 파악하기 어려워진다는 문제가 발생한다. ¹⁹이에 ICT와 자동제어기술을 이용해 다양한 분산에너지원을 연결·제어해 하나의 발전소처럼 운영하는 가상발전소(VPP, Virtual Power Plant)의 역할이 중요해질 전망이다. ²⁰실제로 각국에서 VPP 구축이 활발히 진행되고 있는 등 전 세계적으로 관련 수요가 늘어날 것으로 기대를 모으고 있다.

²¹이와 같은 분석과 제어 기술 외에도 스마트 그리드를 구성하는 또 하나의 핵심 기술에는 전력 저장 기술이 있다. ²²바로 ESS(Energy Storage System)와 스마트 계량기(AMI, Advanced Metering Infrastructure)이다. ²³ESS는 쉽게 말해, 큰 용량의 배터리를 의미한다. ²⁴건전지나 소형 배터리

같은 소규모 전력저장장치가 아닌, 수백 kWh 이상의 전력을 저장하는 시스템을 칭한다. [25]기존에는 생산한 뒤 사용하지 못한 전기는 그대로 버릴 수밖에 없었지만, ESS를 이용하면 여분의 전력을 저장할 수 있다. [26]이를 통해 저장하기 어려운 재화라는 전기의 단점을 보완할 수 있게 된 것이다.

[27]스마트 계량기는 기존 계량기의 단점을 보완한 것으로 소비자의 전력 소비패턴을 보다 정밀하게 분석하는 기술이다. [28]각 가정에서 사용하는 전력 사용량을 자동으로 검침하고, 수요에 대한 정교한 정보 전달을 목표로 한다.

정답 ②

㉠ 전기는 생산 후 저장이 용이하지 않다.[6~7]

㉢ 전력망이 분산되면 전체 전력 수요를 파악하기 어려워 VPP 역할이 중요해진다.[18~19]

오답풀이

㉡ 중앙 전력 공급에 비해 소규모 분산형은 비용이 들지 않는다.^{알 수 없음}

㉣ 스마트 그리드는 공급자가 수요자에게 일방향적으로 전력을 보낼 수 있게 단순화한다.[15]

㉤ ESS는 소비자의 전력 소비패턴[27]을 보다 정밀하게 분석하는 기술이다.

㉥ AMI는 여분의 전력을 저장하는 큰 용량의 배터리[23]를 의미한다.

정답과 해설

에듀윌 취업
이해황 독해력 강화의 기술

매일 3지문 30일 완성

고객의 꿈, 직원의 꿈, 지역사회의 꿈을 실현한다

에듀윌 도서몰 book.eduwill.net
• 부가학습자료 및 정오표: 에듀윌 도서몰 → 도서자료실
• 교재 문의: 에듀윌 도서몰 → 문의하기 → 교재(내용, 출간) / 주문 및 배송